杭州中科阀门有限公司
Hangzhou Zhongke Valve Co., Ltd.

U0575738

| ZZWPE自力式温度调节阀 | ZZCPW自力式差压调节阀高温型 | ZZVP天然气专用减压阀 | ZZYME自力式高压调节阀 | ZZYP自力式压力调节阀 | ZSAM智能型电动单座调节阀 | ZSQ气动活塞式切断阀 |

企业简介

ZAZN型电动
双座调节阀

ZAZP、ZAZM型
电动单座
套筒调节阀

杭州中科阀门有限公司（自动化控制专家，调节阀专业制造企业）是ISO 9001质量管理体系认证企业、TS认证（特种设备制造许可）企业、杭州市富阳区控制阀协会理事单位，是各类工业过程控制阀及相关自控设备的专业制造企业，一直致力于工业过程控制阀及相关设备的研究与生产，是一家集科研开发与制造经营于一体的科技型企业。公司专业制造气动调节阀、自力式调节阀、电动调节阀以及工艺阀门等多个系列、多种规格的产品，产品广泛应用于造纸、石油、电力、冶金、环保、制药、楼宇等领域的自动化控制系统。

雄厚的技术力量、精良的生产设备、先进的检测手段、精湛的生产工艺，结合多年的生产经验以及科学规范的管理，使公司每一个产品的质量都得以保障。公司得到了众多客户的认可，其中许多客户成为长期的合作伙伴。

公司始终坚守"诚信是金"的生存法则，视"诚信"为基石，坚持用"诚信"打造自身品牌。从产品的生产至售后服务，"以客户为中心"的诚心承诺贯穿其中，使客户没有后顾之忧。

您的信任就是我们合作的开始。真诚期待与您合作。

ZAZQ、ZAZX型
电动三通合流
分流调节阀

ZMQP气动薄膜
三通切断阀

| ZZCP自力式差压阀 | ZZYPE自力式压力调节阀 | ZZYVP自力式带指挥器式调节阀（氮封阀） | ZZY型自力式压力调节阀 | ZZVP自力式微压调节阀（泄氮阀） | ZXP（ZJHP）型新系列气动薄膜直通单座调节阀 |

营销地址：浙江省杭州市富阳区富春街道三根桥第1幢
电话：0571-63338331，63120216　　传真：0571-63338332
手机：13868158875（李经理，微信同号），13758249453，15558130960（李经理，微信同号）
网址：www.zjjzkfm.com，www.hzzkfm.cn

LNY EMT 伊勉特

流体连接技术
领先者

上海市奉贤区四团镇工业园海奕路22号

No. 22, Haiyi Road, Industrial Park, Situan Town,
Fengxian District, Shanghai

电话：86-21-54313806
　　　15002163612
传真：86-21-63510042
　　　86-21-54313809
网址：www.linuoyun.com
　　　www.yimiante.com
邮箱：EMT@emyte.com

公司主营：24°卡套式接头、双卡套接头、软管接头、螺纹管接头、过渡接头等

上海丽诺韵流体连接件有限公司　**上海伊勉特液压器材有限公司**
Shanghai Linuoyun Fluid Conveyance Co.,Ltd.　Shanghai Emyte Hydraulics Equipment Co.,Ltd.

矿用煤安电动阀门
风光互补电动执行器
手机控制电动阀门
普通阀门电动装置

中英合资

中国领先的气体流量测量技术提供商
合肥科迈捷智能传感技术有限公司
SMART SENSOR COMATE

- 20年专注于气体流量测量领域的国家高新技术企业
- 涡街流量测量技术、热扩散气体流量测量技术已具备世界一流水平
- 提供基于核心专利技术的涡街、热式、差压流量计产品、流量监测软件和服务
- 产品应用于汽车、家电、光电、食品、家化、热电、建材、冶金、纺织、印染等行业
- 在37个国家设立104家品牌经销商，为全球近3000家头部企业提供个性化解决方案

蒸汽贸易计量系统

压缩空气能效监测系统

油气回收在线监测系统

"工业五气"能效监测系统

VFM80MV
涡街流量计

VFM60MV
涡街流量计

PTF560
差压流量计

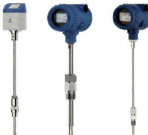
TGF680
热式流量计

TGF460
热式流量计

VFM55MV
微型涡街流量计

VFM52
油气回收涡街流量计

VFM52MV
微型涡街流量计

TGF200热式流量计

*部分产品展示

*部分专利展示

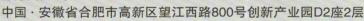

安徽络嵌控制系统有限公司

　　安徽络嵌控制系统有限公司拥有先进的仪表研发技术，专业从事研发和生产工业自动化、工业无线传输智能化仪表，产品涵盖温度/液位/压力变送器模块、数显变送器表头、导轨式变送器、就地显示仪、HART型变送器表头、RS485输出变送器、无线传输变送器等，可以为合作伙伴提供核心技术产品及完整解决方案。

　　我公司本着"诚为本，质致胜"的企业宗旨，为客户提供优质的产品与服务

研发中心：上海市松江区三新北路电子创业园
生产基地：安徽省天长市铜城镇南经济开发区
电　　话：13816146094（安徽络嵌电子）

淘　宝：请搜索店铺"络嵌控制"
阿里巴巴：请搜索电渠"安徽络嵌控制系统有限公司"

显示
 流量
 压力
 温度
 分析
 物位

Supmea® 美仪

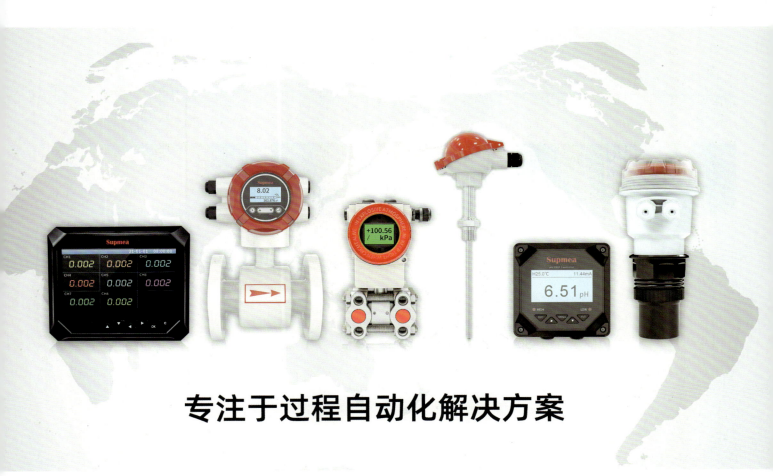

专注于过程自动化解决方案

美仪新一代分体式超声波液位计 ULS-B

ULS-B是美仪自主研发的新一代分体式超声波液位计。该产品具有高可靠性、高精度、易安装维护等特点，能为过程自动化领域各种极端工况提供长期稳定、准确的物位、液位测量保障。

- 针对极端工况设计，轻松应对腐蚀性气体；
- 多工况算法选择，现场适应性更强；
- 集成自诊断功能，让维护更加轻松；
- 精准控制，2 秒响应；
- 自动温度补偿，测量精度更高；
- 触摸按键 + 菜单界面，简洁易用。

杭州美仪自动化技术股份有限公司
网址：www.supmea.com
电话：400-960-9868
邮箱：media@supmea.com
地址：浙江省杭州市新加坡科技园 4 幢 5 层

美仪官方订阅号

GRAEFF
MEASUREMENT & CONTROL SYSTEMS

Looking for global channel partners

GRAEFF was founded in 1930 and is a British multinational corporation specializing in the research, development, production, and sales of pressure sensors, melt pressure sensors, temperature sensors, industrial sensors, intelligent sensors, flow sensors, displacement sensors, liquid level sensors, pressure and temperature control instruments, pressure gauges, heaters, laser technology, pressure and temperature calibration systems, the Internet of Things, and automation control systems.

Product and measurement control to meet global customer needs

01 5000+cumulative service enterprises

02 100+professional technical personnel

03 150+industries covered

04 300+device types

Melt pressure sensor

Pressure measurement of high temperature fluids in plastic extruders, chemical fiber spinning equipment, food machinery, molten salt power generation systems, injection molding machinery cavity systems and other equipment.

Industrial pressure sensor

Pressure measurement of high temperature fluids in plastic extruders, chemical fiber spinning equipment, food machinery, molten salt power generation systems, injection molding machinery cavity systems and other equipment.

Intelligent digital controller

Temperature measurement of plastic extruders, chemical fiber spinning equipment, food machinery, molten salt power generation systems, injection molding machines, automobiles, medical equipment and other equipment.

---

 www.graeff.net   400-616-0338

Focusing on measurement and control in the field of pressure and temperature

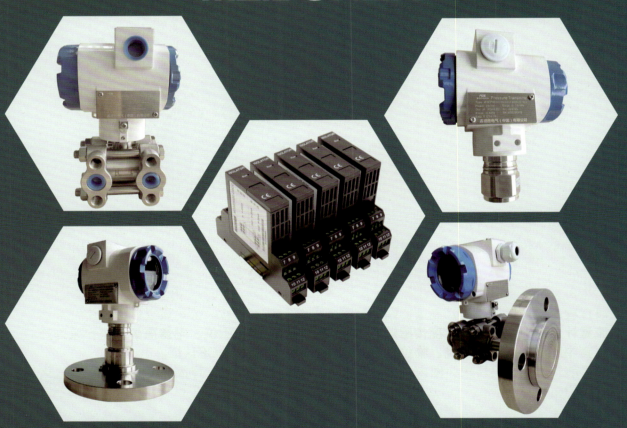

沧州天仪仪器仪表有限公司
CANGZHOU TIANYI INSTRUMENT CO., LTD.

您身边的仪表专家

YOU ARE SURROUNDED BY INSTRUMENT EXPERTS

　　沧州天仪仪器仪表有限公司位于沧州市高新技术开发区，成立于2011年，是一家主要从事过程自动化仪表研发、制造、销售及服务的高新技术企业。公司成立以来，相继推出了流量计、压力变送器、温度传感器、液位变送器、水质检测仪、电量隔离器等一系列产品，其中流量、压力、温度、物位、分析、显示仪表均已取得CE认证。

　　目前，公司已发展成为国内自动化仪表行业的优质供应商，产品广泛应用于石油、化工、冶金、建材、食品、轻工、环保、航空航天、自来水、市政等行业。公司拥有专业的研发和测试团队，配置了国内少有的流量计全自动标定系统，经过十多年的技术沉淀，公司已荣获几十项专利。

　　未来，公司将继续为新老客户提供专业而又完备的工业企业过程自动化的整体解决方案，以回报每一位关心和支持我们的客户。

抖音扫一扫 立即关注我　　扫码进入阿里巴巴手机旺铺
了解最新动态内容　　　　获取更多工厂信息

成就有温度的仪表制造商

FOCUS ON TEMPERATURE

模数仪表

提供全面的
温度测量解决方案

安全 ——— 高效 ——— 拓展

XTRM

TFY

THA

TFH

TRA

HTA

XTRM

TFX

TDC

HTA

TFF

TRG

TDE

XTRM-X4

TFD

TSK

TDA

TCA

TFC

TSS

TNN

TFB

TSM

TDB

承德万达高新仪表有限公司
CHENGDE WANDA HIGH TECH INSTRUMENT CO.,LTD.

金属管转子流量计

支持OEM合作

联系人：李经理18703142882

（微信同号）

联系人：张经理13343149482

公司网址：www.wdgxyb.com

河北承德高新区

金泰仪表
KINGTAI INSTRUMENT

我公司创建于1989年，生产的主要产品有流量计、压力表、电磁阀。

我公司是中华人民共和国国家计量检定规程JJG 257—2007《浮子流量计》的起草单位之一。

我公司是高新技术企业，生产的产品都已通过ISO 9001质量管理体系认证。

我公司生产的流量计、压力表、电磁阀不仅在国内拥有众多的用户，还出口到欧美等30多个国家和地区。公司生产的产品，品种多，规格全，用户如有特殊要求可代为设计制造。欢迎海内外客户惠顾指导，携手合作，共创辉煌！

LD-系列电磁流量计

LZ-系列金属管浮子流量计

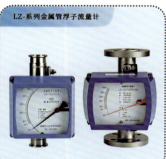

全不锈钢金属管浮子流量计

LZB-系列玻璃转子流量计

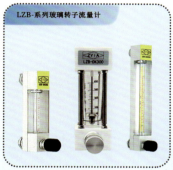

LZM-G系列有机玻璃流量计

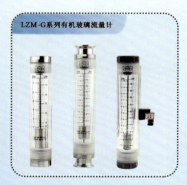

LZM-4T/6T/8T面板式流量计

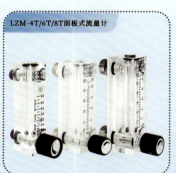

LZM-系列有机玻璃流量计

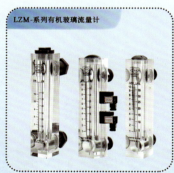

LZS-塑料管精密耐用转子流量计

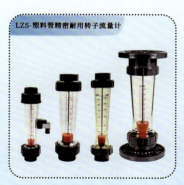

LZB-系列玻璃转子流量计

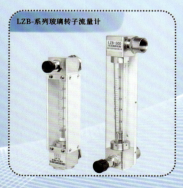

LZB-系列玻璃转子流量计

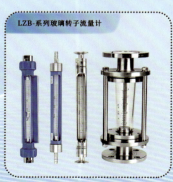

耐震/隔膜/电接点压力表

电磁阀

余姚市金泰仪表有限公司 / 余姚市工业自动化仪表厂

地址：浙江省余姚市新建北路737-2号

电话：0574-22666305 22666307 22666308 62662322 62633959 62648266 22666333

传真：+86-574-62648222 22666306

邮箱：kingtai@zyia.com

网址：hppt://www.zyia.com/www.cnkingtai.cn

齐亚斯
Ziasiot

致敬科学
Salute to science

1967年，美国Minneapolis的Honeywell研究中心Art R. Zias（齐亚斯）和John Egan获得边界约束型硅膜片的专利权，开启了新的传感器时代。

In 1967, Art R.zias and John Egan in the Honeywell Research Center in Minneapolis got the patent for a boundary-constrained silicon diaphragm, opening a new sensors era.

绿色熔体压力测量解决方案的变革
Revolution of green melt pressure measurement solution

熔体压力测量远离水银/汞的污染危害！
Melt pressure measurements from the contamination hazards of mercury!

RoHS

环保型熔体压力传感器
Environment-friendly melt pressure sensor

无汞·环保 安全·不易燃
Mercury-free and environment-friendly, safe and non-flammable

发明专利编号:CN201710186902.2

《压力传感器》《压力变送器》等
国家计量检定规程和国家计量技术规范形式评定大纲起草单位
The drafting unit of "Pressure Sensor" "Pressure Transmitter"
and other national metrological verification regulations and national metrological technical specifications formation evaluation outline.

熔体压力系列
Melt pressure series

温度传感系列
Temperature sensing series

工业压力系列
Industrial pressure series

智能仪表系列
Intelligent instrument series

测力称重系列
Force weighing series

位移流量系列
Displacement flow series

实验仪器系列
Experimental instrument series

从新定义压力与温度的测量控制
Redefine the measurement control of pressure and temperature

创建上海皓鹰及Dynisco中国工厂
Established Shanghai Haoying and Dynisco factories in China

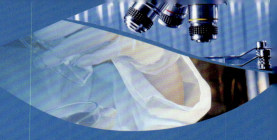

CISILE 2024

第二十一届中国国际科学仪器及实验室装备展览会
第五届中国实验室发展大会

2024 年 5 月 29-31 日
Date:May 29-31 , 2024

中国国际展览中心（顺义馆）
Venue:China International Exhibition Center (Shunyi Hall)

全球化
全球展览业协会
UFI认证展会

高规格
商务部引导支持展会
中国十佳品牌会展项目

大规模
40000m² 展示面积
1000+参展企业
50000+专业观众

重学术
两院院士、国内外知名
专家做主旨报告

谋发展
分享前沿科仪技术成果
搭建产业交流研讨平台

扫码关注
了解更多展会信息

☎ 010-62928975

🌐 www.cisile.com.cn

高新技术企业
ISO 9001质量管理体系认证
精准度0.1级压力变送器制造计量器具许可
已获20多项国家专利技术、软件著作权等，多项本安防爆认证、隔离防爆认证。

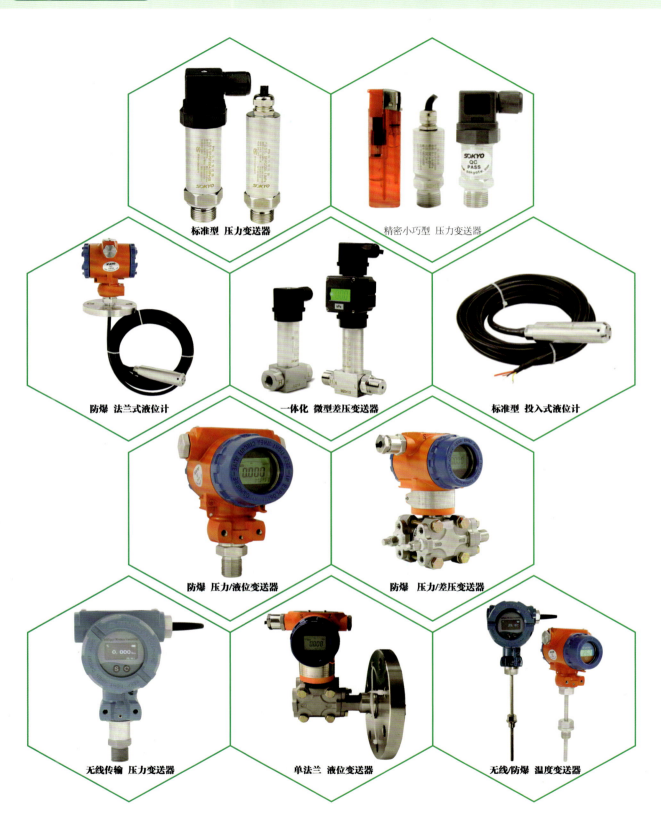

标准型 压力变送器　　　　精密小巧型 压力变送器

防爆 法兰式液位计　　　一体化 微型差压变送器　　　标准型 投入式液位计

防爆 压力/液位变送器　　　防爆 压力/差压变送器

无线传输 压力变送器　　　单法兰 液位变送器　　　无线/防爆 温度变送器

武汉松野智能仪表有限公司

淘宝：松野仪表厂家

地址：武汉市东西湖区创谷路20号中南高科-科创中心A13栋2/3楼
电话：027-83388762、83388763　传真：83264529
官网：Http://www.sokyotw.com

专注科学仪器事业，制造高品质仪器，诠释完美服务。海能技术致力为食品、药品、医疗、农业、环保、地质、化工等领域提供仪器与方法的解决方案。2006年成立以来，已拥有海能、新仪、G.A.S.、悟空、海森5个品牌，涵盖有机元素分析系列、样品前处理系列、电化学系列、物理光学系列、气相离子迁移谱系列、光谱系列、色谱系列、药品检验系列等近百款仪器。

从产品研发、零配件生产与采购到标准化生产、成品检验，海能都制定了严谨的作业规范和技术标准。国家专精特新"小巨人"企业、国家高新区"瞪羚企业"，欧盟CE认证、英国UKAS机构ISO质量管理体系认证，105项专利，59项软件著作权。5个研发中心，20余个售后服务网点，40000余平方米全产业链模式自建产业园，构筑起7天×10小时的服务响应体系，让更加专业的服务陪伴用户左右。

元素分析系列
杜马斯定氮仪
凯氏定氮仪
脂肪测定仪
纤维测定仪
食用油品质检测仪

光谱色谱系列
液相色谱系统
超高效毛细管电泳仪
葡萄酒色度测定仪
近红外光谱仪
分光光度计

样品前处理系列
微波消解仪
固相萃取仪
索氏提取仪
重金属消解仪

气相离子迁移谱
风味分析仪
呼出气分析仪
环境VOCs分析仪
离子迁移谱分析仪

电化学
物理光学系列
滴定仪
折光仪
旋光仪
熔点仪

实验室通用设备
水浴锅
智能空气管理系统

| K2025
高效液相色谱仪

FlavourSpec®
气相离子迁移谱联用仪

| K1160
全自动凯氏定氮仪

| TANK
微波消解仪

| DT12
自动溶出取样系统

| DF06
膳食纤维测定仪

| T960
全自动滴定仪

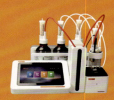

| T930
全自动水分滴定仪

海能未来技术集团股份有限公司
Hanon Advanced Technology Group Co., Ltd.

www.hanon.cc
400 618 6188

自控阀门供应商

☎ **13761794588**

「追求质量 永无止境」

上海帕基诺泵阀制造有限公司
SHANGHAI PAGENO PUMP&VALVE MANUFACTURE CO., LTD.

地址：上海市嘉定区南翔工业区　电话：021-56555114
邮箱：pageno@163.com　　　　　网址：www.cnpjn.com

扫一扫，加微信

沧州仁益五金制造有限公司

CANGZHOU RENYI HARDWARE MANUFACTURING CO., LTD.

公司简介

　　沧州仁益五金制造有限公司位于河北省沧州市南皮县，区位交通便利，公司拥有焊接机器人、数控卷板机、数控车床等先进设备，专业生产五金配件、电磁流量计传感器、涡街流量计本体等。客户可根据需求定制产品。

　　公司秉承团结合作的人文精神与严谨求实的科学态度，致力于打造一家现代化企业。精量的品质，合理的价格，无忧的服务是我们对您的承诺。

产品特点

1. 采用纯铜线圈制作，精度优于0.3%；
2. 采用焊接机器人等设备精细加工，外观平整美观；
3. 接收客户特殊定制；
4. 按照标准化流程生产产品，产品出厂合格率100%；
5. 一次合作，一生朋友。

产品及设备

联系方式：李红利　17736466777（微信同号）

公司地址：河北省沧州市南皮县刘八里乡向阳村村西

邮　　箱：1076779287@qq.com

扫一扫，加我好友

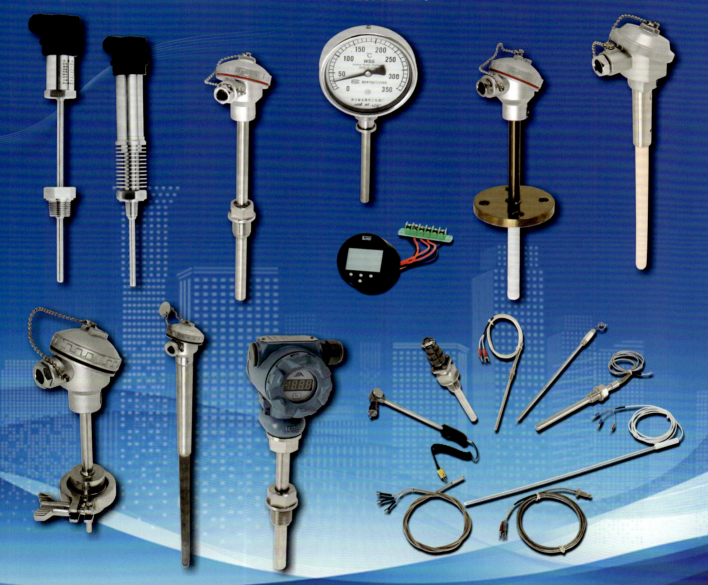

MICONEX
INVITATION
相约成都

第32届中国国际测量控制与仪器仪表展览会
（原"多国仪器仪表展"）

🕐 2024年7月31日—8月2日

📍 成都·成都世纪城新国际会展中心2、3、4号馆

知名企业齐聚 ｜ 产业大会赋能
先进制造业集群 ｜ 完整的产业链

洞悉市场动向 ｜ 行业买家团 ｜ 人才能力评价
提升品牌形象 ｜ 人才对接专区 ｜ 职业教育发展

参展咨询
王 颖 18611985864 wy@cis.org.cn
邢佳雨 15122597114 xjy@cis.org.cn
王砚伟 15600819161 wangyw@cis.org.cn
官网 www.miconex.com.cn

中国仪器仪表厂商名录

2023—2024

机械工业仪器仪表综合技术经济研究所　编

中国财富出版社有限公司

图书在版编目（CIP）数据

中国仪器仪表厂商名录. 2023—2024/机械工业仪器仪表综合技术经济研究所编. —北京：中国财富出版社有限公司，2024.4

ISBN 978-7-5047-8104-8

Ⅰ. ①中… Ⅱ. ①机… Ⅲ. ①仪器厂—中国—名录—2023—2024 ②仪表厂—中国—名录—2023—2024 Ⅳ. ①F426.4-62

中国国家版本馆CIP数据核字（2024）第047792号

| 策划编辑 | 周　畅 | 责任编辑 | 田　超　刘康格　马欣岳 | 版权编辑 | 李　洋 |
| 责任印制 | 梁　凡 | 责任校对 | 卓闪闪　张莹莹 | 责任发行 | 杨　江 |

出版发行　中国财富出版社有限公司

社　址	北京市丰台区南四环西路188号5区20楼	邮政编码	100070
电　话	010-52227588转2098（发行部）	010-52227588转321（总编室）
	010-52227566（24小时读者服务）	010-52227588转305（质检部）
网　址	http://www.cfpress.com.cn	排　版	机械工业仪器仪表综合技术经济研究所
经　销	新华书店	印　刷	北京柏力行彩印有限公司
书　号	ISBN 978-7-5047-8104-8/F·3647		
开　本	889mm×1194mm　1/16	版　次	2024年4月第1版
印　张	29.5　彩　页　24	印　次	2024年4月第1次印刷
字　数	1367千字	定　价	180.00元

前　言

　　《中国仪器仪表厂商名录》由机械工业仪器仪表综合技术经济研究所组织行业力量编辑出版，是全面反映我国仪器仪表行业产品供应和企业情况的大型信息类工具书，是在行业和用户中具有影响力的品牌，深受广大读者欢迎，对产品流通、仪表选型、行业管理起到了良好的信息沟通作用。

　　仪器仪表应用领域广泛，覆盖了农业、交通、科技、环保、国防、文教等多方面，在国民经济建设各行各业的运行过程中承担着重要任务，为我国各个行业发展提供了巨大助力。为了全面系统展示我国仪器仪表厂商情况，服务广大用户、生产企业、设计院、系统集成商及流通部门，我们组织编制了这部2023—2024年版《中国仪器仪表厂商名录》。

　　该名录信息量大，数据更新及时，全面、系统地收录了国内仪器仪表生产厂商或销售商、代理商的信息，是目前我国仪器仪表行业权威性、实用性、时效性较强的一本工具书。2023—2024年版较上一版进一步充实和完善，增加了30家企业信息，删除了48家企业信息，更新了2500家企业信息。全书共收录了3880家全国各地从事仪器仪表产品生产、经营、管理、科研的企事业单位以及国外公司在中国办事处的基本情况。内容包括单位名称、地址、邮编、电话、传真、联系人、电子信箱、网址、主要产品或业务范围等，为用户提供仪器仪表行业企业最新的联系方式和基本情况，同时刊登产品广告，展示厂商最新的技术、产品。

　　该名录覆盖仪器仪表全行业，设立自动化仪表及系统，电工电子仪器仪表，光学仪器，分析仪器，试验机，实验室仪器及装置，供应用计量仪器仪表，专用仪器仪表，传感器、仪器仪表元器件及材料，计量标准器具、量具量仪，衡器等专栏。

　　《中国仪器仪表厂商名录》由编辑部负责具体组织、录入、编撰事宜。每年经数据更新后再版。《中国仪器仪表厂商名录》在编撰过程中得到了广大厂商的大力支持，在此表示衷心感谢。竭诚欢迎尚未刊录的生产企业和销售商，或者由于业务发展需要等相关信息有所改变的厂商随时与我们联系，提供您的企业信息，以便再版时收录、更新。

　　《中国仪器仪表厂商名录》数据已经过全面核对，但企业信息处于动态变化过程之中，加之我们在工作中难免有疏漏、不当之处，恳请广大用户批评指正并提出宝贵意见，我们将不断改进。

编　者

2024年1月

总 目 次

《中国仪器仪表厂商名录》编辑部

主　　编：石镇山

编　　辑：王　卉　陈绍辉

广告设计：李文博

广告索引

上海威尔泰工业自动化股份有限公司
上海威尔泰仪器仪表有限公司

上海威尔泰工业自动化股份有限公司创立于1992年10月，注册资本1.43亿元，依靠技术创新和市场开发，以不断满足客户需要为宗旨，向客户提供产品、工程、服务和培训一体的高品质自动化系统解决方案。威尔泰已于2006年8月在深交所成功上市，股票代码002058。

　　威尔泰一直恪守"诚信敬业、务实创新"的企业精神，不断加强完善企业管理及创新研发。 自成立以来，公司及下属控股公司取得了一系列的技术成果：两项国家火炬计划项目、两项国家重点新产品、两项国家863计划项目、一项国家发展改革委重大装备自主化专项、一项上海市重点新产品、两项上海市专利新产品、一项上海市科技进步三等奖，自主设计开发的ART、PROFIBUS-DP、PROFIBUS-PA、FF等现场总结通过了国际机构的认证。

WT3000 / WT3600
系列智能压力 / 差压变送器

XE / WT4300
系列电磁流量计

WT4200S
系列电磁水表

传感器部件

WTP（M）
系列单座/套筒调节阀

WT-Ontrac
系列智能型电动执行机构

地址：上海市闵行区虹中路263号　　邮编：201103　　　　　服务热线：800 820 6075　　400 820 6075

电话：86-21-64656465　　　　传真：86-21-64013663　　　　网　址：www.welltech.com.cn

余姚市长江温度仪表厂

余姚市长江温度仪表厂是国内自动化温度控制仪表的规模化企业，在温度控制仪表的生产、制造领域积累了20多年的实践经验。

其产品应用于食品、塑料、包装等行业机械设备的温度控制，工业自动化流水线的温度控制以及其他涉及温度控制的场合，实际应用中控制稳定性好并且价格适中。

公司是一个内外贸易结合的经济实体。20多年的开发及生产经验，使其温度控制仪表年销量达100万台以上；所有产品均严格按ISO 9001:2008质量管理体系要求生产，受第三方监控以保障质量；多款控制仪表通过CE、UL认证并符合RoHS环保标准，大批量出口欧洲、美洲以及周边国家。

主要产品：万能输入型智能PID温度控制仪表、多路输入型智能PID温度控制仪表、可扩展到多达64路的温度巡检仪、12路温度实时控制仪表、具有64段时间温度可编程智能控制仪表、温湿度控制仪表、可控硅电压调整器、流量积算仪、各类电工仪表、多功能电力监测仪表、时间继电器、温度无纸记录仪表（以上仪表均具有计算机通信接口及上位界面）、温度传感器、湿度传感器、温度变送器、湿度变送器、安全栅等。

公司以科技创新为己任，应用大量先进的高科技芯片，使所生产的产品均与国际同步。欢迎新老客户莅临，我们将一如继往地为您服务！

温度变送器&安全栅

时间继电器

多路智能温度控制仪

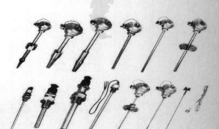

中文液晶显示温度控制仪

数显调节仪

智能温度控制仪

电流电压系列

智能温湿度控制仪

温度传感器

企业宗旨：以质量求生存，以微利占市场
服务理念：顾客满意是我们的不懈追求

姚仪仪表

厂址：浙江省余姚市长庆路9号
销售热线：0574-62813205　　13586707167　（周经理）
技术支持：0574-62830724　　18358273771　（王工）
传真：0574-62814210　　邮编：315400
网址：www.yycj.com.cn　　邮箱：yycj@yycj.com

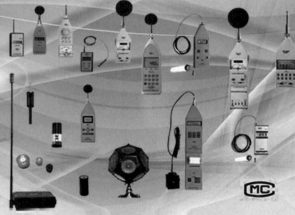

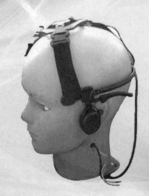

仪器仪表厂商索引

中国仪器仪表信息网 www.instrnet.com

分析仪器

供应用计量仪器仪表

自动化仪表及系统

温度、压力、流量、物位、机械量仪表

安徽春辉仪表线缆集团有限公司
地址：安徽省天长市经济开发区1号
邮编：239300
电话：0550-2388155
传真：0550-7622958
电子信箱：532652059@qq.com
网址：www.ahchjt.cn
主要产品或业务范围：压力差压变压器，电磁流量计，涡街流量计。

安徽徽宁电器仪表集团有限公司
地址：安徽省天长市铜城镇乔田社区乔坝路99号
邮编：239312
电话：0550-7561599，7563011
传真：0550-7561496
电子信箱：hn@huininggroup.com
网址：www.huininggroup.com
主要产品或业务范围：电线电缆、仪器仪表、管件阀门、汇线桥架设计开发、生产和服务于一体的企业。

安徽柯尼韦尔电气有限公司
地址：安徽省天长市天康大道333号
邮编：239300
电话：0550-7896668
传真：0550-7308992
电子信箱：knwr6666@163.com
网址：www.keneywell.com
主要产品或业务范围：仪表系列有各种热电偶、热电阻、智能数显仪表、压力表、压力变送器、温度变送器、流量计、液位计、双金属温度计等工程成套设备。进口仪表系列有物位计、压力效验仪表、罗斯蒙特/EJA变送器、SOR/UE压力开关。电缆系列有各种计算机电缆(包括本安计算机电缆)、控制电缆、本安电缆、硅橡胶电缆、防火电缆、伴热电缆、变频电缆、补偿导线及补偿电缆。

安徽库科自动化科技有限公司
地址：安徽省天长市铜城镇工业园区兴民东路1号
邮编：239304
电话：0577-7832777
传真：0550-7832077
电子信箱：shcuckoo@126.com
网址：www.shcuckoo.com
主要产品或业务范围：电磁流量计，标准节流装置等。

安徽蓝德集团股份有限公司
地址：安徽省天长市新河北路586号
邮编：239300
电话：0550-7322222，7321140
传真：0550-7322490
电子信箱：land@landgroup.cn
网址：www.landgroup.cn
主要产品或业务范围：该集团拥有规模庞大的生产基地和营销服务网络，产品涉及工业自动化仪表及控制系统、电子元器件、电线电缆、光纤光缆、线缆桥架、高低压配电设备等十大类近万种规格的产品。工业自动化仪表包括温度、流量、压力、液位、显示仪表，执行机构、调节阀和电子产品等。

安徽马鞍山市奈特仪表科技有限公司
地址：安徽省马鞍山市花山工业集中区茂林路129号
邮编：243000
电话：0555-2473738
传真：0555-2401153
电子信箱：massyc@163.com
网址：www.naiteyibiao.com
主要产品或业务范围：耐震压力表、全不锈钢耐震压力表、耐震电接点压力表系列、耐震耐腐蚀压力表系列。

安徽省中原仪表有限公司
地址：安徽省合肥市瑶海区新蚌埠路与白龙路七里塘工业区
邮编：230041
电话：0551-64231298，64249355，64249255
传真：0551-64212771
电子信箱：18805691082@qq.com
网址：www.ahyb.com
主要产品或业务范围：电磁、涡轮、涡街、双转子(螺旋转子)流量计、分流旋翼式蒸气流量计、移动(固定)式槽车油品计量装置、微机控制发油系统、各种高黏度齿轮泵、各种过滤器、油气分离器等。

安徽省众和电仪科技有限公司
地址：安徽省天长市经济开发区经八路
邮编：239300
电话：0550-7096288，7096280
传真：0550-7096222
电子信箱：zhonghekeji2008@163.com
网址：www.zhonghekeji.cn
主要产品或业务范围：FF总线电缆、PROFIBUS总线电缆、RS485通信电缆、计算机仪表电缆、物理发泡同轴

电缆、三层共挤物理发泡线芯等石油化工行业专用特种电缆。

安徽天彩仪表电缆集团有限公司
地址：安徽省天长市经济开发区纬一路888号
邮编：239300
电话：0550-7041838
传真：0550-7091599
电子信箱：773930418@qq.com
网址：www.tcjtlm.com
主要产品或业务范围：工业热电偶、热电阻、智能数显仪表、双金属温度计、各系列温度变送器等。

安徽天康（集团）股份有限公司
地址：安徽省天长市仁和南路20号
邮编：239300
电话：0550-7309038
传真：0550-7309038
电子信箱：yukm@tiankang.com
网址：www.tiankang.com
主要产品或业务范围：主要生产和销售热电阻、热电偶、双金属温度计、温度变送器、压力表、压力变送器、液位变送器、液位计与其配套的温度、压力、流量、液位等系列仪器仪表产品；仪表管阀件及仪表配件；补偿导线、补偿电缆、仪表电缆、计算机电缆、控制电缆、动力电缆、防火电缆等特种电缆和光缆及其配线系列产品；宽带大容量数据电缆；不锈钢管、高温合金管、特种钢管等产品；承接自动化控制系统及工程项目成套业务。企业通过ISO 9001、ISO 14001、OHSAS1 8001标准体系的认证。

安徽天维仪表有限公司
地址：安徽省合肥市庐阳区工业园荷塘路32号
邮编：230001
电话：0551-65661688，65663688
传真：0551-65661780
电子信箱：ceo@ahtwyb.cn
网址：www.ahtwyb.cn
主要产品或业务范围：螺旋转子流量计、腰轮流量计、椭圆齿轮流量计、三转子流量计、涡街流量计、质量流量计、涡轮流量计、电磁流量计、磁电式智能流量计、气体腰轮流量计、自动化微机控制发油系统、各种过滤器、消气（油气分离）器等。

安徽天宇仪表电缆制造有限公司
地址：安徽省天长市关塘乡天冶路西侧
邮编：239300
电话：0550-7980222，13905502818
传真：0550-7980998
电子信箱：Yuelunzhang2818@126.com
网址：www.ty-cn.cn
主要产品或业务范围：热电阻一体化现场数显温度计、热

电阻无线现场数显温度计、热电阻、热电偶、智能温度变送器、智能压力/差压变送器、一体化高精度质量流量计、耐磨热电阻、耐磨热电偶、仪表高温电缆。

安徽皖控自动化仪表有限公司
地址：安徽省天长市广陵东路88号
邮编：239000
电话：0550-7702966
传真：0550-7702566
电子信箱：wankongyibiao@163.com
网址：www.wkyb.com.cn
主要产品或业务范围：热电偶、热电阻、双金属温度计、电磁流量计、涡街流量计、涡轮流量计、金属管浮子流量计、靶式流量计、标准孔板流量计、V锥流量计、平衡流量计。

安徽西派仪表有限公司
地址：安徽省天长市铜城镇车站南路
邮编：239311
电话：0550-7892119
传真：0550-7892119
电子信箱：13866530824@163.com
网址：www.xipaiyb.com
主要产品或业务范围：温度仪表、压力仪表、液位仪表。

安徽英泰利科技有限公司★
地址：安徽省天长市永福西路188号
邮编：239300
电话：0550-7044777，7045777
传真：0550-7033777
电子信箱：yingtaili@163.com
网址：www.yingtaili.cn
主要产品或业务范围：集科研、制造、销售、成套工程于一体的自动化仪表专业生产企业。长期着力热电偶（阻）、数字显示仪表、压力表、压力（差压）变送器、雷达（超声波）料位计、电磁流量计、涡街流量计、孔板流量计、液位仪表、调节阀、执行机构、电线、电缆、管道支吊架、五金工具等产品的研发生产。产品广泛用于石油化工、冶金、电力等领域的自动化控制系统及工业生产。

安徽智的仪表有限公司
地址：安徽省天长市经济开发区经三路东天滁路北
邮编：239300
电话：13905507522
传真：0550-7621633
电子信箱：18255086111@163.com
网址：www.zhidiyibiao.cn
主要产品或业务范围：各种流量计、调节阀等。

安徽自动化仪表有限公司
地址：安徽省天长市经济开发区纬一路188号

邮编：239300
电话：0550-7622888
传真：0550-7623200
电子信箱：tkkyx@163.com
网址：www.ahzdhyb.com
主要产品或业务范围：公司主要生产温度、压力、物位、流量、分析五大系列仪表以及电缆、阀门、高低压配电柜和系统成套产品。

伽际自动化仪表有限公司
地址：安徽省天长市经济开发区伽伽工业园
邮编：239300
电话：0550-7538318
传真：0550-2152260
电子信箱：jajajituan@163.com
网址：www.jajagroup.net
主要产品或业务范围：仪表系列有气体检测仪表、温度仪表、压力仪表、流量仪表、集成装置、自控系统；电气系列有高/中/低压开关柜、母线槽、桥架、管阀件、管道防爆密封填料、防火堵料等；电缆系列有电力电缆、控制电缆、特种电缆、铜铝材压延、塑料粒子等。

合肥杜威智能科技股份有限公司
地址：安徽省合肥市高新区习友路与石莲南路交口中国声谷孵化楼九层
邮编：230022
电话：400-161-8008
电子信箱：duwei@duwei-inst.com
网址：www.duwei.com.cn
主要产品或业务范围：涉及压力、温度、湿度、流量、物位、水质分析、检测仪器等高科技工业自动化过程仪表。

合肥合龙仪表有限公司
地址：安徽省合肥市高新区香樟大道210号
邮编：230088
电话：0551-65317523
传真：0551-65392488
电子信箱：hl@hlllj.com
网址：www.hlllj.com
主要产品或业务范围：专业生产椭圆齿轮流量计、分流旋翼式蒸气流量计、涡街流量计、腰轮流量计、双转子流量计、电磁流量计等。

合肥宏峰仪表制造有限公司
地址：安徽省合肥市瑶海区磨店百帮创业园关西路16号
邮编：230041
电话：0551-64327017
传真：0551-64327269
电子信箱：hefeiyb@126.com
网址：www.china-flowmeter.cn
主要产品或业务范围：螺旋转子流量计，金属刮板流量

计，腰轮流量计，旋转活塞流量计，气体、液体涡轮流量计，电磁流量计，金属管浮子流量计，超声波流量计，温度变送器，压力变送器，微机控制系统，各种电子仪表，过滤器等产品。

合肥精大仪表股份有限公司
地址：安徽省合肥市高新技术开发区科学大道75号
邮编：230088
电话：0551-65311688
传真：0551-65324188
电子信箱：jd@jingdake.com
网址：www.jingdake.com
主要产品或业务范围：主营椭圆齿轮流量计、螺旋转子流量计、腰轮流量计、涡街流量计。

合肥精都机电仪表有限公司
地址：安徽省合肥市肥东工业新区
邮编：231601
电话：0551-67744688，67714001
传真：0551-67744788
联系人：王平
电子信箱：web@hfjingdu.com
网址：www.hfjingdu.com
主要产品或业务范围：该公司现为天然气股份公司、中石油、中石化生产流量仪表的定点单位，产品有旋转活塞流量计、液化石油气流量计、LL型腰轮流量计、LC椭圆齿轮流量计、LBJ金属刮板流量计、气体涡轮流量计、LPJ-12-B防爆发信器、XSJ流量积算仪，以及仪表附属装置、过滤器、消气过滤器、消气器等。

合肥科恒自动化仪表有限公司
地址：安徽省合肥市香樟大道168号合肥市高新区科技实业园C2-3
邮编：230088
电话：0551-65666469，65666460，65666461
传真：0551-65666469，65666462
电子信箱：hf_kh@sina.com
网址：www.hfkeheng.com
主要产品或业务范围：KH系列智能型、模拟型扩散硅，电容型压力、差压、微差压变送器，同时供应V锥流量计、电磁流量计、涡街流量计、液位变送器、物位变送器、隔离器、安全栅、配电器、称重传感器、PT100系列热电阻、热电偶及二次数显表等产品。

合肥科迈捷智能传感技术有限公司★
地址：安徽省合肥市高新区望江西路800号创新产业园D2栋2层
邮编：230088
电话：0551-64653542
传真：0551-65316075
电子信箱：sales@comatemeter.com

网址：www.comatemeter.com
主要产品或业务范围：涡街流量计、热式气体质量流量计、差压流量计、压缩空气能效监测系统、蒸气贸易计量系统、"工业五气"能效监测系统、油气回收在线监测系统、智慧气体能源管理系统等。

合肥史密斯流量仪表有限公司
地址：安徽省合肥市双凤经济开发区人和产业城246号
邮编：230011
电话：0551-64416895
传真：0551-64315714
联系人：李军
电子信箱：webmaster@metersmith.com
网址：www.metersmith.com
主要产品或业务范围：SMITH三转子流量计、SMITH金属刮板流量计、SMITH椭圆齿轮流量计、SMITH气体流量计等产品。

合肥中亚传感器有限公司
地址：安徽省合肥市经济技术开发区芙蓉路268号
邮编：230022
电话：0551-63634518，63654518，63653485
传真：0551-63661739
电子信箱：web@zysensor.cn
网址：www.zysensor.cn
主要产品或业务范围：PT系列压力、差压变送器，1151系列压力、差压变送器，SWP系列智能数显控制仪，WR、WZ系列温度传感器，ZYLUD系列涡街传感器。

蓝德能源科技股份有限公司
地址：安徽省天长市经济开发区纬一路南经三路东侧
邮编：239300
电话：0550-7322222
传真：0550-7522490
电子信箱：sell@landgroup.cn
网址：www.landgroup.cn
主要产品或业务范围：电线电缆、光纤光缆、桥架母线、自动化仪表及控制系统。

马鞍山佳恒仪器仪表有限公司
地址：安徽省马鞍山市当涂县姑孰镇姑孰工业园
邮编：243000
电话：0555-6870526
传真：0555-6870513
联系人：於志俊
电子信箱：jackyyu@jhgauges.com
网址：www.jhgauges.com
主要产品或业务范围：专业制造压力和温度仪表。

马鞍山市汇隆自动化仪表有限公司
地址：安徽省马鞍山市东岗一村2-1栋302室

邮编：243000
电话：0555-8216332
传真：0555-8218937
电子信箱：13965623992@163.com
网址：www.mashlyb.com
主要产品或业务范围：从事热式气体质量流量计的开发和生产。

天长市汉东电缆仪表厂
地址：安徽省天长市铜城镇车站北路
邮编：239311
电话：0550-7511300
传真：0550-7515300
电子信箱：web@han-dong.com
网址：www.han-dong.com
主要产品或业务范围：智能压力/差压变送器、智能变送器、一体化温度变送模块、智能数显仪、智能巡检仪、智能流量积算仪、热电偶、热电阻、现场显示温度变送器、计算机电缆、耐高温电缆。

天长市凯峰仪表电缆有限公司
地址：安徽省天长市汊涧镇釜山工业园88号
邮编：239300
电话：0550-7666333，7663666
传真：0550-7662555
电子信箱：kaifeng2003@126.com
主要产品或业务范围：流量测量仪表（所有系列型号）、W系列热电偶（阻）（铠装、防爆、防腐、耐磨、抗震）、双金属温度计、智能型多功能数字（光柱）指示调节仪等。

鑫国集团有限公司
地址：安徽省天长市经济开发区纬一路9号
邮编：239300
电话：0550-7623999，7623888
传真：0550-7623199
电子信箱：xinguo@xinguo.net
网址：www.xinguo.net
主要产品或业务范围：主要生产铠装热电偶（阻）电缆、铠装热电偶（阻）、铠装加热元件、热电偶（阻）、精密合金、补偿导线、双金属温度计、压力变送器。

艾力塔（北京）仪器仪表有限公司
地址：北京市朝阳区建国门外大街22号赛特大厦2008室
邮编：100022
电话：010-67189590
传真：010-67181620
电子信箱：eletta@eletta.cn
网址：www.eletta.cn
主要产品或业务范围：VA流量开关、电磁流量计、金属浮子流量计。

北京阿蒂姆控制设备有限公司
地址：北京市朝阳区安贞里四区3号楼1708室
邮编：100029
电话：010-84990033，84990038
传真：010-84990036
电子信箱：info@atm-china.com
网址：www.atm-china.com
主要产品或业务范围：公司主要产品有热式气体质量流量计、控制器；热式液体流量计、控制器；科里奥利式质量流量计、控制器；压力测量及控制器；显示控制单元；CEM蒸发器及混合控制系统；OEM流量/压力传感器及控制器。

北京埃希尔控制技术有限责任公司
地址：北京市海淀区上地东路1号盈创动力大厦E座405A室
邮编：100085
电话：010-58858228
传真：010-58851159
电子信箱：market@aci.com.cn
网址：www.aci.com.cn
主要产品或业务范围：公司作为美国FCI公司在亚太地区的合作伙伴和中国总代理，可提供质量流量计、流量/液位/温度开关、流体调整器的全系列产品。

北京北方华瑞测控技术有限公司
地址：北京市房山区绿地启航国际写字楼2号楼816室
邮编：100070
电话：010-88118944，88117544，18211164624
传真：010-81315991
电子信箱：bjbfhr@163.com
网址：www.bfhr.cn
主要产品或业务范围：气体、液体涡轮流量计，涡街流量计，电磁流量计等。

北京北科普瑞玛测控技术有限责任公司
地址：北京市朝阳区北苑路172号欧陆大厦A座1909室
邮编：100101
电话：010-84854742
传真：010-84854742
电子信箱：aw@bkpm.com
网址：www.primacn.com
主要产品或业务范围：超声波液位计，固体料位计，超声波明渠流量计，超声波密度计和污泥浓度计，便携式超声波高精度测量仪等系列产品。

北京博世长城仪器仪表有限公司
地址：北京市昌平区北郝庄路口东侧
邮编：102200
电话：010-89713134
传真：010-89713134
电子信箱：wdsqll@sina.com

主要产品或业务范围：智能数字表、智能工业调节仪、超声波液位计、多路巡检记录仪、流量计、热电阻、热电偶、压力变送器、温湿度传感器、液位变送器等。

北京博思达新世纪测控技术有限公司
地址：北京市海淀区花园东路10号高德大厦705室
邮编：100191
电话：010-84637969
传真：010-84637969-22
电子信箱：sales@polestar.com.cn
网址：www.polestar.com.cn
主要产品或业务范围：流量计算机，各类流量计计量仪表，流量计算转化单元等。

北京布莱迪工程技术有限公司
地址：北京市朝阳区南三环成寿寺路甲135号
邮编：100164
电话：010-67690053
传真：021-67685038
电子信箱：smv@bj-brighty.com
网址：www.bidgc.com
主要产品或业务范围：公司自主生产温度/压力/物位/流量仪表、阀门和执行机构、分析仪表等。

北京昌民技术有限公司
地址：北京市顺义区南彩镇彩达三街1号茂华工场6号厂房1层102
邮编：100011
电话：010-84882131
传真：010-84882130
电子信箱：changmin@changmin.com.cn
网址：www.changmin.com.cn
主要产品或业务范围：公司依托韩国昌民技术株式会社的高新技术制造多声道超声流量计和液位计。

北京晨淼科技有限公司
地址：北京市房山区中关村科技园房山园创新谷18号
邮编：100000
电话：010-69386890，15810160090
传真：010-69386890
电子信箱：15810160090@163.com
网址：www.bjchenmiao.cn
主要产品或业务范围：公司主要生产磁敏电子双色液位计、智能锅炉汽包液位计、精小型油位计、智能型油位传感器、智能型磁致伸缩液位计、智能卫生型液位计、智能型电容式液位计、智能型电容浮筒液位计、电容式液位计、磁致伸缩液位计、磁敏电子双色液位计、智能型温液一体变送器等多款自动化仪表产品。

北京迪妙声科技有限公司
地址：北京市海淀区马连洼亿城国际中心

邮编：100081
电话：010-88579530
传真：010-88579530-50
电子信箱：sales@dellsonics.com
网址：www.dellsonics.com
主要产品或业务范围：该公司是西门子代理商，主营西门子公司的超声波物位计、超声波液位差计、超声波泥水界面计、超声波明渠流量计，脉冲雷达液位计、调频雷达物位计、导波雷达物位计，射频导纳物位计，射频导纳物位开关、超声波物位开关、音叉式物位开关、阻旋式物位开关，电磁流量计、超声波流量计、质量流量计，压力变送器、温度变送器、阀门定位器、气体分析仪等。

北京迪沃森机电设备有限公司
地址：北京市朝阳区大咸路甲1号
邮编：100023
电话：010-87190049，85383211
传真：010-87190949
电子信箱：sales@bjdynasty.com.cn
网址：www.bjdynasty.com.cn
主要产品或业务范围：代理ZELENTECH公司的超声波流量计、油中水含量监测仪。

北京俄华通仪表技术有限公司
地址：北京市海淀区长春桥路5号新起点嘉园10号1009室
邮编：100089
电话：010-82562656
传真：010-82562718
电子信箱：mali_eht@163.com
网址：www.ru-cn.net
主要产品或业务范围：公司主要提供钛/硅-蓝宝石压力传感器/变送器、流量计以及油井液面监测等。

北京菲波安乐仪表有限公司
地址：北京市海淀区西三旗建材城中路3号程远大厦B座215室
邮编：100083
电话：010-64881202，64881196
传真：010-64881200
电子信箱：fp@fipor.com.cn
网址：www.fipor.com.cn
主要产品或业务范围：涡街流量计，电磁流量计，旋进流量计，超声波流量计。

北京菲格瑞思仪表有限公司
地址：北京市海淀区上地三街中黎科技园1号楼2层C段288
邮编：100085
电话：010-62965548
传真：010-62965596
电子信箱：1041608655@qq.com
网址：www.fege.cn

主要产品或业务范围：数字压力表、数字压力控制器、电磁流量计、热式质量流量计、旋进漩涡流量计、涡街流量计、涡轮流量计、智能压力变送器、智能差压变送器、射频导纳液位计、投入式液位计、安全栅等自主研发生产的各种数字化智能仪表。产品具有精度高、耐高温、耐高压、适应性广、安全稳定等优良性能。同时公司代理经销国内外各种品牌的自动化仪器仪表。产品在石油、石化、电力、化工、冶金、造纸、环保、食品、水处理等领域都有广泛的应用前景。

北京菲舍波特仪器仪表有限公司
地址：北京市顺义区南彩镇彩园工业区茂华工场1号厂房
邮编：101300
电话：010-84833671
传真：010-84833673
电子信箱：fsbt@bjfsht.com
网址：www.bjfsht.com
主要产品或业务范围：电磁流量计、涡街流量计、质量流量计、旋进漩涡流量计、超声流量计、楔式流量计、金属浮子流量计。

北京富盛瑞嘉科技有限公司
地址：北京市经济技术开发区西环南路18号C栋5层C516-1室
邮编：102600
电话：010-87554098
传真：010-87554098
电子信箱：fushengruijia@163.com
网址：www.fushengruijia.com
主要产品或业务范围：从事工业控制现场仪表研制、销售和服务的专业化仪器仪表公司，在磁致伸缩液位计的高温、大量程、两线制（HART）和MODBUS输出方式等方面具有丰富现场应用经验。

北京格莱普科技有限公司
地址：北京市海淀区上地三街9号嘉华大厦C座四层
邮编：100085
电话：010-51269778，62967549
传真：010-62967939
电子信箱：market@bj-gallop.com
网址：www.bj-gallop.com
主要产品或业务范围：流量计、超声波液位计、压力/差压变送器、液位变送器、温度变送器以及分析仪表等。

北京古大仪表有限公司
地址：北京市朝阳区东四环中路62号远洋国际中心D座1303室
邮编：100025
电话：010-59648788
传真：010-59648789
电子信箱：sales@godacn.com
网址：www.godacn.com

主要产品或业务范围：射频导纳开关、一体化超声波物位计、分体型超声波物位计、脉冲型雷达物位计以及导波雷达物位计五个系列三十多种产品。

北京冠诚测量技术有限公司
地址：北京市昌平区北七家镇宏翔鸿企业孵化基地C座104室
邮编：100107
电话：010-69758004，69752068
传真：010-81788664
电子信箱：wangguijing@bjguancheng.com
网址：www.bjguancheng.com
主要产品或业务范围：该公司是中美合资经营，从事工业测量压力和物位仪表产品开发、生产和销售。

北京航威硕杰电子有限责任公司
地址：北京市昌平区中关村科技园区昌平园永安路26号5层
邮编：102200
电话：010-89742981
传真：010-69729270
电子信箱：chinahv@126.com
网址：www.china-hv.cn
主要产品或业务范围：压力校验台，压力校验仪。

北京航宇东方高科技发展有限公司
地址：北京市海淀区中关村知春路108号豪景大厦B座503室
邮编：100086
电话：4008010565
传真：010-62104866，62105866-801
电子信箱：4008010565@qq.com
网址：www.ht-sensor.com
主要产品或业务范围：电磁流量计、涡街流量计、质量流量计、旋进流量计、超声波流量计、楔式流量计、金属浮子流量计、温度/压力/液位/电热产品等。

北京合世自动化科技有限公司
地址：北京市海淀区苏州街18号长远天地大厦B1座1506室
邮编：100080
电话：010-52645951，52645952
传真：010-52645956
电子信箱：heshi.com.cn@163.com
网址：www.heshi.com.cn
主要产品或业务范围：专门从事研发、生产、销售、服务各种仪器仪表、传感器、变送器、感应开关、液位控制器、变频器、PLC、DCS等标准产品及非标产品。

北京衡安特测控技术有限责任公司
地址：北京市西城区广义街4号华星大厦
邮编：100053
电话：010-83156446
传真：010-83156566
电子信箱：bjhunt@126.com
网址：www.bj-hunt.com.cn
主要产品或业务范围：流量仪表、热量表与物位仪表。

北京虹润坤瑞自动化控制技术有限公司
地址：北京市海淀区大柳树路富海国际港1307室
邮编：100081
电话：010-82102372，62134217
传真：010-62132243
电子信箱：hrbj@hrgs.com.cn
网址：www.hrgs.com.cn
主要产品或业务范围：流量计、液位计、无纸记录仪、数字/液晶显示控制仪、流量积算仪、电工参量显示仪表。

北京华毅澳峰自动化设备有限公司
地址：北京市海淀区上地信息产业基地科贸大厦303室
邮编：100085
电话：4000001825
传真：010-62983600
电子信箱：bj@huayiaofeng.com
网址：www.chnaf.com
主要产品或业务范围：该公司产品有AF系列压力/差压变送器，AFT系列温度变送器，SOLUTION品牌的L303物位变送器，S600/S800系列智能压力/差压变送器。

北京慧博新锐科技有限公司
地址：北京市昌平区回龙观镇立业路8号兆科512
邮编：102206
电话：010-62611102，62619588
传真：010-62637852
电子信箱：huiboxinrui@163.com
网址：www.wuweiji.cn
主要产品或业务范围：6G雷达物位计、导波雷达物位计、26G雷达物位计、26G雷达水位计、物位开关等产品。

北京捷尔仪表有限公司
地址：北京市昌平区沙河知青路1号
邮编：102206
电话：010-61702688
传真：010-61702683
联系人：丁经理
电子信箱：jeer@vip.163.com
网址：www.jeer-bj.com
主要产品或业务范围：该公司拥有80G超高频雷达物位计、26G高频雷达物位、6.8G低频雷达物位计、导波雷达物位计、超声波液位计、射频导纳开关、微波水位计多个系列几十种型号的产品。

北京金德创业测控技术有限公司
地址：北京市大兴区工业开发区盛坊路1号1号楼、2号楼
邮编：102600
电话：010-60242648-607

传真：010-60242648-605
电子信箱：jdscb@jdcontrol.com
网址：www.jdcontrol.com
主要产品或业务范围：公司专业从事工业自动化物液位仪表研发、生产和销售。

北京金海鑫仪器仪表科技发展有限公司

地址：北京市海淀区永定路甲4号A院百乐大厦517室
邮编：100143
电话：010-53100708
传真：010-53100708
电子信箱：jhx@jhxyibiao.net
网址：www.jhxyibiao.com
主要产品或业务范围：该公司主要生产LUGB脉冲型涡街流量计，DBLU型、LUW智能就地显示型涡街流量计，气体变送器，电磁流量计，涡轮流量计，各种积算仪，压力仪表等产品。

北京京多仪表有限公司

地址：北京市海淀区丰贤中路7号1号楼2006室
邮编：100095
电话：010-58711916
传真：010-58711927
电子信箱：zswk2009@163.com
主要产品或业务范围：雷达物位计、射频导纳物位控制器、超声波液位计、静压液位计、压力变送器等。

北京京杰顿科技有限公司

地址：北京市房山区西潞街道固村1号
邮编：102488
电话：010-51260812
传真：021-51872659
电子信箱：sales@jietun.cn
网址：www.jietun.cn
主要产品或业务范围：工业加热功率控制器、隔离变送器、工业过程仪表的研发和生产。

北京京仪海福尔自动化仪表有限公司

地址：北京市东城区安德路16号神华大厦C座308室
邮编：100011
电话：010-64513838
传真：010-84134815
电子信箱：sale_hifor@163.com
网址：www.hifor.com.cn
主要产品或业务范围：公司从事物位、流量仪表制造和相关专业自动化控制系统工程。

北京精波仪表有限公司

地址：北京市海淀区永丰产业基地丰贤中路7号1号楼2002室
邮编：100096
电话：010-58711915

传真：010-58711927
电子信箱：jingboyibiao@163.com
网址：www.jbwave.com
主要产品或业务范围：雷达水位计、超声波水位计。

北京精诚瑞博仪表有限公司

地址：北京市昌平区科技园区创新路27号3号楼6层
邮编：102200
电话：010-53108568
传真：010-53108566
电子信箱：jingchengruibo@163.com
网址：www.bjjcrb.com
主要产品或业务范围：雷达物位计，超声波液位计。

北京精量科技有限公司

地址：北京市朝阳区望京东路8号锐创国际中心B座1522室
邮编：100102
电话：4000057868，010-84177977
传真：010-84177977
电子信箱：sales@acou-flow.com.cn
网址：www.acou-flow.com.cn
主要产品或业务范围：热式流量计、传感器温度补偿技术、多变量流量测量技术。

北京卡米特测控技术有限公司

地址：北京市昌平区小辛庄工业园嘉荷达8号楼211室
邮编：102209
电话：010-62950464，62950465
传真：010-62950466
联系人：王志明
电子信箱：sales@comity-tec.com
网址：www.comity-tec.com
主要产品或业务范围：涡街流量计、内锥流量计、微小流量计、气体质量流量计/控制器。

北京凯航伟业科技有限公司

地址：北京市海淀区学院路37号
邮编：100190
电话：010-62670036，62670037，62670038
传真：010-82332568
电子信箱：kaihangweiye@163.com
网址：www.bjkaihang.com
主要产品或业务范围：压力校验产品，温度校验产品，标准转速校验装置，环境参数测定仪。

北京康纳森仪表技术有限公司

地址：北京市朝阳区北苑路甲13号院北辰新纪元大厦2-1702
邮编：100107
电话：010-84917838
传真：010-84918033

电子信箱：info@conasen.com
网址：www.conasen.com
主要产品或业务范围：公司是一家专注于自动化领域的仪器仪表服务商。擅长超声波物位计、超声波流量计、雷达液位计、压力开关的现场应用。

北京康斯特仪表科技股份有限公司★
地址：北京市海淀区丰秀中路3号院5号楼
邮编：100094
电话：010-56973333
传真：010-56973322
电子信箱：office@constgroup.com
网址：www.constgroup.com
主要产品或业务范围：公司是中国压力、温度及过程仪表检测设备生产与服务的领导者，主要生产压力校验仪、数字压力表、过程校验仪、温度校验仪、压力泵、干体炉、测温仪等，实验室通过CNAS认证，提供压力、温度及电测等仪表的校准服务。

北京康泰威尔科技有限公司
地址：北京市东城区东四南大街演乐商务楼213室
邮编：100007
电话：010-64484688
传真：010-64484688
联系人：康秉豪
电子信箱：kangtaiwellzy@126.com
网址：www.kangtaiwell.com
主要产品或业务范围：专业从事研制、开发、生产物位、分析、压力／差压仪表、流量智能仪表、仪表盘、控制柜、计算机自动化控制工程和仪表成套项目的设计与实施的高新技术企业。

北京康威仪表有限责任公司
地址：北京市大兴区工业开发区金科路2号
邮编：102600
电话：010-69223960，86838088，52872724，
　　　400-688-0126
传真：010-53350522
联系人：李经理
电子信箱：kawe@kawe.cn
网址：www.kawe.cn
主要产品或业务范围：压力仪表系列、双金属温度仪表、金属套玻璃仪表等几大系列一千多个规格。

北京科力博奥仪表技术有限公司
地址：北京市石景山区阜石路165号鼎城A座737室
邮编：100040
电话：010-88148118
传真：010-88148119
电子信箱：bjklb@126.com
网址：www.kelibo.com.cn

主要产品或业务范围：该公司专业生产科里奥利质量流量计。经历了十多年的发展，精益求精，生产的高精度、多功能、智能型科里奥利质量流量计，液晶显示屏可显示瞬时流量＋累计流量＋温度＋密度（或百分含量）。形成从微小流量到大流量（1kg/h～550t/h）一系列规格型号，温度范围宽（低温-200℃、高温350℃），自诊断，输出信号选择更多，带MODBUS或HART协议，能同时实现远程测量、控制和修改参数等，变送器可带定量控制功能。全新推出的石油钻井专用测量仪器，可以在压力160MPa、温度150℃环境下工作。

北京科普斯特自动化仪表有限公司
地址：北京市大兴区西红门镇兴创国际四期S座801
邮编：102600
电话：010-51212030
传真：010-51260977，51260946-806
电子信箱：1409804039@qq.cn
网址：www.capstar.com.cn
主要产品或业务范围：该公司是一家专业生产物（液）位仪表的高科技企业，主要产品有CAP-3031智能锅炉汽包液位计、CAP-3000系列智能物（液）位测控系统。

北京空港北光仪表有限公司
地址：北京市顺义区天竺空港工业区A区天柱西路甲7号
邮编：101300
电话：010-80487863，80493720，80487789
传真：010-80493721
电子信箱：info@bab-i.com
网址：www.bab-i.com
主要产品或业务范围：主要从事流量仪表、液位仪表。

北京朗润达科贸有限公司
地址：北京市朝阳区胜古中路2号院金基业大厦918室
邮编：100029
电话：010-64449938
传真：010-64449915
电子信箱：sales@longradar.com.cn
网址：www.longradar.com.cn
主要产品或业务范围：代理美国PDC、DWYER、ALICAT、INSTRUTECH、WASCO、ANDERSON、AUTOTRAN，英国PYROPRESS等品牌，提供上万种有关差压、压力、真空、流量、质量流量、风速、液位、温湿度、燃烧测试、泄漏、阀门等仪器仪表。

北京雷萨德仪器仪表有限公司
地址：北京市朝阳区芍药居北里103号楼一层
邮编：100101
电话：010-84619572，84619574
传真：010-84619471
电子信箱：ros@roseate.cn
网址：www.roseate.cn

主要产品或业务范围：工业自动化仪器、仪表的开发研制和生产。销售旋进流量计、涡街流量计、超声波液位计、雷达液位计、电容物位计、射频导纳开关、隔膜压力变送器、压力变送器、静压式液位变送器、1151/3051智能差压变送器、微差压变送器、一体化温度变送器、智能显示仪表。

北京利德赛工贸有限公司
地址：北京市东城区东中街58号美惠大厦B座1003室
邮编：100027
电话：010-65545181，65545182
传真：010-65545180
电子信箱：ldsl@ldsl.com.cn
网址：www.ldsl.com.cn
主要产品或业务范围：公司主要产品有美国PFS楔式流量计、文丘里流量计、高压孔板节流装置，流量喷嘴（中国总代理）。

北京凌云伟业流量仪表有限公司
地址：北京市朝阳区酒仙桥驼房营南路梵谷水郡2号楼
邮编：100016
电话：010-87875179，81685678，13701382777
传真：010-84356337
电子信箱：majingmu@163.com
网址：www.bjlingyun.com
主要产品或业务范围：LUGB系列涡街流量计、LW系列液体/气体涡轮流量计、TDS-100型系列超声波冷/热量计、LD系列电磁流量计、LZ系列金属管浮子流量计、热式气体质量流量计、靶式流量计、均速管流量计、罗茨流量计、玻璃转子流量计、面板式（管道）流量计、液位/压力变送器等。

北京绿奥嘉年仪表有限公司
地址：北京市海淀区德外西三旗金榜园商务会馆210室
邮编：100096
电话：010-62713150
传真：010-62712737
电子信箱：llh@chayabiao.com
主要产品或业务范围：差压、压力、真空、流量、风速、液位、温湿度、燃烧测试、阀门等方面的仪器仪表。

北京迈准仪表有限公司
地址：北京市朝阳区红军营南路媒体村天畅园7号楼1301室
邮编：100101
电话：010-64899415
传真：010-64936178
电子信箱：measure@netchina.com.cn
网址：www.beijingmeasure.com
主要产品或业务范围：该公司是一家专业从事自动化测量仪表以及配套产品的企业。主要代理国际上一些知名度高、技术力量强、产品优秀的公司产品。是德国西门

子（SIEMENS）公司自动化过程仪表指定的核心合作伙伴；同时经销德国德瑞模（DREHMO）公司、瑞士托曼（THOMMEN）公司产品。

北京妙思特仪表有限公司
地址：北京市房山区阎村镇北坊村村委会北700米
邮编：102413
电话：010-84858894，81522236，81522280
传真：010-84859894
电子信箱：cbmaster@163.com
网址：www.master18.com
主要产品或业务范围：金属管浮子流量计、电磁流量计、靶式流量计、流量开关、吹扫装置、智能雷达物位计、智能浮筒液位计等过程检测仪表。

北京明日丝路物位传感技术有限公司
地址：北京市顺义区牛栏山腾仁路11号闽京蒲二期西门5号楼302
邮编：102209
电话：010-89752428，89752429
传真：010-89751982-17
电子信箱：mingrisl@mingrisl.com.cn
网址：www.mingrisl.com.cn
主要产品或业务范围：音叉液位开关、射频电容式物位开关、振棒式料位开关。

北京奈士德科技有限公司
地址：北京市通州区马驹桥镇联东U谷东区2D2层
邮编：101102
电话：010-59777924
传真：010-59777920
电子信箱：leili@bjnicety.com.cn
网址：www.bjnicety.com.cn
主要产品或业务范围：热式气体质量流量计、射频电容物位计、压力/差压开关、流量开关、仪表风洞。

北京颇特仪器有限公司
地址：北京市朝阳区胜古中路2号院5号楼金基业大厦901室
邮编：100029
电话：010-64415004
传真：010-64416692
电子信箱：sales@puttom.com.cn
网址：www.puttom.com.cn
主要产品或业务范围：差压、压力、真空、流量、风速、温度、湿度、物位（液位）、阀门、PLC等相关仪器仪表，并且根据用户需求提供系统装置。

北京普特仪表成套厂
地址：北京市大兴区郁花园
邮编：102627
电话：010-63404685

传真：010—63263379
电子信箱：bjpute@163.com
网址：www.bjpute.com
主要产品或业务范围：压力表、数字压力表、双金属温度计、流量计、电磁阀。

北京七星华创流量计有限公司★
地址：北京市大兴区经济技术开发区文昌大道8号
邮编：100176
电话：010—56178088
传真：010—56178099
电子信箱：mfcsales@sevenstar.com.cn
网址：www.mfcsevenstar.cn
主要产品或业务范围：质量流量计／控制器是对各种工业气体进行精密测量与控制的核心部件，广泛用于色谱仪、光谱仪、质谱仪、动态校准仪、PM2.5监测仪等多种仪器上。

北京锐达仪表有限公司
地址：北京市通州区中关村科技园区通州园金桥科技产业基地景盛南四街15号92B
邮编：101100
电话：010—59146101，18500727919
传真：010—51418072
电子信箱：sales@raydar.cn，sales@connetech.com
网址：www.raydar.cn，www.levelx.cn
主要产品或业务范围：2D雷达扫描仪、3D雷达成像仪、3D雷达扫描机器人、3D激光盘料仪、3D激光扫描机器人、微波测量机器人，120GHz／80GHz／26GHz／6GHz雷达物位计、导波雷达物位计、水文雷达物位计、油水界面仪、化工罐区计量级雷达物位计、多点平均温度计、罐旁通信协议处理器，各种形式的物位开关等；可为不同行业客户提供定制化解决方案，包括软件、传感器、通信协议以及配套安装附件等。公司已获得国际ISO质量管理认证、CE认证、SIL认证等多项荣誉认证，且取得多项工业物位和雷达领域的核心专利与软件著作权。

北京瑞力普仪表科技有限公司
地址：北京市海淀区苏家坨车耳营南路50号
邮编：100194
电话：010—62460078
传真：010—62480986
电子信箱：642889969@qq.com
网址：www.rlppc.com
主要产品或业务范围：全自动压力控制器，数字压力校验仪，数字精密压力表，气体超高压校验系统。

北京瑞普三元仪表有限公司★
地址：北京市海淀区学院路5号768产业园
邮编：100083
电话：010—60995530（工厂），84512778（营销部）

传真：010—60992730（工厂），64608482（营销部）
电子信箱：sany@bjripe.com
网址：www.brsanyuan.com
主要产品或业务范围：压力及差压变送器、电磁流量计、电磁水表、涡街流量计、质量流量计、热式气体质量流量计、超声波流量计／热量计、V锥流量计、标准喷嘴天然气流量计、多参量测管式流量计、雷达液位计、雷达料位计、超声波物位计、电容物位计、电容物位控制器、音叉物位控制器和阻旋物位控制器、可燃及有毒气体探测器。

北京塞尔瑟斯仪表科技有限公司
地址：北京市海淀区北四环中路229号海泰大厦621室
邮编：100083
电话：010—82883086
传真：010—82883822，82883823
电子信箱：zengfanhong@sailsors.com
网址：www.sailsors.com.cn
主要产品或业务范围：北京塞尔瑟斯是Sailsors在中国的独资企业，在北京设有制造中心和研发中心。该公司是测量和控制仪表公司，是著名的过程仪表和暖通仪表制造商，加拿大Sailsors的各种压力变送器、流量计与差压表在北美和欧洲已畅销10年。

北京赛亿凌科技有限公司
地址：北京市海淀区西直门北大街32号A座1711
邮编：100082
电话：010—62230011
传真：010—62230033
电子信箱：sailing@263.net.cn
网址：www.bjsailing.com.cn
主要产品或业务范围：该公司是从事温湿度与压力传感器、变送器及控制仪表研究、开发和生产的机构，并承接自动化系统工程。产品包括薄膜铂电阻温度检测元件、湿度传感器、温度变送器、一体化温度变送器、压力传感器和变送器、单回路PID控制仪表、功率调节器、固态继电器、即插即用型RS232／485通信转换器、电量变送器。

北京上润思博科技有限公司
地址：北京市大兴区兴华大街2段3号院波普中心2号楼1807室
邮编：100088
电话：010—82356449
传真：010—51734129
网址：www.wispro.com.cn
主要产品或业务范围：WP系列工控仪表、电力仪表、流量仪表、变送器、转换模块、安全栅、离子风吹枪自动控制器、传感器等。

北京圣业科技发展有限公司
地址：北京市海淀区农大南路88号2号楼332
邮编：100080

电话：010-62528519，62529671
传真：010-62529670
联系人：谷琴华
电子信箱：bjshengy@163.com
网址：www.flow-pressure.com
主要产品或业务范围：该公司是专业生产流量压力测量仪表的制造商，推出了具有国际同等先进水平的SY-93系列高低压气体质量流量计、质量流量控制器，SY-94系列气体压力电子控制器、压力变送器，SY-95系列漏气量测量仪、配气仪。

北京实达同创测控设备有限公司
地址：北京市昌平区北清路1号珠江摩尔大厦6号楼2单元810室
邮编：102200
电话：010-62954253
传真：010-62958476
电子信箱：bj_sdtc@163.com
网址：www.sdtcck.com
主要产品或业务范围：流量计量仪表、液位仪表等工业自动化产品。

北京市清阳仪表科技有限公司
地址：北京市海淀区上地三街9号嘉华大厦C406号
邮编：100085
电话：010-82781327
传真：010-62987493
电子信箱：qingyangyibiao@163.com
网址：www.bjqyyb.com
主要产品或业务范围：智能差压式流量计。

北京首科实华自动化设备有限公司
地址：北京市海淀区高里掌路翠湖云中心3号院8号楼
邮编：100107
电话：010-62469048
传真：010-62469048
电子信箱：info@bjsincerity.com
网址：www.bjsincerity.com
主要产品或业务范围：科里奥利质量流量计，高准确度智能系列直接质量流量计，质量流量传感器、变送器，系列天然气加气机。

北京树诚科技发展有限公司
地址：北京市顺义区林河南大街31号
邮编：101300
电话：010-89486209
传真：010-89486811
电子信箱：beijing@sc-st.com
网址：www.sc-st.com
主要产品或业务范围：该公司拥有各种在线放射性同位素检测仪表系统，如料(液)位计、密度计、料位开关、核子

秤等。产品广泛应用于石油、化工、冶金、建材等行业中高温、高压、高黏度、强腐蚀等恶劣环境下的料(液)位、密度(浓度)、质量流量、界面等参数的在线检测。

北京硕杰同创智能仪表有限公司
地址：北京市门头沟区石龙工业开发区雅安路6号利德衡大厦C座301室
邮编：102308
电话：010-52631773
传真：010-52631771
电子信箱：jd@shuojie.com
网址：www.shuojie.com
主要产品或业务范围：智能压力变送器、智能差压变送器、射频导纳物位计、投入式液位计、安全栅、配电器、隔离器等。

北京斯贝克科技有限责任公司
地址：北京市海淀区西三旗东路金燕龙大厦6层
邮编：100096
电话：4000582226
传真：010-62713168
电子信箱：sales@cspmk.com
网址：www.cspmk.com
主要产品或业务范围：智能压力校验台、数字压力综合校验台、热工仪表校验仪、便携干体温度校验仪等温度、压力校验仪器。

北京斯克维思仪表有限公司
地址：北京市通州区工业开发区光华路16号方和正圆2号
邮编：101113
电话：010-84440008
传真：010-84440230
电子信箱：sales@swisa.com.cn
网址：www.swisa.com.cn
主要产品或业务范围：智能汽包液位计、汽包水位计、电极式液位计、磁致伸缩液位变送器等液位测量产品。

北京泰威智达仪表科技有限公司
地址：北京市大兴区旧宫镇工业园区南区甲21号
邮编：100076
电话：010-87916521，87919508，87918682
传真：010-87916523
电子信箱：taiwzd@163.com
网址：www.taiwzd.com
主要产品或业务范围：压力变送器、差压变送器、智能压力变送器、智能差压变送器、微差压变送器、数显压力表、数字压力表、投入式液位计、射频导纳料位开关、智能射频电容物位计、磁致伸缩液位计等数十个产品系列。

北京万群自动化控制设备有限公司
地址：北京市海淀区上地六街17号康得大厦5层6526

邮编：100085
电话：010-62975336，62974367
传真：010-62971247
电子信箱：wanqun@bjwanqun.com
网址：www.bjwanqun.com
主要产品或业务范围：流量、压力、液位、温度、超声波、雷达物位计、智能控制仪表、阀门等系列一百多个品种。

北京万顺华科技有限公司
地址：北京市朝阳区北苑路13号院1号楼A单元4层
邮编：100107
电话：010-89752511，13161035611(微信同号)
传真：010-61713004
微信公众号：万顺华科技
联系人：赵丹
电子信箱：531257101@qq.com
网址：www.wanshunhua.com
www.sensor168.com.cn
主要产品或业务范围：GDY-光电液位控制器、光电液位开关、光电浸液报警器；GXY-光纤液位传感器、光纤液位监控仪、光纤液位防溢油探头/探杆；GX-光纤耦合传感器。

北京威斯特中航科技有限公司
地址：北京市通州区温榆河西路金融街园中园5号院48号楼
邮编：101100
电话：010-89505985，89505975，89505976
传真：010-89505997-8111
电子信箱：wstzh999@163.com
网址：www.westzh.com
主要产品或业务范围：离子束溅射薄膜压力传感器、变送器，静压投入式液位计，静止、旋转、防爆、非标准扭矩传感器、变送器，扭矩仪，电容式1151压力、差压变送器，符合HART协议的智能变送器，应变式称重、拉压力传感器、变送器，各种压力、扭矩、温度系列智能显示仪表、板卡等。

北京唯恩传感技术有限公司
地址：北京市朝阳区望京科技园E座C502室
邮编：100102
电话：010-84148574
传真：010-84148574
电子信箱：892790980@qq.com
网址：www.bjweien.com
主要产品或业务范围：智能型多声道超声流量计。

北京向导科技有限公司
地址：北京市海淀区上地信息路2号国际创业园2号楼14C-14E
邮编：100085
电话：010-62966830，62966131

传真：010-62969690
电子信箱：sales@guidekj.com
网址：www.guidekj.com
主要产品或业务范围：公司致力于微波物位、超声波物位、流量、压力等传感器、工业控制系统的研发和生产。

北京欣声力科技有限公司
地址：北京市朝阳区北苑路媒体村天畅园8号楼2206室
邮编：100107
电话：010-64956926，64956907
传真：010-64956946
电子信箱：ssn@suresonics.com
网址：www.suresonics.com
主要产品或业务范围：公司是西门子过程仪表在中国地区的代理，其产品有西门子的压力/温度变送器、妙声力超声波物位计/雷达物位计/电容式物位计/过程保护元件、电磁流量计/超声波流量计/质量流量计、智能阀门定位器、过程回路调节器等。

北京亚捷隆测控技术有限公司
地址：北京市朝阳区安立路60号B座2205室
邮编：100101
电话：010-64820350，64820219
传真：010-64820218
电子信箱：yajielong@126.com
网址：www.yajielong.com.cn
主要产品或业务范围：超声波、雷达、电容式物位计，料位开关，保护开关，明渠流量计及污泥界面计，皮带秤，冲板流量计；称重传感器，称重模块，阀门定位器，电磁、超声波流量计，压力、温度仪表，丹佛斯流量计系列，压缩空气过滤器。

北京友合鑫茂自动化技术有限公司
地址：北京市丰台区马家堡东路121号7克拉小区A座909室
邮编：100068
电话：010-56921930，56921932
传真：010-56921931
电子信箱：sale@yhxml.com
网址：www.yhxml.com
主要产品或业务范围：该公司是日本SHIMADEN岛电株式会社在中国市场的销售管理中心，SHIMADEN岛电主要生产高品质温湿度控制器及传感器、电力调整器、固态继电器。

北京远东仪表有限公司
地址：北京市东城区和平里北街6号
邮编：100013
电话：4006503698
传真：010-64216885
电子信箱：sales@bjfeic.com
网址：www.bjfeic.com

主要产品或业务范围：公司主要产品包括罗斯蒙特系列压力、温度、流量、物位测量仪表；智能火焰检测器、安全栅、隔离栅、振动测量等现场仪表；ＤＣＳ集散控制系统；烟气排放连续监测系统等节能环保产品。

北京至华仪表有限公司
地址：北京市昌平区立业路13号
邮编：102206
电话：010-80725585
传真：010-80725585
电子信箱：zhihuayibiao@163.com
主要产品或业务范围：80G雷达物位计及相关仪表。

北京中锐智诚科技有限公司
地址：北京市海淀区上地信息路2号1号楼9B
邮编：100085
电话：010-82894308
传真：010-82894307
联系人：王有运
电子信箱：wyy@bjzrzc.com
网址：www.bjzrzc.com
主要产品或业务范围：符合ＨＡＲＴ协议的3051系列智能变送器卡、转子流量计卡、隔离温度变送器模块、智能ＨＡＲＴ涡街流量计模组、智能电磁流量计模组、HART475手持器等；符合PROFIBUS-PA协议的温度、压力、流量智能电路组件。

北京中胜仪表科技有限公司
地址：北京市昌平区马池口镇横桥村东两岸共盈工业园
邮编：100029
电话：15600691962
传真：010-60773659
电子信箱：18123589@qq.com
网址：www.bjzsyb.com
主要产品或业务范围：26G高频雷达物位计、6.8G智能雷达物位计、导波雷达物位计、雷达水位计、超声波液位计等系列。

北京中兴达仪表科技有限公司
地址：北京市丰台区马家堡西路15号
邮编：100067
电话：010-87586268，87586463
传真：010-87586463
电子信箱：root@bjzxd.com.cn
主要产品或业务范围：LW-300系列钢水测温仪、LW-306D无线数传钢水测温仪、LW-300M枪表一体式无纸记录测温仪、便携式测温仪、温度传感器、光谱仪多元素显示屏、出坯工位无线数传显示屏。

北京珠峰成业科贸有限公司
地址：北京市石景山区石景山路23号中础大厦230室

邮编：100049
电话：010-68870569
传真：010-68822542
电子信箱：zfcy8848@163.com
主要产品或业务范围：有超声波流量计，电磁流量计，涡街、涡轮流量计，腰轮流量计，孔板，V锥流量计及压力、差压变送器等。

北京自动化仪表二厂
地址：北京市东城区天坛西胡同26号
邮编：100050
电话：010-67010077
传真：010-67018091
电子信箱：bjyb2c@sina.com
网址：www.bjyb2c.com
主要产品或业务范围：各种温度传感器(包括普通型、铠装式、隔爆型)及各种温度变送器、数字显示调节仪表。

华信仪表（北京）有限公司
地址：北京市昌平区创新路11号创业大厦九层
邮编：102200
电话：010-62345181
传真：010-62345183
电子信箱：9511@comeonhs.com
网址：www.9511.com.cn
主要产品或业务范围：智能压力校验仪，全自动压力校验台等。

介可视（北京）机电技术有限公司
地址：北京市通州区九棵树西路龙湖蔚蓝香醍19号楼5单元101室
邮编：101100
电话：4006911718，010-80818916
传真：010-80818991
电子信箱：wll@jiekes.com
网址：www.jiekes.com
主要产品或业务范围：该公司以进出口仪器仪表为主。产品有3D物位扫描仪，雷达物位计，超声波物位计，阻旋式料位计，射频导纳物位计，膜片料位开关，重锤式料位计，倾斜开关，电容式物位计，音叉式物位计，液位开关，液位变送器，浮力式液位变送器，粉尘开关，粉尘监测仪器，破袋检漏仪，固体流量计，流量变送器，流量传感器，水分析仪等产品。

凯恩姆流量技术（北京）有限公司
地址：北京市朝阳区红军营南路15号瑞普大厦C座906室
邮编：100012
电话：010-84929567
传真：010-64828392
电子信箱：yu@kem-kueppers.cn
网址：www.kem-kueppers.cn

主要产品或业务范围：齿轮流量计、涡轮流量计、双螺杆流量计、微流量计和科氏力质量流量计以及特型配件等。

美国维德路特公司北京代表处
地址：北京市朝阳区将台路5号506创新园15号楼D座6层
邮编：100015
电话：010-65128081
传真：010-65220887
电子信箱：jszc@veeder.com
网址：www.veeder.com.cn
主要产品或业务范围：该公司是加油站油罐液位仪的世界著名专业供货商，在全球监测超过50万个油罐，并为加油站提供油站库存管理、油站环保监管、油站风险管理及油站配送管理的服务。

天辰博锐集团有限公司
地址：北京市石景山区古城西路94号首特钢创业大厦A座813座
邮编：100043
电话：010-50941889
传真：010-50941890
电子信箱：tcbr_yangl@163.com
主要产品或业务范围：高精度质量流量仪表。

威尔沃自动化设备（北京）有限公司
地址：北京市顺义区林河工业开发区林河大街21号
邮编：101300
电话：010-89452711-8001
传真：010-89452720
电子信箱：virvo-1@163.com
网址：www.virvo.com.cn
主要产品或业务范围：热式气体质量流量计，电磁流量计，涡街流量计，V锥流量计，科氏力质量流量计，热式流量开关，挡板流量开关，压力变送器，压力开关以及其他流量、压力、液位、显示、油混水等仪器仪表。

西门子（中国）有限公司
地址：北京市朝阳区望京中环南路7号
邮编：100102
电话：010-64768888
传真：010-64764921
电子信箱：contact.slc@siemens.com
网址：www.siemens.com.cn
主要产品或业务范围：温度、压力、物位、流量等各种现场仪表和在线分析仪器。

江元（重庆）科技集团股份有限公司
地址：重庆市北碚区京东方大道399号19幢
邮编：400714
电话：023-68271555
传真：023-68273018

电子信箱：info@jiangyuan.com.cn
网址：www.jiangyuan.com.cn
主要产品或业务范围：智能压力变送器、物（液）位计及温度传感器。

涅弗恩仪器仪表（重庆）有限公司
地址：重庆市北碚区丰和路92号
邮编：400700
电话：023-61300396
传真：023-61300395
电子信箱：office@kftck.com
网址：www.kftck.com
主要产品或业务范围：该公司主要销售压力开关、智能数显压力开关、差压开关、负压开关、精巧型压力开关、隔膜压力开关、隔膜差压开关、604差压开关、防爆压力开关、美国UEH100系列压力开关、美国UE117系列压力开关、美国UE400系列压力开关、美国UEJ120系列压力开关、指针式压力开关、KSP-Ⅱ智能数显压力控制器等。

中国四联仪器仪表集团有限公司
地址：重庆市北碚区蔡家岗同熙路99号
邮编：400700
电话：023-68216775
传真：023-68216674
电子信箱：zgslb@126.com
网址：www.chinasilian.com.cn
主要产品或业务范围：温度仪表和电加热器专业制造厂。

重庆宝元森仪表制造有限公司
地址：重庆市北碚区北温泉街道金龙湖工业园区
邮编：400700
电话：023-68869219
传真：023-68868944
电子信箱：cq@bysyb.cn
网址：www.bysyb.cn
主要产品或业务范围：专业从事自动化控制，流量仪表的开发、制造、销售及服务。主要产品有智能节流装置、涡街流量计、旋进漩涡流量计、电磁流量计、均速管流量计等系列智能流量计、扩散硅压力变送器、电容式差压/压力变送器、智能液晶流量显示仪等系列产品。

重庆长江仪表厂
地址：重庆市渝中区民生巷1号
邮编：400010
电话：023-63846343，63846469
传真：023-63846343，63848947
电子信箱：cqmeter@163.com
主要产品或业务范围：该厂是中国仪器仪表行业协会自动化仪表分会、仪表功能材料分会理事单位，提供热电阻、热电偶、燃气调压器、智能数字显示调节仪等四大类上千个规格品种的产品。

重庆川仪精密机械有限公司
地址：重庆市北碚区澄江镇曙光村1号
邮编：400701
电话：023-86020246
传真：023-68226593，68226596
电子信箱：web@cqcyjm.com
网址：www.cqcyjm.com
主要产品或业务范围：温度变送器，液位控制仪，物位计，流量计。

重庆川仪十七厂有限公司
地址：重庆市北碚区蔡家岗蔡和路879号
邮编：400700
电话：023-68262292
传真：023-68263847
电子信箱：sic17@sicc.com.cn
网址：www.sic17.cn
主要产品或业务范围：专业从事热电偶、热电阻、双金属温度计。

重庆川仪自动化股份有限公司
地址：重庆市渝北区黄山大道中段61号
邮编：401121
电话：023-67032088，67032201
传真：023-67032090
电子信箱：cyinfo@cqcy.com
网址：www.cqcy.com
主要产品或业务范围：智能变送器、智能调节器、智能执行器、智能流量仪表、温度仪表、控制设备及装置和分析仪器等。

重庆迪埃普仪器仪表有限公司
地址：重庆市九龙坡区石小路183号8-2-1
邮编：400039
电话：023-81620662
传真：023-81620667
电子信箱：13617637675@163.com
网址：www.dapple.com.cn
主要产品或业务范围：超声波流量计、超声波明渠流量计、热式气体质量流量计、电磁流量计。

重庆迪洋仪表有限责任公司
地址：重庆市渝北区经开园汇金路9号
邮编：401122
电话：023-67468788
传真：023-67468777
电子信箱：cqdy99@163.com
网址：www.cq-dyon.com
主要产品或业务范围：高炉本体热电偶、焦炉热电偶、循环流化床热电偶、物位仪表。

重庆横河川仪有限公司
地址：重庆市北碚区同昌路1号
邮编：400707
电话：023-68222629
传真：023-68222703
电子信箱：ejasv@cys.com.cn
网址：www.cys.com.cn
主要产品或业务范围：公司主营EJA/EJX系列智能变送器，采用单晶硅谐振传感器。

重庆弘兴仪表有限公司
地址：重庆市北碚区龙凤三村36号原重庆材料所内
邮编：353409
电话：13368326998
传真：023-68868948
电子信箱：605482480@qq.com
网址：www.cqhxyh.cn
主要产品或业务范围：多参数变送器、智能差压变送器、智能压力变送器。

重庆华特仪表有限公司
地址：重庆市北碚区缙云大道12号
邮编：400700
电话：023-68219769，68218829
传真：023-68219779
电子信箱：wtqfq@163.com
网址：www.cq-wt.com
主要产品或业务范围：热电偶、热电阻，一体化温度变送器，双金属温度计，补偿导线，铠装电加热器，铠装伴热电缆及仪表成套设备。

重庆霍克川仪仪表有限公司
地址：重庆市渝北区高新园黄山大道中段9号2-1
邮编：400707
电话：023-67034106
传真：023-67034108
电子信箱：hawksic@hawksic.com
主要产品或业务范围：超声波物位计，雷达物位计，阻旋式物位开关。

重庆嘉渝仪表有限公司
地址：重庆市北碚区同兴工业园区盈田工谷5-4号
邮编：400700
电话：023-68279713
传真：023-68652479
电子信箱：18106530@qq.com
网址：www.cqjyyb.com
主要产品或业务范围：一体化智能旋进漩涡流量计、一体化智能涡街流量计、插入式智能涡街流量计、一体化差压流量计、标准节流装置、内藏孔板流量计、楔形孔板流量计、均速管流量计、智能流量显示仪等。

重庆精科仪表制造有限公司
地址：重庆市北碚区天生路79号
邮编：400700
电话：023-68217137，68383598，68262535
传真：023-68287281
电子信箱：jk9685@163.com
网址：www.cqjingke.com
主要产品或业务范围：UQZ型浮球液位控制仪，UQB型浮球液位变送器，UQK、GSK型浮球液位控制器，UQZ型顶装式浮球液位计，UHC型磁浮子翻板、柱、球液位计，UDZ型电接点双色液位计，UCB型投入式/插入式液位变送器，超声波物位计，一体化温度变送器，压力变送器。

重庆九天测控仪器制造有限公司
地址：重庆市北碚区水土工业园区万宝大道联东U谷198-2
邮编：400700
电话：023-68207390，68862711
传真：023-68862711
电子信箱：qingankang@jtck.com.cn
网址：www.jtck.com.cn
主要产品或业务范围：差压式流量仪表，装置隔膜密封，压力、流量特种变送器，法兰安装式压力变送器，仪表相关配件，流量用隔膜，卫生用隔膜。

重庆靠利特仪表研究所
地址：重庆市北碚区蔡家工业园凤栖路6号
邮编：400700
电话：023-68219117，68299985
传真：023-68214507
电子信箱：ccqklt@163.com
网址：www.cqklt.com
主要产品或业务范围：KLT-1151系列远传变送器。

重庆耐德工业股份有限公司
地址：重庆市渝北区杨柳路6号
邮编：401121
电话：023-67855563
传真：023-67871271
电子信箱：18983630815@189.cn
网址：www.naide.com.cn
主要产品或业务范围：罗茨流量计，螺旋转子流量计，刮板流量计，双螺旋涡轮流量计。

重庆南派克仪表科技有限公司
地址：重庆市北碚区云开路17号
邮编：400700
电话：023-68362241
传真：023-68362240
电子信箱：nanpac@163.con
网址：www.nanpac.com

主要产品或业务范围：装配式热电偶，高温盐浴炉热电偶，真空炉专用热电偶，特种钨铼热电偶，隔爆型热电偶、热电阻，铠装热电偶。

重庆欧德仪表有限公司
地址：重庆市北碚区缙云大道10号
邮编：400700
电话：023-68288698，68280988
传真：023-86026189
电子信箱：kuangyn@163.com
网址：www.cqode.cn
主要产品或业务范围：生产工业用热电偶、热电阻、耐1350℃高温热电偶、耐1200℃高温耐磨热电偶、高温耐腐热电偶、热电偶铠装电缆、补偿导线等，适用测量循环硫化床、水泥回转窑、焙烧炉、高温热风炉、汽化炉、渗碳炉、高温盐浴炉、铝液/铜液/钢液的专用温度传感器。

重庆市诚铭精密仪器仪表有限公司
地址：重庆市北碚区云清路99号12-9至12-11
邮编：400700
电话：023-68860288，68861290
传真：023-68860288
电子信箱：cqcmyb5827@126.com
网址：www.cqcmyb.com
主要产品或业务范围：公司主要产品包括电气控制柜、仪表盘/箱/柜、压力变送器、执行器、调节阀、温度仪表、流量仪表、物位仪表、分析仪器等。

重庆市大正温度仪表有限公司
地址：重庆市北碚区城南冯时行路290号大学科技园
邮编：400711
电话：023-86020838
传真：023-68219865
电子信箱：server@duchin.cn
网址：www.duchina.com
主要产品或业务范围：热电偶、热电阻、热量表温度传感器、温度跟踪仪、双金属温度计、数字显示控制仪、热电偶补偿导线、铠装电加热元件。

重庆市伟岸测器制造股份有限公司
地址：重庆市渝北区黄山大道66号中智联工业园
邮编：401121
电话：023-67509200
传真：023-67509300
电子信箱：wecankj@tom.com
网址：www.wecankj.com.cn
主要产品或业务范围：SST压力/差压传感器、变送器仪表系列。

重庆四联测控技术有限公司
地址：重庆市渝北区黄山大道川仪工业园

邮编：401121
电话：023-67032607
传真：023-63072119
电子信箱：sales@cqcsmc.com
网址：www.cqcsmc.com
主要产品或业务范围：智能压力变送器及零部件、物位仪表、前级信号处理仪表、数字仪表和直流电源产品。

重庆天州仪器仪表有限公司
地址：重庆市九龙坡区一城精英36-24号
邮编：400039
电话：4006011445，18802341806
传真：023-88107115
电子信箱：tianli8000@qq.com
网址：www.me1718.com
主要产品或业务范围：该公司专业从事超声波流量计，电磁流量计，涡街涡轮流量计；超声波液位计，无线液位计；无线产品；雷达物位仪，差压式密度仪，在线水分检测仪，激光测距仪，射频开关，无线数传电台，水质分析仪，MLSS浓度仪、浊度仪、溶氧仪、工业在线式pH计，酸碱度浓度仪，温度传感器，压力变送器，二氧化碳传感器，各种超声波换能器（传感器）等产品的研发、生产及销售。

重庆拓展自动化仪表有限公司
地址：重庆市九龙坡区白可路6号附1号
邮编：401328
电话：023-89127120
传真：023-89127176
电子信箱：xj710224@126.com
网址：www.cncqtz.com
主要产品或业务范围：一体化智能型楔形流量计系列、一体化智能型锥形流量计系列、一体化智能型高精度均速管系列、多检测杆二次均压型均速管流量传感器、防堵塞型均速管流量传感器、半环均压多孔形孔板流量传感器、防黏附防腐蚀流量传感器测量管、防黏附防腐蚀双锥体流动调整器和远程移动通信系统等。

重庆兆洲科技发展有限公司
地址：重庆市巴南区界石镇曙光工业园C6-9
邮编：401346
电话：023-62592086
传真：023-62592084
电子信箱：361427064@qq.com
网址：www.mhz99.com
主要产品或业务范围：气体超声波流量计、烟气超声波流量计、液体超声波流量计、超声波水表。

重庆智慧水务有限公司
地址：重庆市九龙坡区九龙园区华龙大道2号
邮编：400052

电话：023-89809061，89809129
传真：023-68890118
网址：www.aql.cn
主要产品或业务范围：智能水表及计算机预付费售水系统。

重庆中控惠通仪表科技集团有限公司
地址：重庆市璧山区璧泉街道东林大道92号企业天地园区44栋
邮编：400030
电话：023-41666279，41666285
传真：023-63072885
电子信箱：1668536029@qq.com
网址：www.cqhuitonggroup.com
主要产品或业务范围：智能变送器，建筑结构监测健康监测传感器。

艾美凯仪表（厦门）有限公司
地址：福建省厦门市火炬高科技创新城1-2F
邮编：361006
电话：0592-5715212，6030566
传真：0592-6030570
电子信箱：sales.xm@amekai.com
网址：www.amekai.com
主要产品或业务范围：普通压力表、迷你型压力表、焊接&压缩气体表、耐震油压表、多用冷媒测试表、全不锈钢表、温压表、微压隔膜表、盘旋表、消防车表、工程表、精密测试表等其他压力表的附件及接头。

福建澳泰自动化设备有限公司
地址：福建省福州市马尾区江滨东大道96号梅生工业园
邮编：350015
电话：0591-87859937
传真：0591-87859137
电子信箱：crx1202@163.com
网址：www.fatec.cn
主要产品或业务范围：该公司是一家专业从事工业自动化仪器仪表研发、生产、销售和服务的高科技企业。产品有温度、压力、流量、物位、分析、记录仪等工业自动化过程控制仪表及自动化控制系统。

福建恒劲科博测控技术有限公司
地址：福建省泉州市江南高新技术电子信息产业园区常泰北路
邮编：362000
电话：0595-22421111
传真：0595-22422299
电子信箱：kebo@fjflow.com
网址：www.fjflow.com
主要产品或业务范围：各类流量测控仪表、工业测控变送器及其软件等。

福州昌晖自动化系统有限公司
地址：福建省福州市金山工业开发区金洲北路16号
邮编：610021
电话：0591-83051979，83053609
传真：0591-83053612
电子信箱：swp@swp.com.cn
网址：www.swp.com.cn
主要产品或业务范围：压力变送器、差压变送器、温度变送器。

福州东辉工控工程有限公司
地址：福建省福州市乌山支路26号
邮编：350001
电话：0591-83374239，83273239
传真：0591-83273239
电子信箱：fjxianer@sina.com
网址：www.fzdhgk.cn
主要产品或业务范围：热电阻、热电偶、双金属温度计、红外测温仪、补偿导线、隔离器、配电器、安全栅系列、电容式、扩散硅式、压力／差压变送器、电容式液（物）位变送器、电磁流量计、金属管浮子流量计、涡街流量计、智能数显仪表、无纸记录仪等。承接工程咨询及仪器仪表成套供应。

福州福光百特自动化设备有限公司
地址：福建省福州市金山大道618号橘园洲工业园56座
邮编：350008
电话：0591-83767591，83767592，83767593
传真：0591-83767586
电子信箱：fbtc@fbtc.com.cn
网址：www.fbtc.com.cn
主要产品或业务范围：流量检测仪表、压力检测仪表、物位检测仪表等。

泉州日新流量仪器仪表有限公司
地址：福建省泉州市鲤城区南环路2号桥边日新大厦
邮编：362000
电话：0595-22488448，22483006，22480088
传真：0595-22460681，22412234
电子信箱：rixin@rixin-flow.com
网址：www.rixin-flow.com
主要产品或业务范围：SBL数显靶式流量计。

厦门惠德尔自动化科技有限公司
地址：福建省厦门市思明区会展南七路73号232
邮编：361004
电话：0592-2955042，2955047，5561975
传真：0592-3778865
电子信箱：jumo-china@139.com
网址：www.cedarho.com
主要产品或业务范围：温度传感器、压力变送器、pt100

热电阻、热电偶、pt100温度传感器、压力传感器、温度计、温度变送器、温度开关、温度限制器、可控硅、温控器／调节器、水质分析仪等。

厦门神睫仪器仪表有限公司
地址：福建省厦门市火炬高新区（翔安）产业区翔岳路16号
邮编：361101
电话：0592-5114936，7769587
传真：0592-5114861，7769599
电子信箱：sanjac@189.cn
网址：www.sanjac.cc
主要产品或业务范围：热电偶、铂电阻、铠装热电偶、铠装铂电阻、防爆铠装热电偶、防爆铂电阻、携带式表面热电偶、便携式温度计、快速接头、端子盒、温度补偿导线。

东莞市德明仪表有限公司
地址：广东省东莞市虎门镇北栅西坊崩岗工业区西江二街七号2楼
邮编：523000
电话：0769-81228772
传真：0769-86230625
电子信箱：company@tc-deming.com
网址：www.tc-deming.com
主要产品或业务范围：热电偶、热电阻、补偿导线和温控器等。

东莞市德欣电子科技有限公司
地址：广东省东莞市莞太大道255号福地5号楼二层
邮编：523077
电话：0769-23191069，22406633
传真：0769-22805958
联系人：刘先生
电子信箱：sale@designtech.cn
主要产品或业务范围：该公司专业从事研发、生产和销售气体质量流量计、质量流量控制器及流量显示积算仪。

东莞市雅德仪表有限公司
地址：广东省东莞市黄江镇田美社区盛业路43号红地源工业园二楼
邮编：523750
电话：0769-83536020，83510103
传真：0769-83626073
电子信箱：dgyeathel@126.com
网址：www.dgyade.com
主要产品或业务范围：压力表、微压表、电接点压力表、隔膜压力表、水压表、普通气压表、SF_6压力表、蒸汽压力表、真空压力表、医疗表、耐震充油压力表、微差压表、全不锈钢压力表、双金属温度计、压力式温度计。

佛山一众传感仪器有限公司
地址：广东省佛山市禅城区古大路4号

电话：0757-82253651
传真：0757-82254300
电子信箱：878207752@qq.com
网址：www.y-sensor.com
主要产品或业务范围：各类压力变送器、压力监控系统、气体浓度探测器、流量计等。

广东省南海石化仪表厂
地址：广东省佛山市南海区桂城简平路1号天佑创富大厦9楼
邮编：528200
电话：0757-86773786，86776305，81230891
传真：0757-86762698
电子信箱：gd_ny@163.com
网址：www.ny268.com
主要产品或业务范围：涡街流量计，电磁流量计，涡轮流量计，孔板流量计，V锥流量计，阿纽巴流量计，流量定量控制仪，通用流量显示仪，无纸记录仪，差压变送器，压力变送器，液位变送器，环境远程在线监控系统，自动监测记录仪，pH/ORP测量仪，COD在线自动监测仪，潜水式流量计，超声波明渠流量计，明渠流量堰槽，二氧化硫气体变送器，远程视频监控器等。

广东湛海仪表有限公司
地址：广东省湛江市赤坎南桥南路1号
邮编：524043
电话：0759-3339385
传真：0759-3330944
电子信箱：gdzhyb@126.com
网址：www.zhyibiao.net
主要产品或业务范围：专业生产流量仪表，是目前国内大规模的流量仪表制造企业之一。

广州德力权仪表有限公司
地址：广东省广州市天河区黄村立交东北侧大灵山路18号裕景工业园第三栋五层东
邮编：510650
电话：020-37090975，37090987，37090835
传真：020-37090976
电子信箱：sensycon-tn@163.net
网址：www.sensycon.cn
主要产品或业务范围：研制和生产工业测温铂热电阻、热电偶、双金属温度计及温度控制仪表。

广州德玉机电设备有限公司
地址：广东省广州市黄埔区广新路280号323室
电话：020-82398812，13925123633
电子信箱：ydzgw@vip.163.com
网址：www.gzdyjd.cn
主要产品或业务范围：公司以耐磨热电偶为主，供应不同场所的耐磨热电偶的耐高温、耐腐蚀的特殊材料的解决方

案。为客户提供了高质量、高科技产品并赢得了广大用户的好评。

广州方时仪器有限公司
地址：广东省广州市科学城科学大道182号创新大厦C1-902
邮编：510530
电话：020-82029606
传真：020-62880020
电子信箱：info@photime.com
网址：www.photime.net
主要产品或业务范围：超声波流量计（一体外夹式、分体外夹式、双频便携式、高精度双声道管段式），电磁流量计，涡街流量计以及为客户提供流量测量方案和流量标定系统的设计。

广州敏扬热电偶有限公司
地址：广东省广州市番禺区桥南街蚬涌村番禺大道北自编1742号A座501
邮编：511483
电话：020-84662966
传真：020-84662727
电子信箱：2390010496@qq.com
网址：www.a-1minyang.com
主要产品或业务范围：生产热电偶、热电阻、SCR、控制器、温度变送器、温度延长电线等产品。

广州南仪自动化仪表有限公司
地址：广东省广州市天河区前进街宦溪西路42号E栋1-2层
邮编：510660
电话：020-82528534，82528762
传真：020-82002300
电子信箱：wxh@gznyyb.com
网址：www.gznyyb.com
主要产品或业务范围：涡街流量计，节流装置，阿纽巴流量计，双法兰高黏度流量计，智能超声波流量计，ICS系列皮带秤，智能化无纸记录仪，压力、差压变送器，显示仪表。

广州派晟工业技术有限公司★
地址：广东省广州市天河区沐陂东路5号3栋2楼
邮编：510663
电话：020-32031043
传真：020-80720403
电子信箱：sales@parsen.com.cn
网址：www.parsen.com.cn
主要产品或业务范围：生产压力变送器、温度变送器、差压变送器、液位变送器、多合一无线产品等，广泛用于石油、燃气、化工、环保、水利、粮食等行业。

江门市利德电子有限公司
地址：广东省江门市五邑碧桂园翠山聆水二街68号

邮编：529000
电话：0750-3289680，3289698
传真：0750-3388669
电子信箱：leader@leadersensors.com
网址：www.leadersensors.com
主要产品或业务范围：工业压力变送器、差压（微差压）/
液位传感器，物位仪表等。

深圳市艾依康仪器仪表科技有限公司
地址：广东省深圳市福田区华强北赛格科技工业园二栋七
楼东
邮编：518028
电话：0752-83762498
传真：0755-83763726
电子信箱：aikom@vip.sina.com
网址：www.aikomins.com
主要产品或业务范围：该公司是从事温度计量检定装置研
发、制造的高科技企业，是深圳市仪器仪表学会理事单
位。艾依康温度计量检定装置，特别是便携精密干式温度
槽，广泛应用于各个行业的温度校验现场。

深圳市佰盛仪表科技有限公司
地址：广东省深圳市罗湖区文锦广场文盛中心803
邮编：518000
电话：0755-25608175，25608176，25608660
传真：0755-25608179
电子信箱：25608175@163.com
网址：www.szpaisen.com
主要产品或业务范围：该公司专业销售德国E+H的物位、
流量、分析、压力、温度等相关产品，为其中国一级销
售、技术服务商。

深圳市丰氏自动化设备有限公司
地址：广东省深圳市福田区深南中路3039号国际文化大厦
17楼1711室
邮编：518033
电话：0755-82931728
传真：0755-82934844
电子信箱：info@szfcjd.com
主要产品或业务范围：流量仪表、压力仪表、物位仪表、
分析仪表等。

深圳市昊华电气有限公司
地址：广东省深圳市宝安区石岩街道松白路山坡工业区27栋5楼
邮编：518000
电话：0755-86216286
传真：0755-26583967
电子信箱：sale@cnszht.com
网址：www.cnszht.com
主要产品或业务范围：各类压力/液位/温度传感器、变送
器、控制仪表以及各种非标测试设备等。

深圳市恒拓仪表有限公司
地址：广东省深圳市南山区桃园街道丽山路65号民企科技
园第2栋西楼6楼603号
邮编：518067
电话：0755-86576532，13026677671（周雪清总经理）
传真：0755-86716091
电子信箱：13026677671@126.com
网址：www.cnendress.com
主要产品或业务范围：生产、销售自有品牌的压力、流
量、物位、分析、温度等产品，有F5000智能气压控制
器、SRC6001柔性电路板测试设备。同时代理销售：德
国E+H（恩德斯豪斯）过程仪表、德国JKS（介可视）
固体测量仪表、美国FLUKE（福禄克）工具表、德国
Hirschmann(赫斯曼）连接器、德国Lumberg（隆堡）连
接器、意大利HTP连接器等。

深圳市华图测控系统有限公司
地址：广东省深圳市宝安区西乡街道铁岗水库路147号第
一分园三楼
邮编：518103
电话：0755-23081319，29977605
传真：0755-29748856
电子信箱：shasha@huato.com
网址：www.huatos.com
主要产品或业务范围：产品有过程测量与控制仪表、温湿
度记录仪、温湿度表、温湿度控制仪、测温仪、温湿度变
送器、压力变送器、实时环境温湿度监测系统等。

深圳市建恒测控股份有限公司
地址：广东省深圳市南山区学苑大道1001号南山智园A5栋
12楼
邮编：518055
电话：0755-26745999
传真：0755-26745333
电子信箱：chinajh@gentos.com.cn
网址：www.gentos.com.cn
主要产品或业务范围：超声波流量计系列产品与流量计校
准的流量标准装置，此外专门针对水厂、污水处理、环保
行业等提供整厂自动化工程、管网设计与改造、加氯加药
系统工程的设计与安装调试服务。

深圳市拓安信计控仪表有限公司
地址：广东省深圳市西丽街道创科路260号创智云城一期
A2栋32楼
邮编：518108
电话：0755-86363392
传真：0755-27598913
网址：www.ansosz.com
主要产品或业务范围：电磁流量计、电磁水表、电磁漩涡
流量计、超声波流量计、漩涡流量计。

深圳市亿杰仪表有限公司
地址：广东省深圳市福田区华强北路赛格广场21楼2105B
邮编：518031
电话：0755-61362526，82928889，61362527
传真：0755-61032529
电子信箱：sales@acez.com.cn
网址：www.acez.com.cn
主要产品或业务范围：温度、湿度、压力、传感器、流量、测量和控制等产品。

深圳市中航智能系统有限公司
地址：广东省深圳市龙华区大浪街道横朗社区福龙路旁恒大时尚慧谷大厦B栋1402
邮编：518129
电话：0755-23935155
传真：0755-23935156
电子信箱：marketing@teren.com.cn
网址：www.catic-i.com
主要产品或业务范围：差压变送器，数字差压表，温度变送器，差压开关，温湿度变送器。

希尔思仪表（深圳）有限公司
地址：广东省深圳市南山区中山园路1001号TCL国际E城D3栋11A单元
邮编：518054
电话：0755-86193164
传真：0755-86193165
电子信箱：sales@cs-itec.asia
网址：www.suto-itec.com
主要产品或业务范围：流量计、露点传感器、显示器、数据记录器和软件。

肇庆市端州区哲士仪表有限公司
地址：广东省肇庆市端州区黄岗东兴南路仪表大楼
邮编：526060
电话：0758-2718806
传真：0758-2731106
电子信箱：1715815932@qq.com
网址：www.zheshi.com
主要产品或业务范围：液位开关、料位开关、液位计、料位计、变送器等。

肇庆自动化仪表有限公司
地址：广东省肇庆市鼎湖大道64区
邮编：526070
电话：0758-2625378，2231127
传真：0758-2625377
电子信箱：sell@zqaic.com.cn
网址：www.zqaic.com.cn
主要产品或业务范围：工业热电偶、工业热电阻、电动执行器、温度控制器等检测与控制仪表的企业。

珠海赛思特仪表设备有限公司
地址：广东省珠海市香洲区洲山路2号6楼
邮编：519000
电话：0756-2127068
传真：0756-2127078
联系人：郑旭平
电子信箱：xlh@system-instruments.com
网址：www.system-instruments.com
主要产品或业务范围：代理美国ASHCROFT公司压力开关、温度开关、压力表，芬兰VAISALA温湿度变送器、露点仪；美国NTRON公司氧气分析仪、T-1000电气转换器、ST900压力变送器、记录仪。

珠海市艾博达自动控制设备有限公司
地址：广东省珠海市梅华西路香洲区科技工业区三栋2层
邮编：519075
电话：0756-8532518，8532516
传真：0756-8532519
电子信箱：ableda@163.com
主要产品或业务范围：该公司是专业超声波流量计生产商，专业生产高性能TDS-100系列超声波流量计，产品现已大量OEM出口到美国及欧洲国家。

珠海天力仪表有限公司
地址：广东省珠海市情侣中路10号
邮编：519000
电话：0756-8623616，13809800007
传真：0756-8623636
联系人：刘长和
电子信箱：teknik9@188.com
网址：www.teknik.com.cn
主要产品或业务范围：各种传感器、液位计、流量计、温度计、射频导纳、密度计、一／二次仪表、电工仪表、实验室仪器及现场检测仪器；权威代理德国ABB、日本横河、日本日立、美国罗斯蒙特、美国霍尼韦尔等产品。

沧州贝特仪器仪表有限公司
地址：河北省泊头市付庄开发区
邮编：062150
电话：0317-8285158
传真：0317-8285158
电子信箱：bestyb2009@163.com
网址：www.czbtyqyb.com
主要产品或业务范围：主要生产楔形流量计、插入式流量计、电磁流量计、孔板流量计、气体流量计、热量表、涡街流量计。

沧州金鑫机械制造有限公司
地址：河北省沧州市沧县李龙屯村
邮编：061037
电话：0317-4886265

传真：0317-4880618
电子信箱：jinxinjixie265@126.com
网址：www.czjx265.com
主要产品或业务范围：涡轮、涡街、超声波、椭齿等各种流量仪表OEM厂商。

沧州天仪仪器仪表有限公司★
地址：河北省沧州市经济技术开发区北海路7号
邮编：061000
电话：0317-8215415，5664441，5664442
传真：0317-2122409
电子信箱：cztyyb@163.com
网址：www.cztianyi.com
主要产品或业务范围：AFM系列涡街流量计，LGY系列涡轮流量计，LD电磁流量计，LG标准节流装置，磁滞伸缩液位计，PCM系列压力变送器。

承德菲时博特自动化设备有限公司
地址：河北省承德市上板城电子工业园区
邮编：067411
电话：0314-5935292，5935293
传真：0314-5935291
电子信箱：fischenporter@126.com
网址：www.fischer-porter.com
主要产品或业务范围：多孔平衡流量计、楔形流量计、阿纽巴流量计、矩针管流量计、智能型旋进漩涡流量计、智能型电磁流量计、智能型涡街流量计、智能型金属转子流量计、流量开关、节流装置等测控产品等。

承德国诚电子有限公司
地址：河北省承德市上板城工业园区龙志达路3号
邮编：067400
电话：0314-2079893
传真：0314-2521728
电子信箱：liutao@gohoe.cn
网址：www.seocr.cn
主要产品或业务范围：公司主要生产经营电磁流量计、金属管浮子流量计、涡街流量计、涡轮流量计、智能电容物位计等。

承德科达仪表有限公司
地址：河北省承德市高新电子园区科达街3号
邮编：067000
电话：0314-5932008，5932009
传真：0314-5932018
电子信箱：xu.xiujing@163.com
网址：www.kedameters.com
主要产品或业务范围：KF1X系列金属管浮子流量计、KF20系列电磁流量计、KF30系列超声波流量计、KF4X系列涡街流量计和KL30静压液位计、KL40浮筒液位计、KL60雷达液(物)位计、KL70磁翻板液位计。

承德热河克罗尼仪表有限公司
地址：河北省承德市高新技术开发区武烈路169号
邮编：067000
电话：0314-2120930，2120940
传真：0314-2120920，2120077
电子信箱：llh@rehe-krohne.com
网址：www.rehe-krohne.com
主要产品或业务范围：公司主要产品H系列、DK系列浮子流量计，KPT吹扫装置，DWM插入式电磁流量计，DW18流量开关，KPM挡板流量计，BM70x雷达物位计，VFM涡街流量计，全系列温度仪表。

承德胜联自动化仪表有限公司
地址：河北省承德市高新区大数据研发中心
邮编：067000
电话：0314-2288775
电子信箱：1084997945@qq.com
网址：www.slzdhyb.com
主要产品或业务范围：流量计和液位计。

承德市本特顺达仪表有限公司
地址：河北省承德市双滦区元宝山大街26号
邮编：067101
电话：0314-4323455
传真：0314-4323577
电子信箱：benteshunda@163.com
网址：www.cdbtsd.com
主要产品或业务范围：智能电容式液位计、金属管转子流量计、电磁流量计、插入式电磁流量计、超声波流量计、光纤液位计、光纤煤气柜检测系统、雷达液位计等产品。

承德市本特思达仪表有限公司
地址：河北省承德市上板城电子工业园本特路2号
邮编：067411
电话：0314-5931580
传真：0314-5931590
电子信箱：btsd@vip.163.com
网址：www.cdbtsd.com
主要产品或业务范围：法兰式电磁流量计，插入式电磁流量计，电容式液位计，浮筒式液位计，浮子式液位计，静压式液位计，压力变送器，温度变送器。

承德市本特万达仪表有限公司
地址：河北省承德市上板城电子工业园区
邮编：067000
电话：0314-2073390，15803142667
传真：0314-2068157
电子信箱：cdbtwd@163.com
网址：www.btwd.net
主要产品或业务范围：金属管浮子流量计、电磁流量计、超声波液位计、射频导纳液位计、雷达液位计等。

承德市达实机械电子制造有限公司
地址：河北省承德市双桥区大石庙镇袁家庄村28号
邮编：067025
电话：0314-2120286，15076931612，13785380353
传真：0314-2120286
电子信箱：13931404207@163.com
主要产品或业务范围：卫生型金属管浮子、手持式超声波流量计、法兰式一体超声波流量计、顶装式磁翻板液位、石英石、法兰、接头、磁过滤器、壁挂式转换器等。

承德市峰华仪表有限公司
地址：河北省承德市上板城电子工业园
邮编：067411
电话：0314-5931588，3057880
传真：0314-5931599
联系人：刘亚桅
电子信箱：cdfhyb@163.com
网址：www.fhyb.com.cn
主要产品或业务范围：专业生产金属管浮子流量计，管道式电磁流量计及插入式电磁流量计，光纤液位计、柜位计，超声波测距仪，雷达测距仪，智能电容液位计。

承德市汇通化工装备有限公司
地址：河北省承德市双桥区富华山庄8号
邮编：067000
电话：0314-2034948，2033340，2128951
传真：0314-2035942
电子信箱：chengdehuitong@126.com
网址：www.cdhtyb.com
主要产品或业务范围：主要从事工业自动化控制仪表的研发、设计、制造、市场推广。产品涉及流量、物位、压力、温度、实验室仪器等几个系列。

承德市惠通仪表有限公司
地址：河北省承德市高新技术开发区上板城电子工业园
邮编：067411
电话：0314-3057855，13803140780
传真：0314-3057856
联系人：冯东艳
电子信箱：cdhtyb@163.com
主要产品或业务范围：金属管浮子流量计，电磁流量计、涡街流量计、电动浮筒液位变送器、静压式液位变送器、一体化温度变送器、压力差压变送器、浮球液位变送控制器、磁翻柱液位计等系列流量、液位、压力自动化产品；代理或以OEM形式分销美国凯泰克公司（K-TEK）磁致伸缩液位计、匈牙利尼威公司（NIVELCO）雷达式液位计、超声波液位变送器等产品。

承德市荣威电子有限公司
地址：河北省承德市双滦区承德昌盛现代城C区12栋

电话：13293237776
传真：0314-4040077
网址：www.cdrwdz.cn
主要产品或业务范围：金属管浮子（转子）流量计，靶式流量开关。

承德市中威电子有限公司
地址：河北省承德市上板城高新电子园区华飞街1号
邮编：067000
电话：0314-2061018，2066212，3057998
传真：0314-2076212
电子信箱：ccdcp@vip.163.com
网址：www.cdzw98.com
主要产品或业务范围：CP5智能金属管浮子流量计、CP60电磁流量计，压力差压变送器、物位仪表、温度变送器等自动化仪表。

承德万达高新仪表有限公司★
地址：河北省承德市高新区上板城工业区
邮编：067411
电话：0514-3057867，3057866、18903141667
传真：0514-3057868
电子信箱：cdwdgx@126.com
网址：www.wdgxyb.com
主要产品或业务范围：批量生产供应金属管浮子流量计（金属管转子流量计）、浮筒液位计、电磁流量计、插入式电磁流量计、浮子流量计线路板。

河北邯郸华宇仪器仪表有限责任公司
地址：河北省邯郸市农林路23号
邮编：056001
电话：0310-3137472，3138329，3137824
传真：0310-3137752
电子信箱：hanyi.han.yi@163.com
网址：www.hanyiweb.com
主要产品或业务范围：压力表、减压器、铸造型砂试验仪器和自动化仪表盘柜。

河北宏业永泰流体机械股份有限公司
地址：河北省泊头市南仓街461号
邮编：062150
电话：0317-8261351
传真：0317-5562823
电子信箱：jiwenge123@126.com
网址：www.hyyongtai.com
主要产品或业务范围：角接取压标准孔板，流量仪表，不锈钢球阀、截止阀、止回阀、过滤器及各种管配件。

河北理工大学智能仪器厂
地址：河北省唐山市高新技术开发区火炬路
邮编：063009

电话：0315-3173861，3173862
传真：0315-3173860
电子信箱：lgzhn@tslizhi.com
网址：www.tslizhi.com
主要产品或业务范围：智能弯管流量计和集中供热节能监控管理系统。

河北领冠仪器仪表有限公司
地址：河北省廊坊市文安县新镇开发区
邮编：065800
电话：0316-7829666，7829555
传真：0316-5318110
电子信箱：glzyx@leagoo-cn.com
网址：www.leagoo-cn.com
主要产品或业务范围：主要从事压力表接头部件；各种不锈钢隔膜法兰；各种温度计整体护套；各种卫生型接体；各种过压保护器、阻尼器、针阀、一阀、二阀、三阀、五阀、压力表开关等阀类所有配件；各种与压力表配套的散热器等精密仪器仪表配件。

河北正润仪表有限公司
地址：河北省衡水市武强县工业区
邮编：053300
电话：0318-3891888
电子信箱：1741378885@qq.com
主要产品或业务范围：流量开关、流量计、压力开关、液位计箱。

河北珠峰仪器仪表设备有限公司
地址：河北省邯郸市雪驰路东段
邮编：056005
电话：0310-5765861
传真：0310-5765868
电子信箱：zhufeng@mail.zfyqyb.com
网址：www.zfyqyb.com
主要产品或业务范围：ＺＷＣＫ智能外贴超声液位开关；ＴＧＲ系列太阳能光热供暖系统；系统ZYG系列电子智能液位仪；ＺＲＬ-50型智能雷达液位仪；ＺＦＣＭ系列磁致伸缩液位仪；ＵＫＳ罐区计算机管理与监控系统。

衡水市自动化仪表厂
地址：河北省衡水市武强县城南大李庄工业区
邮编：053300
电话：0318-3797451
传真：0318-3797451
电子信箱：83357294@qq.com
网址：www.hengshuiyibiao.com
主要产品或业务范围：压力表和压力式温度计。

石家庄奥森自动化仪表有限公司
地址：河北省石家庄市鹿泉经济开发区双剑路3号

邮编：050299
电话：0311-67368905，67368906
传真：0311-83623258
电子信箱：sales_os@163.com
网址：www.osauto.cn
主要产品或业务范围：涡街流量计、超声波涡街流量计、电磁流量计、Ｖ锥流量计、威力巴流量计、智能显示仪表、流量测控管理网络系统、锅炉微机控制系统、工业过程控制ＤＣＳ和集散系统和ＳＣＡＤＡ系统产品等。公司是优秀的系统集成商和工程项目实施专家。

石家庄高新区中正仪器仪表有限公司
地址：河北省石家庄市红旗大街333号育米众创空间一楼106室
邮编：050000
电话：0311-68033971
电子信箱：2209929597@qq.com
网址：www.sjzhzh.com
主要产品或业务范围：多参量变送器、一体化节流式流量计、节流装置、燃气在线热值计量系统。

石家庄嘉航仪器仪表有限公司
地址：河北省石家庄市高新区珠江道313号-1方亿科技园A区2-6
邮编：050035
电话：0311-87319282
传真：0311-87319283
电子信箱：jhcc2099@aliyun.com
主要产品或业务范围：膜盒、膜盒系统、膜盒表、压差表、医用夜视表、微压表及精密表等各类压力表及压力表配件。

唐山大方汇中仪表有限公司
地址：河北省唐山市新华西道21号
邮编：063012
电话：0315-2833937-800
传真：0315-2814564
电子信箱：tsdafang@tsdafang.com
网址：www.tsdfyb.com
主要产品或业务范围：LZD系列电磁流量计。

唐山丰瑞仪表有限公司
地址：河北省唐山市新华西道40号
邮编：063000
电话：0315-5100985，5100986，2625301
传真：0315-8207686
电子信箱：tsfryb@163.com
网址：www.tsfryb.com
主要产品或业务范围：流量仪表、物位仪表和水质分析仪表等。

唐山汇中仪表股份有限公司
地址：河北省唐山市高新技术产业开发区高新西道126号
邮编：063020
电话：0315-3296878，3296898
传真：0315-3208503，3190081
电子信箱：info@hzyb.com
网址：www.hzyb.com
主要产品或业务范围：公司是目前中国极大的系列超声流量计、超声水表、超声热量表生产基地。

唐山科汇达仪器仪表有限公司
地址：河北省唐山市路南区万达广场C座21层
邮编：063000
电话：0315-2738661
传真：0315-2738662
电子信箱：tskhd@163.com
网址：www.khd.cn
主要产品或业务范围：弯管流量计、超声波流量计、热式气体质量流量计、威力巴流量计、电磁流量计、标准节流装置。

唐山美伦仪表有限公司
地址：河北省唐山市高新技术开发区荣华道42号
邮编：063000
电话：0315-5517005，5517006
传真：0315-5517002
电子信箱：mlyb@mlyb.cn
网址：www.mlyb.cn
主要产品或业务范围：工业液体流量测量仪表、工业气体流量测量仪表。

唐山市丰润区展望自动化设备有限公司
地址：河北省唐山市丰润区燕山路南
邮编：064000
电话：0315-5155128
传真：0315-5192200
电子信箱：zwzdh@126.com
网址：www.zwzdh.com
主要产品或业务范围：智能V锥流量计、超声波流量计、电磁流量计、涡街流量计等。

唐山天辰电器有限公司
地址：河北省唐山市丰南经济开发区运河东路12号
邮编：063000
电话：0315-7770310，7770311，7770312
传真：0315-7770313
电子信箱：tianchen626@126.com
网址：www.tianchen.com.cn
主要产品或业务范围：蒸汽流量计、气体流量计、液体流量计等系列弯管流量计产品。

星仪传感器制造有限公司
地址：河北省廊坊市三河市燕郊开发区天山国际20号楼
邮编：065201
电话：4006004496
传真：010-58412818
电子信箱：2850183035@qq.com
网址：www.star-sensor.com， www.bjxingyi.com
主要产品或业务范围：液位变送器、温度变送器、温湿度变送器、扭矩传感器、土壤水分传感器及关联仪表产品，其广泛应用于水利水电、铁路交通、智能建筑、生产自控、航空航天、石化油井、电力、船舶、机床、管道等众多行业。为了确保用户测量精度，星仪传感器采用扩散硅敏感元件，膜片隔离技术，集成芯片，宽电压供电，截频设计抗干扰能力强，防雷击，限流限压反向保护等。保证了产品精度高、稳定性好、响应速度快、耐冲击、低漂移等特性。

河南长润自动化系统有限公司
地址：河南省郑州市航空港区新港大道与如茶路交叉口豫发锦荣信息科技园13A栋
邮编：450003
电话：13939071838
传真：0371-66807788
电子信箱：nydy123@126.com
网址：www.cnwp.com
主要产品或业务范围：智能锅炉汽包液位计、油位传感器、汽车专用油位传感器、CT型万能物位计、双界面液位计、智能仪表等。

河南凯瑞雷达科技有限公司★
地址：河南省郑州市金水区花园路39号2号楼2单元2116号
邮编：102200
电话：010-60771752
传真：010-60771790
电子信箱：kairuileida@163.com
网址：www.kairuitek.com
主要产品或业务范围：6.3G智能雷达物位计、液位计，导波雷达物位计、液位计，26G高频雷达物位计、液位计，水利雷达液位计，超声波液位计。现公司已办理完防爆证（证书编号：CNEx17.2648X）。

河南盛天精密测控有限公司
地址：河南省开封市黄龙园区王白路一号
邮编：475100
电话：0371-27880236
传真：0371-26669963
电子信箱：stck2016@163.com
网址：www.stjmck.com
主要产品或业务范围：大／中／小型液体流量检定装置、文丘里临界流因素喷嘴装置、电磁流量计、涡街流量计。

河南思达自动化仪表有限公司
地址：河南省郑州市高新技术开发区雪松路169号
邮编：450001
电话：0371-66262632，66262631
传真：0371-66262632
电子信箱：staryb@staryb.com
网址：www.staryb.com
主要产品或业务范围：测温传感器热电偶、热电阻系列产品；数显调节仪系列产品；红外测温仪表系列产品；温度、压力变送器、液位计系列产品。

河南泰信克仪表技术有限公司
地址：河南省新乡市国家经济技术开发区经十一路与纬七路交口中开企业城B5
邮编：453000
电话：0373-7759000
电子信箱：hntxkyb@163.com
网址：www.txkywj.com
主要产品或业务范围：物位仪表。

河南新航流量仪表有限公司
地址：河南省新乡市牧野区寺庄顶工业园区73号
邮编：453003
电话：0373-2678877
传真：0373-2678899
电子信箱：hnxhyb6688@163.com
网址：www.hnxhyb.com
主要产品或业务范围：电磁流量/热量计、涡街流量计、旋进漩涡流量计、气体液体涡轮流量计、浮子流量计、腰轮流量计、椭圆齿轮流量计、靶式流量计、超声波流量/热量计、节流装置、超声波液位计、投入式液位计、磁翻板液位计等流量仪表，液位仪表，压力仪表和显示仪表。

开封创新测控仪表有限公司
地址：河南省开封市顺河回族区东郊乡皮屯村
邮编：475003
电话：0371-22680180，22681110，22680181
传真：0371-22681113
电子信箱：sales@kfcxyb.com
网址：www.kfcxyb.com
主要产品或业务范围：电磁流量计、涡街流量计、金属管浮子流量计、旋进漩涡流量计、节流与非节流装置、磁翻板液位计、远程抄表系统、涡轮流量计、质量流量计、腰轮流量计、椭圆齿轮流量计、超声波流量计、超声波物位计（液位计）。

开封光华仪表有限公司
地址：河南省开封市祥符区宏达大道687号
邮编：475100
电话：0371-26766585
传真：0371-26766585

电子信箱：kfghyb@163.com
网址：www.kfghyb.com
主要产品或业务范围：电磁流量计、涡街流量计、标准孔板等。

开封横河流量仪表有限公司
地址：河南省开封市芦花岗转盘南节能大道东段
邮编：475100
电话：0371-26665951
传真：0371-25616199
电子信箱：kfhheyb@163.com
网址：www.kfhhyb.com
主要产品或业务范围：电磁流量计、涡街流量计、金属管浮子流量计、节流装置等流量仪表。

开封红旗仪表有限责任公司
地址：河南省开封市禹王台区东顺城街8号
邮编：475003
电话：0371-23931925，23935253
传真：0371-23973813
电子信箱：support@kfhqyb.com
网址：www.kfhqyb.com
主要产品或业务范围：玻璃转子流量计、电磁流量计、涡轮流量传感器、涡街流量计、金属管浮子流量计、孔式流量计、标准孔板、标准金属量器、塑料转子流量计、标准文丘里管、标准喷嘴、流量积算仪、微型玻璃转子流量计。

开封宏达自动化仪表有限公司
地址：河南省开封市宏达大道北段1号
邮编：475100
电话：0371-23210070，23210071，26680701
传真：0371-26689288
电子信箱：hdzdhyb@126.com
网址：www.kfhdyb.com
主要产品或业务范围：公司是专业的电磁流量计、涡街流量计、金属管浮子流量计、节流装置流量仪表、智能流量积算仪、远程抄表系统、超声波系列流量计等的生产企业。

开封华邦仪表有限公司
地址：河南省开封市祥符区上禾大道北段
邮编：475100
电话：0371-26680208
传真：0371-26660418
电子信箱：kaifenghuabang@163.com
网址：www.kfjqyb.com
主要产品或业务范围：电磁流量计、插入式电磁流量计、涡街流量计、插入式涡街流量计、转子流量计、标准孔板、V锥等节流装置、二次仪表。

开封华旭自动化仪表有限公司
地址：河南省开封市经济开发区黄龙园区王白路8号
邮编：475100
电话：0378-3216268/78/58/88/28
传真：0378-3216228
电子信箱：sales@kfhxyb.com
网址：www.kfhxyb.com
主要产品或业务范围：该公司专业生产电磁流量计，插入式电磁流量计，涡街流量计，插入式涡街流量计，转子流量计，标准孔板，V锥等节流装置，二次仪表及成套自动化系统。

开封黄河仪电有限公司
地址：河南省开封市龙亭区北门外开柳路北街70号
邮编：475001
电话：0371-22865288，22865299
传真：0371-22860686
电子信箱：13803788892@139.com
网址：www.kfhhyd.com
主要产品或业务范围：系列热电偶，系列热电阻，隔爆型及专用和特殊用热电阻、热电偶，系列铠装热电偶，一体化温度变送器，系列热电偶补偿导线，XM系列温度数字式调节控制显示仪表，XS系列智能数字式测量控制仪表，KG等系列工业自动化仪表盘、柜、箱。

开封捷特仪表有限公司
地址：河南省开封市城乡一体化示范区杏花营陇海一路10号
邮编：475001
电话：13903995029
传真：0371-22111809
电子信箱：kfjt2013@163.com
网址：www.kfjtyb.com
主要产品或业务范围：电磁流量计、涡街流量计、节流装置等流量仪表，并可为用户提供配套系统安装、软件开发等全方位的服务。

开封锦科流量仪表有限公司
地址：河南省开封市祥符区八里湾镇安玉路8号
邮编：475100
电话：0871-232133398
电子信箱：1958825405@qq.com
主要产品或业务范围：智能电磁流量计系列、智能涡街流量计系列。

开封开创测控技术有限公司
地址：河南省开封市龙亭区经济开发区三大街11号
邮编：475000
电话：0371-28888192
传真：0371-28888191
电子信箱：kfkcjz@126.com
网址：www.kfkc.cn

主要产品或业务范围：主要从事流量仪表、物位仪表、流量计量标校装置的生产及各种自动控制工程的设计成套、安装调试。

开封开德流量仪表有限公司
地址：河南省开封市经济技术集聚区黄龙园区工业路南段东侧
邮编：475100
电话：0371-26681977
传真：0371-26682432
电子信箱：support@kdyb.com
网址：www.kdyb.com
主要产品或业务范围：公司专业从事流量仪表研制、开发、设计、生产。

开封开流仪表有限公司
地址：河南省开封市顺河回族区皮屯工业园
邮编：475000
电话：0371-22919056
传真：0371-22959056
电子信箱：1181189056@qq.com
网址：www.kfll.cn
主要产品或业务范围：电磁水表、电磁流量计、明渠流量计和便携式流速仪。

开封开仪自动化仪表有限公司
地址：河南省开封市汴京大道38号
邮编：475002
电话：0371-22950198，22950200
传真：0371-22950199
电子信箱：zdh@public.kfptt.ha.cn
网址：www.kfzyb.com
主要产品或业务范围：温度、压力、差压、液位变送器与流量积算仪表以及隔离配电器、无源隔离模块电源箱等。

开封科瑞自动化仪表有限公司
地址：河南省开封市宏达大道1号
邮编：475100
电话：0371-23211518
传真：0371-23210709
电子信箱：kaifengkeruei@126.com
主要产品或业务范围：KRLD型电磁流量计、LUGB型涡街流量计、KR型超声波流量计、KRLG型节流装置、LWG系列涡轮流量计、LZ型金属管转子流量计、LZB玻璃管转子流量计、容积式流量计等流量仪表及积算仪系列，液位/物位计系列，压力/温度变送器系列，压力/差压变送器等工业自动化配套设备。

开封青天伟业流量仪表有限公司
地址：河南省开封市祥符区玉白路1号
邮编：475100
电话：0371-26665528

传真：0371-26669963
电子信箱：Qingtianweiye2008@163.com
网址：www.chinaqingtian.com
主要产品或业务范围：电磁流量计、涡轮流量计、超声波流量计、质量流量计。

开封市菲利蒙仪器仪表有限公司
地址：河南省开封市祥符区王白路1号
邮编：475100
电话：0371-26665558
传真：0371-26669963
电子信箱：rachelsun@huittiantiefulong.com
网址：www.level-meter.cc
主要产品或业务范围：电磁流量计、涡街流量计、超声波流量计等。

开封市谦泉仪器仪表有限公司
地址：河南省开封市工农路东侧12号楼307号
邮编：475002
电话：15537838310
电子信箱：348873216@qq.com
网址：www.kfllj.com
主要产品或业务范围：流量仪表的专业生产厂家。

开封思科测控技术有限公司
地址：河南省开封市龙亭区魏都路与十一大街交汇处
邮编：475002
电话：0371-22929260，22929100
传真：0371-23333985
电子信箱：kfskck@163.com
网址：www.hnskck.com
主要产品或业务范围：该公司是专业从事流量、物位等仪表研制、开发、生产的高新技术企业。主要产品有电磁流量计、涡轮流量计、金属管浮子流量计、涡街流量计以及孔板、喷嘴等各种节流装置，磁性浮子液位计、玻璃管液位计、玻璃板液位计、雷达物位计、超声波物位计、物位报警开关及仪表配套产品。

开封天恒仪表有限公司
地址：河南省开封市新宋路西段103号
邮编：475002
电话：0371-22956900
传真：0371-22922774
电子信箱：kfth_yb@163.com
网址：www.kfthyb.cn
主要产品或业务范围：涡轮流量计、电磁流量计、翻板液位计、标准节流装置及与各种流量仪表、液位仪表配套的显示仪。

开封威利流量仪表有限公司
地址：河南省开封市北郊工业园区6号

邮编：475100
电话：0371-22851234，22851531
传真：0371-22865607
电子信箱：weilimail@126.com
网址：www.wli.com.cn
主要产品或业务范围：电磁流量计、智能电磁流量计、高压电磁流量计、插入式电磁流量计、电池供电电磁流量计、明渠流量计、热能表。

开封仪表有限公司
地址：河南省开封市汴京大道38号
邮编：475002
电话：0371-22950915，22950811
传真：0371-22921101
电子信箱：kfybc@kfybc.com
网址：www.kfybc.com
主要产品或业务范围：生产流量仪表和流量测量装置及液位仪表的专业公司。

新乡市恒冠仪表有限公司
地址：河南省新乡市红旗区平原路蓝钻国际二期
邮编：453000
电话：4006373685，0373-2022095，2022055
传真：0373-2022281，7298618
联系人：李经理
电子信箱：hengguanyibiao@163.com
网址：www.hnhgyb.com
主要产品或业务范围：智能型电容式液位计、高中低压液位计、高温液位计、电子双色带远传液位计、锅炉液位计、LED双色显示液位仪、电接点液位仪、通用二次光柱液位仪、压力变送器、流量计等系列产品。

新乡市恒通测控仪表有限公司
地址：河南省新乡市经济技术开发区中开企业城B5
邮编：453700
电话：0373-3520518，5064008
传真：0373-3520516
联系人：石先生
电子信箱：htyb@163.com
网址：www.htck.net
主要产品或业务范围：磁性浮子液位计、磁敏电子双色液位计、石英管液位计、电接点水位计、云母水位计等现场液位计。

新乡市中博仪表有限公司
地址：河南省新乡市封丘城西工业区
邮编：453341
电话：0373-8498333
传真：0373-8498777
电子信箱：zhongboyibiao@163.com
网址：www.zhongboyibiao.com

主要产品或业务范围：LIYB系列电容式液位计，UHC系列磁翻柱液位计，ZBC、ZBD系列磁电双色液位计。

郑州博洋仪器仪表有限公司
地址：河南省郑州市长椿路11号国家大学科技园
邮编：450000
电话：4001188670
传真：0371-63757047
电子信箱：zzboyang@126.com
网址：www.zzboyang.com
主要产品或业务范围：高中端温湿度测量仪表的生产。

郑州华岭仪器仪表有限公司
地址：河南省郑州市郑州经济技术开发区第七大街188号
邮编：450000
电话：0371-66866862
传真：0371-66866862
电子信箱：Info@howe-precision.com
网址：www.i-hualing.com
主要产品或业务范围：主要生产各类温度表、压力表、展示柜夜间保温帘、开关柜、配电柜等产品。

郑州申泰仪表制造有限公司★
地址：河南省郑州市中牟万洪路和风路联东U谷郑州智能装备产业园
邮编：451450
电话：0371-58210606
传真：0371-58210607
电子信箱：bjstai@163.com
网址：www.bjstzdh.com
主要产品或业务范围：产品有压力变送器，单晶硅差压变送器，液位变送器，单法兰压力/液位变送器，双法兰液位变送器，风压变送器，温度变送器，电磁流量计，涡街流量计等。

哈尔滨华阳仪表有限公司
地址：黑龙江省哈尔滨市南岗区高山路5号
邮编：150025
电话：0451-82323453
传真：0451-85964070
电子信箱：951047038@qq.com
主要产品或业务范围：流量仪表、压力仪表和自动控制仪表三大系列，70余个品种，300多个规格。

哈尔滨派立仪器仪表有限公司
地址：黑龙江省哈尔滨市松北区智谷二街4058号
邮编：150028
电话：0451-87162258
传真：0451-84090475
电子信箱：hrbpaili@163.com
主要产品或业务范围：热式气体质量流量计。

哈尔滨同济自动化装备成套有限公司
地址：黑龙江省哈尔滨市南岗区长江路380号宏洋大厦1404室
邮编：150090
电话：0451-82328506，82328645
传真：0451-82328645
电子信箱：info@tongji-auto.com
网址：www.tongji-auto.com
主要产品或业务范围：铠装铂电阻温度计、插入式铂电阻温度计、电站用槽电阻温度计、温度传感器、温度变送器、加热器等相关产品。

齐齐哈尔黑龙仪表制造有限责任公司
地址：黑龙江省齐齐哈尔市文华大街118号
邮编：161006
电话：0452-2713685
传真：0452-2719969
联系人：张丽梅
电子信箱：qqhehlyb@163.com
主要产品或业务范围：该公司是生产压力、流量仪表的中型公司。

德柯朗系统工程（武汉）有限公司
地址：湖北省武汉市武昌区武珞路中南国际城B1-1304室
邮编：430000
电话：027-88062221
传真：027-88068180
电子信箱：sales@whdkm.com
网址：www.whdkm.com
主要产品或业务范围：专业从事工业过程仪表销售和现场应用技术开发，是自动化控制领域顶级品牌产品和设备的优秀经销企业。主营罗斯蒙特、横河、霍尼韦尔、贺德克巴鲁夫等品牌的进口备件。

湖北南控仪表科技有限公司
地址：湖北省武汉市武汉东湖新技术开发区关山一路219号
邮编：448000
电话：027-87770252
传真：027-87780253
电子信箱：flow_meter@126.com
网址：www.whsure.com
主要产品或业务范围：产品有涡街流量计、涡轮流量计、电磁流量计、质量流量计、金属浮子流量计、罗茨流量计、超声波流量计以及空气能耗计量管理系统、IC卡能源计量管理系统、蒸汽计量管理、空调能源管理系统。

湖北尤迪可测控科技有限公司
地址：湖北省京山市经济开发区尤迪可路1号
邮编：431800
电话：0724-7210441，7210488
传真：0724-7210441

电子信箱：hbydk1@163.com
网址：www.hbydk.com.cn
主要产品或业务范围：该公司是中南地区较大的一家以开发生产物位仪表为主兼营电厂锅炉用玻璃板单双色锅炉水位计、石英玻璃管式单双色系列水位表（液位计）；磁浮式系列直读和远传液位计、磁致伸缩液位计、电极点及双联系列水位计、电感式水位传感器、外置式超声波液位计以及各种液位传感变送器，控制报警仪等十多个种类的物位仪表的公司。

武汉超宇测控技术有限公司

地址：湖北省武汉市光谷大道国际企业中心三期鼎业楼C座2楼
邮编：430074
电话：027-67845035
传真：027-67845036
联系人：谢经理
电子信箱：cyxbc@126.com
网址：www.whchyu.com
主要产品或业务范围：压力变送器系列，液位变送器系列，差压变送器系列，温湿度变送器系列，温度传感器、变送器系列，测控仪表系列。

武汉核光明仪表制造有限公司

地址：湖北省武汉市青山区工人村都市工业园C区6号
邮编：430080
电话：027-86883975
传真：027-86320502
电子信箱：hgm265@163.com
网址：www.hgm265.com
主要产品或业务范围：液位、分析、压力、流量、显示等仪表的研制和生产。

武汉松野智能仪表有限公司★

地址：湖北省武汉市东西湖区革新大道568号万安国际1号楼8楼
邮编：430040
电话：027-83388762、83388763
传真：027-83264529
电子信箱：sokyowh@126.com
网址：www.sokyotw.com
淘宝店铺：压力变送器生产厂家
淘宝网址：sokyo.taobao.com
主要产品或业务范围：公司通过了ISO 9001-2015质量管理体系认证，获得18项专利技术和4项软件著作权，2020年再次被评定为湖北省高新技术企业。主要生产防爆压力变送器、差压变送器、防爆液位计、防爆温度变送器、防爆电动执行器、电磁流量计、信号隔离器、安全栅、数显控制仪、无纸记录仪、霍尔电流传感器、漏电流传感器等十多个系列几百种测控产品。另有多项产品通过了本安防爆、隔离防爆认证，其中压力变送器通过准确度0.1级的

制造计量器具生产许可。产品广泛应用于石油化工、天然气、能源环保、智能消防等行业，在替代进口产品方面具有较高的性价比和优越性。

武汉中核仪表有限公司

地址：湖北省武汉市东湖新技术开发区金融港四路18号5B幢2号
邮编：430083
电话：027-86488800，82666091
传真：027-86885199
电子信箱：82666091@163.com
网址：www.zhyb.cn
主要产品或业务范围：主要从事水质分析、物（液）位、流量、压力、显示记录等仪表的研发生产及自控系统工程成套。

宜昌兆峰自动化仪表有限责任公司

地址：湖北省宜昌市湖北伍家岗工业园区
邮编：443001
电话：0717-6556235
传真：0717-6552906
电子信箱：zfyibiao@126.com
网址：www.yczfyb.com
主要产品或业务范围：全系列差压表、特种压力表；各种普通、防爆压力、差压控制器，温度控制器及各种显示控制器；压力、差压、液位、流量变送器，温度传感器、变送器，各种数字显示控制仪表等。主要产品有四十个系列，1000多个品种规格。

长沙罗森自动化科技发展有限公司

地址：湖南省长沙市长沙县星沙经济开发区开元路59号
邮编：410000
电话：0731-84072845
传真：0731-84063845
电子信箱：18016329659@163.com
网址：www.promesstec.com.cn
主要产品或业务范围：从事压力、差压、温度、流量、物位、位移、称重、密度、接近开关，电磁阀，扭矩传感器。

湖南博锐泰仪表有限公司

地址：湖南省岳阳市经济技术开发区木里港大道现代装备制造产业园
邮编：414000
电话：0730-2988222
传真：0730-2988658
联系人：周经理
电子信箱：brt-2@163.com
网址：www.hnbrt.cn
主要产品或业务范围：磁致伸缩液位（界面）变送器、射频导纳物位变送器、导波雷达物位变送器、磁性浮子液位计、石英玻璃管液位计、音叉物位控制器、浮筒（浮球）液位控制器、油水报警器等。

湖南欧柏测控系统有限责任公司
地址：湖南省岳阳市经济技术开发区康王现代装备制造产业园6栋2层
邮编：102206
电话：4008900007
传真：0730-3068288
联系人：廖先生
电子信箱：Sales@opine-cn.com
网址：www.hnopine.com
主要产品或业务范围：公司主要产品包括压力开关、流量开关、流量计、风速计、温湿度计、差压变送器、风速变送器、温湿度变送器等工业自动化产品。

常熟市成丰流量仪表有限公司
地址：江苏省常州市常州经济开发区东方大道东方东路163-3号
邮编：213021
电话：0519-85503088
传真：0519-85509739
电子信箱：info@qf-meter.com
网址：www.qf-meter.com
主要产品或业务范围：玻璃转子流量计、微小型玻璃转子流量计、金属管浮子流量计等八大系列五百多种规格。

常熟市惠尔石化仪表有限公司
地址：江苏省常熟市碧溪新区扬子江大道160号
邮编：215513
电话：0512-52290182
传真：0512-52290187
电子信箱：master@cnhuier.com
网址：www.cnhuier.com
主要产品或业务范围：公司主要生产高性能的智能及常规的电气阀门定位器、气气阀门定位器、气动阀门执行器、限位开关、空气过滤减压器、空气增速器、电气转换器等相关阀门附件。

常熟天平仪表有限公司
地址：江苏省常熟市辛庄镇合泰村
邮编：215555
电话：0512-52488309，52483420
传真：0512-52481242
电子信箱：tianping@tp-instrument.com
网址：www.tp-instrument.com
主要产品或业务范围：从事压力表及配件生产。

常州康凯仪表有限公司
地址：江苏省常州市钟楼区邹区镇戴安路47号
邮编：213000
电话：0519-83295053
传真：0519-83291037
电子信箱：352599667@qq.com

网址：www.czkkyb.com
主要产品或业务范围：水位计及配件、液位计及配件、压力变送器、流量计。

常州普瑞特测温电线厂
地址：江苏省常州市天宁区青洋北路1号新动力工业园8幢D单元2楼、3楼
邮编：213025
电话：0519-88411085
传真：0519-88411109
电子信箱：gaoqi@czxhrbc.com
网址：www.czxhrbc.com
主要产品或业务范围：热电偶用耐高温补偿导线，（微细）铠装热电偶，铂电阻，电加热器、铠装热电偶电缆，智能温度（PID）调节仪、镍铬－金铁等贵金属补偿导线。

常州盛海仪表有限公司
地址：江苏省常州市新北区玉龙中路58-1号
邮编：213125
电话：0519-85118090
传真：0519-85118100
电子信箱：info@s-h-meter.com
网址：www.s-h-meter.com
主要产品或业务范围：温度计、压力表、流量计。

常州市恒达自动化仪表有限公司
地址：江苏省常州市新北区薛家玉龙中路58-2号
邮编：213125
电话：0519-85210993，85213997
传真：0519-85102911
电子信箱：czhdzdh@126.com
网址：www.hengdachina.cn
主要产品或业务范围：UDZ系列、UQK系列磁浮子液位计、高温液位计、高压液位计、耐腐液位计。

常州市三元自动化仪表有限公司
地址：江苏省常州市武进区横山桥
邮编：213119
电话：0519-88601936，88612966
传真：0519-88607672，88230550
电子信箱：sanyuan@syzdh.com
网址：www.syzdh.com
主要产品或业务范围：各类智能数显、控制、记录、传输及盘、箱、柜等现场系列智能变送器。

常州市武翔仪表有限公司
地址：江苏省常州市武进区崔桥街崔蓉路76号
邮编：213103
电话：0519-88501215，88508215
传真：0519-88503850
电子信箱：info@czwxyb.net

网址：www.czwxyb.net

主要产品或业务范围：热电偶系列、热电阻系列、一体化温度变送器和热电偶（热电阻）铠装材料。

常州市新华仪表厂
地址：江苏省常州市新北区春江镇魏村临江工业区
邮编：213127
电话：0519-85720138
传真：0519-85472378
电子信箱：13813655212@qq.com
网址：www.czyibiao.com
主要产品或业务范围：玻璃棒式温度计，金属保护套温度计，玻璃内标式温度计，玻璃水银精密温度计，双金属温度计，鱼缸温度计，水族温度计，海水比重计，比重计，寒暑表，湿度计，纸板温度计，温度计表芯，室内温度计，烟包温度计，电接点温度计（导电表），烘箱温度计，竹节温度计，压力式温度计，压力表，玻璃转子流量计，数字显示仪，热电阻和热电偶等上万个品种产品。

常州双环热工仪表有限公司
地址：江苏省常州市飞龙西路58号
邮编：213012
电话：0519-88400800
传真：0519-85310729
电子信箱：shuanghuan@czrgub.com
网址：www.czrgyb.com
主要产品或业务范围：专业生产玻璃转子流量计、金属管转子流量计、涡街流量计、电磁流量计、双金属温度计、热电阻、热电偶、液位计、数显表等。

常州天利智能控制股份有限公司
地址：江苏省常州市关河西路180号恒远大厦17楼
邮编：213002
电话：0519-85227221
传真：0519-85281591
电子信箱：2633540167@qq.com
网址：www.cz-tianli.com
主要产品或业务范围：压力系列控制器，差压系列控制器，微压系列控制器，温度系列控制器，以及相应产品的防爆系列和隔爆系列产品。

常州鑫旺仪表有限公司
地址：江苏省常州市新北区东港二路杨园工业园区26号6栋东南南1楼
邮编：213127
电话：0519-85260826
传真：0519-85268926
联系人：刘国贵
电子信箱：15295150668@139.com
网址：www.czyb.cn
主要产品或业务范围：玻璃棒式温度计、金属保护套温度

计、玻璃内标式温度计、玻璃水银精密温度计、双金属温度计、鱼缸温度计、水族温度计、海水比重计、比重计、寒暑表、湿度计、纸板温度计、温度计表芯、室内温度计、烟包温度计、电接点温度计（导电表）、烘箱温度计、竹节温度计、压力式温度计、压力表、玻璃转子流量计、数字显示仪、热电阻和热电偶等上万个品种。

东台市仪表厂
地址：江苏省东台市南门桥惠民路16号
邮编：224200
电话：0515-85217834，85888204
传真：0515-85235473
电子信箱：meter@ycmeter.com
网址：www.dtyibiao.com
主要产品或业务范围：LC系列椭圆齿轮流量计，LCB系列椭圆齿轮流量计，带回零装置的椭圆齿轮流量计。

东台市中兴仪表厂
地址：江苏省东台市范公工业园龙腾东路15号
邮编：224200
电话：0515-85236298，13901415886
传真：0515-85236298
电子信箱：zxyb8@sina.com
主要产品或业务范围：液体流量定量控制仪，中、小型灌装机及液体流量计。

恩德斯豪斯（苏州）自动化仪表有限公司
地址：江苏省苏州市苏州工业园区苏虹中路491号
邮编：215021
电话：0512-62584226
传真：0512-62751053
电子信箱：sensors-components.pem@endress.com
网址：www.sensors-components.endress.com
主要产品或业务范围：压力仪表。

菲索测量控制技术（苏州）有限公司
地址：江苏省苏州市虎丘区建林路680号
邮编：215151
电话：0512-68079460
传真：0512-68079450
电子信箱：sales@afriso.cn
网址：www.afriso.cn
主要产品或业务范围：公司专业制造高质量的精密仪器仪表，包括压力仪表、温度仪表、液位/料位仪表、气体分析仪器，以及太阳能泵站、分水器、排气阀、安全阀等节能环保型供热采暖技术产品。

淮安市和信仪表有限公司
地址：江苏省淮安市金湖县工业园区工二路
邮编：211600
电话：0517-86992632

传真：0517-86992633
电子信箱：1581654591@qq.com
网址：www.hahxyb.com
主要产品或业务范围：涡轮流量计，液体涡轮流量计，气体涡轮流量计，涡街流量计，电磁流量计，超声波流量计，气体流量计，水流量计，液位计，温度传感器，压力传感器，定量控制仪，记录仪等。

淮安市红旗仪表有限公司
地址：江苏省淮安市金湖工业园
邮编：211600
电话：0517-86880701，86880702
传真：0517-86886291
电子信箱：hqyb18@163.com
主要产品或业务范围：各种流量仪表、物位仪表、压力表、热电偶、热电阻、双金属温度计、压力变送器、压力（差压）开关等。

江苏爱邦科技有限公司
地址：江苏省常州市常州经济开发区东方东路135号
邮编：213025
电话：0519-85353853，85353793
传真：0519-85353796
电子信箱：meter@cnjw.com
网址：www.cnjw.com
主要产品或业务范围：该公司系由常州市经纬仪表电器有限公司进一步发展而全额投资的新型联合企业，主要生产经营温度类计量检测仪表及其他仪器产品，并向国内外客户提供OEM生产产品和温度计零件配套加工服务。

江苏爱克特仪表有限公司
地址：江苏省淮安市金湖经济开发区神华大道361号
邮编：211600
电话：0517-86959955，86959933，18901404569
传真：0517-86991468
电子信箱：aktyb888@163.com
网址：www.china-akt.com
主要产品或业务范围：电磁流量计；旋进漩涡流量计；超声波流量计；涡街流量计，孔板流量计，阿纽巴流量计等流量计自动压力校验装置；准确数字压力计等。

江苏东祥仪表有限公司
地址：江苏省淮安市金湖经济开发区金荷路西工一路南
邮编：211600
电话：0517-86900901
传真：0517-86900902
电子信箱：chinadongxiang@163.com
网址：www.china-dxyb.com
主要产品或业务范围：气体塑料管浮子流量计，电远传气体塑料管浮子流量计，电远传玻璃管转子流量计等。

江苏菲尔德自动化仪表有限公司
地址：江苏省淮安市金湖经济开发区环城西路269号
邮编：223001
电话：0517-86804388
传真：0517-86852928
电子信箱：71412107@qq.com
网址：www.fieldkj.com
主要产品或业务范围：温度变送器，压力表，数字显示调节仪。

江苏鸿瑞仪表有限公司
地址：江苏省淮安市金湖经济开发区工一路1号
邮编：211600
电话：0517-86907998
传真：0517-86907998
电子信箱：1464783719@qq.com
网址：www.hongruiyib1.com
主要产品或业务范围：磁翻板液位计，玻璃管液位计，玻璃板液位计，双色石英管液位计，磁浮子液位计，电磁流量计，涡街流量计，涡轮流量计，压力校验仪，压力校验台，仪表箱，仪表柜，电磁阀，球阀，调节阀，电线电缆等产品。

江苏华尔威科技集团有限公司
地址：江苏省淮安市金湖经济开发区工二路28号
邮编：211600
电话：0517-86858656
传真：0517-86858690
电子信箱：913430641@qq.com
网址：www.hewkj09.com
主要产品或业务范围：生产系列温度、压力、流量、液位仪表和阀门。

江苏华海自动化仪表有限公司
地址：江苏省淮安市金湖县工业园区华海路299号
邮编：211600
电话：0517-86988604
传真：0517-86981010
电子信箱：sales@ehuahai.com
网址：www.ehuahai.com
主要产品或业务范围：压力变送器、智能数显调节仪、智能旋进旋涡气体流量计。

江苏华清仪表有限公司
地址：江苏省淮安市金湖县工业园区工2路26号
邮编：211600
电话：0517-86850101，86850102
传真：0517-86850555
网址：www.chinahqyb.com
主要产品或业务范围：流量仪表系列，压力仪表系列，温度仪表系列，显示仪表系列。

江苏华夏仪表有限公司
地址：江苏省淮安市金湖县科建路8号
邮编：211600
电话：0517-86818100
传真：0517-86818108
电子信箱：jshxyb@126.com
网址：www.jshxyb.com
主要产品或业务范围：智能金属管浮子流量计、智能电磁流量计、智能电磁热量表、智能涡轮流量计、智能涡街流量传感器、V锥流量传感器、智能流量积算仪、智能变送器系列等。

江苏环亚电热仪表有限公司
地址：江苏省泰兴市环城西路54号
邮编：225722
电话：0523-83759999
传真：0523-83767111
电子信箱：zxdrhj@163.com
网址：www.zxdrhj.com
主要产品或业务范围：热电偶、热电阻、双金属温度计、流量计、变送器、温度仪表、无纸记录仪等自动化仪表。

江苏慧邦控制系统有限公司
地址：江苏省淮安市盱眙县工业园圣山路15号
邮编：211700
电话：0517-88299558
传真：0517-88299448
电子信箱：mail@jshuibang.com
网址：www.jshuibang.com
主要产品或业务范围：温度仪表、压力仪表、液位仪表、流量仪表、显示仪表。

江苏杰创科技有限公司
地址：江苏省淮安市金湖县工业园同泰大道288号
邮编：211600
电话：0517-86980628
传真：0517-86980638
电子信箱：js@jiechuang.com
网址：www.jiechuang.com
主要产品或业务范围：温度、压力、流量、物位、温度和显示等高性能仪器仪表。

江苏杰达仪表科技有限公司
地址：江苏省淮安市金湖经济开发区工二路28-1号
邮编：211600
电话：0517-86999699，86955378，86955379
传真：0517-86883032
电子信箱：jszbl0909@163.com
网址：www.jdybkj.com
主要产品或业务范围：温度、压力、流量、物位等系列仪器仪表、计量仪器、控制系统的研制、开发、生产及销售。

江苏杰克仪表有限公司
地址：江苏省淮安市金湖工业园区环城西路88号
邮编：211600
电话：0517-86996708，86996709
传真：0517-86996720
电子信箱：jkyb@sina.com
网址：www.jsjk88.com
主要产品或业务范围：该公司是集研发、制造和营销于一体的国家级高新技术企业。生产压力变送器、差压变送器、数字压力表等系列产品。

江苏金冠测控科技有限公司
地址：江苏省淮安市金湖县工园路1号
邮编：211600
电话：0517-86867887，86867888，86867889
传真：0517-86891587
网址：www.jsjgck.com
主要产品或业务范围：流量仪表，压力仪表，液位仪表，温度仪表，校验仪表，智能显示仪表。

江苏华流仪表有限公司★
地址：江苏省淮安市金湖县经济开发区同泰大道286号
邮编：211600
电话：15161722728
电子信箱：hualiyb@163.com
网址：www.liuliangji18.cn
主要产品或业务范围：热电阻、热电偶、双金属温度计、数显仪表、物位仪表、涡街流量传感器、涡轮流量计、热式流量计、仪表配件（孔板）、威力巴流量计、阿纽巴流量计生产、销售；仪器仪表、电线电缆、阀门、线缆桥架、仪表配件销售等。

江苏金华仪表线缆有限公司
地址：江苏省淮安市金湖县工业园区工园路1号
邮编：211600
电话：0517-86998766，86982766
传真：0517-86980766
电子信箱：jinhuayb@163.com
网址：www.jinhuayb.com
主要产品或业务范围：生产工业用热电偶、热电阻、扩散硅变送器、电容式变送器、双金属温度计、压力表、无纸记录仪、有纸记录仪、小长图记录仪、流量仪表、金属管转子流量计、孔板流量计、涡轮流量计、V锥流量计、威力巴流量计、智能显示仪、校验类仪表以及电线电缆等。

江苏巨科仪表有限公司
地址：江苏省淮安市金湖县工业园区环城西路88号
邮编：211600
电话：0517-86996733，86996734，86996735
传真：0517-86996736
电子信箱：jkyb@jkyb.com

主要产品或业务范围：温度仪表、压力表、压力变送器、流量计、物位仪表、显示仪表、校验仪表系列、电动单元系列、仪表阀、仪表控制柜、无纸记录仪。

江苏欧罗拉物联网有限公司
地址：江苏省盐城市盐城经济技术开发区希望大道南路5号4幢
邮编：224002
电话：0515-88392520
联系人：朱国庆（13812959276）、余工（13925123633）
电子信箱：Kevin.zhu@js-aurola.com
网址：www.js-aurola.com
主要产品或业务范围：生产的氯气流量计采用微处理技术，主要技术指标均达到国外同类产品先进水平。广泛应用于石油、化工、冶金等行业的氯气气体计量检测。主要特点有内置式压力、温度、流量传感器，安全性能高，结构紧凑，外形美观；就地显示温度、压力、瞬时流量和累积流量；专用氯气防腐材料，无论是测干氯气、湿氯气均能有效抵抗氯气腐蚀；根据现场的实际状况，将氯气的温度、压力、密度补偿运算，得出真实的氯气流量；整机功耗极低，能凭内电池长期供电运行，是理想的无需外电源就地显示仪表。

江苏润仪仪表有限公司
地址：江苏省淮安市金湖经济开发区同泰大道286号
邮编：211600
电话：0517-86855856
传真：0517-86916111
电子信箱：jsryinstruments@163.com
网址：www.jsryyb.com
主要产品或业务范围：雷达物位、流量、压力、变送、温度、PLC控制系统集成等智能化仪表。

江苏省金湖县恒通仪表线缆厂有限公司
地址：江苏省淮安市金湖经济开发区神华大道359-1号
邮编：211600
电话：0517-86951188，86951006，86951007
传真：0517-86951122
电子信箱：hh@jshhyb.com
网址：www.jshhyb.com
主要产品或业务范围：温度仪表、压力仪表、流量仪表、物位仪表、电线电缆与汇线桥架、管件阀门与调节阀和执行机构等。

江苏省金湖县热工仪表线缆厂有限公司
地址：江苏省淮安市金湖县工业园区同泰大道286号
邮编：211634
电话：0517-86783127
传真：0517-86784335
电子信箱：zph86781009@126.com
网址：www.jsrgyb.com

主要产品或业务范围：该公司生产的智能旋进流量计、智能气体涡轮流量计、涡街流量计、雷达液位计、温度仪表、智能数控仪表、电线电缆等产品在石化、电力、冶金、科研等行业的自动化控制中得到了广泛应用。

江苏省金湖县新时态科工贸有限公司
地址：江苏省淮安市金湖县健康路19号
邮编：211600
电话：0517-86885100，86686166，86655100
传真：0517-86805300
电子信箱：market@tensent.com
网址：www.tensent.com
主要产品或业务范围：温度仪表系列、校验仪表、液位测量仪器、压力仪表系列、显示仪表、控制柜、自控成套节流装置、高温风速仪等。

江苏伟屹电子有限公司
地址：江苏省宜兴市环科园百合场路19号
邮编：214205
电话：0510-87061267
传真：0510-87061703
电子信箱：txz@wini.cc
网址：www.wini.cc
主要产品或业务范围：抗震型涡街流量计及自动化分散控制系统。

江苏迅创科技有限公司
地址：江苏省淮安市金湖经济开发区八四大道13号
邮编：211600
电话：0517-86810111
传真：0517-86810112
电子信箱：xc@js-xc.com
网址：www.js-xc.com
主要产品或业务范围：超声波液位计、外测超声波液位开关等产品。

江苏扬州宏旺仪表电缆有限公司
地址：江苏省扬州市文汇西路230号
邮编：225012
电话：0514-87899191
传真：0514-87896987
主要产品或业务范围：热电偶、热电阻、双金属温度计、数字显示仪、压力表、多功能检测仪、流量计、压力变送器、开方器、校验手操泵、智能积算仪。

江苏扬州旺邦仪器仪表有限公司
地址：江苏省扬州市广陵区运河西路3号
邮编：225001
电话：0514-85586622
传真：0514-85160009
电子信箱：e-wj@163.com

网址：www.myyb.net

主要产品或业务范围：出口型气压表，潜水表，高精度电子数显压力表，耐震压力表，真空压力表，医用真空表。

江苏中瑞科技有限公司
地址：江苏省淮安市金湖县八四大道13号
邮编：211600
电话：0517-86856093，86856095
传真：0517-86986598
电子信箱：zrkj8888@163.com
主要产品或业务范围：压力校验仪，精密数字压力计，精密数字压力表，压力真空表，电接点压力表，压力校验台，全自动压力校验台，压力校准仪，自动化压力校验装置等。

江苏中仪仪表集团有限公司
地址：江苏省淮安市金湖县闵桥工业集中区
邮编：211600
电话：0517-86891833，86893133，86898633
传真：0517-86899985
电子信箱：zgyb8888@126.com
网址：www.zgyb18.com
主要产品或业务范围：温度仪表、压力仪表、流量仪表、显示控制仪表、电线电缆桥架等。

江阴市节流装置厂有限公司★
地址：江苏省江阴市南闸街道开来路1-3号
邮编：214400
电话：0510-86114441，13915250617
传真：0510-86111779
联系人：庞程
电子信箱：business@jyjtdm.com
网址：www.jyjtdm.com
主要产品或业务范围：专业生产各种标准和非标准节流装置，产品有标准孔板、ISA1932喷嘴、长径喷嘴、经典文丘里管、文丘里喷嘴、ASME PTC6-1996喉部取压长径喷嘴、锥形流量计、一体化式高精度差压式流量计、楔式流量计、多孔（平衡）孔板、限流孔板、均速管流量计、机翼式测风装置、双重文丘里管、U形管差压计、冷凝器、平衡器、节流孔板等，并可配合用户设计制造特殊形式的差压式流量计。

江阴威尔胜仪表制造有限公司
地址：江苏省江阴市徐霞客镇峭岐人民路98号
邮编：214432
电话：0510-86262833
传真：0510-86272382
联系人：俞敏娅
电子信箱：wellsen@vip.163.com
网址：www.wellsen.com
主要产品或业务范围：流量仪表、电力仪表、振动仪表三大产品系列一百五十多种产品。

金湖华科自动化仪表有限公司
地址：江苏省淮安市金湖县工业园区环城西路258-8
邮编：211600
电话：0517-86992378，15351762991
传真：0517-86998708
电子信箱：13770429538@163.com
网址：www.huakeyb.com
主要产品或业务范围：智能旋进漩涡气体流量计、电磁流量计、涡街流量计、节流装置、V锥流量计、金属管浮子流量计、压力(差压)变送器、智能数显仪表、智能调节器、过程校验仪、无纸记录仪、热电偶、热电阻等多种仪表产品。

金湖美安特自动化仪表有限公司
地址：江苏省淮安市金湖县神华大道238号
邮编：211600
电话：0517-86951201，86951208
传真：0517-86997010
电子信箱：matyb@163.com
网址：www.517mat.com
主要产品或业务范围：液位仪表、温度仪表、流量仪表、校验仪表、压力仪表五大类产品。

金湖县华宇仪表线缆厂
地址：江苏省淮安市金湖县经济开发区神华大道361号
邮编：211600
电话：0517-86894701，86900088
传真：0517-86802678
电子信箱：hyybxl@163.com
网址：www.hyybxl.com
主要产品或业务范围：温度、压力、流量过程仪表、电线电缆及计量仪器。

金湖县万科自动化仪表设备厂
地址：江苏省淮安市金湖县工业园区
邮编：211600
电话：0517-86899897
传真：0517-86892897
电子信箱：1321497593@qq.com
网址：www.jswkzdh.com
主要产品或业务范围：校验仪表、流量仪表、压力仪表、液位仪表、温度仪表、显示仪表、各种阀门及自动化校验装置。

南京百坊仪表有限公司
地址：江苏省南京市秦淮区建邺西路7-9号
邮编：210004
电话：025-58079087，52336403
传真：025-68661177
电子信箱：yqyb18@126.com
主要产品或业务范围：压力表、温度计、流量计、液位计、气体减压器、金属探测仪、仪表阀门、仪表配件等。

南京航伽电子科技有限公司
地址：江苏省南京市雨花台区凤华路18号5幢
邮编：210096
电话：025-85953988
传真：025-85897760
电子信箱：market03@hjsensor.com
网址：www.hjsensor.com
主要产品或业务范围：各类智能型压力变送器，各类测量控制系统软件和物联网应用。

南京恒源自动化仪表有限公司
地址：江苏省南京市高新开发区创业中心15栋
邮编：210061
电话：025-58746359，58841085
传真：025-58841085
电子信箱：njhy@njhy.cn
网址：www.njhy.cn
主要产品或业务范围：LS系列为主的智能压力仪器。

南京宏沐科技有限公司
地址：江苏省南京市江宁区双龙大道568号鑫泰广场1-1302
邮编：211101
电话：025-52159548，52159536
传真：025-68625356，52150140
电子信箱：hmsensor@163.com
网址：www.hmsensor.com
主要产品或业务范围：赫尔姆品牌压力、差压、液位、温度传感器与变送器。

南京科达新控仪表有限公司
地址：江苏省南京市秦淮区高新园区中国云计算创新基地A栋2层
邮编：210014
电话：025-84891001
传真：025-84891788
电子信箱：kingdom@nj-kingdom.com
网址：www.nj-kingdom.com
主要产品或业务范围：从事自动化仪器仪表、系统集成以及技术解决方案服务。

南京梅特朗测控仪表有限公司
地址：江苏省南京市江宁区谷里工业园区润谷路12号
邮编：211164
电话：025-52366120，52366121
传真：025-52899138
电子信箱：sales@metran.com.cn
网址：www.metran.com.cn
主要产品或业务范围：压力、温度、液位、流量仪表以及安全栅、隔离器、配电器。

南京盛亿科技有限公司
地址：江苏省南京市江宁区天元中路128号
邮编：210011
电话：025-52151001
传真：025-52151001
电子信箱：market@senyth.com
网址：www.senyth.com
主要产品或业务范围：无线温度变送器、无线压力变送器、无线液位计、温湿度变送器等。

南京万达仪表厂
地址：江苏省南京市浦口区永宁工业集中区竹园南路3号
邮编：211801
电话：025-58491909，58491908
传真：025-58491910
电子信箱：nj_wanda@chinawanda.net
网址：www.chinawanda.net
主要产品或业务范围：各种型号压力仪表、压力变送器、双金属温度计、热电偶、热电阻、温度变送器、液位计、金属转子流量计、涡街流量计、电磁流量计、防腐桥架、母线、开关柜、仪表盘（箱）仪表接头、仪表阀门等几十个品种。

南京英格玛仪器技术有限公司
地址：江苏省南京市秦淮区高新产业园永丰大道9号1幢3层
邮编：210014
电话：025-83677013
传真：025-84809175
电子信箱：greenmen@public1.ptt.js.cn
网址：www.sensorsale.com.cn
主要产品或业务范围：温湿度变送器系列、风速变送器系列、风量变送器系列、微差压变送器系列、数据采集模块系列等系列产品。

南京尤尼森自控仪表有限公司
地址：江苏省南京市玄武区丹凤街39号b座2栋2单元1501
邮编：210008
电话：025-83197811，13801580958
传真：025-83197822
电子信箱：njyns@126.com
网址：www.njyns.com
主要产品或业务范围：热电偶、热电阻、智能温控仪、螺旋式管道加热器、温度变送器、压力变送器、液位变送器、信号隔离器、高低温补偿导线等。

苏州华宏仪表有限公司
地址：江苏省苏州市吴中区经济开发区石湖西路173号
邮编：215128
电话：0512-65647793，67073057，67073067
传真：0512-65647792
电子信箱：huahong@hhyb.cn

主要产品或业务范围：流量仪表，压力仪表，物位仪表，温度仪表，数显仪表，分析仪表，校验仪表，工控系统，称重仪表等。

苏州化工仪表有限公司
地址：江苏省苏州市吴中区郭巷街道西村路25号
邮编：215002
电话：0512-68201377，68201677，68118186
传真：0512-68223840
电子信箱：shy@shy-sz.com
网址：www.shy-sz.com
主要产品或业务范围：热式气体质量流量计，金属转子流量计，电磁流量计，涡街流量计，磁浮子液位计等。

苏州联科自动化仪表有限公司
地址：江苏省苏州市工业园区沈浒路535号雅戈尔国际中心608-609室
邮编：215000
电话：0512-65872356
传真：0512-65872356-606
电子信箱：link@linkauto.cn
网址：www.linkauto.cn
主要产品或业务范围：机械式和电子式压力仪器仪表，压力开关，显示器，传感器，阀门及其他流体控制类、液压类产品。

苏州市三丰仪表制造有限公司
地址：江苏省苏州市相城区渭塘镇渭北工业3区9幢
邮编：215133
电话：0512-67214980
传真：0512-67219480
电子信箱：541786164@qq.com
网址：www.szsanfeng.cn
主要产品或业务范围：LZ系列智能金属管浮子流量计、LD系列智能电磁流量计、LWY系列智能涡轮流量计等。

苏州先驰仪表有限公司
地址：江苏省苏州市吴江区苑坪王家圩路东侧1号
邮编：215200
电话：0512-63344809
传真：0512-63345809
电子信箱：2757088300@qq.com
网址：www.jsxc18.com
主要产品或业务范围：是一家专业生产和经营流量仪表、液位仪表及其他工业自动化仪表的高新技术企业。专业为金属管浮子流量计、玻璃转子流量计、苏州流量计、转子流量计、磁翻板液位计等各种流量计产品的厂家提供服务。

泰兴市热工仪表厂
地址：江苏省泰兴市广陵镇西大街24号
邮编：225462
电话：0523-87301050，87301998

传真：0523-87301998
电子信箱：txrgybc@163.com
网址：www.cn-redstar.com
主要产品或业务范围：该厂是从事热工仪表制造的专业厂家，中国仪器仪表行业协会会员单位，是参加双金属温度计国家标准起草与修订的单位之一，生产上百种压力、温度仪表系列产品。

威卡自动化仪表（苏州）有限公司
地址：江苏省苏州市新区塔园路81号
邮编：215001
电话：0512-68788000
传真：0512-68780300
电子信箱：info@wika.cn
网址：www.wika.cn
主要产品或业务范围：机械压力表、电子压力变送器、电接点压力表等。

无锡艾维科技有限公司
地址：江苏省无锡市江海西路888号金山北科技园530创业中心
邮编：214043
电话：0510-82626185
传真：0510-82626185
电子信箱：zzl@avsaldature.cn
网址：www.wxav.cn
主要产品或业务范围：各种温度控制器、温控阀、压力表、压力控制器等系列产品。

无锡辰旭仪器仪表有限公司
地址：江苏省无锡市滨湖区周潭小学内
邮编：214221
电话：0510-68567567
传真：0510-68567565
电子信箱：Lru5402@126.com
网址：www.wxshyb.com
主要产品或业务范围：以开发和制造各类测压仪表、压力变送器、双金属温度计、各种数字仪表为主的企业。

无锡昆仑富士仪表有限公司
地址：江苏省无锡市新区新畅南路9号
邮编：214028
电话：0510-85210916
传真：0510-85210996
电子信箱：yuan-xun@kunlunfuji.com
主要产品或业务范围：该公司以生产智能变送器为主导，以分析及系统集成、工程服务等为配套，集研发、生产、销售于一体的仪器仪表装备制造公司。

无锡平方电器仪表有限公司
地址：江苏省无锡市梁溪区扬名飞宏路87号

邮编：214024
电话：0510-82865630，82419744
传真：0510-82419744，82863954
电子信箱：zouf779445@sohu.com
主要产品或业务范围：压力变送器，液位变送器，电容式压力变送器，超声波物位计，流量计，数字显示表，指针表，配电器，温度变送器系列等。

无锡浦光仪表有限公司
地址：江苏省无锡市滨湖区蠡园经济开发区喜年中心B座708-709室
邮编：214071
电话：0510-85857366，85117021，82291787
传真：0510-85117021
联系人：马义富
电子信箱：myfpg@163.com
网址：www.wxpgyb.com.cn
主要产品或业务范围：热电偶、热电阻、双金属温度计、电容式压力变送器、不锈钢压力表、隔膜压力表、精密压力表、压力（差压）开关、涡街流量计、涡轮流量计、电磁流量计、椭圆齿轮流量计。

无锡求信流量仪表有限公司
地址：江苏省无锡市惠山区石塘湾秦巷工业园西沈巷107号
邮编：214011
电话：0510-82411952，82411962
传真：0510-85880291-806
电子信箱：2355559876@qq.com
网址：www.sensorok.com
主要产品或业务范围：公司生产各类流量计及分析仪器。

无锡市安远电子科技有限公司
地址：江苏省无锡市东港镇锡港路1号
邮编：214199
电话：0510-88763307
传真：0510-88772499
电子信箱：sales@anyuan-dz.com
网址：www.anyuan-dz.com
主要产品或业务范围：XZD系列振动监控仪表及变送器，振动、转速校验装置，振动、位移、转速、温度系列传感器等。

无锡市海天特种压力表厂
地址：江苏省无锡市滨湖经济技术开发区大通路509号
邮编：214124
电话：0510-85626633
传真：0510-85625522
电子信箱：web@51ylb.com
网址：www.51ylb.com
主要产品或业务范围：生产特种压力表、压力变送器和测压软管等液压部件。

无锡市惠华特种仪表有限公司
地址：江苏省无锡市滨湖区太湖镇双新工业园区和风路571号
邮编：214125
电话：0510-85189908
传真：0510-85182117
电子信箱：2698450855@qq.com
网址：www.wxylb.com.cn
主要产品或业务范围：特种压力表、压力控制器、压力变送器、一般压力表和双金属温度计等。

无锡市凯丰压力表有限公司
地址：江苏省无锡市梁溪区金山北工业园金山四支路11号2号楼3-3
邮编：214037
电话：0510-83071977，83079611
传真：0510-83071977
电子信箱：2543875475@qq.com
网址：www.kfylb.com
主要产品或业务范围：耐震压力表、不锈钢表、耐震电接点压力表、消防压力表、夜光压力表、双针耐震压力表、船用压力表、差压表、隔膜压力表、膜盒压力表、CNG压力表、WSS双金属温度计、钻压表、冷媒表、大头耐震压力表、精密压力表、测压盒，也可根据用户要求定制特种压力表。

无锡市糜氏仪表有限公司
地址：江苏省无锡市滨湖区太湖镇双新园糜巷桥工业园
邮编：214125
电话：0510-85190728，85187530
传真：0510-85190852
电子信箱：sales@wxmsyb.com
网址：www.wxmsyb.com
主要产品或业务范围：Y-系列一般压力表，YN-系列抗震压力表，Y-B、YN-B系列不锈钢压力表，YNXC、YNXC-B系列抗震（不锈钢）磁助电接点压力表，Y-M系列隔膜式压力表，YE-B系列不锈钢膜盒压力表，YPF系列膜片压力表，S60、S100、S150系列数字显示压力表。

无锡市特种压力表有限公司
地址：江苏省无锡市滨湖区太湖街道和风路571号
邮编：214125
电话：0510-85180045
传真：0510-88152298
联系人：糜末兴
电子信箱：tezhong@chinaxuelang.com
网址：www.chinaxuelang.com
主要产品或业务范围：产品有特种压力表、压力控制器、压力变送器、一般压力表和双金属温度计等三十七个系列三千多种规格。

无锡市兴洲仪器仪表有限公司
地址：江苏省无锡市胡埭镇工业园区南区富润路9号
邮编：214161
电话：0510-85598593，85589539
传真：0510-85591199，85589299
联系人：虞炳兴、虞江洲
电子信箱：3914295@qq.com
网址：www.wxxzyb.com
主要产品或业务范围：IDAS-智能远传、分散式数据采集网络，专利产品BFC-补偿连续吹扫装置，氧化锆分析仪，SZC-04、04B智能转速表，SZCB-01传感器，智能水位计，转换器，电接点，测量筒，风压变送器，防堵取样器，温度巡测记录仪，智能流量计，在线电导、酸度、一体化变送器，溶氧仪，磁翻板，彩色石英，防霜玻璃板液位计，磁翻柱远传变送器，控制器，汽机保护位移、振动、油箱、油位、胀差监视器，孔板，平衡容器，3051、1151压力/差压/投入式变送器，电动操作显示器，无纸记录仪，智能数显PID调节仪，导轨安装单、双极电源开关，电器安全防雨接线盒，单回路、八回路闪光报警器，便携式压力、风压校验仪，热电厂供气热网远程（有线、无线）计算机管理系统，智能电量传感器、变送器。

无锡市压力仪表厂有限公司
地址：江苏省无锡市钱桥溪南工业园威尔路11号
邮编：214151
电话：0510-85011146，85012782
传真：0510-85010684
联系人：陈洪宝
电子信箱：1464789729@qq.com
网址：www.chinaliyou.com
主要产品或业务范围：普通压力表，抗震压力表，磁助式电接点压力表，抗震电接点压力表，电位器式远传压力表，隔膜式压力表，隔膜式抗震压力表，全不锈钢压力表。

无锡市优量智能流量仪表有限公司
地址：江苏省无锡市滨湖区泰运路7号3楼
邮编：214231
电话：0510-82026888，83118288，85051088
传真：0510-83118288，82026888
网址：www.youlo.com.cn
主要产品或业务范围：LDB系列电磁流量计、LMZ超声波明渠流量计、LUGB系列涡街流量计、ZD系列浊度仪、压力表、液位计和自控自动化设备。

雅斯科仪器仪表（苏州）有限公司
地址：江苏省吴江市汾湖经济开发区临沪大道1508号
邮编：215211
电话：0512-82078208，8008282944
传真：0512-63269106
电子信箱：sales@ashcroft.com.cn
网址：www.ashcroft.com.cn

主要产品或业务范围：该公司是世界著名的压力温度仪表制造商，主要产品有DURAGAUGE系列流程工业压力表、DURALIFE系列不锈钢压力表、膜片式差压表、磁耦合式差压表、双金属温度计、温包压力式温度计、压力开关、温度开关、差压开关、隔膜密封、压力传感器、差压传感器、校验仪表。

盐城市建湖自动化仪表厂
地址：江苏省盐城市建湖县庆丰东路192号
邮编：224721
电话：0515-6381056，86381205
传真：0515-86381305
联系人：李兆祥、李刚
电子信箱：6381056@jianqing.cn
网址：www.jianqing.cn
主要产品或业务范围：UX系列液位开关，XUK系列液位控制箱，LY静压式传感器，MCI-1电脑液位控制仪，XFK系列消防控制柜，JD型接地汇接箱，LX系列液流信号器等。

扬中市恒润机械仪表有限公司
地址：江苏省扬中市三茅街道港东北路668号
邮编：212200
电话：0511-88322768
传真：0511-88229732
电子信箱：yzhryb@126.com
网址：www.yzmi.com.cn
主要产品或业务范围：LLK系列流量开关，LLK系列防爆流量开关，RSQ快速热水器，ZYT系列压力调节器，ZWT系列温度调节器，ANB系列阿纽巴流量计，各种仪表管阀件、桥架等。

扬州汇丰仪表有限公司
地址：江苏省扬州市江都区张纲工业园区江平路49号
邮编：225200
电话：0514-86801505
电子信箱：allensun@hrmanometet.com
网址：www.hfinstrument.com
主要产品或业务范围：各种压力表和温度计。

镇江市热工仪表厂
地址：江苏省镇江市大路镇工业园区
邮编：212133
电话：0511-83720208，83721119
传真：0511-83724886
电子信箱：rgyb@zjrgyb.com
主要产品或业务范围：工业热电偶系列，工业热电阻系列，XM系列数字显示调节报警仪，XMD系列自动补偿巡检仪，补偿导线，仪表阀门，电子散热器系列，智能流量积算仪。

鞍山市东方仪器仪表厂
地址：辽宁省鞍山市铁东区工农街3号
邮编：114001
电话：0412-2212668
传真：0412-2220668
电子信箱：asdongfang@163.com
网址：www.asdfyb.com
主要产品或业务范围：压力变送器、液位变送器、差压变送器、管道用流量传感器、温度传感器等。

大连北方测控工程有限公司
地址：辽宁省大连市七贤路学子街2号3-1-2
邮编：116023
电话：0411-39759033，39759007
传真：0411-39759055
电子信箱：wf@dabeco.com.cn
网址：www.dabeco.com.cn
主要产品或业务范围：温湿度仪表系列、水质仪表系列、物联网系列。

大连博控科技股份有限公司
地址：辽宁省大连市甘井子区张前路588号C7
邮编：116023
电话：0411-84793453
传真：0411-84799763
电子信箱：bocon_stockd@bocondalian.com
网址：www.bocondalian.com
主要产品或业务范围：热电阻、热电偶、温度变送器、温度显示表、温度控制器、湿度变送器、单回路控制器、多回路控制器和数字温度计。

大连博思曼仪器仪表有限公司
地址：辽宁省大连市甘井子区黄浦路512号9层3号
邮编：116023
电话：0411-84821661，84821662
传真：0411-84821663
电子信箱：dlbossman@126.com
网址：www.dlbossman.com
主要产品或业务范围：超声波流量计、超声波液（物）位计、电磁流量计、涡轮流量计、涡街流量计、明渠流量计等一系列流体相关仪表相关产品。

大连第五仪表厂
地址：辽宁省大连市长江路875号
邮编：116021
电话：0411-84641937
传真：0411-84641937
电子信箱：voodoox@vip.sina.com
网址：www.dlwyb.com.cn
主要产品或业务范围：各种类型的物位仪表，主要产品为浮子式钢带液位计、液位变送器及智能数字显示仪。

大连海峰仪器发展有限公司
地址：辽宁省大连市甘井子区红旗街道棠梨工业园117号
邮编：116081
电话：0411-86803456，83890091
传真：0411-84208574
电子信箱：86803768@163.com
网址：www.tds200.cn
主要产品或业务范围：专业生产超声波流量系列仪表。

大连汇林测控有限公司
地址：辽宁省大连市甘井子区棠梨南沟工业园区
邮编：116018
电话：0411-84633211
传真：0411-84633261
电子信箱：inf@hilevel.cn
网址：www.hilevel.cn
主要产品或业务范围：超声波物位计，雷达物位计、明渠流量计。

大连计测机器有限公司
地址：辽宁省大连市保税区15号4层405
邮编：116600
电话：0411-39246555
传真：0411-39246555
电子信箱：66776875@163.com
网址：www.jc28.com
主要产品或业务范围：是一家专业从事超声波流量计、电磁流量计研发、生产、销售的高新技术企业。

大连精工自控仪表成套技术开发公司
地址：辽宁省大连市沙河口区星海广场E区90号D2-2室
邮编：116013
电话：0411-84803344，84801760
传真：0411-84801863
电子信箱：xl@sc-china.com
网址：www.sc-china.com
主要产品或业务范围：该公司的主要产品有ASME-PTC6喉部取压性能试验喷嘴、ASME-PTC文丘里喷嘴、ISO 5167长径组合喷嘴、ISO 5167标准喷嘴、ISO 5167文丘里管、文丘里减温器。

大连美天测控系统有限公司
地址：辽宁省大连市保税区出口加工区泉南街33号
邮编：116001
电话：0411-87180197，87180710
传真：0411-87180679
电子信箱：sale@metern.cn
网址：www.dlmtck.cn
主要产品或业务范围：科里奥利质量流量计，热式气体质量流量计，电磁流量计，磁浮子液位计，压力变送器，温度传感器等系列仪表。

大连三协仪器仪表有限公司
地址：辽宁省大连市中山区致富街31号8层15号
邮编：116023
电话：13604084986
传真：0411-82655952
联系人：田丽敏
电子信箱：dl-sankyo@163.com
网址：www.dlsankyo.com
主要产品或业务范围：冲板式固体流量计、磨煤机煤位电耳测控装置、袋装计数系统、射频导纳物位计等产品。

大连索尼卡仪表有限公司
地址：辽宁省大连市经济技术开发区辽河西路155号
邮编：116600
电话：0411-87305712，87305703
传真：0411-87328318
电子信箱：Sales@nv2118.com
网址：www.dlsonic.com
主要产品或业务范围：生产销售电磁流量计、超声波流量计等流量测量仪表。

大连西格玛仪器有限公司
地址：辽宁省大连市甘井子区中冶商务园B区8号
邮编：116023
电话：0411-85868800
传真：0411-88850668
电子信箱：sales@seagma.com
网址：www.seagma.com
主要产品或业务范围：热电偶、热电阻、压力表、双金属温度计。

大连新概念测控技术有限公司
地址：辽宁省大连市甘井子区玉浓街106号1-7
邮编：116073
电话：0411-39563810，39563812
传真：0411-86984349
电子信箱：43521649@qq.com
网址：www.csbllj.com
主要产品或业务范围：超声波智能水表，超声波流量计，手持式超声波流量计，便携式超声波流量计，流量传感器，超声波热量计，固定式超声波流量计，防爆式超声波流量计，固定式超声波流量计，网络式超声波流量计，热量计网络监控系统。

大连鑫东兴仪器仪表有限公司
地址：辽宁省大连市经济技术开发区金马路120号
邮编：116699
电话：0411-87588222
传真：0411-87560318
电子信箱：dlxdxyb@163.com
网址：www.dlxdx.cn

主要产品或业务范围：生产五大系列、百种规格型号的流量、物位、控显、压力、温度等产品。

大连仪表集团工业仪表有限公司
地址：辽宁省大连市沙河口区桃山一巷11号
邮编：116600
电话：0411-84303487，84319439
传真：0411-62789539
电子信箱：dlgyyb@163.com
网址：www.dlgyyb.com
主要产品或业务范围：产品包括DCS系统编程服务、仪表盘及电器柜、压力差压变送仪表、流量仪表、物位仪表、温度仪表、各种显示转换和操作仪表、电动执行机构、调节阀、石油产品分析仪器十大类近百个品种。

大连远大仪表有限公司
地址：辽宁省大连市西岗区连桥巷12号九龙创业中心A座
邮编：116021
电话：0411-86103361
传真：0411-86101751
联系人：曲静
电子信箱：dalianyuanda@126.com
网址：www.dalianyuanda.com
主要产品或业务范围：压力表、压力变送器、压力控制器、热电偶、热电阻、双金属温度计、温度变送器、电磁流量计、涡街流量计、涡轮流量计、金属管浮子流量计、玻璃转子流量计、椭圆齿轮流量计、V锥流量计、磁翻板液位计、液位变送器。

大连正大仪器仪表有限公司
地址：辽宁省大连市高新技术产业园区七贤岭广贤路58号
邮编：116023
电话：0411-84820968，84820368，84820268
传真：0411-84820768
电子信箱：sales@zhengdayibiao.cn
网址：www.zhengdayibiao.cn
主要产品或业务范围：压力仪表、温度仪表、膜盒差压指示仪表。

大连中隆仪表有限公司
地址：辽宁省大连市高新技术产业园区七贤岭产业化基地
邮编：116000
电话：0411-84790638
传真：0411-84793290
电子信箱：cndlzl@163.com
网址：www.dlzlco.com
主要产品或业务范围：质量流量计和涡街流量计。

大连忠慧测控技术有限公司
地址：辽宁省大连市甘井子区盐岛北工业园21号
邮编：116113

电话：15040587572
传真：0411-86758582
电子信箱：422613480@qq.com
网址：www.zhckjs.com
主要产品或业务范围：电磁流量计、超声波流量计、涡街流量计、涡轮流量计。

丹东东华测控技术有限公司
地址：辽宁省丹东市丹东仪器仪表产业基地启动区标准厂房11号楼6层
邮编：118000
电话：0415-3137582
传真：0415-3137583
电子信箱：dhckjs@aliyun.com
网址：www.dhckjs.com
主要产品或业务范围：气体质量流量计。

丹东济海流量仪器仪表有限公司
地址：辽宁省丹东市振兴区浪头金泉工业区惠泉街10号
邮编：118009
电话：0415-6279121，6279122
传真：0415-6279121
电子信箱：ddjheb@sina.com
网址：www.dd-jh.com
主要产品或业务范围：金属刮板流量计、液体/气体涡轮流量计、螺旋单转子流量计、磁电流量计、高压自控仪、流量自动控制装置、水/气流量标准装置、油井单井计量装置以及液体过滤器、气动（手动）伸缩器等。

丹东市计量仪器设备厂有限公司
地址：辽宁省丹东市振安区珍珠街79号
邮编：118001
电话：0415-4144373，4144602
传真：0415-4144602
联系人：邹俊德
电子信箱：ddjl@ddjl.com
网址：www.ddjl.com
主要产品或业务范围：音速喷嘴气体流量装置、水流量标准装置、钟罩式气体流量装置、标准金属量器、气动换向器、电动换向器、气动伸缩器、手动伸缩器、标准工作量器、电石发气量测定装置。

丹东通博电器（集团）有限公司
地址：辽宁省丹东市振兴区黄海大街18-8号
邮编：118000
电话：0415-6221732，6220247
传真：0415-6227321
电子信箱：top@ddtop.com
网址：www.ddtop.com
主要产品或业务范围：磁力泵和相关流体设备。

锦州精微仪表有限公司
地址：辽宁省锦州市太和区锦义街212号
邮编：121002
电话：0416-2833303
传真：0416-2362201
电子信箱：jzjwybc@126.com
网址：www.jwyb.com
主要产品或业务范围：高质量热电阻、热电偶、温度显示仪、控温仪、热式流量计等产品。

久茂自动化（大连）有限公司
地址：辽宁省大连市金州区双D港生命2路41
邮编：116600
电话：0411-87189010
传真：0411-87189020
电子信箱：jumo.china@jumo.net
网址：www.jumoch.cn
主要产品或业务范围：水质分析仪表、压力仪表、温度开关、度盘式温度计、调节器和控制系统、温度传感元件、显示表和记录仪以及温度变送器。

辽宁恒仪仪表制造有限公司
地址：辽宁省本溪市平山区广山街25号
邮编：117021
电话：024-42347999-803
电子信箱：lnhjyb@163.com
网址：www.lnhjyb.com
主要产品或业务范围：磁敏液位计、磁翻板液位计、物位计等产品。

辽宁聚焦科技有限公司
地址：辽宁省沈阳市于洪区五金工业园永康街2号
邮编：110041
电话：024-25672091
传真：024-25673701
电子信箱：jujiaokeji@126.com
网址：www.focusva.com
主要产品或业务范围：主要产品是各种流量计、阀门、物位液位计。

辽宁利税自动化仪器仪表有限公司
地址：辽宁省铁岭市南马路108号
邮编：112000
电话：15509826717
传真：0410-74602738
联系人：曲经理
电子信箱：7306188@163.com
网址：www.tlgm.cn
主要产品或业务范围：流量计、液位计、监视装置、压力仪表、温度仪表。

辽宁三锋仪表有限公司
地址：辽宁省辽阳市经济开发区地质路9号
邮编：111000
电话：0419—4123331，4123332
传真：0419—4233168
电子信箱：lysfyb@126.com
网址：www.lysfyb.com
主要产品或业务范围：阻移式物位计，阻旋式料位计，射频导纳料位计，声波清灰器，音叉式物位开关，振棒式物位开关，重锤料位计，雷达物位计，磁浮子液位计，浮球液位控制器，超声波物位计，电磁流量计，压力变送器，热电阻/偶，压力表，船用仪表等。

辽宁中鑫自动化仪表有限公司
地址：辽宁省辽阳市南环街二段高新技术开发区
邮编：111005
电话：0419—4156610
传真：0419—4150804
电子信箱：18602603052@163.com
网址：www.ly-zx.com.cn
主要产品或业务范围：声波清灰器、粉尘浓度计、射频导纳物位计、阻移式物位计、超声波流量计等。

辽阳富士仪表有限公司
地址：辽宁省辽阳市高新开发区建材路60-3号
邮编：111003
电话：0419—3152298，3155061
传真：0419—3152698
电子信箱：sell@fsyb.com
网址：www.fsyb.com
主要产品或业务范围：生产经营流量、液位、料位仪表和压力、差压、液位变送器以及调节、分析仪八大类。

辽阳佳誉仪器仪表有限公司
地址：辽宁省辽阳市太子河区荣兴路122号3#-2号
邮编：111000
电话：0419—2282158，3148835，5887168，13904994687
传真：0419—3149944
联系人：陈玉友
电子信箱：chenxingzhu89@126.com
网址：www.lyjyyb.com
主要产品或业务范围：主要生产DFQ系列声波清灰器、SQ系列声波清灰器、URF1系列射频导纳物位计、UL-1阻旋式物位计、UL-2阻移式物位计、UTD系列电浮筒液位计、UHZ磁浮子液位计、HG5玻璃板液位计、UGSS双色石英玻璃管液位计、YBP系列压力变送器、JY系列压力变送器、LG系列孔板流量计、CLS系列超声波流量计、KXW系列多功能仪表箱、恒温水浴、油浴等。

辽阳开发区仪表有限公司
地址：辽宁省辽阳市宏伟区南环街二段

邮编：111050
电话：0419—4150239
传真：0419—4150237
电子信箱：13941908270@qq.com
网址：www.meterchina.com
主要产品或业务范围：专业物位仪表生产厂家。

辽阳市北方电工仪表有限公司
地址：辽宁省辽阳市宏伟区东三里
邮编：111000
电话：0419—4223542，4233223
传真：0419—4223542
电子信箱：webmaster@lbfdg.com
网址：www.lbfdg.com
主要产品或业务范围：电浮筒液位变送器，电接触液位计，机械式料位计，电动浮球液位变送器。

辽阳市远东仪表阀门有限公司
地址：辽宁省辽阳市宏伟区杨家花园215号
邮编：111050
电话：0419—4150001
传真：0419—4152263
电子信箱：ydybfm@hotmail.com
网址：www.lnlyyd.com
主要产品或业务范围：伺服液位计，智能型浮筒液位变送器，磁浮子液位计，石英玻璃液位计以及隔离式液位计。

辽阳文圣仪表厂
地址：辽宁省辽阳市宏伟路33号
邮编：111000
电话：0419—4150055，4152698
传真：0419—4150388
联系人：许萍
电子信箱：lywsyb@163.com
网址：www.lywsyb.com
主要产品或业务范围：各种流量、压力、温度、物位、煤碳分析、铸造测试等仪表产品。

辽阳中盛华强仪表有限公司
地址：辽宁省辽阳市卫国路45号
邮编：111000
电话：0419—2992528
传真：0419—2992538
电子信箱：www.zshqyb.com
网址：www.zshqyb.com
主要产品或业务范围：智能数显压力继电器、变送器及防爆压力变送器，电容式智能压力/差压控制器，WSJ系列智能数显温度继电器、变送器，各式磁浮子液位计和防爆变送远传装置及防爆磁保持开关，LED智能光电双色磁浮子液位计，UG型玻璃管，玻璃板式液位计，流量标定管，LS系列浮球液位开关及各式物位、液位开关等。

辽阳自动化仪表集团有限公司
地址：辽宁省辽阳市宏伟区光华街12号
邮编：111003
电话：0419-2122560
传真：0419-2123500
电子信箱：lyyb1958@163.com
网址：www.lyyb.net.cn
主要产品或业务范围：专业生产物位仪表。

沈阳奥德普仪表厂
地址：辽宁省沈阳市铁西区云峰南街20号
邮编：110021
电话：024-23673111，23675111
传真：024-85861222
电子信箱：aodepu@163.com
网址：www.adpyb.cn
主要产品或业务范围：压力仪表、温度仪表及流量仪表。

沈阳半岛电器表业有限公司
地址：辽宁省沈阳市浑南区浑南四路1号富腾国际大厦A座1026-1027室
邮编：110180
电话：024-83812241，83812242，83812243
传真：024-83812240
电子信箱：banddq@sina.com
主要产品或业务范围：内电源数字压力表，温度表，液位计，差压表，微差压表，压力、温度、液位变送器，智能电容式压力变送器等。

沈阳北星仪表制造有限公司
地址：辽宁省沈阳市经济技术开发区北26号路16号
邮编：110143
电话：024-89255801，89255802
传真：024-89255800
电子信箱：sybeixing@163.com
网址：www.beixing.com.cn
主要产品或业务范围：流量仪表、液位仪表、化工玻璃管道和特型玻璃仪器的生产制造。

沈阳大河仪表科技有限公司
地址：辽宁省沈阳市和平区南五马路17号
邮编：110005
电话：024-31560807，83503458
传真：024-83503458
电子信箱：qiaowdc@163.com
网址：www.dhyibiao.cn
主要产品或业务范围：蒸汽流量计，涡轮流量计，涡街流量计，气体流量计，以及各种电磁流量计，液体流量计。

沈阳福光百特测控设备有限公司
地址：辽宁省沈阳市沈河区友好街126-1号

邮编：110013
电话：024-88537333，88552355，88532555
传真：024-28513555
网址：www.sy-better.com.cn
主要产品或业务范围：智能压力变送器、物位检测、流量检测、温度检测、显示调节控制等全系列工业自动化仪表产品。

沈阳海泰仪表工业有限公司
地址：辽宁省沈阳市浑南区科幻路9号百科软件园三层
邮编：110168
电话：024-83601023，83601027
传真：024-83601020
电子信箱：sy-hitek@163.com
网址：www.syht.net
主要产品或业务范围：各类压力传感器、压力变送器、数字压力表、电子式压力开关、差压变送器、温度变送器及各种工业自动控制系统。

沈阳虹润自动化仪表厂
地址：辽宁省沈阳市洪泽路72号2门
邮编：110002
电话：024-23524292，23524291
传真：024-23517529
电子信箱：syhryb@163.com
网址：www.syhryb.com
主要产品或业务范围：热电偶，热电阻，双金属温度计，铠装热电偶、热电阻，防腐式/耐磨式热电偶、热电阻。

沈阳华天自动化有限公司
地址：辽宁省沈阳市沈河区北站路146号嘉兴国际2501室
邮编：110013
电话：024-22512800，22512801，22512802
传真：024-22512806
电子信箱：info@syhoten.cn
网址：www.syhoten.cn
主要产品或业务范围：压力、温度、液位、流量测量仪表，化学分析仪表及各种阀门。

沈阳纳百川仪表厂
地址：辽宁省沈阳市沈河区泉园二路78号311号
邮编：110015
电话：024-24821489，24822756，81570865
传真：024-24820430
电子信箱：synbc@sohu.com
网址：www.nbcyb.com
主要产品或业务范围：数字压力表、数字温度计、精密数字压力表、数字差压表、压力变送器。

沈阳世缘科技有限公司
地址：辽宁省沈阳市皇姑区柴可街29号1-1-1

邮编：110000
电话：024-86244743，86231499
传真：024-86244743
电子信箱：shuiyibiao@163.com
网址：www.china-sense.com
主要产品或业务范围：超声波流量计，液位计，超声波明渠流量计，淤泥浓度计，界面计，油水界面计，雷达、射频物位计，余氧、总氧分析仪，pH/ORP计，溶解氧分析仪，浊度监控仪。

沈阳市精仪仪表厂
地址：辽宁省沈阳市铁西区勋业一路26-1-212
邮编：110024
电话：024-62356023，13842042669
传真：024-62356023
电子信箱：syjyyb1992@163.com
主要产品或业务范围：压力和温度仪表。

沈阳市特种仪表厂
地址：辽宁省沈阳市铁西区北一中路46巷15号
邮编：110025
电话：024-25114870
传真：024-25113392
电子信箱：sytzyb@163.com
网址：www.sytzyb.com
主要产品或业务范围：防爆电接点压力表、差压表、膜盒压力表、精密压力表、隔膜压力表、膜片压力表、耐震压力表、耐温压力表、耐酸压力表、不锈钢耐震压力表、远传压力表、双金属温度计等。

沈阳市文飞仪器仪表有限公司
地址：辽宁省沈阳市和平区三好街100号华强广场D座1904室
邮编：110003
电话：024-23842789
传真：024-23901378
电子信箱：sywenfei@163.com
网址：www.wenfei.com.cn
主要产品或业务范围：自动化仪表、电力检测仪表、无损检测仪表、环保检测仪表、热工检测仪表。

沈阳市中色测温仪表材料研究所有限公司
地址：辽宁省沈阳市苏家屯区丁香街158-3号
邮编：110101
电话：024-89802440，89812440
传真：024-89158889
电子信箱：info@zscw.com
网址：www.zscw.com
主要产品或业务范围：该公司从事测温仪表材料、电加热（伴热）材料、有色金属合金材料生产及新产品研制。

沈阳斯拓仪表有限公司
地址：辽宁省沈阳市于洪五金工业园永康路2号
邮编：110052
电话：024-25302198，25871726，13904004557
传真：024-25302198
电子信箱：systyb@163.com
网址：www.systyb.com
主要产品或业务范围：该公司是以流量仪表开发、设计、生产、销售为一体的专业化流量仪表制造公司。STZH型智能一体化孔板流量计和SKVZ型V锥流量计是该公司首推的两款先进的差压式流量计，其结构设计新颖，性能稳定，量程比宽，精度高，实用性强。公司在流量测量方面有着丰富的现场经验，从技术咨询、项目策划、设计安装到产品维护，从每一个测量点开始，为顾客提供完美的流量测量解决方案。

沈阳新华控制系统有限公司
地址：辽宁省沈阳市和平区五里河街16甲诚大数码广场E座14楼
邮编：110004
电话：024-23988030，23988031
传真：024-23988067
电子信箱：yuxiang.m@shine-eng.com
主要产品或业务范围：代理西门子产品，包括Profibus现场总线，智能压力、差压变送器，智能阀门定位器，电磁/超声波流量计，雷达/超声物位计，楼宇自动化产品；承接自动化工程设计、安装。

沈阳鑫斯达自动化有限公司
地址：辽宁省沈阳市皇姑区黄河南大街78-6号111室
邮编：110031
电话：024-86397500，86397600
传真：024-86397300
电子信箱：sales@kingstar1.cn
网址：www.kingstar1.cn
主要产品或业务范围：Metrix振动仪表、振动开关、趋近式振动产品、壳体安装式振动产品、监测产品、ASI物位测量仪表、激光物位计、LT80激光物位计、LT200激光物位计、WT导波雷达物位计、RF射频导纳物位开关、物位开关、超声波物位计、重锤物位计、音叉开关、阻旋式物位开关、液位测量仪表、BETA压力、温度开关、速度测量仪表、转速传感器、速度测量、转换及显示装置、激光柜位测距仪。

沈阳星控测压仪表有限公司
地址：辽宁省沈阳市皇姑区黄河北大街9-17号
邮编：110034
电话：024-86526310
传真：024-86209333
电子信箱：office@sycyyb.com
网址：www.sycyyb.com

主要产品或业务范围：防爆电接点压力表、防爆电接点温度表、差压表、数字压力表，数字膜盒压力表，数字温度表，数字压力变送器，数字温度变送器，数字液位计，数字防爆电接点压力表，一般用压力表等。

沈阳中仪欧米特测控技术有限公司
地址：辽宁省沈阳市沈河区市府大路262号
邮编：110015
电话：024-31306691，31306692，31306699
传真：024-31306690
电子信箱：info@eurometers.com
网址：www.eurometers.com
主要产品或业务范围：德国KEM的透平流量计，微流量计，齿轮流量计，螺旋流量计，涡街流量计，热式质量流量计，科里奥利质量流量计。

铁岭铁光仪器仪表有限责任公司
地址：辽宁省铁岭市银州区汇工街72号
邮编：112000
电话：024-74563511-8011
传真：024-74564356
电子信箱：tgyzll@vip.163.com
网址：www.tlbbk.com
主要产品或业务范围：液位仪表、工业监视和流量仪表。

营口富纪自动化仪表有限公司
地址：辽宁省营口市盖州北海电机产业园区68号
邮编：115000
电话：0417-3505665
传真：0417-3505663
电子信箱：444876419@qq.com
网址：www.smit-fuji.com
主要产品或业务范围：旋进漩涡流量计、涡街流量计、涡轮流量计、电磁流量计等产品。

中日合资辽阳科林仪表有限公司
地址：辽宁省辽阳市宏伟区光华街12号
邮编：110000
电话：0419-2123857，2130614
传真：0419-2127400
电子信箱：klingage@163.com
网址：www.klingage.cn
主要产品或业务范围：磁浮子液位仪，浮球开关，玻璃管、玻璃板液位计，各种视窗、视镜等，高压/超高压高温、低温、超低温、真空、耐腐蚀的各种仪表。

包头市永华仪器仪表有限公司
地址：内蒙古自治区包头市稀土高新区劳动路65号
邮编：014030
电话：0472-5100114
传真：0472-5111832

电子信箱：1098870512@qq.com
网址：www.btyhyb.com
主要产品或业务范围：各种热电偶、一体化防爆热电偶、热电阻、压力、温度、流量、变送器系列等产品。

宁夏新银河仪表有限公司
地址：宁夏回族自治区银川市德胜工业园区新胜东路32号
邮编：750200
电话：0951-6146138，6146659，6146888
传真：0951-6146149
电子信箱：99808412@qq.com
网址：www.nxxyhyb.com
主要产品或业务范围：专业从事压力、流量、物位三大类仪表的研发与生产。

菏泽上德仪表有限公司
地址：山东省菏泽市鄄城县西环公园六号
邮编：274600
电话：0530-2481045
传真：0530-2481045
电子信箱：654088002@qq.com
主要产品或业务范围：压力、温度、液位变送器。

济南锦陆工业控制系统有限公司
地址：山东省济南市华龙路25号三翔商务大厦305室
邮编：250100
电话：0531-80983756
传真：0531-80983759
电子信箱：jinlugongkong@163.com
网址：www.jinglu-actuator.com
主要产品或业务范围：EQS系列角行程电动执行器。

济南盛旺科技发展有限公司
地址：山东省济南市高新技术产业开发区工业南路59号中铁财智中心4-2208室
邮编：250013
电话：0531-88758366
传真：0531-88758300
电子信箱：jnsw555@163.com
主要产品或业务范围：压力表、温度计、流量计、液位计、变送器、传感器、阀门、气动元件。

济南余姚仪器仪表有限公司
地址：山东省济南市天桥区天成路12号
邮编：250031
电话：0531-85803464，85954801
传真：0531-85865724
电子信箱：yb@yy-yb.cn
网址：www.yy-yb.com
主要产品或业务范围：流量、温度、压力仪表，电磁阀等自动化仪表。

济南正中信仪表有限公司
地址：山东省济南市水屯路40号
邮编：250033
电话：0531-83426818
传真：0531-83426600
联系人：邢桂越
电子信箱：88978580@163.com
主要产品或业务范围：LFX型分流旋翼式蒸汽流量计、LUGB型涡街流量计、LC-S型椭圆齿轮流量计、LGK型孔板流量计。

济宁艾普信自动化仪表有限公司
地址：山东省济宁市豪德商贸城M区3街6栋9号
邮编：272100
电话：0537-7797851
传真：0537-7797850
联系人：孔经理
电子信箱：1291552673@qq.com
网址：www.apx1718.com
主要产品或业务范围：音叉料位开关系列、电容液位开关系列、电容液位计系列、微波料位开关系列、压力变送器系列等产品。

青岛澳威流体计量有限公司
地址：山东省青岛市保税区汉城路13号
邮编：266555
电话：0532-86769761
传真：0532-86769161
电子信箱：qdaowei@163.com
网址：www.addvalue.com.cn
主要产品或业务范围：科里奥利质量流量计和在线密度计。

青岛华青自动化仪表有限公司
地址：山东省青岛市平度南村华青工业园华青路1号
邮编：266736
电话：0532-83396878
传真：0532-83391888
电子信箱：hakin@hakin.com
网址：www.hakin.com
主要产品或业务范围：普通和特种压力仪表、温度仪表、气体减压器等系列一千五百余个规格的产品。

青岛清方华瑞电气自动化有限公司
地址：山东省青岛市崂山区石岭路39号名汇国际2号楼301室
邮编：266101
电话：0532-86123258，86123256
传真：0532-86123257
电子信箱：qdqfauto@126.com
网址：www.qfauto.com
主要产品或业务范围：RISONIC2000型时差式超声波流量

计、精度达0.015%的吹气式水位计——W2Q以及压力式水位计。

青岛自动化仪表有限公司
地址：山东省青岛市城阳区重庆北路16号
邮编：266108
电话：0532-66917248
传真：0532-66916837
电子信箱：qlyb-0532@163.com
网址：www.qlyb.cn
主要产品或业务范围：现场显示型涡街流量计、V锥流量计、宽量程(K)型涡街流量传感器、压力变送器。

山东飞龙仪表有限公司
地址：山东省龙口市高新技术产业园区4号路
邮编：265718
电话：0535-8619054
传真：0535-8619598
电子信箱：feilong@feilong-china.com
网址：www.feilong-china.com
主要产品或业务范围：塔形流量计、漩涡流量计、电磁流量计、超声波流量计、楔形流量计、孔板流量计、喷嘴流量计、涡轮流量计、电容式压力差压变送器、能源计量管理系统、热量表等系列产品。

山东福瑞德测控系统有限公司
地址：山东省淄博市张店区青龙山路9009号仪器仪表产业园6号楼C座
邮编：255000
电话：0533-3571308
传真：0533-3571309
电子信箱：sdfrdchang@163.com
网址：www.frdsd.com
主要产品或业务范围：压力、差压、温度等流程工业现场仪器仪表。

山东恒客自动化设备有限公司
地址：山东省济南市党家街道办事处罗尔庄西518号
邮编：250116
电话：0531-86110688
电子信箱：18668986890@163.com
网址：www.sdhengnong.com
主要产品或业务范围：压力表校验台、压力表疲劳试验台、压力表超压检漏试验台等。

山东环仪仪表制造有限公司
地址：山东省济南市平阴县青龙路14号
邮编：250400
电话：0531-87853929
传真：0531-87893799
电子信箱：krdyqyb@163.com

网址：www.sdhyyb.com
主要产品或业务范围：HDS系列智能压力变送器。

山东骏极仪表有限公司
地址：山东省招远市玲珑路159号
邮编：265499
电话：18953538501
电子信箱：670047284@qq.com
主要产品或业务范围：磁翻板液位计、磁致伸缩液位变送器、玻璃板液位计。

山东康泰实业有限公司
地址：山东省招远市金城路389号
邮编：265400
电话：0535-8213750
传真：0535-8222298
联系人：康炳元
电子信箱：kangtaik@public.ytptt.sd.cn
网址：www.kangtaigroup.com
主要产品或业务范围：pH变送器，电导率变送器，电磁流量计，金属管浮子流量计，涡街流量传感器，各种智能显示仪表，无纸记录仪，3051系列智能变送器，1151系列压力/差压变送器，YS系列压力变送器，热电偶/热电阻/双金属温度计/温度变送器，CZS系列磁致伸缩液位计，UYB系列电容式物位计，UCB/ZTD系列稳压式液位变送器，UQ系列浮球液位变送器/控制器，UHZ系列磁翻柱液位计。

山东思达特测控设备有限公司
地址：山东省潍坊市经济开发区友谊路600号
邮编：261061
电话：0536-8661299，8668957
传真：0536-8661599
电子信箱：startwf@126.com
网址：www.startdy.com
主要产品或业务范围：智能涡街流量计、智能涡轮流量计、电磁流量计、气体超声波流量计、微小流量计等。

山东潍微科技股份有限公司
地址：山东省青州市经济开发区益王府北路7188号
邮编：262500
电话：0536-3200347
传真：0536-2136888
联系人：李云云
电子信箱：sdqzwwgs@yeah.net
网址：www.china-weiwei.com
主要产品或业务范围：水表流量计，高楼供水设备，水表户外显示仪，水、气表远传系列产品。

山东亿格滨工业自动化技术有限公司
地址：山东省淄博市青龙山路9009号仪器仪表园7座

邮编：255000
电话：0533-2188747
电子信箱：18953316680@163.com
网址：www.sdyigeqi.com
主要产品或业务范围：压力/差压变送器、液位变送器、一体化温度变送器、电磁流量计。

山东淄博西创测控技术开发有限公司
地址：山东省淄博市张店区政通路135号高新区高创园B座500室
邮编：255086
电话：0533-3582860，3591840
传真：0533-3591840
电子信箱：sales@xichuangck.com
网址：www.zbxcck.com
主要产品或业务范围：压力变送器，差压变送器，物位、液位变送器，温度变送器，配套智能二次仪表。

泰安拓思特仪表有限公司
地址：山东省泰安市东平县经济开发区
邮编：271500
电话：0538-6350066，6350068，18611026918
传真：0538-6350067
电子信箱：tstmeter@163.com
网址：www.tameter.com
主要产品或业务范围：涡街流量计，旋进漩涡流量计，电磁流量计，多孔平衡流量计，楔形流量计，孔板流量计，液体涡轮流量计等。广泛用于石油、化工、纺织、冶金、食品、造纸、制药、能源、热电等各个行业。主要对于液体、气体的测量及应用。

威海博扬电子科技有限公司
地址：山东省威海市火炬高技术产业开发区火炬路213-3号
邮编：264209
电话：0631-5625258，5685992
传真：0631-5686558
联系人：冯立
电子信箱：whboyang@126.com
网址：www.whboyang.com
主要产品或业务范围：时差超声波流量计、多普勒超声波流量计、非满管超声波流量计等系列产品，是全系列超声波流量计专业生产基地。

威海华锐仪表有限公司
地址：山东省威海市环翠区威海市羊亭镇驻地
邮编：264200
电话：0631-5764123
传真：0631-5769487
网址：www.whhuarui.com
主要产品或业务范围：涡街流量仪表及流量计量系统。

威海坤科流量仪表有限公司

地址：山东省威海市双岛路369号电子信息与智能制造产业园6号楼

邮编：264500

电话：0631-5663577，13963113599

传真：0631-5669277

电子信箱：whkunke888@163.com

网址：www.whkunke.cn

主要产品或业务范围：公司专业生产压电式涡街流量计、电容式涡街流量计、电磁流量计、V锥流量计、冲板流量计等多种流量计及其相应传感器、表体、线路板等组件。

潍坊奥博仪表科技发展有限公司★

地址：山东省潍坊市寒亭区民主街8009号寒亭高新技术产业园4C楼座

邮编：261100

电话：0536-2200676，7395118

传真：0536-2200678，7395118

电子信箱：zyf7770@126.com

网址：www.qqaobo.com

主要产品或业务范围：涡街流量计、超声流量计、电磁流量计、IC卡蒸汽/热水预付费系统、蒸汽/热水预付费远程抄表控制平台、无人值守换热站远程监控系统、远程抄表系统、智慧供热大平台系统、供热收费管理软件、热量表集抄系统、压力变送器、智能流量积算仪、流量热量积算仪、涡轮流量计、质量流量计、转子流量计、差压流量计、液位/物位计、巡检仪、断电记录仪等。

潍坊通达仪表有限公司

地址：山东省潍坊市昌乐县经济开发区文化北路59号

邮编：262400

电话：0536-6280867

传真：0536-6282309

电子信箱：13705365695@163.com

网址：www.tdyb.cn

主要产品或业务范围：公司是专业生产液位检测和控制测量仪表的制造商，集产品设计开发、生产销售于一体，是国内较早研制和生产磁性液位计的企业。

潍坊亚峰化工仪表有限公司

地址：山东省潍坊市潍城区乐埠山工业园

邮编：261057

电话：0536-5120378

传真：0536-5120378

电子信箱：gs@yafengyibiao.com

网址：www.yafengyibiao.com

主要产品或业务范围：专业生产销售液位仪表、温度仪表、流量仪表、压力仪表以及二次显示仪等多种产品。

烟台锦坤仪表科技有限公司

地址：山东省招远市金兴路二号

邮编：265400

电话：15266533361

联系人：隋雨君

电子信箱：3277918125@qq.com

主要产品或业务范围：公司于2017年成立，已拥有雄厚的技术力量、精湛的生产工艺、先进的检测设备、完善的科学管理体系。主要生产磁翻板液位计、磁致伸缩液位计、玻璃板液位计、双色石英管液位计、浮球液位变送器、液位开关、磁敏双色液位计以及各类衬氟产品等，广泛应用于氟化工、氯碱化工、农药、制药、日化等行业。

烟台开发区奥特仪表制造有限公司

地址：山东省烟台市福山区衡山路3号

邮编：264000

电话：0535-6374845，2162840，6386622

传真：0535-6382405

电子信箱：2162840@163.com

网址：www.autoyibiao.com

主要产品或业务范围：金属电容传感器，差压、压力、法兰液位变送器，在线密度计，奥氏T巴均速流量计，涡街、涡轮、电磁流量计，磁致伸缩液位变送器，磁浮子液位计，各种物位开关等。

烟台市塔山仪表有限公司

地址：山东省烟台市芝罘区上夼西路101号

邮编：264001

电话：0535-6085243

传真：0535-6084798

联系人：张永建

电子信箱：yy@ytyb.com

网址：www.ytyb.com

主要产品或业务范围：LFX系列分流旋翼式蒸汽流量计、LBJ差压式流量计。LUGB系列涡街流量传感器及中文液晶多功能流量积算仪、涡轮流量计、电磁流量计、LZB系列玻璃转子流量计等。

招远骏腾仪器仪表有限公司

地址：山东省招远市玲珑路车管所北400米

邮编：265400

电话：0535-8116195

传真：0535-8116195

电子信箱：395750487@qq.com

网址：www.juntengyibiao.com

主要产品或业务范围：磁翻板液位计、衬四氟防腐液位计、磁致伸缩液位变送器、液位开关等自动化仪表的制造企业。

招远市大明仪表有限公司

地址：山东省招远市开发区普照路68号

邮编：265400

电话：0535-8216840，8381926，8381929

传真：0535-8240881
电子信箱：zydmcn@sina.com
网址：www.dmyb.com
主要产品或业务范围：以物位仪表、压力仪表、温度仪表、分析仪表、智能显示与控制记录仪表为主体的五大产品系列。

招远市东朋自动化仪表有限公司
地址：山东省招远市初山东路96号
邮编：265400
电话：0535-8138328-801
传真：0535-8139121
电子信箱：zydpyb2008@163.com
网址：www.zydpyb.cn
主要产品或业务范围：防腐压力仪表、温度仪表、液位仪表、流量仪表、变送器五大系列配件。

淄博从信测控设备有限公司
地址：山东省淄博市高新区万杰路101号
邮编：255000
电话：0533-3588408，13964301123
传真：0533-3588406
联系人：屈迎宾、薛洪海
电子信箱：cxck99@163.com
网址：www.congxin.cn
主要产品或业务范围：压力传感器/变送器、温度传感器/变送器、位移传感器、倾角传感器、加速度传感器、压电薄膜传感器、超声波液位计、雷达物位计、静压式投入液位变送器、超声波流量计、电磁流量计、涡街流量计、孔板流量计、电子测试仪器及工具、分析仪器、智能数字显示仪和无纸记录仪等产品。

淄博飞雁先行测控技术有限公司
地址：山东省淄博市高新区青龙山路9009号仪器仪表产业园14号厂房B3-1
邮编：255087
电话：0533-3818367
传真：0533-3165946
电子信箱：chenw@advsensors.cn
网址：www.feiyancn.com
主要产品或业务范围：数字化温度/压力仪表，数字化温度/压力开关，温度/压力传感器，温度/压力/液位变送器，自动监控装置。

淄博新时代仪表制造有限公司
地址：山东省淄博市科技工业园（张店三赢路）
邮编：255000
电话：0533-3819397，3818155
传真：0533-3819033
电子信箱：mail3@xsdyb.com
网址：www.xsdyb.com

主要产品或业务范围：该公司集科研、生产、销售于一体，专业生产压力仪表和温度仪表。

晋城市仪表厂
地址：山西省晋城市开发区兰花路1442号汉通大厦A座803室
邮编：048000
电话：0356-2192499
传真：0356-2192493
联系人：郭陈强
主要产品或业务范围：各种热电偶、热电阻、双金属温度计、双金属-电阻一体化温度计及钢水用快速测温热电偶。承接各种成套设备安装、设计。

柳林县荣昌电子设备有限公司
地址：山西省吕梁市柳林县柳林镇龙城购物广场一单元2503室
邮编：033300
电话：17056289222
传真：0358-4316633
电子信箱：327017384@qq.com
网址：www.shanxirongchang.com
主要产品或业务范围：压力变送器、温度传感器、流量计、液位/物位计、水质检测仪表、气体分析仪、数显控制仪、DCS、PLC自控系统等。

太原晋仪热工仪表制造有限公司
地址：山西省太原市旧晋祠路南堰万水物质城二区94号
邮编：030012
电话：0351-6696206，6696306
传真：0351-6696306
电子信箱：whx0351@126.com
网址：www.yb0351.com
主要产品或业务范围：温度仪表，压力仪表，流量仪表，液位仪表，显示仪表，记录仪表，以及各种仪表电缆。

太原市太航压力测试科技有限公司
地址：山西省太原市小店区并州南路137号
邮编：030006
电话：0351-7057431，7057865
传真：0351-7057865
电子信箱：sales@ttptc.com
网址：www.ttptc.com
主要产品或业务范围：高精度综合测试仪、动静压检测仪、大气数据测试仪、活塞式压力计、数字式压力计等系列产品。

太原太航流量工程有限公司
地址：山西省太原市并州南路137号
邮编：030006
电话：0351-7053224

传真：0351-7043493
电子信箱：thllgc@163.com
网址：www.thllgc.avic.com
主要产品或业务范围：科里奥利质量流量计。

宝鸡华水自动化工程有限责任公司
地址：陕西省宝鸡市渭滨区渭工路55号
邮编：721000
电话：0917-2811180，3802128，3802129
传真：0917-3802156
电子信箱：hsa@hsa.cn
网址：www.hsa.cn
主要产品或业务范围：不锈钢压力变送器（变频配套产品）、不锈钢真空压力变送器、电接点压力变送器、全不锈钢液位变送器、全不锈钢一体化压力变送器、温度变送器、防雷模块、智能数显控制仪。

宝鸡市兴宇腾测控设备有限公司
地址：陕西省宝鸡市高端装备产业园10号楼C座5楼
邮编：721006
电话：0917-3307712
传真：0917-3307036
电子信箱：bjqxkj@bjqxkj.cn
网址：www.xytck.net
主要产品或业务范围：压力变送器、压力控制器、数字压力表、压力温度变送模块等。

秦川机床集团宝鸡仪表有限公司
地址：陕西省宝鸡市清姜东二路14号
邮编：721006
电话：0917-3617300
传真：0917-3623378
电子信箱：qcbjyb@qcbjyb.com
网址：www.qcbjyb.com
主要产品或业务范围：各种规格的普压表、氨压力表、泵压表、耐硫表、远传压力表、电接点压力表（一般电接点压力表、电感式防爆电接点压力表、光电式电接点压力表等）、隔膜耐蚀压力表、卫生型隔膜压力表、耐震压力表、抗震压力表、远传抗震表、拉力表等。

陕西创威科技有限公司
地址：陕西省西安市长安区航天基地航创国际广场C座209室
邮编：710075
电话：029-86690023
传真：029-89250364
电子信箱：86690023@163.com
网址：www.hx17.com
主要产品或业务范围：高端压力、温度计量校准仪表的研发、制造、销售。

陕西诺盈自动化仪表有限公司★
地址：陕西省西安市高新技术产业开发区科技六路高新水晶SOHO1幢2单元11层21107号
邮编：710065
电话：029-89303101，技术热线：17792526831
传真：029-85575092
电子信箱：nyjy2009@139.com
网址：www.nyjy-china.com
主要产品或业务范围：公司依托西安邮电大学密集的高科技人才和雄厚的技术力量，技术已达到世界同类产品的先进水平。目前拥有物位仪表、压力仪表、温度仪表、流量仪表、阀门仪表、分析仪表六个系列多种产品，广泛应用于油田石化、钢铁、冶金、电力、水泥、煤炭、食品及水处理等行业。

陕西赛尔斯电子有限公司
地址：陕西省宝鸡市渭滨区滨河南路1号
邮编：721000
电话：0917-3652001
传真：0917-3652001
电子信箱：sales@sierelectro.com
网址：www.sierelectro.com
主要产品或业务范围：压力、液位、温度传感器、变送器、控制器。

陕西声科电子科技有限公司
地址：陕西省西安市高新技术产业开发区发展大道25号军民融合创新港19层1911室
邮编：710119
电话：029-89589592
传真：029-88858601
电子信箱：service@sx-sk.com
网址：www.sk029.com
主要产品或业务范围：雷达物位仪表、外贴式仪表。

西安安森智能仪器有限公司
地址：陕西省西安市经济技术开发区草滩十路1155号智巢创新产业园2号楼5层
邮编：710061
电话：029-86513055
传真：029-89609621-810
电子信箱：ancn2006@163.com
网址：www.ansenyiqi.com
主要产品或业务范围：公司致力于压力、温度仪表精密化、数字化、智能化、网络化、低功耗化的研究。设计制造无线通信、RS485通信系列压力仪表、温度仪表和液位仪表；电池供电数字显示系列压力仪表、温度仪表和液位仪表。

西安德创电气科技有限公司
地址：陕西省西安市锦业路69号创业研发园C区1号瞪羚谷B座

邮编：710077
电话：029-88606479
传真：029-88385903
电子信箱：xadckj@163.com
网址：www.xadckj.cn
主要产品或业务范围：雷达物位计、导波雷达物位计。

西安电仪自控系统有限公司
地址：陕西省西安市高新技术产业开发区新型工业园创业大道标准厂房B1主楼2F
邮编：710119
电话：029-88619000
传真：029-85691132
电子信箱：xiandianyi2007@163.com
主要产品或业务范围：工业双金属温度计、热电阻、热电偶，压力/差力变送器等。

西安定华电子有限公司
地址：陕西省西安市高新技术产业开发区光德路2号F-2B楼五层
邮编：710065
电话：029-88317762
传真：029-88325028
电子信箱：2495634026@qq.com
网址：www.dhechina.cn
主要产品或业务范围：外测液位仪表。

西安东风机电股份有限公司★
地址：陕西省西安市高新技术产业开发区丈八五路43号高科尚都ONE尚城A座14楼
邮编：710077
电话：029-88485081
传真：029-88480054
电子信箱：dfjdscb@163.com
网址：www.xadfjd.cn
主要产品或业务范围：主要产品有P、N、C、G系列科里奥利质量流量计，CMS系列油气分离计量系统，BCS系列流量定量控制系统等。

西安福禄仪器仪表研究所有限公司
地址：陕西省西安市莲湖区团结东路241号
邮编：710082
电话：029-88620254
传真：029-88632218
电子信箱：whw@xatzyb.com
网址：www.yb9000.com
主要产品或业务范围：活塞式压力计、气体活塞式压力计、压力校验仪、便携式数字压力校验仪。

西安航联测控设备有限公司
地址：陕西省西安市新科路1号东兴科技大厦13层

邮编：710043
电话：029-82227103，82229229
传真：029-82227103
电子信箱：xahl@xahl.com
网址：www.xahl.com
主要产品或业务范围：大口径、大流量、低流速内藏式双文丘里管；插入式双文丘里管；标准及非标准孔板；标准及非标准文丘里喷嘴；LW系列的油、气、水涡轮流量仪表以及温度、压力、液位传感器等产品。

西安华恒仪表制造有限公司
地址：陕西省西安市高新技术产业开发区草堂科技产业基地加速器10号楼3C
邮编：710304
电话：029-89016663
传真：029-81488665
电子信箱：xianhuaheng@163.com
网址：www.xahuaheng.cn
主要产品或业务范围：压力变送器、多参量变送器、流量计、温度传感器和物位仪表。

西安华舜测量设备有限责任公司
地址：陕西省西安市高新技术产业开发区天谷七路996号国家数字出版基地C栋三楼304-309室
邮编：710065
电话：029-84380521
传真：029-88385072
电子信箱：xianhuashun@sina.com
网址：www.hshme.com
主要产品或业务范围：外置式液位计、外置式液位开关、便携式液位指示器。

西安佳盟自动化有限公司
地址：陕西省西安市电子一路18号西部电子社区C座1803室
邮编：710065
电话：029-88243812
传真：029-88241170
联系人：樊经理
电子信箱：88243812@126.com
网址：www.camoner.com
主要产品或业务范围：LZJ/B玻璃转子流量计，LZ智能金属管浮子流量计，UHC磁翻板液位计，WSS双金属温度计，WNG玻璃水银温度计，WZ热电阻，WR热电偶，LUGB涡街流量计，节流装置，1151智能压力差压变送器，自控系统的设计、安装、调试、成套。

西安金越电子有限公司
地址：陕西省西安市金水路6号
邮编：710054
电话：029-82235060
传真：029-82316333

电子信箱：xajinyue@163.com
网址：www.xajinyue.com
主要产品或业务范围：无线数传流量计、无线数传压力表（变送器）、无线数传温度表（变送器）、智能马达控制器、电弧光母线保护装置、智能电力监测仪、智能电量表、组合式指示灯、各种类型闪光报警器、光字牌等先进的高科技智能化测控设备等。

西安能特电子科技有限公司
地址：陕西省西安市电子二路9号
邮编：710065
电话：029-88276927
传真：029-89567581
网址：www.nengte.net
主要产品或业务范围：自控阀门、压力、流量、温度、液位等仪表，代理销售美国罗斯蒙特变送器、日本横河EJA变送器。

西安市高精密仪表厂
地址：陕西省西安市莲湖区潘家村194号
邮编：710082
电话：029-88621754
传真：029-88645477
联系人：季慧丽
电子信箱：xagjm@163.com
网址：www.xagjm.com
主要产品或业务范围：压力测量仪器仪表与标准器。主要产品有活塞式压力计，活塞式压力真空计，浮球式压力计，数字式压力计，精密压力表，精密真空表，精密压力真空表，压力校验器，压力真空校验器，便携式数字压力校验仪，热工信号校验仪等。

西安天虹仪表有限公司
地址：陕西省西安市劳动路北口76号
邮编：710082
电话：029-86692898
传真：029-84151087
电子信箱：xian-jd@163.com
网址：www.xianjd.com
主要产品或业务范围：装配式热电偶、热电阻，铠装热电偶、热电阻，温度变送器，补偿导线，耐高温保护管，智能仪表，流量仪表，压力仪表，记录仪等。

西安西德仪器仪表有限公司
地址：陕西省西安市沣东新城天海星数码工坊B区
邮编：710086
电话：029-63090750
传真：029-84590328
电子信箱：xianxide@163.com
网址：www.xdyb01.com
主要产品或业务范围：压力、温度计量校准仪器仪表。

西安西仪机电仪表厂
地址：陕西省西安市劳动路北口76号
邮编：710082
电话：029-88637315
传真：029-88637315
电子信箱：xyjdyb9238@sina.com
主要产品或业务范围：压力表、压力变送器、压力开关、温度仪表等。

西安祥跃仪器科技有限公司
地址：陕西省西安市莲湖区环城西路南段78号东光大厦五层
邮编：710082
电话：029-84265120
传真：029-84265120
电子信箱：1712985824@qq.com
网址：www.xaxy17.com
主要产品或业务范围：基准级活塞压力计、工作级活塞压力计、气体活塞压力计。

西安展航电子科技有限公司
地址：陕西省西安市国家高新技术产业开发区高新路80号望庭国际1幢楼1-19层
邮编：710065
电话：029-87302468
传真：029-87302468
电子信箱：zhanhdz@163.com
网址：www.xazhanhang.com
主要产品或业务范围：外贴式超声波液位开关、外贴式液位计、外测液位计、超声波液位计等。

西安智拓仪器仪表有限公司
地址：陕西省西安市未央区未央路106号蓝天大厦A座310
邮编：710018
电话：029-68099265
电子信箱：zhtyb20@126.com
网址：www.zhtyb.com
主要产品或业务范围：温度仪表、压力仪表、流量计、压力变送器等。

西安中星博纳自动化设备有限公司
地址：陕西省西安市高新技术开发区丈八西路12号高科摩卡1幢29层
邮编：710077
电话：029-89389606，84508281
传真：029-84508281
电子信箱：xianbona@163.com
网址：www.xacsbn.com
主要产品或业务范围：该公司是流量测量装置的专业制造商，生产的节流装置用于流体的流量测量和控制，与差压变送器配套构成差压式流量计。

西安众望测控仪表有限责任公司
地址：陕西省西安市东开发区火炬路3号楼7层B座
邮编：710043
电话：029-83248803
传真：029-83204662
联系人：郭经理
电子信箱：zwck@zwck.com
网址：www.zwck.com
主要产品或业务范围：压力/差压变送器，灵巧型电容式差压变送器，插入式多喉径流量计，插入式双喉径流量计，插入式多点均速双喉径流量计，温度变送器，智能液位测量控制仪，耐震、耐温、耐腐蚀特种测量仪表八大类三百多个规格品种。

西安自动化仪表一厂
地址：陕西省西安市大庆路11号
邮编：710082
电话：029-84385972，88169505
传真：029-88651096
电子信箱：xaaxyb@126.com
网址：www.xaybyc.cn
主要产品或业务范围：生产压力仪表、温度仪表。

艾丝特仪表（上海）有限公司
地址：上海市松江区广富林东路499号11幢
邮编：201620
电话：021-31598212
电子信箱：Aisiteyibiao@163.com
网址：www.aistey.com
主要产品或业务范围：气体涡轮流量计、气体罗茨流量计、旋进漩涡流量计。

艾特斯仪表（上海）有限公司
地址：上海市徐汇区桂平路471号8号楼
邮编：200030
电话：021-61042610
传真：021-61042615
电子信箱：rhe@winters.com
网址：www.winters.com
主要产品或业务范围：压力、温度测量设备。

贝罗孚自动化仪表（上海）有限公司
地址：上海市浦东新区新金桥路1295号3号楼7楼
邮编：201206
电话：021-50327751
传真：021-50327753
电子信箱：info@marshbellofram.cn
网址：www.marshbellofram.com
主要产品或业务范围：精密调压阀，电气转换器，气缸，计时器，压力表，比例阀等。

博卡测控技术（上海）有限公司
地址：上海市浦东新区世纪大道1090601室
邮编：200120
电话：021-58363655
传真：021-50550005
电子信箱：sales@boocca.com
网址：www.boocca.com
主要产品或业务范围：BF40电磁流量计、BF50涡街流量计、BF60热式气体质量流量计等。

诚田自动化仪表（上海）有限公司
地址：上海市闵行区金都路4289号7栋2楼
邮编：201101
电话：021-54887307-131
传真：021-54887385
电子信箱：chengtian@yuden.com.tw
网址：www.chengtianey.com.cn
主要产品或业务范围：压力变送器、差压变送器、液位变送器、温度变送器、温湿度露点变送器、风速变送器、流量变送器、二氧化碳变送器、感温棒等。

德国弗莱克森公司上海代表处
地址：上海市徐汇区宜山路888号1804室
邮编：200233
电话：021-64957520
传真：021-64957590
电子信箱：she@flexim.com
网址：www.flexim.com
主要产品或业务范围：专业生产超声波流量计和浓度计。

登方（上海）电子有限公司
地址：上海市普陀区曹杨路450号1201室
邮编：200063
电话：021-51692959
传真：021-51280798
电子信箱：sales@toho-inc.cn
网址：www.toho-inc.cn
主要产品或业务范围：PID温度控制器、多通路记录仪、热电偶、温度贴纸、温湿度传感器、压力计、流量传感器、超声波液位计、气体分析仪、气体检测仪等传感器及仪器仪表。

东富科精密仪器（苏州）有限公司
地址：上海市长宁区延安西路2077号306室
邮编：200336
电话：021-62757525
传真：021-62756189
电子信箱：sy_le@tofco.com.cn
网址：www.tofco.com.cn
主要产品或业务范围：公司专门制造销售流量计以及基板检测装置。

富士电机（中国）有限公司
地址：上海市普陀区凯旋北路1188号环球港B座26楼
邮编：200063
电话：021-54961177-2161
传真：021-54960189
电子信箱：fec-info@fujielectric.com
网址：www.fujielectric.com.cn
主要产品或业务范围：FCX-All系列压力变送器，采用先进的DSP技术的超声波流量计系列，红外气体分析仪，及其他各类现场控制仪表。还提供新开发的油气田远程监测系统，直插式激光气体分析仪，放射线监测系统。

富沃得（上海）仪表有限公司
地址：上海市奉贤区临海工业区柘林镇驰华路775号
邮编：201417
电话：021-33618777，33618688
传真：021-33618880
电子信箱：market@floworld-co.com
网址：www.floworld-co.com
主要产品或业务范围：V锥流量传感器，电磁流量计，涡街流量计，常规的流量计均备有现货，可以根据客户的要求随时发货。

慧邦仪表（上海）有限公司
地址：上海市嘉定区曹安公路5616号2005室
邮编：201805
电话：021-56634529
传真：021-51567172
电子信箱：bilang17@163.com
网址：www.shhbyb.com
主要产品或业务范围：热电偶、热电阻、双金属温度计、电容式变送器1151/3051、不锈钢压力表、隔膜压力表、精密压力表、压力开关、涡街流量计、涡轮流量计、电磁流量计、椭圆齿轮流量计、磁翻板液位计、浮球液位计、磁性液位控制器、智能显示仪、巡检仪、光柱数显仪、流量积算仪、电力电缆、计算机电缆、补偿导线等。

科宝仪器仪表贸易（上海）有限公司
地址：上海市浦东新区世纪大道1090号斯米克大厦1707室
邮编：200120
电话：021-58362206
传真：021-58362149
电子信箱：info@kobold.cn
网址：www.iianews.com
主要产品或业务范围：流量、液位、压力、温度检测用仪器仪表及配件。

科隆测量仪器（上海）有限公司
地址：上海市徐汇区桂林路396号浦原科技园1号楼9楼
邮编：200233
电话：021-33397222

传真：021-64516408
电子信箱：k.web@krohne.com
网址：www.krohnechina.com
主要产品或业务范围：流量计，物位计，分析仪表等测量仪器的销售、服务以及其他配套业务。

兰睿仪器（上海）有限公司
地址：上海市松江区新桥镇九新公路2800号5号楼8层C-D座
邮编：201612
电话：021-67618991
传真：021-67801625
电子信箱：info@lanry-flow.com
网址：www.lanry-flow.com.cn
主要产品或业务范围：时差系列超声波流量计、多普勒系列超声波流量计、电磁流量计、超声水表与热量表等。

麦德胜电气（中国）有限公司★
地址：上海市普陀区真南路122号10号楼
邮编：200331
电话：021-51876685
传真：021-51862905
电子信箱：madshen@163.com
网址：www.madshen.cn
主要产品或业务范围：隔离式安全栅，信号隔离器，电流变送器，电压变送器，频率变送器，温度变送器，压力变送器，差压变送器，智能电磁流量计，智能涡街流量计，智能V锥流量计，智能通信管理机，调节阀及智能阀门定位器。

麦理丘路（上海）控制仪表有限公司
地址：上海市闵行区华锦路191号6栋
邮编：201108
电话：021-62491350
传真：021-62491351
电子信箱：ssun@magnetrol.com
网址：wwww.magrnetrol.net
主要产品或业务范围：液位仪表。

美国矽翔微机电系统有限公司
地址：上海市闵行区万源路2158号泓毅大厦410室
邮编：201103
电话：021-54265998
传真：021-54265998-8008
电子信箱：shanghai@siargo.com
网址：www.siargo.com.cn
主要产品或业务范围：超大量程MEMS气体流量计。

欧智博德仪器仪表（上海）有限公司
地址：上海市闵行区浦江镇联航路1188号10幢2层B座
邮编：200335
电话：021-51600190，33600610

传真：021-33600611
电子信箱：info@bdsensors-china.com
网址：www.bdsensors-china.com
主要产品或业务范围：压力变送器，电子压力开关（带显示及节点输出），静压液位计，数显式压力表（电池供电），分析仪表，高频动态压力传感器。

浦瑞斯仪表（上海）有限公司
地址：上海市闵行区莲花南路2899号3号楼102室
邮编：201108
电话：021-64831209，64831252
传真：021-64831252-8003
电子信箱：mabokf@163.com
网址：www.prais.cn
主要产品或业务范围：智能电磁流量计转换器。

上海ABB工程有限公司
地址：上海市浦东新区康新公路4528号
邮编：201319
电话：021-61056666
传真：021-61056677
电子信箱：contact.center@cn.abb.com
网址：www.abb.com.cn
主要产品或业务范围：该公司是ABB在华工业机器人及系统业务（机器人）、仪器仪表（自动化产品）、变电站自动化系统（电力系统）和集成分析系统（过程自动化）的主要生产工程基地，是ABB全球仪表生产基地，为中国及全球市场提供流量计、压力计等多种产品。

上海埃科燃气测控设备有限公司
地址：上海市松江区石湖荡镇贵南路1065号
邮编：201617
电话：021-57846388，57842153
传真：021-57846388
电子信箱：shacol@shacol.com
网址：www.shacol.com
主要产品或业务范围：气体超声流量计、超声波燃气表、智能型气体腰轮流量计。

上海艾络格电子技术有限公司
地址：上海市闵行区江月路999号9幢2层
邮编：201114
电话：021-58322699
传真：021-58323699
电子信箱：sales@analogsystems.cn
网址：www.analogsystens.cn
主要产品或业务范围：压力变送器，温度变送器，通信接口模块等。

上海安钧智能科技股份有限公司
地址：上海市嘉定区黄渡工业园谢春路1300弄3号
邮编：201804
电话：021-51035278
传真：021-51687978
电子信箱：sales@aetosh.com
网址：www.anjunsh.com
主要产品或业务范围：机械型和智能型气体腰轮(罗茨)流量计、气体涡轮流量计、IC卡气体腰轮流量计、IC卡气体涡轮流量计。

上海盎科电气设备有限公司
地址：上海市浦东新区金桥出口加工区金豫路885号34号楼
邮编：201206
电话：021-58999086，58993262-7601（华东区）
021-58993866，58993261，58997603（西南、北方区）
021-58993668，58997602（气体部）
传真：021-58996818
主要产品或业务范围：该公司是一家集设计、研发、生产制造于一体的高科技型企业。产品有智能单晶硅差压/压力变送器，智能温度变送器，智能气体探测器，智能液位变送器等，并为客户提供OEM解决方案。

上海贝菲自动化仪表有限公司
地址：上海市浦东新区浦东南路2157号11A
邮编：200127
电话：021-50393708，50393709
传真：021-50393710
电子信箱：bf@shbeifei.com
网址：www.shbeifu.com
主要产品或业务范围：电磁流量计。

上海倍福自动化科技有限公司
地址：上海市普陀区中潭路33弄7号2104号
邮编：200061
电话：021-63178299，63178519，63179889
传真：021-61426999
电子信箱：bf@shbeifu.com
主要产品或业务范围：V锥流量计，一体式电磁流量计，分体式电磁流量计，智能电磁流量计，上海蒸气流量计，智能涡轮流量计，上海金属转子流量计，便携式流量计，雷达物位计、温度计、压力表、压力变送器、物液位等现场控制仪表、数显光柱仪、流量积算仪、无纸记录仪、校验仪等二次仪表、阀门系列。

上海本都自动化仪表有限公司
地址：上海市嘉定区南翔镇嘉前路765号
邮编：201802
电话：021-69176128
传真：021-69176500
联系人：陈先生
电子信箱：shbendu@126.com
网址：www.shbendu.cn

主要产品或业务范围：专业生产和加工传感器、压力、差压、液位等电容式变送器系列和法兰系列，并可以根据用户要求生产特殊规格的变送器或液位远传法兰。

上海铂锐流量仪表有限公司
地址：上海市普陀区真南路1370号B1-48号
邮编：200331
电话：021-51625150，18916001579
传真：021-36333580
电子信箱：1402607003@qq.com
主要产品或业务范围：LDG-S分体远传式智能电磁流量计，LDY一体型智能电磁流量计，BRLU涡街流量计，LZB玻璃转子流量计，STG超声波流量计等各种流量计。

上海朝辉压力仪器有限公司
地址：上海市松江区南乐路1276弄115号8号楼5-6楼
邮编：201600
电话：021-51691919，67755188
传真：021-67755185
电子信箱：info@zhyqsensor.com
网址：www.sinosensor.com
主要产品或业务范围：工业用压力传感器、变送器，高温熔体压力传感器、变送器，熔体压力表，温度传感器，张力传感器，压力开关，压力爆破阀，智能数字仪表，厚膜电路，动态轮轴称重系统及各类传感器芯体等。

上海创冠仪器仪表有限公司
地址：上海市闵行区浦江工业园沈杜路4285号
邮编：201112
电话：021-54311705，54311706
传真：021-54311700
电子信箱：shcgic@163.com
网址：www.cgic.biz
主要产品或业务范围："创冠"智能电磁流量计、智能变送器、电动执行机构与各种智能数显仪表。公司建有三套高精度水流量标定装置，能满足口径10～2000mm流量计的标定。

上海达宏松岛机械有限公司
地址：上海市嘉定区马陆镇大宏村横仓路70号
邮编：201818
电话：021-59514159
传真：021-59514139
电子信箱：sales@matsushima-ch.cn
网址：www.matsushima-ch.cn
主要产品或业务范围：料位计、料位开关、粉体测量仪器、执行器等。

上海大德仪表厂
地址：上海市黄浦区北京东路668号805号402室
邮编：200001

电话：021-63614542
传真：021-63515257
电子信箱：shdade@163.com
网址：www.chdade.com
主要产品或业务范围：温度、压力、流量、湿度、物位等测控仪表或终端变送执行器，计数定时器，变频器，可编程控制器，积算仪，记录仪等。

上海迪纳声科技股份有限公司
地址：上海市松江区松江工业区书崖路108号
邮编：201611
电话：021-67602283
传真：021-61912222
电子信箱：sales@dynaflox.com.cn
网址：www.dynaflox.com.cn
主要产品或业务范围：公司主要从事时差多普勒超声流量计、超声水表、超声冷热量计、微小流量计等研发、生产、营销和服务。

上海东研测控技术有限公司
地址：上海市闵行区虹梅南路3509弄199号B1
邮编：201108
电话：021-33504533
传真：021-33580301
电子信箱：chinaer@easternre.com.cn
网址：www.easternre.com.cn
主要产品或业务范围：射频导纳开关、射频导纳物位计、磁翻板液位计、热电偶、热电阻。

上海恩德斯豪斯自动化有限公司
地址：上海市闵行区紫竹科学园江川东路458号
邮编：200241
电话：021-24039600
传真：021-24039607
电子信箱：info.cn.sc@endress.com
网址：www.endress.com.cn
主要产品或业务范围：科氏质量流量仪表、涡街流量仪表、超声波流量仪表、电磁流量仪表、物位仪表和压力仪表。

上海帆扬机电有限公司
地址：上海市虹口区天宝路558弄4号202室
邮编：200086
电话：021-51696800
传真：021-63294342
电子信箱：fanyangjidian@163.com
网址：www.fanyangjidian.com
主要产品或业务范围：热电偶、热电阻，压力变送器，差压变送器，压力控制器，液位变送，电磁流量计、涡街流量计、孔板流量计、V锥流量计、威力巴流量计、智能靶式流量计、转子流量计、超声波流量计，调节阀，智能数显调节控制仪表，流量积算仪，无纸记录仪，控制盘、柜，承接自动化工程设计、安装、调试。代理川仪横河的EJA系列变送器，罗斯蒙特变送器，上海横河电机漩涡流量计，上海自动化仪表股份有限公司所有产品。

上海凡宜科技电子有限公司
地址：上海市闵行区都会路451号
邮编：201109
电话：021-64907260
传真：021-64907276
电子信箱：info.sh@fine-tek.com
网址：www.fineautomation.com.cn
主要产品或业务范围：从事各类流量计、物/液位自动化控制的研制、生产和销售。

上海飞卓智能科技有限公司
地址：上海市金山区金山工业区夏宁路818弄55号
邮编：201506
电话：021-57279100
传真：021-57279100
电子信箱：liuanbo@feejoy.com
网址：www.feejoy.cn
主要产品或业务范围：专业从事工业控制现场仪表研发、生产、销售。产品涵盖浮球液位开关、磁翻板液位计、阻旋式料位开关、空气振动器、超声波物/液位计、磁致伸缩液位仪/界面计、雷达物位计/液位计、射频导纳物位计/液位计、流动开关流量开关、压力变送器、一体化温度变送器、流量计等。

上海岗崎控制仪表有限公司
地址：上海市闵行区景联路399号A幢三楼
邮编：201108
电话：021-64348778，64348836，54263620
传真：021-64348835
电子信箱：shgangqi@therncway.com
网址：www.therncway.com
主要产品或业务范围：公司主要生产研发销售自动化仪表、热工仪表、电气成套设备、热电阻、热电偶、温度传感器、温度变送器和压力变送器等产品。

上海谷田自动化仪表有限公司
地址：上海市松江区民益路201号漕河泾开发区新经济园6号楼3C
邮编：201612
电话：021-66691068，66691058，37027101
传真：021-37027100
电子信箱：ydauto@126.com
主要产品或业务范围：该公司是专业制造磁性翻柱液位计、温度传感器的厂家，公司设立了Ⅰ级检定标准的仪表校验室，测试手段完备，拥有行业内高端的检测设备，且通过了中国计量科学研究院和上海市计量测试技术研究院权威部门的检定认证。

上海股德智能仪器有限公司
地址：上海市嘉定区嘉北路1755弄浏翔工业园19号楼东2层
邮编：201800
电话：021-65345590
传真：021-65345592-808
电子信箱：good1718@126.com
网址：www.good1718.com
主要产品或业务范围：专业从事物位仪表，流量仪表研发、设计、生产。

上海光华·爱而美特仪器有限公司
地址：上海市闵行区东川路3160号
邮编：200245
电话：021-64300150
传真：021-64300812
电子信箱：sales@sgaic-kgi.com
网址：www.sgaic-kgi.com
主要产品或业务范围：该公司是由世界著名的流量仪表制造商德国科隆公司(KROHNE)与上海光华仪表厂共同投资成立的合资公司，拥有亚洲最大口径、最高精度的水流量实流标定装置，生产制造CORIMASS质量流量计。

上海光华仪表有限公司
地址：上海市松江区松江高科技园区九泾路500号
邮编：201615
电话：021-67697202
传真：021-67697448
电子信箱：office@guanghua.com.cn
网址：www.guanghua.com.cn
主要产品或业务范围：专业生产各种流量、差压、压力、液位等工业自动化仪表。主要产品有电容式变送器、智能电容式变送器、核安全级电容式变送器、电磁流量传感器、椭圆齿轮流量计、核安全级吹气装置等产品。

上海国泰净化仪表工程有限公司
地址：上海市杨浦区吉林路60号(三九商务楼)406A
邮编：200082
电话：021-65354344
传真：021-65413630
电子信箱：guotaiyibiao@citiz.net
主要产品或业务范围：液位计、液位控制器、料位计等。

上海国奕仪器仪表有限公司
地址：上海市嘉定区安亭镇谢春路1300弄3号
邮编：200063
电话：021-69932416
传真：021-69932416
电子信箱：2018752169@qq.com
网址：www.sh-goeasy.com
主要产品或业务范围：涡轮流量计。

上海鹤吉自动化仪表有限公司
地址：上海市青浦区白鹤工业区鹤吉路103号
邮编：201709
电话：021-39804116，39804126
传真：021-39804106
电子信箱：daifayuan@126.com
网址：www.gasflowmeter.com.cn
主要产品或业务范围：蒸气流量计，涡轮流量计，涡街流量计，金属转子流量计，电磁流量计。

上海鹤立仪表电器厂
地址：上海市松江区北张泾49号
邮编：201601
电话：021-57610837
传真：021-57612831
主要产品或业务范围：各种热电偶、热电阻，温度变送器，双金属温度计等。

上海恒满自动化仪表有限公司
地址：上海市宝山区沪太路5355弄6号302
邮编：200444
电话：021-51087181
传真：021-55510005
电子信箱：shhmllj@163.com
网址：www.hmllj.com
主要产品或业务范围：电磁流量计，涡街流量计，涡轮流量计，超声波流量计，固体流量计。

上海横河电机有限公司
地址：上海市静安区天目西路290号康吉大厦20楼A座
邮编：200070
电话：021-63548800
传真：021-63548822
电子信箱：ysi-liuxl@mail.ysi.com.cn
网址：www.ysi.com.cn
主要产品或业务范围：DY/DYA型旋涡流量计，ADMAG AXF、AE、SE、AM系列电磁流量计，RAMC系列金属浮子流量计和相关的现场仪表。

上海宏端精密机械有限公司
地址：上海市松江区叶榭镇叶繁路24号
邮编：201608
电话：021-37691282
传真：021-37691280
电子信箱：hd@hongduan.net
网址：www.hongduan.com
主要产品或业务范围：专业生产铠装电加热丝、热电偶、热电阻等系列产品。

上海宏浪自动化仪表有限公司
地址：上海市浦东新区航梅路818弄E座1505-1509室

邮编：201315
电话：021-50878662，13817667863
传真：021-50877640
联系人：王荣庆
电子信箱：hongalng8011@163.com
网址：www.uhz200.com
主要产品或业务范围：磁致伸缩液位计、超声波液位计、雷达液位计、现场磁翻板液位计、玻璃管液位计、各类液位控制开关、各类液位变送器、各类温度传感器。

上海虹达仪器仪表厂有限公司
地址：上海市松江区莘砖公路3825号3号楼2楼
邮编：200335
电话：021-62621266，62423301，62429949
传真：021-62423301，62429949
电子信箱：s_hongda@126.com
网址：www.hongdayb.com
主要产品或业务范围：专业生产工业温度测量仪表。

上海虹益仪器仪表有限公司
地址：上海市嘉定区安亭大众工业区园区路500号
邮编：201814
电话：021-69573002
传真：021-69573035
电子信箱：honyi@honyi.com.cn
网址：www.honyi.com.cn
主要产品或业务范围：公司主要生产实验室分析仪器和流量仪表两大类。

上海华强仪表有限公司
地址：上海市浦东新区张江高科技园区科苑路151号
邮编：201203
电话：021-50276456
传真：021-50801719
联系人：吴倩、杨龙祥
电子信箱：hq@hqcom.com.cn
网址：www.hqcom.com.cn
主要产品或业务范围：该公司专业从事流量仪表和自动化监测（控制）系统的生产及研发，建有国内较大的高科技流量仪表的生产与标定检测基地，其中有3套高精度流量标定装置和智能化仪表自动测试装置，以及体积法、变水头标定装置和称重法标定装置。

上海环弘自动化仪表科技有限公司
地址：上海市金山区漕泾工业园区
邮编：200001
电话：021-22819618，63518879，63522993
传真：021-63522993
电子信箱：hh@021hh.cn
网址：www.021hh.cn
主要产品或业务范围：智能温控仪、双金属温度计、不锈钢压力表、压力控制变送器、磁性翻板液位计和双金属铂热电阻（偶）等。

上海嘉沪仪器有限公司
地址：上海市普陀区科技产业开发区古浪路55号17幢
邮编：200331
电话：021-66091293，13611900279
传真：021-66096621
电子信箱：shanghaijiahu@gmail.com
网址：www.oksh.com
主要产品或业务范围：LDE智能电磁流量计，LUGB涡街流量计，STG超声波流量计，LZN均速管流量计，LC椭圆齿轮流量计，XFS消防水流量计，CSB-H冷热能量计，LZB玻璃转子流量计，LYQ燃气流量计，蒸气流量计，能量计，空气流量计，气体流量计，污水流量计，天然气流量计，矿浆流量计，热水流量计，消防水流量计，化工流量计等流量计产品。

上海减压器厂有限公司
地址：上海市松江区港兴路466号
邮编：201206
电话：021-58548618
传真：021-58993633
联系人：竺伟恒
电子信箱：xuchong@regulator-sh.com
网址：www.regulator-sh.com
主要产品或业务范围：生产上海、华天、神力、上减等品牌减压器、压力表。

上海建怡实业有限公司
地址：上海市闵行区泰虹路168弄（万科时一区）2号楼901室
邮编：200032
电话：021-54590787，54595787
传真：021-54590846
电子信箱：sales@jysy99.com
网址：www.jysy99.com
主要产品或业务范围：美国KURZ公司热式气体质量流量计，加拿大KAYDEN公司热式开关，德国FLEXIM公司超声波流量计，美国VORTEK品牌多参数涡街流量计。

上海健时智能化系统有限公司
地址：上海市嘉定区阿克苏路1187号大卫国际大厦八楼
邮编：200331
电话：021-51086685
传真：021-51086695
电子信箱：shjianshi@163.com
网址：www.shjszn.com.cn
主要产品或业务范围：工业热电偶、热电阻，氧化锆，双金属温度计，温度变送器，信号隔离器，隔离式安全栅，温度远传监测仪，压力表、压力变送器，智能数字显示调

节仪，电量变送器，智能电力监测仪，无纸记录仪，液位计，流量计等。

上海精普仪表厂
地址：上海市宝山区金勺路1508号
邮编：200436
电话：021-56618282
传真：021-56618080
电子信箱：info@jingpu.com
网址：www.jingpu.com
主要产品或业务范围：压力仪表、温度仪表。

上海精士自动化成套设备有限公司★
地址：上海市嘉定区南翔镇顺达路111弄78号
邮编：201802
电话：021-51087776
传真：021-59157611
电子信箱：jszdh@jszdh.com
网址：www.jszdh.com
主要产品或业务范围：液位控制器、液位开关、浮球开关、液位变送器、压力控制器、压力变送器、流量开关、玻璃管液面计、磁翻板液位计、电磁流量计等工业自动化控制产品，浪涌保护器，智能控制箱／柜，配电箱／柜附件，低压电器的设计、制造、加工。

上海巨贯工业自动化设备有限公司
地址：上海市奉贤区庄行镇庄良路1879号
邮编：201100
电话：021-51697781
传真：021-51697781
电子信箱：yhzhaoying@126.com
网址：www.shjvguan.com
主要产品或业务范围：专门从事工业过程控制、智能仪器仪表、传感器等产品研发、生产及销售。产品有温度传感器，压力变送器、无纸记录仪、智能流量计、物位仪表等。

上海柯普乐自动化仪表有限公司
地址：上海市松江区玉阳路699弄2号
邮编：201600
电话：021-33521288
传真：021-67741420
电子信箱：info@ksr-kuebler.com.cn
网址：www.ksr-kuebler.com.cn
主要产品或业务范围：液位传感器、旁路式液位计。

上海科霸流量仪表有限公司
地址：上海市奉贤区星火开发区民升路328号21-22栋
邮编：201419
电话：021-57126888
传真：021-57123123
电子信箱：2085403477@qq.com

网址：www.chinakeba.com
主要产品或业务范围：电磁流量计、V锥流量传感器、涡街流量计、智能流量计算仪等全系列产品。

上海科迪仪表有限公司
地址：上海市静安区沪太路315弄1号1104室
邮编：200070
电话：021－56539135
传真：021－56538663
电子信箱：kedi@kediyb.com
网址：www.kediyb.com
主要产品或业务范围：热电偶、铠装热电偶、热电阻、双金属温度计、温度变送器、温度控制器、温度远传监测仪等温度仪表；压力表、不锈钢压力表、隔膜压力表、压力变送器、差压变送器、压力控制器、差压控制器等压力仪表。

上海科旗仪表有限公司
地址：上海市浦东新区建豪路88号
电话：021－51863527
传真：021－50828139
电子信箱：shken@163.com
网址：www.shkeqi.cn
主要产品或业务范围：压力变送器、超声波液位计、流量计、称重传感器。

上海肯特仪表股份有限公司
地址：上海市金山区亭林工业园区康发路169号
邮编：201504
电话：021－56027777
传真：021－56026666
电子信箱：xialeli@shanghaikent.com
网址：www.shanghaikent.com
主要产品或业务范围：智能电磁流量计、智能涡街流量传感器、V锥流量传感器、智能金属管浮子流量计、智能时差式超声波流量计、智能流量积算仪、压力变送器、雷达物位计、热量表、能源计量管理系统等。

上海匡微仪器仪表有限公司
地址：上海市嘉定区安亭镇泰波路647号2幢东侧
邮编：201814
电话：021－39587069
传真：021－39587069，39196090
电子信箱：kwmeter@kuangweimeter.com
主要产品或业务范围：双金属温度计、压力表、温压一体表、电子温湿度计等。

上海蓝润自动化仪表有限公司
地址：上海市普陀区中山北路1715号浦发广场E幢1506室
邮编：200061
电话：021－61405841
传真：021－61405842

电子信箱：sales@lanrun.cn
网址：www.lanrun.cn
主要产品或业务范围：产品涉及工业现场温度、压力、流量、物位、成分等信号的测量、传输、转换、显示、控制、分析仪表，安保门禁系统和集散型控制系统等工业控制设备。

上海立格仪表有限公司
地址：上海市闵行区都会路99号
邮编：201109
电话：021－31261976
传真：021－31261975
电子信箱：sales@leeg.cn
网址：www.leeg.cn
主要产品或业务范围：单晶硅压力变送器，单晶硅差压变送器，单晶硅压力传感器。

上海良磊仪表有限公司
地址：上海市普陀区中山北路1155号
邮编：200065
电话：021－56098218
电子信箱：249326924@qq.com
网址：www.shllyb.com
主要产品或业务范围：压力表温度计。

上海流辰自动化设备制造有限公司
地址：上海市奉贤区南桥镇马家宅路108号
邮编：201401
电话：021－60890044
传真：021－60890080
电子信箱：chris_funai@yahoo.cn
网址：www.bonn－china.com
主要产品或业务范围：公司是德国波恩仪表在中国的生产基地，生产波恩仪表公司BNSLUCN系列智能差压/压力变送器。

上海绿欣仪表有限公司
地址：上海市宝山区宝杨路18号
邮编：201900
电话：021－56101639，36100143
传真：021－56101639
电子信箱：lvxin888@citiz.net
主要产品或业务范围：专业生产测温仪表，产品有热电偶、热电阻等十个系列、1000余品种。

上海洛丁森工业自动化设备有限公司
地址：上海市闵行区瓶安路1258号中臻科创园1幢5层
邮编：201109
电话：021－52212505－827(市场部)
传真：021－52212506
电子信箱：devinwei@rocksensor.com

网址：www.rocksensor.com
主要产品或业务范围：公司是一家专业从事工业自动化传感器和仪器（特别是高精度智能压力、差压变送器及核安全级压力、差压变送器）的生产、制造、技术服务的高新技术企业。其超高温压力变送器和无源无线压力传感器技术，在全球范围内取得较大幅度的领先地位。产品遍布全国，远销海外等多个国家，广泛应用于石油、化工、钢铁、冶金、热力发电、造纸、制药、食品等领域。

上海络嵌电子科技有限公司
地址：上海市松江区石湖荡镇长塔路945弄18号2楼J-1
邮编：200000
电话：13816146094
传真：0550-2385257
电子信箱：iluoqian@126.net
网址：www.iluoqian.cn
主要产品或业务范围：温度、液位、压力变送器，导轨式变送器，就地式显示仪表。

上海脉杰自动化系统设备有限公司
地址：上海市虹口区广灵四路269弄32号601室
邮编：200070
电话：021-63639265，63637545
传真：021-63637545
电子信箱：sales@measuretech.com.cn
网址：www.measuretech.com.cn
主要产品或业务范围：专业提供压力、拉力、荷重、扭矩、压强、位移测控方案，包括仪表、传感器、软件和自动控制系统。

上海孟德仪器仪表有限公司
地址：上海市普陀区镇坪路赵家宅25号
邮编：200061
电话：021-51040603
传真：021-51040603
电子信箱：sales@mengteinstruments.com
网址：www.mengteinstruments.com
主要产品或业务范围：专业生产各类温湿度表、温湿度计、数字风速仪、动槽式气压表、空盒气压表以及家庭气像仪和各种工业用压力表等。

上海妙迪仪表有限公司
地址：上海市浦东新区商城路1900号金桃大厦1204室
邮编：200135
电话：021-51860900
传真：021-68556110
电子信箱：multi_ist@126.com
网址：www.multi-ist.com
主要产品或业务范围：物位、压力、温度、流量测量等现场仪表。

上海妙声力仪表有限公司
地址：上海市普陀区真南路1226弄康健商务广场10号楼302室
邮编：200331
电话：021-56060203
传真：021-64368983
电子信箱：business@shanghai-echo.com
网址：www.shanghai-echo.com
主要产品或业务范围：推广、销售西门子全系列过程测量仪表，同时生产和销售妙声力品牌的物位测量仪表，以满足不同层次客户的要求。

上海敏榆实业有限公司
地址：上海市松江区玉阳路838弄13号
邮编：201600
电话：021-57733878
传真：021-57733879-802
联系人：邓益江
电子信箱：mysy@shminyu.net.cn
网址：www.minyusy.com
主要产品或业务范围：活塞式压力计、全自动活塞式压力、压力发生装置、压力检定装置、动压标准装置、压力试验装置和各类压力配套设备。

上海铭控传感技术有限公司
地址：上海市青浦区白鹤镇姚家浜路58号
邮编：201709
电话：021-57780480
传真：021-51564102
电子信箱：2881924927@qq.com
网址：www.meokon.cn
主要产品或业务范围：智能数字压力表、无线数字仪表、数显压力控制器及压力测控系统。

上海模数仪表有限公司★
地址：上海市嘉定区沪宜公路1101号5号楼215
邮编：200331
电话：021-52832015，52832016
传真：021-62509968
电子信箱：info@sadi.cn
网址：www.sadi.cn
主要产品或业务范围：多回路温度远传监测仪、回路供电指示仪、传感器接线盒安装温度变送器、导轨安装型温度变送器、现场安装显示型温度变送器、紧凑型一体化温度变送器、超小型温度变送器、4-20mA变送器配套显示组件。

上海南浦仪表厂
地址：上海市黄浦区南苏州路877号-2-1703号
邮编：200001
电话：021-33040697，53530217
传真：021-33040769，51010057

电子信箱：xuwei@nanpuyibiao.com
网址：www.shanghaiyibiao.com
主要产品或业务范围：热电偶、PT500型热电阻、高温型补偿导线以及温度变送器。

上海能巨工业自动化设备有限公司
地址：上海市宝山区月罗公路2128号
邮编：262610
电话：021-51096315
电子信箱：nengiv@163.com
网址：www.nengiv.com
主要产品或业务范围：微小齿轮流量计、微小气体腰轮流量计、旋进漩涡流量计。

上海诺莎机电设备有限公司
地址：上海市嘉定区马陆镇科福路899号E4-3楼
邮编：201805
电话：021-39197340
传真：021-59569273
电子信箱：nuosha0000@163.com
主要产品或业务范围：多参量变送器。

上海浦光仪表厂
地址：上海市静安区海宁路899号长泰企业天地广场A栋22层
邮编：200080
电话：021-65463197，35010557，65355474
传真：021-51685578
电子信箱：shpuguang001@126.com
网址：www.puguang.com
主要产品或业务范围：温度仪表系列有符合IEC标准的A/B级热电阻、Ⅰ/Ⅱ级各种热电偶、防爆型一体化智能温度变送器等；压力、差压仪表系列有普通压力/差压变送器、智能型电容式压力/差压变送器等；液位仪表系列有玻璃管/玻璃板液位计、磁性液位计、石英玻璃管双色液位计、电接点液位计、投入式静压液位变送器、电浮筒液位变送器等。

上海普菱柯仪器仪表有限公司
地址：上海市青浦区华新镇北青公路3638号
邮编：201705
电话：021-39808655
传真：021-39808515
电子信箱：service@princoinstrument.com
主要产品或业务范围：专业从事物位仪器仪表。

上海奇琳实业有限公司
地址：上海市松江区泗泾望东中路99号A302
邮编：201601
电话：021-57627141
传真：021-57627142
电子信箱：shql@qilin-sh.com

网址：www.shanghaiqilin.com
主要产品或业务范围：热式气体质量流量计。

上海乔宇仪器仪表有限公司
地址：上海市静安区高平路777号811室
邮编：200436
电话：021-56036864，66528021
传真：021-56371169
电子信箱：sales@shqiaoyu.com
主要产品或业务范围：从原先以压力仪表与温度仪表为主要产品发展到现在涵盖温度、压力、线缆、桥架、机电、流量、光学、分析、实验、阀门、物理、照明、测量、测绘、硬度计、测厚仪、加工机械共十几大类180余个小类，总共18000种产品的专业仪器仪表销售企业。

上海融德机电工程设备有限公司
地址：上海市浦东新区浦东大道1695弄1号1401、1404单元
邮编：200135
电话：021-57475495-8041
传真：021-58212204
电子信箱：sale@rongded.com
网址：www.rongded.com
主要产品或业务范围：压力式、浮子式、气泡式、气/电转换式及雷达式的液位测量产品，气动式、电动式及液压式的阀门遥控装置，防污染产品，消防救生设备，各种控制台及控制柜，各类液压、压力、温度的变送器及智能仪表。

上海瑞帝机电设备有限公司
地址：上海市徐汇区漕宝路103号自动化仪表城14栋706室
邮编：200233
电话：021-51086271
传真：021-51581211
电子信箱：info@radi-instrument.com
网址：www.radi-instrument.com
主要产品或业务范围：代理销售进口仪器仪表，包括金属转子流量计，玻璃转子流量计，容积式流量计，椭圆齿轮流量计等。

上海赛途仪器仪表有限公司
地址：上海市青浦区朱家角镇龙星路5号
邮编：201713
电话：021-59241401
传真：021-59248406
电子信箱：lintongxian@sighto.com
网址：www.sighto.com
主要产品或业务范围：生产不锈钢防腐、耐震、微压、差压、化学密封及压力变送器，压力开关等多个系列的测压测温产品。

上海赛维自控系统工程有限公司
地址：上海市闵行区华林路229弄1号楼902室

邮编：201101
电话：021-22817066
传真：021-54385711
电子信箱：sales@solving.com.cn
主要产品或业务范围：热式气体质量流量计、超声波流量计、超声波明渠流量计、电磁流量计、蒸汽流量计、V锥流量计等；配套产品包括差压变送器、压力变送器及直流电源等。

上海三杰仪器仪表有限公司
地址：上海市闵行区莘庄镇黎安路1288号东大楼一楼
邮编：201100
电话：021-54954918
传真：021-54954918
主要产品或业务范围：主要生产销售压力仪表、流量仪表、温度仪表、校验仪表，产品质量优良、品质卓越。

上海善康仪表有限公司
地址：上海市嘉定区金沙江西路1555弄16号1层
邮编：200050
电话：021-62128132
传真：021-62125343
电子信箱：shankang1151@qq.com
网址：www.shankang.net
主要产品或业务范围：该公司专业生产1151、3851型模拟、数字化、智能化电容式压力/差压变送器，并承接生产各种法兰、远传变送器。

上海盛茂艾美特仪器仪表有限公司
地址：上海市闵行区莘建东路58弄1号楼C楼705室
邮编：200011
电话：021-54176362
传真：021-54176376
电子信箱：huyuzhi@shengmao.com
网址：www.shengmao.com
主要产品或业务范围：该公司以代理美国Fisher-Rosemount公司和Ametek公司产品为主，兼营其他国家名牌仪器仪表，优势产品如Rosemount的1151、3051变送器，Ametek公司的压力及温度校验器、氧化锆氧量分析仪等。

上海盛太克仪表有限公司
地址：上海市浦东新区金豫路885号34号楼
邮编：201206
电话：021-58993866，58999086，58993668
传真：021-58996818
电子信箱：sense.oversea@sen-tec.com
网址：www.sen-tec.com
主要产品或业务范围：智能温度变送器，智能压力/差压变送器，智能气体探测器，智能隔离器，智能电路板，传感器。

上海斯巴克测控设备有限公司
地址：上海市松江区新桥镇新飞路1500弄49号
邮编：201611
电话：021-54393931，400-995-3511
传真：021-64959820
电子信箱：sparkchina@139.com
网址：www.sparkchina.com
主要产品或业务范围：液位、料位、温度、压力、流量、在线监测等，浮球、磁翻板、射频导纳、静电容、阻旋料位开关、压力变送器、音叉、振棒、空气锤、重锤、超声波、雷达、pH计、测定仪、流量计、温度传感器、温度表、压力表等。

上海斯岱迪机电设备有限公司
地址：上海市杨浦区安波路569号硕和国际605室
邮编：200433
电话：021-65896722
传真：021-65896707
电子信箱：info@sh-standing.com
网址：www.sh-standing.com
主要产品或业务范围：压力、温湿度变送器，各种气体分析仪及分析系统。

上海天贺自动化仪表有限公司
地址：上海市普陀区祁连山南路2891弄100号D座501-503
邮编：200333
电话：021-60402294，60402295
传真：021-66713763-8010
电子信箱：sales@smowo.com
网址：www.smowo.com
主要产品或业务范围：测力传感器、压力变送器、智能数显控制仪表。

上海天龙电子有限公司
地址：上海市虹口区四平路283号3号楼17B
邮编：200081
电话：021-56966454，56669691，65083797
传真：021-56966454
电子信箱：tldznian@vip.sina.com
网址：www.tlelc.com
主要产品或业务范围：压力变送器，电流、电压变送器，液位变送器，流量变送器，电子衡器，复费率电表等。

上海天沐自动化仪表有限公司
地址：上海市松江区莘砖公路518号11号楼16楼
邮编：200233
电话：021-54015913，54015159
传真：021-54265739
电子信箱：l.jiean@tmvenus.com
网址：www.tm-auto.com
主要产品或业务范围：压力传感器、变送器，位移传感器、变送器，称重传感器、变送器，温度传感器、变送器，仪器仪表及工控设备。

上海天石测控设备有限公司
地址：上海市松江区新浜工业园林天路199号
邮编：201605
电话：4008204511
传真：021-67891671
电子信箱：info@sh-ts.com
网址：www.shtsck.com
主要产品或业务范围：智能电磁流量计、涡街流量计、电磁水表、数字压力变送器等。

上海望源测控仪表设备有限公司
地址：上海市普陀区绥德路118弄55号
邮编：200331
电话：021-64944488，64366699
传真：021-66082028
电子信箱：wangyuan@wy4488.com
网址：www.wy4488.com
主要产品或业务范围：WP系列压力、差压、液位变送器，电容式1151系列压力、差压液位变送器，平法兰、插入法兰，智能数显、光柱、PID调节仪表，多路巡检、流量积算仪表，检漏仪，血压计检定仪，露点仪，精密数字压力计，低真空测试仪。

上海威尔泰仪器仪表有限公司★
地址：上海市闵行区虹中路263号
邮编：201103
电话：021-64656465
传真：021-64013663
电子信箱：marketing@welltech.com.cn
网址：www.welltech.com.cn
主要产品或业务范围：公司主要从事压力变送器、流量计、温度仪表、调节阀、执行机构等工业自动化仪器仪表的生产和销售。

上海五寰仪器仪表有限公司
地址：上海市奉贤区胡桥镇胡阮路844号
邮编：201800
电话：021-64135079
传真：021-57457430
电子信箱：kourcer@126.com
网址：www.bmlink.com
主要产品或业务范围：专业制造和研发电磁流量计、涡街流量计、热量表、热式气体质量流量计、涡轮流量计、V锥流量计、金属管转子流量计、孔板、旋进漩涡流量计。

上海物位帝国际贸易有限公司
地址：上海市闵行区华漕镇朱建路333弄7号楼1层
邮编：201107

电话：021-64684193，64684197，64682936
传真：021-64696707
电子信箱：sales@uwt.cn
网址：www.uwt.cn
主要产品或业务范围：专业的物位仪表生产厂家。

上海物位仪器仪表有限公司
地址：上海市杨浦区延吉东路143号
邮编：200092
电话：021-65860016，55083061
传真：021-65794928
电子信箱：shwuwei518@163.com
网址：www.ww518.net
主要产品或业务范围：该公司是自动化行业物位仪器仪表产品的专业生产厂家。

上海希尔特机电仪表有限公司
地址：上海市普陀区曹杨路1222弄16号楼2004室
邮编：200063
电话：021-32250689
传真：021-62160918
电子信箱：shxert@163.com
网址：www.shxert.com
主要产品或业务范围：温度仪表、压力仪表、液位仪表、流量仪表。

上海先衡自动化仪表有限公司
地址：上海市浦东新区康桥工业开发区浦三路3721号
邮编：201315
电话：021-68065103，68065203，68121633
传真：021-68065203
电子信箱：xianhyb@163.com
网址：www.shxhyb.com
主要产品或业务范围：产品涵盖了液位、压力、温度、流量四大热工参数的现场仪表。

上海响泰自动化设备有限公司
地址：上海市嘉定区曹新公路1205号
邮编：201809
电话：021-59940017
传真：021-59949178
电子信箱：4006668808@163.com
网址：www.xtai.com
主要产品或业务范围：电磁流量计、涡街流量计、浮子流量计、磁翻柱液位计、超声波物位计、浮球液位变送器、全防腐液位计、全防腐雷达物位计、全防腐压力变送器、全防腐温度传感器、料位开关、液位开关、接近开关、光电开关、浮球开关。

上海昕潼贸易有限公司
地址：上海市浦东新区新金桥路2588号1幢B区三楼

邮编：201209
电话：021-38682081
传真：021-51352614
联系人：李东静
电子信箱：xintong_sh@163.com
网址：www.linetech-cn.com
主要产品或业务范围：该公司专业研发和生产气体质量流量控制器、气体质量流量计等。

上海新嘉自动化仪表厂
地址：上海市闵行区罗阳路568弄102号
邮编：201100
电话：021-64775106
传真：021-64530509
电子信箱：xjyb@xjyb.com
网址：www.xjyb.com
主要产品或业务范围：专业生产各种液位计，数字模拟光柱显示仪，闪光报警仪，温度变送器，扩散硅微压力变送器，氧化锆氧量分析仪，液泵电机控制柜，多回路液位控制系统，电动执行机构，伺服放大器。

上海新拿电子科技有限公司
地址：上海市奉贤区南亭公路1313弄3号B栋
邮编：201499
电话：021-51088938
传真：021-51088939
电子信箱：info@shxinna.com
网址：www.shxinna.com
主要产品或业务范围：金属离子分析仪、热式流量开关、流量计、液位计、压力开关、温湿度工控控制仪表。

上海信东仪器仪表有限公司
地址：上海市松江区九亭镇九亭经济开发区伴亭路480号
邮编：201615
电话：021-57633871
传真：021-57633872
电子信箱：shanghai@sinoto.com.cn
主要产品或业务范围：生产和销售各种高质量的流量仪表、液位仪表等在线测量仪器仪表及自动化控制系统。

上海星空自动化仪表有限公司
地址：上海市青浦区青浦工业园区新水路575号
邮编：201707
电话：021-59701828
传真：021-59700858
电子信箱：xsb@shokyb.com
网址：www.shokyb.com
主要产品或业务范围：智能电磁流量计，涡街流量计，V锥流量传感器，磁电涡街流量计，涡轮流量计，文丘里涡街流量计，压力变送器，智能流量积算仪。

上海星申仪表有限公司
地址：上海市浦东新区宣中路8号
邮编：201399
电话：021-58308800
传真：021-58309955
电子信箱：foxc@c10.cn
网址：www.c10.cn
主要产品或业务范围：智能型电浮筒液位（界位）变送器，耐高温高压型磁翻柱液位计，耐低温超低温型磁翻柱液位计，智能压力（差压）变送器，智能一体/分体型超声波物位计，磁翻柱、导波雷达双腔双系统液位计等。

上海雄风自控工程有限公司
地址：上海市普陀区真南路1226号康建商务广场10号楼2层
邮编：201705
电话：021-39808151，39808152
传真：021-39808150
电子信箱：sales@xiongf.com
网址：www.xiongf.com
主要产品或业务范围：公司有自主研发的先进仪器仪表，并拥有美国、加拿大等品牌的总代理权。主要销售磁性液位计、射频导纳物位控制器、超声波物位计、雷达物位计、重锤及阻旋式等物位控制器。

上海雅鹄仪表有限公司
地址：上海市奉贤区西韩路228弄3幢
邮编：201401
电话：021-52278797
传真：021-52967797
电子信箱：shyaho@163.com
网址：www.sh-yaho.cn
主要产品或业务范围：自动化控制系统、流量计、各类物液位仪表。

上海一诺仪表有限公司
地址：上海市嘉定区黄渡镇嘉松北路7508号
邮编：201804
电话：021-39531136
传真：021-39531416
电子信箱：yinuoxxzx@163.com
网址：www.yinuochina.com
主要产品或业务范围：LZYN质量流量计、LSZ双转子流量、GLZ高压流量自控仪、LBYN合金刮板流量计、MAGYN智能电磁流量计、LXW旋涡流量计、LZK流量自动控制装置。

上海仪表集团供销有限公司
地址：上海市青浦区巨鹿路290号
邮编：200435
电话：021-61400718
传真：021-61400719，61400729

电子信箱：61400718@163.com
网址：www.yibiao-sh.com
主要产品或业务范围：各类单元组合、温度仪表、压力仪表、流量仪表、电测量仪表、显示仪表、传感器、程序空制器、执行器、调节阀以及电工成分分析，光学天成、环保等实验仪器，并可配套设计，制造多种拟屏，变送器屏、仪表操作台等。

上海银流计测仪器有限公司
地址：上海市闵行区虹梅南路3509弄298号A6
邮编：201108
电话：021-54406475，54406476
传真：021-54406472
联系人：顾志祥
电子信箱：shanghaiyinliu@163.com
主要产品或业务范围：专业从事电磁流量计、超声液位计等研发、生产、营销为一体的企业。

上海涌纬自控成套设备有限公司
地址：上海市普陀区大渡河路1142弄1号4楼A区
邮编：200333
电话：021-52807113，52808140，61556122
传真：021-52807115
电子信箱：yongwei@tkyb.com
网址：www.tkyb.com
主要产品或业务范围：WZ/WR/WSS系列温度传感器、YWD/YWE/YWL系列电量变送器、YW2000系列智能电力监测仪、YW2300系列马达保护控制器、YW-APF系列有源电力滤波器、YW1151/3851系列智能压力变送器、GDT系列一体化温度变送器、GD8000系列信号隔离器、GD8000-EX系列隔离式安全栅、GDV系列智能无纸记录仪、SWP系列智能数字控制仪等几十个系列近万种产品。

上海哲久仪器仪表厂
地址：上海市青浦区练塘镇泖甸村226号
邮编：201715
电话：021-59254015，18930234015，13022147388
传真：021-59254116
电子信箱：yu279@vip.sina.com
主要产品或业务范围：LFD冲量流量计系列，LFDB冲量流量变送器，流量指示积算仪等自动化仪表。

上海正博自动化仪表有限公司
地址：上海市嘉定区南翔镇翔乐路318号B
邮编：200070
电话：021-66583322，66583355
传真：021-56558981
电子信箱：sales@zbllj.com
网址：www.zbllj.com
主要产品或业务范围：专业从事流量仪表的研究、开发、生产、销售、工程技术服务于一体的高科技企业。

上海志诚仪器仪表有限公司
地址：上海市长宁区武夷路153弄6号
邮编：200050
电话：021-62260437
传真：021-62263652
电子信箱：13621737190@139.com
网址：www.zhicheng-sh.cn
主要产品或业务范围：研制生产双金属指针式温度表、指针式湿度表、数字显示温湿度表及指针式晴雨表（气压表）。

上海致延仪器仪表有限公司
地址：上海市宝山区富联二路55弄22号楼
邮编：201802
电话：021-64708169
传真：021-64709653
电子信箱：zhiyanchina@163.com
网址：www.zhiyan-china.com
主要产品或业务范围：专业从事压力仪表、温度仪表、气体减压器、仪表阀门生产。

上海中核维思仪器仪表有限公司
地址：上海市松江区小昆山镇彭丰路733弄1号
邮编：201614
电话：021-57855648，57850218
传真：021-57850228
电子信箱：sales@wsi.sh.cn
网址：www.chinaweise.com
主要产品或业务范围：该公司是从事气体超声流量计研发、生产和销售的专业厂家。公司推出的CL系列气体超声流量计被列入国家火炬计划项目。

上海中隆实业有限公司
地址：上海市浦东新区浦东大道2742号中环滨江大道1-1007室
邮编：200129
电话：021-50250324
传真：021-50479829
电子信箱：fhtdlzl@188.com
网址：www.zhonglongsy.com
主要产品或业务范围：科里奥利质量流量计、涡街流量计、MPA流量计、电磁流量计、热式质量流量计、流量积算仪、压力变送器及仪表校验仪等。

上海自仪九仪表有限公司
地址：上海市嘉定区昌吉路28号
邮编：201805
电话：021-52824671，52824672
传真：021-52824673
电子信箱：2380720284@qq.com
网址：www.ziyi9.com

主要产品或业务范围：主要生产漩涡流量计、螺旋流量计、金属刮板流量计、电磁流量计、双转子流量计、腰轮流量计、气体腰轮流量计、金属管转子流量计、涡轮流量传感器、旋转活塞式流量计等。

斯亚乐仪器仪表（上海）有限公司

地址：上海市浦东新区航头镇航都路25号森普工业园5栋2楼
邮编：200122
电话：021-58798521，58798522
传真：021-58798586
电子信箱：info@sierra-asia.com
网址：www.sierra-asia.com
主要产品或业务范围：该公司集热质式质量流量计、微管式质量流量计和调节仪、涡街式质量流量计等各项产品的研发、生产、服务于一体。

威卡国际贸易（上海）有限公司

地址：上海市长宁区遵义路100号虹桥上海城5-706
邮编：201103
电话：021-53852572
传真：021-53852575
电子信箱：info@wika.cn
网址：www.wika.cn
主要产品或业务范围：机械式压力测量仪表，电子式压力测量仪表，化学密封，机械式温度测量仪表，电子式温度测量仪表，调校和校验技术，SF_6气体测量技术。

文特斯仪器（上海）有限公司

地址：上海市徐汇区桂平路471号8号楼203室
邮编：200030
电话：021-61042610
传真：021-61042615
电子信箱：rzhang@winters.com
网址：www.winters.com.cn
主要产品或业务范围：压力、温度测量与控制仪器，以及基于压力的液位与流量仪表。

希而科工业控制设备（上海）有限公司

地址：上海市浦东新区川沙王桥路999号中邦商务园1034-1035幢
邮编：201201
电话：021-20363168
传真：021-20363169
电子信箱：lnquiry@silkroad24.com
网址：www.silkroad24.com
主要产品或业务范围：代理德国产品，种类涵盖温度、压力、流量、液位、位移、温湿度、露点温度、电力参数、风速、气体成分的测量。

北嘉天华仪表设备（上海）有限公司★

地址：上海市嘉定区宝安公路4738号一号厂房二层
邮编：201814
电话：15301699217
电子信箱：bjth_sh@168.com
主营产品：电磁流量计、涡街流量计、齿轮流量计、流量积算仪等。

成都安迪生测量有限公司

地址：四川省成都市经济技术开发区（龙泉驿）车城东七路360号
邮编：610010
电话：028-63165804
传真：028-63165817
电子信箱：market@andisoon.com
网址：www.andisoon.com
主要产品或业务范围：科里奥利质量流量计、低温浸没式离心泵、加液枪等系列产品；产品已在CNG/LNG行业得到了广泛应用，并逐渐向石油化工、新能源、冶炼、食品饮料、环保监测、医药、汽车制造、造纸和纸浆、高压深冷制造等多个领域拓展。

成都伦慈仪表有限公司

地址：四川省成都市新都工业区元兴路688号
邮编：610500
电话：028-83961663
传真：028-83961663
电子信箱：sale@lunci.com
网址：www.lunci.com
主要产品或业务范围：各种传感器及压力、差压、液位、温湿度变送器和测控仪表。

成都市双铁仪表有限公司

地址：四川省成都市二环路西三段17号（彩舍大厦6A-6E）
邮编：610031
电话：028-87716488，87716388，87716011
传真：028-87719658
电子信箱：shuangtie@163.com
网址：www.shuangtie.com
主要产品或业务范围：铂热电阻、热电偶、双金属温度计、一体化温度变送器等各类温度仪表。

成都先达电子有限公司

地址：四川省成都市金牛区兴科中路迪欧时代7栋
邮编：610036
电话：028-87078760，87078761
传真：028-87078762
电子信箱：cdsand@cdsand.com
网址：www.sandcop.com
主要产品或业务范围：高温熔体压力传感器、高温熔体压力变送器、智能数字压力表、智能数字压力调节器、指针式不锈钢熔体压力表等。

成都中南实业有限公司
地址：四川省成都市金府路万贯金府银座8栋A座2109室
邮编：610031
电话：028−87655978
传真：028−87635106
电子信箱：zhongnanshiye@zhongnanshiye.com
网址：www.zhongnanshiye.com
主要产品或业务范围：生产热电偶，热电阻，压力、差压变送器，涡街、电磁、金属管转子流量计，液体、液位、压力、流量检测仪器。

成都中阳实业公司
地址：四川省成都市东三环路二段龙潭都市工业集中发展区菲斯特企业园B203
邮编：610052
电话：028−84712608，84720276
传真：028−84723908
联系人：张研
电子信箱：cdcsun@sina.com.cn
网址：www.cdcsun.com
主要产品或业务范围：CS系列压力传感器和变送器。

德阳市新泰自动化仪表有限公司
地址：四川省德阳市旌湖开发区仓山街6号
邮编：618000
电话：0838−2906027，2906028
传真：0838−2906025
电子信箱：sales@newpeace.cn
网址：www.newpeace.cn
主要产品或业务范围：液位计、物位计、压力计、流量计、温度计等工业测量仪表。

迈格仪表（成都）有限公司
地址：四川省成都市温江区科林路西段618号华银工业港2区102号
邮编：611130
电话：028−61339100−8006
传真：028−82706909−8800
电子信箱：eva.cheng@mega-tek.cn
网址：www.mega-tek.cn
主要产品或业务范围：物位仪表、压力变送器。

四川川府仪表有限公司
地址：四川省彭州市繁江南路
邮编：611930
电话：028−83701047，89180926，83705900
传真：028−83701004
联系人：罗绪良
电子信箱：xyh999555@126.com
网址：www.cfybc.com
主要产品或业务范围：该公司是生产各类压力仪器仪表的

专业厂家。产品分为四大类，用于现场测压的普通压力表、精密压力表和各种耐腐蚀测压仪表；工业自动化成套设备；石油、天然气集输配套自动装置；与DCS系统配套的各类自动化仪表。

四川惠科达仪表制造有限公司
地址：四川省自贡市沿滩区沿滩工业集中区乘犀路41号
邮编：643000
电话：028−87362258
传真：028−87362290
电子信箱：hkd@vaconda.com
网址：www.hkdwe.com
主要产品或业务范围：公司主要产品有磁性液位计、磁性液位开关、楔形流量计、金属转子流量计、V锥流量计等。

四川江油科星仪表厂
地址：四川省江油市武都镇
邮编：621702
电话：0816−3872146，13568422229
传真：0816−3872159
电子信箱：info@jykx.com
主要产品或业务范围：快速测温热电偶，快速测温热电偶专用纸管，工业热电偶、热电阻，铠装热电偶、热电阻。

四川省科学城久利电子有限责任公司
地址：四川省绵阳市绵山路64号
邮编：621900
电话：0816−2482598
传真：0816−2482598
电子信箱：jldz@jiu-li.com
网址：www.jiu-li.com
主要产品或业务范围：产油井井口在线流量计量仪、测试油田注入井注入量的电磁流量计、多参数组合测井仪。

四川天府仪表有限公司
地址：四川省彭州市外北
邮编：611930
电话：028−83872916，83871037，83892724
传真：028−83871148
电子信箱：mjj@tfyb.com
网址：www.tfyb.com
主要产品或业务范围：耐腐蚀测压仪器仪表，精密压力表，工业自动化成套控制设备。

爱尔索机电设备（天津）有限公司
地址：天津市河东区新开路润东大厦602室
邮编：300171
电话：022−24328810
传真：022−24320508
电子信箱：info@uscl.com.cn
网址：www.uscl.com.cn

主要产品或业务范围：销售和生产自动化仪表类产品，并代理世界著名品牌流量检测仪表及控制系统。

长野福田（天津）仪器仪表有限公司
地址：天津市滨海新区第九大街80号丰华工业园7号厂区
邮编：300457
电话：022-59810966
传真：022-59810963
电子信箱：sales@fukuda-tj.com.cn
网址：www.fukuda-tj.com.cn
主要产品或业务范围：检漏仪，流量计，压力表，压力开关，温度计。

丹纳赫西特传感工业控制（天津）有限公司
地址：天津市西青区泰达微电子工业园区微五路28号
邮编：300385
电话：022-23900700
传真：022-23900710
电子信箱：China@setra.com.cn
网址：www.setra.com.cn
主要产品或业务范围：压力变送器、压力传感器。

索伦特（天津）自动化技术有限公司
地址：天津市武清区京津科技谷产业园和园道89号21栋1层
邮编：301700
电话：022-88676691
传真：022-88676691
电子信箱：solvetech@126.com
网址：www.solvetech.com
主要产品或业务范围：气体超声波流量计、气体涡轮流量计、气体腰轮流量计。

天津艾晟科技发展有限公司
地址：天津市河东区新开路与华捷道交口新天地家园9-1-1101
邮编：300010
电话：022-60895036
传真：022-60895086
电子信箱：aisuntech@163.com
网址：www.aisuntech.com
主要产品或业务范围：压力开关、温度开关等产品。

天津爱德仪器仪表系统科技公司
地址：天津市南开区红旗路214号211楼
邮编：300190
电话：022-27419449，27452229，27483081
传真：022-27428562
电子信箱：aide2010@sina.com
网址：www.aidesys.com
主要产品或业务范围：各类普通/防爆电磁阀，各类普通/防爆、电动/气动调节阀，温度、压力、流量、物

位、分析仪表，工业现场计算机、PLC、DCS，民用热分配表/电子户表、热网脉冲表、电磁式仪表，超声式热量仪表。

天津百菲自动化设备有限公司
地址：天津市滨海新区塘沽杭州道仕嘉花园2-1-318
邮编：300450
电话：13831146466，15803319165，15930546604
传真：022-69481098
电子信箱：13831146466@139.com
网址：www.tjbaifei.com.cn
主要产品或业务范围：数字显示仪表、隔离器、配电器、温度变送器、安全栅、水分析仪表、压力变送器、差压变送器、远传压力/差压变送器、投入式液位变送器、磁翻板液位计、雷达物位计、超声波物位计、电磁流量计、超声波流量计、热式气体质量流量计、威力巴流量计。

天津拜罗理德仪表有限公司
地址：天津市西青区华天道8号海泰信息广场B-213
邮编：300384
电话：022-23708750
传真：022-23708753
电子信箱：wangyi@pyrolead.com
主要产品或业务范围：就地测量温度计、接触测量传感器、非接触测量传感器、信号变送器、温度电缆、特种测量材料、温度控制器等。

天津德力塔仪表科技有限公司
地址：天津市北辰区宜兴埠七街工业园华科道88号
邮编：300402
电话：022-86220056，18602662718
传真：022-86220057
电子信箱：tjdltyb@163.com
网址：www.tjdltyb.cn
主要产品或业务范围：该公司专业生产各种流量仪表、流量变送器、仪表阀门及各种管件接头，包括孔板、喷嘴、平衡、V锥、楔形、经典文丘里管、弯管等差压式流量仪表；德力塔巴、威力巴、皮托巴、普洛巴、阿纽巴、双文丘里、双翼等插入式流量计；针形截止阀、高温高压阀、球阀、闸阀、三阀组、五阀组及各种管件接头。

天津菲特测控仪器有限公司
地址：天津市南开区华苑产业区梓苑路13号1号楼D单元一层
邮编：300384
电话：022-58627156
传真：022-58627155
电子信箱：info@futureinstr.com
网址：www.futureinstr.com
主要产品或业务范围：主要产品有（智能）射频导纳物位计、（智能）射频导纳物位开关、导波雷达物位计、磁致伸缩液位计、音叉物位计、超声波液位计等工业测量、控制仪表。

天津海大物位仪表有限公司
地址：天津市西青区华苑产业区兰苑路9号工房时代一期3门403室
邮编：300392
电话：022-83717266，83717977
传真：022-83716811
电子信箱：haidachina@126.com
网址：www.haidachina.com.cn
主要产品或业务范围：物位仪表，主要包括射频导纳、雷达、导波雷达、超声波、磁致伸缩、音叉、浮球、阻旋等。

天津浩天自动化仪表制造有限公司
地址：天津市西青区中北工业园曦霞路18号
邮编：300112
电话：022-27984181
传真：022-27984180
电子信箱：tjhaotian@163.com
网址：www.tjhaotian.top
主要产品或业务范围：节流装置、可换高级孔板阀、插入式流量传感器、机翼测风装置、横截面测风装置、内藏式和插入式双文丘里管及针形阀、三通阀、冷凝器、平衡器、隔离器、V锥流量计、环形孔板、大口径内藏式节流装置等。

天津恒立远大仪表股份有限公司
地址：天津市西青区学府工业园慧谷工业区西区J2B-102
邮编：300384
电话：022-87899831
传真：022-87899830
电子信箱：hlyibiao@hlyibiao.com
网址：www.hlyibiao.com
主要产品或业务范围：射频导纳物位计、导波雷达物位计、超声波物位计、磁致伸缩物位计、雷达物位计等十多个系列近百种产品。

天津宏瑞祥仪表科技股份有限公司
地址：天津市宁河区现代产业区海航东路新华科技城D5
邮编：301508
电话：13180566666，15032905253，13332055307
传真：022-69481098
电子信箱：13180566666@163.com
主要产品或业务范围：热式气体质量流量计、电磁流量计、孔板流量计、威力巴流量计、V锥流量计、超声波流量计、涡街流量计、压力变送器、差压变送器、远传压力/差压变送器、投入式液位计、磁翻板液位计、双色石英管液位计、超声波物位计、雷达物位计、磁性浮球液位计、HART手操器、多功能校验仪、压力校验仪、热电阻、热电偶。

天津今明仪器有限公司
地址：天津市东丽区空港物流加工区航空路111号

邮编：300308
电话：022-84910051，84910052
传真：022-84910053
联系人：王胜强
电子信箱：sales@jm-inst.com
网址：www.jm-inst.com
主要产品或业务范围：主要生产便携式、盘装式数字温度计、湿度计，数字温度、湿度测控仪，智能温度、湿度测控仪表，温度、湿度传感器、变送器，一体化温度、湿度传感器，三又二分之一、四又二分之一位数字电压表、电流表。

天津科普瑞特科技发展有限公司
地址：天津市河北区红星路30号
邮编：300240
电话：022-86299722
传真：022-86299722-608
电子信箱：coop80@year.net
网址：www.cooprt.com
主要产品或业务范围：工业自动化仪表的设计、生产、销售、技术服务；主要产品有射频导纳物位仪、雷达物位仪、超声波物位仪、磁致伸缩液位仪、磁翻板液位仪、浮球液位仪、音叉开关、阻旋开关、精密电容箱、数显仪。

天津肯泰仪表有限公司
地址：天津市西青区华苑产业园区（环外）海泰发展2路1号
邮编：300384
电话：022-58389507，58389508
传真：022-58389504
联系人：孙文达
电子信箱：kentai@tig.com.cn
网址：www.tjkentai.com
主要产品或业务范围：TDS西门子智能变送器、ABB智能变送器、电容式变送器、扩散硅压力变送器、法兰液位变送器、投入式变送器、棒式变送器等。

天津联科思创科技发展有限公司
地址：天津市西青区华苑产业园区（环外）海泰创新基地B4-2-302
邮编：300384
电话：022-83713191，83718095，83718096
传真：022-83713192，83718096-8001
电子信箱：sales@linkstrong-tech.com
网址：www.linkstrong-tech.com
主要产品或业务范围：压力变送器，压力开关，液位产品，流量产品，GE Modus 微差压传感器，质量流量计、控制器，体积流量计、控制器，GE DewPro工业湿度变送器，露点变送器，湿度分析仪。

天津流量仪表有限公司
地址：天津市河西区桃园村大街1号、4号

邮编：300204
电话：022-23284808，23280164，23282022
传真：022-23282022，23240198
联系人：张立飞
电子信箱：tlyb@tlybc.com
网址：www.tlybc.cn
主要产品或业务范围：LZB系列转子流量计，LUGB型大口径插入式涡街流量计，LUGB系列满管涡街流量传感器，LUGB系列插入式涡街流量变送器，大口径插入式电磁流量计，ML-10型明渠流量计，UFC型磁翻转液位计，XLF型智能流量显示仪表。该公司拥有生产流量仪表的液体和气体检定设备，设备精度可达到0.2级，是天津市计量院委托认定的计量检定站。

天津孟德仪器仪表有限公司
地址：天津市河北区张兴庄大道86号
邮编：300402
电话：022-86330619
传真：022-86330619
电子信箱：tianjinmengde@163.com
主要产品或业务范围：双金属温度计和各类测压仪表。

天津纽泰克自控仪表有限公司
地址：天津市南开区红旗路330号
邮编：300190
电话：022-23364571，23680328
传真：022-23680328
电子信箱：251280525@qq.com
网址：www.tjntc.com.cn
主要产品或业务范围：普通压力表系列；氨用、氧用压力表系列；电接点压力表；磁助电接点压力表；电位远传压力表；高温防腐压力表；防腐耐震压力表；膜盒压力表系列；膜片压力表系列；差动远传压力表；全不锈钢压力表系列；隔膜压力表系列；全不锈钢隔膜压力表；软尾隔膜压力表；全塑料隔膜压力表；绝压压力表，差压压力表，精密压力表系列等。

天津欧迪仪表科技开发有限公司
地址：天津市南开区冶金路正阳里小区5号楼
邮编：300111
电话：022-27682689
传真：022-27682585
电子信箱：tjaldi2004@yahoo.com.cn
网址：www.tjaldi.com
主要产品或业务范围：主要产品有WSS系列双金属温度计、WTZ/WTQ系列工业用压力式温度计、WTY系列小型压力式温控仪、WZ/WR系列工业用装配式和铠装热电偶/热电阻、WSSC系列插接式双金属温度计、ADTC系列耐磨热电偶。

天津赛伦自控仪表有限公司
地址：天津市东丽区赵沽里工贸服务中心

邮编：300251
电话：022-26335371
传真：022-26335392
电子信箱：tjsltylb@163.com
网址：www.tjslyb.com
主要产品或业务范围：普通压力表，高温压力表，耐震压力表，不锈钢压力表，电接点压力表。

天津森思特科技有限公司
地址：天津市南开区芥园西道李家园针织三厂内2号楼201室
邮编：300112
电话：022-87860759
传真：022-87860782
电子信箱：hwp@senxte.com
网址：www.senxte.com
主要产品或业务范围：生产和销售温度测量与控制仪表及其配件。

天津市奥斯克科技发展有限公司
地址：天津市西青区鑫茂科技园D2座-5C单元
邮编：300384
电话：022-83712989，83712990，83712991
传真：022-83712993
电子信箱：ousike@163.com
主要产品或业务范围：生产和销售SK3351、SK1151、SK1151-33、SK1151-20、SK1151-20X等系列压力、差压、微差压、绝压、高静压、液位及远传系列压力变送器，以及线路板、三阀组等配件和仪表盘柜等100多种规格型号的产品，代理国外数家企业产品并提供自动化仪表系统工程的设计、成套供应、安装调试等。

天津市大港仪表有限公司
地址：天津市滨海新区海滨街港西大道88号
邮编：300283
电话：022-63191467
传真：022-63191680
电子信箱：2516359652@qq.com
网址：www.dgyibiao.com
主要产品或业务范围：该公司专业从事电磁流量计、液体旋进漩涡流量计、智能旋进漩涡流量计、气体涡轮流量计等。

天津市河东区五环仪表厂
地址：天津市河西区平江道14号
邮编：300381
电话：022-28833252
传真：022-28833252
联系人：秦克维
电子信箱：sch125073@sina.com
网址：www.tjwhyb.com

主要产品或业务范围：生产涡街、涡轮（气/液体）传感器、变送器、流量计、金属浮子、玻璃转子流量计、电磁流量计、精小型单/双座薄膜调节阀、各种型号流量积算仪、闪光报警器和LS水流指示器（专利申请号为2006201518273），并可制造各种非标流量计。

天津市华水自动化仪表有限公司
地址：天津市北辰区铁东路勤俭工业区汾河南道三支路5号
邮编：300402
电话：022－26721831，26721832，26319376
传真：022－26379377
电子信箱：tjhsyb@163.com
网址：www.tjhsybzx.com
主要产品或业务范围：智能气体涡轮流量计，液体涡轮流量传感器，涡轮流量变送器，智能液体涡轮流量计，大口径插入式涡轮流量计，智能流量积算仪。

天津市捷奥机械设备有限公司
地址：天津市河东区津滨大道琳科中路红星大厦2－1010
邮编：300171
电话：022－84763008
传真：022－84763018
电子信箱：sale@tjjeeao.com
网址：www.tjjeeao.com
主要产品或业务范围：压力仪表，温度仪表，物位仪表，流量仪表。

天津市津天温度仪表科技有限公司
地址：天津市西青区海泰发展二路1号
邮编：300110
电话：022－27363901，27368697，27362672
传真：022－27363847，27361862
电子信箱：jintian@jtyb.cn
主要产品或业务范围：热电偶材料及快速和标准热电偶，工业装配式热电偶，铠装热电偶，防爆工业热电偶，一体化热电偶，热电阻，温度变送器，电子调节器，数字显示调节器，智能温度巡回显示仪，多点巡回温度数字显示仪，快速钢水温度数字显示仪，晶闸管电压调节器，伺服放大器，无纸记录仪，DCS等。

天津市科金电子技术有限公司
地址：天津市南开区航海道金杭大厦1－2－103
邮编：300110
电话：022－27684175，27687733
传真：022－27687733
电子信箱：kejin_dz@126.com
网址：www.kejindz.com
主要产品或业务范围：该公司主要从事自动化仪表校验仪器的开发、生产和销售，兼营自动化仪表和通用测量仪器。产品有数字式多功能检验仪，压力信号检验仪，回路信号检验仪，温度信号检验仪，频率信号检验仪，数字多用表，直流数字电流表。

天津市联大仪表厂
地址：天津市静海区独流镇东104国道旁
邮编：301602
电话：022－68816885，68815655，68811812
传真：022－68811610
联系人：朱志田
电子信箱：Lianda_tj@yahoo.com.cn
主要产品或业务范围：磁翻柱液位计，石英管液位计，玻璃板（管）液位计，浮标液位计，防霜液位计，阿基米德液位计，视镜系列，可拆卸式电子水表，流量液位变送器，仪表阀系列，仪表针形阀。

天津市求精科技发展有限公司
地址：天津市西青区华苑产业园区鑫茂科技园D2座一层A单元
邮编：300384
电话：022－83718948，85914528
传真：022－83719059
电子信箱：hjzhu0518@21cn.com
网址：www.qiuj.cn
主要产品或业务范围：LDZ系列超声多普勒流量计，LDRM系列电磁流量计，LZM系列超声波明渠流量计，强力超声多普勒流量传感器。

天津市泰菲特仪器仪表技术有限公司
地址：天津市西青区华苑产业园区海泰发展第六大道6号海泰绿色产业基地C座1－2
邮编：300384
电话：022－27642313，27363059
传真：022－27645440，27369522
电子信箱：yb2@taifeite.com
网址：www.taifeite.com
主要产品或业务范围：普通压力表，电接点压力表，电信号远传压力表，不锈钢压力表，隔膜压力表，差压压力表，压力开关。

天津市天大泰和自控仪表技术有限公司
地址：天津市南开区鞍山西道中段北侧和通大厦1805—1808室
邮编：300192
电话：022－87892502，87894361，87894362
传真：022－87890284
电子信箱：market@tjuth.com.cn
网址：www.tjuth.com
主要产品或业务范围：金属管浮子流量计、涡轮流量计、涡街流量计、电磁流量计、专用油耗仪、XLF系列流量积算仪等。承接自动化控制工程、电子信息、光机电一体化技术及产品的研发、咨询、服务、转让、仪表制造、测量控制设备的安装，仪表成套等。

天津市万众科技发展有限公司
地址：天津市滨海新区大港油田港西双丰小区
邮编：300280
电话：022-25939847
传真：022-25934019
电子信箱：tjwzkj@163.com
网址：www.tjwzkj.com
主要产品或业务范围：无线压力变送器、无线载荷变送器、无线温度变送器、无线转速变送器、无线流量计、电参数测量模块、GPRS通信终端、无线数据网关、测控主机（RTU）、智能流量控制器等产品。

天津市新联仪表设备有限公司
地址：天津市北辰区王秦庄工业区
邮编：300400
电话：022-86872236，86872235
传真：022-86872236
电子信箱：tjxlyb@163.com
网址：www.tjxlyb.com
主要产品或业务范围：一体化宽范围度差压流量计，一体化V锥流量计，一体化阿纽巴均速管流量计，一体化宽范围度弯管流量计，机翼风量计，微小流量专用流量计，楔形流量计，环形流量计，涡街流量计，差压、压力、温度变送器，智能流量热量积算仪、液位仪、数字显示仪，钟罩气体计量器，钟罩自动控制装置。

天津市鑫成仪表有限公司
地址：天津市西青区杨柳青镇西河闸管理处南
邮编：300380
电话：022-27920567
传真：022-27920567
电子信箱：tjxcyb6@163.com
网址：www.sichee.com
主要产品或业务范围：高精度、大量程、可缩比荧光色带液位计。

天津市亿环自动化仪表技术有限公司
地址：天津市北辰区景丽路15号
邮编：300402
电话：022-26712988，26991536
传真：022-26720252
联系人：刘坤
电子信箱：yihuan@china-yihuan.com
网址：www.china-yihuan.com
主要产品或业务范围：涡街、电磁、锥形、旋进漩涡、气体/液体超声波、金属管浮子、气体/液体涡轮流量计，显示仪，隔离器，安全栅，压力及差压变送器，热电阻等。另外代理瑞士微型流量计、欧洲原装进口电磁流量计。

天津市宇创温度仪表有限公司
地址：天津市南开区南开工业园罗平道四方科技大厦A单元4层
邮编：300190
电话：13920022338，13820311058
传真：022-87613078
电子信箱：tjycwd@126.com
网址：www.tjycwd.com
主要产品或业务范围：专业生产热电偶、热电阻、双金属温度计、温度变送器、压力变送器、差压变送器及智能数显控制仪等。同时承接各种异型温度仪表的生产加工，承揽仪器仪表成套自动化系统设计、制造。

天津市中环温度仪表有限公司
地址：天津市南开区鼓楼西街720号
邮编：300101
电话：022-27272727，27308888，27229988
传真：022-27251719
电子信箱：27308888@163.com
网址：www.27272727.com
主要产品或业务范围：热电偶、热电阻及双金属温度计等产品。

天津市卓越冠琪仪表系统技术有限公司
地址：天津市西青区西横堤铁北路2号（石英钟院内）
邮编：300112
电话：022-27683623
传真：022-27683623
联系人：徐钟琪
电子信箱：tjeve323@hotmail.com
主要产品或业务范围：该公司是温度仪表专业生产企业，主要产品有双金属温度计WSSA，远传一体化温度计WSSP，表面温度计WSS，温度仪表测试仪。

天津斯秘特精密仪表股份有限公司
地址：天津市北辰区引河桥北双源科技园区凤梧道4号
邮编：300400
电话：022-26980330，15822591417
传真：022-26980331
电子信箱：liudong9502@qq.com
网址：www.tjsmityb.com
主要产品或业务范围：气体流量计，容积式、速度式流量计，消气器，过滤器等。

天津索思仪表测控系统技术有限公司
地址：天津市河西区洞庭路26号中电第46研究所院内
邮编：300192
电话：022-83870624
传真：022-87899181
电子信箱：tj_source@163.com
网址：www.tj-source.com
主要产品或业务范围：WT系列智能数显仪表、S系列信号调理器、SWT系列压力变送器、WZ/WR系列温度传感器、3610电动执行机构、Z系列调节阀。

天津威格仪表（中国）有限公司
地址：天津市河北区远洋广场1号远洋大厦2205—2208
邮编：300010
电话：022-26273296
传真：022-26273297
电子信箱：vegacn@tjvega.com.cn
网址：www.tjvega.com.cn
主要产品或业务范围：物位及压力测量仪表。

天津新科成套仪表有限公司
地址：天津市西青区兴华一支路4号
邮编：300221
电话：022-23962677，23962672，23961649
传真：022-23962672
电子信箱：xinkeyibiao@163.com
网址：www.tj-xinke.com.cn
主要产品或业务范围：活塞式标准体积管，气体校验装置，可换孔板节流装置，气体流量计，液体流量计，智能显示流量仪，拖挂式大型计量车，大流量叶片泵。

天津迅尔科技股份有限公司
地址：天津市滨海新区华苑产业园区（环外）海泰创新六路华鼎新区1号—10号楼
邮编：300380
电话：022-23732936
传真：022-29874210
电子信箱：sallen@sure365.com.cn
网址：www.sure365.com.cn
主要产品或业务范围：气体涡轮流量计、气体腰轮流量计、气体超声波流量计。

天津宇创屹鑫科技有限公司
地址：天津市西青区学府西路1号慧谷工业园东区D11号厂房A座101
邮编：300382
电话：4000606103,022-27984335，27512806
传真：022-27984655
电子信箱：ycyxkj@126.com
网址：www.tjycyl.com
主要产品或业务范围：该公司专业生产智能压力变送器、智能压力控制器、智能温度变送器、智能差压变送器、智能显示控制调节仪表、热电偶、热电阻、双金属温度计等工业测量仪表，同时承接各种异型压力仪表、温度仪表的生产加工及仪器仪表成套自动化系统设计、制造。

中环天仪股份有限公司
地址：天津市西青区华苑产业园区（环外）海泰发展二路1号
邮编：300384
电话：022-58389533
传真：022-58389588
电子信箱：sales@tig.com.cn
网址：www.tig.com.cn
主要产品或业务范围：温度、压力、流量、物位、控制阀、执行器、环境气象仪器、环保仪器、电气盘柜和分散型控制系统等十八类产品。

昆明大方自动控制科技有限公司
地址：云南省昆明市五华区教场北路18号
邮编：650231
电话：0871-65131397，65151794，65152864
传真：0871-65132098
电子信箱：dfkj194@163.com
网址：www.kmdf.net
主要产品或业务范围：高温、中温、低温标准铂电阻温度计，标准热电偶，工业用热电偶、热电阻，热电偶、热电阻用退火炉，检定炉，锡定点炉、锌定点炉、铝定点炉，以及智能化数显控制仪表、PID专家自整定智能仪表、智能流量积算仪表，工业自动化仪表盘等。

昆明特普瑞仪表有限公司
地址：云南省昆明市西山区海口400号信箱
邮编：650114
电话：0871-68590400，63521486
传真：0871-63531067
电子信箱：tpryb@sina.com
网址：www.tpryb.com
主要产品或业务范围：该公司主要生产各种热工测量仪表和标准计量仪器。产品有WRPB标准热电偶和WZPB标准铂电阻温度计、WJL-11型高温黑体炉、WJL-21型中温黑体炉、WJZ-2型热电偶热电阻全自动检定装置等。

GRAEFF（格拉夫）★
地址：浙江省嘉兴市秀洲区加创路1237号研发楼2F207
邮编：314011
电话：0573-82131679
传真：0573-82131695
电子信箱：info@graeff.net
网址：www.graeff.net
主要产品或业务范围：专注于压力和温度领域的测量与控制。

杭州大河科技有限公司
地址：浙江省杭州市西湖区文三路555号浙江中小企业大厦11层
邮编：310012
电话：0571-88909688，88909699，88909677
传真：0571-88909678
联系人：张锡平
电子信箱：hzpmf@163.com
网址：www.pmf.com.cn
主要产品或业务范围：插入式电磁流量计、管道式电磁流量计、电容式电磁流量计、高压/超高压电磁流量计、超声波流量计、涡街流量计、金属管转子流量计、涡轮流量计、旋进漩涡流量计、远程抄表系统。

杭州东亚仪表有限公司
地址：浙江省杭州市富阳区高桥长山村5号
邮编：311402
电话：0571-63433322
传真：0571-63433355
电子信箱：dongyayibiao@163.com
网址：www.dongya.com.cn
主要产品或业务范围：从事各种压力传感器、压力变送器及自动化控制系统的专业制造商。

杭州富阳东方仪表厂
地址：浙江省杭州市富阳区高富路80号
邮编：311402
电话：0571-63371851
传真：0571-63370645
电子信箱：dfyibiao@alibaba.com
网址：www.east18.cn
主要产品或业务范围：Y系列一般压力表（真空表），YN系列耐震压力表，YX系列磁助式电接点压力表，YNXC系列耐震电接点压力表，YTZ系列电位器式远传压力表，YNML系列耐震隔膜式压力表，YA系列氨用压力表，YNZ系列矿用双针记录压力表，YE系列膜盒压力表，YBF系列全不锈钢压力表。

杭州杭温仪器仪表有限公司
地址：浙江省杭州市西湖区留下工业园
邮编：310023
电话：0571-85225171
传真：0571-85225170
电子信箱：sales@hwinstruments.com
网址：www.hwinstruments.com
主要产品或业务范围：双金属温度计、遥测温度计、电子式温度计、各种家用温度计和压力表，并可以根据客户的要求专业制造特殊规格的仪表。

杭州华丰仪表有限公司
地址：浙江省杭州市余杭区良渚勾庄沈家村71号
邮编：311112
电话：0571-88751238，81809778，88091770
传真：0571-88750560
电子信箱：hfybhanyang@163.com
主要产品或业务范围：金属温度计、压力变送器、液位变送器、气体流量计量成套装置、电磁流量计、智能一体化温度变送器、数字显示调节仪、数字式电容压力/差压变送器、智能流量积算控制仪、不锈钢防腐型压力式温度计、防腐耐震系列温度计、一般压力表、氧气/乙炔压力表、数显温度计、液位器、温度（液位）控制器。

杭州嘉禧科技有限公司
地址：浙江省杭州市余杭区华宜路3号
邮编：310013
电话：0571-88833363
传真：0571-88061083
电子信箱：hzyjn8@163.com
主要产品或业务范围：管道式电磁流量计、插入式电磁流计、金属管浮子流量计、涡街流量计及配套的二次仪表单路或多路的流量积算仪。

杭州科盛机电设备有限公司
地址：浙江省杭州市余杭区临平振兴东路10号1幢东侧3楼
邮编：310021
电话：0571-86522706，86531987，86526319
传真：0571-86522820
电子信箱：bacac@bacac.com
网址：www.bacac.com
主要产品或业务范围：液位计、流量计、酸碱度仪、各类水处理仪表及水质分析仪器、计量泵、黏度仪及气体分析仪等。

杭州美仪自动化技术股份有限公司★
地址：浙江省杭州市新加坡科技园4幢5层
邮编：310000
电话：4008671998
传真：0571-87385068
电子信箱：media@supmea.com
网址：www.supmea.com
主要产品或业务范围：过程自动化仪表，包含温度仪表、压力仪表、流量仪表、物位仪表、分析仪表、显控仪表等。

杭州润辰科技有限公司
地址：浙江省杭州市余杭区钱江经济开发区顺风路528号2南楼2楼
邮编：310053
电话：0571-86816628
传真：0571-86816628
电子信箱：runchen_sn@163.com
网址：www.runchentec.com
主要产品或业务范围：压力仪表、温度仪表、称重仪表、流量计、液位计等自动化仪表。

杭州特力声科技有限公司
地址：浙江省杭州市西湖科技园
邮编：310005
电话：0571-89874215
传真：0571-88106237
电子信箱：tlscn@tlscn.com
网址：www.tlscn.com
主要产品或业务范围：超声波物位测量。

杭州盈控自动化有限公司
地址：浙江省杭州市萧山建设二路67号
邮编：311215
电话：0571-83876000
传真：0571-83876599
主要产品或业务范围：该公司专业从事工业自动化控制系统及仪表的研究开发、生产制造、营销和服务，产品有现场总线和应用工具，温度测量产品，记录仪和控制器，物位测量，压力测量，流量测量，执行机构和定位器，分析仪器。

杭州振华仪表有限公司
地址：浙江省杭州市萧山区中南高科钱江云谷产业园11幢4单元204室
邮编：310021
电话：0571-86944500
传真：0571-86944497
联系人：邢伟积
电子信箱：hz86944500@zzhyb.com
网址：www.hzzzhyb.com
主要产品或业务范围：该公司专业生产电磁流量计，是国内第一家研发生产采用低频直流励磁技术和非均匀磁场理论的电磁流量计厂商。

杭州中创电子有限公司
地址：浙江省杭州市拱墅区康桥工业园康乐路3号
邮编：310015
电话：0571-56770266
传真：0571-56861355
电子信箱：2853705700@qq.com
网址：www.cnheader.com
主要产品或业务范围：便携式信号校验仪、多路台式信号发生器、便携式压力校验仪、台式热工校验仪等产品。

杭州自动化仪表有限公司
地址：浙江省杭州市文三路369号
邮编：310012
电话：0571-88087640，88087314
传真：0517-88082128
电子信箱：webmaster@hz-ai.com
网址：www.hz-ai.com
主要产品或业务范围：该公司专业生产各类温度、压力检测、控制仪表，从事智能系统开发与制造。

红旗仪表有限公司
地址：浙江省乐清市七里港第二工业区
邮编：325605
电话：0577-62657777
传真：0577-62652222
电子信箱：1411940453@qq.com
网址：www.cnhongqi.com

主要产品或业务范围：专业生产、销售压力仪表、万用表、温度仪表、变送器、流量仪表。

湖州铠立自动化仪表有限公司
地址：浙江省湖州市双林镇西高桥
邮编：313012
电话：0572-3975797，3974724，3979722
传真：0572-3974724
联系人：郑期鸣
电子信箱：info@zhzyb.com
主要产品或业务范围：铠装热电偶材料，工业热电偶，工业热电阻，补偿导线，高精度恒温槽五大类产品。

金华市东南流量仪表有限公司
地址：浙江省金华市工业园区美和路366号
邮编：321016
电话：0579-82261158，82262508，82262518
传真：0579-82261958
电子信箱：zjshoujh@163.com
网址：www.dnllyb.com
主要产品或业务范围：该公司专业从事流量仪表的研究开发和生产，如DNQT系列智能气体质量流量计、LUGB-21系列智能涡街流量计、LDZ系列电磁流量计、LJ系列智能流量计、LJ系列无纸记录仪、BP800扩散硅压力变送器、孔板流量计、直埋保温管。

乐清市伦特电子仪表有限公司
地址：浙江省乐清市虹桥镇西工业区E-1号
邮编：325608
电话：0577-61315899
传真：0577-61311699
电子信箱：londer@londer.com
网址：www.londer.com
主要产品或业务范围：热电偶系列、热电阻系列、双金属温度计系列、一体化温度变送器系列，乙烯裂解炉专用COT热电偶、专用COT表面热电偶、多点热电偶/热电阻、高压热电偶/热电阻、耐磨热电偶、测温电缆、纺织化纤专用热电偶/热电阻、吹气热电偶、炉管表面热电偶/热电阻、电厂专用热电偶/热电阻等特殊型产品。

乐清市天恩仪表厂
地址：浙江省乐清市新光工业区(湖横西西)
邮编：325601
电话：0577-62792222，62791222
传真：0577-62790044
联系人：赵章亮
电子信箱：tn@chinatianen.com
网址：www.chinatianen.com
主要产品或业务范围：微压差表，浮球液位控制器，干簧管液位控制器，浮球磁性开关，智能变送液位控制器，高温防腐型液位计及浮球全套配件等。

雷尔达仪表科技有限公司
地址：浙江省乐清市柳市镇飞黄西路150号
邮编：325603
电话：0577-62898988
传真：0577-62887722
电子信箱：Leierda-scv@outlook.com
网址：www.leierda.com
主要产品或业务范围：生产压力仪表、温度仪表、电工仪表、流量仪表、减压器、变送器六大系列6000多种规格产品。

宁波奥崎仪表成套设备有限公司
地址：浙江省宁波市镇海区东明路888号
邮编：315200
电话：0574-86627771
传真：0574-86627770
电子信箱：auqi@chinaanqi.net
网址：www.auqisensor.com
主要产品或业务范围：工业自动化仪表、热电偶、热电阻、铠装热电偶、铠装热电阻。

宁波保税区旭日仪表有限公司
地址：浙江省宁波市高新科技开发区清水桥路535号新城国际710-711
邮编：315040
电话：0574-87787718
传真：0574-87787708
电子信箱：sales@risingstru.com
主要产品或业务范围：压力和温度仪表。

宁波椿长仪表制造有限公司
地址：浙江省余姚市马渚菁江渡村余马路4号
邮编：315400
电话：0574-62711134
传真：0574-62480256
电子信箱：sales@ccgauge.com
网址：www.ccgauge.com
主要产品或业务范围：各种类型的压力表及温度计。

宁波东驰测控技术有限公司
地址：浙江省余姚市梁辉经济开发区中山东二路11号
邮编：315400
电话：0574-62735858
传真：0574-62735850
电子信箱：dongchi@nbdcck.com
网址：www.nbdcck.com
主要产品或业务范围：公司主要生产转子流量计、电磁流量计、涡街流量计、椭圆齿轮流量计等产品。

宁波明泰流量设备有限公司
地址：浙江省宁波市镇海区骆驼街道杭甬南路1292号
邮编：315202
电话：0574-86570905
传真：0574-86570645
电子信箱：sales@nb-mingtai.com
网址：www.nb-mingtai.com
主要产品或业务范围：水流量标准装置，气流量标准装置，油流量标准装置，热能表检定装置等成套设备。

宁波市江东科学仪器厂
地址：浙江省宁波市江东启新路55号
邮编：315051
电话：0574-88112688，28828855
传真：0574-88112686
电子信箱：ky@chinakeyi.com
主要产品或业务范围：磁性翻板液位计、智能车速里程表、数显温度控制仪、电脑程序控制器、数字直流稳压电源等。

宁波市科奥流量仪表有限公司
地址：浙江省余姚市阳明科技园区兴业路20号
邮编：315400
电话：0574-62502089，62502099
传真：0574-62502091
电子信箱：info@flowmeter.cc
网址：www.flowmeter.cc
主要产品或业务范围：生产流量仪表及工业自动化仪表的专业厂家，企业通过ISO 9001质量体系认证，产品主要适用于化工、石油、轻工、医药、环保及科研等部门，用来测量单相非脉动流体（液体或气体）的流量。主要产品有KF700电磁流量计、KF500涡轮流量计、KF510叶轮流量计、KF600孔板流量计、热式气体流量计、涡街流量计、电磁阀等。

宁波泰索科技有限公司
地址：浙江省余姚市余周公路东二号
邮编：315400
电话：0574-62506588，62506578
传真：0571-62506589
电子信箱：tst@taisuo.com
网址：www.taisuo.com
主要产品或业务范围：智能化仪器仪表系列，铠装热电偶电缆系列，温度传感器及配件系列，电子电器系列，机械模具制造系列，碳纤维复合材料系列等。

宁波威克仪表有限公司
地址：浙江省余姚市阳明东路527号
邮编：315400
电话：0574-62678519，62678518
传真：0574-62677718
电子信箱：Sales@nbweike.com
网址：www.nbweike.com
主要产品或业务范围：公司专业生产压力表、温度表、减压器、焊枪、割枪等。

宁波旭日温压仪表有限公司
地址：浙江省宁波市鄞州区五乡工业区园区路2号
邮编：315040
电话：0574-87787718
传真：0574-87787708
电子信箱：info@risinginstru.com
网址：www.ritherm.com
主要产品或业务范围：专业生产工业用压力表、温度计、温度压力表及相关的附件产品。

衢州光大测控技术设备有限公司
地址：浙江省衢州市上洋开明机电城5区35号
邮编：324000
电话：0570-2345228，8883227
传真：0570-2345228，8883227
联系人：胡晔
电子信箱：sale@guangdamc.com
主要产品或业务范围：液位测量变送器、压力变送器、温度变送器等。

衢州柯化防腐仪表有限公司
地址：浙江省衢州市东港工业园区东港八路19号
邮编：324000
电话：0570-3666061，3666067，3666068
传真：0570-3666069
联系人：张宏
电子信箱：kehua@126.com，hangzhou003@126.com
网址：www.khyb.com
主要产品或业务范围：防腐蚀压力仪表、温度仪表、液位仪表、流量仪表、压力变送器五大系列及其配件。

瑞安市新欣石化仪表厂
地址：浙江省瑞安市汀田汀九工业区
邮编：325206
电话：0577-65506491
传真：0577-65508608
联系人：王永贵
电子信箱：xinxin@xinxinyibiao.com
网址：www.xinxinyibiao.com
主要产品或业务范围：DLC3000系列智能电动浮筒液位变送器，UTD系列电动浮筒液位变送器，UHZ系列磁性液位计，USG系列石英彩色液位计，UHZ-530系列磁性浮球液位变送器，BUQK-A系列防爆浮球液位控制器，UQD系列电动浮球液位变送器，UB、UB-A系列玻璃板液位计。

瑞大集团有限公司
地址：浙江省瑞安市汀田联中路131号
邮编：325206
电话：0577-58915891
传真：0577-58915890

电子信箱：sale@iruida.com
网址：www.iruida.com
主要产品或业务范围：流量仪表、物位仪表。

绍兴市上虞神舟仪表有限公司
地址：浙江省绍兴市上虞区丰惠镇城西工业园区
邮编：312300
电话：0575-82422068
传真：0575-82422058
电子信箱：syyb@shenzhouyb.com
网址：www.shenzhouyb.com
主要产品或业务范围：铠装热电偶电缆、铠装加热电缆、电加热圈、热流道系统、WR系列热电偶。

天信仪表集团有限公司
地址：浙江省温州市苍南县工业园区花莲路198号
邮编：325802
电话：0577-68856655
传真：0577-68856622
电子信箱：tancy@tancy.com
网址：www.tancy.com
主要产品或业务范围：气体腰轮流量计和气体涡轮流量计，该公司是国内领先的流量仪表和燃气应用系统解决方案的专业服务商。

温州市捷达石化仪表有限公司
地址：浙江省温州市瓯海区郭溪街道上屿工业区繁华西路39号
邮编：325016
电话：0577-86362377，86786325
传真：0577-86720072
电子信箱：wzjdyb@wzjd.com
网址：www.wzjd.com
主要产品或业务范围：孔板、喷嘴、文丘里管、V锥流量计、节能型一体化自伴热节流装置。

温州大华仪器仪表有限公司
地址：浙江省温州市仰义沿江工业区4号
邮编：325000
电话：0577-28899288，28899233
传真：0577-28899277
电子信箱：bobdhc@163.com
网址：www.chinadhc.com
主要产品或业务范围：专业生产数显时间继电器、计数器、可编程时控器、温控器、电流表、电压表、转速表、线速表、计米器、计时器等工业自动化产品。

温州海米特集团有限公司
地址：浙江省温州市龙湾区海城华盖街67号
邮编：325055
电话：0577-85222520

传真：0577-85221205
电子信箱：zx@China-hmt.com
网址：www.china-hmt.com
主要产品或业务范围：工业自动化智能仪表系统中的物位、流量、压力、测量、控制仪表和阀门执行器；各类电、气、手动阀门、ZFG系列自动反冲过滤器、储罐液位测量系统产品。

温州晶特仪器仪表有限公司
地址：浙江省温州市乐清北白象交通东路688号
邮编：325603
电话：0577-62894488，62894777
传真：0577-62884488，62895122
电子信箱：jingte@cnjingte.com
网址：www.cnjingte.com
主要产品或业务范围：电动执行机构、差压变送器、流量变送器、压力变送器、液位变送器、远传变送器等。

浙江康福隆测控设备有限公司
地址：浙江省嘉兴市新丰工业园
邮编：314005
电话：0573-89891166
传真：0573-89891199
电子信箱：kfl@kaflon.cn
网址：www.kaflon.cn
主要产品或业务范围：智能电磁流量计、磁电式漩涡流量计、涡轮流量计、涡街流量计、超声波流量计。

永嘉县恒胜机械有限公司
地址：浙江省温州市永嘉县瓯北和一工业区礁头路665号
邮编：325100
电话：0577-67975968
传真：0577-67975967
电子信箱：yjhsjx@126.com
网址：www.yjhsjx.com
主要产品或业务范围：腰轮流量计、齿轮流量计、涡轮流量计、计量枪、汽体表等。

余姚朗升仪器仪表有限公司
地址：浙江省余姚市阳明科技园区兴业路25号
邮编：315400
电话：0574-62503777
传真：0574-62503778
电子信箱：sales1@sinotrument.com
网址：www.sinotrument.com
主要产品或业务范围：一般用压力表、耐震充油表、冷媒表、防爆板表、电接点压力表、膜盒压力表、隔膜压力表、温度压力表、双金属温度计及其配件等。

余姚市环工自动化仪表厂
地址：浙江省余姚市虹桥路7号

邮编：315400
电话：0574-62723633，62723632，62723631
传真：0574-62715570
电子信箱：hg@huangong.com
网址：www.huangong.com
主要产品或业务范围：压力变送器、液位变送器、温度变送器、一体化温度变送器及相关配件。

余姚市金山源仪表有限公司
地址：浙江省余姚市低塘街道剑山工业园区徐巷河南74号
邮编：315409
电话：0574-62263058
传真：0574-62263072
电子信箱：mike@kingshanyuan.com
网址：www.jsymeter.com
主要产品或业务范围：耐震充油表、一般压力表、全钢表、真空表、气压表、双金属温度计和各种压力表和温度计的配件。

余姚市金泰仪表有限公司★
地址：浙江省余姚市新建北路737-2号
邮编：315400
电话：0574-22666305，22666307，22666308
传真：0574-62648222
联系人：史久轩
电子信箱：kingtai@zyia.com
网址：www.zyia.com
主要产品或业务范围：该公司是流量计、压力表、电磁阀的专业制造商，是中华人民共和国国家检定规程JJG257-2007《浮子流量计》的起草单位之一。

余姚市泰姆自动化仪表厂
地址：浙江省余姚市新建北路619-1号
邮编：315400
电话：0574-62536328，63151919
传真：0574-62536331
电子信箱：saies@yytaimu.com
网址：www.yytaimu.com
主要产品或业务范围：数字式温度控制器、智慧型数字显示温度控制器、智能双数字显示调节器、多段时间温度程序控制仪表、智能电压调整器、温度传感器。

余姚市银环流量仪表有限公司
地址：浙江省余姚市彩虹路1号
邮编：315400
电话：0574-62689077
传真：0574-62689088
电子信箱：sales1@yinhuanchina.com
网址：www.yinhuanchina.com
主要产品或业务范围：专业生产各种流量仪表，主要生产浮子流量计、电磁流量计、涡街流量计、涡轮流量计、椭圆齿轮流量计等产品。

余姚市远大流量仪表有限公司
地址：浙江省余姚市梁辉开发区苏家园童湖419-1
邮编：315400
电话：0574-62638683
传真：0574-62666033
电子信箱：yuandayibiao@163.com
网址：www.nb-meter.com
主要产品或业务范围：LZT-系列有机玻璃流量计，LZS-塑料管转子流量计，LZB-系列玻璃转子流量计等。

余姚市振兴流量仪表厂
地址：浙江省余姚市阳明科技园区兴业路20号
邮编：315400
电话：0574-62502088
传真：0574-62502091
电子信箱：info@flowmeter.cc
网址：www.flowmeter.cc
主要产品或业务范围：公司成立于1993年，致力于流量仪表和电磁阀的开发生产，不断创新，勇于进取，开发了十大类近百个品种规格的流量计产品，企业通过ISO 9001质量体系认证。主营产品有LZB系列玻璃转子流量计，VA/SA/FA10S、20S、VA30S系列玻璃转子流量计，GA24S、GA24V、LZ系列智能金属管浮子流量计，LZS系列管道流量计，Z-300、Z-300K、Z-300T型系列面板流量计，Z-6000系列水平流量计、电磁阀等。

余姚温度仪表厂有限责任公司
地址：浙江省余姚市东朝街103号
邮编：315400
电话：0574-62704891，62701340
传真：0574-62721909
电子信箱：gongbao@gongbao.com
网址：www.gongbao.com
主要产品或业务范围：公司通过ISO 9001:2000质量体系认证，主产工宝牌工业自动化仪表，包括指针、数显、液晶屏显仪表和测温传感器，并可承接高技术、高难度、高精度的特殊规格产品生产。

余姚仪表二厂有限责任公司
地址：浙江省余姚市凤山街道剑江村
邮编：315400
电话：0574-62676310
传真：0574-62637397
电子信箱：hongxxyy@163.com
网址：www.yuyaozdh.com
主要产品或业务范围：排温热电偶、水油温热电阻、温度仪表、压力仪表、压力变送器、转速表、转速传感器、连接线束、多路巡回测量报警仪、主机排气及轴瓦测量系统、柴油机监控报警系统等。

浙江奥新仪表有限公司
地址：浙江省温州市苍南县灵溪镇沪山路（园区四路口）
邮编：325800
电话：0577-59917080
传真：0577-68885077
电子信箱：aoxin@axyb.cn
网址：www.axyb.cn
主要产品或业务范围：压力、温度、流量及液位测控仪表等。

浙江春晖自动化仪表有限公司
地址：浙江省绍兴市上虞区曹娥工业功能区明月路南
邮编：312352
电话：0575-82158601
传真：0575-82158608
电子信箱：chunhuiauto@chunhuiauto.com
网址：www.chunhuiauto.com
主要产品或业务范围：公司主要生产铠装热电偶线缆、铠装加热电缆、铠装热电阻产品及引线、工业热电偶、工业热电阻系列、热流道系列等各种产品。

浙江慈溪市光华数字显示仪器厂
地址：浙江省慈溪市逍林大众路582号
邮编：315321
电话：0574-63501309
传真：0574-63517218
联系人：王利亚
电子信箱：370380095@qq.com
网址：www.63501309.com
主要产品或业务范围：SW-2型便携式数字显示表面温度计，可与WRNM系列表面热电偶配套用于各种固体表面温度测量，同时可测量溶液、蒸汽、火焰温度。

浙江迪元仪表有限公司
地址：浙江省义乌市北苑街道春晗路106号
邮编：322018
电话：0579-85260678
传真：0579-85260658
电子信箱：diyuan@zjdiyuan.com
网址：www.zjdiyuan.com
主要产品或业务范围：产品主要有电磁流量计、涡街流量计、浮子流量计、超声波流量计、节流装置及电磁水表、超声水表、热量表、调节阀等，主要应用于石油、石化、冶金、机械、空分、医药、食品等行业及环保、热电、水务等公用工程。

浙江巨化自动化仪表有限公司
地址：浙江省衢州市巨化中央大道243号
邮编：324004
电话：0570-3098570
传真：0570-3096164

联系人：李志祥
网址：www.jh-yb.com
主要产品或业务范围：压力仪表系列、温度仪表系列、流量仪表系列、物位仪表系列、数显仪表、变送器等七大系列40多个品种。

浙江乐清市华东仪表厂
地址：浙江省乐清市虹桥镇石帆工业区
邮编：325608
电话：0577-62312532
传真：0577-62317542
电子信箱：huakui1986@126.com
网址：www.china-h.com
主要产品或业务范围：温度传感器、铠装热电偶电缆、热流道模具电加热器。

浙江联泰仪表有限公司
地址：浙江省乐清市柳市镇柳黄路290-300号
邮编：325604
电话：0577-82151498，82152498，82162498
传真：0577-82182498
电子信箱：liantai@mail.wzptt.zj.cn
网址：www.liantai.com.cn
主要产品或业务范围：主要生产温度仪表、压力仪表、电工仪表、智能仪表、液位仪表、流量仪表、压力变送器和时间继电器八大系列一千多种规格。

浙江伦特机电有限公司
地址：浙江省乐清市虹桥镇科技园区城东路
邮编：325608
电话：0577-62378177
传真：0577-62378199
电子信箱：lunte@lunte.com.cn
网址：www.lunte.com.cn
主要产品或业务范围：专业生产热电偶、热电阻、双金属、压力表。

浙江欧德利科技有限公司
地址：浙江省杭州市拱墅区康惠路8号
邮编：310015
电话：0571-89977797，89977798
传真：0571-89977789
电子信箱：odelikj@163.com
网址：www.zjodeli.com
主要产品或业务范围：该公司业务涉及集散控制系统，压力变送器，温度变送器，雷达物位计，工业模拟信号隔离器，智能数显仪表，电动执行机构，流量计等。

浙江普赛迅仪器仪表有限公司
地址：浙江省永康市城西工业区后垄路118号
邮编：321300
电话：0579-87253486
传真：0579-87253790
电子信箱：psx@pusaixun.com
网址：www.pusaixun.com
主要产品或业务范围：产品主要有YK系列抗震压力表、泥浆压力系列、压力扭矩系列、指重表系列、钻井多参数仪、传感器系列、普通压力表系列等。

浙江三泰仪表有限公司
地址：浙江省温州市瓯海区北纬二路18号
邮编：325014
电话：0577-86786128，86765839
传真：0577-86781128
电子信箱：zjstyb@zjstyb.com
网址：www.zjstyb.com
主要产品或业务范围：LXZ系列磁电式智能流量计、LDZ-DC系列电池供电式电磁流量计、LSZ系列智能电子水表、KGZK系列智能流量测控仪、CX系列智能旋进漩涡流量计、KT系列快速调控阀、RH62H型油田井口止回阀、DL-600型油井连续计量装置。

浙江神威电气有限公司
地址：浙江省金华市工业园区秋涛北街138号
邮编：321000
电话：0579-82797895
传真：0579-82797892
电子信箱：yksw@shenwei-china.com
网址：www.shenwei-china.com
主要产品或业务范围：热电偶、热电阻，温湿度计、烧烤温度计、烤炉用温度计、冰箱用温度计等产品。

浙江省东阳市三星温度仪表有限公司
地址：浙江省东阳市六石街道振兴西路78号
邮编：322000
电话：0579-86770337，86773980
传真：0579-86770337
电子信箱：host@sangxing.com
网址：www.cnsanxing.com
主要产品或业务范围：生产热电偶、热电阻、数字显示调节仪等温度仪表。

浙江省乐清市东仪成套有限公司
地址：浙江省乐清市柳市镇龙坦路88号
邮编：325604
电话：0577-82299502
传真：0577-62762112
电子信箱：87393055@qq.com
网址：www.yqdy.cn
主要产品或业务范围：LZKI系列精密质量流量计是该公司根据科里奥利力原理开发成功的高科技产品。

浙江新蓝科技有限公司
地址：浙江省温州市经济技术开发区金海一道460号
邮编：325025
电话：0577-56909976
传真：0577-56908077
电子信箱：xinlan@chinasealand.com
网址：www.chinasealand.com
主要产品或业务范围：科氏质量流量计。

浙江裕顺仪表有限公司
地址：浙江省温州市龙湾中心工业区永中度山

邮编：325025
电话：0577-86373726
传真：0577-86882360
电子信箱：fuma_xs@163.com
主要产品或业务范围：LUY系列旋进漩涡流量计，FLWQ系列气体涡轮流量计，FLLQ系列气体罗茨流量计，FLD系列电磁流量计，FLLY系列腰轮流量计，FLJG系列体积管液体流量检定装置，LUB系列漩涡流量计。

显示、记录、调节仪表、控制阀、执行器

黄山工业泵制造有限公司
地址：安徽省黄山市屯溪区九龙工业园
邮编：245021
电话：0559-2567777
传真：0559-2568248
电子信箱：hbyx@huangbeng.com
网址：www.huangbeng.com
主要产品或业务范围：主要有三螺杆泵、双螺杆泵、单螺杆泵、五螺杆泵，以及螺杆泵系列产品。

芜湖新瑞阀门有限公司
地址：安徽省芜湖市繁昌区孙村开发区枫墩工业园
邮编：241206
电话：0553-7258585
传真：0553-7253111
电子信箱：market@valvescenter.com
网址：www.valvescenter.com
主要产品或业务范围：ANSI/API6D、DIN、GB标准的闸阀、截止阀、止回阀、蝶阀、旋塞阀、球阀、过滤器、蒸汽疏水阀等。

艾坦姆流体控制（北京）有限公司
地址：北京市顺义区仁和地区临河前街29号
邮编：101301
电话：010-80490446
传真：010-80490446
电子信箱：sales@utmost-valve.com
网址：www.utmost-valve.com
主要产品或业务范围：铸造和锻造控制阀门、直行程和角行程阀门、氧气/氮气阀门及减温减压器、低温阀门等。

艾坦姆流体控制技术（北京）有限公司
地址：北京市顺义区南法信镇宏远航城广场A座201
电话：010-80490446
传真：010-80490446-800
电子信箱：sale@utmost-valve.com
网址：www.utmost-valve.com
主要产品或业务范围：致力于高端特种工况控制阀的研发和制造。

北京阿尔肯阀门有限公司
地址：北京市大兴区旧宫旧桥路10号富力盛悦居20号楼1701-1707室
邮编：100068
电话：010-67357777
传真：010-56407433
电子信箱：aerken@163.com
网址：www.aerken.cn

主要产品或业务范围：全焊接球阀、煤气专用蝶阀、1200摄氏度高温蝶阀、气动快切阀、RTO炉专用风阀、电动调节阀,电动阀门执行器、气动阀门执行器等。

北京八叶科技有限公司
地址：北京市丰台区航丰路1号时代财富天地大厦908室
邮编：100070
电话：010-58090505
传真：010-58090505-800
电子信箱：info@buyer-tech.com
主要产品或业务范围：销售德国GEFA公司的蝶阀，高性能双偏心蝶阀，各类球阀，刀闸阀和止回阀等。

北京北高阀门有限公司
地址：北京市丰台区富丰路4号工商联科技大厦A座1202室
邮编：102602
电话：010-63798733
传真：010-63794099
电子信箱：baojia@bgfm.cn
网址：www.bgvalve.com
主要产品或业务范围：蝶阀、闸阀、截止阀。

北京德姆瑞克流体科技有限公司
地址：北京市海淀区阜石路甲69号院2号楼2-511室
邮编：100043
电话：010-56531096
传真：010-56531096
电子信箱：demreak@163.com
网址：www.demreak.com
主要产品或业务范围：不锈钢接头、焊接管接头、高纯度接头、仪表阀、特种合金阀门。

北京鼎瑞特阀业有限公司
地址：北京市大兴区亦庄景园北街2号院68号楼709室
邮编：100022
电话：010-67898909，67898929
传真：010-67898903
电子信箱：bjdingruite@163.com
网址：www.bjdingruite.com
主要产品或业务范围：蝶阀、球阀、闸阀、截止阀、过滤器、减压阀、倒流防止器、止回阀等。

北京阀乐士科技有限公司
地址：北京市朝阳区民族园路2号丰宝恒大厦3072室
邮编：100107
电话：010-84872133，64870958
传真：010-64870961
电子信箱：info@valexeng.com
网址：www.valexeng.com
主要产品或业务范围：代理国外先进阀门、仪表及控制类工业产品在中国的销售和技术服务。

北京方舟通达机电技术有限公司
地址：北京市大兴区亦庄经济技术开发区科创十四街6号
院赛蒂国际工业园4号楼212-214室
邮编：101111
电话：010-59879308
传真：010-59879308-611
电子信箱：ark-company@263.net
网址：www.newdose.net
主要产品或业务范围：各种精密计量泵，流量传感器，工
业在线测控仪表，加药控制系统。

北京根炬科技发展有限公司
地址：北京市海淀区杏石口路30号A座206
邮编：100195
电话：010-88457503，88458360
传真：010-88454543
电子信箱：info@genju.com.cn
网址：www.genju.com.cn
主要产品或业务范围：该公司引进的产品是德国专业型企
业提供的不同材料、不同类型的阀门、泵、传感器及流量
测量元件。

北京海德利森科技有限公司
地址：北京市大兴区黄村镇京开路50号
邮编：102600
电话：010-63357350
传真：010-63356406
电子信箱：sales@hydrosyscorp.com
网址：www.hydrosyscorp.com
主要产品或业务范围：高压阀门，接头，管件，压力
开关。

北京航天长征机械设备制造有限公司
地址：北京市大兴区经济技术开发区路东区经海四路141号
邮编：101111
电话：010-56325205
传真：010-56325221
电子信箱：sales@chinahzzz.com
网址：www.chinahzzz.com
主要产品或业务范围：硬密封切断球阀、硬密封氧气切断
球阀、粉煤三通换向阀、硬密封粉煤调节阀、硬密封氧气
调节阀。

北京好利时代科技发展有限公司
地址：北京市东城区广渠门内大街90号新裕商务大厦506室
邮编：100062
电话：010-67181056
传真：010-67181220
电子信箱：haolitiames@haolitimes.com
主要产品或业务范围：蝶阀、球阀、止回阀、闸阀、截止
阀、隔膜阀等。

北京佳和康华科技有限公司
地址：北京市昌平区沙河镇昌平路97号新元科技园C座204室
邮编：102206
电话：010-62976781
传真：010-62967714
电子信箱：wzp19850808@126.com
网址：www.beijing-kawaden.com
主要产品或业务范围：Kawaden系列电动执行器，全自动
紧急安全阀控制装置等产品。

北京捷福士电子技术有限公司
地址：北京市朝阳区安慧里3区6号楼309
邮编：100101
电话：010-88468991
传真：010-88466995
联系人：赵淑玲
电子信箱：bjjfs163@163.com
网址：www.bjjfs.com
主要产品或业务范围：水系统控制阀、电量变送器、气体
调节阀、通用阀等。

北京金立石仪表科技有限公司
地址：北京市丰台区航丰路1号时代财富天地4号楼308室
邮编：100070
电话：010-88691399
传真：010-88691399转1013
电子信箱：bjjls@jls.com.cn
网址：www.gilise.com
主要产品或业务范围：该公司专注于自动化仪表产品的研
发与制造，拥有XM系列仪表的全部自主知识产权，并获
得多项国家专利。公司作为起草单位，参与了多项国家标
准（GB）的制订工作。

北京京汇川仪表有限公司
地址：北京市海淀区太阳园17号楼206室
邮编：100098
电话：010-82124619，82121435，58731899
传真：010-82124619
电子信箱：653832052@qq.com
网址：www.bjhcyb.com
主要产品或业务范围：智能显示调节仪、定时器、计数
器、频率计、转速表、智能电压表、电流表、功率表、
2/4通道测控仪、智能巡检仪、光柱调节仪、智能闪光报
警仪、高级直觉智能PID控制仪、多功能流量积算仪（可
带温压补偿功能）、无纸记录仪、高精度信号源、精密控
温设备、智能操作器。

北京凯姆斯智控科技有限公司
地址：北京市大兴区长子营镇长恒路20号院11号楼
邮编：102600
电话：010-56370175

传真：010-61277625
电子信箱：sale@chemsun.com
网址：www.chemsun.com
主要产品或业务范围：电动执行器、气动执行器、工业管道阀门。

北京昆仑力拓仪表科技有限公司

地址：北京市海淀区西三旗建材城中路10院北楼1310室
邮编：100192
电话：010-82751943，82751843
传真：010-56928979
电子信箱：yjy-yjy@163.com
网址：www.bjkllt.com
主要产品或业务范围：二次显示仪表、PID控制仪表、智能压力变送器板、智能温度变送器板、智能压力变送器、液位变送器、数据采集模块。

北京昆仑天辰仪表科技有限公司

地址：北京市海淀区知春路丙18号
邮编：100190
电话：010-62562764-900
传真：010-62562764-202
联系人：汪华
电子信箱：adm@kltc.com.cn
网址：www.kltcs.cn
主要产品或业务范围：该公司是一家专心致力于研究、开发、生产高品质测量、控制二次仪表的专业厂商。公司自主研制XS系列产品，包括单通道数显类仪表，2-4通道数显类、巡检类、积算类、PID调节类、称重类、计数类、记录仪、闪光报警仪、电力类、定时计时类、显示类仪表等20余种。

北京民和电气有限公司

地址：北京市朝阳区大屯路乙5号121仓库
邮编：100105
电话：010-64838529，64838530，64838531
传真：010-64861709
电子信箱：sales@tomoe.com.cn
网址：www.minhe.bj.cn
主要产品或业务范围：该公司销售的产品主要有TOMOE蝶阀、KITZ北泽球阀、ASAHI旭有机材塑料阀门、各种执行机构及附件。

北京尼克福斯阀门科技有限责任公司

地址：北京市大兴区丽园路7号1幢11层1101室
邮编：102627
电话：010-63712207，63713307
传真：010-63797058
电子信箱：sale1@nikfus.com
网址：www.nikfus.cn
主要产品或业务范围：公司专业生产欧美亚管件与阀门，

如仪表球阀、计量阀、仪表针阀、气源分配器、排放阀、清洗阀、过滤器、单向阀、仪表阀组、双卡套管接头、焊接接头、平垫焊接接头、铜制气动管接头、螺纹管接头、软管接头、附件和软管转换接头、快插接头、仪表辅助容器、温度仪表连接件等。

北京平和创业科技发展有限公司

地址：北京市大兴区天华大街5号绿地启航国际13号楼6层
邮编：102600
电话：010-61252352，61252312，61259872
传真：010-58773565
电子信箱：linsen@bjpinghe.com
网址：www.bjpinghe.com
主要产品或业务范围：信号隔离器、隔离配电器、信号转换、温度隔离变送器、隔离安全栅等。

北京瑞拓江南自控设备有限公司

地址：北京市大兴区广茂大街12号
邮编：100260
电话：010-60254227，60254228，60254229
传真：010-60254607
电子信箱：sale@adqvalve.com
网址：www.adqvalve.com.cn
主要产品或业务范围：三偏心蝶阀、金属密封蝶阀和双拨叉气动执行机构。

北京桑林蓝天自控技术有限公司

地址：北京市海淀区西直门北大街47号迈豪时代1号楼2510室
邮编：100044
电话：010-62267041
传真：010-62263465
电子信箱：sunjiangang@sanglin.com
网址：www.sanglin-cigs.com
主要产品或业务范围：公司销售的产品有淹没电磁脉冲阀，直角式电磁脉冲阀，管接头式电磁脉冲阀，TURBO公司全系列防爆式电磁脉冲阀，RCP全系列远程控制盒，脉冲阀自动控制仪表，脉冲阀控制电压。

北京山尔管道控制元件有限公司

地址：北京市大兴区榆垡工业区榆顺路19号
邮编：102602
电话：010-89220626
传真：010-89220621
电子信箱：shaner@shaner.com.cn
网址：www.shaner.com.cn
主要产品或业务范围：公司研发生产的中线蝶阀、球阀、止回阀等产品。

北京市朝阳自动化仪表厂

地址：北京市朝阳区酒仙桥路甲11号

邮编：100016
电话：010-64371163，64373492
传真：010-64340894
联系人：李渝珍
电子信箱：info@bchy.com
网址：www.bchy.com.cn
主要产品或业务范围：模拟、智能型仪表,传感器、变送器、大功率调功调压器以及工业组态等。

北京市自动化系统成套工程公司
地址：北京市东城区安定门外地兴居9号
邮编：100011
电话：010-84134843
传真：010-84134840
电子信箱：JZX@bcc.net.cn
主要产品或业务范围：该公司集产品研发、工程设计、营销服务和生产制造于一体，主要产品有平衡型电动三通调节阀、E3000暖通空调仪表、蒸汽泵热机组、加氯机、吹氧成套设备。

北京天力控制科技有限公司
地址：北京市朝阳区望京中环南路甲2号佳境天城B座2503
邮编：100102
电话：010-84721177
传真：010-84721263
电子信箱：info@ebshk.com.cn
网址：www.ebs-lee.com
主要产品或业务范围：单向阀、节流阀、安全阀、电磁阀等产品。

北京威尔卡自控阀门有限责任公司
地址：北京市石景山区老山东里活动中心二楼
邮编：100049
电话：010-83822581，18519510847
传真：010-83822579
电子信箱：sales@dklokchina.com
网址：www.dklokchina.com
主要产品或业务范围：针阀、球阀、CNG三通阀、安全阀、单向阀等。

北京星达科技发展有限公司
地址：北京市海淀区知春路甲63号卫星大厦1009室
邮编：100190
电话：010-68379858
传真：010-82627527-812
电子信箱：xingda@casc-xd.com
网址：www.casc-xingda.com
主要产品或业务范围：微量液体定量输送装置——单、双柱塞推进式定量输液泵系列，往复柱塞定量泵和平流泵系列产品，隔膜式计量泵，实验室反应器和中小型催化反应装置，高效液相色谱系统，自力式减压、背压压力调节

器，截止阀，流量调节阀，止回阀，多通路球形阀，安全阀，其他特种工艺阀。

北京熊川阀门制造有限公司
地址：北京市石景山区古城西街113号景山财富中心213室
邮编：100043
电话：010-68822168，52609675
传真：010-62367017
电子信箱：market@xiongchuan.com
网址：www.xiongchuan.com
主要产品或业务范围：各种不锈钢仪表类管阀件产品。

北京艺创阀门制造有限公司
地址：北京市大兴区榆垡工业区榆昌路10号
邮编：102602
电话：4000939518
传真：010-89215333，89214555
电子信箱：ycfm@chinaycfm.com
网址：www.chinaycfm.cn
主要产品或业务范围：闸阀、截止阀、止回阀、节流阀、球阀及蝶阀多种规格专用阀门。

北京竺奥中控阀门设备制造有限公司
地址：北京市顺义区林河工业开发区林河大街21号
邮编：101300
电话：010-51263777
传真：010-64576556
电子信箱：13810005373@163.com
网址：www.jull.cn
主要产品或业务范围：电动执行器、二通电动调节阀、三通电动调节阀、电动蝶阀、电动二通阀、动态平衡电动调节阀、动态压差平衡阀、静态平衡阀、气动薄膜调节阀、气动蝶阀、电动球阀、比例积分控制器、各种温/湿度传感器、气体压差开关等。

伯纳德控制设备（北京）有限公司
地址：北京市大兴区经海四路15号利达兴工业园A2-1
邮编：100023
电话：010-67892861
传真：010-67892961
电子信箱：tony.wang@bernard-actuators.com
网址：www.bernardcontrols.com
主要产品或业务范围：蝶阀，球阀，角行程、多转式、直行程调节阀，电动执行器，控制器等。

德国西博思电动执行机构有限公司北京代表处
地址：北京市朝阳区望京阜通东大街6号1号楼方恒国际中心C座1701-1705室
邮编：100102
电话：010-51286938
传真：010-64392358

电子信箱：zhuofu.wei@siposchina.com
网址：www.siposchina.com
主要产品或业务范围：公司专业研发、生产变频智能型电动执行机构以及核级执行机构。

慧宇伟业（北京）流体设备有限公司
地址：北京市丰台区科学城中核路1号03号楼10层1006室（园区）
邮编：100071
电话：010-63707366
传真：010-63707968
电子信箱：bjhylt888@126.com
网址：www.huiyufluid.com.cn
主要产品或业务范围：蠕动泵、实验室注射泵、工业注射泵、柱塞泵。

开立基业（北京）阀门制造有限公司
地址：北京市密云区经济开发区兴盛南路20号院6号厂房-7
邮编：100022
电话：010-87564345
传真：010-87564184
电子信箱：kailijiye@126.com
网址：www.iepcn.com
主要产品或业务范围：电动蝶阀、电动球阀、气动蝶阀、气动球阀等系列产品。

蓝铷（北京）流体控制设备有限公司
地址：北京市大兴区兴业街5号
邮编：100176
电话：010-58082136
传真：010-58082146
电子信箱：zhouyanfang@bluestar.chemchina.com
网址：www.bluestarvalve.com
主要产品或业务范围：球阀、闸阀、截止阀、止回阀、调节阀、蝶阀以及满足高温高压、超低温、腐蚀、黏性流体等苛刻工况的多种特殊结构以及特殊材料的阀门。

美国安洛克流体系统科技有限公司
地址：北京市西城区广安门内大街319号广信嘉园C座7D
邮编：100053
电话：010-83131616
传真：010-83131616-816
网址：www.anlok.com
主要产品或业务范围：仪表管阀件。

美国莱斯利控制阀门有限公司
地址：北京市朝阳区东三环北路8号亮马河大厦1座2603室
邮编：100004
电话：010-65907315
联系人：肖兵
电子信箱：michaelxiao@vip.sina.com

网址：www.lesliecontrols.com.cn
主要产品或业务范围：蒸汽控制阀和调压器。

萨姆森控制设备（中国）有限公司
地址：北京市大兴区永昌南路11号
邮编：100176
电话：010-67803011
传真：010-67803196
电子信箱：gaoyan@samsonchina.com
网址：www.samsonchina.com
主要产品或业务范围：电动控制阀，自立式控制阀，平衡阀和DDC控制器。

依博罗阀门（北京）有限公司
地址：北京市大兴区东工业区经海四路8号1幢1层至3层
邮编：100023
电话：010-67851000
传真：010-67892030
电子信箱：ebrobj@ebro.cn
网址：www.ebro.cn
主要产品或业务范围：公司是世界上著名的阀门生产制造商之一。

重庆川武仪表有限公司
地址：重庆市璧山区璧城街道三角滩
邮编：402760
电话：023-41401037
传真：023-41407101
电子信箱：chuanwu1992@126.com
网址：www.chuanwu1992.com
主要产品或业务范围：单座调节阀、笼式调节阀、低噪音调节阀、高压调节阀、波纹管密封调节阀、高性能偏心球阀。

重庆川仪调节阀有限公司
地址：重庆市北碚区蔡家岗蔡和路879号
邮编：400707
电话：023-67032526
传真：023-67032523
电子信箱：sales11@cqcy.com
网址：www.siccv.com
主要产品或业务范围：专业生产控制阀及其辅助装置。

重庆川仪速达机电有限公司
地址：重庆市北碚区蔡家岗蔡和路879号
邮编：400707
电话：023-86022928
传真：023-68243544
电子信箱：cysdzhb@163.com
主要产品或业务范围：控制仪表、记录仪、传感器。

重庆川仪自动化股份有限公司执行器分公司
地址：重庆市渝北区黄山大道中段61号
邮编：401121
电话：023-67032461，67032463
传真：023-67032496
电子信箱：sicjszcb@163.com
网址：www.sicc.com.cn
主要产品或业务范围：公司主要从事电动执行机构及调节阀设计和生产。

重庆东方电磁阀厂
地址：重庆市大渡口区互助二队工业园区
邮编：400084
电话：023-68935366
传真：023-68935399
网址：www.dfdcf.com
主要产品或业务范围：水用电磁阀、蒸汽电磁阀、防爆电磁阀、高温电磁阀、高压电磁阀、燃气紧急切断阀等共计28个系列，近万个规格品种。

重庆东信自控仪表有限公司
地址：重庆市北碚区碚峡路345号
邮编：400700
电话：023-86026521，68202881
传真：023-68202881
电子信箱：cqdfzk@163.com
主要产品或业务范围：DFQ-2100（G）系列模拟操作器，ZMC-2603智能模拟操作器，SFD-2044智能伺服操作器，ZNC-2026智能执行机构控制器，DFD-2000/2100/10/11/0700电动操作器，DFD-1000A/12/1002J/12J电动操作器，SFD-1002/1003/2002/2003电动操作器，MIB-10D电动操作器，SFD-3002/3003联锁电动操作器，WZD-1200/1300、RFD-3002电动操作器，KCD、XD系列显示操作器，ZPE-04系列伺服放大器，DFP/SFP配电器、DFG/SFG信号隔离器，DFY/SFY直流稳压电源。

重庆海王仪器仪表股份有限公司
地址：重庆市渝北区黄山大道中段66号
邮编：401121
电话：023-62824999
传真：023-67300037
电子信箱：hopewayc@163.com
网址：www.cqhw.com
主要产品或业务范围：气动调节阀、电动调节阀、气动切断阀、电动切断阀、智能控制阀。

重庆华林自控仪表股份有限公司
地址：重庆市璧山区璧城街道办事处牛角湾
邮编：402760
电话：023-41417929
传真：023-41417935
电子信箱：cqgaojianxiang@163.com
网址：www.chongqinghualin.com
主要产品或业务范围：全功调节阀、传统调节阀、蝶阀。

重庆朗威仪器仪表股份有限公司
地址：重庆市南岸区玉马路8号科创2期4楼
邮编：400000
电话：023-62603500
传真：023-62809090
电子信箱：longway_vip@163.com
网址：www.cqloway.com
主要产品或业务范围：隔离器、安全栅。

重庆世壮仪器仪表有限公司
地址：重庆市北碚区天生劳动村11号
邮编：400700
电话：023-68212345，68213456
传真：023-68214567
电子信箱：szyqyb@sina.com
主要产品或业务范围：气动调节阀，电子式电动调节阀，自力式压力调节阀，O形、V形球阀，偏心旋转阀，软密封蝶阀等，各型孔板、喷嘴、文丘里管等，DDZⅢ（S）型系列仪表，数显表，多点巡检仪，智能型流量积算仪，隔离式两线制温度变送器，卡装系列仪表等。

重庆市成瑞测控仪表厂
地址：重庆市北碚区东阳镇先锋村长田坎
邮编：400700
电话：023-68257028
传真：023-68290350
电子信箱：cqcrui@126.com
主要产品或业务范围：压力控制器、差压控制器、防爆控制器等系列产品。

重庆水泵厂有限责任公司
地址：重庆市沙坪坝区工业园区井盛路8号
邮编：400033
电话：023-65429419
传真：023-65312953
电子信箱：duan65305486@163.com
网址：www.cqpump.com
主要产品或业务范围：公司主导产品计量泵、高压往复泵、矿浆膈膜泵、API标准离心泵、除鳞泵及以泵为核心的机电一体化系统。

重庆同创仪器仪表有限公司
地址：重庆市北碚区火车站
邮编：400700
电话：023-68212601，68212602，68262345
传真：023-68212618，68262345

联系人：市场部
电子信箱：cq-tc@163.com
主要产品或业务范围：DIN导轨式过程通道仪表，MR系列无纸记录仪、智能数字式仪表，电动、气动调节阀，定位器及辅助装置，工业热电阻、热电偶，盘、架装仪表，节流装置、变送器及流量仪表，DCS、PLC系统、FCS等。

重庆宇通系统软件有限公司
地址：重庆市渝北区高新园区黄山大道中段66号中智联工业园
邮编：401121
电话：023-67300818，67300816
传真：023-67300820
电子信箱：cq-yt@vip.163.com
网址：www.cq-yt.com
主要产品或业务范围：主要产品有多个系列的信号隔离器；隔离式安全栅；温度变送器；控制系统；数字化智能显示仪表；防雷器以及超小型隔离模块等。

重庆正博仪器工业有限公司
地址：重庆市渝北区星光大道62号海王星三区八层
邮编：401121
电话：023-67031975
传真：023-67031979
电子信箱：zhengbo@kingbow.com
网址：www.kingbow.com
主要产品或业务范围：安全栅系列、信号隔离器系列、开关电源等。

重庆支点仪器仪表有限公司
地址：重庆市江北区寸滩港安2路曙光都市工业园E区F幢5楼
邮编：400041
电话：023-68626070，68621580
传真：023-68621580
电子信箱：info@zeapoint.com
网址：www.zeapoint.com
主要产品或业务范围：专注于工业过程控制中的两线制智能温度变送器、架装万能输入型信号隔离器、安全栅。

福建南平上润精密仪器有限公司
地址：福建省南平市朝阳路6号C-D座3F
邮编：353000
电话：0599-8851749，8851748，8851746
传真：0599-8853886
联系人：陈世文
电子信箱：nwp@fjnwp.com
网址：www.fjnwp.com
主要产品或业务范围：上润系列智能型数字、光柱仪表，无纸记录仪、压力变送器及超级上润系列仪表。还有闪光报警控制仪、温度变送器、电流/电压转换器、配电器、数学运算器、编程器及电工仪表系列。

福建上润精密仪器有限公司
地址：福建省福州市马尾科技园区兴业西路16号
邮编：350015
电话：0591-83969820
传真：0591-83969222，83969444
电子信箱：info@wideplus.com
网址：www.wideplus.com
主要产品或业务范围：公司专业从事上润品牌的工业自动化仪器仪表的研发、设计与制造。

福建顺昌虹润精密仪器有限公司
地址：福建省南平市顺昌县城南东路45号
邮编：353200
电话：0599-7824386，7852831，7821390
传真：0599-7856047，7857727
电子信箱：hrgs@hrgs.com.cn
网址：www.hrgs.com.cn
主要产品或业务范围：数显仪表、调节仪，转速表、定时器，单相/三相电工仪表，智能电量变送器，隔离器与安全栅，无纸记录仪、调节/流量无纸记录仪，彩色无纸记录仪、调节/流量彩色无纸记录仪等。

福州阀业科技有限公司
地址：福建省福州市福马路250号福马名城B座805室
邮编：350014
电话：0591-83820909
传真：0591-83831212
电子信箱：3253157565@qq.com
网址：www.fzzfvalve.com
主要产品或业务范围：全喷塑软密封闸阀、全喷塑水力控制阀、闸阀、蝶阀、截止阀、截止止回阀、止回阀及消防阀、排气阀、船用阀门等。

福州天弘自动化设备有限公司
地址：福建省福州市仓山区建新北路161号弘成塑胶工业园2号楼5层
邮编：350000
电话：0591-83713672，83750297，83750929
传真：0591-83752712
联系人：陈耀
电子信箱：fzthzdh@163.com
网址：www.fjthzdh.com
主要产品或业务范围：数字显示、控制仪表，光柱显示、控制仪表，数字巡检仪表，流量积算仪表，PID调节仪表，各类数字式电工仪表，闪光信号报警器，隔离配电器，压力变送器，1151压力、差压变送器，温度变送器，自动化仪表成套系统。

三明市无线电八厂有限公司
地址：福建省三明市德安工业区32号
邮编：365000

电话：0598-8241694，8254468
传真：0598-8259496
联系人：李建和
电子信箱：wxdbc@wxdbc.com
网址：www.wxdbc.com
主要产品或业务范围：专业生产温度控制仪、温度巡检仪、转速信号测控装置、流量仪、水位仪、电工仪表、振动测控仪表、摆度监控仪表、准同期装置、励磁装置及各类传感器、变送器、水电站配套设备、LCD仪表。

厦门安东电子有限公司
地址：福建省厦门市思明区软件园二期望海路19号2F
邮编：361009
电话：0592-5711111
传真：0592-6304008
电子信箱：sales@anthone.com.cn
网址：www.anthone.com.cn
主要产品或业务范围：该公司是专业生产各类无纸记录仪，湿度控制仪表，智能调节仪表，智能电力仪表，I/O模块，安全栅，流量积算仪表，智能手操器，移相触发器，数字电流表、电压表，电力监测仪表，各类型湿度控制柜，ANTHONE DCS。

厦门伯特自动化工程有限公司
地址：福建省厦门市集美区软件园三期诚毅北大街5号B03-902
邮编：361008
电话：0592-5254872，5254873，5289645
传真：0592-5254872，5254873
联系人：市场部
电子信箱：bota@xmbt.com
网址：www.xmbt.com
主要产品或业务范围：工业智能调节仪表、调节模块；无纸记录（调节）仪；流量积算仪；湿度工业智能调节仪表、调节模块；无纸记录（调节）仪；流量积算仪；湿度调节（记录）仪；电力综合测量仪表；长度、速度、频率、计数表，定时器；隔离器，配电器，变送器；可控硅触发器，可控硅功率调整器；软启动控制器。

厦门翰达阀门有限公司
地址：福建省厦门市翔安火炬高新技术产业区翔明路8号
邮编：361000
电话：0592-7616990
传真：0592-7616989
电子信箱：sales@xmaudson.com
网址：www.xmhanda.com
主要产品或业务范围：主要生产各种蝶阀、球阀、闸阀、截止阀和止回阀等。

厦门科昊自动化有限公司
地址：福建省厦门市湖里区火炬高新区创业园伟业楼南楼

S305E
邮编：361006
电话：0592-3191333
传真：0592-3265129
联系人：王宣标
电子信箱：kehao@kehao888.com
网址：www.kehaoauto.com
主要产品或业务范围：无纸记录仪、巡检仪、温控器、电流表、电压表、温湿度控制器、可控硅触发模块、位移测量仪、称重调节仪、转速表、电控柜及DCS现场总线型计算机监控系统，并承接工业自动化成套工程及服务。

厦门宇电自动化科技有限公司
地址：福建省厦门市火炬高新开发区火炬北路17号宇电科技大厦4楼
邮编：361006
电话：0592-2632253
传真：0592-5651630
电子信箱：1610760771@qq.com
网址：www.yudian.com
主要产品或业务范围：人工智能调节算法、信号万能输入技术、模块化和平台化结构等先进技术。

永秀阀门有限公司
地址：福建省南安市仑苍镇高新技术园
邮编：310015
电话：0595-86181016，86185858
传真：0595-86182016
电子信箱：chengbin0726@126.com
网址：www.yx-valve.com
主要产品或业务范围：闸阀、截止阀、球阀、蝶阀、平衡阀、调节阀、止回阀、水力控制阀八个大类，几十个品种，上千种规格。

博诺米阀门与自动化（深圳）有限公司
地址：广东省深圳市南山区松白路丽河工业园4栋2楼西
邮编：518052
电话：0755-86377920
传真：0755-86377921
电子信箱：sales@bonomi.cn
网址：www.bonomi.cn
主要产品或业务范围：黄铜球阀与管件。

德国飞华集团普乐德阀门中国总部
地址：广东省广州市黄埔区科学城观虹路12号兴普大厦801-804室
邮编：510663
电话：020-38204376
传真：020-38204376-16
电子信箱：office@pre-vent.com
网址：www.pre-vent.com

主要产品或业务范围：公司主要产品为控制阀、自力式调节阀、球阀、蝶阀等。

东莞万兴鸿自动化有限公司
地址：广东省东莞市莞长路牛山西二号
邮编：523128
电话：0769-23107800
传真：0769-23107676
电子信箱：wanxinghong@Pan-globe.cn
网址：www.pan-globe.com
主要产品或业务范围：专业制造微电脑温度控制器、温控器、温控表、可控硅/定时器、计数器、转速器、各类显示仪表、电量表、转换器、SCR功率调节器等。

广州阿卡控制阀有限公司
地址：广东省广州市番禺区迎宾路730号天安节能科技园产业大厦2座807室
邮编：511442
电话：020-39211986
传真：020-39211985
电子信箱：info@arca-valve.com.cn
网址：www.arca-valve.com.cn
主要产品或业务范围：控制阀、减温减压器、放空阀、防喘振阀、三通阀、智能阀门定位器等。

广州科验自控设备有限公司
地址：广东省广州市彩频路11号
邮编：510170
电话：020-81952491，81720529
传真：023-81956972
电子信箱：sonhn@163.com
主要产品或业务范围：代理德国TECSIS、德国AB、韩国KONICS、中国台湾STAR压力及温度仪表和德国SCHUBERT&SALZER控制阀、德国KLAUSUNION波纹管截止阀，还有高性价比的中国台湾MATTES球阀、蝶阀，气动执行器以及意大利CEME、OLAB电磁阀、电磁泵，韩国YTC阀门定位器、韩国ITORK电动执行器等。

广州市庆瑞电子科技有限公司
地址：广东省广州市高新技术产业开发区光谱西路3号研发楼二楼北侧
邮编：510663
电话：020-85562199，85564229
传真：020-85560935
电子信箱：ki880@yahoo.com
网址：www.gzkingray.com
主要产品或业务范围：可程式液晶显示温湿度控制器、单点数码管显示温湿度控制器、恒温恒湿可程式控制器、单温度可程式控制器、冷热冲击可程式控制器、快速温变可程式控制器、可程式触摸屏臭氧温度控制器、可程式触摸屏盐雾试验控制器等系列产品。

广州市熙泰自控设备有限公司
地址：广东省广州市黄埔区南湾工业区南湾西街8号3楼
邮编：510730
电话：020-82219895
传真：020-80721827
电子信箱：tech@thity.cn
网址：www.thity.cn
主要产品或业务范围：HART智能温度变送器、信号转换器、隔离栅等产品。

广州仪信自动化设备有限公司
地址：广东省广州市荔湾区芳村花湾路613号沙涌工业区C栋B座5楼
邮编：510380
电话：020-85538482
传真：020-85536922
联系人：黄泽余
电子信箱：gzyixin@yixin.cn
网址：www.yixin.cn
主要产品或业务范围：智能数显控制仪、光柱仪、PID调节器、流量积算仪、多路巡检仪、单色（彩色）无纸记录仪。

捷阀流体技术（深圳）有限公司
地址：广东省深圳市龙岗区五和大道北元征工业园1栋一楼
邮编：518129
电话：0755-84528460
传真：0755-84528459
电子信箱：gefa@gefa.com.cn
网址：www.gefa.com.cn
主要产品或业务范围：主要的生产项目是蝶阀、球阀、刀闸阀、止回阀。

深圳市得锐自动化设备有限公司
地址：广东省深圳市福田区车公庙泰然六路苍松大厦南座1817室
邮编：518040
电话：0755-33335656
传真：0755-33339959
电子信箱：info@tecreal.com
网址：www.tecreal.com
主要产品或业务范围：气动执行器、电动执行器、球阀、蝶阀、角座阀、VIP梭阀及阀门附件等。

深圳市东仪电子有限公司
地址：广东省深圳市宝安区沙井镇万安路长兴高新技术工业园16栋3楼
邮编：518104
电话：0755-81773309
传真：0755-81773992
联系人：温碧通

电子信箱：chinatoyi@21cn.com

网址：www.chinatoyi.net

主要产品或业务范围：阀门驱动装置，电动执行器，电动阀门，电动蝶阀，电动调节阀，电动硬密封蝶阀，比例积分调节阀，智能型调节阀，智能电动阀门定位器，电动阀门控制器，电子伺服控制器，电动阀门手操器，数显调节器，温度控制器，可编程数显调节器，集散控制系统。

深圳市海力工业设备有限公司

地址：广东省深圳市南山区招商街道蛇口兴华路6号南海意库1栋310室

邮编：518067

电话：0755-26673345，26696253

传真：0755-26673345，26696253

电子信箱：sales@helux.cn

网址：www.helux.cn

主要产品或业务范围：代理Flowserve调节阀、关断阀；Scott Air Pak/Sabre正压式空气呼吸器、个人防护装备；Metal Samples腐蚀监测系统；Kidde消防泡沫、消防装置、灭火系统；Angus消防装置；Marking Services管线标识，色带。

深圳市佳泰鑫自动化设备有限公司

地址：广东省深圳市宝安区龙华街道梅龙苑1单元905室

邮编：518110

电话：0755-28148215

传真：0755-28148371

电子信箱：sales@bimbaasia.com

网址：www.phdcylinder.com

主要产品或业务范围：气动元件、流体控制阀门、电动及气动执行机构、传动装置。

深圳市摩控自动化设备有限公司

地址：广东省深圳市宝安区新安街道大宝路8号摩控大厦

邮编：518101

电话：0755-26977701-625

传真：0755-26977702

电子信箱：info@morc.com.cn

网址：www.morc.com.cn

主要产品或业务范围：阀门定位器、电磁阀、执行机构等阀门控制附件。

深圳市南方通用电气有限公司

地址：广东省深圳市宝安区福园一路天瑞工业园A5栋

邮编：518103

电话：0755-27752538

传真：0755-27757537

电子信箱：sgevip@163.com

网址：www.sgesz.com

主要产品或业务范围：专业生产全智能非侵入式电动执行机构，气动执行机构，调节阀，叠压供水系统等。

深圳市维尔杰机械有限公司

地址：广东省深圳市南山区登良路19号恒裕中心A座406室

邮编：518054

电话：0755-86069229

传真：0755-86069227

电子信箱：lynn198302@hotmail.com

网址：www.weierjie.com

主要产品或业务范围：荷兰杜威可蝶阀代理商。

深圳市毅鑫自动化设备有限公司

地址：广东省深圳市南山区西丽茶光路华文大厦3楼302室

邮编：518055

电话：0755-88840856

传真：0755-86672099

电子信箱：info@auto-valve.com

网址：www.auto-valve.com

主要产品或业务范围：工业自控阀门。

深圳万讯自控股份有限公司

地址：广东省深圳市南山区高新技术产业园北区三号路万讯大厦

邮编：518057

电话：0755-86250388

传真：0755-86250389

电子信箱：info@maxonic.com.cn

网址：www.maxonic.com.cn

主要产品或业务范围：智能电动执行机构、金属转子流量计、电磁流量计、射流振动式流量计、物位仪表、电动执行器、长行程执行器，自动仪表制造、工程和经营。

肇庆市汉威仪表有限公司

地址：广东省肇庆市江滨西路上游街27号1-102

邮编：526040

电话：0758-2891276，2837788

传真：0758-2837788

电子信箱：350621630@qq.com

网址：www.hwyb.cn

主要产品或业务范围：气锁阀，气动保位阀，锁定阀，闭锁阀，锁止阀。

肇庆市核仪科技有限公司

地址：广东省肇庆市高要金渡工业园西头村委会大楼后方

邮编：526108

电话：0758-8512397，8512398，8512399

传真：0758-8512400

电子信箱：xgy@gdxgy.com

网址：www.gdxgy.com

主要产品或业务范围：KF系列气动基地式指示调节仪、PREX-3000系列气动变送器、QDZ系列气动单元组合仪表、盘装仪表、显示仪表、仪表盘、气动元件，自主开发了新型的仪表控制柜、智能变送器。

中大电力自动化有限公司★
地址：广东省中山市石岐街道民科西路8号中大工业园1号楼
邮编：528400
电话：0760-88722601，88722603，88722604
传真：0760-88722611
联系人：张友高
网址：www.sommy.com.cn
主要产品或业务范围：电量变送器，传感器信号变送器，压力变送器，频率变送控制器，信号隔离栅，安全栅，电压、电流、功率、电能等电参数传感器，流量积算仪，温控、计数、时间继电器，固态继电器，调功器，电量分析仪，工业控制器，自动化测试设备。

中山高达阀门有限公司
地址：广东省中山市南朗街道番塔山北路三号
邮编：528400
电话：0760-23331588
传真：0760-23331858
电子信箱：goodvalve@163.com
网址：www.goodvalve.net
主要产品或业务范围：精密铸造球阀。

中山市调节阀厂有限公司
地址：广东省中山市东区街道起湾道沙南路东区工业园
邮编：528403
电话：0760-88325498-822
传真：0760-88319774
联系人：陈俊浩
电子信箱：zhongshan@valve-star.com
网址：www.valve-star.com
主要产品或业务范围：气动薄膜精小型套筒调节阀、气动二位切断阀、气动二位四通滑阀、自力式压力调节阀和压力开关等。

中山市东崎电气有限公司★
地址：广东省中山市石歧街道民科西路8号
邮编：528400
电话：0760-23371800
传真：0760-23371891
电子信箱：xs@toky.com.cn
网址：www.toky.com.cn
主要产品或业务范围：电压表，电流表，电力仪表，温控仪，计数器，计长、计时、频率、转速、线速测量仪表，流量计，压力表，重力仪，记录仪，压力变送器，信号隔离器，固态继电器，旋转编码器，中间继电器，接近传感器等。

中山市冠德泰自控设备有限公司
地址：广东省中山市东区街道东苑南路130号华力大厦四楼
邮编：528400
电话：0760-88825989

传真：0760-88825985
电子信箱：snow.pan@gntat.com
网址：www.gntat.com
主要产品或业务范围：普通风量调节执行器、快速执行器、变风量执行器及防火执行器。

中山市南翔电器电磁阀有限公司
地址：广东省中山市大新路7号
邮编：528402
电话：0760-88632073，88729189
传真：0760-88729190
联系人：江伟林
电子信箱：nxdcf@nxdcf.com
网址：www.zsdcf.com
主要产品或业务范围：各种电磁阀。

中山铁王流体控制设备有限公司
地址：广东省中山市南头镇南和西路23号
邮编：528427
电话：0760-23116839
传真：0760-23123398
电子信箱：info@kifc.com.cn
网址：www.kifc.cn
主要产品或业务范围：气动/电动系列球阀、系列蝶阀、系列单座控制阀、系列笼式双座控制阀、系列套筒单座阀、角形控制阀、三通控制阀、保温夹套控制阀、低噪音控制阀、波纹管密封控制阀及气动辅助元件、各种规格型号的通用阀门。

河北光德流体控制有限公司
地址：河北省沧州市运河区浮阳北大道运河区工业园
邮编：061001
电话：0317-2201016
传真：0317-3778875
电子信箱：ysl@grandetek.com
网址：www.gd-tek.com
主要产品或业务范围：法兰球阀、螺纹球阀、全焊接球阀、不锈钢螺纹管件等各种管道专用阀门及自动控制元件。

河北西博控制阀门有限公司
地址：河北省石家庄市高新技术开发区新赵线与赣江路交口南
邮编：050035
电话：0311-85367918
传真：0311-85367778
电子信箱：100741908@qq.com
网址：www.xipowalve.com
主要产品或业务范围：气动球阀、蝶阀、执行器、高压球阀、调节阀。

远大阀门集团有限公司
地址：河北省邢台市隆尧县远大工业园区

邮编：055350
电话：0319-6629999，6625008
传真：0319-6629638
电子信箱：xiaoshou@hbyuanda.com
网址：www.hbyuanda.com
主要产品或业务范围：闸阀、截止阀、球阀、蝶阀、止回阀等。

湖北高中压阀门有限责任公司
地址：湖北省武汉市经济技术开发区工业园余泊北路8号
邮编：430415
电话：027-86964606
传真：027-86964613
电子信箱：lrxf808163.com
网址：www.hbvalve.com.cn
主要产品或业务范围：高端高压阀门产品。

武汉伯力达科技有限责任公司
地址：湖北省武汉市经济技术开发区车城南路83号二栋二楼
邮编：430056
电话：027-84254653，84792198
传真：027-84254652
电子信箱：whbldkj@163.com
网址：www.whbld.com
主要产品或业务范围：公司专业从事阀门驱动装置、电动阀门、自动化控制系统的研发、生产、销售和服务。

武汉策尔曼自动化设备有限公司
地址：湖北省武汉市东湖新技术开发区高新大道426号华新大厦A座15楼
邮编：430074
电话：027-87802167
传真：027-87613913
电子信箱：services@chermann.com
网址：www.chermann.com
主要产品或业务范围：制造各种类型的大口径标准及非标阀门。

武汉汉德阀门股份有限公司
地址：湖北省武汉市武湖工业园汉施大道39号
邮编：430345
电话：027-86830690，86830691，86830692
传真：027-88515908
电子信箱：acg4008371718@163.com
网址：www.china-acg.com
主要产品或业务范围：从事研发、制造电动气动调节阀、微型电动球阀、电动执行机构（执行器）、阀门控制器。

武汉华通科技有限责任公司
地址：湖北省武汉市江夏区山大道9号东湖高新产业创新基地17栋402室

邮编：430070
电话：027-65521268
传真：027-65521795
电子信箱：2788401901@qq.com
网址：www.vauttos.com.cn
主要产品或业务范围：空油压产品（气源处理元件、气动控制阀、气-液动执行元件及附件）、自控阀门（蝶阀、球阀、调节阀、止回阀、闸阀、梭阀、角座阀、气动执行器、电动执行器及附件）、自控设备（汽车油箱盖检测设备、气-电控制箱）等。

武汉华易科技有限公司
地址：湖北省武汉市东湖新技术开发区流芳园横路6号
邮编：430205
电话：027-86573799
传真：027-86573933
电子信箱：whdcl@126.com
网址：www.whdcl.cn
主要产品或业务范围：公司专业从事电动执行机构、电动阀门及其自动化控制系统的研究、开发、生产和销售。

武汉亚美阀门制造有限公司
地址：湖北省武汉市江夏区庙山经济开发区江夏大道24号
邮编：430223
电话：027-81801539，13886018826
传真：027-81801522
电子信箱：whymfm@163.com
网址：www.ymfm.com
主要产品或业务范围：美式蝶阀、双面密封大口径蝶阀、双密封面半球阀、大口径球面密封蝶阀、固定锥形阀、活塞阀及高耐磨盘形阀、仪表控制阀、多偏心双向密封高性能蝶阀、软密封蝶阀、金属密封蝶阀、抽气快闭止回阀、液控缓闭止回阀系列控制阀门、真空蝶阀、水力控制阀、偏心扇形阀、排泥阀、复合式排气阀等。

长沙日新自动化设备有限公司
地址：湖南省长沙市桐梓坡西路229号麓谷国际工业园A4栋5楼
邮编：410205
电话：0731-85525821
传真：0731-85526824
电子信箱：csrx2004@sina.com
网址：www.csrixin.com
主要产品或业务范围：RXDZJ角行程系列执行机构、RXDZZ直行程系列执行机构、RXDZD多圈式系列执行机构、RXDF系列电动控制阀、RXQF系列气动控制阀、RX系列综合类控制阀、RX系列工业自动化仪表及其他工业配套产品。

醴陵驰元测控科技有限公司
地址：湖南省醴陵市苏家巷3号

邮编：412200
电话：0733-23233608
传真：0733-23223680
电子信箱：cm@cn-cm.com
网址：www.cn-cm.com
主要产品或业务范围：该公司是集科研、生产、制造、进口组装、系统计、改造、成套工程于一体的高科技企业。主要生产智能数显控制仪系列，温度传感器系列，压力变送器，双金属温度计，电子式执行器，调节阀，DCS等控制系统。

安策阀门（太仓）有限公司
地址：江苏省太仓市经济开发区郑州路1号
邮编：215400
电话：0512-53667600
传真：0512-53667500
电子信箱：info@az-armaturen.cn
网址：www.az-armaturen.cn
主要产品或业务范围：公司主要产品为全类型的旋塞阀、内衬阀、取样系统以及特殊阀门等。

常州汉腾自动化设备有限公司
地址：江苏省常州市新北区河海西路229号A1座
邮编：213022
电话：0519-81582818
传真：0519-86860067
电子信箱：czhtzdh@163.com
网址：www.czhtzdh.com
主要产品或业务范围：3G无线远程控制阀、智能电动调节阀(温度、压力、流量、液位等调节)、电（气）动执行器和水表、燃气表、热能表检定装置等产品。

常州汇邦电子有限公司
地址：江苏省常州市新北区天安工业村A加5楼
邮编：213000
电话：0519-85132277，85087090
传真：0519-85108252
电子信箱：cnwinpark@cnwinpark.com
网址：www.cnwinpark.com
主要产品或业务范围：智能温度调节仪、计数器、PLC、多点温控模块、实验设备控制器。

常州普瑞流体技术有限公司
地址：江苏省常州市新北区薛家镇富强路8号
邮编：213022
电话：4001110186
传真：0519-85133860
电子信箱：pump@prefluid.com
网址：www.prefluid.com
主要产品或业务范围：蠕动泵。

常州市宏达仪表厂
地址：江苏省常州市东门外洛阳新科东路103号
邮编：213104
电话：13906110085
传真：0519-88791742
联系人：梅介明、谈敏红
主要产品或业务范围：XD系列小长图记录仪，XDS系列小长图数显记录仪，XMD智能巡检仪，XSF-99智能流量积算仪，XXS-8100智能闪光报警仪，1151电容式压力、差压变送器，扩散硅压力变送器，智能数显仪，智能光柱显示仪，防爆热电阻、热电偶、补偿导线，DFP配电器，DFY电源箱，DFA安全栅，计算机冷库控制仪，冷库专用电控箱，多路风压测量装置。

常州市宏昱仪表有限公司
地址：江苏省常州市洛阳镇武南东路216号A
邮编：213104
电话：0519-88520508
传真：0519-88791904
电子信箱：info@hongyuyb.com
网址：www.hongyuyb.com
主要产品或业务范围：记录仪表、智能数显调节仪表、变送器、热电阻、热电偶、工业自动化仪表盘(箱、柜)、电源箱、配电器，代理英国欧陆智能记录仪以及温控表等。

盖科流体控制技术（常州）有限公司
地址：江苏省常州市青洋北路101号美吉特商务大厦16F
邮编：213017
电话：0519-85503155
传真：0519-85503133
电子信箱：geko@geko-valves.com
网址：www.geko-valves.com
主要产品或业务范围：自控球阀、自控蝶阀、气动角阀、调节阀和各类三通阀，高温高压阀等控制阀门。

高砂电气（苏州）有限公司
地址：江苏省苏州市工业园区星汉街5号腾飞新苏工业坊B幢6楼01-08
邮编：215021
电话：0512-67610522
传真：0512-67610533
联系人：陶沙
电子信箱：info@takasago-elec.net
网址：www.takasago-elec.com.cn
主要产品或业务范围：电磁阀、挤压型电磁阀、气动阀、隔膜泵、注射泵、多歧管基板、胶片式多歧片、接头，以及与流路精密控制相关的各种配件。

工装自控工程（无锡）有限公司
地址：江苏省无锡市滨湖区建筑西路777号A8幢
邮编：214072

电话：0510-85101567
传真：0510-85122498
电子信箱：xuzhou@koso.com.cn
网址：www.koso.com.cn
主要产品或业务范围：控制阀、执行机构及控制阀附件。

江苏贝尔阀门控制有限公司★
地址：江苏省扬州市邗江区创业园江阳中路9号
邮编：201501
电话：0514-85553222，87227666
传真：0514-85100555
联系人：党昌元
电子信箱：chinabeir@163.om
网址：www.beeel.cn
主要产品或业务范围：该公司是一家中英合资企业，是一家集专业研发、生产、销售和服务一体的BERRE知名品牌阀门电动执行器骨干高新技术企业。公司所有产品通过ISO 9001质量体系认证，智能总线型阀门电动装置获省科协颁发的"科技进步奖"和高新产品称号，隔爆型电动装置已成功通过南阳防爆电气研究所检验合格并颁发证书，公司产品已获取多项发明专利，是一家高新技术企业。主要产品有智能型电动执行器、Z多转电动装置、Q部分回转电动装置、BR精小型执行器、M/P型智能总线摇控电动装置、隔爆型电动装置，以及电动阀门成套系列、控制箱系列等，广泛应用于电力、钢铁、化工、石油、冶金、楼宇和给排水等自动化行业工程。

江苏富罗泰克控制系统有限公司
地址：江苏省无锡市新吴区锡鸿路15号
邮编：214000
电话：0510-88231123
传真：0510-88234012
电子信箱：service@fluitech.cn
网址：www.fluitech.cn
主要产品或业务范围：DRG系列气动执行器、EHA系列电液执行机构、FTV成套控制阀组等产品。

江苏华太电仪集团有限公司
地址：江苏省扬中市238省道华太西路
邮编：212217
电话：0511-88516648
传真：0511-88516649
电子信箱：yz-huatai@163.com
网址：www.jx-huatai.com
主要产品或业务范围：仪表管件，阀门，低温仪表管件，阀门以及电器产品。

江苏汇朗机械科技有限公司
地址：江苏省常州市新北区薛家镇薛冶路38号
电话：0519-85557268
传真：0519-85557368

电子信箱：colin@huilangjixie.com
网址：www.kanede.com
主要产品或业务范围：从事高质量新型阀门执行机构设计制造的专业化公司。

江苏捷拓阀门有限公司
地址：江苏省盐城市阜宁县装备制造产业园窑浦路10号
邮编：224400
电话：0515-87233969
传真：0515-87231869
电子信箱：qic@gitovalve.com
主要产品或业务范围：阀门及各种控制系统。

江苏经纬阀业有限公司
地址：江苏省盐城市阜宁县阜宁经济开发区创业路1号
邮编：224400
电话：0515-87294098
传真：0515-87243344
电子信箱：info@jw-lok.com
网址：www.jw-lok.com
主要产品或业务范围：工艺阀、球阀、针阀、表阀、单向阀、阀组等。

江苏科维仪表控制工程有限公司
地址：江苏省盐城市亭湖区新洋经济区新盐路18号
邮编：224003
电话：0515-83306000
传真：0515-88187768
电子信箱：info@cowinvalve.cn
网址：www.chnval.com
主要产品或业务范围：高温高压锻钢阀门、高端精密仪表阀门及管件。

江苏赛恩洛克流体系统科技有限公司
地址：江苏省盐城市阜宁县现代服务产业园华山路36号
邮编：224400
电话：0515-87180288
电子信箱：sales@cnlok.com
网址：www.cnlok.com
主要产品或业务范围：流体系统产品及现场过程流体测量产品。

江苏赛诺威尔机械有限公司
地址：江苏省盐城市阜宁县通榆北路158号
邮编：224400
电话：0515-87214888
传真：0515-87227098
电子信箱：sale@01@snwejx.com
网址：www.snwejx.com
主要产品或业务范围：球阀、闸阀、止回阀、蝶阀等。

江苏神通阀门股份有限公司
地址：江苏省启东市南阳工业园
邮编：226263
电话：0513-83335898
传真：0513-83335998
电子信箱：stfm668@163.com
网址：www.stfm.cn
主要产品或业务范围：球阀、蝶阀、调节阀、止回阀及其他专用阀门达九十多个系列两千多个规格。

江苏省鑫通阀门制造有限公司
地址：江苏省张家港市乐余镇机电工业园双丰路18号
邮编：215622
电话：0512-58119666，58119258
传真：0512-58119288
电子信箱：xtfmzz@163.com
主要产品或业务范围：截止阀、球阀、蝶阀、闸阀四大类。

江苏圣泰阀门有限公司
地址：江苏省盐城市亭湖区东亭路18号
邮编：224001
电话：0515-81602566
传真：0515-89901193
电子信箱：sny@snyvalve.com.cn
网址：www.snyvalve.com.cn
主要产品或业务范围：闸阀、截止阀、止回阀、球阀、平行滑动闸阀、平板阀等产品。

江苏苏北阀门有限公司
地址：江苏省盐城市阜宁县现代服务业园区希望北路20号
电话：0515-87230411
传真：0515-87233311
电子信箱：jssubei@163.com
网址：www.jssubeifm.com
主要产品或业务范围：工艺截止阀、球阀、针阀、单向阀、计量微调阀。

江苏苏美阀门有限公司
地址：江苏省盐城市滨海县泵阀工业园
邮编：224500
电话：0515-89118886
传真：0515-89118887
主要产品或业务范围：闸阀、截止阀、止回阀、球阀、蝶阀、锻钢阀门、不锈钢阀门、美标阀门系列。

江苏盐电阀门有限公司
地址：江苏省盐城市盐都区尚庄镇盐电工业园区
邮编：224023
电话：0512-60827322
传真：0512-60837329
电子信箱：sales@ydfvalve.com

网址：www.ydfvalve.com.cn
主要产品或业务范围：球阀、闸阀、截止阀、止回阀、蝶阀和电站阀门。

江苏真诚仪表阀门有限公司
地址：江苏省盐城市建湖县湖中北路49号
邮编：224700
电话：0515-86260280
传真：0515-86263456
电子信箱：yc6263456@163.com
网址：www.zhenchengcn.com
主要产品或业务范围：高温高压截止阀、各类仪表阀组、管件接头及仪表辅助件。

江苏中泰仪表阀门有限公司
地址：江苏省盐城市建湖县经济开发区光明路333号
邮编：224700
电话：0515-86234333，86232333
传真：0515-86231333
联系人：李乃军
电子信箱：13901410388@139.com
网址：www.js-zhongtai.com
主要产品或业务范围：专业生产国产仪表阀门、仪表管件、仪表辅助件、高温高压截止阀、针阀、阀组、闸阀、球阀及各种仪表辅助件辅助容器等。

江苏中冶液压件有限公司
地址：江苏省盐城市阜宁县经济开发区双叶路5号
邮编：224700
电话：0515-87216777
传真：0515-87221035
电子信箱：13905117500@139.com
网址：www.jszyqf.cn
主要产品或业务范围：主要生产与研发各类高压液压球阀、中低压球阀、蓄能器安全球阀、高压液压截止阀、铝合金、塑料管夹及国家、国际、行业标准的管接头。

江阴市电磁阀厂有限公司
地址：江苏省江阴市长泾镇范钱东路底
邮编：214419
电话：0510-86331727
传真：0510-86331827
联系人：夏建林
电子信箱：1492478916@qq.com
网址：www.zhisong.com
主要产品或业务范围：定点管道电磁阀。

捷流阀业（苏州）有限公司
地址：江苏省苏州市吴中区旺山工业园旺山路2号
邮编：215104
电话：0512-66558783-8087

传真：0512-66553063

电子信箱：zelda@valuevalves.com.tw

网址：www.valuevalves.com

主要产品或业务范围：三偏心金属硬密封蝶阀、防火蝶阀、电动三通蝶阀、双偏心高性能蝶阀、超洁净阀门、控制阀、夹式止回阀、球塞阀、不锈钢闸门阀等。

昆山市高新自动化仪表有限公司

地址：江苏省昆山市高新区望山北路218号

邮编：215300

电话：0512-57780238，57781502

传真：0512-57780835

联系人：顾经理

电子信箱：kshe@kshaien.com

网址：www.ksgxyb.com

主要产品或业务范围：智能数显调节仪，智能数显巡检仪，智能流量积算仪，智能数显PID调节器，智能数显操作器，单/双光柱数显调节仪，单/8/10回路闪光报警器，音响报警器，智能数显电工仪表，电动单元组合仪表，工业用热电偶、热电阻，电气控制柜和仪表盘。

罗普阀业（宜兴）有限公司

地址：江苏省宜兴市高塍镇华汇路1号

邮编：214214

电话：0510-87838686，87836181

传真：0510-87833677

电子信箱：info@ropovalve.cn

网址：www.ropovalve.cn

主要产品或业务范围：气动/电动执行器、气动/电动球阀、蝶阀、气动调节阀等。

南京朝阳仪表有限责任公司

地址：江苏省南京市中华门外西善桥北路95-6号

邮编：210041

电话：025-52804366，52804399，86801793

传真：025-52804399

电子信箱：13705160894@139.com

网址：www.njcy.com

主要产品或业务范围：智能仪表、30段可编程控制仪表、多点巡回检测仪表、流量积算仪表、光柱显示调节仪、继电器、计数仪表、压力变送器、液位变送器、湿度变送器、流量传感器、工控组态软件、其他工控产品。

南京奎费尔流体控制设备有限公司

地址：江苏省南京市江宁区双龙大道1355号同仪公寓7幢2436

邮编：210000

电话：025-52180980

传真：025-83254428

电子信箱：info@kfefe.cn

主要产品或业务范围：齿轮齿条铝合金气动执行器、旋转球墨铸铁气动执行器、拨叉式气动执行器。

南京西部瀚乔电机机械有限公司

地址：江苏省南京市江宁区上峰镇孟墓工业配套区

邮编：211134

电话：025-86430418

传真：025-84148459

电子信箱：RCS@seiburcs.com

网址：www.seiburcs.com

主要产品或业务范围：电动执行机构、阀门驱动器。

南京易捷自动测试技术有限责任公司

地址：江苏省南京市光华路129-3号南京理工大学科技园A2-526

邮编：210037

电话：025-85407644，85406076

传真：025-85407644

电子信箱：sales@njetc.com

网址：www.njetc.com

主要产品或业务范围：智能阀门定位器、压电阀、比例压力阀、液压伺服控制器等。

南京优倍电气有限公司

地址：江苏省南京市江宁区天元中路126号新城发展中心1号楼6楼

邮编：211112

电话：025-84459429

传真：025-84519256

电子信箱：master@anpe.cn

网址：www.newpwr.com.cn

主要产品或业务范围：南京优倍电气有限公司创立于2003年，专业研发、制造安全栅、隔离器、温度变送器、浪涌等前级仪表产品，为安全栅等产品国际标准起草组组长单位，品牌及品质在业界享有盛誉。公司引进了来自美国、德国、英国等国际一流的生产线及先进的测试装备，并建立了完善的生产管理及品控体系，具备并通过了欧盟ATEX、SIL、欧盟CE、美国FCC、中国船级社CCS等认证。2013年产销量27万只，为国内前级仪表专业领域极具规模的企业之一。

南京自控仪表有限公司

地址：江苏省南京市沿江开发区中山科技园G04-4

邮编：210048

电话：025-58395343

传真：025-58395343，58397477

电子信箱：nzky@163.com

网址：www.nzky.com.cn

主要产品或业务范围：直行程小口径阀、微小流量阀、单座阀、笼式双座阀、蝶阀、球阀、低噪音阀、自力式阀、高压阀、角阀、回转阀、减温减压装置。

南通市达华自动化仪表有限公司

地址：江苏省南通市经济技术开发区新开南路106号

邮编：226010
电话：0513-83593838，85931838
传真：0513-85980025
电子信箱：1348301833@qq.com
网址：www.ntdahua.cn
主要产品或业务范围：从事开发、生产XWGJ、XQGJ中型圆图自动平衡记录仪和XSG型新一代数显中型圆图记录仪、温控仪等系列仪表及传感器的民营科技企业。

欧玛执行器（中国）有限公司
地址：江苏省太仓市经济开发区人民北路171号
邮编：215499
电话：0512-33026900
传真：0512-33026910
电子信箱：mailbox@auma-china.com
网址：www.auma-china.com
主要产品或业务范围：公司是设计、研发、制造电动执行器的专业厂商。

启东联智阀门有限公司
地址：江苏省启东市滨海工业园黄海路56号
邮编：226236
电话：0513-83905535
传真：0513-83905990
电子信箱：info@chinalianzhi.com
网址：www.chinalianzhi.com
主要产品或业务范围：管路接头、仪表阀。

苏州博锦自控阀门有限公司
地址：江苏省苏州市吴中区东太湖路2318号6幢
邮编：215000
电话：0512-66570539
传真：0512-66570532
电子信箱：subjzk@163.com
网址：www.szbojin.com.cn
主要产品或业务范围：主要生产各类电动气动、衬氟塑球阀，衬氟塑蝶阀，衬氟塑单座调节阀，衬氟塑截止阀，衬氟塑隔膜阀等。

苏州道森压力控制有限公司
地址：江苏省苏州市相城区太平镇
邮编：215137
电话：0512-65435543，65995063，65995072
传真：0512-65431375
电子信箱：info@douson.cn
网址：www.douson.cn
主要产品或业务范围：球阀，蝶阀，调节阀，气动执行器，电动执行器，电动阀，气动阀等。

苏州德兰能源科技股份有限公司
地址：江苏省苏州市相城区漕湖产业园方桥路566号

邮编：215143
电话：0512-65758535
传真：0512-65786208
电子信箱：delan@delanvalve.com
网址：www.delanvalve.com
主要产品或业务范围：专业从事高端调节阀开发和制造的公司。

苏州东山防腐仪表阀门有限公司
地址：江苏省苏州市吴中区东山镇凤凰山路35号
邮编：215107
电话：0512-66281113，66399123，66392278
传真：0512-66390316
电子信箱：sz@fffm.cn
主要产品或业务范围：该公司是一家主要从事各类衬氟塑耐腐蚀阀生产的企业。耐腐蚀阀门系列有衬氟塑单座调节阀、衬氟塑O形球阀、衬氟塑蝶阀、衬氟塑隔膜阀、衬氟塑截止阀、自控阀门系列、精小型调节阀、气(电)动球阀、气(电)动蝶阀等。

苏州纽威阀门股份有限公司
地址：江苏省苏州市高新区泰山路666号
邮编：215129
电话：0512-66615637
传真：0512-66618930-2020
电子信箱：neway@neway.com.cn
网址：www.neway.com.cn
主要产品或业务范围：公司生产调节阀、闸阀、截止阀、止回阀、蝶阀和球阀等产品。

苏州迅鹏仪器仪表有限公司
地址：江苏省苏州市工业园区星汉街5号腾飞新苏工业坊B幢6楼
邮编：215008
电话：0512-68381801
传真：0512-68381803
电子信箱：surpon@163.com
网址：www.surpon.com
主要产品或业务范围：信号隔离器、隔离安全栅、电量变送器、智能数显仪表。

特阀江苏流体机械制造有限公司
地址：江苏省盐城市阜宁县经济开发区华山路21号
邮编：224400
电话：0515-87230079
传真：0515-89790273
电子信箱：sale@tf-lok.com
网址：www.tf-lok.com
主要产品或业务范围：高中压仪表阀门，仪表针阀，仪表球阀，逆止阀，阀组，卡套接头，螺纹接头，法兰，仪表仪器配件及多种自控管路连接件。

伟福克流体控制有限公司
地址：江苏省丹阳市凤凰工业区丹延18号
邮编：212300
电话：0511-86197685
传真：0511-86535052
电子信箱：vfk@vfkgroup.com
网址：www.vfkgroup.com
主要产品或业务范围：仪表阀门、卡套管接头、截止阀、过滤器等产品。

无锡埃费尔流体智控仪器有限公司
地址：江苏省无锡市滨湖区绣溪路58号恒华科技园29栋
邮编：214125
电话：0510-85169809
传真：0510-85169875
电子信箱：jl@wxaphe.com
网址：www.wxaphe.com
主要产品或业务范围：专业制造系列阀门限位开关盒（阀门回讯器）和电气阀门定位器。

无锡爱圣拓克流体控制有限公司★
地址：江苏省无锡市惠山区长安街道城塘路28号
邮编：214000
电话：0510-88770768，88887800
传真：0510-88770718
电子信箱：kaka@ascendtorque.com
网址：www.ascendtorque.com
主要产品或业务范围：专业生产气动执行器，并提供灵活的气动自控方案。年均产销约20万台齿轮齿条式执行器，2000台拨叉式执行器。品质优越，服务周到，产品热销全球，半数出口至欧美等发达国家。

无锡福斯拓科科技有限公司
地址：江苏省无锡市新吴区新华路26号
邮编：214112
电话：0510-88550590
传真：0510-88550590
电子信箱：sales@force-torque.cn
网址：www.force-torque.cn
主要产品或业务范围：专业生产气动阀门执行器及附件的厂家。

无锡富盛阀门有限公司
地址：江苏省无锡市锡山区芙蓉中二路128号
邮编：214192
电话：0510-81029561
传真：0510-81011683
电子信箱：fusheng@fsvalve.com
网址：www.fsvalve.com
主要产品或业务范围：工业手动阀及控制阀。

无锡高商气动工业有限公司
地址：江苏省无锡市胡埭工业园北区金桂路8号
邮编：214036
电话：0510-85873184，85874773
传真：0510-85812395
电子信箱：ksd0802@sohu.com
网址：www.chinaksd.cn
主要产品或业务范围：拨叉式气动执行机构、气动执行器，GT气动执行器，AT气动执行器，不锈钢执行器，气缸，电磁阀，球阀，蝶阀，脉冲阀等高质量高性能的产品。

无锡凯尔克仪表阀门有限公司
地址：江苏省无锡市新吴区鸿山镇德育路6号
邮编：214115
电话：0510-85141699
传真：0510-85141819
电子信箱：info@kelkflow.com.cn
网址：www.kelkflow.com.cn
主要产品或业务范围：控制阀。

无锡美瑞克阀门制造有限公司
地址：江苏省无锡市锡山区锡北镇泾虹路58号邮编：214195
电话：0510-88786886
传真：0510-88786886
电子信箱：info@abevalve.com
网址：www.abcvalve.cn
主要产品或业务范围：ABC气动、电动、手动橡胶密封蝶阀、衬氟蝶阀、偏心蝶阀等。

无锡市宝牛阀业有限公司
地址：江苏省无锡市新吴区鸿山街道工业安置区鸿祥路55号
邮编：214145
电话：0510-85386666
传真：0510-85389977
电子信箱：bhf@china.com
主要产品或业务范围：三偏心金属密封蝶阀、大口径高温蝶阀、球形调节阀、直通开关软/金属密封球阀。

无锡市诚信自控阀门有限公司
地址：江苏省无锡市滨湖区雪浪镇板桥社区
邮编：214262
电话：0510-87558585
传真：0510-87558663
电子信箱：info@cteno.net
网址：www.cx-controls.com
主要产品或业务范围：公司专业生产气动执行装置和各类自控阀门。

无锡市华机机械制造有限公司
地址：江苏省无锡市滨湖区湖埭镇胡埭工业园莲杆路29-1号

邮编：214161
电话：0510-85184990
传真：0510-85580980
电子信箱：tomas@wxhjjx.com.cn
网址：www.wxhjjxzz.com
主要产品或业务范围：主要产品有AT系列气动执行器等。

无锡市伦渠自控阀门制造有限公司
地址：江苏省无锡市高新开发区群兴路5号-5
邮编：214000
电话：0510-88551165
传真：0510-88551167
电子信箱：13906198535@vip.163.com
网址：www.lunqu.net
主要产品或业务范围：气动、电动、自动工业控制阀。

无锡市气动液压成套厂
地址：江苏省无锡市新吴区坊前镇锡贤路79号
邮编：214111
电话：0510-88270779，88277588，88276188
传真：0510-88274085
电子信箱：flkzxq@flkzxq.com
主要产品或业务范围：生产气动阀门执行器。主要产品有双活塞齿轮齿条式气动阀门执行器——30-DA/SR系列、20-DA/SR系列、10-DA/SR系列等产品。

无锡市圣汉斯控制系统有限公司
地址：江苏省无锡市新吴区金城东路529号
邮编：214112
电话：0510-88552008
传真：0510-85227486
电子信箱：sales@sthans-controls.com
网址：www.sthans-auto.com
主要产品或业务范围：气动执行器、气动附件、阀门及成套服务。

无锡市亚迪流体控制技术有限公司
地址：江苏省无锡市滨湖区胡埭工业园陆藕路29-1号
邮编：214161
电话：0510-85215868
传真：0510-85226539
电子信箱：yadi@yadifluid.com
网址：www.yadifluid.com
主要产品或业务范围：高温高压控制阀，高压闸阀，减温减压器，衬四氟蝶阀等。

无锡斯考尔自动控制设备有限公司
地址：江苏省无锡市金城东路333号中国工业博览园总部园区28号401室
邮编：214111
电话：0510-88232861

传真：0510-88232860
电子信箱：sales@sconefluid.com
网址：www.scorefluid.com
主要产品或业务范围：金属球阀、平行闸阀、三偏心蝶阀和各种结构的球形控制阀。

无锡纬途流体科技有限公司
地址：江苏省无锡市滨湖区胡埭经济发展园B区20号
邮编：214161
电话：0510-85581533
传真：0510-85581532
电子信箱：vtork@vtork.cn
网址：www.vtork.com
主要产品或业务范围：公司专门从事阀门气动执行器和流体控制附件的生产开发与销售。

无锡辛迪威尔逊控制系统有限公司
地址：江苏省无锡市青龙山128号青龙山工业园B区2号房
电话：0510-85258503
传真：0510-82708976
电子信箱：info@alpha-achem.com
网址：www.alpha-achem.com
主要产品或业务范围：气动执行器、防水防爆气动电磁阀等产品。

无锡鑫明自控阀业有限公司
地址：江苏省无锡市洛社镇杨市振杨路6号
邮编：214154
电话：13706198320
传真：0510-83568179
电子信箱：sales@xmzkf.com
网址：www.xmzkf.com
主要产品或业务范围：主要生产气动执行器、气动球阀/蝶阀、电动执行器、气动/电动调节阀等气动执行装置，各类自控阀门及阀门附件。

无锡智能自控工程股份有限公司
地址：江苏省无锡市新吴区锡达路258号
邮编：214112
电话：0510-82126220，82126111，82126222
传真：0510-82126221
电子信箱：sales@wuxismart.com
网址：www.wuxismart.com
主要产品或业务范围：公司作为著名控制阀生产企业，深耕于为客户设计和制造各类气动、电动控制阀。包括系列单座、套筒调节阀，旋转球阀，密封球阀，密封蝶阀，防腐阀及各类特殊角阀，三通阀和系列气动执行机构。公司设有专业的维修服务团队。

无锡卓尔阀业有限公司
地址：江苏省无锡市金山北工业园北创科技产业园3栋C

邮编：214037
电话：0510-83078930，83078931
传真：0510-83078933
电子信箱：service@zoolvalve.com
网址：www.zoolvalve.com
主要产品或业务范围：单座调节阀、套筒单座调节阀、多级套筒调节阀、金属硬密封球阀、偏心球形调节阀、同心V形调节球阀、三偏心高性能蝶阀、低负载型蝶阀。

西派集团有限公司
地址：江苏省淮安市金湖县经济开发区建设西路333号
邮编：200300
电话：0517-80900000
传真：0517-80909900
电子信箱：CP040002@cepai.com
网址：www.cepai.com
主要产品或业务范围：小口径单座阀、小口径套筒单座调节阀、单座调节阀、套筒单座调节阀、不平衡笼式调节阀、高压单座调节阀、笼式双座调节阀、高压笼式调节阀、低噪音笼式调节阀、高压低噪音笼式调节阀。

新春仪表（常熟）有限公司
地址：江苏省常熟市新港镇碧溪中路42号
邮编：215513
电话：0512-52291778，13962340778，13285170778
传真：0512-52291538
电子信箱：xcyb369@126.com
网址：www.xcyb.cn
主要产品或业务范围：高品质系列电气阀门定位器、电气转换器、空气过滤减压器、限位开关(阀门回信器)、阀位变送PTM。

徐州阿卡控制阀门有限公司
地址：江苏省徐州市煤港路49号
邮编：221007
电话：0516-87926449
传真：0516-87838198
电子信箱：xzak516@163.com
网址：www.xzarca.com
主要产品或业务范围：主要产品有直行程调节阀、角行程调节阀、软硬密封球阀、三偏心蝶阀产品以及气动薄膜内供气式执行机构、智能定位器等产品。

徐州鸿业仪器仪表有限公司
地址：江苏省徐州市金山桥经济开发区经五路西科技创业园B3
邮编：221004
电话：0516-85854083，87939123
传真：0516-85855299
电子信箱：xiaoshouke@hyyb.com
网址：www.hongyeyb.com

主要产品或业务范围：YQ系列，YQF（防腐型）系列两级压力调节器；YQJ系列、YQJF（防腐型）系列单级压力调节器；氧气减压器系列。

扬中市长丰仪表阀门厂
地址：江苏省扬中市油坊镇长旺双桥北首
邮编：212216
电话：0511-88523787
传真：0511-88525986
联系人：丁纪明
电子信箱：cfybfm@126.com
网址：www.0511yzfm.com
主要产品或业务范围：是中国石化总公司定点企业，专业生产高/中压仪表阀门、工程机械高压管接头、液压机械高压管接头、三阀组、五阀组、多种自控管路连接件等。

扬中新亚自控工程有限公司
地址：江苏省扬中市经济开发区兴隆港路125号
邮编：212215
电话：0511-88451742
传真：0511-88451691
电子信箱：xinya@xinyichina.com
网址：www.xinyichina.com
主要产品或业务范围：专业生产欧美产、国产等装置用自控仪表管件、阀门、阀组、工艺管道阀门、自控附件、符合GMP标准卫生型管件与阀门。

扬州电力设备修造厂有限公司
地址：江苏省扬州市广陵区广昌路88号
邮编：225003
电话：4008070123
传真：0514-87245995
电子信箱：sales@yepef.com
网址：www.yepef.com
主要产品或业务范围：主要产品有系列阀门电动装置、电动执行机构等。

扬州市兰陵智控阀门有限公司
地址：江苏省扬州市仪征市刘集镇盘古工业区利民路7号
邮编：225008
电话：0514-85073333
传真：0514-85073337
电子信箱：965975951@qq.com
网址：www.langlin.com
主要产品或业务范围：阀门驱动装置和各类阀门、电力配套设施。

扬州众力电动阀门有限公司
地址：江苏省扬州市江阳工业园
邮编：225009
电话：0514-80820577，80820228

传真：0514-80820578
联系人：郭刚
电子信箱：yzzhongli@126.com
网址：www.yzzhongli.com
主要产品或业务范围：智能型非侵入式电动执行机构、各种系列阀门电动装置及电动球阀，电动蝶阀，电动截止阀，电动闸阀，电动调节百叶窗，电动通风蝶阀，电动闸门，电动阀门控制箱，手动装置等。

沅亨流体科技（昆山）有限公司
地址：江苏省昆山市淀山湖镇钱安路8号
邮编：215345
电话：0512-57489661
传真：0512-57489668
电子信箱：ksyh@jpeyh.com
网址：www.yeanhern.com
主要产品或业务范围：专业生产和销售仪表卡套接头/油压卡套接头、管接头，仪表阀门（球阀、针阀、止回阀），2/3/5阀组，精密气体减压器、各式空油接头、快速接头/软管接头，承插焊/对焊管件，无缝不锈钢管、PU/PE/PTFE软管及金属/铁氟龙软管等产品。

张家港市艾罗执行器有限公司
地址：江苏省张家港市杨舍镇中兴路31-2号
邮编：215600
电话：0512-58202588-8109
传真：0512-58916891
电子信箱：sales@aerotork.com
网址：www.aerotork.com
主要产品或业务范围：专业设计和生产电液、气液执行机构和阀门控制系统。

张家港市太平洋泵业制造有限公司
地址：江苏省张家港市经济开发区棋杆路1-2号
邮编：215600
电话：0512-58990203
传真：0512-56991900
电子信箱：lzjtpy@sina.com
网址：www.tpypumps.com
主要产品或业务范围：专业从事设计、生产和销售冲压成型不锈钢离心泵。

中鼎阀业（南京）有限公司
地址：江苏省南京市江宁区西门子路71号
邮编：211100
电话：025-52103040，52103041
传真：025-52103039
电子信箱：sales@modentic.com.cn
网址：www.modentic.com.cn
主要产品或业务范围：公司专业生产工业和无菌阀门及管配件并代理欧美品牌阀门及控制系统。

爱华自控工程（大连）有限公司
地址：辽宁省大连市高新园区七贤岭信达街28号
邮编：116023
电话：0411-84793999
传真：0411-84798108
联系人：富蛟冰
电子信箱：qifs@mail.dlptt.ln.cn
网址：www.aihua-auto.com
主要产品或业务范围：主要生产销售加拿大控制设备有限公司的CANCO阀门，同时，是美国FlOWSERVE公司控制阀和美国CRANE公司阀门产品在中国东北地区的总代理。

鞍山拜尔自控有限公司
地址：辽宁省鞍山市高新开发区（东区）科技路58号
邮编：114044
电话：0412-5219988，5217788，5219688
传真：0412-5219788
电子信箱：bellchina@126.com
网址：www.bellchina.com
主要产品或业务范围：各种（气动、电动、电液、自力式）控制阀产品及智能电动、电液执行器，气动执行器、智能定位器等产品。

鞍山电磁阀有限责任公司
地址：辽宁省鞍山市岫岩满族自治县兴隆工业园
邮编：114300
电话：0412-7824018
传真：0412-7867160
电子信箱：shaolincg@163.com
网址：www.hq-dcf.com
主要产品或业务范围：电磁阀生产企业，并开发了手动阀门、气动阀门、电动阀门、船用阀门等多种产品。

鞍山工装自控仪表有限公司
地址：辽宁省鞍山市铁西区西临街20号
邮编：114016
电话：0412-8829528，8812686
传真：0412-8968510
电子信箱：wzhkoso@sina.com
网址：www.as-koso.com
主要产品或业务范围：3610系列电子式执行机构、3720系列智能型电动执行机构、3730系列电液执行机构、4800系列电液执行机构和KE系列电动调节阀。

鞍山源和正通自控仪表有限公司
地址：辽宁省鞍山市千山区红旗西街72号
邮编：114016
电话：0412-8920115
传真：0412-8920315
电子信箱：yuanxin@gyl.com.cn

网址：www.yh-control.com
主要产品或业务范围：气动调节阀、电动调节阀、蝶阀、球阀、自力式调节阀和氧气专用阀。

鞍山自控仪表股份有限公司
地址：辽宁省鞍山市铁西区和宁街26号
邮编：114012
电话：0412-8813386
传真：0412-8843048
电子信箱：aaci@aaci.sina.net
网址：www.aszkybgfyxgs.com
主要产品或业务范围：气动调节阀、电动调节阀、自力式调节阀及其附件四大类，有81个系列，280个品种，3300多个规格。

鞍山自仪热工仪表制造有限公司
地址：辽宁省鞍山市立山区深沟寺一区深南社区
邮编：114000
电话：0412-8805008
传真：0412-6428200
电子信箱：asrgyb@163.com
网址：www.aszyrgyb.com
主要产品或业务范围：专业生产各类气动、电动、自力式调节阀、电动执行器、阀门定位器、减压阀等产品。

大连宝得流体控制有限公司
地址：辽宁省大连市中山路572号星海旺座906室
邮编：116023
电话：0411-84805081
传真：0411-84805082
电子信箱：jlanr@sohu.com
主要产品或业务范围：电磁阀，气动阀，调节阀以及流量、液位、pH、电导率等控制分析仪表，代理销售西班牙Prisma公司的电动、气动球阀，蝶阀产品。

大连亨利测控仪表工程有限公司
地址：辽宁省大连市经济技术开发区铁山东二路15号
邮编：116600
电话：0411-87408777
传真：4008266163-99566
电子信箱：sales@dalian-hengli.com
网址：www.dalian-hengli.com
主要产品或业务范围：控制阀和执行机构、流量仪表等工业过程测量与控制产品。

大连捷瑞流体控制股份有限公司
地址：辽宁省大连市甘井子区辛萍街51号
邮编：116033
电话：0411-66007987
传真：0411-86317998
电子信箱：jierui@dljierui.com

网址：www.dljierui.com
主要产品或业务范围：先进的流体连接产品和可靠的液压系统。

大连力迪流体控制技术有限公司
地址：辽宁省大连市保税区罗湖路5号
邮编：116600
电话：0411-87307760
传真：0411-87307765
电子信箱：info@dlleader.cn
网址：www.dlleader.cn
主要产品或业务范围：电磁阀，调节阀，减压阀，安全阀，夹管阀，调压阀，闸阀，蝶阀，取样阀，过滤器以及气动元件。

大连欧瑞自动化有限公司
地址：辽宁省大连市七贤岭高新园区学子街2-3号5层5号
邮编：116023
电话：0411-84753791，84753792，84753793
传真：0411-84753810
电子信箱：info@auric.com.cn
网址：www.auric.com.cn
主要产品或业务范围：电磁阀、调节阀、自动再循环阀、燃烧控制装置、安全快关阀、自动化控制系统。

大连派力斯特控制阀门制造有限公司
地址：辽宁省大连市高新园任贤街20号
邮编：116021
电话：0411-39756749
传真：0411-82718155
电子信箱：pailisite@163.com
网址：www.dlpailisite.cn
主要产品或业务范围：调节阀、角阀、三通阀、蒸汽夹套阀、波纹管密封阀、三偏心蝶阀、球阀。

大连仪器仪表有限公司
地址：辽宁省大连市沙河口黑石礁街景山巷48号1-1号
邮编：116023
电话：0411-84303518，84341198
传真：0411-84339998
电子信箱：ssh9239@163.com
主要产品或业务范围：RE10(XWZM)系列记录仪、DMR100/180系列彩色智能无纸记录仪、电动执行器（含防爆系列）、智能化变送器系列、电磁流量计、电-气阀门定位器系列、XM系列数显调节仪表、MS系列袖珍电压电流校准仪（信号发生器）、快偶等。

大连智能仪器仪表有限公司
地址：辽宁省大连市高新区大山工业园3号
邮编：116085
电话：0411-84310455，84309733

传真：0411-84300566
电子信箱：znyq2008@126.com
网址：www.dl-zn.com
主要产品或业务范围：智能流量仪，数显表，电源箱，校验信号发生器。

大连中核控制阀有限公司
地址：辽宁省鞍山市岫岩满族自治县岫岩镇兴隆办事处工业园
邮编：114300
电话：0412-7824018，7822962
传真：0412-7825018
电子信箱：jgh19840528@163.com
网址：www.hq-dcf.com
主要产品或业务范围：手动阀门、气动阀门、电动阀门、船用阀门。

大连中嘉瑞霖流体技术科技有限公司
地址：辽宁省大连市七贤岭信达街28号综合楼一楼
邮编：116023
电话：0411-84676170
传真：0411-84819070
电子信箱：84670570@zhjrl.com
网址：www.zhjrl.com
主要产品或业务范围：高端流体系统配件，各种精密阀门，接头，管线，仪器仪表，实验室设备。中小微型反应装置及管线工程的设计，安装及技术咨询。

大连中原仪表厂
地址：辽宁省大连市沙河口区前程街39-4号
邮编：116021
电话：0411-84241708
传真：0411-84242119
联系人：张丽凤
电子信箱：zyb@84242119.com
网址：www.84242119.com
主要产品或业务范围：智能显示调节仪，智能巡检仪，智能流量积算仪，智能调节器，智能手操器，智能伺服PID控制器，智能测速仪，压力、差压变送器，液位变送器，配电器，隔离器，电流转换器，温度变送器，闪光信号报警器，计数器，定时器，执行器，调节阀等。

沈阳巴洛克流体设备有限公司
地址：辽宁省沈阳市和平区文化路44号南湖五金B2061
邮编：110003
电话：024-31368977
传真：024-23880481
电子信箱：395037617@qq.com
网址：www.balok.cn
主要产品或业务范围：公司专业从事不锈钢中高压管阀设计、生产制造、加工和销售。

沈阳恒屹集团有限公司
地址：辽宁省沈阳市和平区青年大街386号甲3华阳国际大厦14楼
邮编：110004
电话：024-23180188
传真：024-23180788
电子信箱：sales@henyigroup.com
网址：www.henyigroup.com.cn
主要产品或业务范围：公司提供各种专业的阀门、管件、驱动装置等流体机械及工程解决方案。

沈阳加美自动化仪表有限公司
地址：辽宁省沈阳市沈河区长青街52号甲-17
邮编：110015
电话：024-24219949
传真：024-24219570
电子信箱：jcj@jmai.com.cn
主要产品或业务范围：XMT系列智能数显仪表、电容式系列变送器、各种光柱控制指示仪、扩散硅压力变送器。

沈阳兰申电器有限公司
地址：辽宁省沈阳市浑南区开街2号
邮编：110179
电话：024-23789408
传真：024-23789500
电子信箱：ls_syls@163.com
网址：www.syls.com.cn
主要产品或业务范围：该公司是新型智能仪表的专业制造商，产品有DMR系列无纸记录仪。

沈阳麦德兰自控阀门有限公司
地址：辽宁省沈阳市和平区南京南街56号明日大厦7楼
邮编：110001
电话：024-23214747
传真：024-23853198
电子信箱：midland_cn@163.com
网址：www.midland-cn.com
主要产品或业务范围：公司专业从事气动执行器、气动阀门、各类特种自控阀门及流体控制设备开发与生产制造。

沈阳中之杰流体控制系统有限公司
地址：辽宁省沈阳市大东区前詹街23号
邮编：110122
电话：024-24344159
传真：024-24344153
网址：www.zzj.com.cn
主要产品或业务范围：专业从事液压控制技术系统解决方案、电液伺服测试技术系统解决方案以及液压单元产品。

斯麦特自控（大连）有限公司
地址：辽宁省大连市经济技术开发区东北七街15号

邮编：116600
电话：0411－88704759
传真：0411－87921008
电子信箱：sales@smartcontrols.com.cn
网址：www.smartcontrols.com.cn
主要产品或业务范围：直通式、笼式和套筒单、双座调节阀，球阀和蝶阀等。

铁岭莱斯特阀门有限公司
地址：辽宁省铁岭市经济开发区帽山工业园区A区8号
邮编：112008
电话：024－72875888
传真：024－72875999
电子信箱：tllst@126.com
网址：www.tllst.com
主要产品或业务范围：专业生产低压大口径阀门。主要生产公称通径DN200－6000mm的手、电、气、液动蝶阀、闸阀、止回阀、球阀、流量调节阀等。

吴忠仪表有限责任公司
地址：宁夏回族自治区吴忠市开元大道金积工业园区中国自动化产业园
邮编：751100
电话：0953－2239133
传真：0953－3929014
电子信箱：sxj@wzyb.com.cn
网址：www.wzyb.com.cn
主要产品或业务范围：调节阀、球阀、蝶阀、角阀、偏心旋转阀、三通阀等。

济南福斯阀业有限公司
地址：山东省济南市高新技术产业开发区工业南路68号海信贤文中心2号楼701室
邮编：250100
电话：0531－81612666
传真：0531－81612665
电子信箱：zhaokun@fossvalve.com
网址：www.fossvalve.com
主要产品或业务范围：主营自动化仪表、工业阀门及配套的相关产品。

济南高新开发区华兴仪表研究所
地址：山东省济南市历下区明湖东路保利大明湖商务中心A座4层
邮编：250013
电话：0531－86952317，86419495
传真：0531－86419495
电子信箱：852244593@qq.com
网址：www.jnhxyb.cn
主要产品或业务范围：智能数显调节仪表，巡检记录仪，流量积算仪，电动模拟操作器，闪光报警器，计时器，计

数器，称重显示控制仪，转速线速频率显示控制仪，手操器，热电偶，热电阻，压力、差压、液位变送器，恒温槽，热电偶检定炉，精密控温仪，锅炉水位、水箱水位发讯器，控制报警器，电接点水位计，测量筒，电磁电机调速器，燃油、燃气锅炉控制器，频率、电压、电流转换器，隔离器，配电器，风压变送器。

济南瀚德斯自动化设备有限公司
地址：山东省济南市华信路16号3号楼
邮编：250100
电话：0531－8317086
传真：0531－5132186
电子信箱：jnhds@126.com
网址：www.jnhds.cn
主要产品或业务范围：气动执行器、电动执行器、定位器、电磁阀、限位开关、调节阀等阀门附件。

济南赛思特流体系统设备有限公司
地址：山东省济南市历城区工业北路182－27号
邮编：250000
电话：0531－88964566
传真：0531－88964599
电子信箱：yyd@shine-east.com
网址：www.shine-east.com
主要产品或业务范围：气体增压、液体增压及相关的各种非标流体控制系统的专业制造商。

济南威盛气动元件有限公司
地址：山东省济南市历城区工业北路恒大城K座5－555
邮编：250118
电话：0531－85818917
传真：0531－85818917
电子信箱：ttvchina@163.com
网址：www.reco-inox.com
主要产品或业务范围：公司主要生产气动阀门驱动装置及信号反馈装置等阀门附件。

济南中伟液压有限公司
地址：山东省济南市经二路788号
邮编：250021
电话：0531－87100893
传真：0531－87105622
电子信箱：jnzhongweiyeya@163.com
主要产品或业务范围：生产和销售山西榆次、油研系列液压元件、多路阀、手动阀、电磁阀、电液阀、齿轮泵、叶片泵、压力表（开关）、液位计、滤油器、空滤。

临清市荣华机械仪表有限责任公司
地址：山东省临清市曙光路1079号
邮编：252600
电话：0635－2423082,2423561

传真：0635-2422384
网址：www.sdrhyb.com
主要产品或业务范围：是专业生产DKJ、DKZ、ZAZP、N、M及智能型电子式一体化系列电动执行机构、电动执行仪表的高新技术企业。

青岛海菲勒气控阀门有限公司
地址：山东省青岛市城阳区夏庄东古镇
邮编：266107
电话：0532-88895501，87662638
传真：0532-88893951
电子信箱：xiaoshou@high-flyervalve.com
网址：www.high-flyervalve.com
主要产品或业务范围：从事不锈钢气控阀门研发和制造。

青岛精锐机械制造有限公司
地址：山东省青岛市即墨东元庄通济工业园金沙江一路15号
邮编：266228
电话：0532-82515988，82515557
传真：0532-82515983
电子信箱：info@esgvalve.com
网址：www.esgvalve.cn
主要产品或业务范围：专业从事气控阀门及工业调节阀的研究与开发。主要产品包括不锈钢气控角座阀、气控梭阀、气控蝶阀、气控球阀、疏水阀、止回阀、直动阀、过滤器、快速接头等。

青岛山野自动化工程有限公司
地址：山东省青岛市高新区思源路35号山野工业园
邮编：266032
电话：0532-83777799
传真：0532-83728899
电子信箱：sunyeh1986@126.com
网址：www.sunyeh1986.com
主要产品或业务范围：公司提供进口电动、气动、自控阀门及执行机构、承接控制阀维修及技改项目。

青岛伟隆阀门有限公司
地址：山东省青岛市高新区春阳路北首
邮编：266108
电话：0532-87905016
传真：0532-87905015
网址：www.weilongvalve.com
主要产品或业务范围：蝶阀、止回阀、过滤器、闸阀、截止阀、球阀、排气阀、调节阀等系列及各种管配件等。

山东伯雷流体控制设备有限公司
地址：山东省菏泽市巨野县水丰办麟台路与富源路交汇处东50米路北
邮编：274900
电话：0530-2083166

传真：0530-2082166
网址：www.bury-valve.com
主要产品或业务范围：双偏心高性能蝶阀。

山东华沃科技发展有限公司
地址：山东省济南市历下区化纤厂路13号
邮编：250100
电话：0531-88026686，88022002
传真：0531-89000678
电子信箱：chinahuawo@126.com
网址：www.harvolhitech.com
主要产品或业务范围：公司专业从事各类电动、气动执行机构、电动控制阀门、自动化控制仪表、物位仪表及自动化控制系统的研发、生产和销售。

山东科仨加自控设备有限公司
地址：山东省济南市历下区奥体西路力高国际财富广场10号楼1311室
邮编：250000
电话：0531-88588198
传真：0531-88586385
电子信箱：kosaplus@126.com
网址：www.kosaplus.com.cn
主要产品或业务范围：各种电动、气动蝶阀，球阀，调节阀等全系列产品。

山东泰丰智能控制股份有限公司
地址：山东省济宁市高新区海川路66号
邮编：255088
电话：0537-2712988
传真：0537-2718308
电子信箱：taifeng@taifenghydraulic.com
网址：www.taifenghydraulic.com
主要产品或业务范围：化工工业专用阀门、衬氟阀门领域的制造商。

山野控制阀集团有限公司
地址：山东省青岛市高新区思潭路35号山野工业园
邮编：266052
电话：0532-68018899
传真：0532-83728899
电子信箱：sunyebh1986@126.com
网址：www.sunyebh1986.com
主要产品或业务范围：耐磨、耐腐、高频开关的高性能阀门。

威海博胜气动液压有限公司
地址：山东省威海市文化西路185-107号
邮编：264204
电话：0631-5768928
传真：0631-5699560
电子信箱：info@whbosheng.com

网址：www.whbosheng.com

主要产品或业务范围：主要生产气源处理三大件、精密过滤器、除油器、压力控制阀、流量控制阀、高性能电磁阀、单向节流阀、单向阀、各种气动换向阀、安全阀、气缸、液压缸、压缩空气干燥器、气动系统、气动附件等。

潍坊远东自动化仪表有限公司

地址：山东省潍坊市昌乐县开发区二街

邮编：262400

电话：0536-6283862，13906360666

传真：0536-6286700

联系人：刘春霞

电子信箱：info@wfydyb.com

主要产品或业务范围：该公司是一家专业生产自动化控制配套产品的企业，先后研制开发了各种材质的五阀组、三阀组、二阀组、仪表截止阀、排泄阀、各种高压管件、液位计、自动化仪表盘、操作台，也可按用户要求加工各种非标准产品。

烟台金泰美林科技有限公司

地址：山东省烟台市开发区北京中路6号

邮编：264006

电话：0535-6380499

传真：0535-2164398

电子信箱：sales@kingway98.com

网址：www.kingway98.com

主要产品或业务范围：陶瓷球阀、陶瓷调节阀、电动阀、气动阀等。

山西同华科技有限公司

地址：山西省太原市高新区科技街9号丹阳科技709室

邮编：030006

电话：0351-7037750，7037751

传真：0351-7037751

电子信箱：sxtonghua@126.com，ser@tonha.com

网址：www.tonha.com

主要产品或业务范围：信号隔离器、隔离式安全栅、温度变送器。

太原市振中科技有限公司

地址：山西省太原市高新技术开发区产业路48号新岛科技园C座412室

邮编：030006

电话：0351-6770856

传真：0351-6770956

联系人：张眉中

电子信箱：13509734668@163.com

网址：www.tyzzkj.cn

主要产品或业务范围：生产销售智能数显仪表，温度、流量、压力传感器为主的仪器仪表公司。

太原太航德克森流体控制技术有限公司

地址：山西省太原市并州南路137号

邮编：030006

电话：0351-7058194

传真：0351-7058194-8003

电子信箱：dirksen@vip.sina.com

网址：www.dirksen.cn

主要产品或业务范围：公司致力于自控系统调节阀及电动、气动执行机构的开发、生产、销售。

阳泉阀门股份有限公司

地址：山西省阳泉市新建路366号

邮编：045000

电话：0353-2591440，2591441，2590751

传真：0353-2591469，2591781

联系人：荣保生

电子信箱：yqfm@sina.com

网址：www.yqfm.com.cn

主要产品或业务范围：主要生产闸阀、蝶阀、煤气阀、止回阀、冶金阀等近一百个系列一千多个规格产品。

阳泉市中特阀门有限责任公司

地址：山西省阳泉市李家庄东

邮编：045000

电话：0353-2113508

传真：0353-2110773

电子信箱：admin@yqztfm.com

网址：www.yqztfm.com

主要产品或业务范围：除污式回水自控阀、自动换向止回阀、流量自控阀等。

陕西格业阀门有限公司

地址：陕西省西安市北京大道北段朱宏机电市场12排35号

邮编：710032

电话：029-89371768，13075726887

电子信箱：78759519@qq.com

网址：www.sxgyfm.com

主要产品或业务范围：蝶阀、球阀、闸阀、截止阀、止回阀等。

陕西西仪自控设备有限公司

地址：陕西省西安市莲湖区劳动路143号

邮编：710082

电话：029-88644940

传真：029-88644940

电子信箱：zongqing3344@163.com

网址：www.sxxyyb.com

主要产品或业务范围：涡轮流量计，液体涡轮流量计，气体涡轮流量计，涡街流量计，电磁流量计，超声波流量计，气体流量计，水流量计，液位计，温度传感器，压力传感器，压力变送器，压力表，定量控制仪等。

陕西咸阳坤宁微电子研究所
地址：陕西省咸阳市咸兴路中段9号
邮编：712023
电话：029-33336364，33344711
传真：029-33612591
联系人：王秀文
电子信箱：mail@knwdz.com
网址：www.knwdz.com
主要产品或业务范围：齐纳式、隔离式安全栅，防雷栅及安全栅厚膜机芯，各类稳压电源，高精度一体化厚膜集成两线制温度变送器等。

西安泵阀总厂有限公司
地址：陕西省西安市灞桥区现代纺织产业园灞柳二路1369号
邮编：710025
电话：029-82524860
传真：029-83598500
电子信箱：scjy@xatbf.com
网址：www.xatbf.com
主要产品或业务范围：清管阀、雾化器、紧急切断阀、热注阀门。

西安电磁阀厂
地址：陕西省西安市西关正街37号
邮编：710082
电话：029-88627571，88624533
传真：029-88624894
电子信箱：dcf@xadcf.com
主要产品或业务范围：该厂产品共有四十八个系列、三百多个品种的各类电磁阀，还承担各种特殊性能电磁阀的设计与研制。

西安汇源仪表阀门有限公司
地址：陕西省西安市高新四路1号高科广场A座6层
邮编：710075
电话：029-88617844，88629065
传真：029-88647516
联系人：卢洪康
电子信箱：Xian-huiyuan@126.com
网址：www.xahyybfm.com
主要产品或业务范围：生产各种流体电磁阀，电动控制阀，气动控制阀，调节阀及特种控制阀。

西安优控科技发展有限责任公司
地址：陕西省西安市莲湖区南二环西段公园国际1栋1单元11004号
邮编：710077
电话：029-84116833，84116835，84116836
传真：029-84116838
联系人：胡明
电子信箱：savage@163.com

网址：www.xayoukong.com
主要产品或业务范围：UK系列隔离器安全栅、控制系统快速配线产品，ABB控制系统、仪表、传动及低压电器产品分销商，承接水处理、供热、燃气、流体机械等行业电气及自动化控制工程项目。

西安智盛自动化仪表公司
地址：陕西省西安市碑林区长安北路40号
邮编：710061
电话：029-85219409
传真：029-85219409
联系人：韩志坤
电子信箱：zsyb@zayb.com
主要产品或业务范围：智能PID调节仪、阀位控制仪、无纸记录仪、数字电压/电流表、温湿度控制仪、温湿度变送器、固态继电器、固态调压器、计数/计米/计时器、转速/线速度/频率控制仪、热电偶（铂电阻）、温度成套控制箱（柜）、晶闸管移相触发器。

瑞基（上海）测控设备有限公司
地址：上海市金山区朱泾镇临仓街600、612号15幢1楼1384室
邮编：201500
电话：021-57478886
传真：0577-56582695
网址：www.ruigi.cn
主要产品或业务范围：各类电动执行器，电动阀门。

阿卡流体设备（上海）有限公司
地址：上海市浦东新区川沙路6999号
邮编：201202
电话：021-61760505
传真：021-61761740-8010
电子信箱：info@arca-valve.com.cn
网址：www.arca-valve.com.cn
主要产品或业务范围：三通阀、双座阀、角阀、波纹管密封阀。

埃科诺斯托（上海）流体技术有限公司
地址：上海市松江区玉树路1215号1幢厂房
邮编：201600
电话：021-57733917
传真：021-57733919
电子信箱：wangbaozhang@econosto.com
网址：www.econosto-china.com
主要产品或业务范围：波纹管密封截止阀、闸阀、蝶阀、截止阀、球阀、减压阀、疏水阀、仪表阀、考克、电磁阀、止回阀、安全阀、压力表、温度计、观视镜、破真空器、隔膜阀、汽水分离器、温度/压力传感器、电动/气动控制系统、液压/电液阀门遥控系统、自作用控制系统、卫生级阀门系统等。

艾川格（上海）阀门制造有限公司
地址：上海市松江区余山工业园强业路658号A座
邮编：201602
电话：021-57796818
传真：021-57792426
电子信箱：actreg@actreg.com
网址：www.actreg.com
主要产品或业务范围：专业从事气动执行机构、阀门的研发设计与生产。

艾驱特流体科技（上海）有限公司
地址：上海市闵行区都会路1699号全方位科技园10号楼
邮编：201108
电话：021-34635159
传真：021-34635160
电子信箱：sales@iht.net.cn
网址：www.iht.net.cn
主要产品或业务范围：高压泵、手动泵、气动泵、压力表。

艾瑞阀门贸易（上海）有限公司
地址：上海市浦东新区川桥路1295号A栋102-202室
邮编：201206
电话：021-51755718
传真：021-28986516
电子信箱：shanghai@ari-china.com
网址：www.ariarmaturen.com.cn
主要产品或业务范围：公司是专业从事蒸汽系统阀门生产的厂家。

奥客阀业（上海）有限公司
地址：上海市松江区联阳路365号8栋1楼
邮编：201613
电话：021-67764008
传真：021-57861753
电子信箱：sales@orche.cn
网址：www.orche.cn
主要产品或业务范围：手动、气动和电动蝶阀、隔膜阀、球阀、止回阀等阀门及气动装置。

奥士奥控制阀门（上海）有限公司
地址：上海市浦东新区临港重装备产业园区彩云路717号
邮编：201311
电话：021-58083769
传真：021-58083779
电子信箱：sale@valsev.com
网址：www.valsev.com
主要产品或业务范围：提供各种压力等级和口径的控制阀以及根据用户特殊要求定制的阀门。

北昂流体系统（上海）有限公司
地址：上海市宝山区威航路18弄5号
邮编：200949
电话：021-51692810
传真：021-60911518
联系人：曲娜
电子信箱：sales@beionfluid.com
网址：www.beionfluid.com.cn
主要产品或业务范围：流体微量泵、夹管阀、微量泵、微型隔离阀及各种接头、层析柱、管件，注射泵配件。

必郝特（上海）泵阀有限公司
地址：上海市松江区九亭镇洋河浜路1号G座
邮编：201615
电话：021-64341729
传真：021-64341705
电子信箱：sales@watsonmcdaniel.com
网址：www.watsonmcdaniel.com
主要产品或业务范围：公司生产销售蒸汽系统中疏水阀、冷凝水回收泵、调节阀、控制阀等精密产品。

丹佛斯自动控制管理（上海）有限公司
地址：上海市徐汇区宜山路900号科技大楼C楼22层
邮编：200233
电话：021-61513000
传真：021-61513100
电子信箱：shanghai@danfoss.com
网址：www.danfoss.com
主要产品或业务范围：该集团是一家全球性集团公司，主要业务是开发、生产和销售压力/温度控制器、工业阀门、接触器和电机启动器。

德国阿卡控制阀有限公司
地址：上海市浦东新区川沙路6999号川沙国际精工园B18号楼1-2楼
邮编：201202
电话：010-60893939
传真：021-61768537
电子信箱：shanghai@arca-valve.com.cn
网址：www.arca-valve.com
主要产品或业务范围：公司主要产品有ECOTROL系列控制阀、双座阀、三通阀、波纹管密封阀、减温减压器、精确控制间接自力式调节阀和智能定位器等。

福斯流体技术（上海）有限公司
地址：上海市浦东新区世纪大道1568号中建大厦9楼
邮编：200122
电话：021-38654800
传真：021-50580307
电子信箱：sales@famens.com
主要产品或业务范围：工业阀门、控制阀、核阀、阀门执行器以及控制产品。

盖米阀门（上海）有限公司
地址：上海市闵行区北横沙河路518号
邮编：201108
电话：021-24099878
传真：021-64891885
电子信箱：info@gemue.com.cn
网址：www.gemue.com.cn
主要产品或业务范围：手动、气动和电动的蝶阀、隔膜阀、角阀、球阀、电磁阀等各种阀门及测量仪表。

汉萨福莱柯思液压技术（上海）有限公司
地址：上海市浦东新区临港新城飞舟路500号
邮编：201204
电话：4001515105
传真：021-52581219
电子信箱：sales@hansa-flex.com.cn
网址：www.hansa-flex.com.cn
主要产品或业务范围：球阀、压力表等。

肯佐控制设备（上海）有限公司
地址：上海市青浦区练塘工业园区云湖路68号
邮编：201716
电话：021-59815620
传真：021-59815709
电子信箱：sales@kenzzchina.com
网址：www.kenzzchina.com
主要产品或业务范围：智能型电动执行机构。

羚珂（上海）流体技术有限公司
地址：上海市闵行区中春路7755号310室
邮编：201101
电话：021-64958516
传真：021-64958501
电子信箱：sales@linkfluidics.com
网址：www.linkfluidics.com
主要产品或业务范围：陶瓷柱塞泵、医疗级耐腐蚀隔离阀、夹管阀、耐腐蚀微量泵、喷墨打印及食品饮料级耐腐蚀电磁阀、压力/液位/流量开关及传感器、过滤器（系统）及各类医疗级软管、快速接头、多歧管基板等。

罗达莱克斯阀门（上海）有限公司
地址：上海市浦东新区南汇工业园区园中路60号
邮编：201300
电话：021-58004000
传真：021-58003226
联系人：许新农
电子信箱：Xu.frank@china.rotarex.com
网址：www.rotarex.com.cn
主要产品或业务范围：提供超高纯气体（UHP）阀门、特种气体阀门、超低温阀门、医用阀门、LPG和CNG汽车阀门和消防系统阀门等各类气阀。

罗兰自控阀业（上海）有限公司
地址：上海市金山区林拓路258号
邮编：201505
电话：021-51099198，56655106
传真：021-51010868
电子信箱：rvalve@163.com
网址：www.rvalve.com
主要产品或业务范围：德标DIN波纹管截止阀、气动角座阀，智能型电动阀门、气动阀门、对夹式止回阀、减压阀，安全阀，高性能球阀，智能型电子式电动调节阀，自力式调节阀、磁浮子液位计等高品质产品。

美国欧浦特流体控制有限公司
地址：上海市浦东新区龙阳路2277号
邮编：200000
电话：028-61600280
传真：028-61631033
电子信箱：optimux@optimux.cn
网址：www.optimux.cn
主要产品或业务范围：控制阀、执行机构、零部件。

欧文凯利自控阀（上海）有限公司
地址：上海市嘉定区南翔高科技园区嘉美路880号
邮编：201802
电话：021-51085668
传真：021-51095661
电子信箱：sales@sowenkelly.cn
网址：www.sh-ok.com.cn
主要产品或业务范围：气、电驱动的调节阀、旋转阀（球阀、蝶阀）、电磁阀等自动化流体控制产品。

派克汉尼汾流体传动产品（上海）有限公司
地址：上海市浦东新区金桥出口加工区云桥路280号
邮编：201206
电话：021-28995000
传真：021-64459717
电子信箱：wendy.xia@parker.com
网址：www.parker.com
主要产品或业务范围：各类精密仪表接头、仪表阀门、阀组、减压阀、隔膜阀、流量计等。

派克沃米工业设备（上海）有限公司
地址：上海市浦东新区金新路58号银桥大厦607
邮编：201206
电话：021-68955820
电子信箱：china@peckwomy.com
网址：www.peckwomy.com
主要产品或业务范围：电动、气动执行器及阀门。

山武自动化仪表（上海）有限公司
地址：上海市徐汇区宜山路700号上海普天信息产业园B2

栋8楼
邮编：200235
电话：021-50905580
传真：021-50909810
网址：www.yas-yamatake.com
主要产品或业务范围：提供优质、先进、节能的元器件产品，以及简易系统、现场仪表、自动化系统和售后服务。

上海GCE气体控制设备有限公司
地址：上海市奉贤区肖湾路318号4号厂房
邮编：201401
电话：021-37198408
传真：021-37198617
联系人：袁艺耘
电子信箱：karenkookoo@hotmail.com
主要产品或业务范围：公司致力于气体控制设备的开发和制造。

上海奥拉流体控制设备有限公司
地址：上海市宝山区蕰川路6号智慧湾科创园35栋105室
邮编：200072
电话：021-66309830
传真：021-66055086
电子信箱：sales@bar-gmbh.com.cn
网址：www.bar-gmbh.com.cn
主要产品或业务范围：致力于进口气动执行器、电动执行器、自控阀门及各种相关附件的销售推广。

上海澳玛智能仪表制造有限公司
地址：上海市宝山区锦宏路518号1幢5楼
邮编：201711
电话：021-59217711，59217722
传真：021-59217911
电子信箱：webmaster@aomax.com
网址：www.aomax.com
主要产品或业务范围：该公司是各类工艺过程控制阀、调节阀、电动和气动阀门执行机构的研究、开发与生产企业。公司主要生产ＣＶ3000系列调节阀、精小型调节阀气动、电动执行机构、自力式调节阀、调节蝶阀等产品。

上海巴蝶阀门有限公司
地址：上海市普陀区金沙江路1628弄绿地中环1号楼1503室
邮编：201801
电话：021-52715628，13817356351
传真：021-52653691
电子信箱：sales@tomoe.sh.cn
网址：www.tomoe.sh.cn
主要产品或业务范围：蝶阀、闸阀、球阀、止回阀、截止阀及气动/电动执行器等。

上海北四特自动化科技有限公司
地址：上海市嘉定区定边路35号东方汽配城三期商务楼8楼
邮编：201824
电话：021-52751111，52751101
传真：021-52751102
电子信箱：371073220@qq.com
网址：www.52751111.com
主要产品或业务范围：电磁阀、电动阀（电动球阀、电动蝶阀）、气动阀（气动角座阀、气动球阀、气动蝶阀）。

上海铂嘉控制阀门有限公司
地址：上海市浦东新区鹿园工业区鹿吉路199-1号
邮编：201322
电话：021-68160300
传真：021-68160301
电子信箱：info@pt-bridge.com
网址：www.pt-bridge.com
主要产品或业务范围：公司是一家专业的控制阀及相关产品的制造商。

上海超拓科技发展有限公司
地址：上海市徐汇区田州路99号9号楼（新茂大楼）1601室
邮编：200065
电话：021-56531500，56531600，56531700
传真：021-56531599
电子信箱：honeywell@shchaotuo.com
网址：www.shchaotuo.com
主要产品或业务范围：提供温控表、记录仪、可控硅、碳控仪、人机界面软件外，更能根据客户需求构造完整的自动化系统、在线渗碳及层深控制系统。

上海辰竹仪表有限公司
地址：上海市松江区民益路201号6号楼
邮编：201612
电话：021-64513350
传真：021-64846984
电子信箱：chenzhu@chenzhu-inst.com
网址：www.chenzhu-inst.com
主要产品或业务范围：安全栅、隔离器、电涌保护器、电量变送器、温度变送器、安全继电器。

上海川和自控设备有限公司
地址：上海市闵行区兴梅路375号
邮编：200237
电话：021-64363337，64363789
传真：021-64363755，64751713
电子信箱：sales@javic-valve.com
网址：www.javic-valve.com
主要产品或业务范围：球阀、蝶阀及阀门执行机构。

上海大成仪表有限责任公司
地址：上海市崇明区南门育麟桥路341号
邮编：202150
电话：021-69621187
传真：021-69621863
电子信箱：shdc341@163.com
网址：www.shdacheng.com
主要产品或业务范围：专业生产工业自动化控制系统中的各类气动/电动调节阀、电液快关蝶阀、气控快关止回阀、汽轮机缸盖微顶装置、减温减压装置、电动高温润滑油注入设备、高性能调节阀、各类自力式调节阀、电站配套产品、气电动高温高压疏水阀等产品。共有二百多个品种三千多个规格。

上海大华-千野仪表有限公司
地址：上海市浦东新区金桥出口加工区宁桥路615号
邮编：201206
电话：021-50325111
传真：021-50326120
电子信箱：sdc@dh-chino.com
网址：www.dh-chino.com
主要产品或业务范围：记录仪、指示调节仪、晶闸管调整器、红外温度仪和水分仪、温湿度传感器等。

上海大田阀门管道工程有限公司
地址：上海市浦东新区祝桥镇空港工业园区金闻路68号
邮编：201323
电话：021-58108666
传真：021-58109777
电子信箱：business@dtjt.com
网址：www.dtjt.com
主要产品或业务范围：电动/气动单座、双座、套筒（笼式）调节阀，高压差多级调节阀及泵保护阀、自动再循环控制阀，减温减压装置，球阀、蝶阀、闸阀、止回阀等。

上海大禹自控阀门有限公司
地址：上海市浦东新区航头镇大麦湾工业园区航川路66号
邮编：201316
电话：021-58229337，68220075
传真：021-68220798
电子信箱：sales@dayupv.com
网址：www.dayupv.com
主要产品或业务范围：公司主要产品有电动/气动调节阀、自力式调节阀、耐腐蚀调节阀等。

上海电气阀门有限公司
地址：上海市浦东新区金桥出口加工区秦桥路333号
邮编：201206
电话：021-61006611
传真：021-61043217
电子信箱：snj@snjvalve.com

网址：www.snjvalve.com
主要产品或业务范围：高性能球阀和蝶阀。

上海东宝阀门制造有限公司
地址：上海市青浦区白鹤工业园区沈家浜路255号
邮编：201700
电话：021-52527761，52527762
传真：021-52527763
电子信箱：shdbv@shdbv.com
网址：www.shdbv.com
主要产品或业务范围：蝶阀，耐腐蚀阀门，球阀，水力控制阀，高温高压电站阀，调节阀，通用阀门等。

上海敦阳流体设备有限公司
地址：上海市松江区玉佳支路60号
邮编：201600
电话：021-57736601
传真：021-57736602
电子信箱：market@amfloco.com
网址：www.amfloco.com
主要产品或业务范围：公司专业设计生产工业气体供气系统及气体减压器、接头、阀门、管件等零组件。

上海多蒙控制技术有限公司
地址：上海市长宁区安顺路89弄浦江大厦8楼
邮编：200052
电话：021-52302721
传真：021-52302720
电子信箱：info@daume.com.cn
网址：www.daume.com.cn
主要产品或业务范围：阀门、执行器。

上海阀特流体控制阀门有限公司
地址：上海市浦东新区祝桥空港工业区金亮路32号
邮编：201323
电话：021-33756788-8083,8085
传真：021-33756766
电子信箱：market@floauto.cn
网址：www.floauto.cn
主要产品或业务范围：V1000系列气动/电动高性能调节阀（切断阀）、V3000系列三通调节阀、V4000系列自力式调节阀、V5000系列V形调节球阀、V6000系列O形切断球阀、V7000系偏心旋转调节阀、V8000系列高性能蝶阀及EP9000系列电/气阀门定位器等系列产品。

上海繁瑞阀门有限公司
地址：上海市宝山区大场镇真朋路99弄10号101室
邮编：200333
电话：021-56612720
传真：021-65352606
电子信箱：shjyfmc@163.com

网址：www.shjyfmc.net

主要产品或业务范围：比例式减压阀、蒸汽减压阀、气体减压阀、不锈钢减压阀、高压减压阀、燃气减压阀、液化气减压阀、法兰减压阀、丝口减压阀、水用减压阀、氧气减压阀。

上海方高阀门制造有限公司

地址：上海市松江区松江科技园区

邮编：200436

电话：021-66361212，56351212，56352041

传真：021-66099664

电子信箱：fgvalve@126.com

网址：www.fgvalve.com

主要产品或业务范围：安全阀、减压阀、疏水阀、过滤器、球阀、闸阀、截止阀、电磁阀、蝶阀、柱塞阀、电动阀门、气动阀门、针形阀、调节阀、平衡阀、水力控制阀、止回阀等。

上海丰台仪器仪表有限公司

地址：上海市奉贤区青村镇南奉公路2258号

邮编：201414

电话：021-57575767

传真：021-57577708

电子信箱：337668336qq.com

主要产品或业务范围：专业生产智能型电动执行机构、电动调节阀、球阀、蝶阀等仪表行业的产品。

上海风雷阀门集团有限公司

地址：上海市金山区枫泾兴塔工业园建贡路11号

邮编：201502

电话：021-67360056

传真：021-67360057

电子信箱：sales@fenglei.com

网址：www.fenglei.com

主要产品或业务范围：公司专业生产各种FengLei牌系列阀门、电站阀、闸阀、截止阀、止回阀、球阀、蝶阀、气动／电动调节阀、旋塞阀、隔膜阀、疏水阀等通用类阀门，以及陶瓷阀等特殊非标阀门，也可按照ANSI、DIN、BS、JIS、GB等标准设计制造。

上海弗雷西阀门有限公司

地址：上海市闵行区银康路160弄29号16楼

邮编：201108

电话：021-54150349，34638590，34638605

传真：021-54150271

电子信箱：sales@flowxvalve.com

网址：www.flowxvalve.com

主要产品或业务范围：蝶阀、球阀、调节阀、通用阀门。

上海孚因流体动力设备股份有限公司

地址：上海市嘉定区南翔镇科盛路598号2号楼

邮编：201802

电话：021-51078661

传真：021-51078662

电子信箱：marketing@flowinn.com

网址：www.flowinn.com

主要产品或业务范围：电动执行器，电动执行机构，以及控制面板(器)及温／湿度／压力传感器所搭配的各种阀门。

上海富乐阀门管件有限公司

地址：上海市浦东新区长柳路58号证大立方大厦20楼2005室

邮编：200135

电话：021-69511967

传真：021-69511970

电子信箱：sales@flow-valve.com

网址：www.flow-valve.com

主要产品或业务范围：球阀，蝶阀，闸阀，止回阀，过滤器，截止阀和平衡阀，富乐水泵扩散器，富乐控制止回阀，富乐旋塞阀等。

上海高桥仪表厂

地址：上海市浦东新区高桥镇界浜路55弄9号

邮编：200137

电话：021-58613537，58675751

传真：021-58673406

联系人：张先生

电子信箱：yaoliming926@hotmail.com

主要产品或业务范围：智能调节仪表，数字显示调节仪，动圈指示调节仪，工业用热电偶、热电阻，防爆热电偶、热电阻，电压调整器，补偿导线等温控仪表及其配套产品。

上海冠龙阀门机械有限公司

地址：上海市嘉定区安亭镇联星路88号

邮编：201802

电话：021-59129279

传真：021-59121265

电子信箱：Karon1@Karon-Valve.com

网址：www.karon-valve.com

主要产品或业务范围：生产各类水利控制阀，排气阀，止回阀，蝶阀，球阀，电动、气动控制系统及成套配件。

上海光辉仪器仪表有限公司

地址：上海市崇明区人民路254号

邮编：202150

电话：021-59615472

传真：021-59623487

电子信箱：ghgroup@163.com

网址：www.sh-gy.com

主要产品或业务范围：S系列快拆式单座调节阀、C系列平衡式套筒单座调节阀、H系列迷宫式调节阀、TG系列平衡式三通合流／分流调节阀和ER偏心旋转调节阀等。

上海海诺德自动化控制设备有限公司
地址：上海市宝山区真陈路1398弄51号
邮编：200444
电话：021-66080339
传真：021-66080659
电子信箱：zdd@fct-tech.com
网址：www.hrvalves.com
主要产品或业务范围：专业代理进口阀门。

上海海特泵阀制造有限公司
地址：上海市宝山区涵青路398弄29号
邮编：200065
电话：021-56087919
传真：021-56087388
电子信箱：sales@haitepv.cn
网址：www.haitevalve.com
主要产品或业务范围：气动执行器，各种调节阀，泵等。

上海汉洛柯阀门有限公司
地址：上海市松江区南乐路1276弄115号3号楼1层
邮编：201611
电话：021-57680036
传真：021-57680461
电子信箱：han-lok@163.com
网址：www.han-lok.com
主要产品或业务范围：　HAN-LOK卡套高压/低压阀门、卡套转换接头、仪表、不锈钢管、高压软管、自动焊球阀等多种系列。

上海豪科仪表科技有限公司
地址：上海市浦东新区康桥路787号中天科技商务园区8号楼111-115室
邮编：201315
电话：021-33932900
传真：021-33932902
电子信箱：csd@hkkit.com
网址：www.hkkit.com
主要产品或业务范围：用于流体控制系统的仪表阀门管接件，各种阀门、阀组、接头配件，规格齐全。

上海赫博控制设备有限公司
地址：上海市浦东新区沪南路2419弄复地万科活力城31号楼408室
邮编：201201
电话：021-58806392，58806393
传真：021-58806390
电子信箱：sales@cnlok.com
网址：www.cnlok.com
主要产品或业务范围：管件、接头，仪表阀门及仪表阀组、流体控制阀门，法兰及紧固件、流体设备安装附件等产品。

上海横奕自控科技有限公司
地址：上海市青浦区五库浜路203号13幢6层
邮编：200090
电话：021-35122658
传真：021-35122656，51062058
电子信箱：leikun@hengyish.com
网址：www.hengyish.com
主要产品或业务范围：YOKOGAWA控制器、记录仪、数据采集仪器，现场仪表，环境分析仪表和YOKOGAWA品牌的工控设备及其耗材的一级销售与批发和技术服务；同时兼销美国OMEGA，日本林电工HAYASHIDENKO及欧姆龙系列产品。

上海弘盛特种阀门制造股份有限公司
地址：上海市金山区金百路368号
邮编：201506
电话：021-67222688
传真：021-67228566
电子信箱：honshen@pipeline-valve.com.cn
网址：www.pipeline-valve.com.cn
主要产品或业务范围：大口径高压力防爆、防烧球阀。

上海虹润精密仪器有限公司
地址：上海市闵行区剑川路950弄1号楼312室
邮编：201199
电话：021-64129713，64129723，54484568
传真：021-64705206，64362795
电子信箱：hrsh@hrgs.com.cn
网址：www.hrgs.com.cn
主要产品或业务范围：智能数显仪表，智能数显电力仪表，智能压力、差压变送器，隔离式安全栅及变送器，无纸记录仪，集散控制系统，电力设备，液晶显示背光源。

上海湖泉阀门集团有限公司★
地址：上海市嘉定区马陆工业区浏翔公路1908号
邮编：201802
电话：总机：021-64162222
国内销售部电话：021-64162222，39900522，39900511
国内市场部电话：021-39910900，39910366，39910866
国际外贸部电话：021-39910300
项目部电话：021-39925411
技术部电话：021-39900300
传真：021-62677999
联系人：党旭
电子信箱：Hq_v@yahoo.cn
网址：www.hqfmjt.com
主要产品或业务范围：蝶阀、球阀、闸阀、调节阀、截止阀、止回阀和电动执行器、气动阀、电磁阀等系列产品。

上海沪工阀门制造有限公司
地址：上海市嘉定区安新路168号
邮编：200065
电话：021-56941122，56941133，56942413
传真：021-56941133
联系人：吕良取
电子信箱：shhugong@163.com
网址：www.shhugong.com
主要产品或业务范围：专业生产沪工牌管道阀门系列产品，主要有闸阀、蝶阀、水力控制阀等。

上海沪禹泵阀设备有限公司
地址：上海市金山区亭枫公路3974号
邮编：201206
电话：021-67228328，68222115，13818899639
传真：021-68222116
联系人：叶荣乐
电子信箱：huyu115@hotmail.com
网址：www.huyu115.cn
主要产品或业务范围：公司专业生产和销售各种控制阀与仪器仪表，主要产品有ZDLQ电动三通调节阀，ZSPC气动活塞切断阀，ZDLP电动单座调节阀，ZJHP气动调节阀，高性能调节阀、高平台O形球阀、V形球阀、双偏心半球阀、高性能蝶阀与阀门配套仪器仪表等产品，质量均达到国际同类产品先进水平。

上海华奥仪表制造有限公司
地址：上海市崇明区城桥镇鳌山31号
邮编：200040
电话：021-62771530，62771532
传真：021-32271162
电子信箱：sales@sh-huaao.com
网址：www.sh-huaao.com
主要产品或业务范围：自力式调节阀、开关阀、调节阀、气/电动式执行器、电磁阀、阀位开关等附件。

上海华尔士自控阀门制造有限公司
地址：上海市金山区揽工路999号
邮编：201703
电话：021-59748822，39197577，39197566
传真：021-59746633
电子信箱：hes@shhes.com
网址：www.shhes.com
主要产品或业务范围：电、气、液动三大类角行程执行器，各类电动、气动、液动成套阀门及各类工业应用调节阀等产品。

上海皇龙自动化工程有限公司
地址：上海市长宁区金钟路658号17号楼315(东华大学国家大学科技园)
邮编：200355

电话：021-52160281
传真：021-52160281-8004
电子信箱：c.jiang@dias-infrared.com
网址：www.kingae.com
主要产品或业务范围：从事红外测温仪和红外热像仪、减压和背压调节阀的代理销售、系统集成和安装调试。

上海汇贤自动化设备有限公司
地址：上海市普陀区交通路4703号李子园大厦6号1304室
邮编：200333
电话：021-32568091，32568292，32568093
传真：021-32568233
电子信箱：shanghai@automate-ace.com
网址：www.automate-ace.com
主要产品或业务范围：触摸屏、文字/图像终端机、IPC、PLC、温度控制器、过程控制器、多回路控制器、记录仪、指示仪、执行器、压力与液位流量温度变送器、旋转编码器、计数器、计时器、保护继电器、PCB继电器、切纸器、打印器、微型光电开关、近接开关、温度传感器、光纤及安全区域传感器等。

上海嘉松机器有限公司
地址：上海市嘉定区嘉松北路6415号
邮编：201804
电话：021-69592813
传真：021-69593330
电子信箱：jsm@jiasongmachine.com
网址：www.jiasongmachine.cn
主要产品或业务范围：公司是一家专业研制、开发、生产和销售各种阀门及驱动装置的高新技术企业。

上海江浪科技股份有限公司
地址：上海市金山区山阳镇南阳港东路350号
邮编：201508
电话：021-57570111
传真：021-51862511
电子信箱：sales@river-wave.net
网址：www.river-wave.net
主要产品或业务范围：公司目前主要生产电动调节阀、气动隔膜泵以及成套系统设备。

上海金子自动化仪表有限公司
地址：上海市奉贤区南桥镇张翁庙路699弄7号3幢3楼
邮编：201401
电话：021-57433600
传真：021-57433700
电子信箱：sales@kaneko.com.cn
网址：www.kaneko.com.cn
主要产品或业务范围：公司一贯致力于阀门的研发生产制造工作。

上海进典控制阀有限公司
地址：上海市闵行区漕河泾开发区浦江高科技园三鲁公路3585号第4幢
邮编：200122
电话：021-64296118，64293744
传真：021-64297088，64293576
主要产品或业务范围：PTFE密封球阀、金属硬密封球阀、高温高压固定轴球阀、PFA内衬球阀、O形及V形控制阀、隔膜比例控制阀、减压阀、闸阀、球形阀、逆止阀、Y形过滤器、蝶阀、偏心蝶阀等十几种高品质阀类产品，并能依照ANSI、JIS、DIN、GB等多种标准生产。

上海京横电子科技有限公司
地址：上海市松江区金都西路418号三楼A8342
邮编：201612
电话：021-67750008
传真：021-54702153
电子信箱：zhutc18@163.com
网址：www.sh-jingheng.com
主要产品或业务范围：信号隔离器、智能配电器、智能温度变送器、无纸记录仪等产品。

上海巨良电磁阀制造有限公司
地址：上海市松江区香闵路28号
邮编：200070
电话：021-51288918，51288908，51288998
传真：021-37010095
网址：www.juliang.com.cn
主要产品或业务范围：专业从事电磁阀、气动阀及调节阀的科研、设计、生产、销售。

上海开滋国际贸易有限公司
地址：上海市徐汇区东安路8号青松城大酒店8楼808室
邮编：200030
电话：021-64391249
传真：021-64391257
电子信箱：sales@kitzchina.com
网址：www.kitzchina.com
主要产品或业务范围：生产气动和电动的球阀、蝶阀、闸阀、截止闸、止回阀和过滤阀等产品。

上海凯尔特阀门制造有限公司
地址：上海市奉贤区新申工业园区新林路902号
邮编：201416
电话：021-57493099
传真：021-57492299
电子信箱：sheng@shkrt.com
网址：www.shkrt.com
主要产品或业务范围：主要产品包括闸阀、截止阀、止回阀、球阀、蝶阀、柱塞阀、高压电站阀、水力控制阀、美标阀等六十多个品种，两千种型号规格。

上海凯士比泵有限公司
地址：上海市闵行区闵江川路1400号
邮编：200245
电话：021-64302888
传真：021-64301504
电子信箱：ksbpump.shanghai@ksb.com
网址：www.ksb.com.cn
主要产品或业务范围：泵、阀及其系统。

上海柯斯米自控工程有限公司
地址：上海市闵行区沪闵公路3088号E栋208室
邮编：201108
电话：021-54351660，54351661
传真：021-54352208
电子信箱：sales@cosmicroc.com
网址：www.cosmicroc.com.cn
主要产品或业务范围：阀门执行器及附件解决方案。

上海科达实业有限公司
地址：上海市松江区泗泾镇泗博路178号3号楼
邮编：201103
电话：021-64463303，64463353
传真：021-64060250
电子信箱：shfd@fordatachina.com
网址：www.fordatachina.com
主要产品或业务范围：Aeroflow高性能调节阀、线性调节阀、K-MAX旋转阀、减压阀、疏水阀、温度调节器及PMC、DPS等。

上海科科阀门集团有限公司
地址：上海市嘉定区南翔镇翔江公路963号
邮编：201802
电话：021-59170722
传真：021-59124609
电子信箱：koko@kokovalve.com
网址：www.valvekoko.com
主要产品或业务范围：闸阀、截止阀、球阀、止回阀、旋塞阀、蝶阀、电站阀等，材料主要有碳钢、合金钢、不锈钢、蒙乃尔、20号合金等。

上海科力达自控阀门有限公司
地址：上海市奉贤区浦卫公路6301号
邮编：201417
电话：021-57451122，57453081，57453082
传真：021-57453083
电子信箱：sales@sh-kld.com
网址：www.sh-kld.com
主要产品或业务范围：直通类调节阀有单座调节阀、笼式调节阀、低噪音调节阀、高压调节阀、波纹管调节阀；旋转类调节阀有凸轮挠曲阀、蝶阀、精小型球阀；特殊类调节阀。

上海科洋科技股份有限公司
地址：上海市浦东新区向城路58号7C
邮编：200233
电话：021-58355535
传真：021-58352115
电子信箱：info@keyontechs.com
网址：www.keyontechs.com
主要产品或业务范围：高精度标准差压节流装置、平衡差压节流装置、质量型平衡流量计、平衡气体质量流量计和流体计量监测系统。

上海蓝林控制阀门有限公司
地址：上海市嘉定区嘉行公路2855号
邮编：201800
电话：021-59166338
传真：021-80378635
电子信箱：3150849895@qq.com
网址：www.shlally.com
主要产品或业务范围：气动蝶阀、气动球阀、气动调节阀、电动蝶阀、电动球阀、电动调节阀、自力式调节阀等一系列自动化产品。

上海乐汇泵阀制造有限公司
地址：上海市奉贤区青村镇南奉公路2258号
邮编：201414
电话：021-57575098，57575521
传真：021-57575098
联系人：杨经理
电子信箱：sales@illehui.com
网址：www.illehui.com
主要产品或业务范围：该公司是一家专业制造各种控制阀、普通阀门及水泵的生产型合资企业。产品有调节阀、蝶阀、球阀、电磁阀、截止阀、放料阀、止回阀，气动隔膜泵、离心泵、排污泵、化工泵等。

上海菱泉自动化技术有限公司
地址：上海市金山区金山工业务亭卫公路5899号
邮编：201804
电话：021-62265905
传真：021-62254397
电子信箱：anquanshan@126.com
网址：www.ben-an.com
主要产品或业务范围：齐纳安全栅、隔离安全栅、称重安全栅、重锤料位计、磁翻板液位计、浮球液位计、液位开关、安全栅等产品。

上海罗普自动化控制系统有限公司
地址：上海市浦东新区龙居路1号龙居大厦1401室
邮编：200135
电话：021-50353111-805
传真：021-50389111

电子信箱：sales02@nakata-valve.cn
网址：www.ropovalve.cn
主要产品或业务范围：气动/电动执行器、气动/电动球阀、蝶阀、气缸式调节阀等。

上海耐博泵阀制造有限公司
地址：上海市静安区中山北路814弄18号1501室协和大厦
邮编：200070
电话：021-51082626
传真：021-51686262
联系人：陈博伦
电子信箱：naibo@126.com
网址：www.nbpv.com
主要产品或业务范围：自控设备，电动调节阀，气动调节阀，电动球阀，气动球阀，气动蝶阀，电动蝶阀等产品。

上海耐立阀门有限公司
地址：上海市松江区九亭镇盛龙路950号
邮编：201615
电话：021-67690606
传真：021-67690190
电子信箱：sales@snl-v.com
网址：www.snl-v.com
主要产品或业务范围：高性能球阀、波纹管截止阀、旋塞阀等。

上海尼可尼流体系统有限公司
地址：上海市闵行区莘建东路58弄1号楼712-715室
邮编：201100
电话：021-54176152
传真：021-54176153
电子信箱：wu@nikunipump.com
网址：www.nikunifluid.com
主要产品或业务范围：小流量高扬程涡流泵、多柱塞高压隔膜泵、化工流程泵、液环真空泵/压缩机四大系列产品。

上海纽京工业设备有限公司
地址：上海市金山区枫泾工业区建定路1号
邮编：201609
电话：021-57357999
传真：021-57352929
电子信箱：nuwave@nuwave.net.cn
网址：www.nuwave.net.cn
主要产品或业务范围：球阀、闸阀、蝶阀、截止阀、止回阀、调节阀、气动阀、电动阀、智能阀门定位器。

上海欧凯电磁阀制造有限公司
地址：上海市宝山区丰翔路1675号
邮编：201802
电话：021-51085668，51208285，51208286
传真：021-51095661

电子信箱：sale@sh-ok.com.cn
网址：www.sh-ok.com.cn
主要产品或业务范围：该公司是中德合资企业，产品有水用电磁阀，蒸汽电磁阀，防爆电磁阀，空气电磁阀，燃气紧急切断电磁阀，煤气电磁阀，真空电磁阀，高温电磁阀，高压电磁阀等。

上海帕基诺泵阀制造有限公司★
地址：上海市松江区佘山工业区
邮编：200070
电话：021-56555114，56556114
传真：021-33275156
联系人：王晓汪
电子信箱：Pageno@163.com
网址：www.cnpjn.com
主要产品或业务范围：专业生产各种气动球阀、气动蝶阀、气动调节阀、气动V形球阀、气动执行器、电动球阀、电动蝶阀、电动调节阀、电磁阀、球阀、蝶阀、调节阀自控阀门等，公司已通过ISO 9001:2008质量体系认证、TS认证等。

上海浦煦流体控制系统有限公司
地址：上海市松江区留业路99号17幢
邮编：201611
电话：021-51029570
传真：021-57713707
电子信箱：zongwh@sh-pusher.com
网址：www.sh-pusher.com
主要产品或业务范围：气体集中供气系统，包括连续可调的气体混合配比器、气体减压器、气体汇流排及相关阀门管件。

上海奇忠控制设备有限公司
地址：上海市青浦区练塘工业园区云湖路58号
邮编：201716
电话：021-59815581
传真：021-59815597
电子信箱：lsyibiao@163.com
网址：www.shqzkz.com
主要产品或业务范围：生产各类阀门专用减速箱及附件。

上海琪普电子科技有限公司
地址：上海市普陀区曹杨路1040号中谊大厦28楼
邮编：200063
电话：021-62547801，62541945
传真：021-52669918
联系人：张平
电子信箱：chip@shchip.com
网址：www.shchip.com
主要产品或业务范围：隔离器、安全栅、温度变送器等系列产品。

上海仟代中田阀门有限公司
地址：上海市浦东新区浦东大道2508号
邮编：200135
电话：021-50351000，50351555
传真：021-50350333
电子信箱：sales@nakata-valve.com
网址：www.nakata-china.com
主要产品或业务范围：球阀，蝶阀，调节阀，气动执行器，电动执行器，电动阀，气动阀等系列。

上海侨鼎阀门有限公司
地址：上海市长宁区虹桥路2328号2号楼603室
邮编：200336
电话：021-62620744
传真：021-62620743
电子信箱：info@chaiodin-valve.com
网址：www.chaiodin-valve.com
主要产品或业务范围：自动再循环阀、耐酸碱用调节阀、高温/低温用调节阀、减温器、控制阀、汽轮机旁路、减压阀、背压阀、安全阀、通用开关阀、电动执行机构、气动执行机构等。

上海日进电气有限公司
地址：上海市静安区恒丰路610号不夜城都市工业园1号楼6楼
邮编：200070
电话：021-51098191
传真：021-51017258
联系人：胡超
电子信箱：market@rijing.com
网址：www.rijing.com
主要产品或业务范围：代理销售低噪声小型齿轮电动机、交流变频调速器、可编程控制器、温度控制器、旋转编码器、接近开关、光电开关、EA控制元器件等。

上海蓉坤流体控制设备有限公司
地址：上海市奉贤区临海工业园区发工路513号
邮编：201411
电话：021-57445613
传真：021-57447583-8008
电子信箱：filok@foxmail.com
网址：www.fi-lok.com
主要产品或业务范围：双卡套接头、液压DIN2353接头、高压球阀、针形阀、快速接头、旋转接头、胶管总成、不锈钢仪表管、液压钢管、法兰及非标定制件。

上海萨姆森阀门有限公司
地址：上海市普陀区长寿路1118号悦达国际大厦B-21H
邮编：200042
电话：021-52396616，4008771987
传真：021-52396598
电子信箱：samusen@samusen.com

网址：www.samusen.com
主要产品或业务范围：生产各类电（气）动直行程，角行程控制阀，调节阀、球阀、蝶阀、插板阀以及工业阀门，气动执行器等。

上海三洲自控仪表有限公司
地址：上海市青浦区外青松路2651号
邮编：201709
电话：021-59747111，59747222
传真：021-59747999
电子信箱：sh@szv.cn
网址：www.szv.cn
主要产品或业务范围：电动调节阀、气动调节阀、高压差防空化调节阀、锅炉排污调节阀、锅炉给水调节阀、多级降压迷宫式调节阀、减温减压装置、自力式温度、压力调节阀、衬F46氟塑调节阀、低温调节阀、智能阀门定位器、气动增速器、气动保位阀。

上海山尔自动化仪表有限公司
地址：上海市青浦区青浦工业园区盈秀路375号
邮编：201700
电话：021-59200420
传真：021-69204055
电子信箱：chloe.han@sailtor.com
网址：www.sailtor.com
主要产品或业务范围：公司专业研发、生产销售电动执行机构。

上海山仪自动化仪表有限公司
地址：上海市松江区小昆山镇崇南公路435弄12号房J座
邮编：201700
电话：021-52137661
传真：021-52527763
电子信箱：shssyy@126.com
网址：www.ssy-y.com
主要产品或业务范围：气动调节阀、电动调节阀、气动蝶阀、精小型调节阀、快速切断阀压力调节阀、气动隔膜阀、气动闸阀、气动球阀、ＣＶ3000系列调节阀、电动球阀、电动隔膜阀、电动蝶阀、电动截止阀等。

上海上申泵阀成套设备制造有限公司
地址：上海市普陀区半溪路900弄6号105室
邮编：200070
电话：021-56092275，56092279
传真：021-56092287
电子信箱：sspvl@163.com
网址：www.shangshen.net
主要产品或业务范围：电动调节阀，气动调节阀，三通调节阀，自力式调节阀，ＣＶ3000系列调节阀，V形调节阀，电动球阀，气动球阀，三通球阀，电动蝶阀，气动蝶阀，调节蝶阀等自控阀门系列产品。

上海上泰仪表阀门有限公司
地址：上海市金山区张堰工业区振凯路95号
邮编：201514
电话：021-57220202，57220303
传真：021-57220333
电子信箱：shst@shst.net.cn
网址：www.shst.net.cn
主要产品或业务范围：阀门气动执行器及气动阀门。

上海申宝泵业有限公司
地址：上海市闵行区紫旭路518号
邮编：201111
电话：021-64095727，64097951
传真：021-64095040
电子信箱：sales@shenbao-pump.com
网址：www.shenbao-pump.com
主要产品或业务范围：国内著名的大型水泵生产厂家。

上海申贝泵业制造有限公司
地址：上海市青浦区崧泽大道6666号
邮编：201706
电话：13817179088
传真：021-56652046
电子信箱：sbpump@163.com
网址：www.shpump.com
主要产品或业务范围：计量泵、高压往复泵、螺杆泵等特种泵产品。

上海申银阀门有限公司
地址：上海市嘉定区黄渡工业园区春雨路336号
邮编：201804
电话：021-69597679，69593953
传真：021-69592389
电子信箱：sales@symade.cn
网址：www.shsyv.com
主要产品或业务范围：疏水阀、紧急切断阀、蝶阀、载止阀、止回阀、球阀、水力控制阀等。

上海盛晖流体控制系统有限公司
地址：上海市青浦区朱家角镇绿湖路888弄112号
邮编：201101
电话：021-64514016
传真：021-54143715
电子信箱：sales@shfcs.net
网址：www.shfcs.net
主要产品或业务范围：两位两通阀为主的电磁阀。

上海实茂贸易有限公司
地址：上海市徐汇区斜土路2601号嘉汇广场T1栋4楼D座
邮编：200030
电话：021-64261949，64261496，64260994

传真：021-64261959
电子信箱：shimao@cleanly.com.cn
网址：www.ty-shimao.com
主要产品或业务范围：温度指示、控制器，多功能记录器、程序控制器等，理化工业的温度指示/警报器、携带型温度指示计，各式恒温恒湿槽，冷热冲击机，高温烤箱，彩色波形记录器，电力计，电池测试器，数字电表等。

上海市通用机械技术研究所有限公司
地址：上海市宝山城市工业园区丰翔路1919号
邮编：200431
电话：021-62131032
传真：021-62525577
电子信箱：YTJT@srigm.com
网址：www.srigm.com
主要产品或业务范围：从事各类特种阀门和通用阀门系列、化工设备、流体机械系列、真空仪表系列、冷冻空调系列的研究开发设计制造。

上海硕普流体控制系统有限公司
地址：上海市嘉定区嘉行公路2855号
邮编：201816
电话：021-59953399
传真：021-51862889
电子信箱：sales@supuvalve.com
网址：www.supuvalve.com
主要产品或业务范围：专业从事电动、气动执行机构，自动化控制阀门的研发与制造。

上海松岩自动化仪表有限公司
地址：上海市浦东新区康士路1弄4号楼
邮编：201315
电话：021-20901386
传真：021-20901385
电子信箱：shanghaisongyan@126.com
网址：www.songyanjitian.com
主要产品或业务范围：公司是研发、设计、生产、销售电动执行器、阀门、安全栅及流量仪表的专业型企业。

上海瓦特斯阀业有限公司
地址：上海市嘉定区黄渡工业园区春浓路765号
邮编：201804
电话：021-69592222
传真：021-69592789
电子信箱：sales@watesi.com
网址：www.watesi.com
主要产品或业务范围：电动气动调节阀系列，自力式调节阀系列等。

上海万迅仪表有限公司
地址：上海市奉贤区张翁庙路699弄4号厂房(南桥环城西路)

邮编：201499
电话：021-51029491，13901765120
传真：021-58830407
联系人：郝建庆
电子信箱：sh@wanxun.cc
网址：www.wanxun.cc
主要产品或业务范围：智能电动控制调节阀、智能电动执行机构、超小型电动执行机构、防爆电动执行机构、AI调节器、AI温控仪、信号隔离器、配电器、温度变送器等。

上海维萨仪表制造有限公司
地址：上海市金山区廊下镇金廊公路41号
邮编：201516
电话：021-67188413
电子信箱：shanghaivisa@163.com
网址：www.sh-visa.com
主要产品或业务范围：全智能电动执行机构及仪表阀门。

上海沃原自控阀门有限公司
地址：上海市松江区光华路488号6栋
邮编：201617
电话：021-60486132，60528933
传真：021-57850091
电子信箱：zjy8800@163.com
网址：www.visionvalve.com
主要产品或业务范围：专业从事生产和销售高纯减压器、背压阀、卡套接头、VCR接头，管件、阀门、球阀、安全阀等阀门的公司。

上海信索电子有限公司
地址：上海市松江区书崖路168号7号楼
邮编：201108
电话：021-54261725，54261728，64748363
传真：021-64275294
电子信箱：68767992@qq.com
网址：www.sensorc.com
主要产品或业务范围：安全光栅，测量光栅，切纸机光栅，公路检测光栅，泛用型光栅等；光电开关，接近开关，限位开关，条码阅读器，激光测距器，激光扫描仪，色标检测开关，超声波开关，过程控制仪表，流量计等一系列产品。

上海行力液体控制有限公司
地址：上海市闵行区虹桥商务区泰虹路168弄2号315座
邮编：201107
电话：021-33674401
传真：021-62111812
电子信箱：lt20@hw-xl.com
主要产品或业务范围：专业生产电动执行机构。

上海亚泰仪表有限公司
地址：上海市宝山区振园路128号1号楼
邮编：200444
电话：021-66186368，66186369
传真：021-66186226
电子信箱：yatai@yatai.sh.cn
网址：www.yatai.sh.cn
主要产品或业务范围：专业生产智能型数字温度控制仪表、光电传感器、电子计数器、电子定时器、电压电流表、专用智能控制器等三十多个系列产品。

上海亚舟工业设备有限公司
地址：上海市普陀区长寿路28弄30号秋水云庐商务楼506室
邮编：200060
电话：021-51095833
传真：021-51095822
电子信箱：info@arjoin.com
网址：www.arjoin.com
主要产品或业务范围：公司主要代理进口真空泵，进口齿轮泵，进口柱塞泵，进口薄膜泵，微型气泵，压电泵，抽气泵，电磁泵。

上海耀明仪表控制有限公司
地址：上海市虹口区塘沽路309号东泰大厦20楼A座
邮编：200080
电话：021-33011558
传真：021-33011531
电子信箱：sales@ymi.com.cn
网址：www.ymi.com.cn
主要产品或业务范围：数十种热工仪表，如前置数据采集盒(远程I/O)、便携式信号校验仪(信号源)、单回路调节仪、风压测量仪、智能流量仪、锅炉控制仪、无纸记录仪、单双光柱显示仪等。

上海烨富自动化设备有限公司
地址：上海市静安区中华新路496号景裕创意办公园区2号201室
邮编：200070
电话：021-61027980
传真：021-66600300
电子信箱：shwyjd@aliyun.com
网址：www.shyefu.com
主要产品或业务范围：温度调节器、记录仪、碳控仪、可控硅触发器、调功器、直流调速器、变频器、触摸屏、模块式温控器、PLC、超声波流量计等。

上海颐华机电设备有限公司
地址：上海市长宁区延安西路728号10楼L座
邮编：200050
电话：021-52372266
传真：021-52372268

电子信箱：kenny@sdi.cn
网址：www.sdi.cn
主要产品或业务范围：防火型浮球阀，低温阀、夹套式球阀、金属阀座球阀、釜底球阀、长径球阀等。

上海亿栗机电设备有限公司
地址：上海市青浦区诸光路899弄10号
邮编：201702
电话：021-59887103，59888463
传真：021-59887203
电子信箱：nutork@nutork.com
网址：www.nutork.com
主要产品或业务范围：公司专业生产仪表卡套接头，各式仪表阀门，各式阀组，气动执行器，电动执行器，气动执行器各式配套产品[机械式／感应式限位开关（回信器），离合式手动操作器，定位器，电磁阀]。中心线型软密封蝶阀，双瓣式（蝶式）止回阀。

上海毅玮流体控制技术有限公司
地址：上海市奉贤区南桥镇万明路388号
邮编：201400
电话：021-33656176，33656178
传真：021-33656172
电子信箱：yiwei@nai-lok.com.cn
网址：www.nai-lok.com.cn
主要产品或业务范围：专注于精密流体控制系统，气体输送系统，仪表阀，球阀，针阀，减压阀，调节阀，气控阀，电磁阀等。

上海盈沛贸易有限公司
地址：上海市长宁区番愚路586号东方商务大楼501室
邮编：200030
电话：021-60837570，64878143
传真：021-64878144
电子信箱：wj.yan@ham-let.com.cn
网址：www.ham-let.com.cn
主要产品或业务范围：提供双卡套无泄漏接头、ＶＣＲ接头、微焊接头、仪表阀门、安全阀、单向阀、隔膜阀等。

上海玉捷流体科技有限公司
地址：上海市宝山区宝杨路1800号
邮编：215129
电话：4008016564
电子信箱：635312729@qq.com
网址：www.sufafamen.com
主要产品或业务范围：闸、球、蝶阀，止回阀，截止阀，调节阀，隔膜阀，旋塞阀，核电、火电阀以及真空、仪表阀等。

上海煜阀流体科技有限公司
地址：上海市闵行区莲花南路1500弄5号301室

邮编：102209
电话：021-64197207
传真：021-64199571
电子信箱：bvf@bvf.com.cn
网址：www.bvf.com.cn
主要产品或业务范围：减压阀、背压阀、汇流排、球阀、针阀、安全阀、单向阀、过滤器等。

上海源冠自控设备有限公司
地址：上海市嘉定区马陆工业园育绿路28弄8号
邮编：200041
电话：021-33870580
传真：021-59105306
电子信箱：sales@champion-controls.com
网址：www.champion-controls.com
主要产品或业务范围：专业生产制造滑板式控制阀，角座阀，管夹阀，球阀，蝶阀，微小流量控制阀等。

上海自动化仪表股份有限公司自动化仪表七厂
地址：上海市长宁区广中西路191号
邮编：200072
电话：021-36129977
传真：021-62801680
电子信箱：zyqx@163.com
网址：www.saic.sh.cn
主要产品或业务范围：生产气动、电动调节阀和执行器辅助装置、气动单元组合仪表三大类产品。

上海自仪希希埃阀门有限公司
地址：上海市崇明区城桥镇工业园区秀山路123号B区
邮编：202150
电话：021-69607600
传真：021-69607676
电子信箱：saiccci@saiccci.sh.cn
主要产品或业务范围：关键核电调节阀。

世伟洛克（上海）流体系统科技有限公司
地址：上海市浦东新区碧波路690号9号楼202室
邮编：201203
电话：021-61826200
传真：021-61826288
电子信箱：shangmarom@swagelok.com
网址：www.swagelok.com.cn
主要产品或业务范围：管接头、阀门、软管、调压阀、快速接头、测量装置、卡套管及其附件。

思多奇（上海）流体动力技术有限公司
地址：上海市闵行区虹梅南路4999弄16号楼1层
邮编：201315
电话：021-61180599
传真：021-61180566

电子信箱：sales@stucchichina.com
网址：www.stucchichina.com
主要产品或业务范围：液压快速接头。

思辉流体科技（上海）有限公司
地址：上海市闵行区春西路688号厂房201、202室
邮编：201108
电话：021-34635159
传真：021-34635160
电子信箱：sales@spirstarchina.com
网址：www.spirstarchina.com
主要产品或业务范围：高压软管、高压阀门、高压管接头和高压管以及其他与液压相关的产品。

斯派莎克工程（中国）有限公司
地址：上海市闵行区浦江高科技园区新骏环路800号
邮编：201114
电话：021-24163666
传真：021-24163699
电子信箱：info@wmftg.cn
网址：www.watson-marlow.com
主要产品或业务范围：蠕动泵和与蠕动泵相关的食品、制药、化工和环保产业流体技术。

索里爱斯仪表（上海）有限公司
地址：上海市静安区芷江西路788号华舟商务楼1103室
邮编：200070
电话：021-66307110
传真：021-36532336
电子信箱：sss_cbi@126.com
主要产品或业务范围：阀门定位器，增速器，电气转换器，过滤减压阀，校验仪，气动控制装置等产品。

台湾伟允阀业股份有限公司
地址：上海市闵行区沪闵路2988号
邮编：201109
电话：021-54436001
传真：021-54436860
电子信箱：wyeco.valve@msa.hinet.net
网址：www.wyeco.com.tw
主要产品或业务范围：薄膜式调节阀、气缸式切断阀、Y形气缸式切断阀、PFA衬里膜片阀、超低温紧急切断阀、手动长轴低温阀、隔膜式蝶阀及气缸式蝶阀及球阀。

韬鸿机电（上海）有限公司
地址：上海市长宁区天山路600弄思创大厦4号5D
邮编：201821
电话：021-62569266
传真：021-62118628
电子信箱：fns@top-gr.com
网址：www.top-gr.com

主要产品或业务范围：生产闸阀、截止阀、球阀、止回阀等产品。

依乔流体技术（上海）有限公司
地址：上海市闵行区沪闵路1871号
邮编：201109
电话：021-64192603
电子信箱：qiaoyt@e-joe.cn
网址：www.e-joe.cn
主要产品或业务范围：专注生产高品质阀门及接头产品。

宇策国际贸易（上海）有限公司
地址：上海市浦东新区新金桥路1295号3号楼6楼
邮编：201206
电话：021-51699666
传真：021-50328311
电子信箱：sales@orientrol.com
网址：www.orientrol.com
主要产品或业务范围：主营自动化仪表，工业阀门及控制阀配套的相关产品。

成都凯隆精密机械制造有限公司
地址：四川省成都市经济技术开发区界牌工业园区
邮编：610100
电话：028-84857000
传真：028-84858487
电子信箱：kaloon@kaloon.cn
主要产品或业务范围：专业生产各类小型阀门、管件及各类锻造法兰。

成都迈可森流体控制设备有限公司
地址：四川省成都市双流区西南航空港经济开发区空港一路二段288号
邮编：610200
电话：028-85896562
传真：028-85865613
电子信箱：cdmksvc163.com
网址：www.mksvc.com.cn
主要产品或业务范围：从事以气液联动执行机构为代表的管线阀门执行机构的研发、设计、制造及相关技术服务。

乐山市杨中仪表阀门电器有限公司
地址：四川省乐山市中心城区白燕路中段222号
邮编：614000
电话：0833-2133882，2433252，13981333996
传真：0833-2130558
主要产品或业务范围：自力式气体调节器、气动薄膜调节阀、测量管路装置及其仪表附件。

斯加特流体控制设备（成都）有限公司
地址：四川省成都市蛟龙工业港双流园区汉江路428号

邮编：610200
电话：028-85731222
传真：028-85737288
电子信箱：sale@ct-flowcontrol.com
网址：www.ct-flowcontrol.com
主要产品或业务范围：中、大扭矩气动执行器。

四川华林自控科技有限公司
地址：四川省德阳市金沙江西路715号
邮编：618000
电话：0838-2919305
传真：0838-2806705
电子信箱：sunny.365@qq.com
网址：www.newhualin.cn
主要产品或业务范围：该公司是一家集调节阀研究、开发、生产、销售及建筑材料研发、生产于一体的综合型企业。开发了上百种特种调节阀，拥有21项国家专利。

四川杰特机器有限公司
地址：四川省简阳市成都资阳工业发展区东西大道3号
邮编：641402
电话：028-27722322，27721698
传真：028-27722063
电子信箱：sales@jtjq.com
网址：www.jtjq.com
主要产品或业务范围：专业生产往复泵、试压泵、高压水射流清洗/切割装置和压力检测系统。

四川欧曼机械有限公司
地址：四川省成都市经济技术开发区龙泉驿区南一路八十八号
邮编：610100
电话：028-84645638
传真：028-84645639
电子信箱：oilman_ww@163.com
网址：www.chinaoilman.com
主要产品或业务范围：地下杆式专用系列阀球、阀座及阀罩；针形阀、截止阀、节流阀、调节阀等耐高温高压、抗腐蚀冲蚀的硬质合金阀门密封副；三牙轮钻头，金刚石钻头泥浆喷嘴，金属密封环及球齿等硬质合金零件，游梁式抽油机。

四川威卡自控仪表有限公司
地址：四川省德阳市天山南路三段83号
邮编：618000
电话：0838-2903259，2903280
传真：0838-2901519
电子信箱：sales@valcam.cn
网址：www.valcam.cn
主要产品或业务范围：该公司为中方与加拿大威卡国际公司的合资企业，产品系列齐全，即VC9000系列直行程控制阀、ＶＣ3000系列直行程三通阀、ＶＣ2000系列直行程衬氟阀、ＶＣ5000系列球阀、ＶＣ6000系列蝶阀、ＶＣ7000系列高压阀、ＶＣ8000系列自力式调节阀、ＶＣ4000深冷调节阀八大系列及各种控制阀附件。

四川中油乐仪能源装备制造股份有限公司
地址：四川省乐山市市中区乐峨路西段233号
邮编：614013
电话：0833-2568008
传真：0833-2567888
电子信箱：Lsrg@rgmeter.com
网址：www.rgmeter.com
主要产品或业务范围：截止阀、节流截止放空阀、阀套式排污阀、双作用节流截止阀、安全阀、高中压针形仪表阀。

伯纳德（天津）仪表技术有限公司
地址：天津市宝坻区九园工业园区
邮编：300234
电话：022-59082906
传真：022-87806469
电子信箱：tj_ddzxq@163.com
网址：www.bonadeyb.com
主要产品或业务范围：电动执行器、电动阀门及配套产品。

汉能（天津）工业泵有限公司
地址：天津市北辰区双口工业园
邮编：300401
电话：022-86862999
传真：022-86881918
电子信箱：hannengbeng@163.com
网址：www.hnpumps.com.cn
主要产品或业务范围：生产常规泵、特殊泵、柴油机泵组、柴油机发电机组、拖车式移动泵车、自行走移动泵站等产品。

瑞莱尔（天津）控制阀有限公司
地址：天津市西青区安福道3号
邮编：300380
电话：022-23727899
电子信箱：really@reallycv.com
网址：www.reallycv.com
主要产品或业务范围：调节阀、球阀。

天津奥美自动化系统有限公司
地址：天津市滨海新区洞庭三街5号
邮编：300457
电话：022-25210606
电子信箱：tjaomei@qq.com
主要产品或业务范围：电动、气动、液动系统的控制阀、高温控制阀。

天津百利展发集团有限公司
地址：天津市北辰区西堤头镇东堤头工业区泰康路19号
邮编：300350
电话：022-60113881，66017200
传真：022-60111663
电子信箱：blzf@chinablzf.com
网址：www.chinablzf.com
主要产品或业务范围：井口装置、加氢裂化装置用阀、大口径球阀、平板闸阀、高温高压特殊金属阀、金属密封蝶阀等。

天津贝尔自动化仪表技术有限公司
地址：天津市北辰区双源经济开发区双江道龙淮路11号
邮编：300400
电话：022-27772369，27528973
传真：022-27529983
电子信箱：fw@bellaut.com
网址：www.bellaut.com
主要产品或业务范围：该公司是集电动执行器及电动调节型阀门的开发、制造和供应于一体的高科技企业。企业拥有四大系列、百种规格，多款性能和价位的系列产品。

天津贝特尔流体控制阀门有限公司
地址：天津市武清区京宾工业园古旺路11号
邮编：301712
电话：022-59699701
传真：022-59699768
电子信箱：zhanghaozhu@petrobest.com
网址：www.fluidbetter.com
主要产品或业务范围：自力式安全切断阀、自力式调压阀、轴流式调节阀。

天津博纳斯威阀门股份有限公司
地址：天津市宝坻区九园工业园区5号路
邮编：301802
电话：022-22400666
传真：022-22400555
电子信箱：bnswvalve@bnswvalve.com
主要产品或业务范围：蝶阀、电厂脱硫阀门、水力控制阀、软密封闸阀、止回阀、闸阀、截止阀、球阀、刀形闸阀、电站阀门、衬氟阀门、衬胶阀门等。

天津布雷特阀门科技有限公司
地址：天津市东丽区万新街道北程林工业园
邮编：300400
电话：4008708405
传真：4008708405
电子信箱：brteefm@163.com
网址：www.brtvalve.com
主要产品或业务范围：阀门电动装置。

天津富赛克流体控制设备有限公司
地址：天津市津南区泰达科技园区科达三路5号
邮编：300350
电话：022-28669789，88651666，88651221
传真：022-88651222
电子信箱：fsk@fskvalve.com
网址：www.fskflow.com
主要产品或业务范围：三偏心金属硬密封蝶阀，高性能蝶阀（API 609 B类，MSS 68），金属硬密封和软密封球阀，硬密封C形球阀，半球阀，硬密封止回阀。

天津汇华阀业有限公司
地址：天津市津南区小站镇黄台工业园区赢业路2号
邮编：300300
电话：022-88629165
传真：022-88629166
网址：www.hiwa.cn
主要产品或业务范围：蝶阀、闸阀、截止阀、过滤器、对夹止回阀、旋启式止回阀、立式消声止回阀等。

天津吉恩多阀门有限公司
地址：天津市津南区八里台镇开拓道17号
邮编：300000
电话：022-58202887
传真：022-88732188
电子信箱：tjfv@163.com
网址：www.gyendo.com
主要产品或业务范围：专业生产无销蝶阀、电动蝶阀、气动蝶阀、法兰蝶阀、蝶式双板止回阀、过滤器、水泵扩散器和控制止回阀。

天津津伯仪表技术有限公司
地址：天津市滨海新区华苑产业园区海泰华科三号路1号
邮编：300384
电话：022-27630178
传真：022-87537535
电子信箱：jbybkj@126.com
网址：www.tjjbyb.com.cn
主要产品或业务范围：设计、生产、销售普通型、防护型、防爆型、调节型、开关型、智能型的多回转、角行程、直行程十余系列、几十个品种、近千个规格的电动执行机构产品。

天津精通自动化仪表有限公司
地址：天津市西青区华苑产业区（环外）海泰南北大街15号
邮编：300384
电话：022-23727899
传真：022-23718077
电子信箱：tjjt@tjyibiao.com
网址：www.tj-yibiao.com

主要产品或业务范围：调节阀、球阀、蝶阀、隔膜阀、闸阀、截止阀、止回阀和气动执行器等产品。

天津开利达控制技术开发有限公司
地址：天津市南开区雅安道南开工业园金平路10号
邮编：300190
电话：022-87894518，87894519
传真：022-87894598
电子信箱：kld-sales@kld.cn
网址：www.kld.cn
主要产品或业务范围：阀门电动执行机构、自动化产品。

天津普友机电设备股份有限公司
地址：天津市津南区（西区）北京街7号
邮编：300350
电话：022-28571168
传真：022-28571218
电子信箱：marketing@puyou.com.cn
网址：www.puyou.com.cn
主要产品或业务范围：泵类、潜海水（消防）泵等。

天津圣恺工业技术有限公司
地址：天津市东丽区中环南路106号
邮编：300308
电话：022-58838558，58838568，58838588
传真：022-58838555
电子信箱：shengkai@shengkai.com
网址：www.shengkai.com
主要产品或业务范围：陶瓷阀门、金属阀门。

天津市佰纳德自控仪表技术开发有限责任公司
地址：天津市南开区向阳路33号增5号
邮编：300111
电话：022-27642348，27618979
传真：022-27642348
电子信箱：tjbnd022@163.com
网址：www.bndyb.cn
主要产品或业务范围：天佰牌DKJ系列，引进法国伯纳德SD系列、SR系列等电动执行机构。

天津市宝恒流体控制设备股份有限公司
地址：天津市西青区华苑产业区(环外)海泰发展1路2号
邮编：300384
电话：022-23785511，23785522，23785533
传真：022-23783388
电子信箱：baoheng@263.net
网址：www.tjbaoheng.com.cn
主要产品或业务范围：电、气动执行器和调节阀门。

天津市金子仪表控制技术有限公司
地址：天津市西青区华苑鑫茂科技园区C-1-D

邮编：300394
电话：022-83711701
传真：022-83711703
电子信箱：tjjzznt@vip.xina.com
网址：www.tj-kameko.com
主要产品或业务范围：电磁阀。

天津市津达执行器有限公司
地址：天津市西青区中北工业园阜盛道兴族路2号
邮编：300112
电话：022-87913388，87913198
传真：022-87910198
电子信箱：jdzxq@jdzxq.com
网址：www.jdzxq.com
主要产品或业务范围：电动执行机构、配套仪表。

天津市津塘阀门厂
地址：天津市东丽区金钟河大街外环线外（徐庄子工业区）
邮编：300251
电话：022-26326955，26338020
传真：022-26336640
电子信箱：tjvt@tjvt.com
网址：www.tjvt.com
主要产品或业务范围：闸阀、蝶阀、电动蝶阀、电动调节阀、截止阀、止回阀、球阀、调节阀等产品。

天津市聚能高压泵有限公司
地址：天津市北辰区北辰经济技术开发区科技园景通路10号
邮编：300402
电话：022-26622211
传真：022-86879897-8002
电子信箱：tjjn_hr@163.com
网址：www.tjjuneng.com
主要产品或业务范围：专业生产高压往复泵。主要产品有各类型号高压泵、机械密封等。

天津市龙城自动化仪表有限公司
地址：天津市北辰区优谷新科园
邮编：300402
电话：022-26712291，26717090，26712297
传真：022-26717096
电子信箱：tjlongcheng@163.com
网址：www.tjlcyb.cn
主要产品或业务范围：电动执行机构及相关仪表的研制开发工作。

天津市盛凯达阀业有限公司
地址：天津市武清区曹子里镇小高口工业园
邮编：300000
电话：022-27528826

传真：022-27528825
电子信箱：209874807@qq.com
网址：www.skdtj.com
主要产品或业务范围：电动执行机构、电动阀门。

天津市塘沽第一阀门有限公司
地址：天津市东丽区无瑕工业园金航道8号
邮编：300301
电话：022-24354000，24353005
传真：022-24353006
电子信箱：sales@tvi.cn
网址：www.tvi.cn
主要产品或业务范围：对夹式蝶阀、法兰蝶阀、金属密封阀、止回阀及各类型闸阀、空气调节阀等。

天津市塘沽津滨阀门有限公司
地址：天津市滨海新区塘沽海洋高新技术开发区华山道303号
邮编：300451
电话：022-25215973，25215983
传真：022-25215973
电子信箱：tht_ff@163.com
网址：www.tjjbfm.com
主要产品或业务范围：大口径法兰蝶阀、对夹蝶阀、硬密封蝶阀、橡胶闸阀、铸钢闸阀、止回阀、盲板阀、泄爆阀、煤气放散阀、泄灰球阀。

天津市天二通阀门自控有限公司
地址：天津市宝坻区九园工业区第三大街
邮编：300240
电话：022-24727628
传真：022-29920585
电子信箱：11156899@qq.com
主要产品或业务范围：电动执行器、电动阀门及配套产品。

天津市通博阀门自控有限公司
地址：天津市东丽区程林庄宏亮工业园
邮编：300300
电话：022-60569266，60569466
传真：022-60569266
电子信箱：tjtubo@126.com
网址：www.tjtubo.com
主要产品或业务范围：专业从事阀门电动执行器、电动阀门自动化控制系统的研发、生产和销售。

天津市宇环电子仪表厂
地址：天津市河东区津塘路157号二纺机院内
邮编：300180
电话：022-23394650，24399105
传真：022-23396718，24963759
电子信箱：yuhuan1948@163.com

主要产品或业务范围：生产气动辅助单元仪表、气动执行器、电动执行器、调节阀、(管式、板式)液位计，可承接工业自动化仪表的各类成套项目。

天津塘沽阀门有限责任公司
地址：天津市滨海新区塘沽海洋高新区燕山道228号
邮编：210038
电话：4001591956
传真：022-25714939
电子信箱：tvt65727386@163.com
网址：www.cntvt.cn
主要产品或业务范围：中线蝶阀、法兰蝶阀、金属蝶阀、闸阀、截止阀、球阀、止回阀、水力控制阀、微阻缓闭止回阀、多功能水泵控制阀等系列产品。

天津塘沽瓦特斯阀门有限公司
地址：天津市滨海新区金江路1999号
邮编：300451
电话：022-65728888，4006266767
传真：022-65727733
电子信箱：service@twtvalve.com
网址：www.twtvalve.com
主要产品或业务范围：蝶阀、偏心半球阀、调流阀、菱形调节阀、排气阀和水力控制阀等。

天津中阀科技有限公司
地址：天津市宝坻区九园工业区3号
邮编：301802
电话：022-22401159
电子信箱：info@zfkjv.com
网址：www.zfkjv.com
主要产品或业务范围：阀门。

昆明埃利伯特电气工程有限公司
地址：云南省昆明市新亚洲体育城水晶堡28-3-102
邮编：650106
电话：0871-68350111，68350222
传真：0871-68351000
联系人：毛工
电子信箱：ilbot@tom.com
网址：www.ynilbot.com
主要产品或业务范围：主要产品有智能显示控制类（带记录、控制、调节的各类显示仪表）、现场检测变送类（包括温度、压力、物位、流量四大物理量的传感器和变送器）、分析仪表、便携式仪表、调节阀执行机构、变频器和PLC等。

博雷（中国）控制系统有限公司
地址：浙江省杭州市萧山区高新六路98号
邮编：311231
电话：0571-82852200

传真：0571-83782221
电子信箱：chinasales@bray.com
网址：www.bray.com.cn
主要产品或业务范围：蝶阀、球阀、止回阀。

德帕姆（杭州）泵业科技有限公司
地址：浙江省杭州市杭州经济技术开发区20号大街658号
邮编：310018
电话：0571-86400588
传真：0571-86408588
电子信箱：depamu@depamu.com
网址：www.depamu.com
主要产品或业务范围：计量泵，三柱塞往复泵，气动隔膜泵，石油化工泵。

东辰智能科技有限公司
地址：浙江省杭州市余杭区仁和街道启航路101号
邮编：311100
电话：0571-85222210
电子信箱：info@chinadocn.com
网址：www.docnvalve.com
主要产品或业务范围：制造各种阀门。

方正阀门集团有限公司
地址：浙江省温州市经济技术开发区滨海一道1921号
邮编：325025
电话：0577-67356515
传真：0577-67358449
电子信箱：fzvalve@china-fzv.com
网址：www.fzvgroup.com
主要产品或业务范围：球阀、闸阀、蝶阀。

杭州富阳宏伟阀业有限公司
地址：浙江省杭州市富阳区大桥南路81号
邮编：311421
电话：0571-63500288
传真：0571-63500287
联系人：丁先生
电子信箱：zjlntjf@163.com
网址：www.zjhwfy.com
主要产品或业务范围：气（电）动调节阀、球阀、蝶阀、自力式压力调节阀等。

富阳斯派尔阀门厂
地址：浙江省杭州市富阳区灵桥工业园区
邮编：311402
电话：0571-63362236
传真：0571-56535235
电子信箱：zgtjfm@126.com
主要产品或业务范围：气/电动单座、套筒、角型、三通分（合）流、V形调节阀、蝶阀，直接作用自力式压力（微差压）、温度调节阀及定位器、手轮机构等阀门附件，并承制客户需求的各种特殊阀门及进口装置配套阀门。

高能阀门集团有限公司
地址：浙江省温州市永嘉县瓯北东瓯工业园区
邮编：325105
电话：0577-67318785，67318786
传真：0577-67317009
电子信箱：hpv-valve@vip.163.com
网址：www.gaonengvalve.com
主要产品或业务范围：蝶阀、球阀、电站阀、闸阀、截止阀、止回阀、旋塞阀、水力控制阀、API阀门等。

杭州昌晖自动化系统有限公司
地址：浙江省杭州市环城北路10号通宝商厦9楼D座
邮编：310004
电话：0571-85807126，85571866
传真：0571-85807129
电子信箱：swp@126.com
网址：www.chswp.com
主要产品或业务范围：数字仪表，现场过程参量变送单元，彩色/单色无纸记录仪，压力/差压变送器，数显/光柱显示控制仪，液位变送器，PID控制器，低功耗现场显示温度/压力变送器，智能流量积算仪，各类配电器、隔离器、安全栅，各类智能电工仪表，超声物位变送器。

杭州茨中自控阀门有限公司
地址：浙江省杭州市桐庐县江南镇金堂路788号（阿尔法产业园）4幢
邮编：311401
电话：0571-63137991，23288508
传真：0571-63131110
电子信箱：hzhs51@163.com
网址：www.zjhsfy.com
主要产品或业务范围：主要产品有ZMQP、ZMQM系列气动薄膜切断阀；ZXP、ZXM系列气动精小型调节阀；ZSHO、ZSHV系列的气动调节球阀；ZXX、ZXQ气动薄膜三通分(合)流调节阀；ZMAWH系列气动薄膜蝶阀；ZCM系列气动隔膜阀；ZKZ系列电动调节阀；ZZY、ZZW系列自力式压力(温度)调节阀；ZZV、ZZC系列自力式微(差)压调节阀等。

杭州德普测量设备有限公司
地址：浙江省杭州市崇贤街道王家门1号
电话：0571-87682771，87682773
传真：0571-87682772
电子信箱：hzdepp@163.com
网址：www.hzdepp.com
主要产品或业务范围：光栅尺、球栅尺和测量设备。

杭州富恒仪表阀门有限公司
地址：浙江省杭州市富阳区场口工业园区太阳山路19号
邮编：311418
电话：0571-63551878，63558797
传真：0571-63558155，63558638
电子信箱：hzfhfy@163.com
网址：www.hzfhfy.com
主要产品或业务范围：气、电动单座、套筒、角形、三通分(合)流、V形调节阀、蝶阀，直接作用自力式压力(微差压)、温度调节阀及定位器、手轮机构等阀门附件，并承制客户需求的各种特殊阀门及进口装置配套阀门。

杭州富阳诺尼韦尔阀门有限公司
地址：浙江省杭州市富阳区高桥工业园区3号
邮编：311400
电话：0571-63126771，63327749
传真：0571-63126821
电子信箱：fynnwe@163.com
主要产品或业务范围：高真空蝶阀、角座阀、电动调节阀、气动调节阀；自力式压力调节阀；温度调节阀，精小型调节阀；微（差）压调节阀等系列品种。

杭州富阳市明达仪表阀业有限公司
地址：浙江省杭州市富阳区东洲工业功能区六号路8号
邮编：311401
电话：0571-63433288
传真：0571-63433278
电子信箱：308026840@qq.com
网址：www.hzmdfy.com
主要产品或业务范围：公司主要生产气/电动调节阀、切断阀、自力式压力（温度）调节阀等产品。

杭州富阳自力控制阀有限公司
地址：浙江省杭州市富阳区恩波大道1003号
邮编：311400
电话：0571-23202155
传真：0571-23282951
电子信箱：zlkzf@163.com
主要产品或业务范围：自力式压力调节阀；温度调节阀；电动调节阀；气动薄膜三通分（合）流调节阀；微（差）压调节阀等。

杭州哈泰克科技有限公司
地址：浙江省杭州市西湖区翠柏路6号浙江省电子技术研究所2号楼4楼
邮编：310012
电话：0571-88480430
传真：0571-88855398
电子信箱：service@hzzdjd.com
网址：www.hzzdjd.com

主要产品或业务范围：HTC系列温湿度记录仪、HTC无线温湿度监控系统、RS485网络温湿度监测系统。

杭州佳能阀门有限公司
地址：浙江省杭州市萧山区通惠北路1-4号
邮编：314000
电话：0571-82875099、82780821
传真：0571-82767151
电子信箱：hzjmjl@163.com
网址：www.hzjmjl.com
主要产品或业务范围：气（电）直行程系列调节阀、气（电）角行程系列调节阀、自力式压力/温度/差压系列调节阀、防空化高压系列调节阀及其他耐磨/耐腐蚀/低温/微小流量/快速切断/夹套保温等特殊调节阀。

杭州金山仪表阀业有限公司
地址：浙江省杭州市富阳区灵桥镇羊家埭路7号
电话：0571-63557808
传真：0571-63559158
电子信箱：kinghnil888@126.com
网址：www.zjfcj.com
主要产品或业务范围：专业从事气（电）动调节阀、气（电）动球阀、气（电）动蝶阀、自力式压力调节阀及特种阀门的研究设计及制造。

杭州晶达自动化仪表公司
地址：浙江省杭州市储鑫路38-1号
邮编：310015
电话：0571-88056530
传真：0571-88071329
电子信箱：jdgxy@163.com
主要产品或业务范围：LED光电器件和自动化仪表的开发和生产，如JDG型LED光柱系列、DPGZ型LED光柱显示仪系列。

杭州科艺自动化仪表有限公司
地址：浙江省杭州市祥茂路16号威格科技园
邮编：310011
电话：0571-88084690，88823573，88802497
传真：0571-88823573
电子信箱：hzkeyi@126.com
网址：www.hz-kyzd.com
主要产品或业务范围：液位调节器、电动执行器、电动调节阀等。

杭州蓝圣阀门有限公司
地址：浙江省杭州市富阳区东洲工街道东洲工业功能区中心路2号
邮编：311401
电话：0571-23252111
传真：0571-23291602
电子信箱：sales@lasen.com.cn

网址：www.lasen.com.cn
主要产品或业务范围：高磅级蝶阀、自力式压力调节阀、气（电）动调节阀、气（电）动切断阀及特种阀门。

杭州良工阀门有限公司
地址：浙江省杭州市富阳区高桥镇高富路5号
电话：0571-63436868
传真：0571-63436969
电子信箱：lgfm@zjlgfm.com
网址：www.zjlgfm.com
主要产品或业务范围：生产自控阀门的专业企业。

杭州盘古自动化系统有限公司
地址：浙江省杭州市西湖区西湖科技园振华路206号西港新界B区3号楼6-7层
邮编：310030
电话：0571-87770830，87770831，87770832
传真：0571-87770820
电子信箱：hzpg@vip.163.com
网址：www.pangu.com.cn
主要产品或业务范围：无纸记录仪、流量积算仪、电磁流量计、电磁热量表、电磁水表、控制器、真空计、差示扫描量热仪。

杭州瑞裕电子执行器制造有限公司
地址：浙江省杭州市滨江区长河街道绿香街81号
邮编：310052
电话：0571-87774226
传真：0571-87774027
电子信箱：salesruiyuactuator.com
网址：www.ruiyuactuator.com
主要产品或业务范围：公司专业从事电动执行器和智能仪表的生产开发。

杭州唐能阀门有限公司
地址：浙江省杭州市富阳区灵桥镇董家桥村中心路8号
邮编：311418
电话：0571-63589777
传真：0571-63588222
电子信箱：hztnfm@163.com
网址：www.hztnfm.cn
主要产品或业务范围：专业设计制作的电动执行器，主要有电子型（调节型）、开关型和温控型三大系列。

杭州拓康自动化设备有限公司
地址：浙江省杭州市余杭区闲林街道闲兴路32号
邮编：310000
电话：0571-89080018
传真：0571-89080020
电子信箱：market@tuokangkeji.com
网址：www.tuokangkeji.com

主要产品或业务范围：无纸记录仪、有纸记录仪、温湿度变送器。

杭州西也纳自控设备有限公司
地址：浙江省杭州市余杭区义桥工业区宇达路21号
邮编：311121
电话：0571-88651805
传真：0571-88651807-8001
电子信箱：87939176@qq.com
网址：www.xiyena.net
主要产品或业务范围：公司专业研制、开发、生产、智能电动执行器和电动调节阀。

杭州萧山永灵电磁阀有限公司
地址：浙江省杭州市萧山区瓜沥镇坎山塘上
邮编：311243
电话：0571-82586168
传真：0571-82519437
电子信箱：317881439@qq.com
网址：www.yldcf.com
主要产品或业务范围：生产电磁阀。

杭州哲达科技股份有限公司
地址：浙江省杭州市西湖区教工路88号立元大厦6楼
邮编：310012
电话：0571-88839666
传真：0571-88063806
电子信箱：zeta@zetacn.com
网址：www.zetacn.com
主要产品或业务范围：自主研发的智慧阀门集成了压力、压差、温度、温差、流量与能量的高级测量功能。

杭州中科阀门有限公司★
地址：浙江省杭州市富阳区富春街道三根桥第1幢
邮编：311418
电话：0571-63338331，63120215
传真：0571-63338332
联系人：李夏元
电子信箱：fyhuaxia@126.com
网址：www.zjzkfm.com
主要产品或业务范围：该公司是各类工业过程控制阀及相关自控设备的专业制造企业。一直致力于工业过程控制阀及相关设备的研制与生产，是一个集科研开发与制造经营于一体的科技型企业。公司专业制造气动、电动工业控制阀及工艺阀门等多个系列、多种规格的产品，广泛应用于造纸、化纤、石化、石油、电力、冶金、化工、环保、轻工、制药、楼宇自动化等工业部门的自动化控制系统。

杭州中瑞自动化系统有限公司
地址：浙江省杭州市古翠路76号怡泰大厦701室

邮编：310012
电话：0571-89935464，89935465，89935466
传真：0571-89935479
电子信箱：maxzr@163.com
网址：www.zrmax.com
主要产品或业务范围：校验仪表、流量仪表、物位仪表、压力仪表、分析仪表、传感器及显示记录仪表、信号隔离器等各项产品。

湖州贝德流体设备有限公司
地址：浙江省湖州市吴兴区八里店镇工业园2号
邮编：313000
电话：0572-3958595，13059906725
传真：0572-3958595
电子信箱：BESTLOK123@163.com
网址：www.wstflow.com
主要产品或业务范围：背压阀、卡套球阀、安全阀等流体控制阀门及各种管接头。

江南阀门有限公司
地址：浙江省温州市机场大道616号
邮编：325013
电话：0577-86855555，86888888
传真：0577-86376968，86897720
电子信箱：jnfm@jiangnanvalve.com
网址：www.chinavalve.net
主要产品或业务范围：该公司的主要产品有JTS型气动单座调节阀、JJLS单座调节阀、HTC调节阀、JLSW波纹管单座调节阀、JD2000型高性能蝶阀、金属密封三偏心蝶阀、电液联动快速关闭阀、电动真空蝶阀、变频调速阀、抽汽止回阀等4500种规格。

凯瑞特阀业有限公司
地址：浙江省瑞安市南滨高薪技术园区江南大道299号
邮编：325207
电话：0577-66859222
传真：0577-66859222
电子信箱：sales@kairute.com
网址：www.kairute.com
主要产品或业务范围：国标通用阀门、国际高性能阀门、低温阀门、抗硫阀门。

康赛特自动化集团有限公司
地址：浙江省温州市龙湾区滨海工业区四道三路583号
邮编：325024
电话：0577-86873008
传真：0577-86874016
电子信箱：kathy@kst-cn.com
网址：www.kst-cn.com
主要产品或业务范围：气动阀、电动阀、电磁阀、隔膜阀以及气动执行器、电动执行器。

乐清柳市宏星仪表厂
地址：浙江省乐清市柳市长虹工业区长虹路109－111号宏星大厦
邮编：325604
电话：0577－62757958
传真：0577－62751920
联系人：陈先生
电子信箱：sales@hongxingchina.com
主要产品或业务范围：TEH485智能时间继电器，TEHC系列多点智能温控仪。

乐清市人民仪表有限公司
地址：浙江省乐清市宋湖工业区宋湖路3号
邮编：325600
电话：0577－62522775
传真：0577－62534399
联系人：王剑
电子信箱：renmin@wz.zj.cn
网址：www.yqpi.com
主要产品或业务范围：智能阀门定位器、电磁阀、电气阀门定位器、防爆限位开关、电气转换器、防爆线圈、阀位变送器、限位开关、气动保位阀、空气过滤减压器等。

乐清市自动化仪表九厂
地址：浙江省乐清市汇丰路2号
邮编：325600
电话：0577－62522298
传真：0577－62526698
电子信箱：market@chinayyj.com
网址：www.chinayyj.com
主要产品或业务范围：该厂专业生产电/气转换器、电/气阀门定位器。

丽水中德石化设备有限公司
地址：浙江省丽水市莲都区水阁工业区遂松路331号
邮编：323000
电话：0578－2976255
传真：0578－2976277
电子信箱：sales@zhongdeauto.com
网址：www.zhongdeauto.com
主要产品或业务范围：智能型电液执行机构和液压控制系统。

龙飞集团有限公司
地址：浙江省乐清市宁康西路338号
邮编：325600
电话：0577－62517888
传真：0577－62517999
联系人：林丽芬
电子信箱：lifen@longfei.com
网址：www.longfei.com
主要产品或业务范围：齐纳安全栅（LB800系列、LB900

系列、LF700熔丝可换式系列）、LF2000系列隔离安全栅、LLF200系列电源分配器、25DX系列防爆防水控制箱、LLF300系列防爆阀门控制箱、BSX系列防爆防水分线箱。

罗托克执行器有限公司
地址：浙江省温州市东瓯工业园区
邮编：325107
电话：0577－67372881，67372886
传真：0577－67372882
电子信箱：rotork@chinarotork.cn
网址：www.chinarotork.cn
主要产品或业务范围：公司生产的智能型电动执行机构是当今世界顶尖智能型产品，与各种阀门配套，组成执行单元，既能满足频繁调节控制，又能满足断续控制的要求，并能实现现场总线智能测控。

宁波可星机电科技有限公司
地址：浙江省宁波市奉化方桥工业园区恒丰路西端
邮编：315514
电话：0574－88680509
传真：0574－88847600
电子信箱：nbrfs@nbrfs.com
主要产品或业务范围：专业从事各类气动执行器、气动阀、电磁阀的研发、生产、销售和服务。

宁波灵峰洛克流体系统科技有限公司
地址：浙江省宁波市奉化东郊开发区天峰路80号
邮编：315502
电话：0574－88955298
传真：0574－88955377
电子信箱：lf-lok@163.com
网址：www.lf_lok.com
主要产品或业务范围：专业生产不锈钢仪表高压球阀、高压针形阀、双卡套高压接头、高压止回阀、快速接头、减压阀、精密过滤器、VCR洁净管阀件。

瑞安川仪调节阀有限公司
地址：浙江省瑞安市塘下振兴街28号
邮编：325204
电话：0577－65390907
传真：0577－65373024
电子信箱：cy40@qq.com
网址：www.cy40.com
主要产品或业务范围：调节阀系列，蝶阀系列，球阀系列，长行程执行机构等。

瑞安市工业自动化仪表总厂
地址：浙江省瑞安市塘下镇岑头西路70号
邮编：325204
电话：0577－65371923

传真：0577-65373492
电子信箱：65371924@163.com
网址：www.ravalve.com
主要产品或业务范围：气/电执行器、气动快速切断调节蝶阀、高温高压硬密封球阀/蝶阀、风箱挡板控制装置、碳分子筛制机均为国家重点新产品项目。

瑞安市宏力科技有限公司
地址：浙江省瑞安市景湖街道桃花村对面
邮编：325200
电话：0577-65663678
传真：0577-65673678
电子信箱：zjhongli@zjhongli.cn
网址：www.zjhongli.cn
主要产品或业务范围：精小型电动阀门执行机构、精小型电动阀门及其自动化控制系统。

瑞安市中兴执行器有限公司
地址：浙江省瑞安市塘下镇陈宅工业区
邮编：325204
电话：0577-65351923，65373332
传真：0577-65351924
电子信箱：info@china-actuator.com
网址：www.china-actuator.com
主要产品或业务范围：该公司是生产执行器专业厂家。主要生产各种电/气动执行器、长行程执行机构、过程控制用元器件及烟道风门挡板等产品。

史陶比尔（杭州）精密机械电子有限公司
地址：浙江省杭州市经济技术开发区围垦街122号
邮编：310018
电话：0571-56608888-1326
传真：0571-86912522
电子信箱：fcs.marketing.cn@staubli.com
网址：www.rs-china.cn
主要产品或业务范围：干式无泄漏接头、紧急拉断阀、工业用蒸汽清洗喷枪和上万种异型快速接头。

双达阀门股份有限公司
地址：浙江省温州市瓯北三桥工业区双达工业园
邮编：325105
电话：0577-67372228，67372227
传真：0577-67372229
电子信箱：cnsdv@cnsdv.com
网址：www.cnsdv.com
主要产品或业务范围：蝶阀、球阀、平板闸、闸阀、截止阀、止回阀、隔膜阀、水力控制阀等。

宁波源达机电控制设备有限公司
地址：浙江省余姚市兰江街道石婆桥西路168号
邮编：361009

电话：13917173416
传真：0574-6253416
电子信箱：sales@kimax.com.tw
网址：www.kimax.com.tw
主要产品或业务范围：生产销售电动执行器、气动执行器、球阀、蝶阀以及其他各类工业阀门。

台州巨航自动化设备科技有限公司
地址：浙江省玉环市大麦屿街道普青工业园区
邮编：317600
电话：0576-87208157
传真：0576-87208537
电子信箱：juhang@juhangkj.com.cn
网址：www.tzjhkj.com
主要产品或业务范围：阀门气动执行器、阀门手动执行器、备类自动化控制阀门。

天胜阀门集团有限公司
地址：浙江省温州市瓯北东瓯工业区天胜工业园
邮编：325105
电话：0577-67315111，67372688
传真：0577-67314518，67316725
电子信箱：tsv@tsv.cn
网址：www.tsv.cn
主要产品或业务范围：蝶阀，闸阀，止回阀，截止阀，球阀等产品符合国标、美标、日标、德标的阀门。

温州博科气动阀门科技有限公司
地址：浙江省温州市永嘉县瓯北街道安丰工业区园区大道998号
邮编：325102
电话：0577-67988198
传真：0577-67988898
电子信箱：boke@bok-actuators.com
网址：www.bokvalve.com
主要产品或业务范围：气动液动执行器及气动阀门、液动阀门。

温州登宇阀门制造有限公司
地址：浙江省温州市永嘉县瓯北和二工业区
邮编：325102
电话：0577-67313648，67980967
传真：0577-67980957
电子信箱：xzvalve@yahoo.com.cn
网址：www.xzvalve.com
主要产品或业务范围：闸阀、截止阀、止回阀、球阀、蝶阀、锻钢阀门、美标阀门系列等。

温州鼎新阀门有限公司
地址：浙江省温州市龙湾区滨海园区三道三路589号
邮编：325024

电话：0577-86917008
传真：0577-86917928
电子信箱：57387@qq.com
网址：www.zjdxv.com
主要产品或业务范围：对夹式止回阀。

温州海米特阀门厂
地址：浙江省温州市龙湾区海城龙瑞大道468号
邮编：325055
电话：0577-85232083，85235823
传真：0577-85228036
电子信箱：hmtvalve@163.com
网址：www.hmtvalve.com
主要产品或业务范围：CV3000系列调节阀、O形切断球阀H301K、高性能系列蝶阀。

温州合力自动化仪表有限公司
地址：浙江省温州市乐清柳市兴业北路8-88号
邮编：325603
电话：0577-62929668
传真：0577-62927699
电子信箱：heli@cnheli.com
网址：www.cnheli.com
主要产品或业务范围：电动执行器、风阀驱动器、LQ型电动执行器、气动执行器、电动球阀、电动蝶阀等自控类阀门。

温州华控科技有限公司
地址：浙江省温州市永嘉乌牛东蒙工业区
邮编：325103
电话：0577-67305888，13968999688
传真：0578-2978989
联系人：杨国平
电子信箱：cnhurko@hotmail.com
网址：www.hurko.com.cn
主要产品或业务范围：智能型电动执行机构。

温州凯跃自动化设备有限公司
地址：浙江省温州市机场大道703号
邮编：325024
电话：0577-86873866
传真：0577-86891800
电子信箱：Kenue2009@163.com
主要产品或业务范围：专业生产各类气动/电动调节阀、切断阀、特种工况阀门，已有多年历史，产品规格多达两千余种。

温州利沃夫自控阀门科技有限公司
地址：浙江省温州市永嘉县瓯北安丰工业区
邮编：325105
电话：0577-67008999

传真：0577-67328967
电子信箱：350260998@qq.com
网址：www.lwfvalve.com
主要产品或业务范围：高压调节阀、气动薄膜调节阀、自力式调节阀、电动三通调节阀等产品。

温州罗拜自动化有限公司
地址：浙江省温州市龙湾区滨海园区二道十一路410号
邮编：325024
电话：0577-86898000
传真：0577-85626588
电子信箱：xtdp@luobai.org
网址：www.luobai.org
主要产品或业务范围：专业生产气动执行装置与各类自控阀门。

温州赛维阀门管件有限公司
地址：浙江省温州市龙湾区七四工业区览金路15号
邮编：325024
电话：0577-85985687
传真：0577-85983587
电子信箱：474634377@qq.com
主要产品或业务范围：法兰连接阀、截止阀、止回阀、过滤器、闸阀、蝶阀等各种产品。

温州生贵阀门股份有公司
地址：浙江省温州市龙湾区永兴大塘工业区
邮编：325024
电话：0577-86911199
传真：0577-86918988
电子信箱：sengui@sgv.cc
网址：www.sgv.cc
主要产品或业务范围：高中压球阀、闸阀、截止阀、止回阀、蝶阀、旋塞阀、低温阀、锻钢阀等系列阀门及管件。

温州盛天余阀门有限公司
地址：浙江省温州市龙湾区高新技术开发区天中路1555号
邮编：325024
电话：0577-85987099
传真：0577-85987444
电子信箱：sty@styfm.com
网址：www.styfm.com
主要产品或业务范围：专业开发、制造、销售各种锻钢闸阀、截止阀、止回阀及球阀系列阀门。

温州市阿尔阀科技有限公司
地址：浙江省温州市龙湾区海滨街道155号
邮编：325024
电话：0577-86874578
传真：0577-86874578
电子信箱：aefcn@aefcn.com

主要产品或业务范围：闸阀、截止阀、止回阀、球阀、蝶阀、减压阀、泄压阀及各类特殊专用阀门约两千多个品种规格。

温州市金顺石化阀门有限公司
地址：浙江省温州市龙湾区永强大道3345号
邮编：325025
电话：0577-86810138
传真：0577-86825589
电子信箱：js@jinshun-valve.com
主要产品或业务范围：球阀，气动蝶阀，闸阀，截止阀，止回阀等。

温州市利普自控设备有限公司
地址：浙江省温州市牛山路炬光园中路125号
邮编：325000
电话：0577-88608601，88608605
传真：0577-88608602
电子信箱：wzlipu@163.com
网址：www.wzlipu.com
主要产品或业务范围：该公司是工业过程控制阀及有关自控设备的专业制造企业，是中国仪器仪表学会理事单位，专业生产硬密封气动V形调节球阀。公司通过ISO 9001:2000版质量体系认证。

温州市万士通阀门有限公司
地址：浙江省温州市龙湾区沙城工业区宏瑞路568号
邮编：325024
电话：0577-85820688
传真：0577-56900897
电子信箱：market@wonston.net
网址：www.wonston.cn
主要产品或业务范围：手动、气动和电动的球阀、截止阀、闸阀、止回阀、过滤器等各种阀门及卫生级管件。

温州市喜得龙阀门有限公司
地址：浙江省温州市龙湾区永兴街道滨海三路566号
邮编：325024
电话：0577-86873887
传真：0577-86890889
电子信箱：info@xdlvalve.com
网址：www.xdlvalve.com
主要产品或业务范围：高平台球阀、薄型球阀、对夹式止回阀、一体式球阀。

温州市展诚阀门有限公司
地址：浙江省温州市龙湾区中心工业区度山段
邮编：325011
电话：0577-86913886
传真：0577-86913568
电子信箱：782577738@qq.com

网址：www.zcvalve.cn
主要产品或业务范围：球阀、过滤阀、截止阀、止回阀、闸阀、管道阀门等。

温州市中力阀门有限公司
地址：浙江省温州市海滨工业区
邮编：325024
电话：0577-86876698，86875208
传真：0577-86875308
电子信箱：valvemanufacturer@163.com
网址：www.zhonglivalve.com
主要产品或业务范围：闸阀、截止阀、止回阀、球阀、蝶阀、电站专用阀、搪瓷隔膜阀、搪瓷蝶阀。

温州苏正自控阀门有限公司
地址：浙江省温州市永嘉县瓯北安丰工业区舟山路101号
邮编：325105
电话：0577-67365650，67367650
传真：0577-67368650
电子信箱：suzhtim@126.com
网址：www.suzvalve.com
主要产品或业务范围：气动阀门和电动阀门。

温州同恒阀门有限公司
地址：浙江省温州市永嘉县瓯北张堡工业区
邮编：325105
电话：0577-67959922
传真：0577-67959921
电子信箱：2289877378@qq.com
网址：www.tkingv.com
主要产品或业务范围：专业生产不锈钢球阀、截止阀、闸阀、止回阀等系列阀门。

温州万强法兰科技有限公司
地址：浙江省温州市龙湾区永兴工业区兴工路7号
邮编：325024
电话：0577-86910299，86910298
传真：0577-86930568，86920838
电子信箱：cwqfl@163.com
网址：www.chinawanqiang.com
主要产品或业务范围：专业生产各种规格的不锈钢法兰管件，是一家集冶炼、锻压、车削于一体的生产企业。

温州沃得森阀门科技有限公司
地址：浙江省温州市龙湾区高新园区度山路178号
邮编：325011
电话：0577-86933139
传真：0577-86921622
电子信箱：ods@odsvalve.com
网址：www.odsvalve.com
主要产品或业务范围：不锈钢闸阀,不锈钢截止阀,美标截止阀,美标闸阀,日标闸阀,日标截止阀,衬套旋塞阀,手轮操作机构,消声止回阀,视镜,视盅,对夹式止回阀,高平台法兰球阀,高平台法兰三通球阀,高平台薄型球阀,高性能蝶阀。

温州孝尔流体设备有限公司
地址：浙江省温州市龙湾区经济扶贫开发区长海路122号
邮编：325024
电话：0577-85988000，86917839
传真：0577-86920839
电子信箱：zhen_ying2242@163.com
网址：www.xevalve.com
主要产品或业务范围：公司专业开发、生产及销售高精度角座阀、隔膜阀、换向阀、罐底阀、球阀、蝶阀、截止阀、调节阀等产品。

温州英斯蒙特自动化仪表有限公司
地址：浙江省温州市瓯海区郭溪街道郭溪上屿工业区繁华西路39号
邮编：325016
电话：0577-55887029
传真：0577-86737680
电子信箱：ysmt@yt-lok.com
网址：www.yt-lok.com
主要产品或业务范围：公司主要生产高端仪表针阀、仪表球阀、阀组、卡套接头、仪表仪器配件及多种自控管路连接件。

温州正特阀门有限公司
地址：浙江省温州市龙湾区永强高新技术园区通海路
邮编：325024
电话：0577-86913387
传真：0577-86913377
电子信箱：cnyot@ytvalve.com
网址：www.ytvalve.com
主要产品或业务范围：球阀、截止阀、止回阀、闸阀、过滤器等管道阀门和配件。

信泰阀门集团有限公司
地址：浙江省温州市龙湾区兴宇路16号
邮编：325025
电话：13857778277
传真：0577-81306888
电子信箱：2881536995@qq.com
网址：www.xintai-valve.com
主要产品或业务范围：固定管线球阀、偏心半球阀、闸阀、截止阀、止回阀、Y形过滤器、三通球阀、旋塞阀等。

永嘉伯玛阀门有限公司
地址：浙江省温州市永嘉县瓯北五星工业区剑鲨工业园
邮编：325105
电话：0577-57779885，57779886，57779887
传真：0577-57779881
电子信箱：shirley@bomavalve.com
网址：www.bomavalve.com
主要产品或业务范围：美标阀、电站阀、水封阀、真空阀及各种高端产品。

永嘉渤工阀门有限公司
地址：浙江省温州市瓯北东欧工业区
邮编：361000
电话：0592-5140256
传真：0592-5311120
电子信箱：peter@cmdvalve.com
网址：www.cmdvalve.com
主要产品或业务范围：致力于各式阀门管道的发展。

永嘉县汇金自控阀门有限公司
地址：浙江省温州市永嘉县瓯北大甲工业区13号
邮编：325102
电话：0577-67318882
传真：0577-67318887
电子信箱：sale@huijinvalve.com
网址：www.huijinvalve.com
主要产品或业务范围：调节阀、切断阀、V形球阀及其附件等类型产品。

永嘉县久奥自控阀门有限公司
地址：浙江省温州市永嘉县瓯北五星工业区望道路
邮编：325102
电话：0577-67955255
传真：0577-67955277
电子信箱：china@jiuaozik.com
主要产品或业务范围：阀门智能定位器和气动执行器。

永嘉县开喜特阀门有限公司
地址：浙江省温州市永嘉县瓯北安丰工业区内
邮编：325105
电话：0577-67327999
传真：0577-67325528
电子信箱：sjv@zgsjy.com
网址：www.zgsjy.com
主要产品或业务范围：专业生产高平台球阀，高平台V形球阀，气动执行器，气动球阀，电动球阀。

永嘉县鑫珲阀门科技有限公司
地址：浙江省温州市永嘉县瓯北东瓯工业园区
邮编：325102
电话：0577-66998891，66998892
传真：0577-88877774
电子信箱：wzemail@126.com
主要产品或业务范围：止回阀，球阀，闸阀，截止阀，蝶阀，旋塞阀等非标特殊阀门。

余姚市长江温度仪表厂★
地址：浙江省余姚市长庆路9号
邮编：315400
电话：0574-62814647
传真：0574-62814210
电子信箱：engineer@yycj.com
网址：www.yycj.com.cn
主要产品或业务范围：万能输入型智能PID温度控制仪表。

余姚市金电仪表有限公司
地址：浙江省余姚市冶山路88号（中国轻工模具城内）
邮编：315400
电话：0574-62638918，62651688，62637236
传真：0574-62635858
电子信箱：yczk@jdyb.com
网址：www.jdyb.com
主要产品或业务范围：生产TD/TE、XM系列温控仪，智能仪表，干湿度、计数/计米仪表，时间继电器，各种温度传感器。

余姚市三力信电磁阀有限公司
地址：浙江省余姚市阳明工业园区虹桥路9号
邮编：315400
电话：0574-62647536，62631318
传真：0574-62650072
电子信箱：sanlixin@solenoidvalve.cn
网址：www.solenoidvalve.cn
主要产品或业务范围：专业设计制造各类电磁阀，是工业电磁阀国家安全标准起草单位，产品有二位二通、二位三通电磁阀，高压电磁阀，蒸汽电磁阀，防爆电磁阀，液、气用电磁阀，燃气电磁阀，水下电磁阀等，并代理美国GC VALVES电磁阀。

余姚市欣盛电磁阀有限公司
地址：浙江省余姚市梨洲街道三溪村溪西262号
邮编：315403
电话：0574-62766188
传真：0574-62766788
电子信箱：sales1@xs-valves.com
网址：www.xs-valves.com
主要产品或业务范围：液、气用电磁阀，膜片电磁阀，活塞式电磁阀等多种规格的阀门。

余姚市仪表四厂
地址：浙江省余姚市长新路66号
邮编：315400
电话：0574-62811741，62811732
传真：0574-62811735
电子信箱：sales@diancifa.com.cn
网址：www.diancifa.com.cn
主要产品或业务范围：DF电磁阀，2W电磁阀，RSPS电磁阀，PS电磁阀，RSP电磁阀。

玉环豪立信铜业有限公司
地址：浙江省玉环市经济开发区风屿西路7号
邮编：317600
电话：0576-87572758，87280505
传真：0576-87572958
电子信箱：xudaoze168@yahoo.com.cn
网址：www.haolixin.com
主要产品或业务范围：不锈钢阀门、不锈钢管件、铜阀门。

浙江阿迪玛阀门有限公司
地址：浙江省温州市永嘉县瓯北东瓯工业区
电话：0577-67950588
传真：0577-67950998
电子信箱：arma.ervine@foxmail.com
主要产品或业务范围：公司主导产品包括闸阀、止回阀、截止阀、球阀等共有十多个系列、几十种型号规格。

浙江安构控制阀科技有限公司
地址：浙江省温州市经济开发区滨海工业园区五路108号
邮编：325024
电话：0577-86618260
传真：0577-86618250
电子信箱：anchor@zjanchor.com
网址：www.zjanchor.com
主要产品或业务范围：紧急切断阀、智能自控调节阀、智能自控耐磨球阀等。

浙江澳翔自控科技有限公司
地址：浙江省瑞安市经济开发区开发大道2608号
邮编：325200
电话：0577-59890762
传真：0577-65921296
电子信箱：zjaox@126.com
网址：www.zjaox.com
主要产品或业务范围：电动阀门、电动执行器(角行程电动执行器、直行程电动执行器、多回转电动执行器)、电动蝶阀、电动球阀及解决方案。

浙江百得自动化仪表有限公司
地址：浙江省温州市永嘉县瓯北浦西工业区
邮编：325105
电话：0577-67209999
传真：0577-67928899
联系人：陈银利
电子信箱：baide@baidevalve.com
网址：www.baidevalve.com
主要产品或业务范围：阀门气动执行器，电动执行器，液压执行器，液压站，高平台球阀，蝶阀，快关阀门，重锤阀门，控制阀，智能阀门，具有防水、防爆等功能。

浙江贝尔控制阀门有限公司
地址：浙江省瑞安市南滨街道高新技术（阁巷）园区东4路
邮编：325204
电话：0577-65399100
传真：0577-65370559
电子信箱：info@beiervalve.com
网址：www.beiervalve.com
主要产品或业务范围：电气动调节阀、蝶阀、球阀等。

浙江贝托阀门有限公司
地址：浙江省杭州市富阳区江滨西大道57号国际贸易中心
写字楼七层
邮编：311400
电话：0571-23230707
传真：0571-23230707-7017
电子信箱：zjbv@zjbvchina.com
网址：www.zjbvchina.com
主要产品或业务范围：乙烯装置裂解气大阀/清焦阀、可互换阀内件闸阀、可调节截止阀、活塞式软密封球阀、先导式调节阀、一体化无垢金属密封球阀。

浙江博恩自控阀门有限公司
地址：浙江省温州市经济技术开发区滨海工业园区3道4路
119号
邮编：325024
电话：0577-86378000，56576009
传真：0577-86887882
电子信箱：tbn@theoborn.com
网址：www.theoborn.com
主要产品或业务范围：气动执行器、电动执行器、球阀、蝶阀、调节阀、附件。

浙江超核阀门有限公司
地址：浙江省温州市龙湾区空港新区滨海九路18-15号
邮编：325024
电话：0577-85989755
传真：0577-85989755
电子信箱：85989755@qq.com
网址：www.cnch-v.com
主要产品或业务范围：硬密封球阀、高温球阀、高压球阀、小口径球阀、低温球阀、保温球阀、耐磨球阀、软密封球阀。

浙江达柏林阀门制造有限公司
地址：浙江省玉环市干江盐盘五金工业区
邮编：317610
电话：0576-89915172
传真：0576-87453797
电子信箱：china@double-lin.com
网址：www.double-lin.com
主要产品或业务范围：球阀、止回阀、截止阀、闸阀、水嘴、过滤阀、地漏、管件、角阀等。

浙江德卡控制阀仪表有限公司
地址：浙江省温州市文成县巨屿镇镇中东路86号
邮编：325206
电话：0577-67709555，67709666
传真：0577-67709199
电子信箱：zjdeka@163.com
网址：www.cn-rd.com
主要产品或业务范围：平行双闸板闸阀、平板闸阀、楔式闸阀。

浙江德泰阀门制造有限公司
地址：浙江省温州市东瓯工业区（浦西工业园）
邮编：325102
电话：0577-67377812，21812282
传真：0577-67377912
电子信箱：detai@dt-valve.com
网址：www.dt-valve.com
主要产品或业务范围：闸阀，截止阀，止回阀，球阀及其衍生品种。

浙江迪艾智控科技股份有限公司
地址：浙江省诸暨市店口工业区解放路689号
邮编：311835
电话：0575-89003531
传真：0575-89006200
电子信箱：dafm@dunan.cn
网址：www.dafmgroup.com
主要产品或业务范围：自动恒温阀、手动温控阀、燃气阀、伸缩阀、单向闸阀及截止阀、各种锁闭阀等铜阀门。

浙江鼎锋流体自控设备有限公司
地址：浙江省温州市瓯海区郭溪镇曹埭村金州工业园2号
邮编：325016
电话：0577-86256116
传真：0577-86256117
电子信箱：all.torque@df-valves.com
主要产品或业务范围：专业生产球阀、闸阀、截止阀、止回阀、浮球阀、过滤器、气动角座阀和气缸式控制阀。

浙江方顿仪表阀门有限公司
地址：浙江省温州市经济开发区滨海二道四路312号
邮编：325024
电话：0577-86928952，86927952，56906685
传真：0577-85989788，56906685
联系人：张锦
电子信箱：fangdun@fd-lok.com
网址：www.fd-lok.com
主要产品或业务范围：该公司专业生产高、中压仪表阀门、针阀、二组阀、三组阀、五组阀、卡套接头、球阀等自控管路连接件。产品广泛应用于气体、石油、化工、医疗、电子、太阳能光伏、各类实验室设备、研究所、生物医药、标准检测等高新技术领域。为客户提供各种气体管道输送系统的全面服务。

浙江高创泵阀有限公司
地址：浙江省温州市永嘉县东瓯街道和二工业区
邮编：325105
电话：0577-67973188，67376821
传真：0577-67376820
电子信箱：gb0577@chinagaochuang.com
网址：www.cngcbf.com
主要产品或业务范围：刀闸阀系列、浆液阀系列、排渣阀、泥浆阀、方形闸阀、通风蝶阀、玻璃钢球阀、不锈钢阀门等。

浙江高特阀门有限公司
地址：浙江省温州市东瓯泵阀工业区五星大道高特工业园
邮编：325100
电话：0577-67353338，67356138
传真：0577-67355166
电子信箱：Sales@gaote.com.cn
主要产品或业务范围：调节阀、球阀、水利控制阀、美标阀、蝶阀、电站阀、止回阀、闸阀、旋塞阀等多系列多品种产品。

浙江海盾特种阀门有限公司
地址：浙江省温州市永嘉县瓯北东瓯街道安丰村安康路8号
邮编：325102
电话：0577-66993300
传真：0577-66993318
电子信箱：2756416077@qq.com
网址：www.hdqiufa.com
主要产品或业务范围：V形球阀、刀闸阀和气动执行器。

浙江汉姆森自控阀门有限公司
地址：浙江省温州市永嘉县瓯北堡二工业区
邮编：325105
电话：0577-67318383，67317373
传真：0577-67319288
电子信箱：sale@hanmusen.com
网址：www.hanmusen.com
主要产品或业务范围：生产各种气动球阀、蝶阀、旋塞阀、调节阀、闸阀、截止阀、平板闸阀等气动装置或阀门产品。

浙江汇正自控阀门有限公司
地址：浙江省温州市永嘉县瓯北街道林垟工业区工业路
邮编：325000
电话：15868777154
传真：0577-67366232
电子信箱：2355499012@qq.com

网址：www.hztjv.com
主要产品或业务范围：电动调节阀、气动调节阀、自力式调节阀。

浙江吉氟利阀门有限公司
地址：浙江省温州市龙湾区永兴街道空港新区港强路27号
邮编：325024
电话：0577-86621471
传真：0577-86622899
电子信箱：jifully@163.com
网址：www.jifully.com
主要产品或业务范围：衬氟蝶阀、球阀、截止阀、止回阀及衬氟管道管件等系列产品。

浙江捷华阀门有限公司
地址：浙江省温州市永嘉县瓯北浦一工业区
邮编：325105
电话：0577-67358529，67356529
传真：0577-67354228
电子信箱：87910750@qq.com
网址：www.jiehua-valve.com
主要产品或业务范围：生产各种高性能的闸阀、截止阀、止回阀、球阀、锻钢阀门等产品。

浙江金锋自动化仪表有限公司
地址：浙江省温州市永嘉县瓯北东瓯工业区
邮编：325100
电话：0577-66997705，66997706
传真：0577-66997700
电子信箱：reowo@vip.163.com
网址：www.reowo.com
主要产品或业务范围：电动、气动控制阀、控制装置。

浙江科海仪表有限公司
地址：浙江省杭州市富阳区高桥经济开发区
邮编：311402
电话：0571-63435108
传真：0571-63435808
电子信箱：kehai@zjkehai.com
网址：www.zjkehai.com
主要产品或业务范围：主要产品有气动（电动）单座、双座、套筒、三通、多级减压调节阀、球阀、蝶阀、隔膜阀、偏心旋转调节阀九大类调节控制阀，自力式压力调节、温度调节、流量调节三大类自力式调节阀，单座、套筒、二位三通、蝶阀、O形球阀五大类控制切断阀。

浙江科正阀门有限公司
地址：浙江省温州市东瓯工业区堡西路
邮编：325105
电话：0577-67371611，21811188
传真：0577-67371612

电子信箱：kz@kz-valve.com
网址：www.kz-valve.com
主要产品或业务范围：闸阀，截止阀，止回阀，节流阀四大类。

浙江焜卓自控阀门有限公司
地址：浙江省温州市永嘉县瓯北街道和一村
邮编：325105
电话：0577-21823966
传真：0577-21822027
网址：www.val-key.com
主要产品或业务范围：气动、电动工业控制阀及工艺阀门等三十八个系列四百多个规格的产品。

浙江力夫自控技术股份有限公司
地址：浙江省乐清市经济开发区纬十五路220号
邮编：325600
电话：0577-27826796
传真：0577-27825222
电子信箱：info@lefoo.com
网址：www.lefoo.com
主要产品或业务范围：各类压力开关、温度控制器、流量开关、压力传感器、压力变送器、微压差变送器、微压差表等专业化产品。

浙江力诺流体控制科技股份有限公司
地址：浙江省瑞安市阁巷高新技术园区围一路89号
邮编：325200
电话：0577-65386818
传真：0577-65386988
电子信箱：linuo@linuovalve.com
网址：www.linuovalve.com
主要产品或业务范围：气动、电动工业控制阀及工艺阀门等。

浙江联大阀门有限公司
地址：浙江省瑞安市汀田街道联中路131号
邮编：325206
电话：0577-58917200
传真：0577-58917204
电子信箱：zjldfm@163.com
网址：www.zjldfm.cn
主要产品或业务范围：闸阀，球阀，蝶阀，调节阀。

浙江欧德隆自控阀门有限公司
地址：浙江省温州市永嘉县瓯北东瓯工业区五星大道
邮编：325102
电话：0577-67379755
传真：0577-67968831
电子信箱：richyoung@163.com
网址：www.zkfmw.com

主要产品或业务范围：气动、液动、电动三大驱动装置及自控阀门配套产品。

浙江瓯美尔智控阀门有限公司
地址：浙江省温州市永嘉县瓯北五星工业区
邮编：325102
电话：0577-67961111，577877777，67067777
传真：0577-67976797
电子信箱：omeier2007@163.com
网址：www.omeier.com
主要产品或业务范围：阀门气动执行器、非标阀门气动执行器和气动成套阀门。

浙江瓯球阀门有限公司
地址：浙江省温州市永嘉县瓯北向阳东路2号
邮编：325102
电话：0577-67354899
传真：0577-67357899
电子信箱：tim@onerovalve.com
网址：www.onerovalve.com
主要产品或业务范围：球阀、闸阀、截止阀、止回阀。

浙江派沃自控仪表有限公司
地址：浙江省温州市永嘉县东瓯工业区张堡东路
邮编：325105
电话：0577-67987671
传真：0577-67373567
电子信箱：sales@pwvalve.com
网址：www.pwvalve.com
主要产品或业务范围：自力式温度调节阀，自力式压力调节阀，自力式流量调节阀，自力式压差调节阀，氮封阀，氮封装置，电动、气动调节阀，高温、低温、深冷调节阀，严酷工况控制阀，耐腐蚀介质控制阀，快速切断阀，O形、V形球阀，高性能蝶阀，卫生级调节阀，减压减温控制阀；现场总线，智能电气阀门定位器、智能电动执行机构等控制仪表，并承接现场调节阀检修服务。

浙江瑞萌控制阀有限公司
地址：浙江省瑞安市汀田东新路211号
邮编：325206
电话：0577-65500010，65102626
传真：0577-65505510
电子信箱：sales@rmvalve.com
网址：www.rmvalve.com
主要产品或业务范围：公司专业生产各类工业过程控制阀及相关自控设备。

浙江瑞浦热工自控仪表有限公司
地址：浙江省绍兴市袍江工业区三江路
邮编：312072
电话：0575-88175001，88175003

传真：0575-88175002
电子信箱：ruiyucjg@126.com
网址：www.zj-ruipu.com
主要产品或业务范围：该公司主要生产、经营电子式电动执行器。

浙江三方控制阀股份有限公司
地址：浙江省杭州市富阳区金秋大道41号
邮编：311400
电话：0571-63368255，63367411
传真：0571-63369856
电子信箱：service@zjsanfang.com
网址：www.zjsanfang.com
主要产品或业务范围：生产各类气（电）直行程、角行程控制阀、自力式控制阀、核电控制阀、压力容器等产品。

浙江三精阀门有限公司
地址：浙江省温州市永嘉县瓯北和二工业区
邮编：325105
电话：0577-67376461，67981619，67989175
传真：0577-67989518，67988725
电子信箱：lyh@cnsanjing.com.cn
网址：www.cnsjfm.cn
主要产品或业务范围：闸阀系列、截止阀系列、止回阀系列、球阀系列、安全阀系列、减压阀系列、蝶阀系列、疏水阀系列、柱塞阀系列、旋塞阀系列、锻钢阀系列、保温阀、呼吸阀系列、隔膜阀系列、水力控制阀系列、电磁阀系列、刀形闸阀系列、针形阀系列、调节阀系列等。

浙江山能仪表有限公司
地址：浙江省瑞安市塘下镇小南山工业区
邮编：325204
电话：0577-65378006，65387688
传真：0577-65377099
电子信箱：service@shanneng.com
网址：www.shanneng.com
主要产品或业务范围：公司从事控制阀门产品的专业设计与制造。

浙江申仪自控阀门有限公司
地址：浙江省温州市永嘉县瓯北浦二展浦路66号
邮编：325105
电话：0577-67318123，67318111
传真：0577-67317399
电子信箱：sy@sypv.com
网址：www.sypv.com
主要产品或业务范围：专业生产电、气、液动三大类角行程执行器及各类成套电动蝶阀、气动球阀、液动蝶阀、气动V形球阀、气动O形球阀、液控蝶阀等各类工业应用调节阀。

浙江神州阀门有限公司
地址：浙江省台州市黄岩北城开发区康庄路九号
邮编：318020
电话：0576-84225856
传真：0576-84229752
主要产品或业务范围：水轮机进水蝶阀、球阀、锥形阀等。

浙江久万不锈钢管件有限公司
地址：浙江省台州市天台县平桥镇花前工业园区花前大道16号
邮编：317200
电话：0576-83682213，83682223
传真：0576-83682217
电子信箱：hkjiuwan@163.com
网址：www.hkjiuwan.com
主要产品或业务范围：卡套式直通钢管接头、卡套式直角形钢管接头、精小型高压仪表控制球阀、高压高温针阀、高压管路卡回阀、多路仪表阀组。

浙江胜发泵业有限公司
地址：浙江省桐乡市庆丰南路（南）852号
邮编：314500
电话：0573-88112730
传真：0573-88112739
电子信箱：sfby@sf-pump.com.cn
网址：www.sf-pump.com.cn
主要产品或业务范围：旋喷泵。

浙江省乐清市精达仪表有限公司
地址：浙江省乐清市虹桥镇西工业区D-8号
邮编：325608
电话：0577-62311031，62319031
传真：0577-62311032
电子信箱：yqjdyb@163.com
网址：www.jingdayb.com
主要产品或业务范围：智能巡检仪、PID可编程序控制仪、智能温控仪、智能计数/计长/频率表、热电偶/阻、铠装热电偶/阻、防爆热电偶/阻、热套式热电偶/阻、带变送一体化热电偶/阻、红外线测温仪、光电转速表、表面热电偶、微电脑高精度计。

浙江泰新阀门有限公司
地址：浙江省温州市永嘉县东瓯街道东瓯工业区五星路1478号
邮编：325100
电话：0577-66998819
传真：0577-67356581
电子信箱：taxvalve@163.com
网址：www.zjtaixin.com
主要产品或业务范围：针形截止阀、热工仪表阀、阀组、美标针阀。

浙江特技阀门有限公司
地址：浙江省温州市瓯北安丰工业区特技工业园
邮编：325102
电话：0577-57799998
传真：0577-57799990
电子信箱：teji@tjvalve.com
网址：www.tjvalve.cn
主要产品或业务范围：球阀、闸阀、截止阀、止回阀等国标和美标阀门。检测设备有YFT全自动阀门液压测试仪、超声波探伤仪、X光检测仪及整套理化分析实验设备。

浙江天泰控制设备有限公司
地址：浙江省瑞安市南滨街道阁巷高新技术产业园区围二路
邮编：325200
电话：0577-65106767
传真：0577-65106550
电子信箱：sales@hoosler.cn
网址：www.tenta.cc
主要产品或业务范围：智能型电液执行机构。

浙江西博思测控有限公司
地址：浙江省温州市永嘉县瓯北张堡工业区青峰路6号
邮编：325105
电话：0577-57765588，57765586
传真：0577-57765582
电子信箱：sale@sinpous.com
网址：www.xburs.com
主要产品或业务范围：电动执行机构。

浙江祥龙自动化仪表有限公司
地址：浙江省金华市金磐开发新区九和路100号
邮编：321015
电话：0579-82220538，82211446
传真：0579-82217721
电子信箱：xianglongyb@tom.com
网址：www.china-xianglong.cn
主要产品或业务范围：电动执行机构。

浙江新欧自控仪表有限公司
地址：浙江省温州市永嘉县桥下镇六岙工业区
邮编：325102
电话：0577-21815353
传真：0577-21826666
电子信箱：zjxinou@163.com
网址：www.zjxno.com
主要产品或业务范围：公司专业制造气动、电动工业控制阀及工艺阀门等。

浙江亚登阀门管件有限公司
地址：浙江省温州市龙湾区永兴街道金海二道947号第2幢

邮编：325024
电话：0577-86938799
传真：0577-86938799
电子信箱：22015913444@qq.com
网址：www.cnydpv.com
主要产品或业务范围：专业生产针形截止阀、仪表阀组、球阀及压力管道配件。

浙江永久科技实业有限公司
地址：浙江省瑞安市锦湖街道沿江西路248号
邮编：325200
电话：0577-65663844
传真：0577-65664570
电子信箱：yj@chinayongjiu.cn
网址：www.chinayongjiu.cn
主要产品或业务范围：公司专业生产各类电磁阀、气动、电动调节阀、新颖手动阀。

浙江永盛科技股份有限公司
地址：浙江省杭州市富阳区鹿山工业园区
邮编：311407
电话：0571-63168108
传真：0571-63160567
电子信箱：wyq@ysmeter.com.cn
网址：www.ysmeter.com
主要产品或业务范围：切断阀系列、自力式调节阀系列、直行程调节阀系列、角行程调节阀系列产品。

浙江元曜阀业有限公司
地址：浙江省绍兴市柯桥区滨海工业区镜海大道579号
邮编：313200
电话：0575-81101362
传真：0575-81101359
电子信箱：masterlok@masterlok.com.cn
网址：www.masterlok.com.cn
主要产品或业务范围：各种规格不锈钢阀门、管件及其他流体控制零件。

浙江正球阀门有限公司
地址：浙江省温州市龙湾区永中高新产业园
邮编：325024
电话：0577-86911288
传真：0577-86911558
电子信箱：sale@cnballvalve.com
网址：www.goodballvalves.com
主要产品或业务范围：球阀、闸阀、止回阀、截止阀、旋塞阀、蝶阀、安全阀、油田阀门及特种阀门等。

浙江智杰阀业有限公司
地址：浙江省杭州市富阳区场口镇场口新区9号楼
邮编：311411

电话：0571－63436660
传真：0571－63436663
电子信箱：zhejiangzhijie@163.com
网址：www.zhijiefy.com
主要产品或业务范围：控制阀和特殊阀门。

浙江智鹏自控阀门有限公司
地址：浙江省温州市空港新区港富路17B号
邮编：325000
电话：0577－86907998
传真：0577－86907990
电子信箱：cnzppx@163.com
网址：www.cnzpv.com
主要产品或业务范围：控制阀、衬氟阀门、衬氟管路附件等阀门的研发，设计与制造。

浙江中德自控科技股份有限公司
地址：浙江省湖州市长兴县太湖街道长兴大道659号
邮编：313100
电话：0572－6660051
传真：0572－6660110
电子信箱：vip@zhonglegroup.com
网址：www.zhonglegroup.com
主要产品或业务范围：公司主要生产气、电动高性能蝶阀、高性能球阀、高温耐磨球阀、夹套球阀、夹套蝶阀、高温蝶阀、快速切断闸阀等产品。

浙江中孚流体机械有限公司
地址：浙江省温州市永嘉县瓯北浦西工业区
邮编：325102
电话：0577－67325650
传真：0577－67325650
电子信箱：online@zhongfu.cc
网址：www.zhongfu.cc
主要产品或业务范围：电磁阀、程控阀、气动阀。

浙江中特气动阀门成套有限公司
地址：浙江省温州市龙湾区沙城工业园览金路6号
邮编：325025
电话：0577－86936305
传真：0577－86920010
电子信箱：zjzhongte@126.com
网址：www.zhongte.com
主要产品或业务范围：气动执行器、气动球阀/蝶阀、电动执行器、气动/电动调节阀等自动化产品。

浙江中亚自动化科技有限公司
地址：浙江省乐清市北白象镇前潘垟工业区
邮编：325603
电话：0577－62927000，62927111，62927222
传真：0577－62926378
电子信箱：zxg5070@163.com
网址：www.zjzyp.com
主要产品或业务范围：电动阀门执行机构、防爆型电动装置、电动阀门及自控系统产品。

志泰科技集团有限公司
地址：浙江省温州市龙湾区沙城街道宏瑞路150号
邮编：325025
电话：0577－86938608，85988688，85988588
传真：0577－86916325，85988588
电子信箱：zjztzk@163.com
网址：www.zjztzk.com
主要产品或业务范围：气动执行器、气动阀门及气动调节阀门；电动执行器、电动阀门及电动调节阀门；液动执行器及液动阀门等自动化控制产品。

自动化控制系统

ABB（中国）有限公司
地址：北京市朝阳区酒仙桥路10号恒通广厦
邮编：100015
电话：010-33184688
传真：010-33184686
电子信箱：inquiy.automation@cn.abb.com
网址：www.abb.com.cn
主要产品或业务范围：公司是电力和自动化技术领域的领导厂商。

北京安控科技股份有限公司
地址：北京市海淀区地锦路9号院6号楼
邮编：100095
电话：010-62971668
传真：010-62979746
电子信箱：office@etrol.com
网址：www.etrol.com
主要产品或业务范围：涉及工业自动化控制系统的软硬件，企业信息管理系统，网络及综合布线系统，电视监控系统的设计和安装；市政供水、供热、燃气和污水处理监控系统，远程测控终端，监控与数据采集系统，DCS的设计、开发、调试和集成，工业自动化仪表的生产和成套业务。

北京奥普图控制技术有限公司
地址：北京市西城区黄寺大街26号德胜置业大厦1号楼902室
邮编：100120
电话：010-82809672
传真：010-82809682
电子信箱：bjo@opto-tech.com.cn
网址：www.opto22.cn
主要产品或业务范围：公司是一家专注于控制系统产品开发、销售、提供全面解决方案的自动化公司。

北京柏斯顿智能科技有限公司
地址：北京市海淀区上庄镇东马坊路368号
邮编：100083
电话：010-82021103
传真：010-82491964
电子信箱：beston@263.com
网址：www.bas.com.cn
主要产品或业务范围：楼宇及厂房环境自动化控制系统，暖通空调专用温、湿度传感器，工业控制器，蝶阀等。

北京博控自动化技术有限公司
地址：北京市海淀区中关村南大街甲6号铸诚大厦B座三层
邮编：100086
电话：010-51663110
传真：010-51581150

电子信箱：inquiry@bocon.com.cn
网址：www.bocon.com.cn
主要产品或业务范围：专业从事嵌入式测控与通信产品的研发生产、推广，成为业内单板控制器(SBC)、远程采集/测控终端、监控类网关/路由器的重要供应商之一。

北京长英新业数码科技有限公司
地址：北京市海淀区中关村南大街34号中关村科技发展大厦C座2008室
邮编：100081
电话：010-62140852，62140853
传真：010-62140858
电子信箱：gaomingxing99@people.com.cn
网址：www.ltm8000.cn
主要产品或业务范围：远程温度/湿度模拟量采集模块，ITU总线采集控制中心，多通道巡检控制报警仪，多周边模块，数字化、网络化温度/湿度等传感器及智能现场采集控制单元，1-Wire Bus温度/湿度等传感器及智能现场采集控制单元，ITU Bus温度/湿度等传感器及智能现场采集控制单元。

北京诚亚科技有限责任公司
地址：北京市海淀区双清路3号中太大厦31010室
邮编：100085
电话：010-53258989
传真：010-82887628
网址：www.cyent.com.cn
主要产品或业务范围：专业从事工业物联网产品的研发、生产、销售和集成的服务性公司。

北京东方鼎晨科技有限公司
地址：北京市海淀区上地东路1号盈创动力大厦E座405B室
邮编：100085
电话：010-51659507
传真：010-58851598
电子信箱：info@dingchen.com
网址：www.dingchen.com
主要产品或业务范围：该公司是专业从事工业自动化产品销售和控制系统集成以及应用软件开发的高科技企业。

北京东宇联创科技发展有限公司
地址：北京市石景山区古城大街特钢办公楼1105室
邮编：100043
电话：010-68874839，68865352
传真：010-68874861
联系人：刘红
电子信箱：liuhong609@sina.com
网址：www.dylc.com.cn
主要产品或业务范围：主要经营工业自动化产品，包括西门子可编程控制器（PLC200、300、400系列）、变频器、直流调速器、数控产品、西门子仪表等，德国

KUBLER公司增量及绝对值编码器，德国SICK公司工业传感器等产品。

北京航天时空科技有限公司
地址：北京市丰台区云岗北里40号
邮编：100074
电话：010-68374690，68741441
传真：010-88539147
电子信箱：13901354945@163.com
网址：www.bjhtsk.com
主要产品或业务范围：储运计量监控仪表、罐区计算机监控管理、变频调速供油、自动化定量收发油、三坐标测量等产品和系统。

北京航天中伟科技工程自动化有限公司
地址：北京市丰台区方庄桥南15号
邮编：100070
电话：010-56927687-801
传真：010-56927687-804
电子信箱：admin@htzw.com
网址：www.htzw.com
主要产品或业务范围：伞式污油泥干化系统、撬式污油泥净化系统、盘式油泥干化系统、超高温蒸汽喷射油泥处理系统等。

北京和利时集团
地址：北京市大兴区地盛中路2号院
邮编：100176
电话：010-58981000
传真：010-58981100
电子信箱：maxinjian@hollysys.com
网址：www.hollysys.com
主要产品或业务范围：从事自主设计、制造与应用自动化控制系统平台和行业解决方案。

北京泓格兴业科技有限公司
地址：北京市海淀区农大南路1号院5号楼405室
邮编：100085
电话：010-62980933，62980924
传真：010-62962890
电子信箱：beijing@icpdas.com.cn
网址：www.icpdas.com.cn
主要产品或业务范围：I-7000系列分散式数据采集与控制产品及ISA/PCI总线数据采集和控制卡，I-7188X嵌入式控制器及通用扩展板系列，人机界面显示器系列等。

北京华控技术有限责任公司
地址：北京市海淀区上地东路1号华控大厦
邮编：100085
电话：010-58859881-9890
传真：010-58859801
电子信箱：market@huakong.cn

网址：www.huakong.com.cn
主要产品或业务范围：手持器、智能变送器、高品质现场总线、现场总线控制系统、城市下水道化粪池安全预报警系统、大视场投影视频监控系统。

北京汇捷通新技术有限公司
地址：北京市朝阳区北辰西路69号峻峰华亭C座2010
邮编：100029
电话：010-58772762，58772763
传真：010-58772762-607
电子信箱：info@bjhjt.com
网址：www.bjhjt.com
主要产品或业务范围：热处理工艺装备及工艺过程计算机控制系统、热处理车间计算机控制系统、可控硅固态继电器模块、触发板及成套电力调整器等。

北京机械工业自动化研究所有限公司
地址：北京市西城区德胜门外教场口一号
邮编：100120
电话：010-82285628
传真：010-82285629
电子信箱：mkt@riamb.ac.cn
网址：www.riamb.ac.cn
主要产品或业务范围：制造业信息化，工业机器人，工业自动化。

北京骥远自动化技术有限公司
地址：北京市朝阳区朝阳门北大街乙12号天辰大厦8层808室
邮编：100027
电话：010-85958895
电子信箱：cn-sales@jiyuansys.com
网址：www.jiyuansys.com
主要产品或业务范围：提供国产工业自动化产品与服务的企业。

北京金自天正智能控制股份有限公司
地址：北京市丰台区科学城富丰路6号
邮编：100070
电话：010-56982318
传真：010-63713367
电子信箱：sc@aritime.com
网址：www.aritime.com
主要产品或业务范围：AriCon开放式分布控制系统、AriDrive电气传动系列产品、AriSemi高压大功率晶闸管系列产品、AriMeter工业检测仪表系列产品、AriMes流程工业制造执行系统软件产品和冶金流程成套控制系统等。

北京进步时代科技有限公司
地址：北京市海淀区北四环西路9号银谷大厦21层2101
邮编：100080
电话：010-62800888

传真：010-62800666，62800999
电子信箱：Progress@progress-cn.com
网址：www.progress-cn.com
主要产品或业务范围：提供西门子PLC、变频器、大传动装置等全线产品。

北京京仪集团有限责任公司
地址：北京市朝阳区建国路93号万达广场9号楼
邮编：100022
电话：010-58204466
传真：010-58204466
电子信箱：marketing@biichg.com
网址：www.biichg.com
主要产品或业务范围：重点发展以智能控制系统及仪表、科学仪器、电力电子、半导体装备为核心的高端装备制造业务。

北京京仪仪器仪表研究总院有限公司
地址：北京市大兴区兴业街2号
电话：15001355873
传真：010-65827281
电子信箱：tianyingying@biiri.com.cn
主要产品或业务范围：智能制造和安防产品及解决方案。

北京九思易自动化软件有限公司
地址：北京市海淀区五道口华清商务会馆1001室
邮编：100083
电话：010-82867550
传真：010-82865781
电子信箱：service@controlease.com
网址：www.controlease.com
主要产品或业务范围：提供专业的组态软件、嵌入式软件应用、自动化信息化软件产品和系统解决方案服务。

北京开克特思过程自动化有限公司
地址：北京市东城区纳福胡同13号
邮编：100009
电话：010-64042101
传真：010-64042101
联系人：赵士丹
主要产品或业务范围：该公司从事中小规模集散系统的研制和应用。主要产品是KST-I中小规模集散系统，已在玻璃、煤气、冶金、化肥、精细化工等行业得到成功的应用。

北京康吉森自动化设备技术有限责任公司
地址：北京市顺义区天竺空港工业区B区安祥街7号
邮编：101318
电话：010-80469999
传真：010-80469666
电子信箱：renjuan@consen.net

网址：www.consen.net
主要产品或业务范围：大型透平压缩机组综合控制系统（ITCC）；机组专家控制系（iMEC）；安全操作管理系统（iSOM）；火灾及气体检测保护系（FGS）；透平发电机组控制系统（DEH）；安全仪表系统（SIS）；机组操作员培训系统（ITCC-OTS）。

北京昆仑华海科技有限公司
地址：北京市海淀区永定路长银大厦12B05-1室
邮编：100039
电话：010-58895057，58895056
传真：010-58895067
联系人：王先生
电子信箱：lichunwh@gmail.com
网址：www.2htec.com.cn
主要产品或业务范围：GML(1A)型低压配电柜、GGD2型低压配电柜、XL-21动力配电柜、KG系列柜式仪表、防爆自动化PLC控制柜、变频柜、非标控制盘(箱、柜)、德国威图控制箱(柜)、QHX-Ⅲ系列全电脑人工气候箱、FAP-60系列甲醛快速检测箱等。

北京立天华辰科技有限责任公司
地址：北京市海淀区西三旗桥东上奥世纪中心B座918
邮编：100085
电话：010-82900016
传真：010-62616746
电子信箱：bjlthc@sina.com
网址：www.bjlthc.com
主要产品或业务范围：PLC。

北京联泽工业控制有限责任公司
地址：北京市海淀区马连洼北路59号亿城国际中心318室
邮编：100085
电话：010-82664755
传真：010-82664754
电子信箱：wjingchun@hotmail.com
网址：www.legendbj.com
主要产品或业务范围：该公司专业从事工业自动化控制产品开发、生产并承接工程项目，代理施耐德电气工业控制和自动化产品、霍尼韦尔公司的传感器和控制产品等。

北京龙鼎源科技股份有限公司
地址：北京市密云区兴盛南路7号院
邮编：101500
电话：010-89023470
电子信箱：dengying@bdrl.com.cn
网址：www.bdrl.com.cn
主要产品或业务范围：工业自动化控制系统。

北京日立控制系统有限公司
地址：北京市朝阳区酒仙桥东路1号M7楼

邮编：100015
电话：010-64382020
传真：010-64380039
网址：www.hitachi-bhc.cn
主要产品或业务范围：HIACS系列分散控制系统、R级控制器（包括R600、R700和RX控制器）、S级控制器。

北京三博中自科技有限公司
地址：北京市海淀区中关村东路95号
邮编：100190
电话：010-62553989-627
传真：010-62651767
电子信箱：yanjun.ding@sciample.com
网址：www.sciample.com
主要产品或业务范围：该公司从事工业自动化领域系统和产品的研究开发和工程应用。公司承担了大量的国家攻关项目和过程控制项目，已通过ISO 9000质量认证。

北京三维力控科技有限公司
地址：北京市海淀区天秀路10号中国农大国际创业园1号楼四层436室
邮编：100193
电话：010-62828877
传真：010-62828877
电子信箱：ForceCon@sunwayland.com.cn
网址：www.sunwayland.com.cn
主要产品或业务范围：工业软件领域的HMI/SCADA自动化软件、企业级实时历史数据库、工业能源管理信息平台、企业MES平台、工业物联网平台、移动智能监控平台、智能优化及工控信息安全等系列产品。

北京圣晖东泰电气有限公司
地址：北京市海淀区上地信息路30号上地三街九号嘉华大厦E座二层207室
邮编：100085
电话：15010788360
传真：010-82624160
电子信箱：solinity@126.com
网址：www.solinity.com.cn
主要产品或业务范围：从事智能化配电监控测量系统及工业控制仪表产品研发、生产、销售。

北京时代山源自动化控制技术有限公司
地址：北京市海淀区中关村南大街甲6号铸诚大厦1205、1206室
邮编：100086
电话：010-51581566
传真：010-51581370
电子信箱：sales@bjshanyuan.com
网址：www.bjshanyuan.com
主要产品或业务范围：经销西门子SIMATIC S7全系列可编程序控制器、编程器、触摸屏、WINCC组态软件、开关电源、LOGO控制器、PCS七大中型过程控制系统等。

北京市紫光测控有限公司
地址：北京市海淀区清华科技园启迪科技大厦C座21层
邮编：100084
电话：010-62770909
传真：010-62781234
电子信箱：baojia@unismc.com
网址：www.unismc.com
主要产品或业务范围：eDCAP3000变电站综合自动化系统、DCAP3000系列及eDCAP600系列监控保护装置、eDCAP400系列低压保护装置、调度自动化系统、配网自动化系统以及其他电力及工业自动化产品。

北京双诺测控技术有限公司
地址：北京市海淀区上地信息路7号数字传媒大厦601室
邮编：100085
电话：010-62552751，62644617
传真：010-62615449
电子信箱：mail@wwlab.com.cn
网址：www.wwlab.com.cn
主要产品或业务范围：从事数据采集、工控板卡及模块产品研发与生产的专业公司。产品系列目前包括PC总线、USB、端子与调理模块、嵌入系统应用模块等。

北京四方继保自动化股份有限公司
地址：北京市海淀区上地信息产业基地四街9号
邮编：100085
电话：010-62961515
传真：010-62981004
电子信箱：service@sf-auto.com
网址：www.sf-auto.com
主要产品或业务范围：公司主要从事电力系统自动化及继电保护装置、电力系统安全稳定控制、高压直流输电控制、调度自动化、配网自动化、发电厂自动化控制系统、仿真培训系统、电力电子装备、轨道交通、工业自动化及清洁能源利用等领域的研究、开发、生产和销售。

北京腾控科技有限公司
地址：北京市海淀区蓝靛厂南路25号
邮编：100089
电话：010-59790086
传真：010-68703551
电子信箱：sales@tengcon.com
网址：www.tengcon.com
主要产品或业务范围：公司致力于工业自动化核心产品和相关系统的开发、研制。

北京天运顺通科技发展有限责任公司
地址：北京市丰台区宋庄路顺三条21号嘉业大厦二期一号

楼709

邮编：100076

电话：010-67605356，67653535

传真：010-87673158

电子信箱：sales@tysht.com

网址：www.tysht.com

主要产品或业务范围：可编程序控制器、过程控制系统、智能马达控制器、智能伺服驱动器等。

北京同立在线系统集成有限公司

地址：北京市海淀区复兴路乙20号汇通商务楼43号楼412室

邮编：100036

电话：010-68228642

传真：010-68215290

联系人：罗雪辉

电子信箱：info@vv-online.com

网址：www.vv-online.com

主要产品或业务范围：实验室信息管理系统（LIMS）、实验室设备运行管理系统（LEMS）、实验室数据管理系统（LDMS）、实验室安全管理系统（LSMS）、实验教学管理系统、电源管理系统、HPLC-AA联用、实验室辅助设备等。

北京万维盈创科技发展有限公司

地址：北京市昌平区北七家镇七北路TBD云集中心2号楼C座305

邮编：102208

电话：010-81708898

传真：010-80779003

电子信箱：market@wanweitech.com

网址：www.wanweitech.cn

主要产品或业务范围：污染源监控，环境质量监测，VOCs监测，餐饮油烟监测与治理，放射源安全管理，行业应用软件平台等。

北京微控工业网关技术有限公司

地址：北京市昌平区回龙观科星西路106号院2号楼5层508室

邮编：102208

电话：010-56875043

传真：010-56875043

电子信箱：Sales@wkgywg.com

网址：www.wkgywg.com

主要产品或业务范围：协议转换器、通信管理机、智能网关、组态式网关；光伏电站监控系统、变配电监控系统、运维管理平台系统、能源管理系统等各种云系统。有自主的研发能力，能够不断创新和持续改进产品。

北京西曼自动化技术有限公司

地址：北京市海淀区学清路16号学知轩大厦1207室

邮编：100083

电话：010-82755948，82755950

传真：010-82755951

电子信箱：sales@westmaninc.com

主要产品或业务范围：控制器、智能仪表、嵌入式控制软硬件系统。

北京亚控科技发展有限公司

地址：北京市海淀区知春路113号银网中心A座6层

邮编：100086

电话：010-59309666

传真：010-59309600

电子信箱：marketing@wellintech.com

网址：www.kingview.com

主要产品或业务范围：自动化软件产品线。

北京仪通宇源测控技术有限公司

地址：北京市丰台区科学城恒富中街2号院1号楼3058

邮编：100070

电话：010-63784422

传真：010-63743465

电子信箱：ytxl2007@163.com

网址：www.ytcch.com

主要产品或业务范围：防爆型智能磁致伸缩液位探棒、双层油罐测漏传感器、YT-AG液位监控仪、YT-DA撬装站自动监控系统等。

北京英华达电力电子工程科技有限公司

地址：北京市海淀区北三环西路43号青云当代大厦12A

邮编：100086

电话：010-62198800

传真：010-62120088

电子信箱：envada@envada.com.cn

主要产品或业务范围：公司主要致力于旋转机械的振动监测分析、故障诊断专家系统、变压器综合状态在线监测系统和工业智能化仪表的科研事业，集开发、生产、销售和服务于一体。

北京正好威创科技有限责任公司

地址：北京市海淀区闵庄北坞嘉园南区34-5-602

邮编：100086

电话：010-82665315，88878315

传真：010-82665315-16

电子信箱：zsv_1980@163.com

网址：www.zhengok.com

主要产品或业务范围：光电传感器，色谱传感器，光纤放大器，接近开关。

北京中科泛华测控技术有限公司

地址：北京市海淀区西三旗建材城西路31号B座一层西侧

邮编：100096

电话：010-82156688

传真：010-82156006

电子信箱：sale@pansino.com.cn
网址：www.pansino.com.cn
主要产品或业务范围：为用户提供生产过程的测试测量解决方案、成套检测设备、板卡校准和软件培训服务。

航星国际自动控制工程有限公司
地址：北京市朝阳区东直门外京顺路7号
邮编：100028
电话：010-64666888
传真：010-64661235
联系人：销售部
电子信箱：info@hangxing.net.cn
网址：www.hangxing.net.cn
主要产品或业务范围：工业自动控制交钥匙工程，系统解决方案与设计，软件开发与编程，软硬件成套供货，系统设计及柜体集成制作、安装调试、维修服务、技术咨询与培训，西门子自动化（PLC）与驱动（变频）产品销售，制造执行系统（MES）开发应用。

控创（北京）科技有限公司
地址：北京市丰台区南四环西路188号总部基地1区17号楼
邮编：100070
电话：010-63751188
传真：010-83682438
电子信箱：becky.liu@kontron.cn
网址：www.kontron.cn
主要产品或业务范围：嵌入式工业计算机产品。

蓝英通华（北京）技术有限公司
地址：北京市海淀区北四环中路229号海泰大厦725室
邮编：100083
电话：010-82883848，82883849
传真：010-82883131
电子信箱：office@blueprint.com.cn
网址：www.blueprint.com.cn
主要产品或业务范围：工业自动化过程控制和计算机系统集成。

施耐德电气（中国）有限公司
地址：北京市朝阳区望京东路6号施耐德大厦
邮编：100102
电话：010-84346699
传真：010-65037402
电子信箱：order.commercial@schneider-electric.com
网址：www.schneider-electric.com
主要产品或业务范围：小型自动化产品、HMI人机界面产品、高端PLC产品、变频器产品、运动控制产品等。

索龙自控（北京）有限公司
地址：北京市大兴区同济中路2号
邮编：100176

电话：010-67886688-222
传真：010-67886851-212
电子信箱：soloon@slooncontrols.com
网址：www.slooncontrols.com
主要产品或业务范围：专业从事执行器研发制造的厂家。

西门子工厂自动化工程有限公司
地址：北京市朝阳区酒仙桥东路9号A1栋8层
邮编：100015
电话：010-84597000，84597040
传真：010-84597070，84597020
电子信箱：li.xu@siemens.com
网址：www.industry.siemens.com.cn
主要产品或业务范围：自动化解决方案与工程实施、数控、驱动、可编程序控制器等自动化产品的销售与服务。

研华（中国）公司
地址：北京市海淀区上地信息产业基地六街七号
邮编：100085
电话：010-62984346，4008100345
传真：010-62984342
电子信箱：sales@advantech.com.cn
网址：www.advantech.com.cn
主要产品或业务范围：致力于符合客户特殊应用需求的计算机平台设计与开发，包括工业数据采集、通信、控制、计算平台、板卡及平板计算机、外部设备及组件。

中核控制系统工程有限公司
地址：北京市房山区长阳镇阜盛西街18号院
邮编：102401
电话：010-59573437
传真：010-59573330
电子信箱：cncs@cncs.bj.cn
网址：www.cncs.bj.cn
主要产品或业务范围：该公司是核仪表和控制系统领域，产品链长、品种齐全、配备完整的专业核仪控供应商。

中自控自动化技术有限公司
地址：北京市朝阳区团结湖北路2号
邮编：100026
电话：010-65823388，65821837
传真：010-65822276
电子信箱：cacs@cacs.com.cn
网址：www.zhongzikong.com
主要产品或业务范围：自动化控制系统的工程设计、安装、调试及全方位技术服务，办公自动化设备、科学试验仪器及装备供货、安装调试；经营国内外仪器仪表、仪表元件。

福建东辉智能仪器有限公司
地址：福建省福州市金山工业冠浦路132号

邮编：350004
电话：0591-83849900
传真：0591-83849911
联系人：周秀芳
电子信箱：hr@dynos.com.cn
网址：www.dynos.com.cn
主要产品或业务范围：智能多回路记录仪、多功能智能信号采集模块、微小型DCS监控系统、物理数据云采集管理等先进软硬件产品。

福州福大自动化科技有限公司
地址：福建省福州市仓山区建新镇冠浦路152号28#厂房二层
邮编：350002
电话：0591-83701418
传真：0591-87985724
电子信箱：fdwangjianliang@163.com
网址：www.fdauto.com
主要产品或业务范围：专业从事工业自动化工程项目设计、安装、调试等服务和代理销售各类进口名牌电气及自动化产品的民营高新技术企业。

罗克韦尔自动化（厦门）有限公司
地址：福建省厦门市湖里区湖里大道41号联泰大厦4A单元西侧
邮编：361006
电话：0592-2655888
传真：0592-2655999
电子信箱：raccgrc@ra.rockwell.com
网址：www.rockwellautomation.com.cn
主要产品或业务范围：智能电动机控制器等，逻辑控制产品、电动机、传感器、人机界面、机械动力传输产品、软件等，设计满足客户特殊需求的工业自动化方案。

艾讯宏达科技（深圳）有限公司
地址：广东省深圳市福田区梅华路103号光荣大厦6楼
邮编：518049
电话：0755-83117666
传真：0755-83118130
电子信箱：lulu@grantech.com.cn
网址：www.grantech.com.cn
主要产品或业务范围：公司是工业电脑专业制造商，为客户提供高品质工控产品和完善解决方案。产品包括工业级PC产品、嵌入式PC产品、平板电脑、工作站等。

艾讯科技（深圳）有限公司
地址：广东省深圳市龙华新区清祥路1号宝能科技园6栋B座10楼
邮编：518040
电话：0755-66865899
传真：0755-66863068
电子信箱：axcn@axiomtek.com.cn

网址：www.axiomtek.com.cn
主要产品或业务范围：嵌入式计算机，工业电脑等。

东深智水科技（深圳）股份有限公司
地址：广东省深圳市南山区高新区科技中二路软件园5栋6楼
邮编：518000
电话：0755-26611488
传真：0755-26503890
联系人：王家亮
电子信箱：dsdz-tech@163.net
网址：www.dse.cn
主要产品或业务范围：水行业智能化监测、自动化控制、信息化应用全套解决方案提供商与产品供应商。

广州菱隆自动化设备有限公司
地址：广东省广州市天河北路908号高科大厦B座906~907
邮编：510630
电话：020-22233323，13602802785
传真：020-22233313
联系人：陈素娟
电子信箱：gzrlkj@163.com
主要产品或业务范围：可编程序控制器、交流电机变频调速器、人机界面、交流伺服系统、软启动器、减速电机、空气断路器、电磁接触器、热继电器、张力控制器、光电开关、接近开关、压力传感器、编码器、工业控制元器件、变频调速器、变频电动机、计数器、定时器、元器件。

广州市振欣自动化系统有限公司
地址：广东省广州市天河区珠江新城华穗路406号保利克洛维中景大厦A座2504
邮编：510620
电话：020-85267788
传真：020-85267077
电子信箱：fa@lggz.com
网址：www.lggz.com
主要产品或业务范围：该公司是欧姆龙工控产品中国代理商。产品有PLC、触摸屏、变频器、伺服电动机、中间继电器、固态继电器、时间继电器、光电开关、接近开关、液位控制器、限位/按钮开关、压力传感器、计数器、旋转编码器、温度控制器、智能仪表等。

广州亿控自动化设备有限公司
地址：广东省广州市天河北路601号华标广场A座5楼
邮编：510630
电话：020-22005020
传真：020-38473550
电子信箱：gzeasycom@21cn.com
网址：www.gzeasycom.com
主要产品或业务范围：专业代理德国西门子公司变频器、直流调速器、可编程序控制器、工业软件、电动机软启动器、低压电器等工控产品；台达公司变频器、PLC、伺服控制器、同步控制器、编码器；Hitech、eView触摸屏等机电产品。

凌华科技（深圳）有限公司
地址：广东省深圳市南山区科技园南区高新南七道数字技术园A1栋2楼C区
邮编：518054
电话：0755-26434858-35
传真：0755-26646353
电子信箱：market@adlinktech.com
网址：www.adlinktech.com
主要产品或业务范围：测量及自动化相关顾问咨询服务，嵌入式系统平台。主要包括电信机房系统、半导体测试设备、交通管理系统、环境监控系统、医疗设备、特殊量测设备。

深圳达实智能股份有限公司
地址：广东省深圳市高新区科技南一路达实大厦
邮编：518057
电话：0755-26639961
传真：0755-26639599
电子信箱：szdas@chn-das.com
网址：www.chn-das.com
主要产品或业务范围：达实空调中央管理节能系统、达实一卡通系统、城市能源监测管理平台、达实地铁综合监控软件平台。

深圳市奥图威尔科技有限公司
地址：广东省深圳市龙华区观澜街道新澜社区银星智界3楼（深国电大厦）15层
邮编：518038
电话：0755-83653481
传真：0755-83658663
电子信箱：aw0002@szautoware.com
网址：www.szautoware.com
主要产品或业务范围：装车控制系统、多功能液体产品撬装系统、SIS平台。

深圳市奥宇节能技术股份有限公司
地址：广东省深圳市高新技术园中区科技中二路深圳软件园7栋2楼
邮编：518057
电话：0755-86168009
传真：0755-86168933
电子信箱：aoyu@auto-union.net
网址：www.auto-union.net
主要产品或业务范围：动力联网监控、空调自控、水处理系统、锅炉自控等自动化领域。

深圳市普传科技有限公司
地址：广东省深圳市宝安区西乡街道宝民二路75号

邮编：518101
电话：0755-29666355，29666234
传真：0755-29103981
电子信箱：powtran@powtran.com
网址：www.powtran.com
主要产品或业务范围：自动化与驱动产品如变频器（含特殊电源）、电机软启动器、交流伺服驱动系统、电机环保节能器、电动汽车电机驱动系统。

深圳市施罗德工业测控设备有限公司
地址：广东省深圳市龙华区观澜街道新澜社区观光路1301-72号银星智界2号楼1101
邮编：518055
电话：0755-86002225
传真：0755-86007053
联系人：宋荣清
网址：www.sld-cctv.com
主要产品或业务范围：涵盖管道产品应用、物流运输机器人、云平台搭建、机器人核心技术。

深圳市拓普瑞电子有限公司
地址：广东省深圳市宝安区西乡三围宝安大道奋达科技创意园D栋2楼
邮编：518101
电话：0755-29558358
传真：0755-29968611
电子信箱：info@toprie.com
网址：www.toprie.com
主要产品或业务范围：数据采集器，数据监控系统，电子测量整机仪器仪表。

深圳市行健自动化股份有限公司
地址：广东省深圳市南山区科技中二路软件园二期10栋602室
邮编：518040
电话：0755-86336499
传真：0755-86336486
电子信箱：wellreach@wellreach.com
网址：www.wellreach.com
主要产品或业务范围：海上油田群电站系统规划、EMS、调度系统、安稳系统、生产控制系统、安全系统和机组控制系统。

深圳斯凯达控制技术有限公司
地址：广东省深圳市南山区朗山路28号通产新材料产业园4栋3楼
邮编：518057
电话：0755-26727223，26727224，26727225
传真：0755-26727258
电子信箱：scada@szscada.com
网址：www.szscada.com

主要产品或业务范围：专业从事电力及工业（如石油化工、天然气管道、污水处理、公路隧道等）自动化监控领域的软／硬件开发、系统设计、系统集成及工程施工的中外合资高新技术企业。

盛博科技嵌入式计算机有限公司
地址：广东省深圳市南山区高新技术产业园区W2-B5
邮编：518057
电话：0755-26544000
传真：0755-26733883
电子信箱：info@sbs.com.cn
网址：www.sbs.com.cn
主要产品或业务范围：该公司是中国第一家从事国际标准嵌入式计算机硬件、软件及相关产品设计、制造和销售服务的专业系统公司。

沃尔士环控系统工程（深圳）有限公司
地址：广东省深圳市南山区侨香路4068号智慧广场A座1802
邮编：518053
电话：0755-25627688
传真：0755-25628784
电子信箱：info@walsh.com.cn
网址：www.walsh.com.cn
主要产品或业务范围：HVAC和楼宇管理系统、楼宇自动化系统、工厂自动化系统、安防系统、节能管理系统、机械设备维修与改造、消防与安全设备解决方案。

研祥智能科技股份有限公司
地址：广东省深圳市南山区高新中四道31号研祥科技大厦
邮编：518057
电话：0755-86255888
传真：0755-86255257
电子信箱：shenzhen@evoc.cn
网址：www.evoc.com
主要产品或业务范围：特种计算机产品。

秦皇岛华电测控设备有限公司
地址：河北省秦皇岛市海港区北环路108号
邮编：066000
电话：0335-5300192
传真：0335-5300199
电子信箱：hdsc_kfb@126.com
网址：www.hdsc.net
主要产品或业务范围：自动控制系统成套设备。

唐山蓝迪通信科技有限公司
地址：河北省唐山市高新区火炬路410号联东产业园113-1楼
邮编：063020
电话：0315-3858511，3858220
传真：0315-3859736

联系人：袁丽娜
电子信箱：landsales@126.com
网址：www.land-comm.com
主要产品或业务范围：专业从事物联网、智慧城市建设、遥测终端、水位监测、远程数据采集、远程测控设备研发、制造、推广的高科技公司。公司主营低功耗DTU、低功耗遥测终端、遥测终端RTU、管网压力监测、水位监测、地下水位监测、无线水位计、水雨情监测、水源井监控、油井示功仪。

河南众源系统工程有限公司
地址：河南省郑州市高新区国槐街8号火炬大厦B座1302室
邮编：450000
电话：0371-67896222，65703888
传真：0371-6570388
联系人：郭云云
电子信箱：67896222@163.com
网址：www.hnzyzn.com
主要产品或业务范围：综合能源管理、智慧供热、楼宇智能化、工业自动化等系统的深化设计、产品研发、安装施工、系统调试和售后维保等一系列的系统集成工程服务。

哈尔滨天达控制股份有限公司
地址：黑龙江省哈尔滨市高新技术产业开发区迎宾路集中区秦岭路8号
邮编：150078
电话：0451-87618781
传真：0451-87618780
网址：www.hrbtd.cn
主要产品或业务范围：研发各种工业自动化系统和计算机应用软件系统，制造程控装置、智能控制设备、节能控制设备、变频控制装置、高低压电气装置，并以此为主要控制单元构建各种自动化与信息化系统的专业化公司。

黄石科威自控有限公司
地址：湖北省黄石市黄石港区花径路48号
邮编：435002
电话：027-59621928
传真：0714-3802748
电子信箱：kwplc@163.com
网址：www.kwzk.com
主要产品或业务范围：嵌入式PLC、智能伺服、人机界面等系列工控产品。

武汉海王机电工程技术有限公司
地址：湖北省武汉市武昌区中山路450号
邮编：430064
电话：027-86611298
传真：027-88041822
电子信箱：scb001@hikn.cn
网址：www.hikn.cn

主要产品或业务范围：智能控制产品开发和提供工程集成解决方案。

武汉华中数控股份有限公司
地址：湖北省武汉市庙山小区华中科技大学科技园
邮编：430223
电话：027-87180095
传真：027-87180303
电子信箱：service@hzncc.com
网址：www.huazhongcnc.com
主要产品或业务范围：数控系统和红外热成像产品。

武汉吉普电气有限公司
地址：湖北省武汉市东湖新技术开发区光谷大道111号光谷芯中心1-2栋F2
邮编：430074
电话：027-87002176
传真：027-87544307
电子信箱：kpsales@126.com
网址：www.kpelec.cn
主要产品或业务范围：致力于科学仪器与装备、工业自动化等领域的研究、开发、制造与销售。

长沙高新开发区天骄电子有限公司
地址：湖南省长沙市高新开发区麓云路100号兴工国际工业园1栋4楼
邮编：410205
电话：0731-88995950
传真：0731-88995951
电子信箱：13755110001@163.com
网址：www.to-joy.com.cn
主要产品或业务范围：公司提供有刷/无刷直流电机、变频电机的驱动器及相关控制器等。

长春鹭岛自动化工程有限责任公司
地址：吉林省长春市绿园区普阳街1688号长融大厦c座505室
邮编：130061
电话：0431-85889270，85889290
传真：0431-85889390
电子信箱：leader@syld.com.cn
网址：www.syld.com.cn
主要产品或业务范围：可编程序控制器、变频调速器、湿度控制器、工业计算机、集散系统、工业组态软件。

艾默生过程控制流量技术有限公司
地址：江苏省南京市江宁区兴民路111号
邮编：211100
电话：025-66083220
传真：025-66083230
电子信箱：staffing.nanjing@emerson.com
网址：www.ap.emersonprocess.com

主要产品或业务范围：测量仪表、分析仪表、过程控制系统、最终控制设备、现场设备管理和资产优化软件以及基于开放的标准的PlantWeb（数字生态系统）。

常州帕斯菲克自动化技术股份有限公司
地址：江苏省常州市新北区创新楼北区B2
邮编：213022
电话：0519-85103968
传真：0519-85104072
电子信箱：zhouxw8@tpy.cn
网址：www.tpy.com.cn
主要产品或业务范围：环网柜防误闭锁装置、电缆头温度在线监测装置、母线槽接头温度在线监测装置、开关柜触头温度在线监测装置及各种应用于高电压场合的监测仪表。

光洋电子（无锡）有限公司
地址：江苏省无锡市滨湖区建筑西路599号1栋21层
邮编：214070
电话：0510-85167888，85163458
传真：0510-85161393
电子信箱：info@koyoele.com.cn
网址：www.koyoele.com.cn
主要产品或业务范围：可编程序控制器，触摸式工业图形显示器，接近开关，电子计数器，旋转编码器，可编程凸轮开关等电子控制产品。

国电南瑞科技股份有限公司
地址：江苏省南京市江宁区诚信大道19号
邮编：211106
电话：4000095598
传真：025-58844337
电子信箱：qm@sgepri.sgcc.com.cn
网址：www.naritech.cn
主要产品或业务范围：该公司为专业从事电力和工业控制自动化软硬件开发及系统集成服务的高科技企业，主要为客户提供电网调度自动化、变电站自动化、轨道交通及电气保护自动化、电力市场技术支持、电能量计量计费、配电自动化、农电自动化、火电厂及工业控制自动化等全方位解决方案。

江苏苏仪集团有限公司
地址：江苏省淮安市金湖经济开发区金湖西路161号
邮编：211600
电话：0517-86050958
传真：0517-86892705
电子信箱：jshgyb@163.com
网址：www.suyifenxi.com
主要产品或业务范围：工业自动化控制装置，工业无线控制系统及无线传感器等产品。

江苏泰斯特电子设备制造有限公司
地址：江苏省靖江市经济开发区城北园区孤山中路9号
邮编：214500
电话：0523-84126515，84126525
传真：0523-84567585
电子信箱：info@js-test.com
网址：www.js-test.com
主要产品或业务范围：传感器、测试仪器、分析软件、基于云计算和物联网技术的云平台远程在线监测系统、系统定制产品体系。

南京德克威尔自动化有限公司
地址：江苏省南京市浦口区星甸街道九华社区杨西组12号
邮编：210000
电话：4000969016
网址：www.welllinkio.com
主要产品或业务范围：现场总线的I/O模块。

南京菲尼克斯电气有限公司
地址：江苏省南京市江宁区技术开发区菲尼克斯路36号
邮编：211100
电话：025-52121888
传真：025-52121717
电子信箱：zengzhimin@phoenixcontact.com.cn
网址：www.phoenixcontact.com.cn
主要产品或业务范围：印刷电路板连接器、工业接插件、电动汽车充电连接器、工业自动化控制系统及软件等。

南京冠腾自动化科技有限公司
地址：江苏省南京市江宁区东山街道城北路27号
邮编：211100
电话：025-57926390
传真：025-57926850
电子信箱：lathe000@163.com
网址：www.gtuntec.com
主要产品或业务范围：高端自动化装备、自动控制系统、机器人控制等。

南京科远自动化集团股份有限公司
地址：江苏省南京市江宁区清水亭东路1266号
邮编：211102
电话：025-68598968
传真：025-69836118
电子信箱：sciyon@sciyon.com
网址：www.sciyon.com
主要产品或业务范围：分散控制系统、自动化仪表、信息管理系统、装备自动化的研究、开发、生产、销售和咨询服务。

南京中德保护控制系统有限公司
地址：江苏省南京市新模范马路36号

邮编：210003
电话：025-83428822
传真：025-83438836
电子信箱：narinsps@public1.ptt.js.cn
网址：www.nari-nsps.com
主要产品或业务范围：通用厂站自动化系统、间隔级测控单元、厂站后台监控系统及集控中心、厂站电能质量监测与分析系统、智能式电压无功综合控制系统等。

南京中为自动化工程有限公司
地址：江苏省南京市江宁区胜太路68号
邮编：211100
电话：025-68625926
传真：025-68625526
电子信箱：njzhongwei@126.com
主要产品或业务范围：工业自动化控制、分散控制系统、电力自动化控制系统、楼宇自动化控制系统、计算机网络控制系统的设计、开发、销售、集成及技术服务。

启东计算机总厂有限公司
地址：江苏省启东市城北工业园区跃龙路36号
邮编：226200
电话：0513-83213620
传真：0513-83311000
电子信箱：chjuhu@china.com
网址：www.dvcc.com.cn
主要产品或业务范围：一家单片机仿真开发实验系统及电子类信息教学仪器的专业生产厂家。

千野测控设备（昆山）有限公司
地址：江苏省昆山市巴城镇石牌相石路449-10号
邮编：215312
电话：0512-57881727
传真：0512-57881710
电子信箱：xp-yuan@chino-cik.com
网址：www.chino-cik.com
主要产品或业务范围：测控系统和工业控制仪表、传感器。

苏州工业园区福田电气自动化有限公司
地址：江苏省苏州市姑苏区人民路3188号万达广场C座12B-03
邮编：215004
电话：0512-65528399
传真：0512-68262697
联系人：李女士
电子信箱：control@szfukuta.com
网址：www.szfukuta.com
主要产品或业务范围：三菱电机公司中国代理，DELTA变频器区域总代理，承接PLC+VVVF+工控机+计算机控制系统、变频器、PLC维修等。

苏州兰炼富士仪表有限公司
地址：江苏省苏州市吴江区经济开发区江陵西路1333号
邮编：215200
电话：0512-88812966
传真：0512-88812972
电子信箱：info@lanlianfuji.com
网址：www.lanlianfuji.com
主要产品或业务范围：公司专注于自动化领域，主要经营富士电机最新推出的检测仪表、控制系统和分析仪器。

无锡华东电站自动化仪表有限公司
地址：江苏省无锡市惠山区阳山镇陆中南路107号
邮编：214156
电话：0510-83951187
传真：0510-83951530
电子信箱：hddzyb@163.net
网址：www.hddzyb.com
主要产品或业务范围：提供先进可靠的工业自动化控制设备，仪器仪表，电器箱、盘、台、柜成套。

无锡市厚德自动化仪表有限公司
地址：江苏省江阴市顾山镇省渡桥路28号
邮编：214413
电话：400-028-3886，0510-86328800
传真：0510-86329696
电子信箱：houde@houde-meter.com
网址：www.houde-meter.com
主要产品或业务范围：专业生产大型旋转机械装置的监测保护设备，产品涵盖了传感器、仪表和控制器三大部分，构成了完整的监测保护系统，通过在线监测旋转机械的振动、转速、轴振动、位移等参数，即时发现异常并同步进行保护，可为用户提供一站式的安全监测保护解决方案，产品广泛应用于汽轮机、水泵、电机、风机、压缩机、磨煤机、制氧机、分离机械等旋转机械设备。

西尼尔（南京）过程控制有限公司
地址：江苏省南京市江宁区谷里科技产业园兴谷路6号
邮编：211164
电话：025-86167188
传真：025-86167199
电子信箱：sinier@sinier.com.cn
网址：www.sinier.com.cn
主要产品或业务范围：专业从事工业自动化过程控制及仪表的研究开发、生产制造、营销和服务。

徐州科讯工业自动化技术有限公司
地址：江苏省徐州市金山桥开发区科技园
邮编：221004
电话：0516-87792218，87792228
传真：0516-87792238
联系人：马文华
电子信箱：05168@126.com
网址：www.xz-kexun.com
主要产品或业务范围：从事水利、水电、水文领域自动化仪器、仪表，水电厂/水库/水利枢纽/泵站等计算机监控系统、多媒体监视系统、水文自动测报系统以及大口径超声波流量系统的研制、开发、生产和系统集成。

大连爱克新仪器有限公司
地址：辽宁省大连市甘井子区汇仁街远洋广场15号101室
邮编：116033
电话：0411-82650498，82597851，86860590
传真：0411-82650478
电子信箱：sales@actionio.com.cn
网址：www.actionio.com.cn
主要产品或业务范围：工业信号转换隔离器、极限报警设定器、过程参数显示仪表、现场总线控制系统。

大连长城自控技术有限公司
地址：辽宁省大连市沙河口区成仁街15号
邮编：116021
电话：0411-84509188-130
传真：0411-84509191
联系人：刘经理
电子信箱：dlllyan@126.com
网址：www.dlgwa.com.cn
主要产品或业务范围：从事计算机及工业自动控制系统的设计、研制和技术服务，是日本欧姆龙公司的代理商；并代理日本富士、三菱、和泉等公司的可编程序控制器、变频调速器和工业自控元器件。

大连工业自动化仪表研究所
地址：辽宁省大连市中山区滨海路16号
邮编：116013
电话：0411-82682634，82384532
传真：0411-82686772
网址：www.dliaii.com
主要产品或业务范围：设计、组态、销售PLC、DCS等控制系统；磁接近开关、无纸记录仪；GPRS工业数据传输系统；各类现场温度仪表、压力仪表、流量仪表、物位仪表等；承揽总包大型自动化工程项目。

大连理工计算机控制工程有限公司
地址：辽宁省大连市旅顺口区盐北路706号
邮编：116045
电话：0411-62682888，62682889
传真：0411-62682880
电子信箱：dcce62682888@163.cn
网址：www.dcce.cn
主要产品或业务范围：该公司是以大连理工计算机控制研究所为依托。主要从事工业控制系统产品研发、设计、生产、销售和服务。公司产品工业以太网EPA现场总线控制系统获得国家863计划项目和中小企业创新基金等项目支持。

大连普特电机有限公司
地址：辽宁省大连市沿海街68号绿港湾商务公寓A座407室
邮编：116011
电话：0411-82105993
传真：0411-82105967
电子信箱：dlptdj@163.com
网址：www.dlpute.com
主要产品或业务范围：代理艾默生的无线智能测控终端，遥控遥测系统，RTU、无线SCADA系统等。

沈阳德来测控系统有限公司
地址：辽宁省沈阳市铁西区小十三路2号
邮编：110023
电话：024-25441535，25439070
传真：024-25439070
电子信箱：sydlckxt@163.com
网址：www.delai09.com
主要产品或业务范围：该公司是专业从事工业自动化系统集成，生产自动化仪器仪表的高科技公司。开发研制推焦综合管理系统、炉温综合管理系统及焦炉鼓风机专用控制系统等项目；还与日本公司联合设计制造了OMM3000系列红外三波长水分仪和TB2系列氧化锆氧分析仪；公司产品R系列、TM系列隔离器安全栅。

沈阳华垦电气有限公司
地址：辽宁省沈阳市东陵路208巷30号
邮编：110004
电话：024-88030318
传真：024-88030315
电子信箱：huaken2006@163.com
网址：www.huakendq.com
主要产品或业务范围：可编程序控制器、变频调速器、导电温控仪表、理化欧陆仪表、继电器、计数器、定时器、接近开关、光电开关、行程开关、编码器、开关电源。

沈阳市嘉瑞电气有限公司
地址：辽宁省沈阳市沈河区市府大路262甲新华科技大厦3003室
邮编：110013
电话：024-22791619，22791910
传真：024-22790250
电子信箱：syjrele@mail.sy.ln.cn
网址：www.syjr.cn
主要产品或业务范围：经营全数字直流调速装置及成套、交流变频调速器、可编程序控制器、温度/过程控制器、回路调节器、低压电器、控制元件及各种传感器。

沈阳中科博微科技股份有限公司
地址：辽宁省沈阳市浑南区文溯街17-8号
邮编：110179
电话：024-31217263
传真：024-31217338
电子信箱：li.yuan@microcyber.cn
网址：www.microcyber.cn
主要产品或业务范围：专门从事工业控制领域现场总线通信技术的研发与应用的高新技术企业。

中国科学院沈阳自动化研究所
地址：辽宁省沈阳市沈河区创新路133号
邮编：110169
电话：024-23970135
传真：024-23970013
电子信箱：suitl@sia.cn
网址：www.sia.cn
主要产品或业务范围：研究所主要研究方向是机器人、工业自动化和光电信息处理技术。

济南华博自动化工程有限公司
地址：山东省济南市长清区玉清路南首2918号
邮编：250300
电话：0531-86521388
传真：0531-86521386
电子信箱：jnhbwxsh@163.com
网址：www.jnhuabo.com
主要产品或业务范围：承接自动化立体仓库，工业自动化生产线，数据采集，计算机中央集中管理，电力自动化控制管理工程，各种进口自动化生产线安装、维修、调试、改造等。

莱芜钢铁集团电子有限公司
地址：山东省济南市钢城区府前大街99号
邮编：271104
电话：0634-6829664
传真：0634-6822070，6822666
电子信箱：lgdz@laigang.com
网址：www.laigang.com
主要产品或业务范围：管理信息系统，工业控制系统，温度检控系列产品，流量检控系列产品，盘装仪表及其他产品，称重系列产品，盘箱柜配置产品。

青岛海天炜业过程控制技术股份有限公司
地址：山东省青岛市36号中科院兰化所D座
邮编：266101
电话：0532-88916760
传真：0532-88916272
电子信箱：service@mosesceo.com
网址：www.mosesceo.com
主要产品或业务范围：工业自动化控制系统集成、检维修及运维、工业网络信息安全防护以及工业数据互联等领域。

山东恒拓科技发展有限公司
地址：山东省济南市高新开发区舜华路2000号
邮编：250022
电话：0531-87161250，88022023，82765928
传真：0531-66957808
电子信箱：hengtech@163.com
网址：www.sdhengtech.com
主要产品或业务范围：自动控制系统的集成及产品。

陕西海泰电子有限责任公司
地址：陕西省西安市团结南路35号航海科技园
邮编：710075
电话：029-88220875，88220876
传真：029-88220700
电子信箱：info@haitai.com.cn
网址：www.haitai.com.cn
主要产品或业务范围：机箱、零槽控制器、接口转换、数字I/O、信号源、数据采集/温度测量/模拟输出/信号调理仪器、开关、数字万用表、计时定数器等。

西安三泽电子有限公司
地址：陕西省西安市南二环西段88号老三届世纪星大厦5层K座
邮编：710065
电话：029-85733111，88201925，88201839
传真：029-85733000，88202683
电子信箱：szxiaoshou@126.com
网址：www.esanze.com
主要产品或业务范围：该公司从事电力、化工、冶金、铁路等工业自动化系统成套设备，变电站综合自动化系统，楼宇智能化系统工程，教学仪器设备等研制及服务。

西安思安科技信息股份有限公司
地址：陕西省西安市丈八一路2号SOHO同盟B座4层
邮编：710065
电话：029-65691600
传真：029-65691800
电子信箱：suun@siacttech.com
网址：www.siacttech.com
主要产品或业务范围：工业自动化过程控制和系统集成、GE Fanuc PLC控制系统、监控软件；GE交直流传动及低压产品、电力保护产品；代理三菱工控和威达工控产品。

西仪股份有限公司
地址：陕西省西安市大庆路229号
邮编：710082
电话：029-88646496

传真：029-88646016
电子信箱：xykf@shaangu.com.cn
网址：www.xygf.com.cn
主要产品或业务范围：主要为石油、化工、电站、冶金、轻纺等工业企业和科研单位出口成套项目提供所需检测、计量、自动化仪表及成套控制装置。

博太科电气（上海）有限公司
地址：上海市闵行区新骏环路188号新7号楼
邮编：201114
电话：021-34637288
传真：021-34637281
电子信箱：info@bartec.com.cn
网址：www.bartec.com.cn
主要产品或业务范围：该公司主要产品有防爆自动化产品、防爆电伴热产品、防爆电气及控制连接设备、分析及测量设备、测量及数据采集系统、防爆开关柜及马达，并提供矿用电气工程、BARTEC安全工程服务。

德国倍福自动化有限公司
地址：上海市静安区汶水路299弄9-10号
邮编：200072
电话：021-66312666
传真：021-66315696
电子信箱：info@beckhoff.com.cn
网址：www.beckhoff.com
主要产品或业务范围：始终以基于计算机的自动化新技术作为公司的发展理念，所生产的工业计算机、现场总线模块、驱动产品和TwinCAT控制软件构成了一套完整的、相互兼容的控制系统，可为各个工控领域提供开放式自动化系统和完整的解决方案。

费斯托（中国）有限公司
地址：上海市浦东新区金桥出口加工区云桥路1156号
邮编：201206
电话：021-60815100
传真：021-58540300
联系人：腾小姐
电子信箱：info_cn@festo.com
网址：www.festo.com.cn
主要产品或业务范围：气动元件和控制系统生产厂商。

福升科技（集团）有限公司
地址：上海市徐汇区桂平路481号16栋2层
邮编：200233
电话：021-54270066
传真：021-54270858
电子信箱：xw@fushengtek.com
网址：www.fushengtek.com
主要产品或业务范围：嵌入式主板，插卡式计算机，标准机箱，人机界面工作站，工控配件等。

横河电机（中国）有限公司
地址：上海市长宁区天山西路568号卡帝乐鳄鱼大厦D座3楼
邮编：200335
电话：021-62396262
传真：021-54051011
电子信箱：ycn_market@cs.cn.ylkogawa.com
网址：www.yokogawa.com
主要产品或业务范围：工业自动化与控制（IA）、测试与测量及其他业务板块开拓业务。

捷锐企业（上海）有限公司
地址：上海市松江区文吉路499号
邮编：201616
电话：021-67727123
传真：021-67727754
电子信箱：info@gentec.com.cn
网址：www.gentec.com
主要产品或业务范围：研发制造流体压力控制系统设备、气体集中供气系统、气体监控系统、气体相关仪器仪表、气体减压器焊割器具等。

欧姆龙自动化（中国）有限公司
地址：上海市浦东新区银城中路200号中银大厦2211室
邮编：200120
电话：021-60230333
传真：021-50372388
网址：www.fa.omron.com.cn
主要产品或业务范围：该集团是一个引领工业自动化产品和先进技术的跨国公司，作为欧姆龙全球事业的一部分，它已经成为自动化领域的佼佼者。

皮尔磁工业自动化贸易（上海）有限公司
地址：上海市浦东新区龙阳路2277号永达国际大厦1702-1705室
邮编：201204
电话：021-60880878
传真：021-60880870
电子信箱：sales@pilz.com.cn
网址：www.pilz.com.cn
主要产品或业务范围：安全继电器、急停按钮、安全光栅、安全门开关、安全PLC、安全总线系统等。

七一一研究所自动化工程研究中心
地址：上海市闵行区华宁路3111号
邮编：201108
电话：021-51711711
传真：021-31310888
电子信箱：711@csic-711.com
网址：www.csic-711.com
主要产品或业务范围：该中心产品有主机遥控系统、监测报警系统、电站监控系统、损管监控系统、消防监控系统、工业过程控制系统、综合信息平台管理系统、电力推进系统。

三菱电机自动化（上海）有限公司
地址：上海市长宁区虹桥路1386号
邮编：200336
电话：021-23223030
传真：021-23223000
网址：www.meach.cn
主要产品或业务范围：致力于在工业自动化、电力控制及其他相关业务上提供专业的产品设备和解决方案。

上海澳托克数字仪器有限公司
地址：上海市浦东新区泥城镇飞渡路950号
邮编：201306
电话：021-63517031，62128757
传真：021-63517032
电子信箱：zd@autork.com.cn
网址：www.autork.com.cn
主要产品或业务范围：各种现场总线控制系统和数据采集系统。

上海步科自动化股份有限公司
地址：上海市浦东新区上海自由贸易试验区申江路5709号
邮编：201203
电话：021-68798588
传真：021-68797688
联系人：李芬
电子信箱：sales@kinco.cn
网址：www.kinco.cn
主要产品或业务范围：该公司是从事自动化产品的研发与生产的民营高科技企业，拥有eView和Kinco两大国内知名品牌，以及工业人机界面、交流伺服系统和步进系统、PLC、工业现场总线产品等自有知识产权的产品线。

上海电气自动化设计研究所有限公司
地址：上海市黄浦区蒙自路360号
邮编：200023
电话：021-63018345
传真：021-63018720
电子信箱：seari@seari.com
网址：www.seari.com
主要产品或业务范围：自动化工程成套设计、咨询，机电一体化装置，交直流传动，计算机网络，安全防范工程技术开发、设计、测试。

上海鼎茂兴自动化技术有限公司
地址：上海市浦东新区自由贸易试验区龙东大道3000号1幢A楼806E室
邮编：201203
电话：021-68795777

传真：021-68795013
电子信箱：sales@dmxtech.com
网址：www.dmxtech.com
主要产品或业务范围：该公司是中国工业自动化行业中早期的系统集成商和产品运营商之一。为用户提供完整的系统解决方案。

上海工业自动化仪表研究院有限公司
地址：上海市徐汇区漕宝路103号
邮编：200233
电话：021-64368180，64363526
传真：021-64333566
电子信箱：info@sipai.com
网址：www.sipai.com
主要产品或业务范围：从事工业自动化仪表和自控系统研究、开发、检测和集成应用的综合性科研院所。

上海海得控制系统股份有限公司
地址：上海市闵行区漕河泾开发区浦江高科技园新骏环路777号
邮编：201114
电话：021-60572333
传真：021-54235550
电子信箱：fangj@hite.com.cn
网址：www.hite.cn
主要产品或业务范围：系统集成和OEM，工厂层网络系统、控制层现场总线连接，设备及传感器层连接。

上海华北科技有限公司
地址：上海市松江区曹农路585号
邮编：201108
电话：021-54262222
传真：021-54262008
电子信箱：zhouji@anovotech.com
网址：www.anovotech.com
主要产品或业务范围：工业和嵌入式计算机系统。

上海津信变频器有限公司
地址：上海市虹口区汶水东路918号信南都市工业园区五号楼1F
邮编：200434
电话：021-65618877
传真：021-65600454
电子信箱：office@sinodrive.com
网址：www.sinodrive.com
主要产品或业务范围：代理丹佛斯(Danfoss)变频器、台达变频器/可编程序控制器DVP系列、台达人机界面DOP系列、丹佛斯软启动器、西门子PLC_S7系列、ABB交流异步电动机、丹佛斯保尔齿轮减速电机等。

上海科韵科技发展有限公司
地址：上海市普陀区陕西北路1438号财富时代大厦1311室

邮编：200060
电话：021-51780170，51780171，51780172
传真：021-51780173
电子信箱：easta2007@hotmail.com
网址：www.ipckey.com
主要产品或业务范围：专业从事嵌入式工业计算机及自动化控制系统的设计、开发、销售。

上海黎升工业控制设备有限公司
地址：上海市静安区共和新路985号4号楼
邮编：200070
电话：021-63573433，63578568
传真：021-56629278
联系人：李佩春
电子信箱：lpc@risun-sh.com
网址：www.risun-sh.com
主要产品或业务范围：IPC系列同步调节器，IPC-101拉丝机电脑控制器，IPC-2AT、IPC-2AU角度传感器及IPC-2SP数字电压给定器及IPC-301水泵控制器等工业控制产品。

上海鸣志派博思自动技术有限公司
地址：上海市闵行区鸣嘉路168号
邮编：201107
电话：021-52634688
传真：021-52634098
电子信箱：info@moons.com.cn
网址：www.moons.com.cn
主要产品或业务范围：直线步进电机、直线模组及微型电缸产品。

上海盼运自动化科技有限公司
地址：上海市闵行区恒南路1328号501室
邮编：201114
电话：021-61026675
传真：021-54938456
电子信箱：sales@panrun.com
网址：www.panrun-instruments.com
主要产品或业务范围：该公司与多家高校、科研院所紧密合作，致力于自主知识产权产品的开发，包括爆炸抑制系统、爆炸隔离系统、全自动快速灭火系统、PR1000智能装车系统和磁力泵隔离罩专用温度传感器等。

上海瑞孚电子科技有限公司
地址：上海市青浦区华徐公路999号A幢5楼
邮编：200235
电话：400-800-7992
传真：021-64840244
电子信箱：wy@ruif.com.cn
主要产品或业务范围：应用软件开发、计算机信息系统集成、信息技术服务及网络流控制产品开发。

上海上尚科技股份有限公司
地址：上海市徐汇区漕河泾开发区钦州北路1066号75号楼3F
邮编：200233
电话：021-64956231
传真：021-64850504
网址：www.atop.com.cn
主要产品或业务范围：工业级嵌入式计算机、工业级串口服务器、工业级以太网交换机、工业级门禁及I/O系统、网络视频服务器、自动辩识与资料收集设备、电子标签辅助拣货系统。

上海圣懋控制设备有限公司
地址：上海市杨浦区国权路39号财富国际广场金座1318室
邮编：200041
电话：021-62770877，62770878，62770879
传真：021-62770759
联系人：刘思斌
电子信箱：service@shengmao.com.cn
网址：www.shengmao.com.cn
主要产品或业务范围：计算机控制系统、现场仪表、分析仪表、数据采集与记录仪、控制指示仪表与系统、智能传感器/变送器、阀、定位器与执行器、燃烧控制系统、锅炉控制系统、空调控制系统。

上海同欣自动化仪表有限公司
地址：上海市静安区止园路621号1号楼5楼
邮编：200070
电话：021-66600941，66600924
传真：021-66600874
电子信箱：flowtontion@163.com
网址：www.flowtontion.com
主要产品或业务范围：计算机数据采集和监控系统开发、服务；仪表自动化和能源计量管理系统集成；承接自动化系统交钥匙工程。

上海西菱自动化系统有限公司
地址：上海市徐汇区漕宝路86号光大会展中心F座1601室
邮编：200233
电话：021-51096030，64325938
传真：021-64325937
电子信箱：info@syslink.com.cn
网址：www.syslink.com.cn
主要产品或业务范围：代理日本三菱公司全系列可编程序控制器、变频器、伺服系统及人机界面。

上海新华控制技术集团有限公司
地址：上海市闵行区紫月路968号
邮编：200241
电话：021-34292618
传真：021-64847787

电子信箱：xhg@xinhuagroup.com
网址：www.xinhuagroup.com
主要产品或业务范围：DCS控制系统，PLC控制系统，综合监控系统。

上海云飞自动化设备有限公司
地址：上海市宝山区大康路251号东二楼
邮编：200443
电话：021-56776700
传真：021-36031040
电子信箱：shyunfei@shyunfei.com
网址：www.shyunfei.com
主要产品或业务范围：内燃机机电自动化监测与控制系统。

上海正航电子科技有限公司
地址：上海市松江区九亭镇久富开发区叶亭路28号1栋
邮编：201500
电话：021-64757771
传真：021-64757772
电子信箱：zhenghangdianzi@163.com
网址：www.zhenghangPLC.com
主要产品或业务范围：工业自动化及过程自动化领域领先的技术与服务提供者。

上海中控自动化系统有限公司
地址：上海市宝山区殷高西路101号高景国际大厦501室
邮编：200439
电话：021-66104682
传真：021-56060671
电子信箱：sales6@zhongkong.com.cn
网址：www.zhongkong.com.cn
主要产品或业务范围：编码器、工业以太网、变送器、开关、电源、模块、继电器、PC机、I/O模块、各种优质控制电缆及附件等。

上海自动化仪表有限公司
地址：上海市静安区汶水路210号12号楼
邮编：200072
电话：021-36129977
传真：021-62801680
电子信箱：zhuhong@saic.sh.cn
网址：www.saic.sh.cn
主要产品或业务范围：公司是国内规模较大、门类较全、系统成套能力较强的自动化仪表制造企业。主要产品有工业生产过程控制系统装置和仪表。

成都巨力实业有限公司
地址：四川省成都市永丰路47号丰尚627-630
邮编：610041
电话：028-85187223，85197257，85179247
传真：028-85929331

电子信箱：supo@supo.com.cn
网址：www.supo.com.cn
主要产品或业务范围：制造、销售节电、软启动器；代理Easy View触摸屏，施耐德电气产品，阿尔法变频器，华为变频器，西门子、欧姆龙自动化控制产品；承接工业自动化控制系统工程。

成都科一自动化工程有限公司
地址：四川省成都市科华北路64号棕南俊园6楼C座
邮编：610041
电话：028-85255374
传真：028-85241991
电子信箱：cdky-ldy@sohu.com
主要产品或业务范围：该公司从事自动化电控系统的电气设计及制造，主要有运用工控和PLC组成带上位机监控的电气控制系统。

成都雷宝自动化系统有限公司
地址：四川省成都市乡农市街59号金港商城A座710室
邮编：610072
电话：028-87679166，87679266，87663285
传真：028-87652766
电子信箱：robot06@tom.com
网址：www.robott.com.cn
主要产品或业务范围：工控产品有低压电器及变频器，伺服、步进系统，交流变频调速器，可编程序控制器，工控机；自动化仪器仪表，低压电器，工业级人机界面，软起动器，交直流传动、伺服系统，PLC系统，DCS，现场总线系统；工业生产远程数据采集和动态监控系统等。

成都瑞帆智达科技有限公司
地址：四川省成都市武侯区武兴四路166号西部智谷D区1栋2单元405室
邮编：610041
电话：028-85226501
传真：028-85223660
电子信箱：mikemeng@reputek.com
网址：www.ruifantek.com
主要产品或业务范围：计算机硬件集成。

四川纵横测控技术股份有限公司
地址：四川省成都市高新西区天河路1号
邮编：611731
电话：028-62876999，62876850
传真：028-62876851
电子信箱：jovian@jovian.com.cn
网址：www.jovian.com.cn
主要产品或业务范围：VXI、CompactPCI/PXI、PXIe总线测控产品、嵌入式计算机、精密机电产品的设计、开发、生产和服务，并提供机电一体化和自动测试设备/系统（ATE/ATS）的集成和服务。

天津罗升企业有限公司
地址：天津市东丽区自贸试验区西十道3号
邮编：300308
电话：022-24891997，23556000
传真：022-23556368，24895352
电子信箱：sales@acepillar.com.cn
网址：www.acepillar.com
主要产品或业务范围：可编程序控制器，变频器，控制阀，执行元件等。

天津市红日电气自动化有限公司
地址：天津市东丽区五经路1号
邮编：300300
电话：022-24996788，24986828
传真：022-24982048
联系人：销售部
电子信箱：redsunl@redsuntj.com
主要产品或业务范围：该公司是一家专业从事自动化产品研发，交直流电气传动工程项目和自动控制系统的设计、开发、制造、销售、系统集成、现场安装、现场调试服务以及维护的高新技术企业。

天津市中环电子计算机有限公司
地址：天津市南开区红旗路214号
邮编：300110
电话：4000967688
传真：022-27641780
电子信箱：Market@zhonghuan.com.cn
网址：www.zhonghuan.com.cn
主要产品或业务范围：工业计算机及嵌入式系统、金融技术及设备、自助设备及终端、网络安全产品。

天津市中环自动化技术控制设备有限公司
地址：天津市西青区华苑产业园区梓苑路13号2-D-501室
邮编：300384
电话：022-58627581，58627582，58627583
传真：022-58627585
电子信箱：tjzhdcs@163.com
网址：www.tjzhdcs.com
主要产品或业务范围：DCS、智能型数码大屏幕显示书写系统；提供霍尼韦尔、西门子、施耐德、横河等众多国际品牌DCS/PLC系统集成服务；系统控制机柜、高低压电气柜、操作台、打印台、仪表控制盘等各类机柜和操作台。

天津协力智能制造有限公司
地址：天津市西青区华苑产业园区榕苑路15号8号楼B座801室
邮编：300384
电话：022-27415555
传真：022-83710168

电子信箱：tony_xie@126.com
网址：www.shelly.com.cn
主要产品或业务范围：该公司提供安全控制系统。

杭州邦胜自动化科技有限公司
地址：浙江省杭州市钱江新城民心路100号万银国际405室
邮编：310016
电话：0571-86713924
传真：0571-87220996
电子信箱：hr2@cn-hzbs.com
网址：www.cn-hzbs.com
主要产品或业务范围：SF_6气体密度和微水在线监测系统，电机测试系统，局放在线监测系统。

杭州和利时自动化有限公司
地址：浙江省杭州市下沙经济技术开发区19号路北1号
邮编：310018
电话：0571-81633600
传真：0571-81633700
电子信箱：jubao@hollysys.com
网址：www.hollysys.com
主要产品或业务范围：工业过程自动化系统、企业管理信息化系统、电力系统自动化系统、交通信息自动化及楼宇自动化系统。

杭州鸿信智能工程有限公司
地址：浙江省杭州市文一西路75号数字娱乐产业园1号楼
邮编：310012
电话：0571-88866561
传真：0571-88867871
电子信箱：hongxin_d@126.com
网址：www.hongxin.zj.cn
主要产品或业务范围：专业从事自动化系统工程、变频控制设备、工厂生产线的设备配套、节能设备技术开发、服务等。

杭州汇诚自动化系统有限公司
地址：浙江省杭州市滨江区聚园路8号
邮编：310018
电话：0571-88059775
传真：0571-88074884
主要产品或业务范围：主要从事工控产品销售、系统集成及工程服务。

杭州金联自动化工程技术有限公司
地址：浙江省杭州市潮王路218号红石商务大厦15E
邮编：310005
电话：0571-88223868，88223507
传真：0571-88223899
电子信箱：hzjlzdhgc@163.com
网址：www.jinlian8.net

主要产品或业务范围：工业自动化控制柜、高温静电容料位开关、调节阀的制造，计算机软件、工业自动化设备的技术开发及技术咨询，以及自动化仪表和工业集散控制系统。

杭州坤天自动化系统有限公司
地址：浙江省杭州市艾一西路1818-2号人工智能小镇11号楼9楼
邮编：310000
电话：0571-85249125
传真：0571-85249126
电子信箱：support@ktcontrol.com
网址：www.ktcontrol.com
主要产品或业务范围：全流程实时模拟系统、操作员管理系统、PID自动整定系统、一体化控制性能管理系统等。

杭州新箭电子有限公司
地址：浙江省杭州市余杭区闲林工业区嘉企路19号
邮编：311112
电话：0571-85365532
传真：0571-85370895
电子信箱：xinjian@xinjianelec.com
网址：www.xinjianelec.com
主要产品或业务范围：D100系列小型模块化可编程序控制器、D20P系列及D100P系列微型控制器。

浙江省电子技术研究所有限公司
地址：浙江省杭州市翠苑新村三区翠柏路6号
邮编：310012
电话：0571-88859965
传真：0571-88856829
电子信箱：service@zjest.com
网址：www.zjest.com
主要产品或业务范围：主要产品有以太网光纤收发器系列产品、以太网光纤交换机系列产品，网络管理软件等。

浙江威盛自动化有限公司
地址：浙江省杭州市文二路391号西湖国际科技大厦D座-3F
邮编：310012
电话：0571-86696831，86698020
传真：0571-86698020
电子信箱：sales@weisheng.com.cn
网址：www.weisheng.com.cn
主要产品或业务范围：该公司专业从事分散型控制系统的研究、制造及工程承包，是国家高新技术企业。

浙江正泰中自控制工程有限公司
地址：浙江省杭州市经济技术开发区6号路260号中自科技园1号楼6层
邮编：310008
电话：0571-28993200

传真：0571-28993277
电子信箱：chitic@chitic.com
网址：www.chitic.com
主要产品或业务范围：致力于过程自动化、装备自动化、智慧水务、智慧供热、能源互联网等领域前沿。

浙江中控科技股份有限公司
地址：浙江省杭州市滨江区六和路309号中控科技园

邮编：310053
电话：0571-88851888
传真：0571-86667588
电子信箱：supcon@supcon.com
网址：www.supcontech.com
主要产品或业务范围：自主研发的现场仪表、控制阀、集散控制系统、先进控制与优化以及生产执行系统。

其他自动化仪表及装置

北京奥马特仪表技术有限公司
地址：北京市海淀区上地开发区信息路1号2号楼3层
邮编：100085
电话：010-82620099，82895083，82895182
传真：010-82895082
电子信箱：bjallmt@163.com
网址：www.all-mt.com.cn
主要产品或业务范围：隔离变送模块。

北京东环兴业科技发展有限公司
地址：北京市海淀区知春路132号中发电子大厦528室
邮编：100086
电话：010-82628402，82628409
传真：010-82624478
电子信箱：sales_dunhull@126.com
网址：www.dunhull.com.cn
主要产品或业务范围：公司主要产品为各类工业控制柜、控制箱、高品质不锈钢控制柜及控制箱、户外高防护等级机柜、19英寸标准机柜、19英寸EMC机柜、19英寸标准插箱、CompctPCI系统插箱、VME、VXI系统插箱、仪器仪表机箱、及拉伸冲压件等。

北京京仪融科科技孵化器有限公司
地址：北京市西城区百万庄大街16号
邮编：100037
电话：010-68990902
传真：010-68990902
电子信箱：fwzx@jyfhq.com.cn
网址：www.jyrkfhq.com.cn
主要产品或业务范围：致力于自动化控制系统和仪表、科学仪器、电力电子、新能源、环保、光电子、节能、安全八个领域的高科技产品研发中小企业引进与孵化。

北京京圳永达科技有限公司
地址：北京市通州区北苑155号518室
邮编：101149
电话：13720029658
传真：010-80570360
电子信箱：lijing563891@qapon.com
网址：www.lqapon.com
主要产品或业务范围：该公司是一家致力于电网智能化、数字化、电能质量参数采集设备、工业自动化设备的研发、生产、销售、服务的高科技企业，不间断紧跟世界顶尖科技，为国内创造一流的产品。

北京昆仑通态自动化软件科技有限公司
地址：北京市海淀区上地十街辉煌国际大厦5号楼2010室
邮编：100085
电话：010-62979682
传真：010-62979059
电子信箱：mcgsshichang@163.com
网址：www.mcgs.com.cn
主要产品或业务范围：从事工控软件的开发、应用系统的集成，并向用户提供从硬件到软件的总体设计方案。

北京龙格自动化系统工程有限公司
地址：北京市丰台区马家堡路122-2号驰跃翔一层
邮编：100068
电话：010-51660456-206
传真：010-51660456-206
电子信箱：blg@blonger.com
网址：www.blonger.com
主要产品或业务范围：公司在工业自动化方面主要销售欧姆龙、A-B、富士、金钟穆勒、SIEMENS、EasyView等公司的产品。

北京中海汇通科技有限公司
地址：北京市海淀区上地三街9号嘉华大厦B座501、504
邮编：100085
电话：010-62976969
传真：010-62976902
网址：www.will-tech.com.cn
主要产品或业务范围：经销全系列罗克韦尔自动化产品，主要有可编程控制器（PLC）、变频器、智能马达控制器、伺服系统、直流调速器及工业控制仪表等。

瑞泰凯博（北京）科技有限公司
地址：北京市朝阳区和平西街和平西苑20号B座10层
邮编：100013
电话：400-048-5880
传真：010-84277050
电子信箱：kctech@rtkb.cn
网址：www.kingcable.cn
主要产品或业务范围：PC/104模块板，PC/104加固型系统，PC/104模块板开发配件。

重庆川仪自控系统工程成套厂
地址：重庆市北碚区龙凤三村
邮编：400700
电话：023-68265905，68265904
传真：023-68265903
联系人：陈文枫
电子信箱：sic20@sicc.com.cn
网址：www.sicc.com.cn
主要产品或业务范围：工业自动化仪表盘、台、箱柜，各类标准、非标准自动化仪表成套装置，高、低压电控柜设计与制造，各类电缆桥架、接线盒、保温保护箱、电缆分支箱。

重庆工业自动化仪表研究所
地址：重庆市渝北区高新园黄山大道中段杨柳路2号B区
邮编：401123
电话：023-89137818
传真：023-89137800
电子信箱：master@ciiai.cn
网址：www.ciiai.cn
主要产品或业务范围：从事自动控制系统工程。工业控制实时软件开发，计算机信息系统，企事业管理系统，工业控制仪表的开发生产，工业自动化系统和智能建筑的设计、成套、安装、调试、维修等。

百赛仪器有限公司
地址：广东省东莞市松山湖科技产业园区东莞留学人员创业大厦409室
邮编：523808
电话：0769-22891597
传真：0769-22891597
电子信箱：prstechnology@yahoo.com
网址：www.prsmeas.com
主要产品或业务范围：压力传感器用的数字式信号调理模块，压力传感器集成智能化生产专用平台。

广东省中科进出口有限公司
地址：广东省广州市先烈中路100号大院9号楼一楼
邮编：510070
电话：020-37656268
传真：020-87681505
电子信箱：shengz_k@gdstie.com
网址：www.gdstie.com
主要产品或业务范围：从事科技产品进出口贸易的公司。产品有校验仪和自动化控制产品，火焰燃烧安全装置，电力、化工等行业用的现场仪表和各类实验室用的检测校验设备。

河北省青县天成电路板机箱厂
地址：河北省沧州市青县京福北路262号
邮编：062650
电话：0317-4021449
传真：0317-4021449
联系人：朱万和
电子信箱：qxtcjx123@163.com
主要产品或业务范围：专业生产各种仪器机箱、机柜、控制台及各种面板。

郑州天宏自动化技术有限公司
地址：河南省郑州市高新区翠竹街6号863软件园2号楼C座6楼
邮编：450001
电话：0371-67997803，67997804，67997805
传真：0371-67579805

电子信箱：thgk001@163.com
网址：www.thgk.com.cn
主要产品或业务范围：分布式数据采集模块和自动化仪表等产品。

梅勒电气（武汉）有限公司
地址：湖北省武汉市东西湖区裕民街166号
邮编：430040
电话：027-83262021，83257046
传真：027-83262022，83256970
电子信箱：me@mehler.cn
网址：www.mehler.cn
主要产品或业务范围：组合式开关柜、控制柜及密封型控制箱、数控系统操作台、标准机柜、微机显示操作台、集装箱式配电控制站等。

乐星迈克彼恩自动化科技（无锡）有限公司
地址：江苏省无锡市新区梅村工业集中区锡达路240-1号
邮编：214112
电话：0510-82953000
传真：0510-82953013
网址：www.lsmecapion.com.cn
主要产品或业务范围：专注于自动化设备及机械装置方面的核心部件，即旋转编码器、伺服电动机、伺服驱动器等产品的开发、生产、销售和售后服务。

苏州美名软件有限公司
地址：江苏省苏州市工业园区金鸡湖大厦1355号国际科技园二期C303
邮编：215021
电话：0512-68075718
传真：0512-68075728
电子信箱：info@mm-software.com
网址：www.mm-software.cn
主要产品或业务范围：开发自动化控制方面的软件，为自动化行业现场设备/仪器仪表及控制系统厂家用户提供业界领先的设备管理解决方案。

无锡市雷华科技有限公司
地址：江苏省无锡市滨湖区山水城科教软件园B区2号楼
邮编：214125
电话：0510-85702907
传真：0510-85165587
电子信箱：leihua@foxmail.com
主要产品或业务范围：近程探测系统和雷达测试与仿真技术等。

沈阳恩邦电气控制系统有限公司
地址：辽宁省沈阳市新民市育才路22号
邮编：100300
电话：024-27609997

传真：024-85615375，27617263
电子信箱：nb@nb-electric.com.cn
网址：www.nb-electric.com.cn
主要产品或业务范围：仪表盘、台、箱、柜系列。

昱家科技（大连）有限公司
地址：辽宁省大连市西岗区久寿街42号北京公园16号楼3单元302室
邮编：116001
电话：0411-82312967
传真：0411-82312289
电子信箱：sales@sensingtek.com.cn
网址：www.sensingtek.com
主要产品或业务范围：该公司致力于无线传感网络技术的研发，为数字技术时代的环境监测、健康照护、大厦自动化、工业自动化、资产巡检、灾害预防及其他领域的用户提供无线智能控制解决方案。

山东鲁能控制工程有限公司
地址：山东省济南市张庄路190号前城杰座B座18层
邮编：250023
电话：0531-87526966
传真：0531-87526166
电子信箱：LNCC8888@163.com
网址：www.lnkz.com
主要产品或业务范围：BMS、DAS、MCS、SCS、ECS、水/煤/灰网及辅网程控系统、供热改造系统、超低排放改造脱硫系统增容提效、脱硫控制系统、脱硝系统。

陕西省西仪仪表控制系统安装公司
地址：陕西省西安市西郊劳动路北口
邮编：710082
电话：029-88617309
传真：029-88624281
电子信箱：kdx0512@shaangu.com
网址：www.shaanguxyaz.com
主要产品或业务范围：自动化仪表控制系统专业安装。

罗克韦尔自动化（中国）有限公司
地址：上海市徐汇区虹梅路1801号B区宏业大楼1楼
邮编：200233
电话：021-61288888
传真：021-61288899
电子信箱：jsun2@ra.rockwell.com
网址：www.rockwellautomation.com.cn
主要产品或业务范围：该公司整合了工业自动化领域的知名品牌产品，其中包括艾伦-布拉德利的控制产品和工程服务及罗克韦尔的自动化管理软件。

穆尔电子元器件（上海）有限公司
地址：上海市普陀区绥德路628号C幢

邮编：200331
电话：4009202590
传真：021-62848526
电子信箱：info@murrelektronik.com.cn
网址：www.murrelektronik.com.cn
主要产品或业务范围：传感器及执行器的连接系统、分线盒、抗干扰与继电器模块、紧凑型电源及变压器、现场总线系列产品。

上海黑马安全自动化系统有限公司
地址：上海市浦东新区金桥出口加工区宁桥路615号2幢7层
邮编：201206
电话：021-50481850
传真：021-50484655
电子信箱：zhang.junping@hima-china.com
网址：www.hima-china.com
主要产品或业务范围：安全控制系统系列。

上海敬邦机电设备有限公司
地址：上海市闵行区浦江镇联航路1188号浦江智谷商业园10号楼1楼A座
邮编：201112
电话：021-51172700
传真：021-58515222
电子信箱：info@keypoint.cn
网址：www.keypoint.cn
主要产品或业务范围：该公司是敬邦国际有限公司旗下的一家专业从事机械设备和自动化仪表服务的公司。

威图电子机械技术（上海）有限公司
地址：上海市松江区民益路1658号
邮编：201612
电话：021-51157799
传真：021-51157788
电子信箱：marketing@rittal.cn
网址：www.rittal.com
主要产品或业务范围：工业电气、电子控制箱柜，控制箱体及附件，电子元件安装箱体及附件，控制箱空调系统及附件系统，配电组件及附件系统，数据通信箱体及附件，户外箱体及附件。

四川零点自动化系统有限公司
地址：四川省绵阳市高新区虹盛路6号
邮编：621100
电话：0816-2530577
传真：0816-6337503
电子信箱：sales@odot.com
网址：www.odot.com.co
主要产品或业务范围：协议转换器、智能分布式I/O、工业交换机、工业无线、嵌入式模块、通信附件等。

宜科（天津）电子有限公司
地址：天津市西青区赛达四支路12号
邮编：300385
电话：4006525009
传真：022-23788399
电子信箱：sales@elco.cn
网址：www.elco-holding.com.cn
主要产品或业务范围：该公司主要生产和销售光电旋转编码器，同时销售数显仪表、智能继电器、多功能伺服控制系统及通用变频器等，并提供综合解决方案。

杭州优稳自动化系统有限公司
地址：浙江省杭州市余杭区钱江经济开发区临港路6号
邮编：310030
电话：0571-88371966
传真：0571-88371967
电子信箱：uwntek@uwntek.com
网址：www.uwntek.com
主要产品或业务范围：公司业务范围涉及智能仪表、可编程控制器、集散控制系统、安全控制系统、控制工程应用软件平台的研究开发、生产制造与销售服务。

电工电子仪器仪表

北京爱博精电科技有限公司
地址：北京市海淀区永丰产业基地丰润东路12号
邮编：100094
电话：010-56390066，56390000
传真：010-56390068
电子信箱：marketing@accuenergy.com
网址：www.accuenergy.com.cn
主要产品或业务范围：Acuvim智能电力仪表，EV100/300系列网络电力仪表，DV100/300系列多功能数字面板表，SPM60配电终端，以及EPM400、PSM300、SRTU系列电力智能测控模块。

北京爱康达仪器设备有限公司
地址：北京市海淀区中关村南大街魏公村街韦伯豪家园5号楼4单元3A04号
邮编：100081
电话：010-88570666，88570606
传真：010-88570606
电子信箱：ircon@263.net
主要产品或业务范围：该公司是IRCON、RAYTEK的核心销售商，公司主营红外测温仪的销售和售后服务。

北京波尔通达电子技术股份有限公司
地址：北京市海淀区上地三街中黎科技园1号楼A411
邮编：100085
电话：010-62969569
传真：010-62980351
电子信箱：pw@pw.com.cn
网址：www.pw.com.cn
主要产品或业务范围：通信电源、模块电源、通用电源及应用到各特定领域的专用电源，如雷达电源、车载电源、氙灯电源等。

北京伯仲达测控科技有限公司
地址：北京市朝阳区望京路4号7号楼207
邮编：100101
电话：010-84899426
传真：010-84899427
电子信箱：bjbzd@263.net
网址：www.bozhongda.cn
主要产品或业务范围：纳米发电测试、低电平测量、电化学测试以及半导体器件特性测试等领域。

北京大华无线电仪器有限责任公司
地址：北京市海淀区学院路5号
邮编：100083

电话：010-62937169
传真：010-62937189
电子信箱：marketing@dhelec.com.cn
网址：www.dhelec.com.cn
主要产品或业务范围：产品覆盖了稳压电源、微波测量仪器、教学仪器等400多种产品。主要有铷原子频率标准、雷达综合测试仪、微波信号源、噪声发生器、选频放大器、卫星云图接收机、大气物理探测系统、微波（光磁、顺磁、铁磁）共振实验系统、微波分光仪、微波胶乳测试仪、测控天线、微波组件、波导/同轴器件、交直流稳压稳流电源、开关电源、电子负载、耐压测试仪、蓄电池修复仪、网络型蓄电池检测系统等。

北京德龙电力设备有限公司
地址：北京市通州区广源东街6号
邮编：101113
电话：010-61568188
传真：010-69574996
电子信箱：long@bj-delong.com
网址：www.bj-delong.com
主要产品或业务范围：不间断电源系统，电力输送设备，万用表，测试仪表，动力车充电器。

北京迪恩康硕科技发展有限公司
地址：北京市海淀区林风二路38号院3号楼302
邮编：100194
电话：010-82403174，82403194，82478274
传真：010-82401474
电子信箱：market@dsc.net.cn
网址：www.dsc.net.cn
主要产品或业务范围：光纤感温火灾探测系统、分布式光纤传感系统等。

北京东方晨景科技有限公司
地址：北京市昌平区回龙观龙祥制版工业园6号院A座4号
邮编：100190
电话：010-51668833
传真：010-51090523
电子信箱：sales@eastchanging.com
网址：www.eastchanging.com
主要产品或业务范围：磁性、低温、真空以及电测量等产品。

北京东方中科集成科技股份有限公司
地址：北京市海淀区阜成路67号银都大厦12层
邮编：100142

电话：010-68715566
传真：010-68728810
电子信箱：webmaster@jicheng.net.cn
网址：www.jicheng.net.cn
主要产品或业务范围：公司目前已经成为中国电子测试及科学分析领域领先的综合服务商。

北京东英泰思特测试技术有限责任公司
地址：北京市海淀区北三环中路31号泰思特大厦A618室
邮编：100088
电话：010-82002275，82003276，62312469
传真：010-82003520
电子信箱：dytest@dytest.com.cn
网址：www.dytest.com.cn
主要产品或业务范围：自主研发的BC3193分立器件测试仪、BC3186DC-DC模块测试系统，英国Quadtech公司的数字电桥、电缆测试仪、绝缘电阻表（兆欧表）、安规检测仪，美国Kepco公司的电源、功率放大器，美国CPI公司的功率计、相位表。

北京杜贺利创科技有限公司
地址：北京市昌平区西关路20号琥珀郡2号楼205
邮编：102200
电话：010-89798991
传真：010-89711677
电子信箱：ircon@126.com
网址：www.dhlc.cn
主要产品或业务范围：红外测温仪及热像仪系列。

北京二十一世纪科技发展有限公司
地址：北京市海淀区西三旗建材城东路26号
邮编：100096
电话：010-82909966
传真：010-82951104
电子信箱：webmaster@21stc.com.cn
网址：www.21stc.com.cn
主要产品或业务范围：公司主营业务包括无线通信测量和工业自动控制。

北京妫水科技有限公司
地址：北京市海淀区建材城中路3号6层中段610
邮编：100096
电话：010-82936198，82918250，82916360
传真：010-82916360
电子信箱：ndt@raytest.net
网址：www.raytest.net
主要产品或业务范围：专业从事红外测温、计量仪器的生产、系统集成方案、产品代理、销售和服务，在经营国内著名仪器品牌的同时与美国、德国和英国等国外著名检测仪器厂商建立了密切的联系。

北京弘豪福安仪器有限公司
地址：北京市丰台区云岗王佐镇下庄
邮编：100074
电话：010-83391064，59145196
传真：010-83391064
联系人：刘毅弘
电子信箱：bj83391064@163.com
网址：www.bjhhfa.com
主要产品或业务范围：精密测量校准仪器。

北京汇邦科技有限公司
地址：北京市丰台区航丰路6号
邮编：100070
电话：010-63788478、63788469
传真：010-83681294
电子信箱：bjhbkj@263.net
网址：www.hbkj.com.cn
主要产品或业务范围：生产、销售二十五大系列、数百种规格型号的智能仪器仪表、传感器、开关电源。

北京惠博顿电磁兼容技术有限公司
地址：北京市大兴区盛坊路2号仪器仪表基地3号楼
邮编：100162
电话：010-59796506
传真：010-59795854
电子信箱：hugeton@vip.sina.com
网址：www.hugeton.com
主要产品或业务范围：电源滤波器、脉冲群抑制器、谐波电抗器、变频伺服专用滤波器、各类EMI元件等。

北京吉安诺科技发展有限公司
地址：北京市门头沟区石龙南路69号
邮编：100068
电话：010-88861437
传真：010-88861437
电子信箱：sales@jan1718.com
网址：www.jan1718.com
主要产品或业务范围：研发及生产超声波线缆测高仪、激光测距仪、气体检测仪、红外线测温仪等系列产品。

北京金三航科技发展有限公司
地址：北京市海淀区苏州街18号长远天地A2座711室
邮编：100080
电话：010-82573333，82609250
传真：010-82609250-804
电子信箱：h4040@163.com
网址：www.ictester.net
主要产品或业务范围：集成电路测试仪，电路板故障检测仪，万用表，钳形电流表，数字绝缘电阻表，光电转速表，照度计，电感电容表，模拟示波器，存储示波器，信号发生器，频率计，测振仪，测温仪，无损检测等。

北京京仪敬业电工科技有限公司
地址：北京市丰台区右安门外东滨河路2号
邮编：100031
电话：010-66110883
传真：010-66170680
电子信箱：jykjmkdy@163.com
主要产品或业务范围：高低压配电装置，微型电机，自动控制装置，电力控制设备。

北京君合泰测控技术有限公司
地址：北京市东城区长青园7号富洋大厦3512室
邮编：100081
电话：010-62139232
传真：010-62137825
电子信箱：sales@dsolab.com
网址：www.dsolab.com
主要产品或业务范围：专业从事测量测试设备和学校实验实训教学仪器设备的公司。

北京凯弘电子仪器有限公司
地址：北京市东城区新中街7号
邮编：100027
电话：010-64159299、15201381299
传真：010-64155299
电子信箱：bjkh@bjkh.com
网址：www.bjkh.com
主要产品或业务范围：全自动EMI/干扰场强测量仪，全数字智能型失真仪，数字合成信号发生器，全数字真有效值微伏表。

北京康泰电子有限公司
地址：北京市海淀区学清路甲38号金码大厦A座715室
邮编：100083
电话：010-62329030
传真：010-58731154
电子信箱：sales@quatronix-cn.com
网址：www.quatronix-cn.com
主要产品或业务范围：数据采集器、测试分析软件、传感器、工业信号调理产品、通信产品等。

北京蓝思泰克科技有限公司
地址：北京市顺义区天柱路综合保税区泰达科技园18号楼
邮编：101300
电话：010-80460238，80460228
传真：010-80460425
电子信箱：jim@lenstechs.com
网址：www.lenstechs.com
主要产品或业务范围：红外热成像仪光学系统。

北京诺斯卡科技有限公司
地址：北京市海淀区蓝靛厂东路2号院金源时代商务中心2

号楼1-17A
邮编：100097
电话：010-88863868
传真：010-88863686
电子信箱：813@develot.sina.net
主要产品或业务范围：低压电器测试仪器、绝缘测试仪器、电力质量分析仪器、安规测试仪器、环境测试仪器、网络测试仪器、红外热像仪、超声波流量计、夜视仪、激光测距仪、望远镜、地下管线探测仪器、电缆故障测试仪器、电力测试仪器、电力仪器、微欧计、标准电阻、宽带电力分析仪、拉力计、电子吊秤、环境测试仪器、气体检测仪器。

北京普利斯特科技有限公司
地址：北京市海淀区大钟寺13号华杰大厦8B7
邮编：100098
电话：15201250158
传真：010-62166636
电子信箱：info@chinaprecede.com
网址：www.chinaprecede.com
主要产品或业务范围：电能质量测试、功率测试、安规测试、振动测试、声学测试等多领域测试测量。

北京普源精电科技有限公司
地址：北京市海淀区丰豪东路9号院4号楼1至5层102
邮编：102206
电话：4006200002
传真：010-80720067
电子信箱：info-cn@rigol.com
网址：www.rigol.com
主要产品或业务范围：公司是从事测量仪器研发、生产和销售的高新技术企业。

北京瑞德联数据科技有限公司
地址：北京市海淀区东北旺西路8号中关村软件园10号楼一层108室
邮编：100193
电话：010-82679325，82679086
传真：010-82679325
电子信箱：sales@elehouse.com.cn
网址：www.elehouse.com.cn
主要产品或业务范围：智能仪表抄表收费管理系统、智能仪表电子模块、CPU卡预付费电卡表电子模块。

北京声华兴业科技有限公司
地址：北京市朝阳区双营路11号院4号楼117号底商
邮编：100012
电话：010-82846705，82846706，82846790
传真：010-82846705-601
电子信箱：sales@soundwel.cn
网址：www.soundwel.cn

主要产品或业务范围：有声发射检测仪、管道泄漏检测仪、超声波探伤仪、超声波物位计、液位计、超声波测厚仪等测试仪器。

北京市大西洋仪器工程有限责任公司
地址：北京市海淀区苏州街12号西屋国际D座1801室
邮编：100080
电话：010-51660899
传真：010-82662828
联系人：张长生
电子信箱：tw@atltest.com.cn
网址：www.atltest.com.cn
主要产品或业务范围：示波器、信号源、频谱分析仪、逻辑分析仪、网络布线仪器、电力/安规/温度/环境/气体/无损/过程校验仪器仪表。

北京市戈劳瑞斯伟恒科技有限公司
地址：北京市海淀区马甸冠城北园6号楼1单元5C
邮编：100088
电话：010-62020606
传真：010-62020606
电子信箱：sales@glorioustech.com
主要产品或业务范围：代理电力测试仪表，包括电能质量分析仪、高压电力分析仪、钳形功率表等产品。

北京市华峰测控技术股份有限公司
地址：北京市海淀区丰豪东路9号院5号楼
邮编：100070
电话：010-63725600
传真：010-63725400
联系人：王冰
电子信箱：market@hftc.com.cn
网址：www.hftc.com.cn
主要产品或业务范围：模拟和混合信号测试设备。

北京市科海龙华工业自动化仪器有限公司
地址：北京市朝阳区东直门外南皋129号
邮编：100015
电话：010-64368328，64385065，84562033
传真：010-84562033
电子信箱：sales@cn-kehai.com
网址：www.cn-kehai.com
主要产品或业务范围：智能数字测温仪、红外测温仪、定氧定碳仪、工业电子秤、大屏幕显示器以及快速微型测温偶头、定氧和定碳测头、取样器等。

北京曙光明电子光源仪器有限公司
地址：北京市顺义区高丽营镇高泗路20号
邮编：101303
电话：010-69451505-108
传真：010-69457327

电子信箱：senli@shuguangming.com
网址：www.shuguangming.com
主要产品或业务范围：公司生产原子吸收分光光度计专用空心阴极灯、原子荧光灯、氘灯、激活器、SCP炬管、高效雾化器、流动性氢化物发生器、空心阴极灯外壳、氘灯玻璃外壳及各种石英仪器。

北京维盛新仪科技有限公司
地址：北京市西城区德外教场口1号机械自动化所12楼516室
邮编：100120
电话：010-62077342，62057039
传真：010-62077342
联系人：张宝春
电子信箱：zhuaisong@sohu.com
网址：www.wisdom.bj.cn
主要产品或业务范围：专业生产控制监控现场的抗干扰隔离端子，对温度、压力、流量传感器的信号调理隔离；对化工等危险场合信号端口防爆隔离器；电流、电压、电量、功率信号隔离变送。

北京晓程科技股份有限公司
地址：北京市海淀区西三环北路87号国际财经中心D座503
邮编：100089
电话：010-68459012
传真：010-68466652
电子信箱：market@xiaocheng.com
网址：www.xiaocheng.com
主要产品或业务范围：专业从事集成电路设计的高新技术企业。公司的主营业务为集成电路设计及应用，致力于电力线载波芯片等系列集成电路产品的设计、开发和市场应用，并面向电力公司、电能表供应商等行业用户提供相关技术服务和完整的解决方案。

北京星河泰视特科技有限公司
地址：北京市海淀区丰慧中路7号新材料创业大厦502室
邮编：100094
电话：010-58937595，58937596，58937597
传真：010-58937595
网址：www.bjsrc.com
主要产品或业务范围：在线测试仪、自动光学检测仪、高低压线缆测试仪、背板测试仪。

北京永信腾达科技有限公司
地址：北京市海淀区大柳树路17号富海中心E座904室
邮编：100081
电话：010-62179240,62177189,62177190
传真：010-62179243
联系人：张沛君
电子信箱：rang@goodnation.com.cn
网址：www.goodnation.com.cn
主要产品或业务范围：销售日本NEC/AVIO公司的红外热

像仪；日本ＡＶＩＯ公司的精密焊接设备和智能实物投影机系列产品和美国ＤＲＡＰＥＲ全系列投影屏幕的中国区代理。

北京煜邦电力技术股份有限公司
地址：北京市朝阳区北三环东路19号中国蓝星大厦10层
邮编：100029
电话：010-84423588
传真：010-84428488
电子信箱：market@yupont.com
网址：www.yupont.com
主要产品或业务范围：单相智能电能表、三相智能电能表、集中器、采集器、专变终端、配电网自动化终端及故障指示器、采集装置、主站系统及相关软件的技术开发与服务等。

北京云飞达五金机电有限公司
地址：北京市丰台区马家楼1号京开五金市场南区特A道14号
邮编：100070
电话：010-87599268
传真：010-87599067
电子信箱：yunfeida87@126.com
网址：www.yunfeida.com.cn
主要产品或业务范围：代理销售各类仪器仪表的公司。代理的产品涉及万用表、钳形表、汽车表、压力表等。

北京正达时代电子技术有限公司
地址：北京市海淀区北四环中路229号海泰大厦1221室、1105室
邮编：100083
电话：010-82883755，82883756
传真：010-82883754
电子信箱：zhengda@263.net
网址：www.bjdfzd.com.cn
主要产品或业务范围：研发、生产、销售在线电路维修测试仪。

北京中航机电研究所
地址：北京市大兴区前高米店盛坊路2号2层210
邮编：100013
电话：010-60204720
传真：010-84252170
电子信箱：zhonghangsuo@126.com
网址：www.beijingzhonghang.com
主要产品或业务范围：现场压力/温度/流量/过程信号校测仪和实验室用压力校准源、温度校准源、智能化/网络化/标准化自动化仪表校验台、计量管理与校验软件系统以及特种传感器六大类上百种品位高、功能全、准确实用的高科技产品。

北京中盛科技集团
地址：北京市海淀区北四环西路9号银谷大厦1606室

邮编：100190
电话：4006500782
传真：010-62800322，62800722
电子信箱：service@justsun.com.cn
网址：www.justsun.com.cn
主要产品或业务范围：该集团从事电子测量仪器仪表和电子组装设备的研发、代理、销售、服务的工作。除本公司产品外还代理销售美国ＦＬＵＫＥ、ＴＥＫ、ＯＫ、ＣＨＥＭＴＲＯＮＩＣＳ、ＪＯＮＡＲＤ、ＤＲＵＣＫ、ＡＧＩＬＥＮＴ，德国ＧＭＣ，日本ＣＯＳＭＯＳ等国际知名品牌产品，并取得了这些品牌产品的最高级别代理商资格。

北京中自恒立技术有限公司
地址：北京市海淀区中关村东路18号1号楼C-308
邮编：100083
电话：010-51659896
传真：010-51197827
电子信箱：holly@holly-e.com
网址：www.holly-e.com
主要产品或业务范围：该公司是明纬开关电源（ＭＷ）的代理商，销售全系列明纬开关电源，如ＡＣ/ＤＣ开关电源、ＤＣ/ＤＣ电源模块、ＤＣ/ＡＣ逆变电源、适配器（桌面型或墙插型电源）。同时公司代理ＡＢＢ Ｅｎｔｒｅｌｅｃ接线端子、台安、图尔克等知名品牌。

北京自动化控制设备厂
地址：北京市西城区德外大街11号
邮编：100088
电话：010-62016394，62021147
传真：010-62386107
电子信箱：bzk@zikong.com.cn
网址：www.zikong.com.cn
主要产品或业务范围：主要产品为安装式电工仪表、数字智能仪表。

电信科学技术仪表研究所有限公司
地址：北京市通州区北苑155号
邮编：101149
电话：010-69516028、60539226
传真：010-69535140
联系人：杨连生
电子信箱：postmaster@dxyb.com
网址：www.dxyb.com
主要产品或业务范围：SMT制造、研发与服务业务。

福禄克测试仪器（北京）有限公司
地址：北京市朝阳区建国门外大街22号赛特大厦19层
邮编：100004
电话：010-64384691
传真：010-65123437
电子信箱：support@raytek.com.cn

网址：www.fluke.com.cn

主要产品或业务范围：从工业控制系统的安装、调试到过程仪表的校验、维护，从实验室精密测量到计算机网络的故障诊断，福禄克的产品帮助各行各业的业务不断发展。

华尔国际集团有限公司

地址：北京市西城区西直门南大街2号成铭大厦C座27层

邮编：100035

电话：010-66179020

传真：010-66139215

电子信箱：wall@wall.com.cn

网址：www.wall.com.cn

主要产品或业务范围：CATV设备和仪表，光通信仪器仪表，通信系统测试仪表，数据通信测试仪表，光缆、电缆测试设备，无线通信设备及测试仪表，光电子类产品及接入网。

华锋电子有限责任公司

地址：北京市海淀区西直门北大街联慧路99号海云轩A座A013室

邮编：100082

电话：010-62269353，62269395

传真：010-62269350

电子信箱：webmaster@huafengco.com.cn

网址：www.huafengco.com.cn

主要产品或业务范围：铷钟、铯钟、氢钟、信号源、频谱仪、频率计、功率计、标网、矢网、示波器、扫频仪、失真仪、误码仪、各类电源、UPS，电磁兼容、通信、广播、电力及安规测试仪器。

美国理想工业中国有限公司

地址：北京市朝阳区西坝河南路1号金泰大厦2507室

邮编：100028

电话：010-85183141

传真：010-84298061

电子信箱：ideal_china@idealindustries.com

网址：www.idealindustries.cn

主要产品或业务范围：该公司是业界领先的导线连接器、高质量工具和测试仪表的生产商之一，提供超过6000种可靠的高性能产品。

重庆博电机电有限公司

地址：重庆市九龙坡区谢家湾正街55号华润广场B座13A-12

邮编：400039

电话：023-68886383

传真：023-68886538

电子信箱：594086727@qq.com

网址：www.bdjd.net

主要产品或业务范围：指示灯、按钮、转换开关、电流互感器、报警灯、行程微动开关、小型继电器、数显表、CL系列数显电测表、可编程智能电测表、模拟信号变送

器、三相电能表、接线端子、风机及网罩、变压器以及其他电气附件。

重庆德胜仪器设备有限公司

地址：重庆市九龙坡区渝州路29号华宇名都城8栋19-5室

邮编：400039

电话：023-68795300，68795301，68795302

传真：023-86155118

电子信箱：webmaster@tecsun.net

网址：www.tessun.net

主要产品或业务范围：电子测试仪器、工业自动化仪表、电工电力仪表、试验分析仪器、环保监测设备；国内外名优交流稳压电源、UPS、直流（开关）电源、特种电源；交流变频器、直流变速器、PLC编程器、低压电器、工控成套设备等。代理德国德图的烟气分析等环保监测设备、美国雷泰的测温仪、日本共立的电工电力仪表等。

重庆海立电气有限公司

地址：重庆市渝中区中山三路86号重百电子城三楼6号

邮编：400015

电话：023-63538142

传真：023-63530555

电子信箱：jlbzhs@263.net

主要产品或业务范围：固态继电器、电压表、电流表、功率表、功率因数表、频率表、温控表、小型继电器、防水接头、尼龙软管、尼龙扎带、按钮、熔丝座、指示灯、接线端子、变压器、断路器、接触器、传感器、端头。

重庆荣凯川仪仪表有限公司

地址：重庆市北碚区澄江镇桐林村1号

邮编：400701

电话：023-68226587，68221699

传真：023-68221017

电子信箱：rkcy21@163.com

网址：www.rongkai.com.cn

主要产品或业务范围：生产工业型交直流不间断电源及其系统、各种仪表游丝、热双金属感温元件、压力表机芯等多种产品。

重庆新世纪电气有限公司

地址：重庆市渝北区双凤桥街道知新路3号

邮编：401120

电话：023-68185860

传真：023-68185966

电子信箱：yxchbwt@126.com

网址：www.cqnec.com.cn

主要产品或业务范围：主要致力于电力系统综合自动化和相关软件产品的研发、制造、销售与技术服务。

福建利利普光电科技有限公司

地址：福建省漳州市蓝田工业开发区鹤鸣路

邮编：361005
电话：0596-2130430，2130297
传真：0596-2109272
电子信箱：info@owon.com.cn
网址：www.owon.com.cn
主要产品或业务范围：全系列数字示波器。

福州福光电子仪器公司
地址：福建省福州市仓山区建新镇金岩路168号B座
邮编：350005
电话：0591-83305858
传真：0591-83375868
电子信箱：company@fuguang.com
网址：www.fuguang.com
主要产品或业务范围：电源维护、电缆线路、通信网络等工业测试设备领域。

厦门红相电力设备股份有限公司
地址：福建省厦门市思明区南投路3号观音山营运中心16号楼10层
邮编：361008
电话：0592-2108051
传真：0592-2107581
网址：www.redphase.com.cn
主要产品或业务范围：该公司专业从事电能计量仪表及其检测设备、电能和质量检测（监测）设备、变电站及电网运行检测（监测）设备等产品的研发、生产和销售。

厦门盛迪科技有限公司
地址：福建省厦门市禾山路268号联谊大厦B座2楼
邮编：361009
电话：0592-5598228
传真：0592-3727010
电子信箱：zxq912@sohu.com
网址：www.xmsds.com
主要产品或业务范围：光通信维护器材及测试仪器仪表。

厦门宇控自动化设备有限公司
地址：福建省厦门市同安工业集中区88号
邮编：361100
电话：0592-3168881，3168882，3168883
传真：0592-3168880
电子信箱：info@ekauto.cn
网址：www.ekauto.cn
主要产品或业务范围：主要产品包括电力监控仪表、电测量变送器、电气火灾监控、导轨式电能表、电子式电能表、微机综保装置等。

漳州市东南电子技术研究所有限公司
地址：福建省漳州市金峰经济开发区金华路3号
邮编：363000

电话：0596-2138811-604
传真：0596-2138811
电子信箱：kilter@sedmm.com
网址：www.sedmm.cn
主要产品或业务范围：数字万用表、阻抗参数测量仪、网络电缆测试仪、空气离子测量仪、空气净化技术。

漳州市威华电子有限公司
地址：福建省漳州市芗城区北斗工业园金马路3号
邮编：363000
电话：0596-2613081
传真：0596-2613080
电子信箱：whdz8@weihuameter.com
网址：www.weihuameter.com
主要产品或业务范围：专业的数字万用表、钳形电表和其他数字仪表。

天水长城电工仪器有限责任公司
地址：甘肃省天水市秦州区长仪路38号
邮编：741001
电话：0938-8364725，8363966
传真：0938-8363966
联系人：刘滨、王福东
电子信箱：ccyb8364725@163.com
网址：www.tscc.cn
主要产品或业务范围：直流电工仪器、数字仪表、自动化仪表及控制装置、电气控制柜、机床电器产品以及模具设计。

天水庆华电子科技有限公司
地址：甘肃省天水市经济技术开发区社棠工业园区庆华路2号
邮编：741000
电话：0938-8633103
传真：0938-8633209
电子信箱：qhjg860@163.com
网址：www.qhjg860.com
主要产品或业务范围：微波电子测量仪器、微波波导器件、医疗仪器的研制、开发。

东莞华仪仪表科技有限公司
地址：广东省东莞市清溪镇渔梁围工业区埔星东路72号
邮编：523649
电话：0769-81901688
传真：0769-81901672
电子信箱：453001611@qq.com
主要产品或业务范围：研发和制造各种高端专用仪表，如数字钳形接地电阻仪、数字钳形功率表、高压绝缘电阻测试仪、高精度过程校准仪、环境检测仪、网络线缆测试仪以及智能汽车检测仪等产品。

东莞市山泰自动化科技有限公司
地址：广东省东莞市谢岗镇曹乐管理区横岭工业村
邮编：523597
电话：0769-87136590
传真：0769-87136591
联系人：朱先生
电子信箱：zhu0305@163.com
网址：www.dgshantai.com
主要产品或业务范围：生产红外线测温，自动温度控制系统。

佛山市东硕仪表自动化有限公司
地址：广东省佛山市顺德区容桂容新居委会安边大街5号
二楼之一
邮编：528303
电话：0757-26110697
传真：0757-26620893
电子信箱：postmaster@toso.net.cn
网址：www.toso.net.cn
主要产品或业务范围：DS3系列数字电流／电压表；DSC系列电子计数器；DSH系列时间继电器（定时器）；DSZ系列智能计数器；DSZ系列转速表；线速表；长度计（计米器）；频率表；DS3系列温度表；DS3系列功率表／功率因素表；DS4P系列上下限电流／电压表，接近开关，电量表，温控表，PID调节仪，电量隔离变送器，温度隔离变送器，标准信号隔离配电器，压力变送器，开关电源，导轨式开关电源，旋转编码器等。

广州博鹭腾生物科技有限公司
地址：广东省广州市黄埔区神舟路288号福珀斯创新园C栋7楼
邮编：510006
电话：020-85657449
传真：020-39337880
电子信箱：support@bltlux.com
网址：www.bltlux.com
主要产品或业务范围：专注于光子信号的高效率接收识别技术的开发。

广州金升阳科技有限公司
地址：广东省广州市黄埔区科学城科学大道科汇发展中心科汇一街5号
邮编：510663
电话：020-38601850
传真：020-38601272
电子信箱：sales220@mornsun.cn
网址：www.mornsun.cn
主要产品或业务范围：工业级电源模块。

广州科欣仪器有限公司
地址：广东省广州市黄埔区黄埔大道东933号203室
邮编：510660
电话：020-38699788

传真：020-34395932
电子信箱：marketing@gzkexin.com.cn
网址：www.gzkexin.com.cn
主要产品或业务范围：该公司为美国安捷伦科技公司华南区授权代理商，也是美国Aeroflex，日本HIOKI和瑞典红外热成像仪FLIR，以及中国北京RIGOL等仪器授权代理商。经营品种包括信号、网络、频谱、便携式、RF动态信号、数字通信、数字传输等各种仪器；EMI/EMC，频谱监测、相位噪声测量、射频和微波测量、电信／数据通信测试等测试系统等。

广州科易光电技术有限公司
地址：广东省广州市高新技术产业开发区科学城科珠路203号1101A
邮编：510663
电话：020-32068870
传真：020-32068887
电子信箱：keii@keii.com.cn
网址：www.keii.com.cn
主要产品或业务范围：红外光电产品及红外系统集成。

广州飒特电力红外技术有限公司
地址：广东省广州市经济技术开发区东江大道10号
邮编：510730
电话：020-82227875，82229980
传真：020-82227875
电子信箱：sat@sat.com.cn
网址：www.sat.com.cn
主要产品或业务范围：各种红外热成像设备及其附件。

广州市测之宝电子仪器有限公司
地址：广东省广州市白云区太和镇大源黄庄华达街15号5楼
邮编：510070
电话：020-87713427，87713103
传真：020-87713427，87713103
电子信箱：czb@czb.cn
网址：www.czb.cn
主要产品或业务范围：电子测量仪器有安规类测试仪、电阻测试仪、电位器测试仪等。

广州市富民测控科技有限公司
地址：广东省广州市天河区天河路547号龙苑大厦A3座1604室
邮编：510630
电话：020-87545862，85267773
传真：020-85267646
网址：www.cnfumin.com
主要产品或业务范围：示波器，直流电源，红外线测温仪，电源线测量仪，拨动测量仪，跌落试验台，开关寿命、稳定性试验台，拉力试验台，开关电源等。

广州市宏诚集业电子科技有限公司
地址：广东省广州市荔湾区中山八路23号富力商贸大厦
1707室
邮编：510175
电话：020-81358037
传真：020-81357920
电子信箱：cs@hcjyet.com
网址：www.hcjyet.com
主要产品或业务范围：专业研发、设计、生产和销售各类
测量仪表，包括红外线测温仪、噪声计、风速计、温湿度
计、照度计、一氧化碳检测仪、激光测距仪、万用表等。

广州市圣高测控科技有限公司
地址：广东省广州市越秀区大德路233号富华大厦9楼A1房
邮编：510120
电话：020-83389364，83343270
传真：020-83280814
电子信箱：511282763@qq.com
网址：www.sun-gun.com
主要产品或业务范围：该公司从事高精度专业红外线测温
仪的研制、生产，产品有手持式和在线式系列。电工产品
有漏电检测仪、高压绝缘表等电力行业的专业测试仪器。

河源市雅达电子有限公司
地址：广东省河源市源城区高埔岗雅达工业园
邮编：517000
电话：0762-3493871，3493872
传真：0762-3493912
电子信箱：buyfar_4151@byf.com
网址：www.yada.com.cn
主要产品或业务范围：交流电能表，智能数显表，智能配
变终端。

林普公司
地址：广东省深圳市福田区益田路4068号卓越时代广场41
楼4103-4105室
邮编：518048
电话：0755-23995789
传真：0755-82288771
电子信箱：linpu2001@263.net
网址：www.linpu.com.cn
主要产品或业务范围：无线电综测仪、光纤测量仪表、测
光表、熔接机及相关系列产品，基站测量仪器及频谱仪，
工具的相关系列产品，电池测试仪、记录仪等相关电力测
量仪器，SDH、PDH等通信网络系列测量仪器。

深圳弘大电子有限公司
地址：广东省深圳市龙岗区荷坳社区金源一路12号F栋二楼
邮编：518029
电话：0755-82445352
传真：0755-82443854

电子信箱：hongda@szhongda.net
网址：www.szhongda.net
主要产品或业务范围：数字万用表，数字钳形表，数字绝
缘电阻表，汽车仪表。

深圳茂迪机电设备有限公司
地址：广东省深圳市福田区深南大道6006号华丰大厦
2803-2804室
邮编：518031
电话：0755-83281920
传真：0755-83280123
电子信箱：maodi@public.szptt.net.cn
网址：www.maodi.net
主要产品或业务范围：电话机生产和维修用测试仪器，通
信设备综合测试仪，电声测试仪，信号发生器，频率计，
毫伏表，示波器，五金工具等。

深圳市安泰信科技有限公司
地址：广东省深圳市光明新区光明高新科技园西七号路森
阳高新科技园2栋8楼
邮编：518055
电话：0755-86021370
电子信箱：sales@atten.com.cn
网址：www.atten.com.cn
主要产品或业务范围：该公司是从事电子仪器、通信测试
设备开发、生产、销售的专业性企业。产品有频谱分析
仪、扫频频谱分析仪、示波器、频率计、功率计、函数信
号发生器、射频信号源等射频微波仪器，以及万用表等。

深圳市德技特仪器有限公司
地址：广东省深圳市西乡荔园路20号
邮编：518102
电话：0755-27918285，27918301，83987351
传真：0755-27918301
电子信箱：contact@fksdjkhsf.co
网址：www.szdigt.com
主要产品或业务范围：KT、VC、DT系列数字万用表，
KT系列指针式万用表，KT系列数字/指针双显万用表及
应用仪表。

深圳市鼎阳科技有限公司
地址：广东省深圳市宝安区留仙三路安通达工业园4栋&5栋
邮编：518101
电话：0755-36615186
传真：0755-33591582
电子信箱：market@siglent.com
网址：www.siglent.com
主要产品或业务范围：数字示波器、手持示波表、函数/
任意波形发生器、台式万用表、可编程直流电源、矢量网
络分析仪、频谱分析仪、射频信号源、电子负载等通用测
试测量仪器。

深圳市华盛昌科技实业股份有限公司
地址：广东省深圳市南山区西丽白芒百旺信工业区五区19栋
邮编：518108
电话：0755-27353188
传真：0755-27652253
电子信箱：smc@cem-instruments.com
网址：www.cem-instruments.com
主要产品或业务范围：公司生产红外测温仪，人体测温仪，激光测距仪，视频仪，专业环境测试仪，相位转换-插孔极性测试仪，LAN查线器，音量计，噪声计，光度计，温湿度计，一氧化碳测试仪，气体泄漏探测器，电力测试器，数字万用表，交/直流钳形表，转速计，压力计，汽车转速计等产品。

深圳市金凯博电子有限公司
地址：广东省深圳市龙岗区坂雪岗工业区新天下工业园2号厂房7楼704
邮编：518129
电话：0755-83988550
传真：0755-83988548
电子信箱：kcable@kingcable.com.cn
网址：www.kingcable.com.cn
主要产品或业务范围：电子测试仪器，网络检测仪表，高容量存储设备。

深圳市金壤电子科技有限公司
地址：广东省深圳市宝安区松岗碧头第三工业区工业四路3号5栋7楼A
邮编：518105
电话：0755-27096572，27096573
传真：0755-27081740
电子信箱：szjiangbo@163.com
网址：www.kingrang.com
主要产品或业务范围：可编程式、数字式直流电子负载，可编程式、数字式直流电源，可编程式多功能功率表，数字式万用表，微欧姆计，交流电源供应器等。

深圳市康元电气技术有限公司
地址：广东省深圳市龙岗区宝龙四路18号康沃工业园
邮编：518116
电话：0755-26610666
传真：0755-26617266
电子信箱：mkt@szcanworld.com
网址：www.szcanworld.com
主要产品或业务范围：公司主要产品有CDE300系列电流矢量变频器、各种专用变频器以及CDV300系列高性能电流矢量变频器。

深圳市麦创电子科技有限公司
地址：广东省深圳市宝安区49区海汇路华创达文化科技产业园D座508

邮编：518101
电话：0755-28364273
传真：0755-89500843
联系人：王炜
电子信箱：sales@szmatrix.com
网址：www.szmatrix.com
主要产品或业务范围：示波器、电源、信号发生器、台式万用表等仪器仪表。

深圳市麦威仪器有限公司
地址：广东省深圳市南山区西丽大勘杨门工业区36栋3楼302室
邮编：518055
电话：0755-86114586，86114587
传真：0755-86164270
电子信箱：szmywave@163.com
网址：www.szmywave.com
主要产品或业务范围：示波器、线性直流稳压电源、信号源等电子测量仪器仪表。

深圳市美创仪器仪表有限公司
地址：广东省深圳市华强北路现代之窗大厦B座28P
邮编：518112
电话：0755-83281201
传真：0755-83280257
联系人：黄锦文
电子信箱：service@china-mch.com
网址：www.china-mch.com
主要产品或业务范围：该公司生产示波器、频谱分析仪、函数信号发生器、频率计、毫伏表、直流稳压电源等。

深圳市谱兆通讯设备有限公司
地址：广东省深圳市南山区南头深南大道与前海路东南角海岸时代公寓东座2502室
邮编：518052
电话：0755-86655448
传真：0755-86655446
电子信箱：arte@szonline.net
网址：www.pztest.com
主要产品或业务范围：代理国外通信设备及测试仪表。

深圳市日图科技有限公司
地址：广东省深圳市南山区望仙大道南山云谷创新产业园二期6栋一楼东座
邮编：518053
电话：0755-83680722，83680112
传真：0755-83680733
电子信箱：ritu@rituchina.com
网址：www.rituchina.com
主要产品或业务范围：测试设备及相关器材。

深圳市胜利高电子科技有限公司
地址：广东省深圳市福田区八卦四路412栋6楼
邮编：518029
电话：0755-82425035，82425036
传真：0755-82268753
电子信箱：victor@china-victor.com
网址：www.china-victor.com
主要产品或业务范围：多用表、万用表、电力仪表。

深圳市泰克曼电子有限公司
地址：广东省深圳市光明区公明上村同富裕旭发科技园6栋4楼西区
邮编：100087
电话：400-706-1718
传真：400-706-1718
电子信箱：sztecman@126.com
网址：www.sztecman.com
主要产品或业务范围：工业红外测温仪，数字测振仪，超声波测厚仪，涂镀层测厚仪，电参数仪，数字噪声计，数字风速计，数字温湿度计，数字照度计，数字兆欧表，数字接地电阻测试仪，数字漏电保护开关测试仪，数字木材水分测试仪，防静电测试仪表等专业测量仪表产品。

深圳市同启通讯技术有限公司
地址：广东省深圳市宝安新安留仙大道1号安通达工业园4栋5楼
邮编：518100
电话：0755-82784591
传真：0755-82784591-830
电子信箱：sales@tongqitelecom.com
网址：www.tongqitelecom.com
主要产品或业务范围：从事通信测试仪表的研发、生产和销售，同时代理国际先进的通信仪表。

深圳市欣宝瑞仪器有限公司
地址：广东省深圳市宝安区华丰青年创业基地9楼908室
邮编：518101
电话：0755-27863686
传真：0755-27863682
电子信箱：sale@sanpometer.com
网址：www.sanpometer.com
主要产品或业务范围：转速表、照度计、温度表、紫外线强度计、红外测温仪、木材水分仪、气体探测仪、电池内阻电压表、电磁场强仪、声级计等。

深圳市新力达集团有限公司
地址：广东省深圳市福田区中康路卓越梅林中心广场(北区)1栋303A
邮编：518049
电话：0755-23818505
传真：0755-83365495

电子信箱：info@sunleader.net
主要产品或业务范围：稳压电源，信号源，毫伏表，示波器，温度计，放大镜等，静电测试仪，表面电阻测试仪，离子吹风机，离子吹尘枪等。

深圳市鑫智星电子有限公司
地址：广东省深圳市宝安区石岩民生一路富太工业区D1栋6楼
邮编：518053
电话：0755-26740604，26741747
传真：0755-26741747
联系人：林泰先
电子信箱：Nst@nst218.com
网址：www.nst218.com
主要产品或业务范围：测直流电压/电流面板表、测交流电压/电流面板表、模块化测电压/电流面板表、二线制模拟型4～20mA变送信号数显表、二线制数控智能型4～20mA变送信号数显表、三线制模拟型电压变送信号数显表、计数器等十余个系列近百个品种数百个规格的产品。

深圳市业海科技发展有限公司
地址：广东省深圳市南山区沙河西路3011号白沙新兴产业园1栋5楼P区
邮编：518057
电话：0755-26717566-815
传真：0755-26502620
电子信箱：scb@chinayehai.com
主要产品或业务范围：红外测温仪、数字钳形接地电阻仪、数字钳形功率表、高压绝缘数字兆欧表、电工万用表、仪表工万用表、高精度工业自动化仪表过程校准仪、环境检测仪等工业现场仪表。

优利德科技（中国）有限公司
地址：广东省东莞市松山湖高新技术产业开发区工业北一路6号
邮编：523808
电话：0769-85723888
传真：0769-85725888
电子信箱：fankui@uni-trend.com.cn
网址：www.uni-trend.com.cn
主要产品或业务范围：数字万用表、汽车检测仪表、电力测试仪、环保热工及分析仪表、安规检测仪表、通用测试仪、环保热工及分析仪表、安规检测仪表、通用测试仪、计量校准仪表和数字存储示波器等多个大类的各式各样系列产品。

中国电器科学研究院股份有限公司
地址：广东省广州市新港西路204号1号楼
邮编：510660
电话：020-89050588
传真：020-84451516

网址：www.cei1958.com

主要产品或业务范围：耐压机、接地电阻仪、泄漏电流仪、绝缘电阻仪、灼热丝试验仪、水平垂直燃烧仪、漏电起痕仪、针焰试验仪、电源线弯折试验机、插头插座寿命机、冲击器、指针销、红外测温仪、温度巡检仪、老化箱、高低温湿热箱、盐雾箱、人工淋雨装置、沙尘箱、消声试验室、稳压电源、拉力试验机、电磁兼容测试仪。

保定市珈玛电力技术有限公司

地址：河北省保定市高新区隆兴中路77号隆兴商务中心A座五层

邮编：071051

电话：0312-5901259，5909800，5909806

传真：0312-5909800

电子信箱：lyh4622@126.com

网址：www.jmdlzx.com

主要产品或业务范围：CT伏安特测试仪，激光测距仪，蓄电池内阻测试仪，蓄电池放电仪，断路器模拟装置，真空度测试仪，测振仪，微机型高压断路器模拟装置，SF_6气体检漏仪。

河北凯翔电气科技股份有限公司

地址：河北省石家庄市鹿泉经济开发区望山路79号

邮编：050021

电话：0311-85138380，85138381，85138382

传真：0311-85138330

电子信箱：sale@kxload.com

网址：www.kxload.com

主要产品或业务范围：智能电源检测仪、监测仪、放电仪、充电机和负载箱等产品。

河间市京河仪器仪表有限公司

地址：河北省河间市沧保路景和工业区

邮编：062451

电话：0317-3691345

传真：0317-3690015

电子信箱：hbjinghe@sina.com

主要产品或业务范围：液体密度计，玻璃浮计，电子仪器仪表，干湿温度计。

秦皇岛新华通仪表技术发展有限公司

地址：河北省秦皇岛市和平大街142号

邮编：066004

电话：0335-3219718，3219218

传真：0335-3219218

电子信箱：qhd@htyb.com.cn

网址：www.htyb.com.cn

主要产品或业务范围：万用表，绝缘电阻表，钳形表等。

石家庄市全力仪器有限公司

地址：河北省石家庄市建设北大街126号D区11号

邮编：050011

电话：0311-86031619，87026407，86966849

传真：0311-85269189

电子信箱：qlyq@sjzqlyq.com

主要产品或业务范围：交直流稳压电源，开关电源，UPS及免维护蓄电池组，调压器，车载电源，通信电源，示波器，电桥，电位差计，台式万用表，光功率计，光源，场强仪，频率计，扫频仪，信号发生器，图示仪，耐压测试仪，频谱分析仪，电力、温度、测量、测试仪表及专用仪器仪表。

石家庄数英仪器有限公司

地址：河北省石家庄市鹿泉区御园路99号A-2

邮编：050011

电话：0311-86032327

传真：0311-83897040

电子信箱：market@suintest.com

网址：www.suintest.com

主要产品或业务范围：任意波发生器、频率特性测试仪、频标比对系统、铷原子频率标准、数字脉冲及码型发生器。

石家庄毅兴电子有限公司

地址：河北省石家庄市新华电子城西座1508室

邮编：050000

电话：0311-87613383，87028063，87605175

传真：0311-87882128

电子信箱：yixing@hb-yixing.cn

网址：www.hb-yixing.com

主要产品或业务范围：从事各种高品质测试仪器的销售。有电子测试仪器仪表、高压电阻测试仪器仪表、气体检测仪、红外线测温仪、效验仪、测振仪、噪声计、风速仪、转速表等环境类检测仪器。

洛阳汇智测控技术有限公司

地址：河南省洛阳市丰华路6号银昆科技园4栋3层

邮编：471003

电话：0379-64323081

传真：0379-64318381

联系人：薛先生

电子信箱：lyhzck@163.com

网址：www.huige.com.cn

主要产品或业务范围：YD200通用型圆度仪、YD200/300G多功能圆度仪、YZD200/300圆柱度仪、YD400/600/1000大型圆度仪、XZ701滚子滚道形状测量仪、CAQN信息化质量系统、Net-m网络化万分表、Net-i网络化电感测微仪、ZLJ200汽车张紧轮力矩测量仪。

郑州航天电子技术有限公司

地址：河南省郑州市高新区西四环366号

邮编：450066

电话：0371-61777891
传真：0371-61777900
电子信箱：ht693@263.net
网址：www.ht693.com
主要产品或业务范围：电子仪器和电连接器。

郑州华新电气有限公司
地址：河南省郑州市中原西路44号波奥大厦8楼E座
邮编：450007
电话：0371-67628553，67631822，67658327
传真：0371-67631822
电子信箱：930840442@qq.com
主要产品或业务范围：公司主营互感器综合测试仪和电力变压器互感器消磁仪。

郑州新时代仪器有限公司
地址：河南省郑州市建设路118号美丽源小区5号楼2单元504室
邮编：450007
电话：0371-68205888，60622811
传真：0371-60622611
电子信箱：xsd17@126.com
主要产品或业务范围：设备诊断仪器有测温仪、测振仪等；无损检测仪器有硬度计、测厚仪、粗糙度仪；电力仪器有钳形表、绝缘电阻表、接地电阻测试仪等；电子仪器有万用表、示波器、信号源、电源等；计量环保仪器有电子天平、测高仪、测距仪、照度计、噪声计、风速计、温湿度计、酸度计等。

大庆赛恩思电子仪器设备有限公司
地址：黑龙江省大庆市方晓经济技术开发区
邮编：163000
电话：0459-5579066，5579067
传真：0459-5579066
电子信箱：seidaqing@163.com
网址：www.dqsei.com
主要产品或业务范围：智能压力变送器、智能温度变送器、工业自动化监控系统。

哈尔滨电工仪表研究所
地址：黑龙江省哈尔滨市松北区创新路2000号
邮编：150028
电话：0451-86684235
传真：0451-87186025
电子信箱：39965481@qq.com
主要产品或业务范围：冲击电流试验装置，短时过电流试验装置，脉冲电压试验装置，交流磁场试验装置等产品。

哈尔滨精密仪器仪表有限公司
地址：黑龙江省哈尔滨市开发区哈平路集中区
邮编：150069

电话：0451-86357701
传真：0451-86355662
电子信箱：zhengdeping8402@163.com
网址：www.hrbyb.com.cn
主要产品或业务范围：精密电工仪表、钳形互感器、精密电流互感器、精密电压互感器、电力测试仪器、智能电力监控仪、电能质量分析仪等产品。

湖北久之洋红外系统有限公司
地址：湖北省武汉市江夏区庙山开发区明泽街9号
邮编：430223
电话：027-59601258
传真：027-59601257
电子信箱：sales@hbjir.com
网址：www.hbjir.com
主要产品或业务范围：红外热像仪、激光测距仪等光电传感器及光电系统。

荆州市敏光科技有限公司
地址：湖北省荆州市江津东路155号
邮编：434000
电话：0716-8190688，8124829
传真：0716-8234688
电子信箱：minguangkeji@126.com
网址：www.mgkj.com.cn
主要产品或业务范围：无线传感器网络产品和智能分析仪器。

武汉长征兴仪电气有限公司
地址：湖北省武汉市东湖新技术开发区珞瑜路727号新都汇2栋1604
邮编：430074
电话：027-87596700，87596860，59846433
传真：027-87597006
电子信箱：czxydq@163.com
网址：www.whczxy.cn
主要产品或业务范围：电缆故障测试仪、试验变压器、回路电阻测试仪、真空度测试仪、直流电阻测试仪、介损测试仪、防雷元件测试仪、伏安特性测试仪、接地电阻测试仪、绝缘电阻测试仪、红外测温仪、热像仪、万用表、钳形表、相序表、电平表、示波器、测高仪、测距仪、电流信号发生器。

武汉高德智感科技有限公司
地址：湖北省武汉市东湖新技术开发区黄龙山南路6号
邮编：430205
电话：027-81298784
传真：027-81298784
电子信箱：marketing@guide-infrared.com
网址：www.wuhan-guide.com
主要产品或业务范围：红外核心器件、红外热像仪、大型光电系统。

武汉华电南星电气有限公司
地址：湖北省武汉市汉口复兴村振兴路25号东宏商务中心6楼
邮编：430050
电话：027-83338577
传真：027-83537319
电子信箱：webmaster@nxdq.com
网址：www.nxdq.com
主要产品或业务范围：专营电力仪器仪表，主要有变比仪、介损测试仪、油汉试验机、回路电阻测试仪、继电保护测试仪、移相器、地网接地电阻测试仪、真空开关真空度测试仪、气体检漏仪、微火仪、电缆故障探测仪、伏安特性仪、绝缘电阻表、分压器、接地电阻仪、试验变压器、调压控制台（箱）、氧化锌避雷器等。

武汉市康达电气有限公司
地址：湖北省武汉市洪山区雄楚大街书城路30号
邮编：430070
电话：027-87381005，87399915
传真：027-87386393
电子信箱：sales@whkddq.net
网址：www.whkddq.net
主要产品或业务范围：各类绝缘电阻测试仪、接地特性参数测试仪、实验室检测校装置以及其他高压电工测试仪器仪表。

常州市华诚双凯仪器有限公司
地址：江苏省常州市劳动东路17号
邮编：213004
电话：0519-88814292
传真：0519-88815057
联系人：于英卜
主要产品或业务范围：数字电桥、电容测量仪、安全参数测试仪、电参数测试仪等产品，还可按用户需要定制特殊型号的产品。

常州同惠电子股份有限公司
地址：江苏省常州市新北区天山路3号
邮编：213022
电话：0519-85132222
传真：0519-85109972
电子信箱：hw@tonghui.com.cn
网址：www.tonghui.com.cn
主要产品或业务范围：LCR数字电桥，电容测量仪，电感测量仪，泄漏电流测试仪，绝缘电阻测试仪，直流低电阻测试仪。

海门市海达仪表设备有限责任公司
地址：江苏省南通市海门区南海东路700号
邮编：226100
电话：0513-82196118，82196119
传真：0513-82196116
电子信箱：hmhdyb@188.com
网址：www.hdyb.cc
主要产品或业务范围：便携式红外测温仪，红外比色测温仪，多点红外测温仪等。

淮安亚光电子有限公司
地址：江苏省淮安市清浦工业园枚皋西路5号
邮编：223002
电话：0517-83976343，83852301
传真：0517-83965639
联系人：吴立本，朱冠龙
电子信箱：haygdz@126.com
网址：wwww.jsygdz.net
主要产品或业务范围：各类交流电源，直流电源，安规仪器，教学仪器设备，多媒体教学设备等。

江苏安科瑞电器制造有限公司
地址：江苏省江阴市南闸东盟工业园东盟路5号
邮编：214405
电话：0510-86189371
传真：0510-86179975
电子信箱：2885015283@qq.com
网址：www.jyacrel.cn
主要产品或业务范围：智能网络电力仪表、智能马达保护装置、智能光伏汇流装置、电能质量监控装置、电气火灾监控装置、消防电源监控设备、医用隔离电源柜、有源滤波装置、光伏汇流箱、光伏并网逆变器等产品。

江苏常州市天宁区天达电子设备有限公司
地址：江苏省常州市武进湖塘鸣凰沟南工业园晓柳路12号
邮编：213004
电话：0519-88800253
传真：0519-88800371
电子信箱：cztd@cztd.com
网址：www.cztd.com
主要产品或业务范围：电容测量仪、电感测量仪、漏电流测量仪。

江苏瑞特电子设备有限公司
地址：江苏省淮安市洪泽区工业园区巢湖路16号
邮编：223100
电话：0517-87230320
传真：0517-87223793
电子信箱：jshzrt@126.com
网址：www.jsright.com
主要产品或业务范围：系列DDS数字源、高频源、动率源、低频源、直流电源、毫伏表、频率计、实验台。

江苏斯菲尔电气股份有限公司
地址：江苏省江阴市东定路1号

邮编：214429

电话：0510-86199988，86199080

传真：0510-86199081

电子信箱：sfere-scb@jcsepi.com

网址：www.sfere-elec.com

主要产品或业务范围：多功能（网络）电力仪表、各类数显电测仪表、谐波监测治理产品、低压保护装置、智能变配电监控系统、工控仪表、智能节电器等多类监测控制产品。

江苏一星科学仪器厂

地址：江苏省南京市龙蟠路171号

邮编：210042

电话：025-85412593

传真：025-85401786

电子信箱：yxyq@sti.js.cn

主要产品或业务范围：该厂是生产各种专用测试仪器的专业性生产企业，主要产品有耐压(电介质强度)测试仪，(家电用/电子信息用/医用)漏电流测试仪，接地电阻检测仪，除颤效应测试仪，剩余电压测试仪，(医用)匝间耐压测试仪，电焊机耐压测试仪，绝缘电阻测试仪，电源干扰试验仪等系列产品。

金坛市儒林电子仪器厂

地址：江苏省常州市金坛区儒林镇中河南路2号

邮编：213200

电话：0519-82561067

传真：0519-82565167

联系人：许栋

电子信箱：rldzyqc@126.com

网址：www.rlzdyq.com

主要产品或业务范围：主要生产标准电池、电桥、电阻箱、电位差计、电容箱、电感箱、互感线圈、滑线式变阻器八大系列八十余种产品。

南京达明仪器有限公司

地址：江苏省南京市七里街472号

邮编：210001

电话：025-84617157，52405451

传真：025-84617157

电子信箱：daming@damint.com

主要产品或业务范围：电容器、电阻器测试仪器的研制、生产、技术服务及销售。

南京丹迪克科技开发有限公司

地址：江苏省南京市栖霞区马群科技园金马路5号

邮编：210049

电话：025-84361199

传真：025-84351829、84360831

电子信箱：njddk@vip.163.com

网址：www.dandick.com

主要产品或业务范围：电测量仪器仪表、变送器交流采样校验、变电站综合自动化测试校验、电能质量检测系统与校验、互感器校验、智能配电终端自动化检测系统、电能校验设备。

南京国业科技有限公司

地址：江苏省南京市玄武区玄武大道108号聚慧园2号楼22楼

邮编：210042

电话：025-84660599

传真：025-84660599

电子信箱：market@kuyee.cn

网址：www.kuyee.cn

主要产品或业务范围：红外人体体温筛选仪，红外热成像检测，红外热成像显示仪。

南京金川电表制造有限公司

地址：江苏省南京市大桥南路18号

邮编：310020

电话：025-58806614

传真：025-58755499

网址：www.njjinchuan.com

主要产品或业务范围：万用表、兆欧表、绝缘电阻表、接地电阻表、相序表、木材测水仪、蓄电池测试仪。

南京民盛电子仪器有限公司

地址：江苏省南京市高淳经济开发区戴卫东路12号

邮编：211300

电话：025-57329900

传真：025-57329002

电子信箱：njms@menshiny.com

网址：www.menshiny.com

主要产品或业务范围：耐压测试仪，绝缘耐压测试仪，接地电阻测试仪，泄漏电流测试仪，高速分析仪器等。

南京盛普仪器科技有限公司

地址：江苏省南京市侯标营35号

邮编：210007

电话：025-84604808

传真：025-84591681

电子信箱：njspkj@aliyun.com

网址：www.njspkj.com

主要产品或业务范围：时频测量仪器、数字合成函数信号发生器、合成扫频信号发生器等通信类电子测量仪器。

南京新联电讯仪器有限公司

地址：江苏省南京市秦淮区后标营35号

邮编：210017

电话：025-85281574

传真：025-85283436

电子信箱：ndy@njxldx.com

网址：www.njxldx.com
主要产品或业务范围：信号源、频率计、频标频稳测试系统、综合测试仪等。

南京新联电子股份有限公司
地址：江苏省南京市江宁区家园中路28号
邮编：211100
电话：025-68105959，68253088
传真：025-87153707
电子信箱：xldzhr@163.com
网址：www.xldz.com
主要产品或业务范围：系列多功能频率计数器、系列通用计数器、系列微波频率计、系列频率合成信号源、系列函数信号发生器/频率计、无线电综测仪、频标和高稳晶振。

南京涌新电子有限公司
地址：江苏省南京市滨江开发区天成路12号
邮编：210002
电话：025-84493323，84593356
传真：025-84593356
联系人：赵小亮、冯学萍
电子信箱：yx@yongxindz.com
主要产品或业务范围：扫频仪、数字合成信号发生器、全数字化失真度测量仪、干扰场强测试接收机、频谱分析仪、频率计（含微波）、双路直流稳压电源等。

铨盛科技（苏州）有限公司
地址：江苏省苏州市胥江路58号
邮编：215004
电话：0512-68125078
传真：0512-68210233
电子信箱：salesc1@cn-csec.com
网址：www.cn-csec.com
主要产品或业务范围：提供各类交/直流多功能电力量测仪表、电力转换器、控制仪表、感测器等产品。

瑞升电机工业（昆山）有限公司
地址：江苏省昆山市玉山镇台虹路20号
邮编：215301
电话：0512-57550893
传真：0512-57550464
电子信箱：info@risesun.com.cn
网址：www.risesun.com.cn
主要产品或业务范围：交/直电流表、电压表、频率表、功率表、功率因数表、最大需量表、报警带设定电流/电压表、同步表、相序表、工业数字盘表、累时器、计数器及各类型电流互感器、直流分流器等。

苏州横河电表有限公司
地址：江苏省苏州市运河路150号
邮编：215011

电话：0512-68252329
传真：0512-68251759
电子信箱：market@yokogawa-syc.com.cn
网址：www.yokogawa-syc.com.cn
主要产品或业务范围：该公司是中日合资企业，专业生产各类电测量指示仪表。产品采用日本横河电机株式会社的生产技术、工艺设备、检测仪器和管理方法。

苏州市电通电力电子有限公司
地址：江苏省苏州市高新区竹园路209号
邮编：215011
电话：0512-68410244
传真：0512-68410338
电子信箱：sales@szdt.com.cn
网址：www.szdt.com.cn
主要产品或业务范围：SVIP系列吸能型过电压保护器、保护箱等。

苏州市清华科技开发有限公司
地址：江苏省苏州市相城区黄桥街道旺盛路2号
邮编：215001
电话：0512-65461212
传真：0512-65469752
电子信箱：houdiancheng@tsinghua.org.cn
网址：www.szqhkj.com
主要产品或业务范围：各种交直流标准电源、多功能校准仪、大功率标准电阻器等。

无锡市电子仪表工业有限公司
地址：江苏省无锡市滨湖区金融八街1号无锡商会大厦21楼
邮编：214131
电话：0510-81025511，81025599
传真：0510-81026622
联系人：王莹、范文胜
电子信箱：info@weii.com.cn
网址：www.weii.com.cn
主要产品或业务范围：液晶显示模块、多功能网络设备、安全检查仪、LED智慧照明系统等。

无锡市华建电子仪器研究所
地址：江苏省无锡市金山北科创园会北路28-83号
邮编：214037
电话：0510-83715557，83703360
传真：0510-83703360
电子信箱：hj@wxhjs.com
网址：www.hjelectronic.com
主要产品或业务范围：电子计数器，电子计米器。

无锡市瑞光电器仪表制造公司
地址：江苏省无锡市广瑞路丁村施巷23号
邮编：214011

电话：0510-82447174
传真：0510-82444516
电子信箱：rg@rg194.com
网址：www.rg194.com
主要产品或业务范围：电工仪表、万能转换开关、电流互感器、万用电表及伏安表。

扬中科泰电子仪器有限公司
地址：江苏省扬中市港东北路108号
邮编：212200
电话：0511-88324312，88324012
传真：0511-88352198
电子信箱：caltek@263.net
网址：www.vantek-cn.com
主要产品或业务范围：示波器，信号发生器，直流稳压电源，毫伏表，图示仪。

扬州四菱电子有限公司
地址：江苏省扬州市南通西路6号
邮编：225001
电话：0514-87340349
传真：0514-87310017
电子信箱：SLyouandme@163.com
网址：www.yzsldz.com
主要产品或业务范围：扫频信号发生器、指示器，精密电荷放大器，脉冲峰值电压表，加速度计，压电石英压力传感器。

仪征市培明通用电子仪器厂
地址：江苏省仪征市大庆北路98-26号
邮编：211400
电话：0514-83432495，83412447
传真：0514-83432495
电子信箱：yipeiming@peiming.com.cn
网址：www.peiming.com.cn
主要产品或业务范围：信号发生器、示波器、数字频率计、数字交流毫伏表。

八达电子有限公司
地址：江西省新余市五金工业区
邮编：338000
电话：0790-6439723，6418371
传真：0790-6442726
电子信箱：bada@jxbada.com
网址：www.jxbada.com
主要产品或业务范围：高精度交直流标准源、负控终端校验装置、继电保护试验装置检测系统、万用表校验仪、交流采样校验装置、ＰＭＵ校验装置、ＲＴＵ校验装置、变送器校验装置、电压监测仪校验仪、指示仪表校验装置、电能表校验装置、安全防护用具试验装置等系列四十多个品种。

江西山水光电科技股份有限公司
地址：江西省九江市濂溪区生态工业城安平路1010号
邮编：332000
电话：0792-8376677
传真：0792-8360566
电子信箱：jjssdx0566@163.com
网址：www.ssdx.com.cn
主要产品或业务范围：无线通信、光纤通信接入和通信综合配套设备。

沈阳宝新科技仪器设备有限责任公司
地址：辽宁省沈阳市皇姑区北陵大街19号沈阳天地中汇广场A座2612室
邮编：110032
电话：024-31516935，86255147
传真：024-86258704
电子信箱：sybxkj@sina.com
网址：www.bxmeter.com
主要产品或业务范围：业务涉及通用电子测量仪器、教学试验设备、无损检测设备以及红外温度控制检测工程。

沈阳贝海瀛科技有限公司
地址：辽宁省沈阳市铁西区兴华北街30号新财富大厦1208室
邮编：110026
电话：4000710031
传真：024-23896766
电子信箱：bayhiwin@bayhiwin.com
网址：www.bayhiwin.com
主要产品或业务范围：专业致力于世界知名品牌电子测试仪器代理、销售、服务的工作。

沈阳市广厦电子有限公司
地址：辽宁省沈阳市浑南区凌云街35号
邮编：110043
电话：024-88432066
传真：024-88411380
电子信箱：wxk@gsdz.com
网址：www.gsdz.com
主要产品或业务范围：薄膜开关，LED电子显示屏，数显面板表，各种电压、电流、温度、转数、计数、频率、时钟及4-20mA标准信号输出仪表。

沈阳中川测试技术有限公司
地址：辽宁省沈阳市浑南区仓储街8号
邮编：110179
电话：024-62219999，23719007
传真：024-23719008
电子信箱：13604003034@126.com
网址：www.sycs.com.cn
主要产品或业务范围：互感器校验仪、微型电流电压互感器校验设备、变压比电桥、介损电桥等。

济南恒铁龙电子有限公司
地址：山东省济南市北园大街243南1-1号
邮编：250013
电话：0531-83168187
传真：0531-82633615
电子信箱：wsy718@163.com
主要产品或业务范围：销售代理美国福禄克、美国雷泰、日本共立、日本日置、美国泰克、日本横河、中国深圳胜利、中国香港希玛公司的数字万用表，过程校验仪，红外测温仪，接地电阻测试仪，测振仪，测厚仪。

济南迈科仪器仪表有限公司
地址：山东省济南市天桥区济南北园大街338号豪鲁电子城一楼
邮编：250000
电话：0531-88963918
传真：0531-88963918
电子信箱：lenglejiuhui11@163.com
主要产品或业务范围：数显电压电流表、数显功率表、数显功率因数表等。

青岛艾诺智能仪器有限公司
地址：山东省青岛市崂山区株洲路134号
邮编：266101
电话：0532-83995107
传真：0532-83995188
电子信箱：ainuo@ainuo.com
网址：www.ainuo.com
主要产品或业务范围：全系列安规检测仪器、综合安规测试系统、变频电源设备、电子负载、ATS电性能测量仪，共六大系列200多种规格。

青岛隆盛希望电子有限公司
地址：山东省青岛市城阳区城阳街古庙工业园
邮编：266100
电话：0532-87741006
传真：0532-87741129
电子信箱：qdlskj2008@163.com
网址：www.tdsmeter.cn
主要产品或业务范围：TDS仪、电导率仪、电阻率仪、TDS测试笔、pH测试笔、ORP测试笔、糖度计、盐度计、温度计、水质在线测试仪、电导率控制器等水质检测仪的生产和销售。

青岛青智仪器有限公司
地址：山东省青岛市高新区宝源路780号联东U谷A-8号楼东
邮编：266111
电话：0532-81920028
传真：0532-81920029
电子信箱：sales@qingzhi.com
网址：www.qingzhi.com
主要产品或业务范围：电参数测量、分析、记录仪器仪表。

青岛森泉科技有限公司
地址：山东省青岛市黄岛区峨眉山路396号光谷软件园57号楼501
邮编：266555
电话：0532-80982936
传真：0532-80982935
电子信箱：amy@sourcescn.com
网址：www.sourcescn.com
主要产品或业务范围：激光器、探测器、光机械、光学平台等一系列光电产品。

山东力创科技股份有限公司
地址：山东省济南市莱芜区凤凰路9号
邮编：271100
电话：0634-6251390，6251391，6257809
传真：0634-6251399
电子信箱：market@sdlckj.com
网址：www.sdlckj.com
主要产品或业务范围：超声波式热量表、机械式热量表、供热计量与温控一体化智能系统。

山东新风光电子科技发展有限公司
地址：山东省济宁市汶上县经济开发区金成路中段
邮编：272500
电话：0537-7216247
传真：0537-7212091
电子信箱：info@fengguang.com
网址：www.fengguang.com
主要产品或业务范围：各类高/中/低压变频器、高压动态无功补偿装置（SVG）、轨道交通能量回馈装置、风力发电并网变流器、特种电源等。

潍坊华光高科电子有限公司
地址：山东省潍坊市奎文区潍州路1088号
邮编：261041
电话：0536-8222888，8326451，8236921
传真：0536-8298388
联系人：于经理
电子信箱：wfhuaguang@126.com
网址：www.wfhg.com.cn
主要产品或业务范围：数字式三用表校准仪、多功能校准仪、多功能标准源、电能表检验装置。

潍坊华泰电子仪器有限公司
地址：山东省潍坊市高新技术开发区创业街11号
邮编：261031
电话：0536-2990280，8862289
传真：0536-8862269

电子信箱：wfhtdz@163.com
网址：www.wfhuatai.com
主要产品或业务范围：该公司是专业生产计量测试仪器、光电整纬设备并享有国家优惠政策扶持的高科技企业。主要生产、销售D030系列三用表校准仪、多功能校准仪、交直流标准源等。产品广泛应用于检定、校验直流0.1级和交流0.2级以下各类一头及相应等级的数字多用表。

烟台艾睿光电科技有限公司
地址：山东省烟台市开发区贵阳大街11号
邮编：264000
电话：4009983088
传真：0535-3410600
电子信箱：sales@iraytek.com
网址：www.iraytek.com
主要产品或业务范围：红外热像仪、激光与光电子相关技术产品及系统。

中电科仪器仪表有限公司
地址：山东省青岛市黄岛区香江路98号
邮编：233010
电话：0532-86889847
传真：0532-86889847
电子信箱：eibb@ceyear.com
网址：www.ei41.com
主要产品或业务范围：微波、毫米波、光电通信、数字通信、基础通用类测量仪器以及自动测试系统、微波部件等产品。

山西省机电设计研究院有限公司
地址：山西省太原市胜利街228号
邮编：030009
电话：0351-3180367
传真：0351-3032337
电子信箱：kyb@sxjdy.com
网址：www.sxjdy.com
主要产品或业务范围：高精度互感器系列产品及测试仪器、测试方法的开发研制；机电一体化产品的开发研制；电力互感器的生产研制。

山西兴永明仪器仪表有限责任公司
地址：山西省太原市小店区人民南路29号山西太原191信箱销售处
邮编：030032
电话：0351-7268707，7269688，7268225
传真：0351-7268520
电子信箱：xym4370@126.com
网址：www.yongming.com
主要产品或业务范围：超薄型张丝电表，高频交流电表，继电器电表，自动化配套圆形电表，内装（外磁、心磁）电表，BH-0.66型互感器，0.5级高准确度电表，各种定

值分流器、精密合金电阻器，配电系统用开关板表，自动化配套槽型电表，广角度电表，外装（外磁、心磁）电表，数字式面板表，特殊规格电表均按用户要求提供。

陕西瑞光自动化仪表有限公司
地址：陕西省西安市雁翔路99号交大科技园开元孵化器3A楼5楼
邮编：710054
电话：029-83396028
传真：029-83396098
电子信箱：rg@xianrg.com
网址：www.xianrg.com
主要产品或业务范围：红外测温仪、气体报警仪产品的开发、生产、销售，现有便携式、在线式两大类产品。

陕西协力光电仪器有限公司
地址：陕西省西安市东开发区新科路2号
邮编：710043
电话：029-82621387
传真：029-82623951，84023639
联系人：张经理
电子信箱：xielizsbb@126.com
网址：www.xieli-china.com
主要产品或业务范围：数字显示式电压表、电流表、频率表、功率表、功率因数表、电阻表、脉电表、温度表、湿度表、压力表、流量表、真有效值表、峰值表、计时器、计数器等。

西安奥泰仪器有限公司
地址：陕西省西安市新城区公园北路西光新村5号楼2302室
邮编：710043
电话：029-82682233，82682201
传真：029-82682286
电子信箱：2425824203@qq.com
网址：www.xaat.com
主要产品或业务范围：美国福禄克红外测温仪，真有效值数字万用表，过程校准器，电能质量分析和监测仪，热像仪，示波表，数字式绝缘电阻测试仪，钳形电流表等。

西安胜利仪器有限责任公司
地址：陕西省西安市高新区唐延路35号旺座现代城G座25层
邮编：710065
电话：029-88482657
传真：029-88490911
电子信箱：victor@xian-victor.com
网址：www.xian-victor.com
主要产品或业务范围：过程电信号校验仪、智能型数字万用表及实验室用的其他仪器。

西安双英科技股份有限公司
地址：陕西省西安市高新区科技三路57号融城云谷A座601

邮编：710075
电话：029－88321910，88321627
传真：029－88321627
联系人：王克华
电子信箱：sales@sy1718.com
网址：www.sy1718.com
主要产品或业务范围：专业的相位表生产厂家。

西安四方机电有限责任公司
地址：陕西省西安市经济技术开发区凤城三路11号四方科技园
邮编：710018
电话：029－86526692，86526693
传真：029－86526349
电子信箱：Postmaster@xasfjd.com
网址：www.xasfjd.com
主要产品或业务范围：电缆故障测试仪，电缆识别仪，电力电缆管理软件及系统，红外测温仪，系列变电站综合自动化系统及设备，避雷器测试仪，自动绝缘电阻表，声光验电器，电机测试设备，交、直流高压分压器等。

西安沃尔仪器有限公司
地址：陕西省西安市长乐中路35号
邮编：710043
电话：029－82522551，82520549
传真：029－82520549，82544763
电子信箱：xianwahl@qq.com
网址：www.xianwahl.com.cn
主要产品或业务范围：公司是一家专业从事红外测温技术及热工仪器、仪表的研制、生产和销售的中美合资企业。

安科瑞电气股份有限公司
地址：上海市嘉定区马东工业园区育绿路253号
邮编：201801
电话：021－69151302
传真：021－69153629
电子信箱：acrel001@vip.163.com
网址：www.acrel.cn
主要产品或业务范围：电力监控仪表、微机测控装置、变配电监控系统、电能质量监视与分析系统、电能计量计费系统、电动机智能控制器、电量传感器、高压附件八大类产品。

德图仪器国际贸易（上海）有限公司
地址：上海市松江区莘砖公路258号新兴产业园34幢15层
邮编：201612
电话：4008827833
传真：021－64829968
电子信箱：info@testo.com.cn
网址：www.testo.com.cn
主要产品或业务范围：便携式电子测量仪器。

庚圣自动化科技（上海）有限公司
地址：上海市闵行区光华路188号
邮编：201100
电话：021－64093966，15821884544
传真：021－39652408
联系人：周永龙
电子信箱：zhouqiang@gstmro.com
网址：www.gesyo.com
主要产品或业务范围：万用表、钳形表、电阻计、汽车仪表、测温仪、热像仪、健康与安全、HVAC/R等。

固纬电子（上海）有限公司
地址：上海市徐汇区宜山路889号2号楼8楼
邮编：200233
电话：021－64853399
传真：021－54500789
联系人：翁启超
电子信箱：marketing@instek.com.cn
主要产品或业务范围：数字存储示波器、模拟示波器、频谱分析仪、信号发生器、电源，以及其他电子测量仪器。

恒率科技（上海）有限公司
地址：上海市闵行区中春路8633号15号25幢6楼
邮编：200122
电话：021－66500153，66500157
传真：021－66500153
电子信箱：sh12@henlv.net
网址：www.srdpower.com
主要产品或业务范围：AC－DC模块电源，AC－DC工控开关电源，DC－DC模块电源。

前视红外光电科技（上海）有限公司
地址：上海市普陀区大渡河路168弄26号北岸长风K栋301－302单元
邮编：200062
电话：021－51697628
传真：021－54660289
电子信箱：info@flir.cn
网址：www.flir.com
主要产品或业务范围：红外热像仪和夜视仪设备。

上海爱仪电子设备有限公司
地址：上海市静安区共和新路288号308室
邮编：200070
电话：021－63248485，63240110
传真：021－63248485
联系人：张向东
电子信箱：aiyigs@sh163.net
网址：www.aiyigs.com
主要产品或业务范围：电视测量仪、Q表、高频电子/数字电视试验箱、高/低频毫伏表、信号源。

上海安标电子有限公司
地址：上海市闵行区朱行路158号1号楼
邮编：200232
电话：021-53072037
传真：021-54356328
电子信箱：anbiao@shanbiao.com
网址：www.shanbiao.com
主要产品或业务范围：便携式电表，其他电工仪表。

上海宝新仪器仪表有限公司
地址：上海市浦东新区秀康路518弄31号
邮编：201315
电话：021-51875950，51875960
传真：021-63213267，63213268
电子信箱：baoxin-yan@bxyq.com
网址：www.bxyq.com
主要产品或业务范围：便携式温湿度仪，红外湿测仪，表面温度仪。

上海存昊电子技术有限公司
地址：上海市杨浦区平凉路1398号14号楼4楼
邮编：200090
电话：021-65432631
传真：021-65187830
电子信箱：huguoli@online.sh.cn
主要产品或业务范围：电能测试仪表、热工类数字式仪表。

上海存真仪器仪表有限公司
地址：上海市青浦区崧华路328号
邮编：201703
电话：021-69758268
传真：021-69758267
电子信箱：guoyl.2010@gmail.com
主要产品或业务范围：学生用万用表，电流安培计，电压伏特表，演示电能表，85、69型表头系列及各种数字表。

上海电压调整器制造有限公司
地址：上海市闵行区华漕镇电台路88号
邮编：200062
电话：021-52818964
传真：021-62644545
网址：www.shtiao.com
主要产品或业务范围：高压电源，稳压电源，净化电源，自动控温电源，成套电源设备。

上海东茂电子科技有限公司
地址：上海市杨浦区国定路335号3025室
邮编：200082
电话：021-55212776
联系人：周瑜妹
网址：www.shanghaidomore.com

主要产品或业务范围：电桥、电阻箱、电容箱、电感箱、检流计、电位差计、微波等离子体装置、教学仪器。

上海光维通信技术股份有限公司
地址：上海市徐汇区漕河泾开发区田州路99号13幢新安大楼6楼
邮编：200233
电话：8008198191
传真：021-54451271
电子信箱：sales@grandway.com.cn
网址：www.grandway.com.cn
主要产品或业务范围：通信测试仪器、仪表及相关测试施工工具。

上海光之虹光电通讯设备有限公司
地址：上海市普陀区光新路200弄9号5F
邮编：200061
电话：021-62245835，62245836
传真：021-51083845
电子信箱：gzh@shgzh.cn
网址：www.shgzh.cn
主要产品或业务范围：手持式/台式光功率计、光源；红光源；光多用表；光插回损测试仪；光分路器测试仪；PLC测试仪。

上海海星仪器有限公司
地址：上海市奉贤区奉城镇东街86号
邮编：201411
电话：021-57522442
传真：021-57512007
电子信箱：shhxyqc@online.sh.cn
网址：www.shhaixing.com
主要产品或业务范围：WY-0-30V系列、WY-0-50V系列、WY-0-450V系列直流稳压稳流电源。

上海宏邦科技有限公司
地址：上海市静安区共和新路3615号海博大厦5楼
邮编：200435
电话：021-53858825
传真：021-53858835
电子信箱：18017346595@163.com
网址：www.hongbanggroup.com
主要产品或业务范围：继电保护测试仪器、介质损耗测试仪器、耐压试验装置、直流电阻测试仪器、钳形电流及万用表、回路阻抗测试仪器、电信测试仪。

上海沪光通讯设备有限公司
地址：上海市松江区香泾路115号
邮编：200070
电话：021-63539888，63531555
传真：021-60753751

联系人：孙国芳
电子信箱：hutong@vip.163.com
网址：www.huguang.com.cn
主要产品或业务范围：交换机、传输设备、计费器、电源。

上海精达电力稳压器制造有限公司
地址：上海市静安区胶州路669号B栋1104室
邮编：200040
电话：021-62794540，62794464
传真：021-62794088
电子信箱：jingda@shjingda.com
主要产品或业务范围：SBW系列三相补偿式大功率电力稳压器，DBW系列单相补偿式大功率电力稳压器，SBWDT系列电梯专用补偿式电力稳压器。

上海巨哥科技股份有限公司
地址：上海市徐汇区虹漕路460号软件大厦2层
邮编：200233
电话：021-31261201
传真：021-31261202
电子信箱：xgu@magnity.com.cn
网址：www.magnity.com.cn
主要产品或业务范围：在线式热像仪、手持式热像仪。

上海君达仪器仪表有限公司
地址：上海市闵行区浦江镇恒南路1328号1号楼F03
邮编：200233
电话：021-64515630，64515095，64515602
传真：021-64086484
电子信箱：sales@8617.com
网址：www.8617.cn
主要产品或业务范围：红外测温仪、过程校验仪、红外热像仪、硬度计、粗糙度仪、涂层测厚仪、转速表、绝缘电阻表、示波器、气体检测仪、数字示波器、数字温度计、数字万用表、信号发生器等产品。

上海康比利仪表有限公司★
地址：上海市松江区彭丰路790号
邮编：201614
电话：021-57858468
传真：021-57858097
电子信箱：mk@complee.com
网址：www.conplee.com
主要产品或业务范围：公司专业生产各种安装式电测量仪表、互感器、变送器、继电器及传感器、编码器等产品。

上海联能仪表有限公司
地址：上海市闵行区浦江镇恒南路1355号
邮编：201114
电话：021-67282028

传真：021-50879160
电子信箱：lianneng@lianneng-meter.com
主要产品或业务范围：专业生产各类单、三相多费率电度表的企业。

上海麦哥思电气有限公司
地址：上海市闵行区莘庄工业园
邮编：201100
电话：021-33199687，33592771，33592772
传真：021-33592771
电子信箱：shmgs126@126.com
网址：www.mecstar.cn
主要产品或业务范围：微机综合保护装置系列、开关柜智能操控装置系列、低压电动机保护装置系列、智能电力网络仪表系列、能源管理系统、电气火灾监控系统。

上海纳宇电气有限公司
地址：上海市闵行区闵虹路166号中庚环球创意中心T1号楼26楼
邮编：200070
电话：021-56550309
传真：021-56069923
电子信箱：nayu@shnayu.com
网址：www.shnayu.com
主要产品或业务范围：智能电力网络仪表和低压智能型马达保护控制器。

上海潘登电气科技有限公司
地址：上海市奉贤区金汇镇泰青公路340号
邮编：201400
电话：021-51294558
传真：021-51294559
电子信箱：pd@shpade.com
网址：www.shpade.com
主要产品或业务范围：各类稳压电源、变压器、调压器、UPS、逆变电源、净化电源、直流电源。

上海浦江埃纳迪斯仪表有限公司
地址：上海市闵行区中青路1288号23栋3A层、3层
邮编：200081
电话：021-65215196，55156521
传真：021-65216107
电子信箱：info@chauvin-arnoux.com.cn
网址：www.ca-group.com.cn
主要产品或业务范围：安装式电表、变送器、多功能电力监控电表，便携式电工、电子测试与测量仪器，电力测量与控制，温度测量与控制仪器等。

上海乾峰电子仪器有限公司
地址：上海市杨浦区平凉路2716号
邮编：200090

电话：021-65151154
传真：021-65012037
联系人：孙林忠
电子信箱：jksbdz@126.com，slz501007@126.com
网址：www.sh-meter.com
主要产品或业务范围：数字直流电压表、数字多用表、四探针测试仪、高温超导测试装置、多功能校准仪、数字电位差计、数字欧姆表。

上海全力电器有限公司
地址：上海市普陀区金沙江路891号-1
邮编：200041
电话：021-62535836
传真：021-62558838
联系人：章振源
电子信箱：querli@querli.com
网址：www.querli.com
主要产品或业务范围：单相、三相交流稳压电源，精密净化电源，电力稳压器，直流稳定电源，充电机，逆变电源（工频和高频），UPS，调压器，变压器等。

上海锐测电子科技有限公司
地址：上海市杨浦区隆昌路619号8号楼南区A13室
邮编：200120
电话：021-61631926
传真：021-61631925
电子信箱：yanglijuan@infratest.com.cn
网址：www.irtech.com.cn
主要产品或业务范围：公司专业从事红外热像仪系列产品、安防监控系列产品的研发生产和销售。

上海三基电子工业有限公司
地址：上海市普陀区曹杨路800号
邮编：200063
电话：021-52703737
传真：021-52700709
电子信箱：sales@sanki-e.com
网址：www.sanki-e.com
主要产品或业务范围：从事电磁兼容测试仪器以及生产微型电源模块、MSPS电源。

上海桑博电子科技有限公司
地址：上海市浦东新区张江高科技园地铁站汤臣豪园二期825弄43号5楼
邮编：201203
电话：021-50807785，50273226
传真：021-50807785
电子信箱：sales@sendbow.com
网址：www.sendbow.com
主要产品或业务范围：微功率无线通信模块，无线数传模块，无线收发模块，无线温湿度传感器，无线压力传感器，无线抄表器，无线抄表系统，无线抄水电气热表，无线手持机，无线PDA。

上海树信仪器仪表有限公司
地址：上海市静安区共和新路3737号共和国际商务广场B1101室
邮编：200235
电话：021-64515829，64515839
传真：021-64515809
电子信箱：13651678228@163.com
网址：www.shuxin17.cn
主要产品或业务范围：红外线测温仪、涂层测厚仪、超声波测厚仪、超声波探伤仪、声级计、测振仪、转速表、测温仪、激光测距仪、风速仪、温湿度仪、粗糙度仪、硬度计、测力计、兆欧表、万用表、钳形表、示波器、数字示波器、信号源、电源、电导率仪、频谱分析仪、密度比重计、功率分析仪等测试仪器。

上海托克智能仪表有限公司
地址：上海市宝山区富联路658号
邮编：200071
电话：021-66600425，56975438，56637681
传真：021-66600425
电子信箱：sales@tuoke.com
网址：www.tuoke.cn
主要产品或业务范围：数显电压电流表、数显欧姆表、数显毫欧表、数显功率表、数显功率因数表、数显工频表、传感器专用数显表、频率转速线速度表、计数器长度计、数显温控表、数显温湿度控制表、时间继电器、数字面板表、数显欧姆表、多功能谐波分析表、电力参数综合测试仪等二十多个系列一千多种型号的显示及控制仪表。

上海无仪电子设备有限公司
地址：上海市虹口区唐山路216号（司麦脱商务楼）503室
邮编：200080
电话：021-65840263
传真：021-65840263
联系人：蒋逸蕙
电子信箱：swy-1@263.net
网址：www.swy.com.cn
主要产品或业务范围：高频Q表、电视信号发生器、DDS、标准高/低频信号源、高/低频数字毫伏表。

上海希尔伦电器有限公司
地址：上海市闵行区浦锦路2049弄（万科vmo）38号205室
邮编：200072
电话：021-56778054，56778055
传真：021-56771995
电子信箱：gcq@hillon.cn
网址：www.hillon.cn
主要产品或业务范围：ZB自耦变压器、SGB三相隔离变压器、ＤＢＷ单相稳压器、ＳＢＷ－ＪＨ净化交流稳压器、ＳＢＷ－Ｗ无触点稳压器、希尔伦ＳＢＷ补偿式交流稳压器、ＳＢＷ补偿式交流稳压器。

上海新建仪器设备有限公司
地址：上海市静安区江宁路631号
邮编：200233
电话：021－64753507，62553743
传真：021－62552963
电子信箱：xinjian@shxinjian.com
网址：www.shxinjian.com
主要产品或业务范围：示波器、半导体管特性图示仪、信号源、稳压电源及安规仪器等电子仪器设备。

上海亚美微波仪器厂有限公司
地址：上海市松江区申港路618号
邮编：201612
电话：021－67681381，67681383
传真：021－67681382
联系人：邬国光
主要产品或业务范围：信号发生器系列、大／中／小功率计系列及同轴波导微波器件系列等八大类两百余个品种。

上海仪博仪器有限公司
地址：上海市长宁区天山路30号天山大厦5层
邮编：200336
电话：021－62288180
传真：021－32110173
电子信箱：info@yibotest.com
网址：www.yibotest.com
主要产品或业务范围：红外测温仪，风速仪系列，粉尘计，粒子计数仪、噪声计、温湿度变送器、风速变送器，现场环境测试仪，温度、湿度测量仪，风速、转速测量仪，烟气分析仪，水质、光、声、压力测量仪，光照度计，pH计，温湿度计，笔式、便携式、台式、工业型电导率仪，工业溶氧仪，TDS测试仪，COD反应器，分光光度计，手持式、数位式糖度、盐度计，过程仪表校准器，回路校准器，温度校准器，压力校准器，过程校验仪，无损检测仪器，频闪仪，张力计，测力计，转速表，涂层测厚仪等。

上海仪华仪器有限公司
地址：上海市嘉定区叶城路881号
邮编：201821
电话：021－69523260，69523223
传真：021－69523221
电子信箱：sales@mastech.com.cn
网址：www.mastech.com.cn
主要产品或业务范围：校验仪、智能万用表、环境仪表、钳形表、测厚仪、电源等。

上海仪器仪表研究所
地址：上海市杨浦区龙江路214号
邮编：200082
电话：021－55211350
传真：021－55213548
电子信箱：shangyisuo@126.com
网址：www.sysiri.com
主要产品或业务范围：电工计量测量仪器、电子专用设备、智能化精密仪器与自动测试系统、能源管理系统等。

上海玉炜电子科技有限公司
地址：上海市闵行区颛桥镇颛兴东路999弄阳明国际创业园致善楼302室
邮编：200240
电话：021－60910178
传真：021－60910231
电子信箱：sales@shyuwei.com
网址：www.shyuwei.com
主要产品或业务范围：光纤工程测试仪表以及各种光无源器件。

上海远中电子仪器厂
地址：上海市虹口区广灵一路74弄1号
邮编：200083
电话：021－65604787，65607047
传真：021－65607047
电子信箱：yz@sh-yuanzhong.com
网址：www.fugrand.com
主要产品或业务范围：绝缘电阻测试仪。

上海正阳仪器仪表有限公司
地址：上海市杨浦区延吉东路143号
邮编：200093
电话：021－65625696
传真：021－65034659
电子信箱：sales@zychina.com
网址：www.zychina.com
主要产品或业务范围：该厂专业生产直流电桥、电位差计、电阻箱、数字电桥及微欧计、直流电阻测试仪、电阻分选仪、标准电阻等计量、检测仪器仪表。

泰克科技（中国）有限公司
地址：上海市长宁区福泉北路518号9栋楼5层
邮编：100088
电话：4008205835
电子信箱：china.mktg@tek.com
网址：www.tek.com.cn
主要产品或业务范围：数字示波仪、逻辑分析仪。

成都永华仪器仪表有限责任公司
地址：四川省成都市一环路东一段102号

邮编：610051
电话：028-84366096
传真：028-84374574
电子信箱：webmaster@cdyonghua.com
主要产品或业务范围：频谱分析仪、网络分析仪、逻辑分析仪、调制度测量仪、扫频仪、示波器、函数信号发生器，标准/合成/脉冲信号发生器、彩色信号发生器、频率计/计数器、晶体管图示仪、 集成电路测试仪、失真度测量仪、LCR电桥、Q表、耐压/泄漏/绝缘电阻测试仪、直流低电阻测试仪、通信测试仪器/光通信测试仪器、场强仪、功率计、台式数字多用表、高频/超高频/视频毫伏表、静电/交直流高压电压表、精密电工仪表、数字万用表、自动化监测仪表、电声测试仪器、电参数测量仪、线圈圈数测量仪、磁测量仪，电力现场测试仪表、工业测试仪表。

国营建华仪器厂
地址：四川省眉山市红星路东二段88号（玫瑰园八区）
邮编：620010
电话：028-38191455
传真：028-66157477
联系人：罗俊义
电子信箱：jh1718@126.com
网址：www.jh1718.cn
主要产品或业务范围：载波通信测量仪器，数字通信测试仪器，各类通用测试仪器，光纤通信设备，二次群、三次群光端机，电话计费器系列，IC卡式智能电表。

高美测仪（天津）科技有限公司
地址：天津市西青区华苑工业园区海泰华科一路11号C座201
邮编：300384
电话：022-83726250，83726251，83726252
传真：022-83726253
电子信箱：info@gmci-china.cn
网址：www.gmci-china.cn
主要产品或业务范围：电器/气安全测试仪、便携式/在线电能质量分析仪/系统、绝缘/接地测试仪、数字多用表、直流电源、多功能电量表/变送器、角位移传感器等。

天津市腾马电表有限公司
地址：天津市津南区咸水沽西大桥南
邮编：300350
电话：022-28392954，28392952
传真：022-28392544
主要产品或业务范围：交、直流电压表、电流表；磁电系直流电流表、电压表；电动系交、直流电压表、电流表、功率表系列，数字表系列，电量变送器系列及自动化控制装置等。

天津市中环电子仪器公司
地址：天津市和平区吴家窑大街二号路50号

邮编：300070
电话：022-23354626
传真：022-23358849
电子信箱：teic@tjdzyq.com
网址：www.tjdzyq.com
主要产品或业务范围：阻抗静脉血流仪、恒定电位仪、函数发生器、信号发生器、直流稳压电源、稳压稳流电源、数字电压表、毫伏表、数字万用表、示波器、频率响应分析仪、信号分析仪、频率特性测试仪。

长城电器集团有限公司
地址：浙江省乐清市北白象镇白象大道2-1号长城工业园
邮编：325603
电话：0577-62870000
传真：0577-61891111
电子信箱：cncxs@cnc.sh
网址：www.cnc.sh
主要产品或业务范围：智能低压配电及工控电器、中高压电器、智能仪表、电源电器、高低压变频器为主的具备自主知识产权的100多个系列、60000余种规格的工业电气产品。

杭州高新电子有限公司
地址：浙江省杭州市西湖区翠柏路6号3幢5楼
邮编：310012
电话：0571-88066830，88808131，88824930
传真：0571-88921591
电子信箱：gx@chgx.com
网址：www.geared-motors.com.cn
主要产品或业务范围：交/直流微型齿轮减速电动机、电子无级调速器等。

杭州海兴电力科技有限公司
地址：浙江省杭州市莫干山路1418号
邮编：310011
电话：0571-28025572
传真：0571-28020357
电子信箱：service@hxgroup.cn
网址：www.hxgroup.cn
主要产品或业务范围：单相智能表、三相智能表、高端计量产品等。

杭州虹谱光电科技有限公司
地址：浙江省杭州市西湖科技园振中路202号8幢2楼
邮编：310030
电话：0571-89900037
传真：0571-89900040
电子信箱：ho-pu@163.com
网址：www.ho-pu.com
主要产品或业务范围：照明专业光色电综合检测仪器，LED专业检测仪器等。

杭州峻岭电子有限公司
地址：浙江省杭州市拱墅区银河嘉园7幢701室
邮编：310015
电话：0571-89902147，89902148，88256003
传真：0571-89902148
联系人：邱峻
电子信箱：hz5145@163.com
主要产品或业务范围：数字显示交、直流电压表，电流表，功率表，温度表，温控表，频率表，转速表，计数器，定时器。

杭州龙科电子有限公司
地址：浙江省杭州市笕桥镇俞章工业园
邮编：310021
电话：0571-88139965
传真：0571-88331960
电子信箱：loncont@163.com
网址：www.loncont.com
主要产品或业务范围：交流固态继电器，直流固态继电器，双向固态继电器，缺相保护固态继电器，电动机正反转固态继电器，单相、三相、移相触发器，单相、三相一体化调压模块，单相、三相一体化桥式整流模块。

杭州三汇科技有限公司
地址：浙江省杭州市滨江区南环路3756号三汇研发中心大楼10层
邮编：310053
电话：0571-88861158
传真：0571-88850923
联系人：李小莉
电子信箱：lxl@tekwayins.com
主要产品或业务范围：数字存储示波器。

杭州威博科技有限公司
地址：浙江省杭州市余杭区仁和街道仁良路288号
邮编：310012
电话：0571-88862355
传真：0571-88866663-806
电子信箱：weibo@mail.hz.zj.cn
网址：www.hzweibo.com
主要产品或业务范围：电参数测量仪，多路温度测量仪，带电绕组温升测试仪。

杭州威格电子科技有限公司
地址：浙江省杭州市余杭区仁和街道西南山北路159号
邮编：311107
电话：0571-88265904
传真：0571-88265900
电子信箱：940009794@qq.com
网址：www.hzweige.com.cn
主要产品或业务范围：GDW系列电参数测量仪、

GDW400系列变压器电量测量仪、RDC系列带电绕组温升测试仪、DWC系列多路温度测试仪、低电阻测试仪。

杭州西力智能科技股份有限公司
地址：浙江省杭州市西湖区转塘街道良浮路173号
邮编：310023
电话：0571-56660395
传真：0571-87831251
电子信箱：hzxilidb@cnxili.com
网址：www.cnxili.com
主要产品或业务范围：交直流智能电能表、智能水表、智能充电终端及用电信息采集系统终端、电能计量箱、断路器、电缆分支箱等产品。

杭州中导科技开发有限公司
地址：浙江省杭州市天目山路160号国际花园东楼14A座
邮编：310012
电话：0571-88211882，88211883
传真：0571-88872060
电子信箱：sales@sunleads.com
网址：www.sunleads.com
主要产品或业务范围：全中文手持式2M数字传输分析仪。

宁波恒率电源科技有限公司
地址：浙江省宁波市北仑区莫干山路36号
邮编：315803
电话：0574-55221222
传真：0574-26886096
电子信箱：henlv@henlv.net
网址：www.srdpower.com
主要产品或业务范围：AC-DC模块电源，AC-DC工控开关电源，DC-DC模块电源。

宁波三维电测设备有限公司
地址：浙江省宁波市江北区林沐路191号
邮编：315032
电话：0574-87577658
传真：0574-87577656
电子信箱：nbzcy@126.com
网址：www.ningbo-sanwei.com
主要产品或业务范围：全自动互感器检测台、全功能互感器校验仪、PT98智能型PT二次压降测试仪。

宁波中策电子有限公司
地址：浙江省宁波市望春工业园聚才路189号
邮编：315177
电话：0574-88156777，88156770，88156720
传真：0574-88156720
电子信箱：zcdz@zhongce.com.cn
网址：www.zhongce.com.cn

主要产品或业务范围：示波器、信号发生器、毫伏表、稳压电源、数字电桥、频率计、图示仪。

温州宝特电气仪表有限公司
地址：浙江省温州市经济技术开发区25号8区
邮编：325011
电话：0577-86531666
传真：0577-86531667
主要产品或业务范围：万用表、电压测试笔、自动小夜灯、路灯光电开关、叮当门铃、板表、红外线检测笔。

温州精密电子仪器厂
地址：浙江省温州市金丝桥路20号
邮编：325003
电话：0577-88856072
传真：0577-88838732
电子信箱：modern@ppp.wzptt.zj.cn
主要产品或业务范围：SBW/DBW补偿式电力稳压器，D/SJA型净化电源，CVT交流参数稳压器，GZDW-4微机控制型直流屏，DPL型三级电源避雷器。

温州市和泰电工测试设备厂
地址：浙江省温州市上陡门路40-16号
邮编：325000
电话：0577-88334733
传真：0577-88334733
电子信箱：htdgcs@163.com
主要产品或业务范围：电机绕组匝间绝缘测试、对地冲击绝缘测试、电机工频耐压测试等应用领域。

温州市华能电器仪表公司
地址：浙江省温州市德政工业区横塘路16-18号四楼
邮编：325000
电话：0577-88332517，88328575
传真：0577-28818529
电子信箱：wzhuanen@126.com
网址：www.huanen.com
主要产品或业务范围：智能网络遥控仪表，多功能电力仪表、三相组合表、数显电流表、电压表、电量变送器、电能表校验仪、计数器、时间继电器、转速器等系列成套机械设备。

余姚市红南电子变压器厂
地址：浙江省余姚市凤山街道蜀山村
邮编：315400
电话：0574-62670798，62670398
传真：0574-62670398
电子信箱：123@12345678.com
网址：www.yyhongnan.com
主要产品或业务范围：专业生产电源变压器系列，开关电源系列。

浙江大立科技股份有限公司
地址：浙江省杭州市高新技术开发区（滨江）滨康路639号
邮编：310053
电话：0571-86695624
传真：0571-86695600
电子信箱：market@dali-tech.com
网址：www.dali-tech.com
主要产品或业务范围：公司专业从事红外热像产品及安防监控产品的研发、生产、销售。

浙江雷邦光电技术有限公司
地址：浙江省杭州市文一西路998号海创园1幢4楼
邮编：311800
电话：0571-57897301
传真：0571-57897309
电子信箱：hyu@chinazybron.com
网址：www.china-zybron.com
主要产品或业务范围：红外热像仪。

浙江三科电气有限公司
地址：浙江省乐清市经济开发区经三路88号
邮编：325600
电话：0577-62666888
传真：0577-62666018
电子信箱：sako@sako.cn
网址：www.sako.com
主要产品或业务范围：稳压电源、变频器、UPS、EPS等。

浙江省镇海电表厂
地址：浙江省宁波市北仑区大碶街道大新路2号
邮编：315806
电话：0574-86100305，86100684
传真：0574-86100305
联系人：陈慧秀
电子信箱：lqw172@sina.com
网址：www.zhendian.com
主要产品或业务范围：该厂系国家二级企业，主要生产镇电牌安装式电表。产品有交、直流电流、电压表，单、三相功率表，功率因数表，频率表，同步表，定值分流器等。

浙江天康电子科技有限公司
地址：浙江省乐清市柳市镇吕庄工业区
邮编：325604
电话：0577-61725571，61725572
传真：0577-62692826
电子信箱：1341962009@qq.com
网址：www.chtk.cn
主要产品或业务范围：凝露控制器、单凝露控制器、电子温湿度控制器、高精度多功能电力仪表等。

中美合资杭州朗宁电子有限公司
地址：浙江省杭州市艮山西路78号东门大厦12A楼D座
邮编：310017
电话：0571-86958323，86958319
传真：0571-86958319

电子信箱：longlive@longlive.cc，info@longlive.cc
网址：www.longlive.cc
主要产品或业务范围：单相或三相的固态继电器、移相触发器、调压模块、调功模块、整流模块等系列产品。

光学仪器

芜湖光学仪器有限公司
地址：安徽省芜湖市镜湖区弋江北路旅游商品经济园区1号厂房
邮编：241006
电话：0553-5223928
传真：0553-5223806
电子信箱：master@zgwhgx.com
网址：www.zgwhgx.com
主要产品或业务范围：比较显微镜、体视显微镜、生物显微镜、测检显微镜、学生显微镜、综合光电仪器、医疗仪器、望远镜、光学工艺品九大产品系列。

中国科学院安徽光学精密机械研究所
地址：安徽省合肥市蜀山湖路350号
邮编：230031
电话：0551-65591539
传真：0551-65591539
电子信箱：aio@aiofm.ac.cn
网址：www.aiofm.cas.cn
主要产品或业务范围：大气光学、环境光学、环境监测技术和激光技术等应用基础研究。

北京埃佛尔激光科技有限公司
地址：北京市通州区永乐经济开发区恒业七街6号及6号院22号楼101室
邮编：101113
电话：010-61507254
传真：010-84572889
电子信箱：bjefr@139.com
网址：www.bjefr.com
主要产品或业务范围：该公司是二氧化碳激光器/管及其相关电源、光学元件的专业生产厂家。

北京爱万提斯科技有限公司
地址：北京市朝阳区望京园悠乐汇E座1209-1210室
邮编：100102
电话：010-84574045，84574046，84574057
传真：010-84574017
电子信箱：info@avantes.com.cn
网址：www.avantes.cn
主要产品或业务范围：该公司一直致力于为高端科研级工业用户提供世界领先的光谱技术解决方案。产品包括光谱仪、光源、光纤及探头、各种应用软件、附件等。

北京奥特伟业光学仪器有限公司
地址：北京市海淀区永泰园新地标17栋1101室
邮编：100192
电话：010-88430275
传真：010-82833508
电子信箱：13611171506@139.com
网址：www.optecn.com
主要产品或业务范围：生物、金相、倒置、荧光、暗场、偏光、体视、视频、数码显微镜等。

北京榜首科技有限公司
地址：北京市昌平区沙河镇昌平路97号新元科技园8幢A座4层401室
邮编：102200
电话：010-80703749，80703742，80703743
传真：010-80703744
电子信箱：Sales@viasho.com
网址：www.viasho.com
主要产品或业务范围：全固体激光器。

北京北光世纪仪器有限公司
地址：北京市通州区光华路16号方和正圆工业园综合楼3号配楼
邮编：101104
电话：010-69528984
传真：010-69528984-8008
联系人：郝良卿
电子信箱：boci@vip.163.com
网址：www.bgyq.net
主要产品或业务范围：电动位移台系列、手动位移台系列、光纤调整耦合系列、光学调整架系列、光具座系列、光学支架系列、光学底座系列、光学平台和光谱仪器系列。

北京滨松光子技术股份有限公司
地址：北京市丰台区南四环西路188号十一区18号楼
邮编：100070
电话：010-63706370
传真：010-63706371
电子信箱：sctj@bhphoton.com
网址：www.bhphoton.com
主要产品或业务范围：致力于研究、应用光子技术，从事光子产业。主要产品有电真空器件及集成产品、高压电源、闪烁探测器、生物/化学发光分析仪、核医学影像设备等。

北京博飞仪器股份有限公司
地址：北京市大兴区兴业街2号
邮编：100176
电话：010-67816781

传真：010-67816789
电子信箱：boif@boif.com
主要产品或业务范围：光学经纬仪、正像自动安平水准仪、定频式精密气体激光测距仪、测距经纬仪、数字水准仪、静态测量型GPS接收机。

北京博晖创新生物技术股份有限公司
地址：北京市昌平区生命园路9号院
邮编：102206
电话：010-88850168
传真：010-88856244
电子信箱：market@bohui-tech.com
网址：www.bohui-tech.com
主要产品或业务范围：原子荧光系列产品。

北京博维恒信科技发展有限公司
地址：北京市昌平区北七家宏福创业园国际创新中心3001
邮编：100096
电话：010-82927263
传真：010-82911068-800
电子信箱：bwhx801@163.com
网址：www.3dcamega.com
主要产品或业务范围：光学三维扫描仪器生产厂家。

北京鼎信优威光子科技有限公司
地址：北京市西城区太平街6号富力摩根中心E座915室
邮编：100050
电话：010-83503853
传真：010-83503622
电子信箱：info@dyna-sense.com
网址：www.dyna-sense.com
主要产品或业务范围：激光器、紫外至红外各种波段滤光片、专业紫外波段镀膜、光谱仪、荧光光谱系统、荧光寿命（成像）系统、红外探测器及夜视仪。

北京东方科泰科技发展有限公司
地址：北京市朝阳区北苑路168号中安盛业大厦10层1003室
邮编：100101
电话：010-58246208
传真：010-58246090
电子信箱：sales@bost-ltd.com
网址：www.bost-ltd.com
主要产品或业务范围：可见光成像及热象仪性能评估系统，微弱光信号检测，各种光谱仪，脉冲激光器，时间频率标准及相关测试设备。

北京方式科技有限责任公司
地址：北京市朝阳区安立路56号2号楼602室
邮编：100012
电话：010-84802105
传真：010-84802566

联系人：朱淑兰
电子信箱：bj-force@263.net
网址：www.bj-force.net
主要产品或业务范围：半导体激光器系列、氦氖激光器系列、光学机械、教学实验仪器等八大系列二百多种产品。

北京福凯仪器有限公司
地址：北京市东城区沙子口路78号院A308
邮编：100075
电话：010-67217270
传真：010-59771906
电子信箱：mail@opticfocus.com
主要产品或业务范围：连续变倍体视显微镜、单筒视频显微镜、显微外科技术训练显微镜、冷光源等精密光学仪器的研制和规模化生产。

北京高光科技有限公司
地址：北京市海淀区双清路3号院中太大厦33036室
邮编：100085
电话：010-60603113
传真：010-60603248
电子信箱：sales@clight.com.cn
网址：www.clight.com.cn
主要产品或业务范围：偏振控制和时间管理仪器及模块、玻璃及塑料应力测量仪、薄膜厚度测量仪、光束质量分析仪、光电振荡器、光纤激光器。

北京光电汇龙科技有限公司
地址：北京市朝阳区酒仙桥东路18号沃德中心B座
邮编：100015
电话：010-84565871
传真：010-64348843
电子信箱：zhanggoulei@hleo.cn
网址：www.bjhleo.com
主要产品或业务范围：光学影像仪器。

北京光电技术研究所
地址：北京市大兴区兴业街2号5座425
邮编：100079
电话：010-64033266，84020630
传真：010-64040152
电子信箱：zy04@vip.sina.com
网址：www.bioet9.com
主要产品或业务范围：激光参量测试仪器、光电检测仪器以及光源、探测器和传感器模块。

北京光学仪器厂有限公司
地址：北京市通州区新华大街157号
邮编：101149
电话：010-69544601
传真：010-69531548

电子信箱：boif@vip.163.com

网址：www.bgch-boif.com

主要产品或业务范围：该厂是以研制、生产、经营光电子大地测量仪器、精密物理光学仪器、分析仪器为主的综合性大型国有企业。主要产品为热分析仪器系列、光栅单色仪系列及颜色仪器系列。

北京桂光兴仪器有限公司

地址：北京市丰台区方城园一区17号楼日月天地大厦B座304号

邮编：100078

电话：010-58075781，58075780

传真：010-58075782

联系人：王朝宏

电子信箱：guiguang_bj@sina.com

主要产品或业务范围：数码液晶显微镜、体视显微镜、生物显微镜、倒置显微镜、荧光显微镜、正置金相显微镜。兼营各类光学光电仪器、实验设备的销售、维修、技术服务。

北京国科东方光电技术有限公司

地址：北京市海淀区中关村南三街15号科行大厦5层

邮编：100086

电话：010-82626105，82624959

传真：010-82627816

电子信箱：liqun@gkoe.com

网址：www.gkoe.com

主要产品或业务范围：数字光栅位移测量系统、光电轴角编码器、激光功率/能量计、活体指纹/掌纹采集器、二极管泵浦全固体激光器系列、激光二极管模块、激光电源、非线性光学晶体、光学器件、光栅及系列真空泵等产品。

北京国科世纪激光技术有限公司

地址：北京市昌平区百葛路9号院1号楼二层

邮编：102211

电话：010-56760700

传真：010-56760707

电子信箱：sales@gklaser.com

网址：www.gklaser.com

主要产品或业务范围：半导体激光光纤耦合模块、工业激光器、皮秒激光器、大型激光器、激光电源等。

北京瀚时仪器有限公司

地址：北京市顺义区李遂镇宣庄户

邮编：101300

电话：010-84782259-8088

传真：010-89481300

电子信箱：1171791166@qq.com

网址：www.hshth.com

主要产品或业务范围：该公司是生产光谱分析仪器及相关主要配件和配套仪器的产供销一体化高科技企业。

中矿华地（北京）生态科技有限公司

地址：北京市西城区西安门大街甲107号

邮编：100034

电话：010-66175148

传真：010-66175309

电子信箱：bjhuabin2008@163.com

网址：www.bjhuabin.cn

主要产品或业务范围：经营进口、国产全站仪；光学、激光及电子经纬仪；GPS；水准仪；测距仪；地下管线探测仪；建筑仪器；试验仪器；指向仪等测绘仪器及器材。

北京华纳智谱科技有限公司

地址：北京市昌平区回龙观琥珀天地516

邮编：102208

电话：010-80778935

传真：010-81796152

电子信箱：410930346@qq.com

网址：www.jt-nspec.com

主要产品或业务范围：主要从事光电产品，光纤光谱仪的生产销售。

北京华欧世纪光电技术有限公司

地址：北京市海淀区西三环北路72号世纪经贸大厦B座1808室

邮编：100048

电话：010-88820040，88820041，88820042

传真：010-88820045

电子信箱：volwin@volwin.cn

网址：www.volwin.cn

主要产品或业务范围：主要代理各类手持式光谱仪，手持式合金分析仪，矿石品位分析仪，艺术与考古分析仪，土壤重金属分析仪，残余应力分析仪，磨削烧伤检查仪，磁弹仪等无损检测设备。

北京华维浩润仪器有限公司

地址：北京市通州区潞城镇大营村99号

邮编：101117

电话：010-66170743，66170749，66170779

传真：010-66174826

电子信箱：hh@hwhr.com.cn

网址：www.hwhr.com.cn

主要产品或业务范围：电控位移台、电控电旋台、联动控制器、光学调整架及光学平台。

北京华仪宏盛技术有限公司

地址：北京市朝阳区常通路3号院长楹天街西2号楼1单元2103室

邮编：100123

电话：010-85790089，85790091，85790092

传真：010-85790050

联系人：李杰

电子信箱：luolili@chinahyh.cn
网址：www.chinahyh.cn
主要产品或业务范围：公司取得牛津仪器中国区域光谱仪总代理，代理产品包括立式/台式全谱火花直读光谱仪、手持式X荧光光谱仪，便携式直读光谱仪等。公司自主研发产品包括FMD系列金相显微镜、金相图像分析软件、HMT-V1显微维氏硬度计等。

北京集科仪器有限公司
地址：北京市通州区宋庄小堡南街38号
邮编：100025
电话：010-85811898，85819658
传真：010-80856507
电子信箱：jk@jk-stage.com
网址：www.jk-stage.com
主要产品或业务范围：从事电移台、光谱仪器、光学调整架、光学平台及其相关产品制造、研发、销售、系统集成的专业公司。

北京金吉奥梦科技有限公司
地址：北京市大兴区中关村生物医药基地庆丰路23号
邮编：100053
电话：010-61253501
传真：010-63573665
电子信箱：13901303298@139.com
网址：www.jjop.cn
主要产品或业务范围：光纤镀膜、晶体镀膜、光学元件镀膜、滤光电棱镜。

北京金索坤技术开发有限公司
地址：北京市通州区中关村科技园区景盛南二街15号10号楼5层
邮编：101102
电话：010-56370668
传真：010-56370667
联系人：刘祥荣
电子信箱：jsk@suokun.com
网址：www.suokun.com
主要产品或业务范围：该公司专业从事原子荧光光谱仪器研发、生产和销售。主要产品包括原子荧光光谱仪。

北京金先锋光电科技有限公司
地址：北京市海淀区中关村大街19号新中关B座1701-1706室
邮编：100080
电话：010-62634840
传真：010-82618238
电子信箱：sales@teo.com.cn
网址：www.teo.com.cn
主要产品或业务范围：物理影像获取及分析系统、各种荧光及通用光谱仪、材料表面及显微特性测量仪器、光度/色度及辐射度测量仪器、各种光电及光学零件、组件。

北京聚光世达科技有限公司
地址：北京市丰台区南四环西路188号12区25号、26号楼
邮编：100070
电话：010-63706555
传真：010-63706564
联系人：卢福洁
电子信箱：ince@263.net
主要产品或业务范围：该公司是国内专业提供成套近红外光谱分析技术的单位，生产的系列近红外光谱仪多次荣获BCEIA金奖，广泛应用于石油化工、食品、医药、科研和教育等领域。2007年英贤仪器有限公司与聚光世达科技强强联合，英贤仪器正式成为聚光世达科技旗下子公司。

北京凯元雨虹科技有限公司
地址：北京市海淀区中关村南大街12号科技综合楼402
邮编：100081
电话：010-62112844
传真：010-62117805
电子信箱：info@kystd.com
网址：www.kystd.com
主要产品或业务范围：近红外光谱仪、NR-17多功能光谱分析仪、XRF-IV土壤重金属快速检测仪、扫描成像光谱仪、时间分辨荧光光谱仪等一系列光谱设备。

北京康光光学仪器有限公司
地址：北京市通州区新华大街北京ONE C座1-801室
邮编：101149
电话：010-68047562
传真：010-68030793
电子信箱：bjkggx@163.com
网址：www.bj-kg.com
主要产品或业务范围：全自动白度计、色差计等颜色测量仪器。

北京镭宝光电技术有限公司
地址：北京市昌平区北七家宏福创业园科技综合楼四层
邮编：102209
电话：010-84945016，84945017，84945018
传真：010-84945020
电子信箱：sales@beamtech-laser.com
网址：www.beamtech-laser.com
主要产品或业务范围：固体激光器。

北京镭志威光电技术有限公司
地址：北京市朝阳区酒仙桥东路1号电子城科技园M7栋东4-5层
邮编：100016
电话：010-84574749，84574732，84574742
电子信箱：info@laser-wave.com
网址：www.laser-wave.com
主要产品或业务范围：半导体、固体及光纤激光器。

北京路源光科技有限公司
地址：北京市海淀区远大路39号1号楼青清商厦5层504室
邮编：100097
电话：010-88866512
传真：010-88866513
电子信箱：sales@luy-tech.com
网址：www.luy-tech.com
主要产品或业务范围：JDSU 980nm的泵浦激光器，JDSU 100G、40G、10G全套测试产品，Fibercore陀螺用系列保偏光纤，光纤电流互感器，掺铒光纤，Ibsen相位掩模板和光纤光栅interrogator，Holoeye空间光调制器。

北京欧兰科技发展有限公司
地址：北京市海淀区上地十街1号辉煌国际中心1号楼1006室
邮编：100085
电话：010-62623871
传真：010-59713638
电子信箱：oplan@263.net
网址：www.oplanchina.com
主要产品或业务范围：连续波激光器，固体激光器，光电子设备，光学元件，精密位移定位平台，压电陶瓷纳米制动器，纳米位移平台，CCD相机，激光光谱探测系统，激光参数测量设备，燃烧和流体诊断系统。

北京欧普特科技有限公司
地址：北京市朝阳区酒仙桥东路1号M7座东5层
邮编：100176
电话：010-84562860，84562550
传真：010-84569901
电子信箱：instruments@goldway.com.cn
网址：www.goldway.com.cn
主要产品或业务范围：各种高精度光学元器件、机载/地面两用成像光谱仪、分析用近红外光谱仪、遥感用可见-近红外地物波谱仪、热红外光谱辐射计、太阳辐射计、照度计、OEM微型光谱仪、拉曼成像光谱仪核心器件、太阳模拟器、高精度云台等多种产品。

北京欧唐科技发展有限公司
地址：北京市海淀区苏州街49-3号盈智大厦507室
邮编：100080
电话：010-62527842
传真：010-62527843
电子信箱：joy@opturn.com
网址：www.opturn.com
主要产品或业务范围：动态干涉仪、定心仪、中心厚测量仪、镜面定位仪、波前传感器等。

北京普瑞赛司仪器有限公司
地址：北京市东城区广渠门南小街领行国际中心3号楼2单元1608室
邮编：100061
电话：4006883696
传真：010-67112998
电子信箱：miaoqiang@precise.com.cn
网址：www.precise.com.cn
主要产品或业务范围：公司是蔡司材料显微镜中国独家代理商。

北京乾邦科技发展有限公司
地址：北京市丰台区南四环西路186号汉威国际广场一区一号楼8层79单元
邮编：100160
电话：010-63322012，63327253
传真：010-63327939
电子信箱：office@qianbang.net
网址：www.qianbang.net
主要产品或业务范围：经销进口和国产全站仪、电子经纬仪、红外测距仪、自动安平水准仪、平板仪、测距仪、红外测温仪、生物显微镜、电子显微镜、体视显微镜、天文望远镜、照相机、医用妇科检查仪。

北京全欧光学检测仪器有限公司
地址：北京市大兴区亦庄经济技术开发区永昌南路2号洪泰产业社区4号楼A座
邮编：100176
电话：010-84566186
传真：010-84564486
电子信箱：info@trioptics-china.com
网址：www.trioptics-china.com
主要产品或业务范围：测角仪，测焦仪，球径仪，光学传递函数热量仪等。

北京锐驰恒业仪器科技有限公司
地址：北京市海淀区北三环西路43号青云大厦5918室
邮编：100086
电话：010-51630585
传真：010-51630590
电子信箱：ruich@ruichcn.com
网址：www.ruichcn.com
主要产品或业务范围：Prosumer系列显微镜及相关产品、AUROX个人共聚焦显微系统、ROPER公司图像采集设备、日本成茂显微操作系统、电生理显微操作系统及相关产品、多维专业成像分析采集系统及其他各种显微镜外围设备等。

北京瑞斯帕迪光电技术有限公司
地址：北京市通州区通惠北路14号431室
邮编：101100
电话：010-80548018
传真：010-80548018
电子信箱：sales@rays-party.com.cn
网址：www.rays-party.com.cn
主要产品或业务范围：大地测量仪器和颜色测量仪器。

北京赛凡光电仪器有限公司
地址：北京市通州区宋庄镇草寺临三号电子工业园
邮编：101121
电话：010-80885970
传真：010-80885973
电子信箱：info@7-s.com.cn
网址：www.7-s.com.cn
主要产品或业务范围：光栅光谱仪、光度计及周边的光源、探测器、样品室等。

北京三鼎光电仪器有限公司
地址：北京市大兴区宏达中路16号
邮编：100176
电话：010-65512599
传真：010-63980456-817
电子信箱：zhujingping@sanding.com.cn
网址：www.sanding.com.cn
主要产品或业务范围：RTK、手持机、全站仪、电子经纬仪、激光投线仪、手持测距仪、激光扫平仪、反射棱镜等传统测绘仪器及附件。

北京师大光电技术有限公司
地址：北京市海淀区新外大街19号北京师范大学院内学14楼西侧
邮编：100875
电话：010-58807630
传真：010-58807630-108
联系人：董大磊
电子信箱：58807630@163.com
网址：www.peifbnu.com
主要产品或业务范围：各种照度计、亮度计、紫外辐照计、光强计、辐照计、光照射装置、光谱光度计等测光仪器。

北京视界通仪器有限公司
地址：北京市昌平区百善镇狮子营工业园
邮编：102211
电话：010-82337806
传真：010-61732265
电子信箱：sales@viewsolutions.cn
网址：www.viewsolutions.com
主要产品或业务范围：公司产品目前主要有光学显微镜、影像测量仪、工业体视显微镜、视频显微镜、显微照明、模拟和数字摄像机、学生与爱好者数码观测仪、放大镜等。

北京泰克仪器有限公司
地址：北京市东城区永定门外桃杨路11号
邮编：100075
电话：010-67269125
传真：010-67269238
电子信箱：info@cnbeijingtech.net
网址：www.cnbeijingtech.net

主要产品或业务范围：生物镜、体视镜、生物/纺织/金相和微循环等图像分析软件、液晶投影、熔点测定仪等八大系列产品。

北京拓达激光器械有限责任公司
地址：北京市朝阳区建华南路11号
邮编：100022
电话：010-65661457，65661463
传真：010-65661457，010-65661456
联系人：张仁
电子信箱：sales@tdjg.com
网址：www.tdjg.com
主要产品或业务范围：生产氦氖激光管、二氧化碳激光管，和以氦氖激光管、二氧化碳激光管及半导体激光管为主要工作元件的激光仪器。

北京万泰机电技术开发公司
地址：北京市海淀区知春路太月园小区7号楼101室
邮编：100088
电话：010-82057102，82057517
传真：010-82057517
电子信箱：vantage@vata2000.com
网址：www.vata2000.com
主要产品或业务范围：便携式现场金相检查仪，数字图像现场金相分析仪，现场金相图像分析仪，金相图像分析系统，便携式里氏硬度仪，显微硬度仪及图像测量系统，以及手持金相显微镜等。

北京微纳光科仪器（集团）有限公司
地址：北京市通州区九棵树48号瑞都国际中心
邮编：101113
电话：010-61509982，61507993，61503404
传真：010-61569408
电子信箱：sales@bjwn.cn
网址：www.bjwn.cn
主要产品或业务范围：生产经营光机电一体化仪器设备的综合型光学仪器专业制造企业。

北京物科光电技术有限公司
地址：北京市海淀区中关村南三街8号L楼
邮编：100190
电话：010-82649287，82649480
传真：010-82649467
电子信箱：sales@iphy.ac.cn
网址：www.physoe.net
主要产品或业务范围：真空设备、激光技术、人工晶体和进出口贸易。

北京新锐视锋科技有限公司
地址：北京市东城区名敦道4号楼808室
邮编：100080

电话：010—62416979
传真：010—62416975—8007
联系人：罗经理
电子信箱：logoyiyi@sina.com
网址：www.sharp-vision.com.cn
主要产品或业务范围：公司主要产品为高像素高分辨率摄像头及模块、VGA采集卡、系统、软件等。

北京新升阳光学仪器有限公司
地址：北京市大兴区西红门镇金星庄工业园区中心路2号
邮编：100162
电话：010—87913155
传真：010—87915239
电子信箱：info@asico.com.cn
网址：www.asico.com.cn
主要产品或业务范围：手持折光仪、旋光仪、光电比色计，气体报警器等测量仪器。

北京新卓仪器有限公司
地址：北京市海淀区中关村南大街6号中电信息大厦409室
邮编：100081
电话：010—65888184
传真：010—65888064
网址：www.bjxzyq.com
主要产品或业务范围：代理日本尼康显微镜及相关设备。

北京信和光机电设备有限公司
地址：北京市通州区宋庄佰富苑工业区
邮编：101118
电话：010—65543368，65545588
传真：010—65543368
电子信箱：jason.zhang@shinhe.com.cn
网址：www.shinheome.com
主要产品或业务范围：光谱仪器、光学分析仪器、接口光端机等。

北京元中锐科集成检测技术有限公司
地址：北京市海淀区中关村东路18号财智国际大厦C座905
邮编：100083
电话：010—51295688
传真：010—51295688
电子信箱：sales@recotech.com.cn
网址：www.recotech.com.cn
主要产品或业务范围：工业显微镜、工业内窥镜、图像处理系统及软件、反射率测定仪、激光干涉仪、偏心仪。

北京中翰仪器有限公司
地址：北京市海淀区知春路113号银网中心B座507-1室
邮编：100086
电话：010—62553066
传真：010—62566652

电子信箱：manager_bj@zhinc.com.cn
主要产品或业务范围：全站仪、电子经纬仪、水准仪、全自动激光扫平仪、激光墨线仪、激光标线仪、激光投线仪、激光测距仪等。

北京中镜科仪技术有限公司
地址：北京市海淀区中关村北二条街13号1号楼212-213室
邮编：100190
电话：010—62559621，62557172
传真：010—62557172
电子信箱：zjky@emcn.com.cn
网址：www.emcn.com.cn
主要产品或业务范围：从事电子显微镜技术及附属设备研发的高新技术企业。

北京中科科仪股份有限公司
地址：北京市海淀区中关村北二条13号
邮编：100190
电话：010—62560908
传真：010—62564613
电子信箱：market@kyky.com.cn
网址：www.kyky.com.cn
主要产品或业务范围：扫描电子显微镜，氦质谱检漏仪等科学仪器。

北京中显恒业仪器仪表有限公司
地址：北京市昌平区回龙观黄平路吉晟别墅19-11栋
邮编：100096
电话：010—82967128
传真：010—82967358
电子信箱：liusk010@163.com
网址：www.cnmicro.com.cn
主要产品或业务范围：光学显微镜及其他相关仪器设备的生产与销售。

北京卓立汉光仪器有限公司
地址：北京市通州区中关村科技园区通州园金桥产业基地环科中路16号
邮编：101102
电话：010—56370168
传真：010—56370118
电子信箱：info@zolix.com.cn
网址：www.zolix.com.cn
主要产品或业务范围：荧光/接曼光谱系统、光谱测量系统、光谱仪、电控位移台、手动位移台。

海特光电有限责任公司
地址：北京市昌平区沙河工业园区
邮编：102206
电话：010—60769887
传真：010—60769887—699

电子信箱：sales@htoe.com.cn

网址：www.htoe.com.cn

主要产品或业务范围：各种封装形式的大功率半导体激光器及列阵、光电探测器、半导体泵浦固体激光模块、激光器测试系统等产品。

荷兰帕纳科公司

地址：北京市石景山区京源路19号院4号楼景阳写字楼306室

邮编：100043

电话：4008578882

传真：010-53236878

电子信箱：info@phenom-china.com

网址：www.phenom-china.com

主要产品或业务范围：该公司是全球X射线衍射分析仪器和X射线荧光光谱分析仪器及软件的主要供应商。产品有波长色散X射线荧光光谱仪、超能探测器、多功能X射线衍射仪、多功能粉末衍射仪、高分辨衍射仪、工业X射线衍射仪、三维偏振能量色散X射线荧光光谱仪、台式能量色散式X射线荧光光谱仪、小角X射线散射仪。

美国阿美特克（上海）商贸公司

地址：北京市朝阳区酒仙桥路10号京东方大厦B10二层西侧

邮编：100015

电话：010-64380506

传真：010-64380039

网址：www.ametek.cn

主要产品或业务范围：火花直读光谱仪、便携式光谱仪、等离子体发射光谱仪、X荧光光谱仪等。

三维麦普导航测绘技术有限公司

地址：北京市海淀区北太平庄路25号豪威大厦2层216室

邮编：100107

电话：010-62381808

传真：010-62369719

电子信箱：beijinggps@126.com

网址：www.survey3d.com.cn

主要产品或业务范围：3D激光扫描仪，GPS、全站仪、经纬仪、水准仪、测距仪、管线仪、测绘软件；涉及3D激光，高精度测量、导航定位、管线系统、测绘工程。

信维科技（中国）有限公司

地址：北京市海淀区双清路3号鸿运大厦7层

邮编：100085

电话：010-62953388

传真：010-62958572

电子信箱：support@shinewaytech.com

网址：www.shinewaytech.com.cn

主要产品或业务范围：智能光源／光功／光损耗测试仪、PON光功率计、光纤熔接机、多功能测试平台、CWDM光功率计、天馈线测试仪、无线射频功率计、频谱功率计、万兆以太网测试仪、千兆以太网测试仪等30多个系列200多个型号。

中电科光电科技有限公司

地址：北京市朝阳区酒仙桥路4号

邮编：100015

电话：010-84321122

传真：010-64361008

电子信箱：zp@ncrieo.com.cn

网址：www.ncrieo.com.cn

主要产品或业务范围：核心产品覆盖一代、二代、三代红外探测器及新型红外探测器、固体激光器。

中国大恒公司激光工程分公司

地址：北京市海淀区上地信息路甲9号院3号楼

邮编：100085

电话：010-62970986，62985939

传真：010-62960597

电子信箱：market@cdhlaser.com

网址：www.cdhlaser.com

主要产品或业务范围：开发多种系列激光加工设备和激光产品，生产各类激光加工机械。产品有激光热处理机系列、激光切割机系列、激光雕刻机系列、激光打标机系列、高功率二氧化碳激光器系列、激光切割专用数控系列，以及各类激光加工生产线。

中国大恒集团光学薄膜中心

地址：北京市丰台区科学城海鹰路7号

邮编：100070

电话：010-63792962

传真：010-63792951

电子信箱：Sales@dahengoptics.com

网址：www.dahengoptics.com

主要产品或业务范围：传统光学加工，包括紫外-近红外增透、高反镜、衰减片、分光镜、柱面镜、滤光片，焊接自动变光护目镜用滤光片；光纤通信领域用光学薄膜元器件，包括光纤通信用光纤尾纤的增透镀膜，光通信G-Lens增透镀膜。

重庆奥特光学仪器有限责任公司

地址：重庆市江北区建北二支路8号19-2室

邮编：400070

电话：023-67957340

传真：023-67950815

电子信箱：sales-ot@163.com

网址：www.cnoptec.com

主要产品或业务范围：生物显微镜。

重庆澳浦光电技术有限公司

地址：重庆市北碚区同兴北路198号附1-1号

邮编：400700

电话：023-68319111，68319511，68287856
传真：023-68283256
电子信箱：sales@coicuop.com
网址：www.coicuop.com
主要产品或业务范围：公司产品包括生物显微镜、相衬显微镜、金相显微镜、偏光显微镜、荧光显微镜、倒置显微镜、数码显微镜等多个系列。

重庆航伟光电科技有限公司
地址：重庆市南岸区南坪花园路14号
邮编：400060
电话：023-62925588
传真：023-62804240
电子信箱：bmyu@aoecq.com
网址：www.aoecq.com
主要产品或业务范围：半导体光电子有源器件、组件、部件。

重庆麦克光电仪器有限公司
地址：重庆市北碚区劳动村14号渝南花园1-1-3室
邮编：400700
电话：023-68299675
传真：023-68860629
电子信箱：cqmic@cqmic.com
网址：www.cqmic.com
主要产品或业务范围：各类生物显微镜、倒置生物显微镜、荧光显微镜、体视显微镜、金相显微镜、与显微镜配套的相关仪器；图像分析系统、数码产品；各类专用装置、接口、仪器灯泡及光学零配件。

重庆四联光电科技有限公司
地址：重庆市北碚区蔡家岗同熙路99号
邮编：400700
电话：4008310499
传真：023-68269783
电子信箱：sales@silianopto.com
网址：www.silianopto.com
主要产品或业务范围：人造蓝宝石及其晶片、LED封装器件及LED照明产品的研发、生产和销售。

重庆重光实业有限公司
地址：重庆市北碚区同兴北路198号附1-2号
邮编：400700
电话：023-67959666
传真：023-68283256
电子信箱：sales@cqgdyq.com
网址：www.coicuop.com
主要产品或业务范围：显微镜。

奥谱天成（厦门）光电有限公司
地址：福建省厦门市集美区软件园三期A区04号楼1503单元组

邮编：361003
电话：0592-6102588
传真：0592-6102588
电子信箱：sales@optosky.com
网址：www.optosky.com
主要产品或业务范围：光谱分析仪器、光电模块等。

福建戴斯光电有限公司
地址：福建省福州市仓山区阳岐支路6号
邮编：350008
电话：0591-83215681
传真：0591-83215359
电子信箱：sales@dayoptics.com
网址：www.dayoptics.com
主要产品或业务范围：偏振光学元件，晶体元件等。

福建凯尔光电有限公司
地址：福建省福州市铜盘路软件大道89号软件园D区42号楼
邮编：350003
电话：0591-87588833
传真：0591-87575777
电子信箱：sales@kireinc.com
网址：www.kireinc.com
主要产品或业务范围：光学镜片。

福建新三捷光电技术有限公司
地址：福建省福州市马尾科技园区兴业路170号
邮编：350015
电话：0591-83856679
传真：0591-83856371
电子信箱：sales@newsandgy.com
网址：www.newsandgy.com
主要产品或业务范围：高精度棱镜、小透镜、分光片、偏振光学元件及光纤元件。

福建中策光电科技有限公司
地址：福建省晋江市陈埭宫口工业区
邮编：362211
电话：0595-82089555，82089444
传真：0595-82089333
电子信箱：sales@zcoptic.com
网址：www.zcoptic.com
主要产品或业务范围：C-Lens透镜、光纤准直器、铌酸锂等高性价比的光通信元器件。

福州福特科光电股份有限公司
地址：福建省福州市闽侯铁岭工业区二期7号路8号
邮编：350100
电话：0591-38266618
传真：0591-38266619
电子信箱：sales@foctek.com

网址：www.foctek.com
主要产品或业务范围：高精度棱镜，透镜，光学窗片。

福州宏旭科技有限公司
地址：福建省福州市盘屿路金山福湾工业区24栋1楼
邮编：350002
电话：0591-83349016
传真：0591-83300646
电子信箱：sales@rising-eo.com
网址：www.rising-eo.com
主要产品或业务范围：精密光学元器件、光学镜头以及光机电一体化设备。

福州科彤光电技术有限公司
地址：福建省福州市晋安区福光路71号
邮编：350014
电话：0591-83995661
传真：0591-83629871
电子信箱：sales@fz-caston.com
网址：www.fz-caston.com
主要产品或业务范围：非线性光学晶体与激光晶体。

福州灵点科技开发有限公司
地址：福建省福州市金山浦上工业集中区台江园百花洲路28号
邮编：350008
电话：0591-28056201，28056202
传真：0591-28056200
电子信箱：sales@refractometer.com.cn
网址：www.refractometer.com.cn
主要产品或业务范围：公司专业生产手持折射仪和数显折射仪。

福州通产光电技术有限公司
地址：福建省福州市闽侯县铁岭工业区一期一号凤仙路1号
邮编：350002
电话：0591-22918583
传真：0591-22918585
电子信箱：sales5@fztct.com
网址：www.fztct.com
主要产品或业务范围：分光光度计、偏心检测仪、泰曼干涉仪等。

麦克奥迪（厦门）电气股份有限公司
地址：福建省厦门市火炬高新区（翔安）产业区舫山南路808号
邮编：361006
电话：0592-5628287
传真：0592-5626612
电子信箱：info@motic.com
网址：www.motic-electric.com

主要产品或业务范围：光学显微镜，数码显微镜和显微集成图像系统。

泉州市科仕佳光电仪器有限公司
地址：福建省泉州市台商投资区张坂镇黄岭264号科仕佳园区
邮编：362123
电话：0595-22391040，22391041
传真：0595-22391048
联系人：汪沧海
电子信箱：sales@ksj.cn
网址：www.ksj.cn
主要产品或业务范围：光泽计，测光仪，光泽仪，WGG光泽度计，MG光泽度计，多角度光泽度计，石材专用光泽度计。

爱特蒙特光学（深圳）有限公司
地址：广东省深圳市龙华工业东路利金城科技工业园3栋5楼
邮编：518109
电话：0755-29675435
传真：0755-29675436
电子信箱：chinasales@edmundoptics.com.cn
网址：www.edmundoptics.cn
主要产品或业务范围：镜片，镜头，棱镜，滤光片等。

东莞市亿辉光电科技有限公司
地址：广东省东莞市乌沙李屋第六工业区兴发南路西一街七号
邮编：523850
电话：0769-85302603，85074339，81668159
传真：0769-81882595
电子信箱：eh@cn-eh.com
网址：www.yihui2003.com
主要产品或业务范围：影像测量仪系列、三坐标测量机系列、工具显微镜系列、光栅传感器系列、拉力试验机系列、环境试验机系列等近百种检测仪器。

东莞市兆丰精密仪器有限公司
地址：广东省东莞市石排镇下沙村下沙岭南路1号
电话：0769-22265125，22265126，23104125
传真：0769-22689102
电子信箱：zf@dgzf.com.cn
网址：www.dgzf.com.cn
主要产品或业务范围：研发及制造光学测量仪器。

光机电（广州）科技研究院有限公司
地址：广东省广州市科学城科研路3号
邮编：510663
电话：020-32290477，32290468
传真：020-32068069
电子信箱：gzgjd@gzgjd.com
网址：www.gzgjd.com

主要产品或业务范围：光学/光电子/特种光学镀膜、激光加工技术、自动控制、光机电一体化装备、金融辅助设备、光电检测仪器、生物医疗检测仪器等。

广东万濠精密仪器股份有限公司
地址：广东省东莞市大朗镇嘉源路象山中路39号1栋101室
邮编：523795
电话：0769-85316127，85330109
传真：0769-85330106，85384810
电子信箱：raocc@rational-wh.com
网址：www.rational-wh.com
主要产品或业务范围：专业从事光、机、电、软件一体化的精密光学检测仪器。

广州博冠光电科技股份有限公司
地址：广东省广州市黄埔区科学城开源大道11号A5栋2、3楼全层
邮编：510663
电话：020-32203001
传真：020-32203099
电子信箱：gz@bosma.com.cn
网址：www.bosma.com.cn
主要产品或业务范围：望远镜、枪瞄镜、激光全息显微镜、红外夜视仪、激光测距仪、蓝牙智能遥控器、云智能穿戴设备、智能家居监护等。

广州南方测绘科技股份有限公司
地址：广东省广州市天河智慧城思成路39号南方测绘地理信息产业园7楼
邮编：510665
电话：020-23380888
传真：020-23380800
电子信箱：master@southsurvey.com
网址：www.southsurvey.com
主要产品或业务范围：全站仪，水准仪。

广州市晶华精密光学股份有限公司
地址：广东省广州市开发区云埔工业区东诚片康达路12号
邮编：510760
电话：020-82253865
传真：020-82253872
电子信箱：hejian@joctech.com
网址：www.joctech.com
主要产品或业务范围：精密光学仪器，车载影像系统，精密光学部件。

广州市明美光电技术有限公司
地址：广东省广州市天河区华观路1933号万科云A栋506室
邮编：510000
电话：020-38262481，38250606
传真：020-38262491

联系人：张春旺
电子信箱：mshot@mshot.com
网址：www.mshot.com
主要产品或业务范围：主要产品有显微镜摄像头、数码显微镜、偏光显微镜、荧光显微镜等各种显微镜及显微镜配件。

广州市三鼎光电仪器有限公司
地址：广东省广州市天河区思成路39号8楼
邮编：510665
电话：020-22828258
传真：020-22828259
电子信箱：xusongzhou@sanding.com.cn
网址：www.sanding.com.cn
主要产品或业务范围：RTK、手持机、全站仪、电子经纬仪、激光投线仪、手持测距仪、激光扫平仪、反射棱镜等传统测绘仪器及附件。

广州威而信精密仪器有限公司
地址：广东省广州市科学城科学大道111号信息大厦1106
邮编：510663
电话：020-82288691
传真：020-82281149
电子信箱：cnhld06@126.com
网址：www.cnhld.com
主要产品或业务范围：从事圆柱度仪、圆度仪、轮廓仪、活塞形线测量仪、凸轮轴/曲轴测量仪、超精密测角仪及其测量软件。

广州晰微光电科技有限公司
地址：广东省广州市番禺区新浦南路肇源商务中心2号楼301-3室
邮编：511400
电话：020-39173813
传真：020-39173812
电子信箱：info@shinevue.com.cn
网址：www.shinevue.com.cn
主要产品或业务范围：镜头，相机，滤片，光源等。

广州粤显光学仪器有限责任公司
地址：广东省广州市淘金北路81号
邮编：510095
电话：020-83573538,83573203
传真：020-83591831
联系人：汪旭耀
电子信箱：mail@lissgx.com
网址：www.lissgx.com
主要产品或业务范围：公司研究开发、生产、销售光学显微镜及显微光电一体化产品。

鹤山市银和光学科技实业有限公司
地址：广东省鹤山市沙坪镇南工业城19号

邮编：529700
电话：0750—8835897
传真：0750—8835899
电子信箱：yinhe@hsyinhe.com
网址：www.hsyinhe.com
主要产品或业务范围：光学镜片及光学电仪器镜头系列。

激光技术（亚洲）有限公司

地址：广东省广州市越秀区中山二路3号粤运大厦16EF室
邮编：510080
电话：020—37620801，37620148
传真：020—37620899
电子信箱：infocn@lasertech—asia.com
网址：www.lasertech—asia.com
主要产品或业务范围：公司一直致力科技革新，提供高质量的激光仪器。

大通激光（深圳）有限公司

地址：广东省深圳市宝安区洲石路739号恒丰工业城C6栋0903A
邮编：518126
电话：0755—88866783
传真：0755—88866783—813
电子信箱：access@accesslaser.cn
网址：www.accesslaser.cn
主要产品或业务范围：公司主要从事二氧化碳激光器的研发、生产以及销售。

深圳荣者光电科技发展有限公司

地址：广东省深圳市宝安区107国道西乡段467号润东晟工业园7栋7楼2A
邮编：518000
电话：0755—39767107，27798016
传真：0755—27797856
电子信箱：info@roevision.com
网址：www.roevision.com
主要产品或业务范围：微光夜视系统、光电耦合固体元器件、热成像系统、固体微光单兵电子仪器。

深圳市奥凯视科技有限公司

地址：广东省深圳市沙井街道沙三路上下围创业工业园9栋4楼
邮编：518104
电话：0755—83414798
传真：0755—83414738
电子信箱：13502869892@163.com
网址：www.acox.cn
主要产品或业务范围：多功能数码液晶显微镜。

深圳市贝嘉技术有限公司

地址：广东省深圳市福田区红荔西路第一世界广场B栋21D

邮编：518031
电话：0755—25312375
传真：0755—25312377
电子信箱：leicasz@hotmail.com
网址：www.szbeijia.net
主要产品或业务范围：显微镜，切片机。

深圳市博宇仪器有限公司

地址：广东省深圳市福田区彩田路3069号星河世纪大厦A座2212号
邮编：518026
电话：0755—83414728
传真：0755—83414738
电子信箱：xinyue851011@163.com
网址：www.szboyu.cn
主要产品或业务范围：公司专业从事显微镜及显微数码成像产品研发、生产和销售。

大族激光科技产业集团股份有限公司

地址：广东省深圳市南山区深南大道9988号大族科技中心大厦
邮编：518057
电话：0755—86161000，86161040，86161001
传真：0755—86161088
电子信箱：hans@hanslaser.com
网址：www.hanslaser.com
主要产品或业务范围：专业生产销售各类型号的激光打标/雕刻机，激光切割机，激光焊接机，激光内雕机等产品。

深圳市迪赛光电技术有限公司

地址：广东省深圳市宝安区79区好运来商务大厦A座8楼017室
邮编：518052
电话：0755—86174719
传真：0755—86174729
电子信箱：kevin@dectech.com.cn
网址：www.dectech.com.cn
主要产品或业务范围：光谱检测系统、单色仪、光源、探测器、太阳能电池光谱响应测试系统、量子效率测试系统、椭偏仪、红外相机、高速相机、平移台、旋转台、升降台、角位台、光具座、镜架、光学平台、激光器及滤光片等。

深圳市联品激光技术有限公司

地址：广东省深圳市坪山新区大工业区青松路56号友利通科技工业园C栋4—7层
邮编：518172
电话：0755—89568649
传真：0755—33295542
电子信箱：olm@super—laser.com
网址：www.super—laser.com
主要产品或业务范围：各类全固态激光器。

深圳市欧普士电子技术有限公司
地址：广东省深圳市龙岗区吉华街道甘李六路12号中海信科技园12栋11楼
邮编：518112
电话：0755-88868221
传真：0755-83765477
电子信箱：info@optris.com.cn
网址：www.optris.com.cn
主要产品或业务范围：公司是一家以红外测温领域的产品研发、生产和市场销售为核心的高技术企业。产品主要包括便携式系列、在线式系列、黑体辐射源以及红外热像仪等多个系列。

深圳市润沃机电有限公司
地址：广东省深圳市宝安区石岩水田第二工业区
邮编：518108
电话：0755-88832999
传真：0755-88828899
电子信箱：runwing@runwing.com
网址：www.runwing.cn
主要产品或业务范围：紫外线光固化设备及测试仪器。

深圳市视清科技有限公司
地址：广东省深圳市宝安区西乡桃花源科技创新园A栋332室
邮编：518102
电话：0755-29977399
传真：0755-83931379
电子信箱：coolens@coolens.cn
网址：www.coolens.cn
主要产品或业务范围：专业数码显微镜产品。

深圳市天瑞仪器有限公司
地址：广东省深圳市宝安区松岗街道芙蓉东路桃花源科技创新园松岗分园瑞丰达大厦22层AB楼
邮编：518000
电话：0755-33888333
传真：0755-81459301
电子信箱：1241117917@qq.com
网址：www.skyraysz.com
主要产品或业务范围：X射线荧光光谱仪，等离子体发射光谱仪，原子吸收分光光度计，液相色谱仪，气相色谱仪，原子荧光光谱仪，光电直读光谱仪。

深圳市文丰测绘仪器有限公司
地址：广东省深圳市福田区八卦三路西423栋5楼西座522号
邮编：518031
电话：0755-83229650，83247339
传真：0755-83256336
电子信箱：info@wenfeng.cn
网址：www.wenfeng.cn

主要产品或业务范围：全球定位系统、全站仪、经纬仪、水准仪、激光投线仪、激光垂准仪、测距仪、工程计算器、工程对讲机、测绘软件、棱镜、水准尺。

深圳市中图仪器股份有限公司
地址：广东省深圳市南山区西丽街道学苑大道1001号南山智园B1栋2楼
邮编：518071
电话：0755-83318988
传真：0755-83312849
电子信箱：sales@chotest.com
网址：www.chotest.com
主要产品或业务范围：专业从事精密仪器设备，包括专业计量检测仪器和影像测量仪等。

深圳泰德激光科技有限公司
地址：广东省深圳市坪山区锦绣中路太辰光通信厂区1栋西座9-11层
邮编：518057
电话：0755-26953203，26953566
传真：0755-26506185
电子信箱：marketing@tetelaser.com.cn
网址：www.tetelaser.com.cn
主要产品或业务范围：精密激光切割/钻孔系统、三维动态变焦激光标记系统、IC双轨全自动/半自动激光标记系统等。

世大光电有限公司
地址：广东省东莞市东坑镇长安塘村科技路2号
邮编：518102
电话：0769-88009101
传真：0755-29709413
电子信箱：meicy@star-optical.net
网址：www.star-optical.net
主要产品或业务范围：定焦镜头。

同创集团有限公司
地址：广东省东莞市南城街道白马彼联科技园B栋
邮编：523000
电话：0769-22801678
传真：0769-22802022
电子信箱：wanghaicheng@tontruth.com
网址：www.tontruth.com
主要产品或业务范围：工业显微镜，干涉显微镜，金相显微镜，影响测量机，全自动三次元/三坐标测量仪。

云洋光电（深圳）有限公司
地址：广东省深圳市宝安区宝农北巷98号宝河大厦C603
邮编：518101
电话：0755-27750787
传真：0755-27755557

电子信箱：admin@labguide.com

主要产品或业务范围：微量紫外分光光度计，便携式拉曼近红外线光谱仪，分子荧光光谱仪PL2006，太阳能量测光光谱仪，穿透率、反射、膜厚多功能光谱仪TRF2006，NIR256/NIR512食品成分检测仪，定制积分球及LED光强探头，薄膜厚度测量仪，大显示屏色彩测试仪等。

中山市益瑞斯光学技术有限公司
地址：广东省中山市中山港沿江东路13号毓达工业园2幢
邮编：528437
电话：0760-85555349
传真：0760-85555489
电子信箱：yw@zspris.com
网址：www.zspris.com
主要产品或业务范围：小长条棱镜、屋脊棱镜、楔形棱镜、各类直角棱镜、保罗棱镜、四棱台、柱体抛光件、立方体、透镜、PC品圆片（硝材类）系列及平面窗口系列。

桂林桂光仪器有限公司
地址：广西壮族自治区桂林市铁山路16号
邮编：541002
电话：0773-5881575，5885849
传真：0773-5888853
电子信箱：cglg@cglg.net
网址：www.cglg.net
主要产品或业务范围：体视显微镜、视频显微系统和各类光学元件。

桂林市迈特光学仪器有限公司
地址：广西壮族自治区桂林市高新区信息产业园D-3号
邮编：541004
电话：0773-5823609
传真：0773-5855877
电子信箱：info@mto.com.cn
网址：www.mto.com.cn
主要产品或业务范围：体视显微镜，单筒视频显微系统，工业产品自动检测系统，测绘仪器及软件的研发。

梧州奥卡光学仪器有限公司
地址：广西壮族自治区梧州市新兴二路137号对外加工区第四栋
邮编：543002
电话：0774-5823796，5833423，5828548
传真：0774-3868718
电子信箱：wzoka@163.com
网址：www.wzoka.com
主要产品或业务范围：公司主要产品有生物显微镜、体视显微镜、电视显微镜、倒置显微镜、荧光显微镜、金相显微镜、珠宝微镶机以及各种万向支架。

梧州市立见光学有限公司
地址：广西壮族自治区梧州市西环路上段洛冲口立见光学大楼

邮编：543002
电话：0774-3885631
传真：0774-3885616
电子信箱：ljgx_880@tom.com
主要产品或业务范围：各类显微镜及光学元件。

贵阳新天光电科技有限公司
地址：贵州省贵阳市国家高新技术产业开发区新光路9号
邮编：550018
电话：0851-86452823
传真：0851-86452343
电子信箱：chfoic@chfoic.com
网址：www.chfoic.com
主要产品或业务范围：主要研发、生产及销售各类工具显微镜、投影仪、视频测量仪、端度仪器、角度仪器、物理分析仪器、望远镜、光栅传感器及数显表等近百种精密光学计量仪器。

河北省激光研究所
地址：河北省石家庄市友谊南大街46号
邮编：050081
电话：0311-83018492，83997002
传真：0311-83018492
电子信箱：jiguangsuo@heblaser.com
网址：www.heblaser.com
主要产品或业务范围：从事激光加工设备的生产及加工业务，包括激光治疗机、激光液面仪、激光测径仪及激光器件的生产，金刚石膜设备及金刚石膜的生产，等离子体切割机的生产等。

廊坊开元高技术开发公司
地址：河北省廊坊市金光道84号
邮编：065000
电话：0316-2267693
传真：0316-2267702
电子信箱：igge.shchbu@263.net
主要产品或业务范围：XGY系列原子荧光光度计、XG系列塞曼测汞仪、CBT系列便携式探矿磁力仪。

河南平原光电有限公司
地址：河南省焦作市工业路1号
邮编：454001
电话：0391-2609258
传真：0391-2625782
电子信箱：pyoe@pyoe.net.cn
网址：www.pyoe.com.cn
主要产品或业务范围：特种光学仪器，LED产品，昼夜观瞄产品等。

河南中光学集团有限公司
地址：河南省南阳市工业南路508号

邮编：473000
电话：0377-63865010
传真：0377-63137638
联系人：张守启
电子信箱：zgx@hn508.com.cn
网址：www.hn508.com.cn
主要产品或业务范围：光学元件、部件，光电仪器，光学设备，光学辅料，光敏电阻等。

利达光电股份有限公司
地址：河南省南阳市工业路508号
邮编：473003
电话：0377-63152375
传真：0377-63167800
电子信箱：lida@lida-oe.com.cn
网址：www.lida-oe.com
主要产品或业务范围：精密光学零件、光学薄膜产品、光学镜头、光学引擎、数码投影产品、光学辅料、光敏电阻、光电仪器及相关产品。

南阳市凯鑫光电股份有限公司
地址：河南省南阳市信臣西路569号
邮编：473000
电话：13503876457
传真：0377-63555039
电子信箱：sales@nykaixin.com
网址：www.nykaixin.com
主要产品或业务范围：散热板、隔热板、镀膜板材、分光棱镜、异型平面镜、球面镜等。

新乡市百合光电有限公司
地址：河南省新乡市红旗区新东产业区东卓路9号
邮编：453731
电话：0373-5588101
传真：0373-5588251
电子信箱：xxbh_zjm@vip.163.com
网址：www.baiheoe.com
主要产品或业务范围：滤光片，宽带增透膜，分光膜，透明导电膜，干涉截止滤光片，窄带滤光片，偏振膜，VCD分光镜，各类激光膜，调色温膜，光纤头镀膜。

新乡市维克科教仪器有限公司
地址：河南省新乡市高新区高新东路999号1号楼2层203
邮编：453003
电话：0373-5285089
传真：0373-5128357
电子信箱：wkkj01@163.com
网址：www.vic-science.com
主要产品或业务范围：各类生物显微玻片、各规格塑料玻片盒子、木制玻片盒子、过滤器、标本、显微镜等。

哈尔滨工业大学光电子技术研究所
地址：黑龙江省哈尔滨市哈尔滨工业大学309信箱
邮编：150001
电话：0451-86413164
传真：0451-86416060
电子信箱：zhiweilu@yeah.net
网址：http://www.hit.edu.cn
主要产品或业务范围：激光器、脉宽可调YAG激光器、激光脉宽压缩器、超窄带光学滤波器、光学参量振荡器。

哈尔滨光学仪器厂有限责任公司
地址：黑龙江省哈尔滨市道里区经纬三道街32号
邮编：150010
电话：0451-84286338，84219301
传真：0451-84286493，84282561
电子信箱：hopt@hopt.cn
网址：www.hrboptical.com
主要产品或业务范围：各种罗盘仪系列、求积仪系列、激光指向仪系列。

武汉楚天工业激光设备有限公司
地址：湖北省武汉市东湖开发区光谷大道3号未来之光
邮编：430074
电话：027-87422360，87414451
传真：027-87455793
电子信箱：ctlaser@ct-laser.com
网址：www.ct-laser.com
主要产品或业务范围：激光焊接机，激光打标机等激光加工设备。

武汉楚天激光（集团）股份有限公司
地址：湖北省武汉市东湖开发区关山二路楚天激光工业园
邮编：430070
电话：027-87803997
传真：027-87413966
电子信箱：web@chutianlaser.com
网址：www.chutianlaser.com
主要产品或业务范围：激光、电子、通信产品，自动化控制系统，光机电一体化设备等仪器仪表。

武汉东隆科技有限公司
地址：湖北省武汉市东湖开发区高新大道999号武汉未来科技城海外人才大楼B4座14楼
邮编：430206
电话：027-87807177
传真：027-87807133
电子信箱：sale@etsc-tech.com
网址：www.etsc-tech.com
主要产品或业务范围：主要涉及光纤通信和传感、激光微加工、光谱及成像、量子光学、超快超强激光系统五大光学应用领域。

武汉华工激光工程有限责任公司
地址：湖北省武汉市东湖新技术开发区未来二路66号华工科技智能制造产业园
邮编：430223
电话：027-87180200
传真：027-87180210
电子信箱：info@hglaser.com
网址：www.hglaser.com
主要产品或业务范围：全功率系列的激光切割系统，激光焊接系统，激光打标机等。

武汉天宇光电仪器有限公司
地址：湖北省武汉市洪山区北港工业园文秀街8号
邮编：430070
电话：027-87677226
传真：027-87677199
电子信箱：info@tianyu.cn
网址：www.tianyu.cn
主要产品或业务范围：光电产品和精密仪器。

武汉优光科技有限责任公司
地址：湖北省武汉市东湖开发区高新二路388号生物医药加速器19栋
邮编：430074
电话：027-87531505，87538753，87531507
传真：027-87531525
电子信箱：sales@u-optic.com
网址：www.u-optic.com
主要产品或业务范围：光学元件、偏振光学元件、晶件元件、光学镀膜。

武汉中光光电有限公司
地址：湖北省武汉市硚口区古田五路17号
邮编：430034
电话：027-83413742，83413687
传真：027-83413691
联系人：汪飞
电子信箱：yh13554@126.com
主要产品或业务范围：光纤传感液位监控仪。

武汉中技光学仪器有限公司
地址：湖北省武汉市洪山区北港工业园文秀街8号
邮编：430070
电话：027-67125537
传真：027-87673991
电子信箱：whzjgx@126.com
主要产品或业务范围：各类秒级精度角锥棱镜、三棱镜、斜方棱镜、五棱镜、屋脊棱镜、平行平面镜。

孝感华中精密仪器有限公司
地址：湖北省孝感市长征路199号
邮编：432000
电话：0712-2873860，2873811
传真：0712-2873811
电子信箱：master@centercn.net.cn
网址：www.centercn.net.cn
主要产品或业务范围：便携式红外热成像枪用瞄准镜检测仪、激光报靶系统、激光扫平仪检测系统、自动焦距测量仪、光电自准直仪、绝对测角仪、微型多光谱光轴校正仪、离轴非球面多光轴标校系统、离轴反射式系统、卡式系统等。

衡阳裕衡光电仪器有限公司
地址：湖南省衡阳市南郊白沙洲易家塘5号
邮编：421007
电话：0734-8401640，8401641
传真：0734-8402332
电子信箱：xiwanggd99@yahoo.com.cn
网址：www.hyyhgd.cn
主要产品或业务范围：显微镜，各种镜头。

长春市金龙光电科技有限责任公司
地址：吉林省长春市高新技术开发区越达路888号越达产业园17栋
邮编：130012
电话：0431-80812838
传真：0431-85353338
电子信箱：sales@golddragonoptics.com
网址：www.golddragonoptics.com
主要产品或业务范围：主要产品有精密光学镜头、光学元件、镀膜产品和光学设计四大系列。

长春市四维仪器有限公司
地址：吉林省长春市人民大街2-3号
邮编：130051
电话：0431-82728312
传真：0431-82728312
主要产品或业务范围：光学仪器、电子仪器、测绘仪器。

长春禹衡光学有限公司
地址：吉林省长春市高新区飞跃东路333号
邮编：130012
电话：0431-88684373，88618174
传真：0431-88634119
电子信箱：sales@yu-heng.cn
网址：www.yu-heng.cn
主要产品或业务范围：光栅编码器、光学仪器及成套机电设备。

常州第二电子仪器有限公司
地址：江苏省常州市清潭路41号
邮编：213015

电话：0519-86969137

传真：0519-86960452

电子信箱：jsczrdy@163.com

主要产品或业务范围：公司现已发展成为全国激光测距仪和红外光电测距仪产品的主要生产厂家之一。产品已朝着集成化、模块化、自动化、安全化和全方位数字采集的多功能方向发展，并已形成系列，现有十几个品种。

常州纳乐科思光学有限公司

地址：江苏省常州市钟楼区西林街道富林路18号

邮编：213024

电话：0519-83979001

传真：0519-83979000

电子信箱：yingye-czn@nalux.com.cn

网址：www.nalux.com.cn

主要产品或业务范围：从事光学仪器及组件，光学测量设备，光学用品，光通信元器件、镜片，光电子器件，光、磁驱动器光学读取头，半导体设备，LED照明设备，电子专用设备，精密模具及模具标准件、组件研发、生产。

江苏徕兹测控科技有限公司

地址：江苏省常州市钟楼区龙城大道2188号新闸科技工业园11栋一楼

邮编：213023

电话：0519-68688168

传真：0519-68688169

电子信箱：sales.ex@laitz.com

网址：www.laitz.com

主要产品或业务范围：激光测距产品。

江苏南晶红外光学仪器有限公司

地址：江苏省常州市武进区芙蓉镇常芙路115号

邮编：213000

电话：0519-88762276，88650678，88650677

传真：0519-88650662

电子信箱：manager@jsnjhw.com

网址：www.jsnjhw.com

主要产品或业务范围：双面研磨抛光及镀膜加工，包括锗系列、硅系列、硒化锌系列、硫化锌系列产品及各种光学玻璃产品。

江苏省海安县汇虹光电仪器厂

地址：江苏省海安市区塘镇双楼工业区

邮编：226661

电话：0513-88792362，88793069

传真：0513-88793069

电子信箱：info@hhgx.com.cn

主要产品或业务范围：各种型号规格有色/无色光学玻璃、滤色片、滤光片冷光源、隔热玻璃片、球面镜、透紫外玻片、伪钞鉴别仪专用玻片、带通滤光玻璃片。

江苏曙光光电有限责任公司

地址：江苏省扬州市江阳中路132号

邮编：225009

电话：0514-82915012

传真：0514-87887527

电子信箱：webmaster@norincogroup.com.cn

主要产品或业务范围：半导体激光器，激光测距机等。

江苏宇迪光学股份有限公司

地址：江苏省南通市如东县双甸镇工业园区一号

邮编：226404

电话：0513-84614705，84611066，84614381

传真：0513-84611063

联系人：孙新明

电子信箱：sxm@yudi.com.cn

网址：www.yudi.com.cn

主要产品或业务范围：生产各种光学透镜、投影仪镜片，各类光学镜头及各类高精度放大镜镜片。

江阴香江光电仪器有限公司

地址：江苏省江阴市澄江新华工业园新园路16号

邮编：214400

电话：0510-86890224，86897856

传真：0510-86895636

电子信箱：webmaster@jyxjgd.com

网址：www.jyxjgd.cn

主要产品或业务范围：光电测距仪，全站仪等。

昆山市大卓光学元件厂

地址：江苏省昆山市花桥镇利胜路星光创业园34A

邮编：215301

电话：0512-57600302

传真：0512-57607981

电子信箱：pan@ksdzgx.com

主要产品或业务范围：圆柱镜、棒镜、一字镜、十字镜、分光镜（半透半反镜片）、反光镜、平面窗口镜、激光模组透镜、绿光透镜、棱镜，仪器类有一字线形激光模组、十字线形激光模组等。

昆山英泰科光学仪器有限公司

地址：江苏省昆山市玉山镇元丰路33号

邮编：215300

电话：0512-57953669

传真：0512-57990835

电子信箱：service@caidaopi.com.cn

网址：www.ksintac.com

主要产品或业务范围：各类精密测量仪、光学仪器。

莱赛激光科技股份有限公司

地址：江苏省常州市新北区新竹二路106号

邮编：213031

电话：0519－85136116，85136117
传真：0519－85136118
电子信箱：info@laisai.com
网址：www.laisai.com
主要产品或业务范围：激光光源，激光测距仪，激光扫平仪，激光标线仪。

马渊光谱技术（苏州）商贸有限公司
地址：江苏省苏州市高新区长江路211号天都商业广场3幢1808－1809室
邮编：215011
电话：0512－68245023
传真：0512－68246025
电子信箱：info@mabuchistsz.cn
网址：www.mabuchistsz.cn
主要产品或业务范围：光学耗材、制造设备、精密检测仪器并提供工艺咨询。

南京百花光电有限公司
地址：江苏省南京市天山路39号
邮编：210008
电话：025－57712251
传真：025－57712081
电子信箱：email@baihua－nj.com
网址：www.baihua－nj.com
主要产品或业务范围：望远镜。

南京波长光电科技股份有限公司
地址：江苏省南京市江宁区湖熟工业集中区波光路18号
邮编：211121
电话：025－52657056
传真：025－52657058
电子信箱：info@wave－optics.com
网址：www.wave－optics.com
主要产品或业务范围：高质量的激光光学、红外光学、智能光学、精密光学产品。

南京测控科学器材设备有限公司
地址：江苏省南京市解放路9号
邮编：210016
电话：025－84480506，84490505
传真：025－84580972
电子信箱：gezjl@china－geyan.com
网址：www.china－geyan.com
主要产品或业务范围：ＸＤ－1型便携式两用金相显微镜、ＸＤ－2型视频金相显微镜、ＸＤ－3型万能金相显微镜、GXTA－CTV型视频连续变倍体视显微镜、GPV－1/2型金相抛光机、GQ－1/2型金相试样切割机。

南京恒业光学仪器厂
地址：江苏省南京市栖霞区尧化街道公园东路1号南空后勤

仓库3号楼第一层
邮编：210037
电话：18751851861
传真：025－85515171
电子信箱：sale@hyoptics.com
网址：www.hyoptics.com
主要产品或业务范围：该厂是专业从事体视显微镜、光学玻璃元件冷加工和光学显微镜镜头的民营企业，主要产品有HSM系列体视显微镜、球面透镜、球镜、平面透镜、棒镜及柱面镜，各种小棱镜、物镜镜头、消色差物镜镜头。

南京环球测绘仪器有限公司
地址：江苏省南京市鼓楼区新模范马路36号
邮编：210003
电话：025－83418013
传真：025－83422157
电子信箱：wpy@njcetu.com
网址：www.njcetu.com
主要产品或业务范围：光学经纬仪、水准仪、电子经纬仪、全站仪。

南京激光仪器厂
地址：江苏省南京市后宰门街25号
邮编：210016
电话：025－84801672
传真：025－84823325
电子信箱：njjg@njjgyq.cn
主要产品或业务范围：光速测定仪、微机塞曼效应实验仪、普朗克常数实验仪、电子束变温黏滞系数实验仪、微机等离子体实验仪。

南京江南永新光学有限公司
地址：江苏省南京市经济技术开发区恒达路9号
邮编：210038
电话：025－87720110
传真：025－85800086
电子信箱：xsc@jnoec.com
网址：www.jnoec.com
主要产品或业务范围：显微镜。

南京久测仪器技术有限公司
地址：江苏省南京市鼓楼区中央路399号天正国际广场6幢1408室
邮编：210037
电话：025－85698117，85698118，85692932
传真：025－83254044
电子信箱：njjcgs@163.com
网址：www.nj5117.com
主要产品或业务范围：ＧＰＳ、全站仪、测距仪、测高仪、经纬仪、水准仪、标线仪、对讲机、软件等专业测量测绘产品。

南京理工大学电光学院
地址：江苏省南京市孝陵卫200号
邮编：210094
电话：025-84317756
传真：025-84431622
电子信箱：tao@mail.njust.edu.cn
网址：http://eoe.njust.edu.cn
主要产品或业务范围：从事光电信息处理、图像混合处理和数字显微技术的研究和开发工作。产品有激光共焦扫描显微镜等。

南京麦迪森仪器有限公司
地址：江苏省南京市和燕路408号
邮编：210028
电话：025-85484559，85484659
传真：025-85484559
电子信箱：njmds@263.net
网址：www.njmds.cn
主要产品或业务范围：该公司是专业从事光学仪器、无损检测、理化实验设备、图像分析、计量等技术及仪器设备销售，融经营、开发、技术咨询服务为一体的高科技公司。产品有体视显微镜、生物显微镜、金相显微镜。

南京英特飞光电技术有限公司
地址：江苏省南京市玄武区孝陵卫双拜巷78号
邮编：210014
电话：025-84433141
传真：025-84433152
电子信箱：61703131@qq.com
网址：www.interfero.com.cn
主要产品或业务范围：干涉仪、红外干涉仪。

南京甬宁科学仪器有限公司
地址：江苏省南京市经济技术开发区恒园路龙港科技园B1栋4层
邮编：210008
电话：025-87656175
传真：025-83136997-805
电子信箱：65433555@qq.com
网址：www.ynkxyq.com
主要产品或业务范围：工业检测测量显微镜、长工作距离检测物镜、红外紫外物镜、大视场目镜和各种显微镜附件等。

南京智屯达科技有限公司
地址：江苏省南京市江宁区庄排路157号6幢2楼
邮编：221100
电话：025-86112199
传真：025-86112099
电子信箱：1303529232@qq.com
网址：www.njztd.com.cn
主要产品或业务范围：光通信设备及仪器仪表研发。

南通环球光学仪器有限公司
地址：江苏省南通市平潮工业园区1号
邮编：226361
电话：0513-86726888
传真：0513-86718158
电子信箱：sale@zoscn.com
网址：www.zoscn.com
主要产品或业务范围：专业生产瞄准镜等类光学产品。

南通银兴光学有限公司
地址：江苏省海安市曲塘镇刘圩工业园区双楼路15号
邮编：226661
电话：0513-88797122
传真：0513-88796768
电子信箱：sales@insunoptics.com
网址：www.insunoptics.com
主要产品或业务范围：光学玻璃（滤光片）及特种玻璃。

欧普图斯（苏州）光学纳米科技有限公司
地址：江苏省苏州市工业园区星湖街218号生物纳米科技园A4楼316室
邮编：215024
电话：0512-69561988
传真：0512-69561958
电子信箱：info@optotrace.com
网址：www.optotrace.com
主要产品或业务范围：该公司产品有现场快速微痕量化学物检测仪、纳米技术模块、激光拉曼光谱系统。

铨州光电科技（苏州）有限公司
地址：江苏省苏州市劳动路28号（华亭大厦）1702室
邮编：215004
电话：0512-68667233，68667232
传真：0512-68667236
电子信箱：sales@onset-eo.com
网址：www.onset-eo.com
主要产品或业务范围：雷射功率量测系统、光束分析仪、LED测量系统、均匀光源校正系统、电子式快门、光纤光谱仪、防振桌与防振设备、线扫描镜头。

苏州德龙激光有限公司
地址：江苏省苏州市工业园区杏林街98号
邮编：215021
电话：0512-65079666
传真：0512-65079996
电子信箱：sales@delphilaser.com
网址：www.delphilaser.com
主要产品或业务范围：各类高端工业应用激光设备。

苏州飞时曼精密仪器有限公司
地址：江苏省苏州市高新区科技城华佗路12号2号厂房4楼

邮编：215000
电话：0512-66076021
传真：0512-66076020
电子信箱：zhukx@fsm-sz.com
网址：www.fsm-sz.com
主要产品或业务范围：原子力显微镜、高清透反射明暗场金相显微镜、五波段LED荧光显微镜、精密测量显微镜、裸眼3D立体显微镜、高速显微光谱测量工作站、倒置生物显微镜、异常细胞分析仪等。

苏州工业园区西努光学仪器有限公司
地址：江苏省苏州市通园路208号苏化科技园7#102室
邮编：215006
电话：4006807517
传真：0512-67269863-808
电子信箱：dushilei@cinv.cn
网址：www.cinv-hsv.com
主要产品或业务范围：主营光学显微镜、影像测量系统、镜片测定设备、高速摄像系统、工业内窥镜、机器视觉等在工业领域的应用和系统集成。

苏州海兹思纳米科技有限公司
地址：江苏省苏州市吴中区工业园区金鸡湖大道99号苏州纳米城西北区2幢207室
邮编：215123
电话：0512-69369060
传真：0512-69369055
联系人：何万能
电子信箱：info@hzs-nansurf.com
网址：www.hzs-nansurf.com
主要产品或业务范围：扫描隧道显微镜、原子力显微镜、磁力显微镜、纳米操纵加工系统等。

苏州久晶光电科技有限公司
地址：江苏省太仓市发达路29号
邮编：201804
电话：0512-88898705
传真：0512-88898708
电子信箱：sales01@jiujon.com
网址：www.jiujon.com
主要产品或业务范围：光学镜片，滤光片，有色光学玻璃，光学棱镜，精密抛光，钢化玻璃，进行玻璃异型加工、光学镀膜加工等。

苏州六六视觉科技股份有限公司
地址：江苏省苏州市虎丘区锦峰路9号
邮编：215163
电话：0512-67770251，67770197
传真：0512-67284889
电子信箱：zhangyunhaiguan8@163.com
网址：www.66vision.com

主要产品或业务范围：裂隙灯显微镜系列、手术显微镜系列、显微手术器械系列、人工晶体系列、电子诊疗器械系列、激光治疗仪器系列和其他仪器系列、一百六十多个品种、六百多个规格。

苏州市春光测绘仪器有限公司
地址：江苏省苏州市相城区黄埭镇(东桥)健民路
邮编：215152
电话：0512-65336109，65335289
传真：0512-65087728
电子信箱：guy@szcgch.com
网址：www.szcgch.com
主要产品或业务范围：DS3水准仪系列、AT铝合金脚架系列、FDC反射器系列、光学角锥棱镜系列、DZ对中杆系列五大系列产品。

苏州市金龙光学仪器厂
地址：江苏省苏州市吴中区苏蠡路18号
邮编：215009
电话：0512-65257650
传真：0512-65681216
联系人：史龙元
电子信箱：tanxia11@263.net
主要产品或业务范围：专业生产光学透镜和棱镜产品。

苏州一光仪器有限公司
地址：江苏省苏州市工业园区通园路18号
邮编：215006
电话：0512-65225568
传真：0512-65230619，65234356
电子信箱：foif@foif.com.cn
网址：www.foif.com.cn
主要产品或业务范围：GNSS接收机、全站仪、电子经纬仪、光学经纬仪、水准仪、垂准仪、扫平仪和建筑装潢仪器八大系列产品。

泰州晶达光电有限公司
地址：江苏省泰州市海陵工业园区兴海路100号
邮编：225317
电话：0523-86884623
传真：0523-86884621
电子信箱：001@tzjingda.com
网址：www.jingda.com.cn
主要产品或业务范围：箱式多层镀膜机、环形抛光机、内圆切割机、研磨抛光机、分光光度计、ZYGO平面激光干涉仪、精密测角仪、波片位相延迟检测仪、角锥检测专用干涉仪、五角棱镜检测专用干涉仪、晶体X射线定向仪等。

无锡阿贝精密轴承有限公司光学仪器制造厂
地址：江苏省无锡市滨湖区胡埭工业园刘闾路88号
邮编：214161

电话：0510−85886920，88086055，85874231
传真：0510−85886920
电子信箱：rbioptics@rbi−optics.com
网址：www.rbi−optics.com
主要产品或业务范围：JTT(23J)型台式投影仪、电缆截面投影仪、DTT−A型低倍投影仪、JGC（15J）型测量显微镜。

无锡普雷逊光学仪器有限公司
地址：江苏省无锡市十八湾路288号湖景科技园23号2号楼
邮编：214064
电话：0510−85520253
传真：0510−85520523
联系人：刘玮
电子信箱：wxplxgx@163.com
网址：www.wxplxgx.com
主要产品或业务范围：2.5D影像测量仪系列、投影机系列、三坐标测量机、工具测量显微镜、硬度计、10倍测量放大镜、航空反光立体镜及其他测量设备。

徐州豪立电子有限公司
地址：江苏省徐州市经济技术开发区碧螺山综合楼一层13−15号
邮编：221004
电话：0516−87791159
传真：0516−87791159
电子信箱：xzhaoli@xzhaoli.com
网址：www.xzhaoli.com
主要产品或业务范围：DM系列数码显微仪和数码金相显微仪、VM系列多用途视频显微仪和视频金相显微仪、FVE系列工业用挠性电子内窥镜等。

徐州豪美光学仪器有限公司
地址：江苏省徐州市复兴南路4号新世纪商业广场609室
邮编：221006
电话：0516−83721899
传真：0516−83721066
电子信箱：xzhmgs@163.com
网址：www.xzhaomei.com
主要产品或业务范围：生产经营集光、机、电、算一体化的内窥镜系列、医用光电仪器系列、视频显微仪系列、测绘仪器系列四大类产品。

宜兴市光玻分析仪器厂
地址：江苏省宜兴市和桥镇
邮编：214211
电话：0510−87801516，87815101
传真：0510−87801516
联系人：褚伯明
电子信箱：gbyq@gbyq.com
网址：www.gbyq.com
主要产品或业务范围：石英比色皿、红外比色皿、石英微量

比色皿、石英超微量比色皿、石英荧光比色皿、生化仪比色杯、流动比色皿、光学玻璃比色皿、浊度仪样品杯、罗维朋比色皿、袖珍比色皿、中性滤光片、镨钕滤光片、氧化钬滤光片、各种光学/石英视镜、平面镜、无色平板玻璃、各种石英管件玻璃仪器。

宜兴市晶科光学仪器有限公司
地址：江苏省宜兴市和桥镇鹅州南路345号
邮编：214211
电话：0510−87801818，87801187
传真：0510−87812858
联系人：欧仕明
电子信箱：wgy@cell−cn.com
网址：www.cell−cn.com
主要产品或业务范围：公司生产石英比色皿、光学元件及玻璃器皿。

宜兴市伟鑫仪器有限公司
地址：江苏省宜兴市和桥镇清溪花苑131号
邮编：214211
电话：0510−87841539
传真：0510−87801186
电子信箱：344518628@qq.com
网址：www.wxyq.cn
主要产品或业务范围：公司生产各类比色皿、光学元件、石英玻璃仪器、聚四氟乙烯制品等各类实验室设备。

凤凰光学股份有限公司
地址：江西省上饶市凤凰西大道197号
邮编：334000
电话：0793−8260677
传真：0793−8250249
电子信箱：xing@phenixoptics.com.cn
网址：www.phenixoptics.com.cn
主要产品或业务范围：照相机，望远镜，显微镜，大地测量仪器等。

江西连胜科技有限公司
地址：江西省南昌市小蓝经济开发区金沙三路1015号
邮编：330200
电话：0793−5872077，5872079
传真：0793−5872078
电子信箱：qhlszb@vip.163.com
网址：www.jxlszb.com
主要产品或业务范围：主动隔振平台、电动位移台、光具座、光电仪器应用系统等六大系列的产品。

中船九江精密测试技术研究所
地址：江西省九江市九瑞大道83号
邮编：332000
电话：0792−8369671

传真：0792-8373225
电子信箱：sj369@163.com
网址：www.jjjmcs.cssc.net.cn
主要产品或业务范围：惯性测试与飞行仿真、电器旋转连接器、角度计量技术等研究开发。

大连科诺威尔仪器有限公司
地址：辽宁省大连市西岗区崇山街1号
邮编：116011
电话：0411-39638131
传真：0411-39638141
电子信箱：info@kenwell.com.cn
网址：www.kenwell.com.cn
主要产品或业务范围：红外光谱仪附件，拉曼光谱仪附件，紫外/可见光光谱仪附件。

大连拉特激光技术开发有限公司
地址：辽宁省大连市开发区龙泉街9号
邮编：116600
电话：0411-87638648
传真：0411-87638805
电子信箱：dlsales@latchina.com
网址：www.latchina.com
主要产品或业务范围：激光自动安平垂准仪、水准仪系列产品。

沈阳华光精密仪器有限公司
地址：辽宁省沈阳市沈河区青年大街51号A座
邮编：110036
电话：024-22515165
传真：024-22524338
电子信箱：184356239@qq.com
网址：www.syhgjm.com
主要产品或业务范围：该公司研发生产原子吸收光谱仪系列产品。

沈阳汇博光学技术有限公司
地址：辽宁省沈阳市大东区北海街242号
邮编：110043
电话：024-88722463，88710226
传真：024-88722312
电子信箱：info@hb-optical.com
网址：www.hb-optical.com
主要产品或业务范围：精密光学干涉滤光片和反光镜。

沈阳仪通分析仪器有限公司
地址：辽宁省沈阳市经济技术开发区昆明湖街60号
邮编：110027
电话：024-25376336
传真：024-25363518
电子信箱：sfyq2008@163.com

网址：www.sfyqwyx.cn
主要产品或业务范围：主要研制、生产光学分析仪器、电化学分析仪器、环境监测分析仪器、农业科学分析仪器、压力表系列产品及内窥镜系列产品。产品有原子吸收分光光度计、气相色谱仪、定氮仪、脂肪仪、农药残毒测定仪以及用于水质监测的在线COD测试仪、BOD测试仪和智能型便携式水质分析仪。

济南德胜光电仪器有限公司
地址：山东省济南市天桥区鑫茂齐鲁科技城
邮编：250119
电话：0531-85603380
传真：0531-85603380
电子信箱：1600943167@qq.com
主要产品或业务范围：单目/双目/三目生物显微镜、荧光显微镜、摄影显微镜。

济南强胜光电仪器有限公司
地址：山东省济南市槐荫区大饮马开发区
邮编：250117
电话：0531-85982758
传真：0531-85965010
电子信箱：jnqiansheng@126.com
网址：www.jnqiangsheng.com
主要产品或业务范围：生物显微镜荧光显微镜、摄影显微镜、数码显微镜、数码互动教学平台、显微图像产品等。

济南润之科技有限公司
地址：山东省济南市高新区舜风路101号齐鲁文化创意基地15号楼602
邮编：250101
电话：0531-88164996，88164997
传真：0531-88164998
电子信箱：jnrise@163.com
网址：www.chinaliduyi.com
主要产品或业务范围：该公司研制生产Rise系列激光粒度分析仪、全自动比表面积及孔隙度分析仪、颗粒图像分析仪、粉尘形貌分散度测试仪。

青岛富堡精密仪器有限公司
地址：山东省青岛市市北区淮阳路28号甲
邮编：266042
电话：0532-84888130
传真：0532-84889987
电子信箱：fb1517@126.com
网址：www.fb17.com
主要产品或业务范围：实验室分析仪器、动态分析检测仪器、光学检测分析仪器。

青岛海泰新光科技股份有限公司
地址：山东省青岛市崂山区科苑纬四路100号

邮编：266100
电话：0532-88705269
传真：0532-88705263
电子信箱：sales@novelbeam.com
网址：www.novelbeam.com
主要产品或业务范围：生产高端光学元器件及研究和开发新型光源应用技术。

山东莱恩光电科技股份有限公司
地址：山东省济宁市高新区山博路西首
邮编：272000
电话：0537-3169707
传真：0537-3166661
电子信箱：ln100@laien.cn
网址：www.laien.cn
主要产品或业务范围：该公司主要从事光电安全保护产品的研发、制造和销售。主要产品为光电保护装置，又称光电保护器，安全光幕，安全光栅。

山东神戎电子股份有限公司
地址：山东省济南市高新区东区创新工场南邻神戎电子产业园
邮编：250101
电话：0531-89706288
传真：0531-89706299
电子信箱：sales@sheenrun.com
网址：www.sheenrun.com
主要产品或业务范围：激光夜视产品、红外热成像产品。

山东省蓬莱市远东光学元件有限公司
地址：山东省蓬莱市南王街道办事处
邮编：265600
电话：0535-5981197
传真：0535-5983868
联系人：王光忠
电子信箱：webmaster@pleg-optical.com
网址：www.pleg-optical.com
主要产品或业务范围：该公司专门从事放大镜、摄像镜头及有关光学镜头、医疗胃镜、光通信对接器、显微镜、红外线定位仪器的光学零件制造和组装。

山东宇影光学仪器有限公司
地址：山东省德州市临邑县邢侗街道花园大街东段路北167号
邮编：251500
电话：0534-4363641，4233380，2141257
传真：0534-4362995
电子信箱：lyky@keying-ly.com
网址：www.keying-ly.com
主要产品或业务范围：菲涅尔透镜、红外线感应透镜、投影机光学配件、投影仪。

禹城市田园信科光学仪器有限公司
地址：山东省禹城市高新区东四环北路路东2号
邮编：251200
电话：0534-6157678，18005341232
电子信箱：info@httechltd.com，747134434@qq.com
网址：tianyuanxinke.1688.com
主要产品或业务范围：专业从事手持式折射仪的研发、生产与销售。公司生产手持折射仪折光仪，糖度计、盐度计、冰点仪、蜂蜜测量仪、豆浆浓度计、葡萄酒测量仪、白酒测量仪、切削液浓度计、光学比重计、乳化液浓度计、医用折射仪等手持折射仪系列产品。

西安北光数码科技有限公司
地址：陕西省西安市米秦北路10号纳米科技园F4
邮编：710043
电话：029-82515210，82523230，82538744
传真：029-82528049
电子信箱：webmaster@xbdt.com
网址：www.xbdt.com
主要产品或业务范围：产品涉及图像显示、图像输出、光学测量等领域。

西安华科光电有限公司
地址：陕西省西安市高新区锦业路67号
邮编：710077
电话：029-81881001
传真：029-81881011
电子信箱：sales@huanic.com
网址：www.huanic.com
主要产品或业务范围：工业级半导体激光器、激光标线仪、激光瞄具及激光仪器部件及液压系列产品。

西安江原光电有限公司
地址：陕西省西安市火炬路1号楼北楼1层
邮编：710043
电话：029-82256459
传真：029-82256472
电子信箱：jygd@xajygd.cn
主要产品或业务范围：各种光学零件、非标光学仪器、测角仪、瞄准镜、校靶镜、半导体激光器、准直镜、扩大镜等。

西安欧益光电科技有限公司
地址：陕西省西安市经济技术开发区草滩生态产业园尚苑路4955号
邮编：710018
电话：029-86196289
传真：029-86196286
电子信箱：oe@oephotonics.com
网址：www.oephotonics.com
主要产品或业务范围：半导体激光器，大功率固体激光器，红外照明用激光器等产品。

西安赛朴林激光技术研究所
地址：陕西省西安市经济技术开发区凤城三路10号3-4C
邮编：710021
电话：029-86527134
传真：029-86521756
电子信箱：laser@xasapling.com
网址：www.xasapling.com
主要产品或业务范围：半导体激光器、激光标线仪、激光功率计。

西安三科数码光电有限责任公司
地址：陕西省西安市金花北路299号恒基碧翠锦华12栋1402室
邮编：710054
电话：029-82252810
传真：029-82252811
电子信箱：sankoe2001@163.com
网址：www.sankoe.cn
主要产品或业务范围：激光测距仪，激光测距望远镜，角度传感器，接触网参数速测仪，接触线磨耗速测仪等。

西安应用光学研究所
地址：陕西省西安市电子三路西段9号
邮编：710065
电话：029-88288114
传真：029-88227871
电子信箱：webmaster@xa205.com
网址：yygx.norincogroup.com.cn
主要产品或业务范围：承接各类激光、微光、光纤元器件以及高精度、复杂的光机加工与镀膜等。

西安远讯光电科技有限公司
地址：陕西省西安市高新区锦业一路72号雄华科技园
邮编：710077
电话：029-81882518
传真：029-81881123
电子信箱：optical_zb@126.com
网址：www.ysingoptical.com
主要产品或业务范围：光纤传感、激光测距、气体探测、生物医疗等领域优质的光纤器件。

必达泰克光电科技（上海）有限公司
地址：上海市长宁区金钟路658号6号楼乙楼
邮编：200335
电话：021-64515208
传真：021-52161825
联系人：陈帅
电子信箱：info@bwtek.com
网址：www.bwtek.cn
主要产品或业务范围：手持拉曼光谱仪、便携式拉曼光谱仪等。

蔡司工业测量技术（上海）有限公司
地址：上海市浦东新区自由贸易试验区美约路60号
邮编：200131
电话：021-20821188
传真：021-50481193
电子信箱：info.cn@zeiss.com
网址：www.zeiss.com.cn
主要产品或业务范围：公司是世界顶级的精密光学仪器制造商。

光傲科技股份有限公司
地址：上海市闵行区新龙路1333弄78号（23栋）306-307室
邮编：200233
电话：021-52960771
传真：021 51029613-816
电子信箱：support@light-all.com
网址：www.light-all.com
主要产品或业务范围：进口精密光学测试和光电测量设备。

海洋光学亚洲分公司
地址：上海市长宁区古北路666号嘉麒大厦601室
邮编：200336
电话：021-62956600
传真：021-62956708
电子信箱：AsiaMKT@oceanoptics.com
网址：www.oceanoptics.cn
主要产品或业务范围：光谱仪、化学传感器、计量仪器、光纤薄膜和光学元件等。

科视达（中国）有限公司
地址：上海市杨浦区黄兴路1728号东方蓝海国际广场2号楼1906室
邮编：200433
电话：021-65087716，65083319
传真：021-55090512
电子信箱：jessie@questar.com.cn
网址：www.questar.com.cn
主要产品或业务范围：代理销售超声波扫描显微镜（SAM）、光学显微镜、视频显微镜、SMT自动光学检查仪及3D焊膏检查仪、工业内窥镜、无损检测产品等。

科艺仪器有限公司
地址：上海市杨浦区松花江路251弄白玉兰环保广场3号8层
邮编：200093
电话：021-55233800
传真：021-55233811
联系人：成金康
电子信箱：sh@anp.com.hk
网址：www.anpico.com
主要产品或业务范围：激光、光电产品，教学仪器及实验室通用仪器代理商。

徕卡仪器有限公司
地址：上海市长宁区福泉北路518号2号楼5楼
邮编：200335
电话：4006506632
传真：021-63876698
电子信箱：Patrick.tang@leica-microsystems.com
网址：www.leica-microsystems.com
主要产品或业务范围：超高分辨率显微镜、光学显微镜、共聚焦显微镜、手术显微镜、立体显微镜及宏观显微镜、数字显微镜、显微镜照相机和电子显微镜样品制备。

莱特巴斯光学仪器（上海）有限公司
地址：上海市嘉定区叶城路1118号1608
邮编：201821
电话：021-59168075，59168076
传真：021-69166098
电子信箱：sales@lightpath.com.cn
网址：www.lightpath.com.cn
主要产品或业务范围：精密模压非球面透镜，梯度折射率透镜等。

美国科视达（中国）有限公司
地址：上海市杨浦区国权路43号财富国际广场银座809室
邮编：200433
电话：021-55315301，65648907
传真：021-33625017
电子信箱：sales@questar-china.com
网址：www.questar-china.com
主要产品或业务范围：非接触式激光位移测量仪，长工作距离显微镜，手持式视频显微镜，高精度三维移动平台，高精度激光位移测定仪。

美国维易科精密仪器有限公司
地址：上海市浦东新区浦东南路256号华夏银行大厦2404室
邮编：200120
电话：021-68866186
传真：021-68866225
电子信箱：cn_web@veeco.com.cn
网址：www.veeco.com.cn
主要产品或业务范围：扫描探针显微镜、探针轮廓仪、离子束沉积系统、金属有机化学气相沉积系统、分子束外延系统、镀膜系统、离子源。

宁波市嘉美光学仪器有限公司
地址：上海市杨浦区宁国路313弄龙泽大厦9号1605室
邮编：200092
电话：021-55964289
传真：021-55964282-608
电子信箱：sales@gamryoptical.com
网址：www.gamryoptical.com
主要产品或业务范围：生产和经营各种显微镜。

上海宝山顾村电光仪器厂
地址：上海市宝山区沪太路顾村朱家弄
邮编：201907
电话：021-56042672，56044190
传真：021-56044190
电子信箱：webmaster@gu-cun.com
网址：www.gu-cun.com
主要产品或业务范围：紫外线分析仪，紫外线透射仪。

上海彼爱姆光学仪器制造有限公司
地址：上海市嘉定区南翔陈翔路65弄20号
邮编：201802
电话：021-39128171，39128172
传真：021-39128173
电子信箱：webmaster@shsgbm.com
网址：www.shsgbm.com.cn
主要产品或业务范围：该公司是在上海光学仪器厂基础上优化组建的公司。生产经营的产品有计量仪器、分析仪器、物理仪器、测量仪器、各类显微镜系列、显微显视系列、医用仪器、教学设备实验仪器及光学测试设备仪器九大类型的系列产品。显微图像分析系列软件系统有显微分析系统MiFas、专业定量金相分析系统SRMAS、显微硬度分析系统MHAS、二维图象测量系统MIMS等系列显微镜配套软件。

上海蔡康光学仪器有限公司
地址：上海市嘉定区顺达路98弄南翔现代企业园41号
邮编：201802
电话：021-59960929，59960930
传真：021-65310155
电子信箱：sales@caikon.com
网址：www.caikon.com
主要产品或业务范围：金相/体视/偏光/视频/生物/工具显微镜，光学投影仪，测量显微镜、读数显微镜、测量投影仪、影像测量仪，检测显微镜等，折射仪、金相设备、平行光管、激光平面干涉仪、硬度计、比较测角仪等。

上海测维光电技术有限公司
地址：上海市宝山区共康路561号
邮编：200443
电话：021-65465021，65465201
传真：021-65465021-807
电子信箱：cewei@shcewei.com
网址：www.cnsmdp.com
主要产品或业务范围：体视显微镜、生物显微镜、金相显微镜、金相分析软件、偏光显微镜、荧光显微镜、相衬显微镜、测量显微镜、工具显微镜、投影仪、影响测量仪、熔点仪、行业专用显微镜、光纤冷光源、平行光管、折射仪、离心机等光学仪器。

上海长方光学仪器有限公司
地址：上海市浦东新区浦东大道2440号5楼

邮编：200136
电话：021-68620355，68552328，68553577
传真：021-68553577，50353995
电子信箱：sales@chfang.com
网址：www.chfang.com
主要产品或业务范围：测量显微镜、读数显微镜、工具显微镜、光学投影仪、测量投影仪、影像测量仪、生物显微镜、体视显微镜、金相显微镜、视频显微镜、检测显微镜、偏光显微镜、偏光熔点测定仪、生物显微镜加热台、光切法显微镜、干涉显微镜、立式光学计、透镜中心仪、中心偏测量仪、阿贝折射仪、金相抛光机、平行光管、数字式激光平面干涉仪、显微硬度计、1英尺和15英尺的光学比较测角仪等各种光学仪器，以及计算机图像处理软件和显微镜测量软件、光学仪器配件。

上海大恒光学精密机械有限公司
地址：上海市嘉定区清河路390号
邮编：201800
电话：021-69918221，69918226
传真：021-69918888
电子信箱：daheng@shdh.net
网址：www.shdh.net
主要产品或业务范围：激光与光电子元器件。

上海费波自控技术有限公司
地址：上海市徐汇区桂箐路69弄28号一楼、四楼
邮编：200233
电话：021-64850022
传真：021-64958998
电子信箱：market@fiporter.com
网址：www.fiporter.com
主要产品或业务范围：是一家主要从事水处理化学品定量投加控制设备、流量/液位/水质分析及在线检测仪表销售及系统技术服务的专业公司。

上海格奥光电技术有限公司
地址：上海市普陀区新村路423号绿地威科国际商业广场2号楼511室
邮编：200065
电话：021-51028718
传真：021-56906091
电子信箱：jerry-li@koan.com.cn
网址：www.koan.com.cn
主要产品或业务范围：科研级制冷型的CCD相机，科研级光谱系统，功能完善的生物图像分析软件，高品质的激光器，电子学精密分析控制仪器，特殊要求的光学零部件等。

上海光和光学制造股份有限公司
地址：上海市杨浦区包头路1135号4号楼
邮编：200438
电话：021-65885817

传真：021-65888822
电子信箱：XZG@skowa.net
网址：www.chinaskowa.com
主要产品或业务范围：车载盖板玻璃、镜头光学盖板、光学平板、工控盖板玻璃、行动装置盖板玻璃、异型光学玻璃、DVD/CD母盘盘基片等产品。

上海光恒仪器有限公司
地址：上海市杨浦区平凉路2440号
邮编：200090
电话：021-65699899
传真：021-65699897
电子信箱：fcs@guangheng-sh.com
网址：www.sh-guangheng.com
主要产品或业务范围：万能工具显微镜、光切法显微镜、读数显微镜、光谱投影仪等各种光学仪器。

上海光谱仪器有限公司
地址：上海市徐汇区钦州北路1122号91号楼8楼-10楼
邮编：200233
电话：021-64958180
传真：021-64959840
电子信箱：info@spectrum-cn.com
网址：www.spectrum-cn.com
主要产品或业务范围：光谱仪器原子吸收、紫外可见光分光光度计产品研发与生产制造。

上海光学仪器厂
地址：上海市杨浦区军工路56号3楼
邮编：200093
电话：021-65302880
传真：021-55088609
电子信箱：xtz@shxtz.com
网址：www.shxtz.com
主要产品或业务范围：XTZ系列连续变倍体视显微镜。

上海光学仪器六厂
地址：上海市杨浦区四平路2500号金岛大厦1301室
邮编：200433
电话：021-65433311，55061569
传真：021-55061570
电子信箱：sg65433311@163.com
网址：www.shangguang.com
主要产品或业务范围：显微镜、计量仪器、物理仪器、分析仪器、测量仪器、医用仪器及教学实验仪器七大类，共八十多个品种。

上海光学仪器五厂有限公司
地址：上海市宝山区业绩路800号
邮编：200444
电话：021-65500300

传真：021-65500311
电子信箱：sales@csoif.com
网址：www.csoif.com
主要产品或业务范围：公司主要产品有计量/测试仪器、显微镜、物理/分析/医用/教学等光学仪器。

上海光学仪器研究所
地址：上海市杨浦区军工路516号
邮编：200093
电话：021-55273011，55272087
传真：021-55276011
电子信箱：zhuang_gb@usst.edu.cn
网址：www.fabricstest.com
主要产品或业务范围：主要从事光学仪器开发研制，工程光学应用技术及行业共性技术研究，同时承担质量检测、标准化、信息规划等行业归口工作。

上海光学仪器一厂
地址：上海市杨浦区松花江路253号
邮编：200002
电话：021-55228110，55228660
传真：021-55235303
电子信箱：55228110@163.com
网址：www.sgaaa.com
主要产品或业务范围：数显立式光学计、精密投影仪、生物/金相测量显微镜、折射仪、光度计。

上海瀚宇光纤通信技术有限公司
地址：上海市闵行区剑川路953弄322号3楼
邮编：200240
电话：021-61270288
传真：021-61270289
电子信箱：sales@shconnet.com.cn
网址：www.shconnet.com.cn
主要产品或业务范围：光纤激光器、光纤放大器、光纤熔接机、半导体激光器、特种波长光器件、光无源器件等。

上海昊量光电设备有限公司
地址：上海市徐汇区虹梅路2007号6号楼3楼
邮编：200233
电话：021-51083793
传真：021-34241962
电子信箱：info@haoliangtech.com
网址：www.auniontech.com
主要产品或业务范围：空间光调制器、声光调制器、电光调制器、半导体激光器、半导体泵浦激光器、光纤激光器、各种光纤、光束质量分析仪。

上海禾赛光电科技有限公司
地址：上海市青浦区诸光路1588号虹桥世界中心L2栋
邮编：201821

电话：15502185215
传真：021-31588240
电子信箱：info@hesaitech.com
网址：www.hesaitech.com
主要产品或业务范围：激光甲烷遥测系统和激光雷达的研发制造。

上海新菊园企业发展有限公司
地址：上海市嘉定区菊园新区六里中心路315号
邮编：201821
电话：021-69160988
传真：021-69160966
电子信箱：ylchen@sh-optoelec.com
网址：www.sh-optoelec.com
主要产品或业务范围：研制半导体激光器及组件系列、半导体激光准直光源、激光标线仪、半导体激光治疗仪、激光器驱动电源等。

上海幻晟光电科技有限公司
地址：上海市松江区九亭镇盛富路388号4栋2楼
邮编：210615
电话：021-67627284
传真：021-67627244
电子信箱：chuangchengsh@d17.cc
主要产品或业务范围：半导体泵浦固体激光器、光线耦合半导体激光器、工业标线激光器及各种精密光学元器件。

上海激光有限公司
地址：上海市嘉定区嘉新公路919弄86号
邮编：201801
电话：021-54353710
传真：021-54930717
电子信箱：sales@shlasergroup.com
网址：www.shlasergroup.com
主要产品或业务范围：激光光学、光电子器件，激光加工系统和激光医疗仪器，激光切割机、标刻机、治疗仪、激光雕刻机等。

上海嘉慧光电子技术有限公司
地址：上海市奉贤区环城北路168号
邮编：200240
电话：021-51591648
传真：021-51591519
电子信箱：joinwit@joinwit.com
网址：www.joinwit.com
主要产品或业务范围：PON光功率计、光源、光时域反射仪（OTDR）、可视激光光源、光万用表、光纤识别仪、光话机、光纤寻障仪、数显可调光衰减器，台式光功率计、各类台式稳定光源、多通道综合测试仪(含PDL测试功能)、插回损测试仪、ASE光源。提供光纤工程测试、FTTx网络测试等多种光纤测试解决方案，以及FTB分路器测试系统、PLC

分路器生产检测系统、光纤连接器测试、耦合监控等工业生产控制解决方案。

上海江凤光学仪器有限公司

地址：上海市普陀区金沙江路1628弄1号楼2502-2503室
邮编：200060
电话：021-32181298
传真：021-51780256-8003
电子信箱：supports@jf-optical.com
网址：www.vernierchina.com
主要产品或业务范围：该公司经营多维高光谱影像分析系统，优质进口滤光片。

上海菁华科技仪器有限公司

地址：上海市普陀区千阳路271弄5号
邮编：200041
电话：021-62551292，62551293
传真：021-62581813
电子信箱：info@jh17.cn
网址：www.jh17.cn
主要产品或业务范围：多款多系列液晶、触摸屏改进型的紫外可见分光光度计、双光束紫外可见分光光度计。

上海朗研光电科技有限公司

地址：上海市闵行区金都路1165弄123号
邮编：101113
电话：18021012196
传真：021-60294798
电子信箱：sales@roiop.com
网址：www.roiop.com
主要产品或业务范围：探测器、激光器。

上海棱光技术有限公司

地址：上海市黄浦区打浦路350号四楼
邮编：200023
电话：021-63025595，63032547，64959623
传真：021-63011573
电子信箱：lgj@lengguang.sina.net
网址：www.lengguang.com
主要产品或业务范围：公司是研发、制造、销售分析仪器、医疗与生命科学仪器及光学仪器的高新技术企业，产品有S20系列可见分光光度计、S50系列紫外可见分光光度计、F90系列荧光分光光度计、S400系列近红外分析仪、W系列物理光学仪器、S61低密度芯片系列等。

上海黎鑫科学仪器有限公司

地址：上海市浦东新区东高路26弄12号
邮编：200092
电话：18917110077
传真：021-51035090
电子信箱：soif@soif.com.cn
网址：www.soif.com.cn
主要产品或业务范围：图像金相显微镜，数码金相显微镜，金相定量分析系统，金相制样设备，工具显微镜，测量显微镜，测量投影仪，体视显微镜，视频显微镜，里氏硬度计，生物显微镜，显微硬度计，维氏硬度计，洛氏硬度计，布氏硬度计，阿贝折射仪，粗糙度测试仪，立式光学计，照明放大镜。

上海美谱达仪器有限公司

地址：上海市松江区车墩镇三浜路261号D-10号楼
邮编：201611
电话：021-54880273
传真：021-54886921
电子信箱：info@mapada.com.cn
网址：www.mapada.com.cn
主要产品或业务范围：紫外/可见分光光度计。

上海米厘特精密仪器有限公司

地址：上海市金山区金山新城海芙路186弄76号6层
邮编：200135
电话：021-58517189，58217216
传真：021-58517189
电子信箱：sh_mlt@163.com
网址：www.sh-mlt.com
主要产品或业务范围：量具量仪、光学仪器、测量仪器、测绘仪器、端度仪器等。

上海纽迈电子科技有限公司

地址：上海市普陀区金沙江路1006弄1号6楼D室
邮编：200062
电话：15618037925
传真：021-52650391
电子信箱：sales@niumag.com
网址：www.niumag.net
主要产品或业务范围：核磁共振谱仪，核磁共振分析仪，台式核磁共振成像仪等仪器。

上海蒲柘光电仪器有限公司

地址：上海市松江区泗泾镇九干路168号2幢B338
邮编：201601
电话：021-31229638
传真：021-31229639
电子信箱：shpzgd@163.com
网址：www.shgxyq.com
主要产品或业务范围：显微镜、显微熔点仪、显微摄像头及图像分析系统的研发、生产及销售。

上海谱元仪器有限公司

地址：上海市松江区莘砖公路518号9号楼2楼A区
邮编：201612
电话：021-67766136

传真：021-67766136
联系人：吴乃清
电子信箱：info@lab-spectrum.com
网址：www.lab-spectrum.com
主要产品或业务范围：紫外可见分光光度计、紫外分光光度计、可见分光光度计等光谱分析仪器及实验室仪器。

上海勤翔科学仪器有限公司
地址：上海市宝山区淞兴西路258号5C-102
邮编：200940
电话：021-65332202-801
传真：021-65232302-805
电子信箱：info@clinx.cn
网址：www.clinx.cn
主要产品或业务范围：公司自主研发了一系列生物成像类仪器包括凝胶成像系统、荧光及化学发光成像系统、动植物活体成像系统、自动菌落计数仪、紫外设备等。

上海如海光电科技有限公司
地址：上海市浦东新区置业路111号1号楼413室
邮编：201201
电话：021-50687686
网址：www.oceanhood.com
主要产品或业务范围：拉曼光谱仪、光纤光谱系统、稳谱激光器、光纤和光纤探头、光纤光谱仪以及采样附件六条产品线。

上海申光仪器仪表有限公司
地址：上海市黄浦区局门口295弄1号楼104室
邮编：200023
电话：021-63049771，63017164
传真：021-63020690
电子信箱：sg0709@sg1688.com
网址：www.sg1688.com
主要产品或业务范围：公司专业生产自动旋光仪、熔点仪、透光率雾度仪、阿贝折射仪、比较测色仪、超低温恒温槽、旋片式真空泵。

上海市激光技术研究所
地址：上海市徐汇区宜山路770号
邮编：200233
电话：021-64361584，64700560
传真：021-64700037
电子信箱：postmaster@lasernet.cn
网址：www.shlaser.com
主要产品或业务范围：各类激光光学光器件、激光全息与仿伪等激光光电子技术。

上海市计量测试技术研究院
地址：上海市浦东新区张衡路1500号
邮编：201203

电话：021-38839800
传真：021-50798390
网址：www.simt.com.cn
主要产品或业务范围：光电在线测控仪及BZJ-PE型百分表光电自动检查仪等。

上海市嘉定学联实业有限公司学联仪表厂
地址：上海市嘉定区华博路655号
邮编：201800
电话：021-59529528
传真：021-59529529
联系人：滕建平
电子信箱：info@jdxuelian.com
主要产品或业务范围：JD-3/ZDS-10数字式照度计、水下/多探头照度计、测氧仪、氧/二氧化碳气体测定仪、紫外辐照度计、隧道测光仪。

上海数造机电科技有限公司
地址：上海市浦东新区沪南公路8666弄11栋
邮编：201102
电话：4006908069
传真：021-31180558
电子信箱：sales@digitalmanu.com
网址：www.digitalmanu.com
主要产品或业务范围：3DSS系列光学三维扫描仪和3DCC彩色三维扫描仪。

上海瞬渺光电技术有限公司
地址：上海市闵行区总部一号都会路2338弄47号楼3楼
邮编：201108
电话：021-34635258
传真：021-34635260
电子信箱：saleschina@rayscience.com
网址：www.rayscience.com
主要产品或业务范围：超快激光器，光电实验室元器件，激光气体分析传感技术TDLAS产品，红外和紫外激光测试系列，光纤熔融拉锥技术系列，光伏太阳能测试设备。

上海索光光电技术有限公司
地址：上海市杨浦区临青路188号6号楼4F
邮编：200090
电话：021-65413031,65413037
传真：021-35110915
联系人：杜小姐
电子信箱：Ys1940@suo-guang.com
网址：www.suo-guang.com
主要产品或业务范围：旋光仪系列、数字熔点仪系列、比较测色仪、阿贝折射仪及应力仪器等。

上海泰明光学仪器有限公司
地址：上海市嘉定区曹安公路1985号2号楼106室

邮编：200063
电话：021－62548861
传真：021－62310879
电子信箱：2934530676@qq.com
网址：www.sh－optical.com.cn
主要产品或业务范围：研制显微硬度计、表面粗糙度测试仪、长度计量仪器三大系列40余种产品。

上海天核机电有限公司
地址：上海市杨浦区翔殷路128号
邮编：200433
电话：13601964403
传真：021－69799650
电子信箱：shth@live.cn
网址：www.shth.biz
主要产品或业务范围：光学隔振平台系列。

上海万科仪器有限公司
地址：上海市松江区九亭伴亭路228号
邮编：201615
电话：021－57633978，57633919
传真：021－57633950
电子信箱：webmaster@vancoint.com
网址：www.vancoint.com
主要产品或业务范围：主要产品有各类体视显微镜，生物显微镜，金相显微镜，测量显微镜及投影仪。适用于电子工业、科学研究、医学、教育等领域。带ＣＣＤ的E形体视显微镜可直接成像到屏幕，为多人同时观察同一画面提供极大便利，通过USB接口可将图像存储在计算机内。

上海现代先进超精密制造中心有限公司
地址：上海市浦东新区曹路镇民风路396号4栋
邮编：201209
电话：021－58631150
传真：021－58631330
电子信箱：sales@shupec.com
网址：www.shupec.com
主要产品或业务范围：各种光学非球面镜片，二元透镜，反射镜，光学模具，光学微结构以及复杂镜头，数字光电系统等。

上海现科分光仪器有限公司
地址：上海市闵行区龙吴路3199号
邮编：201108
电话：021－64342160
传真：021－64344316
联系人：周剑云
网址：www.shfgyq.cn
主要产品或业务范围：自动进样分光光度计、自动光门分光光度计、紫外可见分光光度计。

上海祥龙光学真空镀膜有限公司
地址：上海市嘉定区马陆镇横仓路2465号9幢
邮编：201822
电话：021－31021598
传真：021－31021596
电子信箱：myl@xldm－sh.com
网址：www.xldm－sh.com
主要产品或业务范围：光学镀膜镜片，激光镜片，激光窗口片，激光防护眼镜，滤光片，分光片，偏振片，高返镜。

上海新产业光电技术有限公司
地址：上海市浦东新区郭守敬路351号3号楼
邮编：201203
电话：021－50803593
传真：021－50803592
电子信箱：sni@snice.com
网址：www.snice.com
主要产品或业务范围：激光反射镜、截止滤光片、带通滤光片、CWDM用滤光片、长短波通滤光片、透镜、棱镜、平面元件和非球面透镜的高精度加工等。

上海煊峰光电科技有限公司
地址：上海市嘉定区博学路1288号6号厂房
邮编：201805
电话：021－59962896
传真：021－59962895
电子信箱：zhouqh@shxfop.com.cn
网址：www.shxfop.com.cn
主要产品或业务范围：光学镀膜材料与光学冷加工产品。

上海学泽光学机械有限公司
地址：上海市闵行区春申路2525号3幢255室
邮编：201100
电话：021－64975993
传真：021－64975993
联系人：吴文伟
电子信箱：webmaster@xueze.com
网址：www.xueze.com
主要产品或业务范围：光刻机、数显匀胶台、检查显微镜、曝光机、工具显微镜、定中心仪、望远镜。

上海仪电物理光学仪器有限公司
地址：上海市松江区徐塘路88号7号楼
邮编：201613
电话：021－64700274，64700139
传真：021－34529670
电子信箱：shydwg@shydwg.com
网址：www.shydwg.com
主要产品或业务范围：该公司生产有旋光仪、热值仪、折射仪、光度仪、色度仪五大系列近20个品种。

上海仪迈仪器科技有限公司
地址：上海市松江区九新公路1198号2号楼5层
邮编：201612
电话：4006148517
传真：021-37761230
联系人：夏士清
电子信箱：infomation@insmark.com.cn
网址：www.insmark.com.cn
主要产品或业务范围：旋光仪、折光仪、pH计和分光光度计。

上海仪圆光学仪器有限公司
地址：上海市嘉定区安亭曹安公路5666号2F
邮编：200070
电话：021-56798712
传真：021-56790812
电子信箱：lzh218@163.com
网址：www.shyygx.com
主要产品或业务范围：生物显微镜、体视显微镜、金相显微镜、偏光显微镜、立体显微镜、视频显微镜、检测显微镜、荧光显微镜、相衬显微镜、工具显微镜、读数显微镜、测量显微镜以及各类地质地矿/熔深焊接专用显微镜。

上海义辉光学仪器有限公司
地址：上海市青浦区华志路1258号5幢102室
邮编：201812
电话：021-62262294
传真：021-62262294
联系人：王兆荣
电子信箱：yihui_sh_cn@163.com
网址：www.yihui-sh.com
主要产品或业务范围：冲击试样缺口投影检查仪，各类显微镜及带检测头的显微镜等。

上海易测仪器设备有限公司
地址：上海市杨浦区平凉路2716号8号楼南二楼
邮编：200090
电话：021-55217266
传真：021-55217267
电子信箱：yiceyiqi@163.com
网址：www.yiceyiqi.com
主要产品或业务范围：旋光仪，热值仪，折射仪，光度仪等。

上海盈诺精密仪器有限公司
地址：上海市杨浦区图们路6号沧达大厦705室
邮编：200093
电话：021-55236989
传真：021-55236989
电子信箱：innuo2012@126.com
网址：www.innuo-instruments.com

主要产品或业务范围：激光粒度仪、差示扫描量热仪、热重分析仪、综合热分析仪、接触角测量仪、表面张力仪等。

上海悦丰仪器仪表有限公司
地址：上海市杨浦区平凉路2716号8号楼南3楼
邮编：200090
电话：021-65798811
传真：021-65798822
联系人：宁建华
电子信箱：webmaster@shyfyiqi.com
网址：www.shyfyiqi.com
主要产品或业务范围：可见分光光度计，紫外可见分光光度计，火焰光度计，火焰分光光度计，白度计等。

上海韵鼎国际贸易有限公司
地址：上海市中普陀区江路388弄国盛中心1号楼1501-1502室
邮编：200051
电话：021-61455226
传真：021-61455228
电子信箱：william@eutin.cn
网址：www.eutin.com.cn
主要产品或业务范围：该公司代理分光测色仪（色差仪）、标准光源箱等光学色度仪；雾度计、反射率仪、光泽仪、不透光度仪；油膜量测量仪-红外测厚仪；显微测厚仪（膜厚仪）、MEK试验机、板带结合机；弹出式高温烘箱；DOI/Hzae仪；辐射率仪、光密度计；磨耗仪；盐雾试验箱、成型性能试验机、潮湿试验箱等环境试验箱；老化试验箱、UV实验箱等产品。

宙山（上海）工业技术有限公司
地址：上海市浦东新区金桥出口加工区金豫路100号1号楼702-703室
邮编：201206
电话：021-50936266，50934686
传真：021-50934686
电子信箱：zousun88@qq.com
主要产品或业务范围：各种显微镜、测量投影仪、光学投影仪、工业投影仪、影像测量仪、显微成像系统、光学计量仪器、物理光学仪器、综合光学测量仪器等光学仪器及显微测量软件和光学仪器配件。

松下电器机电（中国）有限公司
地址：上海市浦东新区陆家嘴东路166号中国保险大厦7楼
邮编：200120
电话：021-38552000
传真：021-38552370
电子信箱：yuanxu@cn.panasonic.com
网址：www.industrial.panasonic.com
主要产品或业务范围：光学镜片检测。

尤尼柯（上海）仪器有限公司
地址：上海市松江区民益路201号19幢5层

邮编：201612
电话：021-33730133
传真：021-33730122
电子信箱：sales@unicosh.com.cn
网址：www.unicosh.com.cn
主要产品或业务范围：离心机、光度计等实验室仪器。

翟柯莱姆达计量设备（上海）有限公司
地址：上海市闵行区联曹路552号
邮编：201108
电话：021-64346052
传真：021-64346051
电子信箱：info@zygo.com.cn
网址：www.zygo.com
主要产品或业务范围：激光干涉仪，轮廓仪。

芷云光电（上海）有限公司
地址：上海市徐汇区漕宝路70号C座906室
邮编：200235
电话：021-64325170，64325173
传真：021-64326125
电子信箱：sales@gen-opt.com
网址：www.gen-opt.com
主要产品或业务范围：固体激光器、气体激光器、可调谐激光器、半导体激光器、光纤激光器、椭圆偏振仪、CD和掩膜的测量仪、光纤光谱仪等。

中国科学院上海光学精密机械研究所
地址：上海市嘉定区清河路390号
邮编：201800
电话：021-69918000
传真：021-69918800
电子信箱：siom@mail.shcnc.ac.cn
网址：www.siom.ac.cn
主要产品或业务范围：强激光技术、强场物理与强光光学等。

成都光明光电股份有限公司
地址：四川省成都市龙泉驿区成龙大道三段359号
邮编：610100
电话：028-88456114
传真：028-88456138
电子信箱：gmgd@cdgmgd.com
网址：www.cdgmgd.com
主要产品或业务范围：光学玻璃、电子玻璃、照明玻璃、贵金属提纯加工。

成都太科光电技术有限责任公司
地址：四川省成都市温江区金马镇双堰路1919号联东U谷10号楼
邮编：610041
电话：028-65338306

传真：028-65338305
联系人：赵庆岭
电子信箱：yaoyuan3963@126.com
网址：www.techo-opt.com
主要产品或业务范围：激光平面干涉仪、激光球面干涉仪。

成都西物（集团）有限公司
地址：四川省成都市武侯区武科西三路4号
邮编：610041
电话：028-87521777
传真：028-68011770
电子信箱：market@xiwu.net
网址：www.xiwugroup.com
主要产品或业务范围：各种激光晶体材料、光电探测器件、光学薄膜、激光器件、激光测距机、激光医疗机等。

成都鑫威光电实业有限公司
地址：四川省都江堰市安龙镇官田村
邮编：611838
电话：028-87245588
传真：028-87245599
电子信箱：xinwpj@163.net
主要产品或业务范围：光学玻璃，透镜，光学镀膜，光学加工，光学元件，望远镜，观靶镜。

四川科奥达技术有限公司
地址：四川省成都市双流航空港开发区长城路光电产业园
邮编：610207
电话：028-85100626
传真：028-85101310
电子信箱：654422100@qq.com
网址：www.codergroup.com
主要产品或业务范围：ASOM系列手术显微镜及SL系列裂隙灯显微镜等。

四川省丹棱明宏光学有限责任公司
地址：四川省眉山市丹棱县机械产业园
邮编：620200
电话：13778839618
传真：028-37261069
电子信箱：izhu@mh-optics.com
网址：www.mh-optics.com
主要产品或业务范围：各系列单/双筒望远镜、光学毛坯、光学零部件、光学仪器等。

四川省格纳斯光电科技有限公司
地址：四川省成都市高新区天泰路145号特拉克斯国际广场南楼A座403
邮编：310063
电话：028-61550975
传真：028-61550974

电子信箱：gyn@sc-glas.com
网址：www.sc-glas.com
主要产品或业务范围：光学镜头、镜片生产。

中国科学院光电技术研究所
地址：四川省成都市双流350信箱
邮编：610209
电话：028-85100341
传真：028-85100268
电子信箱：dangban@ioe.ac.cn
网址：www.ioe.cas.cn
主要产品或业务范围：光束控制、自适应光学、天文目标光电观测与识别、光电精密跟踪测量、微光学及微电子光学、先进光学制造、生物医学光学等方面的研究。

三代光学科技（天津）有限公司
地址：天津市滨海新区第四大街80号天大科技园A2-103
邮编：300457
电话：022-59813862
传真：022-59813862
电子信箱：guoyuewu@126.com
网址：www.sopt2016.com
主要产品或业务范围：光学及光电子仪器及系统、生物及医疗仪器与设备。

天津大学精密仪器与光电子工程学院
地址：天津市南开区卫津路92号
邮编：300072
电话：022-27407756
传真：022-27406726
电子信箱：jyxy@tju.edu.cn
网址：http://jyxy.tju.edu.cn
主要产品或业务范围：承担着国家科技攻关、"863"计划、国家自然科学基金、攀登计划、国际合作、各省市部委重点项目及基金项目以及其他工程项目。主要的科研方向有激光及光电测试技术、精密测试计量及仪器智能化技术、纳米测量技术；光学信息处理技术及其应用、超快激光理论与应用研究、光学技术在计算机科学中的应用、数字图象处理技术、光学传感器技术；先进固体激光及非线性频率变化技术、光电子学与光通信技术、激光与光电子应用技术；智能结构系统及仪器、激光数控精密加工、微电子机械系统、无损检测及动态测试系统。

天津港东科技发展股份有限公司
地址：天津市西青区鑫茂科技园G座EF单元二层
邮编：300384
电话：022-83713533
传真：022-83712680
电子信箱：sales@tjgd.com
网址：www.tjgd.com
主要产品或业务范围：傅里叶变换红外光谱仪、激光拉曼

光谱仪、荧光分光光度计、椭圆偏振测厚仪、单光子计数器等。

天津欧波精密仪器股份有限公司
地址：天津市南开区科研东路8号A座
邮编：300384
电话：022-23712937，23712892
传真：022-23716781
电子信箱：xstjop@163.com
网址：www.tjop.net
主要产品或业务范围：该公司是外商独资企业，专业从事大地测量仪器及其他精密仪器的研制、开发和批量生产。现有产品以外销为主，其中水准仪销往世界各国。

天津赛特测机有限公司
地址：天津市东丽区天万路2号
邮编：300162
电话：022-24733443
传真：022-24733123
电子信箱：setl@setlsurvey.com
网址：www.setlsurvey.com
主要产品或业务范围：主要生产销售精密大地测量仪器，从质高价低的水准仪到经久耐用的电子经纬仪及高端产品全站仪，从基座附件到测量机的整机均能制造。

天津市激光技术研究所
地址：天津市南开区科研西路6号
邮编：300192
电话：022-87891081，022-87894175
传真：022-87892450
电子信箱：jgsbgs@163.com
主要产品或业务范围：激光加工机、激光元器件、光学及激光元件、激光标线仪、激光功率标示仪、石油割缝筛管、高密度筛板、激光测量仪、测径仪、激光治疗仪、激光防伪标识等。

天津市谱析光学仪器厂
地址：天津市河西区福建路160号
邮编：300202
电话：022-23231401，81171401
传真：022-23231401
电子信箱：461099173@qq.com
网址：www.tjpxgx.com
主要产品或业务范围：新型用于现场地面使用的看谱镜和用于经常外出携带及在高空窄小部位使用的看谱镜，新型合式看谱镜及光纤传导小型看谱镜。

天津市拓普仪器有限公司
地址：天津市津南区双港工业区丽港园6号楼3门6层
邮编：300350
电话：022-88289916，88289918

传真：022-28113917

电子信箱：tp@tjtp.com

网址：www.tjtp.com

主要产品或业务范围：红外分光光度计系列产品、紫外分光光度计系列产品、荧光分光光度计系列产品、组合式光栅光谱仪系列产品、单色仪系列产品。

天津市威斯曼光学仪器有限公司

地址：天津市西青区南河镇兴业路2号

邮编：300382

电话：022-23322035，23392128

传真：022-23313078

电子信箱：marketing@tj-wiseman.com

网址：www.tj-wiseman.com

主要产品或业务范围：专注于水准仪、经纬仪等光学精密测绘仪器及配套业务。

天津市新天光分析仪器技术有限公司

地址：天津市河西区郁江道17号陈塘科技创业基地229室

邮编：300220

电话：022-88289118，88289119，28341887

传真：022-28340900

电子信箱：2959812113@qq.com

网址：www.tjxtg.com

主要产品或业务范围：该公司是生产大型光学仪器、分析仪器的重点企业，主要生产红外光谱仪、看谱镜（验钢仪）、药典标准仪器等产品。

天津铁三院实业有限公司

地址：天津市河北区宿纬路14号

邮编：300142

电话：022-26178386

传真：022-26178388

电子信箱：tjtsy01@126.com

网址：www.tsyic.com

主要产品或业务范围：光电测距仪、全站仪及附件、大地测量仪器检定及维修、野外数据采集及CAD系统。

天津微纳制造技术有限公司

地址：天津市滨海新区第4大街80号天大科技园A2座三层

邮编：300457

电话：022-59813866

传真：022-59813870

电子信箱：trade@mn-mt.com

网址：www.mn-mt.com

主要产品或业务范围：光学及光电子仪器及系统、生物及医疗仪器与设备、高科技日用品、计算机外围设备等领域中的核心、精密及微小器件的研发、加工和制造。

天津微仪光学仪器有限公司

地址：天津市东丽区华明高新技术产业区华兴路15号A座3层

邮编：300151

电话：022-24564322，24564359

传真：022-84542008

电子信箱：tjviyee@VIP.163.com

网址：www.wyyqcj.com

主要产品或业务范围：显微镜、显微镜专用摄像系统及图像分析系统的研发、生产。

天津兆瑞测控技术有限公司

地址：天津市津南区双港锦商科技园35-2

邮编：300350

电话：022-59662007

传真：022-59662012

电子信箱：sales@zhaoruimt.com

网址：www.china-oe.com

主要产品或业务范围：测径仪，测宽仪，测厚仪，壁厚偏心测量仪以及相关的光电测量仪。

北方夜视技术股份有限公司

地址：云南省昆明市经济技术开发区红外路5号

邮编：650221

电话：0871-67238135，0871-67238136

传真：0871-67238135

电子信箱：sales@nvt.com.cn

网址：www.nvt.com.cn

主要产品或业务范围：红外探测器、微光像增强器、红外热像仪整机、微光整机等。

昆明腾洋光学仪器有限公司

地址：云南省昆明市高新技术开发区昌源中路M1-1-6

邮编：650106

电话：0871-68218102，68218318

传真：0871-68218101，68218108

联系人：杨明鹤

电子信箱：info@shunho.com

主要产品或业务范围：该公司是专业生产几种型号光学望远镜的企业，具有独立开发、生产、销售的能力。产品包括九个系列，近百种型号。

昆明裕众光学有限公司

地址：云南省昆明市二环西路220号云南软件园A座1101室

邮编：650106

电话：0871-68101321

传真：0871-68895180

电子信箱：service@sky-rover.com

网址：www.sky-rover.cn

主要产品或业务范围：天文望远镜、天文望远镜配件、双筒望远镜、单筒望远镜、观靶镜、光学零件。

慈溪市新盛光学仪器有限公司

地址：浙江省慈溪市天元工业区

邮编：315325
电话：0574-62240128
传真：0574-63456740
电子信箱：tony@xsopt.com
网址：www.xsopt.com
主要产品或业务范围：生物显微镜，体式显微镜，笔式显微镜，三标尺和其他实验室仪器。

顶尖科仪（中国）股份有限公司
地址：浙江省杭州市钱江新城民心路100号万银国际大厦2404室
邮编：310020
电话：0571-88225151
传真：0571-88225252
电子信箱：sales@psci.cn
网址：www.psci.cn
主要产品或业务范围：激光器、光谱仪器、光机械和光纤通信产品。

杭州汇龙光电仪器厂
地址：浙江省杭州市拱墅区石祥路789号B楼
邮编：310000
电话：0571-88161656
传真：0571-88161512
电子信箱：kfa@nfc969.Com.cn
主要产品或业务范围：主营各种红外夜视仪设备，红外测温仪，光学望远镜，司机专用镜，天文镜，夜视瞄准镜，光电测距仪，超薄光学玻璃，各种仪器仪表及光学元件。

杭州晶飞科技有限公司
地址：浙江省杭州市西湖区三墩西湖科技园西园路8号综合楼二楼北座
邮编：310030
电话：0571-88962180
传真：0571-87330325
联系人：项国平
电子信箱：lcdfly@foxmail.com
网址：www.lcdfly.com
主要产品或业务范围：公司科技产品主要包括微型光纤光谱仪、红外光谱分析仪、积分球、LED测试设备、电学测试仪器及其他常用光度测试等。

杭州精飞光学仪器制造有限公司
地址：浙江省杭州市余杭区钱江经济开发区康信路597号
邮编：310023
电话：0571-85221820
联系人：柳永宽
主要产品或业务范围：表面等离子共振实验仪（SPR）、光谱仪、分光计。

杭州志达光电有限公司
地址：浙江省杭州市文一西路科技大道8-2号9座
邮编：310023
电话：0571-88924570
传真：0571-87951905
电子信箱：heyinbo@zju.edu.cn
网址：www.zhida-optic.com.cn
主要产品或业务范围：各类光学元件、光学镜头、光学检测设备。

嘉兴蓝特光学有限公司
地址：浙江省嘉兴市洪合镇洪福路1108号
邮编：314023
电话：0573-83382809
传真：0573-83349898
电子信箱：sales@lante.com.cn
网址：www.lante.com.cn
主要产品或业务范围：光学棱镜，透镜，玻璃非球面透镜。

宁波北仑方远光电仪器有限公司
地址：浙江省宁波市北仑小港街道王家溪口142号
邮编：315803
电话：0574-86234869
传真：0574-86234866
电子信箱：sales@nbfygd.com
网址：www.nbfygd.com
主要产品或业务范围：体视显微镜、生物显微镜、金相显微镜、偏光显微镜、荧光显微镜，一滴血检测仪，光学透镜等显微镜及其配件，望远镜，探测仪，投影仪等其他光电设备。

宁波电子信息集团有限公司
地址：浙江省宁波市高新区光华路299弄29号C12幢23层
邮编：315048
电话：0574-87295550，87324829
传真：0574-87292158
电子信箱：webmaster@nbelec.com
网址：www.nbelec.com
主要产品或业务范围：光学仪器。

宁波华光精密仪器有限公司
地址：浙江省宁波市章水镇振兴东路70号
邮编：315153
电话：0574-88152570
传真：0574-88152570
电子信箱：chinahg@hgopt.com
网址：www.china-huaguang.com
主要产品或业务范围：体视显微镜、中型体视显微镜、学生显微镜、连续变倍生物显微镜、光学元器件等。

宁波盛恒光电有限公司
地址：浙江省宁波市鄞州区高桥工业区秀丰路587号
邮编：315174
电话：0574—88446023
传真：0574—88446043
电子信箱：navite@navite.com
网址：www.microscopechina.com
主要产品或业务范围：该公司专业从事生物/体视显微镜，分析仪器，计量仪器及测绘仪器的生产。

宁波市教学仪器有限公司
地址：浙江省宁波市海曙区望童路658弄55号
邮编：315016
电话：0574—87150088
传真：0574—87150688
电子信箱：nbtif@mail.nbtif.zj.cn
网址：www.nbtif.com
主要产品或业务范围：各类光学显微镜。

宁波天宇光电科技有限公司
地址：浙江省宁波市北仑区普陀山路79号
邮编：315806
电话：0574—86110738
传真：0574—86101768
联系人：王宁宁
电子信箱：admin@china-yuda.com
网址：www.yujie.com
主要产品或业务范围：公司专业制造销售光学显微镜。

宁波亚太光学仪器有限公司
地址：浙江省宁波市骆驼工业区荣吉路28号
邮编：315202
电话：0574—86588848，86588548
传真：0574—86588538
电子信箱：yatai@cnyatai.com
网址：www.cnyatai.com
主要产品或业务范围：放大镜，聚光镜，各类球面镜片，光学棱镜等多种光学产品。

宁波怡信光电科技有限公司
地址：浙江省宁波市江北区长兴路199号
邮编：315012
电话：0574—87486909，87488065
传真：0574—87192406
电子信箱：eassonnb@163.com
网址：www.easson.net.cn
主要产品或业务范围：该公司主要生产光栅数显产品、高精度测长仪、光学投影仪、刀具预调测量仪、影响测量仪、激光抄数机、三坐标测量机产品、三维摄影测量机、高速数控雕铣机、CNC火花机、加工中心。

宁波永新光学股份有限公司
地址：浙江省宁波市高新区明珠路385号
邮编：315040
电话：0574—87906088
传真：0574—87908111
电子信箱：lhz@yxopt.com
网址：www.yxopt.com
主要产品或业务范围：该公司研发及生产的各类光学仪器；各类高精度光学透镜及镜头、波段滤光片、高亮度反射镜、强化窗口以及精密机械零件。

宁波源禄光电有限公司
地址：浙江省宁波市保税区东区兴业五路7号
邮编：315899
电话：0574—86820256
传真：0574—86820256
电子信箱：sales@gratingworks.com
网址：www.gratingworks.com
主要产品或业务范围：全息光栅和光谱仪模块。

宁波湛京光学仪器有限公司
地址：浙江省余姚市北工业园区熊家街1号
邮编：315410
电话：0574—62189858
传真：0574—62189848
网址：www.nbzhanjing.com
主要产品或业务范围：天文望远镜、数码显微镜、生物显微镜、学生显微镜等。

舜宇光学科技（集团）有限公司
地址：浙江省余姚市舜科路27—29号
邮编：315400
电话：0574—62538080
传真：0574—62538111
电子信箱：office@sunnyoptical.com
网址：www.sunnyoptical.com
主要产品或业务范围：学生显微镜、生物显微镜、体视显微镜、偏光显微镜、金相显微镜、数码显微镜、自动安平水准仪、激光扫平仪、激光投线仪、分光光度计等。

余姚市大工仪器有限公司
地址：浙江省余姚市城区长新路56号
邮编：315450
电话：0574—62625258
传真：0574—62625259
电子信箱：sjj4130@163.com
网址：www.yydag.com
主要产品或业务范围：光学冷加工、显微镜制造。

余姚市华微仪器有限公司
地址：浙江省余姚市马渚镇东横路128号

邮编：315450
电话：0574-62677488
传真：0574-62676358
电子信箱：Huaweisale3@vip.163.com
网址：www.yuyaohuawei.com
主要产品或业务范围：公司产品有换挡变倍体视显微镜、连续变倍体视显微镜、生物显微镜、视频显微镜、数码显微镜、冷光源等。

浙江光学仪器制造有限公司
地址：浙江省杭州市西湖区三墩西湖科技园西园九路三号
邮编：310030
电话：0571-88851940
传真：0571-88834964
联系人：赵忠明

电子信箱：gyxs_hz@163.com
网址：www.zjgxyq.cn
主要产品或业务范围：DS3水准仪系列；AT铝合金脚架系列；FDC反射器系列；光学角锥棱镜系列；DZ对中杆系列。

中建材智能自动化研究院有限公司
地址：浙江省杭州市拱墅区舟山东路66号
邮编：310015
电话：0571-88013413
传真：0571-88013414
电子信箱：qgyzdhyjs@163.com
网址：www.qgyzdh.com
主要产品或业务范围：白度计、颜色测定仪、瓦楞纸厚度计、光泽度测定仪等。

分析仪器

安徽天分仪表有限公司
地址：安徽省天长市经济开发区经三路高新技术创业服务中心C201
邮编：239300
电话：18225808093
传真：0550-7671444
电子信箱：2229496671@qq.com
网址：www.tf-yb.com
主要产品或业务范围：氧化锆氧量分析仪。

安徽皖仪科技股份有限公司
地址：安徽省合肥市高新区文曲路8号
邮编：230088
电话：4001120066
传真：0551-65884083
电子信箱：wayeal@wayeal.com.cn
网址：www.wayeal.com.cn
主要产品或业务范围：公司主要产品涵盖色谱、光谱、质谱类及医用分析仪器。

安捷伦科技（中国）有限公司
地址：北京市朝阳区望京北路3号
邮编：100102
电话：010-64397888，64397666
传真：010-64397666
电子信箱：lsca-china_800@agilent.com
网址：www.agilent.com
主要产品或业务范围：杰出的测量设备公司，在电子、通信、生命科学和化学分析行业领先。主要产品包括液相色谱仪，气相色谱仪，微数组基因芯片，质谱仪以及以微流体为基础的设备；电子测量仪器等。

北京八方世纪科技有限公司
地址：北京市海淀区万泉河路68号紫金庄园7号楼1106室
邮编：100086
电话：010-82656628，82656500，82656399
传真：010-82656517
电子信箱：bafang@bfc.com.cn
网址：www.bfc.com.cn
主要产品或业务范围：该公司是国内化学实验室分析仪器、实验设备及其消耗材料的专业供应商。经营着品种繁多的分析仪器耗材、实验器材、实验设备、规格齐全的分析及制备色谱柱和实验室化学分析仪器产品。

北京邦鑫伟业技术开发有限公司
地址：北京市昌平区超前路37号4号楼5层南区

邮编：102200
电话：010-69706471
传真：010-69703643
联系人：杨冠新
电子信箱：sales@bandwise.com.cn
网址：www.bandwise.com.cn
主要产品或业务范围：该公司是集产品设计、开发、制造、销售及服务于一体的科技实体，产品包括波长色散X荧光分析仪和能量色散X荧光分析仪两大系列。

北京宝德仪器有限公司
地址：北京市昌平区沙河镇昌平路97号B栋704
邮编：102206
电话：010-52805575
传真：010-52805577
电子信箱：sales@bjbaode.com
网址：www.bjbaode.com
主要产品或业务范围：流动注射分析仪和原子荧光度计。

北京北斗星工业化学研究所
地址：北京市海淀区清河安宁庄东路18号光华创业园23号楼3层
邮编：100190
电话：010-82410949
传真：010-82415387
电子信箱：xxq_bdx@126.com
网址：www.big-dipper.cn
主要产品或业务范围：研究所主要从事化学分析仪器的研制、开发与生产。

北京北分麦哈克分析仪器有限公司
地址：北京市海淀区温泉北清路160号
邮编：100095
电话：010-62403127
传真：010-62403130
电子信箱：shichang@baif-maihak.com
网址：www.baif-maihak.com
主要产品或业务范围：红外线气体分析器系列、紫外气体分析系列、热导式气体分析系列、激光气体分析系列等。

北京北分瑞利分析仪器（集团）有限责任公司
地址：北京市海淀区北清路160号
邮编：100095
电话：010-64383944
传真：010-64371646
电子信箱：bfrl@bfrl.com.cn

网址：www.bfrl.com.cn

主要产品或业务范围：研发制造八大系列50多种产品如原子吸收光谱系列、原子荧光光谱系列、气相色谱、高效液相色谱、原子发射光谱系列、紫外/可见光谱系列、红外拉曼光谱系列、微波消解/萃取仪等光谱分析仪器。

北京北分天普仪器技术有限公司

地址：北京市海淀区中关村翠湖科技园云中心15号楼1单元4层

邮编：100095

电话：010-62450577，62460515，62474738

传真：010-82478025

电子信箱：info@tianpu17.com

网址：www.tpinstrument.com

主要产品或业务范围：原子吸收分光光度计，比表面积测定仪，比表面积与孔径测定仪，在线可燃气体监测仪，农药残毒速测，化学毒剂监测仪，色质联用仪等。

北京北研兴电力仪表有限责任公司

地址：北京市昌平区沙河百沙路新飞达电子科技工业发展中心A4

邮编：102206

电话：010-61705410

传真：010-61705400

电子信箱：beiyanxing@126.com

网址：www.beiyanxing.com

主要产品或业务范围：电化学仪器，高精度标准电能表，现场校验仪，电能表检验装置，精密稳定电源。

北京彼奥德电子技术有限责任公司

地址：北京市昌平区南郝庄工业园

邮编：100094

电话：010-80105611

传真：010-80109211

电子信箱：service@bjbiaode.com

网址：www.bjbuilder.com

主要产品或业务范围：物理（比表面及孔径分析仪）及化学吸附分析仪，真密度分析仪，催化反应综合评价装置（包括固定床、流化床、浆态床等各类催化反应装置），高压及在线配气系统等五个系列20余种产品。

北京边华电化学分析仪器有限公司

地址：北京市海淀区永丰路甲6号

邮编：100094

电话：010-62471903

传真：010-62106955

电子信箱：huadian@263.net

网址：www.huadiansuo.com.cn

主要产品或业务范围：研制销售各类水质（如生活用水、工业废水、河水等）、气体在线、实验室、便携式约三十多种分析仪器。

北京博赛德科技有限公司

地址：北京市顺义区空港工业B区安庆大街6号院1号楼

邮编：100102

电话：010-84724315，84724316，84724318

传真：010-84724310

电子信箱：min_hong@bct-tech.com

网址：www.bct-tech.com

主要产品或业务范围：从现场应急的便携式气质、便携式气相，到连续在线的空气及水中VOC监测，再到实验室各种VOC前处理及检测样品涵盖气、液、固各种基质。

北京彩陆科学仪器有限公司

地址：北京市大兴区金苑路11号9层

邮编：102628

电话：010-81297658

传真：010-63357429

电子信箱：cailu999@sohu.com

主要产品或业务范围：高效毛细管电泳仪、高效液相色谱仪、高效毛细管电泳液相色谱一体机、微流控芯片紫外检测仪。

北京超谱斯派克仪器开发有限公司

地址：北京市朝阳区安立路60号润枫德尚A座503室

邮编：100101

电话：010-64820148，64820149

传真：010-64820146

电子信箱：cclbj@chaopu-ccl.com.cn

网址：www.chaopu-ccl.com.cn

主要产品或业务范围：该公司是专业从事各类进口分析仪器的销售、技术支持、售后服务及零备件供应的公司，主要产品有各类光谱分析仪器及油品分析仪。

北京朝阳华洋分析仪器有限公司

地址：北京市顺义区南彩镇茂华工场7号楼北门4层

邮编：101303

电话：010-64327218

传真：010-69453646

联系人：刘婷

电子信箱：2300291677@qq.com

网址：www.hyai.com

主要产品或业务范围：原子吸收分光光度计，火焰光度计，荧光PCR检测仪等。

北京潮声公司

地址：北京市海淀区中关村东路18号财智国际大厦B座1906室

邮编：100083

电话：010-82600156，82600157

传真：010-82600160

联系人：张昊

电子信箱：CS@chaoshengbj.com

网址：www.chaoshengbj.com

主要产品或业务范围：该公司从事仪器的研制、开发及销售。产品包括电化学滴定系列、食品微生物检测系列、分析化学消耗品。

北京诚驿恒仪科技有限公司
地址：北京市海淀区中关村东路18号财智国际大厦A座－1505室
邮编：100083
电话：010-82382578
传真：010-82382580
联系人：张宇
电子信箱：info@chinyee.cn
网址：www.chinyee.cn
主要产品或业务范围：该公司专业从事进口仪器设备的引进。主要代理总烃分析仪，高精度主动减震系统，研磨系统，等离子质谱雾化器及其他PFA材质的实验室器具，动态光散射粒度分析仪，超滤系统，实验室高温炉，沥青质含量测试仪，X射线荧光定硫仪，天平，水浴，离心机，热分析系统，水分/电位滴定仪，密度计，折光度计，热流计，黏度计，显微镜，冻干机，真空离心浓缩仪，蠕动泵，水分天平，酸度计，电导率仪，研磨仪，纯水系统，真空泵等实验室仪器和设备。

北京大川机械电子设备有限公司
地址：北京市朝阳区北四环中路6号华亭家园A座9F
邮编：100029
电话：010-82859638，82859649
传真：010-82859436
电子信箱：sales@macro-river.com
网址：www.macro-river.com
主要产品或业务范围：过氧化氢检测仪，臭氧分析仪，余氯分析仪。

北京大漠天宇石油资源科技有限公司
地址：北京市海淀区知春路甲48号3号楼4单元8D
邮编：100098
电话：010-88119969，88113862
传真：010-88119969
电子信箱：2278893286@qq.com
网址：www.damotianyu.com.cn
主要产品或业务范围：该公司销售所有三菱化学分析仪器，负责其推广及售后服务等。产品有卡尔费休微量水分分析仪，自动电位滴定仪等。

北京东方奥德姆科技发展有限公司
地址：北京市朝阳区北苑路媒体村天畅园7号楼2704室
邮编：100107
电话：010-84932377，84928740，84928743
传真：010-84932477
联系人：陈晖
电子信箱：service@oldham-china.com

网址：www.oldham-china.com
主要产品或业务范围：该公司为气体检测设备专业厂家，研发、生产气体检测设备，包括便携式气体检测仪表和固定式气体检测系统。

北京东西分析仪器有限公司
地址：北京市门头沟区石龙经济开发区上园路3号
邮编：102308
电话：010-88393500
传真：010-88393506
电子信箱：zhangqiang@ewai-group.com
网址：www.ewai.com
主要产品或业务范围：气相色谱仪系列、气相色谱质谱联用仪系列、液相色谱系列、离子色谱仪、光谱仪、原子吸收分光光度计、原子荧光光谱仪、X荧光能谱仪、波谱仪系列、紫外分光光度计等。

北京富尔邦科技发展有限责任公司
地址：北京市海淀区知春路48号盈都大厦C座4单元19E
邮编：100098
电话：010-58731356，58731357
传真：010-58731355
电子信箱：info@full-band.com
网址：www.full-band.com
主要产品或业务范围：公司提供全面的油品分析仪器和专业技术服务、气体检测仪和生化洗消设备、工业加热冷却系统。

北京海光仪器有限公司
地址：北京市朝阳区酒仙桥东路1号M3楼
邮编：100015
电话：010-64351686
传真：010-64363259
电子信箱：co@bjhaiguang.com
网址：www.bjhaiguang.com
主要产品或业务范围：公司以原子荧光光度计、原子吸收分光光度计、等离子体发射光谱等分析仪器为主要产品。

北京航天村技术研究所
地址：北京市丰台区马家堡西路15号时代风帆大厦2-2602室
邮编：100068
电话：010-51662799
传真：010-51665049
电子信箱：bjhtc@vip.sina.com
网址：www.bjhtc.com
主要产品或业务范围：公司专业生产声学和振动仪器。代理日本理音公司测振仪、声级计和日本西格玛公司的现场动平衡仪。

北京航轩科技发展有限公司
地址：北京市朝阳区成寿路134号院中海城紫鑫阁3-817

邮编：100176
电话：010-67950189
传真：010-67942250-8002
电子信箱：postmaster@bjhxkj.com.cn
网址：www.bjhxkj.com.cn
主要产品或业务范围：英国palintest、日本笠原理化（KRK）、日本共立理化学研究所的水质检测仪，日本光明理化株式会社（北川）的气体检测仪器中国地区总代理。

北京和信昌吉科技发展有限公司
地址：北京市朝阳区东四环中路41号嘉泰国际大厦A座0622室
邮编：100025
电话：010-64462809
传真：010-64465307
联系人：赵坚
电子信箱：610575992@qq.com
网址：www.kett.com.cn
主要产品或业务范围：作为中国地区总代理商主要从事日本Kett水分计、水分测试仪器的销售、经营。

北京恒久科学仪器厂
地址：北京市密云区经济开发区强云路9号
邮编：101400
电话：4001887566
传真：010-69076318
电子信箱：henven@126.com
网址：www.henven.com
主要产品或业务范围：差示扫描量热仪，光栅单色仪，热机械分析仪，微机差热天平，微机差热仪，教学差热仪，热重分析仪。

北京恒通瑞利仪器有限公司
地址：北京市顺义区顺强路1号1幢二层
邮编：100016
电话：13382072845
传真：025-83738955
电子信箱：346930399@qq.com
网址：www.htruili.com
主要产品或业务范围：气相色谱仪、高效液相色谱仪、原子吸收光谱仪、原子荧光光谱仪、紫外可见分光光度计、顶空进样器等多种分析仪器及配套产品。

北京恒信业科技有限公司
地址：北京市海淀区半壁街南路8号汇景阁公寓610室
邮编：100089
电话：010-68450610
传真：010-68450610
电子信箱：webmaster@hangseng.net.cn
网址：www.hangseng.net.cn
主要产品或业务范围：该公司是从事实验室分析仪器专业

技术服务和软件开发、推广、服务的综合性高新技术企业。向用户提供各类先进分析仪器及实验室辅助设备。

北京宏大京电电子技术有限公司
地址：北京市大兴区荣华中路7号院3号楼国融国际大厦711-720室
邮编：100176
电话：010-67877742
传真：010-87220205-8622
电子信箱：hongdadz@sina.com
网址：www.hongdadz.com.cn
主要产品或业务范围：智能测氧仪、测氮仪、测氢仪、便携式测氧仪、二氧化碳分析仪、微量氧气分析仪、光电气体露点仪、测氧变送器等。

北京华科仪科技股份有限公司
地址：北京市大兴区西红门镇金业大街10号
邮编：100076
电话：010-80705660，80705687
传真：010-80703092
电子信箱：hky@huakeyi.com
网址：www.huakeyi.com
主要产品或业务范围：该公司是专业从事化学水分析仪器、可燃/有毒气体报警器、仪表工作站等设备生产的高科技股份制企业。

北京华美沃特分析仪器科技有限公司
地址：北京市顺义区顺强路1号嘉德工厂3号楼
邮编：100300
电话：010-60562722
传真：010-60562722
电子信箱：253700309@qq.com
网址：www.hmwate.com
主要产品或业务范围：专注于水质检测设备及配套试剂的研发、生产、销售、服务的高科技公司。

北京华夏科创仪器股份有限公司
地址：北京市海淀区上地东路1号院1号楼
邮编：100085
电话：010-57835683
传真：010-57835683-8099
联系人：郑红燕
电子信箱：Chinainvent@vip.sina.com
网址：www.chinainvent.com
主要产品或业务范围：公司专业从事分析仪器的研发、制造、销售和服务。

北京华意兴新技术开发研究所
地址：北京市海淀区中关村水清木园4号楼1层
邮编：101300
电话：010-62547446

传真：010-62547446
电子信箱：178py@163.com
网址：www.huayixing.net
主要产品或业务范围：强磁水处理器，强磁节油器，水质硬度在线监测自动报警控制仪，余氧分析仪，总氧分析仪，二氧化氯分析仪，pH/ORP传感变送器，酸碱浓度仪，电导分析仪，余硫分析仪等。

北京汇龙昌海科贸有限公司
地址：北京市昌平区回龙观定福皇庄宾宾集团汇龙科技楼
邮编：102200
电话：010-61702018
传真：010-61702017
电子信箱：BJHL888@263.net
网址：www.hlkx.net
主要产品或业务范围：公司专业从事气源仪器的研制开发及销售HGN-高纯氮气发生器，HGH-高纯氢气发生器，色谱空气源，氮氢空三气一体机，氮空/氢空两气一体机，气体净化器，自动顶空进样器等系列仪器。

北京吉天仪器有限公司
地址：北京市朝阳区酒仙桥东路1号院M6楼4层
邮编：100015
电话：010-64377759
传真：010-64379929
电子信箱：sunicehl@126.com
网址：www.bjjitian.com
主要产品或业务范围：原子荧光、液相色谱-原子荧光形态联用；流动注射分析；前处理分析；ICP光谱分析、ICP-MS质谱分析；便携式气质联用仪；近红外光谱分析系列。

北京佳分分析仪器技术有限公司
地址：北京市海淀区温泉苗圃
邮编：100095
电话：010-62408857，62408661，62484003
传真：010-62406807
电子信箱：13701085243@139.com
网址：www.bjjf.net
主要产品或业务范围：该公司是集研发、生产、销售及售后服务于一体的专业气相色谱仪厂家。产品包括气相色谱仪、液相色谱仪、顶空进样器、裂解进样器、热解析进样器、色谱工作站及其配套设备，氮气、氢气、空气发生器，色谱柱及相关色谱零备件，色谱专用气路调节稳压阀、稳流阀、针形阀、开关阀，气相色谱仪器改装和技术服务，实验室气路设计安装。

北京检测仪器有限公司
地址：北京市西城区鸭子桥39号
邮编：100055
电话：010-63365502

传真：010-63365502
电子信箱：jcyq@bjjcyq.com
网址：www.bjjcyq.com
主要产品或业务范围：专业生产风速计、风速仪、检测仪器及分析仪器，是风速测量仪、HG型火焰光度计、JWL系列微生物采样器、ND系列硅酸根分析仪、CD系列大气采样器等产品的专业制造商。

北京捷安杰科技发展有限公司
地址：北京市朝阳区朝外大街22号泛利大厦917-918室
邮编：100020
电话：010-65888666
传真：010-65886577
电子信箱：info@jjindustries.com.cn
网址：www.jjindustries.com.cn
主要产品或业务范围：该公司是澳大利亚SGE公司在中国的总代理，主要有气相毛细管柱、液相色谱仪、毛细管液相柱和ETP电子倍增器等。同时代理瑞士VICI Valco公司的产品，包括各种精密进样/切换阀、隔膜阀、驱动器、定量环、PDD检测器、气体纯化器、渗透管/仪器、流量阀、毛细管柱/填料、稀释仪等。

北京京国艺科技发展有限公司
地址：北京市大兴区科创十四街99号33幢C座904
邮编：101111
电话：010-56532338
传真：010-88498030-11
电子信箱：beijingguoyi@126.com
网址：www.jingguoyi.com
主要产品或业务范围：该公司专业研制和生产精密仪器，产品包括GY系列贵金属分析仪。

北京精微高博科学技术有限公司
地址：北京市大兴区经济技术开发区科创十三街12号德为科技园5号楼2层
邮编：100055
电话：010-68949817，68949825，63326034
传真：010-63326024
电子信箱：sales@jwgb.net
网址：www.jwgb.net
主要产品或业务范围：公司专业研究、生产动态全自动比表面仪、BET比表面仪、高压吸附仪等。

北京九如仪器有限责任公司
地址：北京市海淀区复兴路甲36号1909号
邮编：100039
电话：010-88202496，88204535
传真：010-88202495
电子信箱：info@jeroinstrument.com
网址：www.jeroinstrument.com
主要产品或业务范围：红外水分仪。

北京均方理化科技研究所
地址：北京市海淀区高里掌路1号院15号楼1单元二层
邮编：100095
电话：010-82782124
传真：010-82781340-802
电子信箱：lanbing15@126.com
网址：www.junfang.com.cn
主要产品或业务范围：红外气体分析仪器，便携式红外线气体分析仪，一氧化碳分析系统，氢分析仪，氧分析仪，植物光合测定仪，成套多组分气体分析仪，垃圾焚烧监测系统，气体稀释仪。

北京凯奥科技发展有限公司
地址：北京市大兴区黄村镇狼垡二村村委会南800米
邮编：102613
电话：010-59495635，89183012
传真：010-61222563
电子信箱：kaiao666@163.com
网址：www.beijingkaiao.com
主要产品或业务范围：该公司专业从事各种仪器开发、研制、生产和销售代理。主要产品有微量分光光度计、核酸分析仪、高效毛细管电泳仪、毛细管电泳仪液相色谱一体机、高效液相色谱仪等分析仪器。

北京凯尔科技发展有限公司
地址：北京市海淀区北清路81号一区4号楼10层
邮编：100085
电话：010-62403950
传真：010-58859891
电子信箱：sales@bjkaier.com
网址：www.bjkaier.com
主要产品或业务范围：烟气排放连续监测系统、多组分气体分析仪、颗粒物分析仪、渗透膜法预处理系统、空气质量监测系统、在线飞行时间质谱仪、便携质谱仪、在线气相色谱仪、傅里叶红外分析仪等。

北京凯隆分析仪器有限公司
地址：北京市通州区中关村科技园区通州园金桥科技产业基地景盛中街21号
邮编：101102
电话：010-65900635
传真：010-65906674
电子信箱：Kaloon@vip.163.com
网址：www.kaloon.com.cn
主要产品或业务范围：在线分析系统。化工行业的水煤浆汽化分析，甲醇/合成氨/醋酸等气体成分分析；石化行业的炼制加氢过程，催化烟气，重整，从烯烃到聚合物的石化过程技术解决方案。

北京康尔兴科技发展有限公司
地址：北京市通州区运通花园商服楼3层

邮编：101100
电话：010-89594816，89595214
传真：010-89594816-203
电子信箱：cprsensor@yahoo.com.cn
网址：www.crxgas.com
主要产品或业务范围：便携式/固定式有毒气体检测仪、可燃性气体检测仪、五合一气体检测仪、环境空气质量监测仪/监测系统、高精度配气系统等各种有毒有害气体的监测及分析。

北京科丰恒业仪器仪表有限公司
地址：北京市丰台区科技园航丰路6号
邮编：100070
电话：010-63752108
传真：010-63716628
电子信箱：ecim2009@163.com
网址：www.chinaecim.com
主要产品或业务范围：NIR近红外系列光谱仪、FTIR红外特种光谱仪和RAMAN拉曼光谱仪等。

北京科诺科仪分析仪器有限公司
地址：北京市通州区金桥科技产业基地27号楼
邮编：100102
电话：4007096006
传真：010-56370927
电子信箱：kenuokey@163.com
网址：www.kenuokeyi.com
主要产品或业务范围：国标系列COD回流恒温消解仪、多参数水质测定仪，COD快速测定仪，重金属测定仪。

北京科普生分析科技有限公司
地址：北京市海淀区苏家坨镇西小营
邮编：100194
电话：010-62485018，62485019，62488788
传真：010-62485019
联系人：袁珂
电子信箱：kpson@qq.com
网址：www.kpson.com
主要产品或业务范围：公司从事开发、研制、生产及销售气相色谱仪配套用气源发生器。

北京科瑞科学器材有限责任公司
地址：北京市西城区南滨河路贵都国际中心A座1904
邮编：100055
电话：010-63494171
传真：010-63457053
电子信箱：kerui123@vip.sina.com
网址：www.keruibj.com
主要产品或业务范围：公司代理实验室国产和进口仪器。
主要经营水质分析仪器、电化学仪器、光谱/色谱仪器、物理光学仪器、分析天平系列等。

北京莱伯泰科仪器有限公司
地址：北京市顺义区空港工业区B区安庆大街6号
邮编：101312
电话：010-80486450，80486451，80486452
传真：010-80486354
电子信箱：labtech@labtechgroup.com
网址：www.labtechgroup.com
主要产品或业务范围：该公司是专业的实验室产品供应商，集分析仪器、实验室样品处理仪器、实验室设备、实验室信息管理软件和实验室设计与工程的开发、生产和销售于一体的专业化高科技跨国公司。产品有高效液相色谱仪，多维液相色谱仪，凝胶色谱分析系统。

北京雷泰仪器有限公司
地址：北京市大兴区亦庄经济技术开发区科创十二街8号北斗产业园2号楼A座505室
邮编：100176
电话：010-84766088
传真：010-84787587
电子信箱：wyq_retest@126.com
网址：www.retest-instrument.com
主要产品或业务范围：进口二手分析仪器销售和维修保养服务。

北京理加联合科技有限公司
地址：北京市海淀区安宁庄东路18号光华创业园5号楼
邮编：100085
电话：010-51292601
传真：010-82899770
电子信箱：sales@li-ca.com
网址：www.li-ca.com
主要产品或业务范围：激光稳定性同位素分析仪、激光痕量气体分析仪、全自动化学分析仪、流动分析仪和水质水量测量设备等。

北京连华永兴科技发展有限公司
地址：北京市通州区中关村科技园金桥科技产业基地景盛南四街15号95号楼
邮编：101102
电话：010-59777066
传真：010-59777077
电子信箱：cod8cod@126.com
网址：www.lianhuakeji.com
主要产品或业务范围：多参数水质检测系列、氨氮测定仪系列、总磷测定仪系列、水质在线检测仪系列、COD快速测定仪系列、BOD测定仪系列、总氮测定仪系列。

北京绿绵科技有限公司
地址：北京市海淀区北四环西路68号左岸工社806-807室
邮编：100080
电话：010-82676061，82676062，82676063
传真：010-82676068
电子信箱：info@lumtech.com.cn
网址：www.lumtech.com.cn
主要产品或业务范围：该公司是专业质谱及其它分析仪器的供应商热电在中国的代理。主要产品有色谱质谱产品线，分析兼制备高效液相色谱，凝胶净化系统，高精度质量测定软件包。

北京麦思奇高科技有限公司
地址：北京市东城区远洋德邑商务中心A座410室
邮编：100022
电话：010-87750571
传真：010-87757512
联系人：吴翠萍
电子信箱：tomtom1390@163.com
网址：www.msdyq.cn
主要产品或业务范围：菌落计数器、菌落计数仪、双向电泳分析系统、电泳光密度计。

北京明尼克分析仪器设备中心
地址：北京市朝阳区望京西园222号星源国际D-1503
邮编：100102
电话：010-84723211
传真：010-84723212
联系人：薛海玲
电子信箱：xuehail@163.com
网址：www.mingnike.net
主要产品或业务范围：致力于气相色谱分析应用，色谱配套，色谱升级改造整体解决方案研究实施，样品预处理等附属设备，色谱管道、阀门接头、标准样品等成套集成服务。

北京普瑞分析仪器有限公司
地址：北京市海淀区清河小营桥北青尚办公区225
邮编：102206
电话：010-82428096，82429648
传真：010-82429648
电子信箱：as01062397021@163.com
网址：www.puruiyiqi.com
主要产品或业务范围：气相色谱仪、液相色谱仪。

北京普瑞亿科科技有限公司
地址：北京市海淀区瀚河园路自在香山98-1号楼
邮编：100093
电话：010-51651246
传真：010-88121891
电子信箱：info@pri-eco.com
网址：www.pri-eco.com
主要产品或业务范围：同位素分析仪，超痕量气体分析仪，环境气象观测系统等。

北京普析通用仪器有限责任公司
地址：北京市平谷区平三路3号
邮编：101200
电话：010-69910114
传真：010-69910818
电子信箱：webalexa@pgeneral.com.cn
网址：www.pgeneral.com.cn
主要产品或业务范围：光谱仪、色谱仪、质谱仪、X射线类、医疗专用仪器、前处理设备、移动监测车等几大系列。

北京强盛分析仪器制造中心
地址：北京市东城区前门东大街甲12-1号
邮编：100051
电话：010-67018975
传真：010-65114456
联系人：丁岩
电子信箱：dybeijing@126.com
网址：www.qstry.com
主要产品或业务范围：产品包括土壤化肥速测仪、农药残毒测速仪、凯氏定氮仪、土壤水分仪等多种分析仪器。

北京秦方科技有限公司
地址：北京市海淀区林风二路39号院4号楼402室
邮编：100095
电话：010-62486528-806
传真：010-62486128-805
电子信箱：chin_fine@163.com
网址：www.qin-fang.com
主要产品或业务范围：生化、实验室分析仪器领域色谱产品。

北京锐光仪器有限公司
地址：北京市昌平区生命园路9号
邮编：100015
电话：010-88850168
传真：010-88855449
电子信箱：bjrgyq@163.com
主要产品或业务范围：原子光谱分析技术。

北京锐志汉兴科技有限公司
地址：北京市海淀区学清路9号汇智大厦A0702室
邮编：100085
电话：010-82731985，82731986，82731987
传真：010-82731986
电子信箱：ruizhx@163.com
网址：www.ruizhx.com
主要产品或业务范围：气相色谱仪，高压液相色谱仪，红外、紫外、可见光分光光度计，微量氧分析仪，气相色谱、液相色谱耗材及配件，生化仪器，实验室常规仪器玻璃仪器，化学试剂，高纯气体、特种气体、标准气体等产品。

北京瑞特恩科技有限公司
地址：北京市朝阳区北三环东路15号1602室
邮编：100029
电话：010-64434568
传真：010-64910868
电子信箱：info@rakon.com.cn
网址：www.rakon.com.cn
主要产品或业务范围：科学分析测试仪器、材料及设备。

北京赛智创业科技有限公司
地址：北京市海淀区西三旗建材城中路金隅斐丽蓝爵堡8号楼-1-101
邮编：100085
电话：010-62991647，62991694
传真：010-62993497
电子信箱：sage@sagecreation.com.cn
网址：www.sagecreation.com.cn
主要产品或业务范围：专业凝胶成像、化学发光成像和分析软件的开发研制。

北京三品科创仪器有限公司
地址：北京市朝阳区来广营北路新北工业区6号
邮编：100102
电话：010-64743658
传真：010-64743658
电子信箱：hyp-dysb@163.com
主要产品或业务范围：该公司专业从事分析检测仪器的研发、制造。产品服务包括凯式定氮仪及样品消解。

北京晟德瑞环境技术有限公司
地址：北京市海淀区闵庄路3号清华科技园玉泉慧谷2号楼
邮编：100195
电话：010-88856181
传真：010-88855915
电子信箱：marketing@sentech.com.cn
网址：www.sentech.com.cn
主要产品或业务范围：水质自动监测，大气自动监测，应急监测车，污染源监测，污染治理、监测软件平台及部分分析仪器，业务范围贯穿环境监测流程全过程。

北京时代辰天科技有限公司
地址：北京市海淀区西三旗建材城中路3号程远大厦512室
邮编：100096
电话：010-82923960
传真：010-82922609
电子信箱：stacent@163.com
网址：www.stacent.com.cn
主要产品或业务范围：代理销售国内外无损检测仪器、理化分析仪器、计量检测仪器等。

北京时代新维测控设备有限公司
地址：北京市海淀区林风二路38号院5号楼8层803
邮编：100195
电话：010-81797160
传真：010-82466452
电子信箱：sdxwsale@163.com
网址：www.timepower.cn
主要产品或业务范围：专业从事水质分析仪器、在线水质监测仪表、水处理装置、油品分析仪器等设备的研发、生产和销售。

北京仕为普欣分析仪器有限公司
地址：北京市海淀区上地十街辉煌国际5号楼0617号
邮编：100085
电话：010-62450590
传真：010-62669004
电子信箱：62487085@163.com
主要产品或业务范围：气相色谱仪器、高纯氮气发生器、高纯氢气发生器、色谱仪器备件专业产品。

北京市华云分析仪器研究所有限公司
地址：北京市海淀区高粱桥斜街59号院1号楼中坤大厦0608室
邮编：100044
电话：010-82149930
传真：010-66162541
联系人：李向辉
电子信箱：huayunn@263.net
网址：www.hyaii.com
主要产品或业务范围：红外线气体分析仪、环境监测仪器仪表、在线式气体分析仪及多组分气体分析系统、垃圾燃烧气体分析系统、垃圾填埋气体分析系统。

北京市龙智达科技开发有限公司
地址：北京市丰台区槐房北路2号德鑫嘉园6号楼2单元1201室
邮编：100076
电话：010-64455420
传真：010-64455420
联系人：于志勇
电子信箱：info@longida.com
网址：www.longzida.com
主要产品或业务范围：该公司专业开发、生产、销售和代理国外分析仪器。产品包括凝胶液相色谱仪，静态动态光散射检测器，黏度检测器，蒸发光散射检测器等。

北京市西城区景山科普仪器厂
地址：北京市西城区平原里小区20楼3层325室
邮编：100034
电话：010-66180919
传真：010-66173498

电子信箱：bjkp@bjkp.com.cn
主要产品或业务范围：该厂专业生产临床检验分析仪器、物理治疗及康复设备、消毒室、供应设备及器具。

北京市英博科贸有限公司
地址：北京市石景山区燕堤南路2号院10号楼301-311室
邮编：100043
电话：010-64921188
传真：010-64934652
电子信箱：inbor@163.com
网址：www.inbor.com.cn
主要产品或业务范围：主要产品YB-88系列氧量分析仪，氧化锆氧量分析仪。

北京首仪华强电子设备有限公司
地址：北京市石景山区石门路1号院3号楼
邮编：100041
电话：010-68873224
传真：010-88292886
电子信箱：market@sgyb.com
网址：www.sgyb.com
主要产品或业务范围：氧分析仪、烟气分析仪。

北京顺途科技有限公司
地址：北京市西城区车公庄大街甲4号物华大厦A1970
邮编：100044
电话：010-68008911
传真：010-68008901
电子信箱：shunto@126.com
网址：www.shuntu.net
主要产品或业务范围：代理化学分析仪器，色谱柱，配件，西门子低压电器，西门子、欧姆龙、松下PLC、变频器、欧姆龙、松下传感器、视觉系统，默勒中低压电器，建筑智能化产品与系统。

北京泰克美高新技术有限公司
地址：北京市丰台区丰葆路168号国际花园161栋
邮编：100070
电话：010-51659118
传真：010-83613212
电子信箱：zhangyu@bj-techmate.com.cn
网址：www.bj-techmate.com.cn
主要产品或业务范围：该公司是日本资生堂前沿科技事业部中国代理。主要产品包括液相色谱仪，液相色谱柱。

北京泰亚赛福科技发展有限责任公司
地址：北京市海淀区中关村南大街6号中电信息大厦409室
邮编：100101
电话：010-84851836，51655585
传真：010-84852750，84854139
网址：www.tysfweb.com

主要产品或业务范围：检测仪器仪表，无损检测仪器，气体检测仪，水质检测仪。

北京天星科仪科技有限公司
地址：北京市海淀区清河龙岗路27号
邮编：100192
电话：010-82358011
传真：010-82358611
电子信箱：sale@star-itech.com
网址：www.star-itech.com
主要产品或业务范围：主要产品包括电化学类分析仪器、光谱类检测仪器、生化类分析仪器。

北京托摩根生物科技有限公司
地址：北京市昌平区回龙观镇立业路6号北京大数据智能产业园2号楼2711
邮编：102206
电话：010-56032505，56032292
传真：010-56545265-814
电子信箱：info@thmorgan.com
网址：www.thmongan.com
主要产品或业务范围：CK系列高通量组织研磨仪、微量紫外分光光度计、核酸提取仪。

北京拓普分析仪器有限责任公司
地址：北京市朝阳区酒仙桥东路1号院M8楼C厅516
邮编：100015
电话：010-51305602，51305603
传真：010-51305609
电子信箱：washer@tuopu.com.cn
网址：www.tuopu.com.cn
主要产品或业务范围：DEM-3型自动洗板机、A296(A248)型自动包被机、A108型台式包被机、B108型自动包被机、MNCT-2型模拟CT实验仪、液体黏滞系数实验仪、DEM系列自动酶标洗板机。

北京温分分析仪器技术开发有限公司
地址：北京市海淀区丰慧中路七号MEA新材料大厦A304
邮编：100095
电话：010-58711498
传真：010-58711499
电子信箱：webmaster@bwaic.com
网址：www.bwaic.com
主要产品或业务范围：致力于液相色谱的开发与研制。最新产品有LC98-1三元梯度制备色谱仪、AAS2200原子吸收分光光度计。

北京先华科技发展有限责任公司
地址：北京市海淀区曙光花园智业园B座18B
邮编：100097
电话：010-88461468，88461469

传真：010-88461491
联系人：何楠
电子信箱：info@xh-tech.cn
网址：www.xh-tech.cn
主要产品或业务范围：小型实验室通用仪器，水质、气体、油品专业检测仪器，样品前处理系统等。

北京先驱威锋技术开发公司
地址：北京市海淀区塔院西街邮科社区11号楼南
邮编：100083
电话：010-62304468，62302753
传真：010-62301421
联系人：肖勤林
电子信箱：xqwfbj@163.com
网址：www.bjxqwf.cn
主要产品或业务范围：ZDJ系列电位滴定仪、卡氏水分测定仪、永停滴定仪、pH计；ZY系列抑菌圈测量分析仪；WBS系列微生物浊度测定仪、SCY系列分光测定仪。

北京新恒能分析仪器有限公司
地址：北京市朝阳区西大望路63号院7号楼（阳光财富大厦）903室
邮编：100022
电话：010-59799897
传真：010-59799897-889
联系人：郝红霞
电子信箱：winers@yaojian.com.cn
网址：www.yaojian.com.cn
主要产品或业务范围：主要产品包括美国通用电气分析仪器有限公司的总有机碳分析仪，美国粒子监测系统公司的粒子计数器，瑞士梅特勒-托利多的卡尔菲休水分测定仪、电位滴定仪、电导率仪、pH计、密度仪、折光仪等。

北京旭鑫仪器设备有限公司
地址：北京市昌平区沙河科技园南300米
邮编：102206
电话：010-53519848
传真：010-53519848
电子信箱：instrument@bj-xuxin.com
网址：www.bj-xuxin.com
主要产品或业务范围：研磨仪、振动筛分仪，高速切割粉碎仪，行星式球磨仪，颚式破碎仪等十几款仪器。

北京雪迪龙科技股份有限公司
地址：北京市昌平区回龙观国际信息产业基地3街3号
邮编：102206
电话：010-80735600
传真：010-80735678
电子信箱：market@chsdl.com
网址：www.chsdl.com
主要产品或业务范围：从事分析仪器仪表、环境检测系统、工业过程分析系统研发、设计、生产、销售以及运营维护服务的高新技术企业。

北京屹源电子仪器科技公司
地址：北京市东城区地安门东大街89号
邮编：100009
电话：010-84049075，64076092
传真：010-84049075
联系人：许源喜
电子信箱：yi-yuan@139.com
主要产品或业务范围：实验室酸度计的研发、制造。

北京益泽华机电设备有限公司
地址：北京市平谷区平和街39号院联东U谷工业园22号楼A区3层
邮编：102209
电话：010-69759457
传真：010-69759459
电子信箱：seawoods@unitizewell.com
网址：www.unitizewell.com
主要产品或业务范围：该公司专门从事控制系统，工业自动化和在线分析仪表成套及技术服务。

北京英格海德分析技术有限公司
地址：北京市海淀区四季青路8号郦城工作区235室
邮编：100195
电话：010-52722415
传真：010-52722410
电子信箱：info@extratech.com.cn
网址：www.extratech.com.cn
主要产品或业务范围：质谱仪，残余气体分析仪，真空过程检测仪，等离子体表征分析仪，光电半导体分析设备，数字全息显微镜，荧光光谱仪等。

北京英世智博测控技术有限公司
地址：北京市西城区枣林前街119号城市之光大厦801室
邮编：100053
电话：010-63339682，63519372
传真：010-83536581-808
电子信箱：market@talantek.com
网址：www.talantek.com
主要产品或业务范围：高精度顺磁氧分析仪、红外气体分析仪、热导氢气分析、微量元素光谱分析、高精度光电镜面露点仪、复合型气体检测分析仪、在线过程控制分析系统。

北京盈安科技有限公司
地址：北京市丰台区南四环西路188号12区25号、26号楼
邮编：100070
电话：010-63706582
传真：010-63706529
电子信箱：info@michem.com.cn

网址：www.michem.com.cn
主要产品或业务范围：公司主要产品包括自主研发生产的M8001，M5000，M4000台式ＣＣＤ金属分析仪；代理的英国阿朗台式金属分析仪；美国尼通手持式XRF分析仪。

北京盈盛恒泰科技有限责任公司
地址：北京市西城区广安门外大街朗琴国际大厦B座603
邮编：100055
电话：010-83993592，83993593
传真：010-83993562
联系人：朱淼
电子信箱：sales@ensoultech.com
网址：www.ensoultech.com
主要产品或业务范围：专业从事食品分析检测仪器和环境应急检测仪器的销售、技术支持和售后服务。

北京中电伊川测控技术有限公司
地址：北京市石景山区八大处高科技园区双园路9号京宝公司1号楼318室
邮编：100041
电话：010-88796505
传真：010-88792440
电子信箱：info@cepck.com
网址：www.cepck.com
主要产品或业务范围：专业从事工业过程气体分析仪器的高新技术企业。

北京中环大地环境科技有限公司
地址：北京市朝阳区北苑路13号领地C座
邮编：100016
电话：010-52073871，52073872
传真：010-52073871
主要产品或业务范围：水质在线监测设备，烟气连续监测系统，应急监测设备，环境监测设备。

北京中惠普分析技术研究所
地址：北京市西城区广安门外天宁寺前街2号北院F座（北京唱片厂院内）
邮编：100055
电话：010-68033419，68033420，68033421
传真：010-68033367
电子信箱：sales@bchp.com.cn
网址：www.bchp.com.cn
主要产品或业务范围：气相色谱仪配套用气源发生器，便携式微型高纯氢气发生器，氢气提纯仪，超纯氢气发生器，热解析仪。

北京中科华星科贸有限公司
地址：北京市海淀区中关村南大街甲56号方圆大厦A-201/702室
邮编：100044

电话：010-88026845，88026846，88026847
传真：010-88026834
联系人：安燕
电子信箱：nayaanyan840529@163.com
网址：www.instrumentnews.com
主要产品或业务范围：该公司从事国外高科技产品在中国地区的销售、维修及国外高科技技术在中国区的转让。产品有元素分析仪系列，Dumas法快速定氮仪，显微镜，阴极发光仪，灰熔点仪，灰分炉，挥发炉及其他各种箱式、管式炉，蛋白纯化液相色谱系统，电泳，Biacore蛋白质相互作用分析系统，分光光度计，细胞计数仪，氨基酸分析仪，离子色谱仪，电位滴定仪，卡式水分仪，伏安极谱仪，氧化稳定性测试仪，脂肪分析仪，纤维素分析仪，体外模拟培养箱，体外产气测量仪，密度计，流变仪与微波消解仪，破碎机，研磨仪，量热仪，缩分器，振动筛等。

北京中仪联众科技开发有限公司
地址：北京市朝阳区北辰西路69号峻峰华亭C座506室
邮编：100083
电话：010-59797788，58773141
传真：010-59797788-230
电子信箱：sales@testool.com
网址：www.testool.com
主要产品或业务范围：代理销售德国德图公司的烟气分析仪器，温湿度测量仪器，风速、风压检测仪器，温度测量、记录仪器，pH值、电导率测试仪器，温湿度、露点变送器，转速、噪声、照度测量仪器，无损检测仪器，万用表，示波器，超声波流量计、流量开关等。

北京中仪宇盛科技有限公司
地址：河北省廊坊市燕郊经济开发区天山智谷工业园区9-902栋
邮编：102446
电话：010-82490568
传真：010-82490568-108
电子信箱：bjzyyskj@163.com
网址：www.bjzyyskj.com
主要产品或业务范围：全自动顶空进样器、全自动热解吸仪、全自动吹扫捕集装置、解吸管活化装置等。

布鲁克仪器有限公司
地址：北京市海淀区中关村南大街11号光大国信大厦6218
邮编：100081
电话：010-58333000
传真：010-58333299
电子信箱：info@brukeroptics.cn
网址：www.bruker.cn
主要产品或业务范围：便携式红外光谱仪。

德国耶拿分析仪器股份公司
地址：北京市东城区朝阳门北大街8号富华大厦B座13层

邮编：100027
电话：010-65543849，65543879
传真：010-65543265
联系人：李宏华
电子信箱：info@analytik-jena.com.cn
主要产品或业务范围：化学分析仪器，实验室信息及管理系统，实验室器材，实验室一体化解决方案。

福斯分析仪器公司
地址：北京市海淀区中关村南大街5号理工科技大厦1105室
邮编：100081
电话：010-68467239
传真：010-68467241
联系人：鄂东梅
电子信箱：marketing@foss.com.cn
网址：www.foss.com.cn
主要产品或业务范围：红外光谱仪、近红外光谱仪、定氮仪、流式细胞仪、食品品质检测仪、牛奶分析仪、乳品分析仪、纤维素测定仪、纤维测定仪、流动分析仪、脂肪测定仪等各类分析仪器。

钢研纳克检测技术股份有限公司
地址：北京市海淀区高粱桥斜街13号
邮编：100081
电话：010-62182646
传真：010-62182584
电子信箱：market@ncschina.com
网址：www.ncschina.com
主要产品或业务范围：公司主要产品有金属原位分析仪、仪器化摆捶冲击试验机、光电火花直读光谱仪、碳硫分析仪、氧氮氢分析仪、硬度计、X射线衍射仪、X射线应力分析仪、标准样品、金相图像分析仪。

哈纳沃德仪器（北京）有限公司
地址：北京市海淀区中关村南大街17号韦伯时代中心C座911室
邮编：100081
电话：010-88570068，88570069
传真：010-88570060
电子信箱：china@hannainst.cn
网址：www.hannainst.cn
主要产品或业务范围：该公司是专业的水质分析仪器公司。产品有袖珍测试笔、便携式／台式测定仪，化学测定组和综合现场控制系统，每种仪器设备均可满足用户的不同需要。

核工业北京化工冶金研究院
地址：北京市通州区九棵树145号
邮编：101149
电话：010-51674364
传真：010-51674888

电子信箱：info@bricem.com.cn
网址：www.bricem.com.cn
主要产品或业务范围：自动分析仪，便携式废水测试仪，多元素在线自动分析仪，工业用酸碱盐浓度计，微粒分析仪，工业pH计，高温pH监控仪等。

环球分析测试仪器有限公司
地址：北京市海淀区中关村南大街9号理工科技大厦506室
邮编：100081
电话：010-68946260
传真：010-68463639
电子信箱：sale@uatil.com.cn
网址：www.uatil.com.cn
主要产品或业务范围：电化学仪器、电化学工作站、光电化学测试设备。

利曼中国北京代表处
地址：北京市朝阳区北辰西路69号峻峰华亭A-1002
邮编：100029
电话：010-58772900
传真：010-58772900-280
联系人：吴尚
电子信箱：info@leemanchina.com
网址：www.leemanchina.com
主要产品或业务范围：该公司是中国地区知名的顶级分析仪器提供商。主要产品有等离子体发射光谱仪，全自动汞分析仪，直读光谱仪，气体元素分析仪，微波消解系统，压力消解系统，高压反应釜，酸蒸馏纯化器。

美国伯腾仪器有限公司
地址：北京市朝阳区东四环中路62号远洋国际D座304室
邮编：100025
电话：010-85865569
传真：010-85861829
联系人：罗绍光
电子信箱：infochina@biotek.com
网址：www.biotekchina.cn
主要产品或业务范围：多功能酶标仪、全波长微孔板扫描分光光度计、通用吸收光酶标仪，高通量自动洗板分液系统、微孔板自动洗板机、微孔板自动分液系统、微孔板移液分液系统、微孔板储板器系统。

美国哈希公司
地址：北京市朝阳区建国门外大街22号赛特大厦23层
邮编：100004
电话：010-65150290-305
传真：010-65150399
电子信箱：HachChinaCC@hach.com
网址：www.hach.com.cn
主要产品或业务范围：水质监测分析仪器。

美国加联仪器有限公司北京分公司
地址：北京市海淀区高粱桥斜街59号中坤大厦1008室
邮编：100082
电话：010-62275851，62275391
传真：010-62227989
电子信箱：info@well-group.com.cn
网址：www.well-group.com.cn
主要产品或业务范围：元素分析仪、多功能酸纯化器、球磨机、研磨仪、镶样机、磨样机、微型清洗器、电热消解仪、各类标准样品、各类元素分析仪器用的备件/耗材，如高氯酸镁/碱石棉/各类助熔剂/燃烧管、O形圈，各类ICP等离子体发射光谱仪用的矩管/雾化器/泵管/标准溶液等。

美析（中国）仪器有限公司
地址：北京市西城区宣武门外大街海格国际大厦A座711
邮编：100200
电话：4006164686
传真：010-63132725
电子信箱：macylab@163.com
网址：www.macylab.com
主要产品或业务范围：光谱类仪器、紫外/可见分光光度计、原子吸收光谱仪。

儒亚科技（北京）有限公司
地址：北京市海淀区上地信息路1号金远见大楼B栋730
邮编：100102
电话：010-84763620
电子信箱：info@rubolab.cn
网址：www.royalab.com.cn
主要产品或业务范围：激光粒度粒形分析仪、纳米浓度分析仪、电位分析仪和在线分析仪、水中油分析仪、黏度仪、浊度仪、色度仪、离子浓度分析仪等。

赛默飞世尔科技（中国）有限公司
地址：北京市东城区安定门东大街28号雍和大厦西楼F座7层
邮编：100007
电话：010-84193588
传真：010-84193588
电子信箱：xi.ling@thermofisher.com
网址：www.thermofisher.com
主要产品或业务范围：产品包括分析仪器、实验室设备、试剂、耗材和软件等。

天美（中国）科学仪器有限公司
地址：北京市朝阳区北苑路58号航空科技大厦1号楼4层
邮编：100107
电话：010-64010651
传真：010-64060202
电子信箱：techcomp@techcomp.cn
网址：www.techcomp.cn

主要产品或业务范围：该公司是分析仪器、实验室设备及生产设备的知名供应商。生产产品有紫外/可见光分光光度计，气相色谱仪，离子色谱仪，原子吸收分光光度计，生物安全实验室和离心机等。分销产品有电子显微镜，分析仪器，离心机等产品，还代理生命科学设备，荧光光谱仪全线产品，ICP和粒度计，总有机碳分析仪产品，SP冻干机，UVP凝胶成像产品，离心机产品等。

西克麦哈克（北京）仪器有限公司
地址：北京市海淀区温泉北清路160号75幢西侧
邮编：100095
电话：010-62406092-633
传真：010-62461531
电子信箱：tian.huang@sickmaihak.com.cn
网址：www.sickmaihak.com.cn
主要产品或业务范围：分析仪器。

西派特（北京）科技有限公司
地址：北京市朝阳区华严北里甲1号
邮编：100029
电话：010-82850795
传真：010-82859589
电子信箱：marketing@sinosepat.com
网址：www.sinosepat.com
主要产品或业务范围：产品是基于光谱（红外、近红外、拉曼、荧光、紫外等）结合数据挖掘技术的智能高通量检测设备（包括台式、便携、手持和在线），可即时测定液体、固体和气体状态物料的成分含量和全部物化性质。

亚美环宇（北京）科技有限公司
地址：北京市昌平区城北街道朝凤俺村290号
邮编：102200
电话：010-62950069
传真：010-62950069
电子信箱：ymhytech@163.com
网址：www.ymhytech.com
主要产品或业务范围：ENOTEC中国办事处，主营烟气分析仪(氧化锆)实验室分析仪器，水分分析仪，实验室样品处理仪器，实验室EPC，烟尘仪，电厂钢厂仪器仪表成套。

中西远大科技有限公司
地址：北京市平谷区滨河工业园零号区22号317室
邮编：100085
电话：18910282262
传真：010-62981256
电子信箱：3004714832@qq.com
网址：www.bjzxyq.com.cn
主要产品或业务范围：该公司是高科技分析系统集成商。公司自有中西品牌氧分仪、气体发生器、测温仪、煤矿用的除尘风机等产品在市场上深受行业顾客的好评。

重庆川仪分析仪器有限公司
地址：重庆市南岸区南坪金山支路6号
邮编：400060
电话：023-62821826
传真：023-62803142
电子信箱：sales@cqcf.com
网址：www.cqcf.com
主要产品或业务范围：气体分析仪器及其成套系统、水质分析仪器及其成套系统、实验室分析仪器。

重庆里博仪器有限公司
地址：重庆市北碚区蔡家岗嘉德大道99号16幢2楼
邮编：400707
电话：023-68655606
传真：023-68651838
电子信箱：sales@leebtest.com
网址：www.leeb17.com
主要产品或业务范围：产品包括表面粗糙度仪、数字式超声波探伤仪、里氏硬度仪等。

福安市科立龙电子有限公司
地址：福建省福安市兴业中路60号
邮编：355019
电话：0593-6550588，6366980
传真：0593-6551718
电子信箱：kelilong@1718cn.com
网址：www.kelilong.com
主要产品或业务范围：该公司致力于水质检测、RPM转速测量、空气质量检测等多种技术含量较高的产品的生产，产品有水质检测（监控）仪，包括pH酸度计、EC电导率仪、TDS计、ORP氧化还原计、钠度计、盐度计；机械制造设备转速测量，包括多功能转速表、光电转速表；空气质量检测仪，包括数字温度计、温湿度表，折射仪，以及污水潜水泵。

厦门隆力德环境技术开发有限公司
地址：福建省厦门市软件园二期观日路18号501室
邮编：361008
电话：0592-5165901，5164321
传真：0592-5164323
联系人：张敏
电子信箱：mail@lawlink.cn
网址：www.lawlink.cn
主要产品或业务范围：该公司主营先进的水质分析、监测仪器。

厦门世达膜科技有限公司
地址：福建省厦门市翔安区火炬高新区春光路1159号世达膜科技产业园
邮编：361009
电话：0592-5796266

传真：0592-5796262
电子信箱：tul@starmem.com.cn
网址：www.starmem.com.cn
主要产品或业务范围：该公司是专业从事流体过滤分离的高新技术企业。自主开发了新型连续流体分离—连续逆流色谱分离技术。

厦门星鲨仪器有限公司

地址：福建省厦门市思明区厦港不见天10号
邮编：361005
电话：0592-2572800，2148794
传真：0592-2093221，2095633
联系人：张玉山
电子信箱：zhangys@xingsha.com
主要产品或业务范围：可见分光光度计、酸度计、油分浓度计。

兰州中科安泰分析科技有限责任公司

地址：甘肃省兰州高新技术开发区雁南路兰州分离科学研究所C栋
邮编：730010
电话：0931-8556555
传真：0931-8555500
联系人：金凤霞
电子信箱：zkat@zkat.com.cn
网址：www.zkat.com.cn
主要产品或业务范围：高效气相色谱柱，高效液相色谱柱，制备色谱、液相色谱填料及相关产品。

天华化工机械及自动化研究设计院有限公司

地址：甘肃省兰州市西固合水北路3号
邮编：730060
电话：0931-7310305，7352100
传真：0931-7311554
电子信箱：thkj@cthkj.com.cn
网址：www.thy.chemchina.com
主要产品或业务范围：从事化工机器、化学工程及设备、材料及腐蚀、生产过程自动控制、在线分析仪表、放射性检测仪表及环保技术与设备的研究开发、工程设计、产品制造和推广应用工作。

佛山分析仪有限公司

地址：广东省佛山市禅城区建新路97号
邮编：528000
电话：0757-83826800，83829800
传真：0757-83829033，83815506
电子信箱：fofen@fofen.com
网址：www.fofen.com
主要产品或业务范围：红外气体分析、机动车检测、软件控制系统设计、生化分析、医用压电蛋白分析、水质生物毒性分析等。

广州艾威仪器科技有限公司

地址：广东省广州市海珠区仑路78号粤科华南检测技术装备园A01栋3楼302室、303室
邮编：510070
电话：020-87688215
传真：020-87688280
联系人：曹蒋华
电子信箱：info@evertechcn.com
网址：www.evertechcn.com
主要产品或业务范围：该公司主要从事生化、制造、食品、农业、化学、激光、材料测试等专用分析仪器的销售、安装调试及售后服务。主要产品有气相色谱仪，粉碎研磨设备，水质分析仪，总有机碳分析仪，热分析，测汞仪，超纯水制备系统，气体发生器，石墨消解仪。

广州禾信仪器股份有限公司

地址：广东省广州市经济开发区开源大道11号科技企业加速器A3栋3层
邮编：510530
电话：020-82071910
传真：020-82071902
电子信箱：service@hxmass.com
网址：www.tofms.net
主要产品或业务范围：公司集质谱仪器研发、制造、销售及技术服务于一体。

广州商辉怡业计算机科技有限公司

地址：广东省广州市荔湾区荔湾路陈家祠道48号五行科技创意园6号楼211室
邮编：510170
电话：020-81941693
传真：020-81939276
联系人：黄倩儿
电子信箱：sales@eainstruments.com.cn
网址：www.eainstrument.com.cn
主要产品或业务范围：多参数在线水质分析仪、pH/离子/溶氧便携分析仪、2/4/8通道在线离子分析仪、模块式多通道实时监测专业系统、电化学信号转换器、电极信号放大器（远程传送）、离子选择电极、pH电极、ORP电极、溶氧电极、电导电极、温度传感器（温探）、电极支架等。

广州市爱宕科学仪器有限公司

地址：广东省广州市天河区天河北路235号（环贸中心）3501B-3502A房
邮编：510610
电话：020-38108256，38106065
传真：020-38396157
电子信箱：market@atago-china.com
网址：www.atagochina17.com
主要产品或业务范围：折射仪、折光仪、旋光仪、糖度

计、浓度计、盐度计、黏度计、食用油检测仪、二氧化碳检测设备等光电仪器。

广州市科会仪器有限公司
地址：广东省广州市越秀区东风东路753号天誉商务大厦东塔2905室
邮编：510080
电话：020-37816833
传真：020-37816838
电子信箱：khyq@gzxinji.com
网址：www.gzxinji.com
主要产品或业务范围：代理电子天平、红外水分测定仪，酸度计、离子浓度计、电导仪、浊度计、溶解氧测量仪、BOD/COD测量仪，折光仪，旋光仪，黏度计等。

广州市怡文环境科技股份有限公司
地址：广东省广州市科学城南云三路12号
邮编：510663
电话：020-89170888
传真：020-89170777
电子信箱：wanbang@yiwenkeji.com
网址：www.yiwenkeji.com
主要产品或业务范围：该公司是环境在线监测仪器制造商、环境在线监测整体解决方案提供商。主要产品有COD、总磷、氨氮、TOC、UV、氰化物、重金属、水中油在线监测仪，整体柜式水质自动监测站，数据采集器，超声波明渠流量计，烟气自动监测仪等。

广州泰思科学仪器有限公司
地址：广东省广州市黄埔区中新知识城九龙大道绿地城亿创街T3栋-314房
邮编：510665
电话：020-31702970
传真：020-32033515
电子信箱：2656468840@qq.com
网址：www.taisigz.com
主要产品或业务范围：农药残留检测仪、食品安全检测仪、药物残留检测仪、微生物检测系统、食品安全快速检测箱和检测试剂和食品安全监控网络体系建设。

广州新仪仪器有限公司
地址：广东省广州市天河北路233号中信广场11楼16室
邮编：510620
电话：020-87520273
传真：020-87520538
电子信箱：amychu@scienceinfel.com
网址：www.sci-Labs.com
主要产品或业务范围：室内空气品质监测仪，监测二氧化碳、可吸入性粉尘、挥发性有机化合物、氡气、空气流速、温度、相对湿度、甲醛、臭氧等。

广州昭华环境科技有限公司
地址：广东省广州市环市中路301-303号怡东大厦8楼809室
邮编：510091
电话：020-83499107
传真：020-83501713
电子信箱：info@cwdvlp.com
网址：www.cwdvlp.com
主要产品或业务范围：代理英国离子科学有限公司的VOC检测仪、泄漏检测仪、MVI汞蒸气检测仪、地下气体在线监测仪、TVOC在线监测仪、美国PortaSens II即插即用型有毒有害气体检测仪等。

华粤行仪器有限公司
地址：广东省广州市番禺区兴南大道483号华粤大厦
邮编：511442
电话：020-34821111
传真：020-34820098
电子信箱：cs@huayueco.com
网址：www.huayueco.com
主要产品或业务范围：该公司是中国最具规模的实验室仪器设备供应商之一，是全球遍及生命科学、食品安全、IVF、生物制药、实验室试剂耗材、脐血干细胞、实验室家具等70多家具有竞争力的生产厂家在中国的总代理商。主要产品有数字密度计、折光率仪、自动电位滴定仪、卡氏水分仪、马弗炉。

深圳市昂为电子有限公司
地址：广东省深圳市南山区中山园路TCL国际E城C3栋E号3-4层
邮编：518000
电话：0755-86183901
传真：0755-86183040
联系人：徐贵旺
电子信箱：info@onuee.com
网址：www.onuee.com
主要产品或业务范围：环境气体监测仪器、工业过程气体分析系统及在线控制系统。

深圳市昌鸿科技有限公司
地址：广东省深圳市南山区留仙洞工业区顺和达厂区A2栋2层
邮编：518055
电话：0755-26620515
传真：0755-26450380
电子信箱：ch@szchkj.com
网址：www.szchkj.com
主要产品或业务范围：多参数水质测定仪系列，COD速测仪系列产品、COD氨氮测定仪等。

深圳市飞蓝机电设备有限公司
地址：广东省深圳市龙岗中心城龙腾三路顺景创业园A2栋

305-306单元
邮编：518172
电话：0755-89312189，22651516
传真：0755-89312183
电子信箱：market@feellan.com
网址：www.feellan.com
主要产品或业务范围：该公司全权销售美国ＷＡ公司全球行业领先的在线电化学分析和在线光学分析系统。主要产品有在线ＵＶ分析仪、色度分析仪、荧光分析仪、浊度分析仪、泡沫分析仪、细胞培植分析仪、pＨ计、电导率仪、溶解氧仪、余氯/二氧化氯仪等。

深圳市华唯计量技术开发有限公司
地址：广东省深圳市南山区西丽镇沙河西路茶光工业区健兴楼二栋三楼
邮编：518055
电话：0755-26511656
传真：0755-26511726
电子信箱：Market@unique-mt.com
网址：www.unique-mt.com
主要产品或业务范围：该公司主要研制X荧光光谱仪。

深圳市莱雷科技发展有限公司
地址：广东省深圳市宝安中心区海秀路21号龙光世纪大A栋3楼A051号
邮编：518102
电话：0755-61881199
传真：0755-61881100
电子信箱：sales@gas-tec.cn
网址：www.leresci.com
主要产品或业务范围：X荧光能量色散，激光诱导穿透，拉曼，气像色谱质谱，ANG天然气吸附，自动化在线分析等。

深圳市朗弘科技有限公司
地址：广东省深圳市宝安区福永街道广深公路伏船港工业区兴益福永工业天A1栋4D
邮编：518103
电话：0755-27375899
传真：0755-27375811
电子信箱：info@lonhot.net
网址：www.lonhot.net
主要产品或业务范围：氧化锆氧量分析仪。

深圳市朗石科学仪器有限公司
地址：广东省深圳市南山区科技园高新中一道2号长园新材料港9栋4楼
邮编：518057
电话：0755-26953588，26955500
传真：0755-26980172
联系人：李劲松
电子信箱：sales@szlabsun.com
网址：www.szlabsun.com
主要产品或业务范围：全系列智能化水质在线监测仪器、应急监测车、实验室自动化与应急检测仪等。

深圳市同奥科技有限公司
地址：广东省深圳市宝安区石岩吉祥路12号3楼
邮编：518108
电话：0755-27600780
传真：0755-29057489
电子信箱：water@tongor17.com
网址：www.tongaokeji.com
主要产品或业务范围：水质分析仪器。

深圳市亚泰光电技术有限公司
地址：广东省深圳市龙岗区黄阁北路天安龙岗新数码城3栋B座11楼
邮编：518172
电话：0755-86656390
传真：0755-86656077
电子信箱：liw@szyatai.com.cn
网址：www.szyatai.com.cn
主要产品或业务范围：多通道振动分析仪、轴承故障检测仪、机械故障听诊器。

深圳市一正科技有限公司
地址：广东省深圳市宝安区新安街道兴东社区67区隆昌路8号飞扬科技创新园A栋510
邮编：518000
电话：0755-83549661
传真：0755-83549396
电子信箱：info@yeah.net
网址：www.e-zheng.com
主要产品或业务范围：主要产品有连续流动分析仪、全自动智能化学分析仪、微通道连续流反应器、硅碳微通道反应器、片段流化学合成反应系统、离子迁移谱气体分析系统、废液收集器和常规实验室耗材等。

深圳市怡华新电子有限公司
地址：广东省深圳市宝安区松岗街道宝安大厦与松明大道交汇处中亚研发大厦1804
邮编：518051
电话：0755-86218000，86218008，86218088
传真：0755-86218111
电子信箱：yhx@yihuaxin.net
网址：www.yihuaxin.net
主要产品或业务范围：公司提供专业实验室天平。

深圳市逸云天电子有限公司
地址：广东省深圳市宝安区西乡街道润东晟工业园10栋7楼
邮编：518100
电话：0755-26991270

传真：0755-26991275
电子信箱：geraint921@163.com
网址：www.yiyvntian.net
主要产品或业务范围：气体检测报警仪、气体分析仪、气体在线监测预处理系统。

深圳市因特迈科技有限公司
地址：广东省深圳市南山区大新路88号马家龙工业区64栋2楼东
邮编：518054
电话：0755-86372572
传真：0755-86171270
电子信箱：mei.song@int-med.com
网址：www.int-med.com
主要产品或业务范围：溶解氧测定仪、溶解氧传感器。

深圳市云峰技术有限公司
地址：广东省深圳市福田区泰然工贸园苍松大厦801
邮编：518040
电话：0755-83849878，83849860，83849861
传真：0755-83849863
电子信箱：sz-yunfeng@163.com
网址：www.dkk-toa.com
主要产品或业务范围：产品有在线式、便携式及实验式分析仪器等。

深圳市中联通电子有限公司
地址：广东省深圳市蛇口工业大道火炬创业园南山大厦3楼
邮编：518067
电话：0755-26859288，26859292
传真：0755-26859289
电子信箱：sales@zlt193.com
网址：www.consenwell.com
主要产品或业务范围：便携式气体检测仪。

深圳市盛隆兆业实业有限公司
地址：广东省深圳市宝安区西乡街道航城大道庄边工业区A栋四楼405
邮编：114000
电话：0755-29379377
传真：0412-5921396
电子信箱：xunjiaanshan2016@126.com
网址：www.unions.com.cn
主要产品或业务范围：产品有热值仪、华白仪、比重仪。

中国广州分析测试中心
地址：广东省广州市先烈中路100号大院34号楼
邮编：510070
电话：020-37656880
传真：020-87685550
电子信箱：37656880@fenxi.com.cn

网址：www.fenxi.com.cn
主要产品或业务范围：农药残留快速测定仪、食品安全综合检测仪、样品前处理设备、脂肪仪等。

珠海欧美克仪器有限公司
地址：广东省珠海市高新区科技三路33号
邮编：519085
电话：0756-3395965
传真：0756-3395969
联系人：吴汉平
电子信箱：webb.fan@omec-instruments.com
网址：www.omec-instruments.com
主要产品或业务范围：主要包括激光粒度分析仪、电阻法颗粒计数器、颗粒图像分析处理系统三大系列产品。

珠海欧源仪表有限公司
地址：广东省珠海市吉大石花西路42号协和大厦2楼
邮编：519015
电话：0756-3336751/2/3
传真：0756-3336485
电子信箱：3336752@163.com
网址：www.phsensor.com
主要产品或业务范围：公司独家代理英国LTH公司水质分析仪表；匈牙利NIVELCO公司超声波雷达液物位计、开关类及分析仪表；美国ControlAir公司气动产品；德国GMC电量产品和英国ARKON电磁流量计等。

贵阳学通仪器仪表有限公司
地址：贵州省贵阳市高新技术产业开发区沙文园区创基街
邮编：550008
电话：0851-87990163
传真：0851-87990153
电子信箱：gyxtyb@126.com
网址：www.gyxtyb.com
主要产品或业务范围：电导率仪、pH计、ORP计、钠度计、溶解氧仪、酸碱盐浓度计。

邯郸市兆辉电子科技有限公司
地址：河北省邯郸市丛台区光明北大街349号三龙国际商贸中心A138室
邮编：056002
电话：0310-5700615
传真：0310-2066671
联系人：孙文安
电子信箱：zhaohuimiduyi@163.com
主要产品或业务范围：生产在线密度测试仪器。

河北科瑞达仪器科技股份有限公司
地址：河北省石家庄市新石北路368号金石工业园2号楼
邮编：050091
电话：0311-82220136

传真：0311-83839368
电子信箱：webmaster@createc.cn
网址：www.createc.cn
主要产品或业务范围：电化学分析仪表和变送器的研制。

石家庄铁龙实验设备有限公司
地址：河北省石家庄市建华大街与和平路交叉口嘉业大厦807室
邮编：050000
电话：0311-66697071，87876226
传真：0311-66697071
电子信箱：tlyq6226@126.com
主要产品或业务范围：光谱分析仪、碳硫分析仪、三坐标仪、影像仪、多元素分析仪、超声波探伤仪、物理实验仪器、万能试验机、冲击试验机、硬度计、低温槽、拉床、夏比投影仪等产品。

唐山市师达自动化仪表科技有限公司
地址：河北省唐山市丰南区黄各庄镇南杨家泊村
邮编：063000
电话：0315-2878075，5635756
传真：0315-8528808
电子信箱：tssdyb@126.com
网址：www.shidayibiao.com
主要产品或业务范围：SDHW-1便携式煤质测量仪(灰分，水分，发热量)、SDHW-2A移动式煤质测量仪、水分仪、灰分仪、SDW-便携式水分仪、SDH-便携式煤灰测量仪、SDY-液位计(0～20m)、SDC-8型磁性物含量测量仪(磁含量计，直径100～600mm)、TDKW-水分在线快速检测仪、TDKH-灰分在线快速检测仪、KDY-1型可控电源、FLQ-2型智能分流器、WG-2型微波浓度计和SDK系列控制系统，传感器等。

郑州市光力科技股份有限公司
地址：河南省郑州市高新区长椿路10号
邮编：450001
电话：4000057577
传真：0371-67991111
电子信箱：info@gltech.cn
网址：www.gltech.cn
主要产品或业务范围：六氟化硫气体定量检漏监测系统，六氟化硫气体分析仪，高压喷雾自动降尘装置，粉尘仪校验/检定装置，气体流量纯度分析仪，卓越型KF5000煤质监测装置，气体纯度分析仪。

河南省中分仪器股份有限公司
地址：河南省商丘市经济技术开发区腾飞路66号
邮编：476000
电话：0370-3185222，3185333
传真：0370-3185366
电子信箱：zhongfenyiqi@126.com

网址：www.zhongfenyiqi.com
主要产品或业务范围：变压器色谱在线监测系列、实验室检测系列、现场便携式检测系列、油色谱在线系统检定服务系列和变电站状态监控分析系统软件等系列产品。

河南中安电子探测技术有限公司
地址：河南省郑州市高新技术产业开发区西三环283号大学科技园东区17-6号楼
邮编：450051
电话：0371-61702020
传真：0371-86688633
电子信箱：linzhoogan@163.com
网址：www.linza-china.com
主要产品或业务范围：专业研发环境内可燃/有害气体探测检测仪表、空气质量监测仪表、红外线气体分析仪器。

鹤壁市科奥仪器仪表制造有限公司
地址：河南省鹤壁市朝霞街东段5号
邮编：458000
电话：0392-2102798
传真：0392-2655369
电子信箱：ftzhao@yeah.net
网址：www.coalim.com
主要产品或业务范围：微机量热仪系列、快速智能定硫仪、快速自动测氢仪、碳氢元素分析仪、自动水分分析仪、温度控制器、系列胶质层测定仪、快速连续灰分测定仪、罗加黏结指数测定仪、干燥箱系列等。

鹤壁市立德仪器仪表有限公司
地址：河南省鹤壁市开发区卫河路399号
邮编：458030
电话：0392-3520082
电子信箱：hblideyb@126.com
网址：www.hblideyb.com
主要产品或业务范围：量热仪系列、测硫仪系列、碳氢仪系列、灰熔点系列。

鹤壁市民生科技开发有限责任公司
地址：河南省鹤壁市淇滨区黎阳路西段路北
邮编：458030
电话：0392-3313798，2170277
传真：0392-2217024，2172001
电子信箱：hbmskj@163.com
网址：www.caiheht.com
主要产品或业务范围：煤质分析仪器，国家标准煤焦仪器和实验室标准仪器设备。

鹤壁市天龙煤质仪器有限公司
地址：河南省鹤壁市车站路7号
邮编：458000
电话：0392-2645385，2621555

传真：0392－2670889，2623447
电子信箱：tlyq1999@163.com
网址：www.tlyq.cn
主要产品或业务范围：专业从事煤质分析仪器及实验室设备的开发、研制、生产和销售。产品有量热仪，快速测硫仪，灰熔点测定仪，快速自动测氢仪，碳氢元素分析仪，工业分析仪，温度自动控制器，黏结指数测定仪，胶质层测定仪，电热鼓风干燥箱，自动水分测定仪等。

鹤壁市仪表厂有限责任公司
地址：河南省鹤壁市汤河街47号
邮编：458000
电话：0392－2626816，2625016
传真：0392－2621910
电子信箱：hbybc@vip.163.com
网址：www.hbybc.com.cn
主要产品或业务范围：煤质分析仪器。

鹤壁冶金机械设备有限公司
地址：河南省鹤壁市淇滨区卫河路东段9号
邮编：458000
电话：0392－3280188，3328858，2163888
传真：0392－2688581
电子信箱：hbyjjx@163.com
网址：www.hbyjjx.cn
主要产品或业务范围：微机量热仪，智能量热仪，微机定硫仪，智能测硫仪，微机水分测定仪，微机灰熔点测定仪，快速自动测氢仪，快速连续灰分测定仪，黏结指数测定仪，胶质层测定仪，哈氏可磨性指数测定仪，数显电热鼓风干燥箱。

郑州安诺科学仪器有限公司★
地址：河南省郑州市高新技术产业开发区梧桐街50号20号楼1栋
邮编：450001
电话：0371－86560162
传真：0371－86560163
电子信箱：postmaster@zzannuo.com
网址：www.zzannuo.com
主要产品或业务范围：专业从事进样器及精密分析仪器的研发、生产、销售、代理服务。公司主营直塔式ＡＳ－3016A、ＡＳ－3016B多功能气相色谱仪自动进样器和转塔式ＡＳ－3117A、ＡＳ－3117B多功能气相色谱仪自动进样器。公司产品可以与安捷伦、岛津、福立、磐合、北分、天美等国内外知名厂商所生产的气相色谱仪完美对接。

郑州贯奥仪器仪表有限公司
地址：河南省郑州市高新技术产业开发区金盏街16号亿达科技新城8号楼2单元502
邮编：450000
电话：0371－63823816

电子信箱：aagayq@126.com
网址：www.zzgayq.com
主要产品或业务范围：手持式多参数水质检测仪、手持式多参数水质分析仪、便携式多参数水质检测仪、便携式多参数水质分析仪、水质快速检测仪。

大庆市日上仪器制造有限公司
地址：黑龙江省大庆市高新区产业三区禾丰路东段22号
邮编：163316
电话：0459－8186000
传真：0459－8186000
电子信箱：6286543@163.com
网址：www.rshang.com
主要产品或业务范围：公司生产高水平自动分析仪器。

武汉华敏测控技术股份有限公司
地址：湖北省武汉市东湖高新技术开发区光谷大道特1号国际企业中心锦丰楼C－202
邮编：430074
电话：400－8774－881，13387577921
传真：027－87745367
电子信箱：huamin@china-huamin.com
网址：www.chinahuamin.cn
主要产品或业务范围：气体传感器、气体在线分析仪、取样预处理系统、气体在线分析系统。

武汉华天通力科技有限公司
地址：湖北省武汉市武昌大学园路湛魏新村19号楼
邮编：430223
电话：027－81739779，81739836
传真：027－81739836
联系人：朱时雨
电子信箱：tonglitech@163.com
网址：www.tonglitech.com
主要产品或业务范围：智能全馏程在线分析仪、凝固点倾点在线分析仪、饱和蒸气压在线分析仪、闪点和黏度等在线分析仪。

武汉市天虹环保产业股份有限公司
地址：湖北省武汉市东湖高新技术开发区华师园北路11号
邮编：430040
电话：027－87926202
传真：027－87926201
电子信箱：yxb@thyb.com.cn
网址：www.thyb.cn
主要产品或业务范围：大气采样器，空气中颗粒物、粉尘采样器，基于β射线、振荡天平原理的颗粒物浓度监测仪，烟尘烟气采样器，气体分析仪，汽车尾气分析仪，环境空气质量自动监测系统，污染源连续排放监测系统等，大气挥发性有机物快速在线监测系统，挥发性有机物采样罐，烟道中汞测试管等产品。

武汉四方光电科技有限公司

地址：湖北省武汉市东湖高新技术开发区凤凰产业园凤凰园三路3号

邮编：430205

电话：027-87405251

传真：027-87401159

电子信箱：info@gassensor.com.cn

网址：www.gassensor.com.cn

主要产品或业务范围：主营智能气体传感器和高端气体分析仪器。

长沙川戈科技发展有限公司

地址：湖南省长沙市高新技术开发区麓谷大道662号

邮编：410205

电话：0731-88992720，88992721，88992723

传真：0731-88992721

电子信箱：chuange@cscg.cn

网址：www.cscg.cn

主要产品或业务范围：棒状薄层色谱仪、实验室分析仪器及配套设备。

长沙富兰德实验分析仪器有限公司

地址：湖南省长沙市高新开发区汇智中路160号金导园一期工业厂房A区6栋4层401

邮编：410013

电话：0731-82156280

传真：0731-88863596

电子信箱：1981318182@qq.com

网址：www.cs-friend.com

主要产品或业务范围：油品分析仪器。

长沙开元仪器股份有限公司

地址：湖南省长沙市经济技术开发区星沙长龙街道凉塘东路1259号

邮编：410100

电话：0731-84013443，84014757

传真：0731-84011835

联系人：魏文丰

电子信箱：cskaiyuan@163.com

网址：www.chs5e.com

主要产品或业务范围：公司专业制造煤质检测仪器设备。

长沙友欣仪器制造有限公司

地址：湖南省长沙市高新开发区岳麓西大道588号芯城科技园8栋601房

邮编：410114

电话：0731-88929877，888929878

传真：0731-88929879

电子信箱：U-therm@163.com

网址：www.U-therm.com

主要产品或业务范围：该公司是一家专业从事煤质化验仪器研发、生产和销售的高科技民营企业，其中金鹰全自动量热仪、全自动工业分析仪、全自动定硫仪均已达到国际先进水平，已成为替代同类进口产品的首选。

湖南三德科技股份有限公司

地址：湖南省长沙市高新开发区桐梓坡西路558号

邮编：410205

电话：0731-88812696，89863988（整机销售）

0731-88812697，88760013（配件销售）

传真：0731-88812695（整机销售）

0731-89863978（配件销售）

电子信箱：sande@sandegroup.com

网址：www.sandegroup.com

主要产品或业务范围：专业从事燃煤采样、制样、化验及燃料智能化管控整体解决方案的研发、制造、销售与服务，致力于成为全球一流的分析检测及燃料智能化管控整体解决方案供应商。

湖南尚泰测控科技有限公司

地址：湖南省湘潭市双拥路27号湘潭国家火炬创业园C区6栋5楼

邮编：411104

电话：0731-58568898，58568887

传真：0731-58568897

电子信箱：xtyb@vip.163.com

网址：www.hnstck.com

主要产品或业务范围：用于食品、药品和农产品真伪快速检测的仪器，核心产品是非线性化学指纹图谱智能检测仪。

湖南声仪测控科技有限责任公司

地址：湖南省衡阳市雁峰区白沙洲工业园长塘路6号

邮编：421007

电话：0734-8484029

传真：0734-8484062

电子信箱：xsb@hydq-cn.com

网址：www.hy-syck.com

主要产品或业务范围：多功能声级计、声校准器、声暴露计、传声器等多款电声产品。

湘潭华丰仪器制造有限公司

地址：湖南省湘潭市雨湖区先锋集团平安路172号

邮编：411100

电话：0731-58235998

传真：0732-58267996

电子信箱：840911328@qq.com

网址：www.labt17.com

主要产品或业务范围：新型材料研制生产，无机非金属材料理化检测仪器，建筑节能仪器仪表装置，绝热保温材料检测仪器装置，分析仪器系列产品，真空实验炉，整流电控及工业配电设备，微机应用自动化工程项目设计安装。产品面向国内外陶瓷、建材、土壤、混凝土、玻璃、石墨、钢铁、耐火材料、航天材料领域的科研所、产品质量检测机构和大专院校实验室。

长春吉大·小天鹅仪器有限公司
地址：吉林省长春市高新区创新路1203号
邮编：130012
电话：0431-87010299
传真：0431-87010218
电子信箱：xte21cn@163.com
网址：www.ccjx.com
主要产品或业务范围：该公司是集研发、制造、服务于一体的高新技术企业。产品包括室内空气质量快速检测仪系列，农产品安全快速检测仪系列，食品安全快速分析仪系列，专项水质检测仪器，红外测油仪。

长春市智能仪器设备有限公司
地址：吉林省长春市净月金碧街银锦路交汇
邮编：130033
电话：0431-81100855
传真：0431-84644201
电子信箱：939793809@qq.com
网址：www.znyq.com
主要产品或业务范围：计算机控制动态力学扭辫分析仪，记忆式冲击试验机，塑料球压痕硬度计，热变形维卡温度测定仪，动态冲击分析仪，电压击穿试验仪，毛细管流变仪，转矩流变仪。

吉林市光大电力设备股份有限公司
地址：吉林省吉林市高新区大庆路1279号
邮编：132013
电话：0432-66098818，66098828
传真：0432-66098838
电子信箱：grandpower@jl-gd.com
网址：www.jl-gd.com
主要产品或业务范围：电厂水汽循环系统成套取样设备，化学监督系列仪表，水净化设备及水汽水质计算机监控系统开发、生产与推广。

泰州市姜堰分析仪器厂
地址：江苏省泰州市姜堰经济开发区民政工业园内苏州路
邮编：225500
电话：0523-88811999
传真：0523-88812069
电子信箱：jycclin@aliyun.com
网址：www.jsjiangfen.net
主要产品或业务范围：库仑仪、原油脱水仪、荧光定硫仪、颗粒强度仪、BOD测定仪、全自动脱水仪、化学发光定氮仪等产品。

德国新帕泰克有限公司
地址：江苏省苏州市工业园区旺墩路188号建屋大厦1118室
邮编：215123
电话：0512-66607566
传真：0512-66607599
电子信箱：twang@sympatec.com.cn
网址：www.sympatec.net.cn
主要产品或业务范围：基于静态光散射理论的激光粒度仪系列，基于超声衰减原理的湿法粒度仪，基于光子交叉相关光谱（PCCS）原理的纳米激光粒度仪，基于成像原理的快速动态图像分析仪。

江苏汉邦科技有限公司
地址：江苏省淮安市经济开发区集贤路1-9号
邮编：223001
电话：0517-83706900，83706901，83706902
传真：0517-83706946，83706903
电子信箱：sales@hanbon.com.cn
网址：www.jshanbon.com
主要产品或业务范围：液相色谱分析仪器、液相色谱制备分离设备、模拟移动床连续色谱系统。

江苏江分电分析仪器有限公司
地址：江苏省泰州市姜堰区姜堰大道66号
邮编：225500
电话：0523-88819758
传真：0523-88819701
电子信箱：sale@jiangfen17.com.cn
网址：www.jiangfen17.com.cn
主要产品或业务范围：分析S/Cl/N/H$_2$O/As/盐含量、溴价、溴指数、铁含量、钙/镁含量、电导率、破乳剂评选仪等专用分析仪器和配套产品及相关化学试剂、标准样品以及用于汽油辛烷值、柴油十六烷值测定的标准油样。

江苏盛奥华环保科技有限公司
地址：江苏省常州市青洋北路1号新动力创业中心20号楼
邮编：213000
电话：0519-88866488，88868028，88868159
传真：0519-88866488
电子信箱：6bcod@163.com
网址：www.sahkeji.com
主要产品或业务范围：实验室用COD、氨氮、总磷、总氮、苯胺、甲醛、余氯、总氯、硫化物、硫酸盐、亚硝酸盐、重金属（铜、铁、铅、锌、镍、铬、六价铬）速测仪及在线pH计、DO计等，另外有COD、氨氮、总磷、色度、浊度、悬浮物等便携式的速测仪。

江苏舒茨测控设备股份有限公司
地址：江苏省常熟市经济技术开发区江南大道59号中关村科技城15幢
邮编：215537
电话：0512-52265350
传真：0512-52265360

电子信箱：info@sigas-group.com
网址：www.sigas-group.com
主要产品或业务范围：公司主要从事微量气体分析仪器的研发、生产及销售。

江苏天瑞仪器股份有限公司
地址：江苏省苏州市玉山镇中华园西路1888号天瑞产业园
邮编：215316
电话：4007102888
传真：0512-57018667
联系人：刘召贵
电子信箱：sales@skyray-instrument.com
网址：www.skyray-instrument.com
主要产品或业务范围：光谱、色谱、质谱和环境检测仪器四大系类分析测试仪器。

南京创控科技有限公司
地址：江苏省南京市雨花台区软件大道119号丰盛商汇1号楼305室
邮编：210000
电话：025-52768188
传真：025-68171062
电子信箱：sales@trust-control.com.cn
网址：www.trust-control.com.cn
主要产品或业务范围：氧气分析仪、氢气分析仪、一氧化碳分析仪、二氧化碳分析仪等

南京大展机电技术研究所
地址：江苏省南京市江宁区清水亭西路2号百家湖科技业园16栋
邮编：211002
电话：025-52720692
传真：025-52720692
联系人：陈丽娜
电子信箱：njdzc@126.com
网址：www.njdzyq.com
主要产品或业务范围：公司研发、制造差热分析仪、差示扫描量热仪、热失重分析仪等仪器。

南京第四分析仪器有限公司
地址：江苏省南京市高淳区经济开发区双高路65号
邮编：210000
电话：025-57332233，57330555
传真：025-57332266，57337678
电子信箱：nsf@nsfcn.com
网址：www.nsfcn.com
主要产品或业务范围：高频红外碳硫分析仪、红外碳硫分析仪、红外分析仪、碳硫分析仪、金属元素分析仪、金属材料分析仪。

南京分析仪器厂有限公司
地址：江苏省南京市雨花经济开发区龙藏大道1号
邮编：210039
电话：025-86723873
传真：025-52300823，52304488
电子信箱：zjb@nanfen.com
网址：www.nanfen.com
主要产品或业务范围：热导、热磁、红外线、氧化锆、工业气相色谱等在线分析仪器和电导仪、电化学仪、盐量计、消氢器等分析仪器。

南京华欣分析仪器制造有限公司
地址：江苏省南京市高淳区汶溪路289号
邮编：211300
电话：025-57338588，57338599
传真：025-57338599
电子信箱：hxfxy@sina.com
网址：www.hxfxy.com
主要产品或业务范围：金属材料中碳、硫、硅、锰、磷、镍、钼、铬、铜、稀土、镁、铅、铝、铁、钛、锌、铌、钒、钨等元素的高速分析仪器。

南京凯迪高速分析仪器有限公司
地址：江苏省南京市高淳区经济开发区松园北路28号
邮编：211300
电话：025-57356908，57355737
传真：025-57355186
电子信箱：kdfxy@163.com
网址：www.kdfxy.com
主要产品或业务范围：大屏幕熔炼测温仪，炉前碳硅分析仪，多元素分析仪厂家，多元素分析仪，五大元素分析仪，高频红外碳硫仪，炉前铁水分析仪等。

南京科捷分析仪器有限公司
地址：江苏省南京市秦淮区永丰大道2号首屏大厦B1栋9楼
邮编：210014
电话：025-83312752，13951792301
传真：025-83738955
联系人：尹俊荣
电子信箱：2021782209@qq.com
网址：www.kj17.com
主要产品或业务范围：公司开发制造气相色谱仪、高效液相色谱仪、色谱比表面测定仪、原子吸收光谱仪等多种分析仪器。

南京科朗分析仪器有限公司
地址：江苏省南京市江宁区天印大道1369号天印慧谷16楼
邮编：210000
电话：025-52143052
传真：025-52143157
电子信箱：kl2288@126.com

网址：www.njkelang.cn
主要产品或业务范围：公司的KL在线检测分析系统广泛应用于钢铁、水泥、焦化、电厂、环保、各种工业炉窑气体分析系统。代理Abb、Siemens、Fuji等进口分析仪表。

南京宁博分析仪器有限公司
地址：江苏省南京市高淳区永花路3号
邮编：211300
电话：025-56831608
传真：025-56831606
联系人：朱仁高
电子信箱：nb@nbyq.cn
网址：www.nbyq.cn
主要产品或业务范围：生产碳硫分析仪、高频红外碳硫分析仪、电弧红外碳硫分析仪、管状炉碳硫分析仪、三元素分析仪、多元素分析仪、电脑多元素联测分析仪、非水定碳仪、定碳仪、定硫仪、电脑多元素一体化分析仪、可见分光光度计、紫外可见光分光光度计、看谱仪、二用式看谱仪（小光谱仪）、测温枪、炉前铁水碳硅快速分析仪等。

南京普纳科技设备有限公司
地址：江苏省南京市江东北路301号滨江广场14层
邮编：210036
电话：025-86200301，86200340，86200343
传真：025-86200323
电子信箱：sales@pna.com.cn
网址：www.pna.com.cn
主要产品或业务范围：标量网络分析仪。

南京麒麟科学仪器集团有限公司
地址：江苏省南京市高淳区花山路25号
邮编：211300
电话：025-57339666，57339999
传真：025-57339435
电子信箱：ql@jqilin.com
网址：www.jqilin.net
主要产品或业务范围：碳硫高速分析仪、微机多元素分析仪、分光光度计、电子安规测量仪器四大类产品，其中碳硫高速分析仪和微机多元素分析仪销量居国内前列。

南京润福分析仪器制造有限公司
地址：江苏省南京市高淳区科技创业中心龙井路7号
邮编：200305
电话：025-56816001，18915912061
传真：025-56816003
电子信箱：njrfyq@163.com
网址：www.pmbiz.com.cn
主要产品或业务范围：三元素分析仪，金属分析仪，化验分析仪器等高速分析仪器。

南京上元分析仪器有限公司
地址：江苏省南京市江宁区金阳路28号
邮编：211121
电话：025-52695860
传真：025-52695760
电子信箱：syfenxi@126.com
网址：www.syfenxi.com
主要产品或业务范围：氧指数测定仪、水平垂直燃烧测试仪、建材烟密度测试仪、防火涂料大板法测试仪等40余种系列产品。

南京世舟分析仪器有限公司
地址：江苏省南京市溧水经济开发区柘宁东路289-6号
邮编：211215
电话：025-86180960
传真：025-84496167
电子信箱：njca@njca.com
网址：www.njca.com
主要产品或业务范围：公司是一家专业从事在线分析仪器研发及其应用的高科技企业。

南京同普分析仪器制造有限公司
地址：江苏省南京市高淳开发区康乐路100号
邮编：211300
电话：025-57307111，57307112
传真：025-57307112
网址：www.njtpu.com
主要产品或业务范围：几十种测量碳、硫、硅、锰、磷、铜、镍、铬、钼、稀土、镁、钛、锌、铅、铝、铁等元素的高速分析仪器。

南京智达自动化控制系统有限公司
地址：江苏省南京市江宁区科学院诚信大道2108号
邮编：210022
电话：025-81037501
传真：025-81037504
电子信箱：sales@njzhida.cn
网址：www.njzhida.cn
主要产品或业务范围：公司主要从事研制、生产和销售分析系统、分析仪器产品并承担相关的技术咨询和安装、培训等技术服务。产品广泛应用于冶金、水泥、化工、化肥、电站、石化等国民经济支柱产业和气态污染物监测等环保领域。

欧优科学仪器南京有限公司
地址：江苏省南京市六合经济开发区龙瑞路6号
邮编：211500
电话：025-57151908
传真：025-57151928
电子信箱：vivian.yang@eurocal.net
主要产品或业务范围：材料热分析仪器。

日立仪器（苏州）有限公司
地址：江苏省苏州市工业园区方中街137号
邮编：215025
电话：0512-67610270
传真：0512-67610016
网址：www.hitachi.com.cn
主要产品或业务范围：光分析装置、色谱仪、生物学相关装置、临床检查用装置、电子显微镜、电磁分析装置、离心分离装置。

苏州浪声科学仪器有限公司
地址：江苏省苏州市高新区竹园路209号
邮编：215000
电话：0512-69376270
传真：0512-69376270
电子信箱：sales@lanscientific.com
网址：www.lanscientific.com
主要产品或业务范围：便携式X荧光分析仪器。

苏州立天新智能分析仪器有限公司
地址：江苏省苏州市高新区浒牌路3号
邮编：215000
电话：0512-67871118
传真：0512-67871118
电子信箱：office@litisys.com
网址：www.litisys.com
主要产品或业务范围：在线分析仪器，传感器，便携式测定仪。

苏州纽迈分析仪器股份有限公司
地址：江苏省苏州市浒关工业区青花路98号3号厂房
邮编：215151
电话：15618998975
传真：0512-62396659
电子信箱：yw_gao@niumag.com
网址：www.niumag.com
主要产品或业务范围：低场核磁（小核磁）成像分析仪。

苏州市天威仪器有限公司
地址：江苏省太仓市沙溪镇岳王社区
邮编：215437
电话：0512-53302659
传真：0512-53302659
联系人：吕艳强
网址：www.tianwei.net.cn
主要产品或业务范围：二氧化碳测定仪、定氮仪、水浴锅、蒸馏器、紫外分析仪等系列科教实验仪器。

苏州斯坦福仪器有限公司
地址：江苏省苏州市干将西路93号国涛大厦325室
邮编：215011

电话：0512-68242417，65217459
传真：0512-68241092
电子信箱：stf@cnstf.com
网址：www.cnstf.cn
主要产品或业务范围：室内空气、材料检测仪器，水质分析仪，食品卫生、微生物检测仪，实验室气相色谱仪及相关配件。

无锡创想分析仪器有限公司
地址：江苏省无锡市胡埭工业园南区朝阳路8号
邮编：214161
电话：0510-83205379，83213469
传真：0510-83123469
联系人：顾德安、严秀华
电子信箱：wuxi@chxyq.com
网址：www.chxyq.com
主要产品或业务范围：系列全谱直读光谱仪、系列移动式直读光谱仪、系列荧光光谱分析仪，系列手持式X荧光光谱仪、系列液相色谱仪、系列红外碳硫分析仪、系列多元素分析仪。

无锡市湖利仪表厂
地址：江苏省无锡市胡埭镇
邮编：214161
电话：0510-85598565
传真：0510-85593843
联系人：周建伟
电子信箱：info@hl-yb.com
网址：www.hl-yb.com
主要产品或业务范围：该厂是氧化锆探头、氧量分析仪、智能转速表、转速传感器、风压变送器、防堵风压取样器、补偿式风压吹扫装置、电接点液位仪、测量筒及各种电接点的生产基地。

无锡市高速分析仪器有限公司
地址：江苏省无锡市惠钱路127号
邮编：214151
电话：0510-83202007
传真：0510-83202310
电子信箱：gsfx@chinagaosu.com
网址：www.wxgaosu.com
主要产品或业务范围：碳、硫、锰、磷、硅、镁、稀土、铬、铜、铝、钼、钒、钛等元素十大系列四十多个品种的高速分析仪器。

无锡市申科仪器有限公司
地址：江苏省无锡市滨湖区南泉工业园区8号厂房
申科仪器大楼
邮编：214072
电话：0510-85115560
传真：0510-85105520

电子信箱：shenco@sina.com
网址：www.shencochina.com
主要产品或业务范围：R系列旋转蒸发器，S系列恒速搅拌器，RAT系列玻璃变频反应釜，D1810系列双重纯水器，恒温水浴锅等。

无锡天牧仪器科技有限公司
地址：江苏省无锡市滨湖区青龙山工业园青龙山路127号
邮编：214064
电话：0510-85517986
传真：0510-85513986
电子信箱：caodezhu@wxtmyq.com
网址：www.wxtianmu.com
主要产品或业务范围：火花直读光谱仪、高频红外碳硫分析仪、智能碳硫分析仪。

优胜光分仪器南京有限公司
地址：江苏省南京市江宁开发区菲尼克斯路70号总部基地23号楼1F
邮编：211100
电话：025-87763088
传真：025-87763099
电子信箱：info@unisearch-cn.com
网址：www.unisearch-cn.com
主要产品或业务范围：该公司负责加拿大优胜公司在华市场推广、产品销售、技术服务等所有业务。专注于近红外激光光谱仪的研发生产。

鞍山翰玛传感技术有限公司
地址：辽宁省鞍山市高新区激光产业园北园8号楼C座3层
邮编：114044
电话：0412-5664620
传真：0412-5664624
电子信箱：info@hamasensortech.com
网址：www.hamasensortech.com
主要产品或业务范围：从事环境监测在线分析仪器仪表的研发、生产与销售并提供系统解决方案。产品有微粒在线监测系统、焦炉组氮氧化物分析系统、布袋破洞监测系统、烟气分析系统、气体多组分分析系统、氧分析系统。

鞍山纳斯克自控有限公司
地址：辽宁省鞍山市铁东区胜利南路46号C座1801
邮编：114031
电话：0412-5230019，5230029，5230069
传真：0412-5513188-809
电子信箱：airoptic_anac@163.com
网址：www.airoptic-anac.com
主要产品或业务范围：该公司是挪威纳斯克电子光学公司指定的中国地区的代理商。专业为中国用户提供气体成分监测的优化方案，为有意向选用LaserGas系列激光气体、粉尘分析仪的用户或设计院提供详尽的技术资料。

大连北方分析仪器厂
地址：辽宁省大连市高新科技产业园区七贤岭学子街2号荣伸工业园4-1
邮编：116023
电话：0411-84753762
传真：0411-84753762
电子信箱：north@beifang8.com
网址：www.beifang8.com
主要产品或业务范围：BF系列石油及燃料油/润滑油/沥青/液化石油气/天然气/石蜡/防冻液/刹车液等分析仪器、环保仪器及化验室通用仪器设备（涉及闪点、运动黏度、馏程、实际胶质、倾点、凝点、密度、铜片腐蚀、抗泡、硫含量、机械杂质、盐含量、硫醇硫等仪器）。

大连分析仪器厂
地址：辽宁省大连市高新技术产业园区信达街25号
邮编：116024
电话：0411-84794867，84793648
传真：0411-84793648
电子信箱：office@dfy.cn
网址：www.dfy.cn
主要产品或业务范围：石油分析仪器。

大连华洋分析仪器有限公司
地址：辽宁省大连市中山区丰汇园5号
邮编：116013
电话：0411-82364123，82364125，82364126
传真：0411-82364006
电子信箱：shelley@dhsi.com.cn
网址：www.dhsi.com.cn
主要产品或业务范围：色谱仪，光谱仪。

大连江申分离科学技术公司
地址：辽宁省大连市甘井子区张前路668号
邮编：116033
电话：0411-83679755，83679756
传真：0411-83603953
电子信箱：johnsson@johnsson.cn
主要产品或业务范围：高效液相色谱仪，色谱柱，色谱工作站。

大连科纳科学技术开发有限责任公司
地址：辽宁省大连市中山路161号
邮编：116012
电话：0411-83691040
传真：0411-83691040
电子信箱：wgy88@aliyun.com
网址：www.aliyun.com
主要产品或业务范围：气相色谱仪，色谱工作站，其他色谱仪，色谱柱等分析仪器。

大连特安技术有限公司
地址：辽宁省大连市高新园区火炬路35号B座4楼
邮编：116025
电话：0411-39759096，13672102733
传真：0411-39759098
电子信箱：daliantean@163.com
网址：www.dlexsaf.com
主要产品或业务范围：研发和生产石油产品分析仪器的专业厂家。

大连依利特分析仪器有限公司
地址：辽宁省大连市高新园区七贤岭学子街2-2号
邮编：116023
电话：0411-84753333
传真：0411-84732323
电子信箱：bin_hu@elitehplc.com
网址：www.elitehplc.com
主要产品或业务范围：公司设计开发了基于积木式结构的高效液相色谱仪器系列产品，产品单元包括从微量到制备色谱恒流泵、多种不同类型检测器、进样器、色谱数据处理工作站、液相色谱柱及其他色谱配件。

丹东东方测控技术股份有限公司
地址：辽宁省丹东市沿江开发区滨江中路136号
邮编：118002
电话：0415-3860888
传真：0415-3860611
电子信箱：dfmc@dfmc.cc
网址：www.dfmc.cc
主要产品或业务范围：在线水分仪、在线品位仪、在线浓度计、在线元素分析仪、物位计等系列工业在线检测仪器仪表。

丹东费氏仪器有限公司
地址：辽宁省丹东市江城大街184号
邮编：118000
电话：0415-2825728
传真：0415-2825723
电子信箱：aihw@yahoo.cn
网址：www.ddfsss.com
主要产品或业务范围：生产各种型号平均粒度仪（费氏仪）。

弗朗电子（大连）有限公司
地址：辽宁省大连市高新技术产业园区火炬路41号
邮编：116023
电话：0411-84504531
传真：0411-84504461
电子信箱：info@dlflow.com
网址：www.dlflow.com
主要产品或业务范围：在线水质分析仪表的开发和生产。

辽宁科瑞色谱技术有限公司
地址：辽宁省丹东市临港园区仪器仪表产业基地启动区标准厂房9号楼
邮编：118009
电话：0415-6123179，6123033
传真：0415-6123031
联系人：刘国强
电子信箱：createren_xsb@126.com
网址：www.createren.com
主要产品或业务范围：公司是一家规模化研发、生产、销售色谱仪的专业公司。

潍坊华分赛瑞分析仪器技术有限公司
地址：山东省潍坊市经济开发区先进制造业工业园
邮编：261057
电话：18660695718
传真：0536-5070782
电子信箱：wfhfsr@163.com
网址：www.hfsr.com.cn
主要产品或业务范围：氧分析仪，红外线气体分析器，热导式气体分析器，激光气体分析仪，过程分析成套系统，烟气连续监测系统，垃圾焚烧分析成套系统等。

济南阿尔瓦仪器有限公司
地址：山东省济南市高新区环保科技园E北座六层
邮编：250100
电话：4006211218
传真：0531-66592661
电子信箱：18678895072@163.com
网址：www.alrva.com
主要产品或业务范围：定氮仪、脂肪仪、蒸馏仪、粗纤维测定仪、消解仪和萃取仪产品线。

济南东测试验机技术有限公司
地址：山东省济南市二环南路6850号
邮编：250022
电话：0531-87950428
传真：0531-87950365
电子信箱：docer@sohu.com
网址：www.docer.com.cn
主要产品或业务范围：研发、生产各类液压万能试验机、电子万能试验机、压力试验机、扭转试验机、冲击试验机、动静万能试验机、单/多通道疲劳试验系统等。

济南海能仪器股份有限公司
地址：山东省济南市经十路7000号汉峪金谷A3-1栋4层
邮编：250000
电话：0531-88874444
传真：0531-88874445
电子信箱：china@hanon.cc
网址：www.hanonlab.cn

主要产品或业务范围：元素分析、微波消解、固相萃取、物理光学、电化学、液相色谱、实验室常用设备、气相离子迁移谱等近百款产品。

济南精锐分析仪器有限公司
地址：山东省济南市历城区临港开发区机场路1999号
邮编：250100
电话：0531-88113933
传真：0531-88019366
电子信箱：jnjkgs@163.com
网址：www.jrfxlab.com
主要产品或业务范围：全自动凯氏定氮仪、高温电阻炉、智能控温电热板。

济南康恩科技有限责任公司
地址：山东省济南市南辛庄西路21-1号
邮编：250022
电话：0531-87183983
传真：0531-87183983
电子信箱：Jnkekj@126.com
主要产品或业务范围：分析仪器，实验室仪器，教学仪器，光学仪器，环境保护仪器，石油分析仪器等。

青岛埃仑色谱科技有限公司
地址：山东省青岛市李沧区甘泉路178号
邮编：266199
电话：0532-67705666
传真：0532-67706172
电子信箱：aulunkeji@163.com
网址：www.ailunkj.com
主要产品或业务范围：高效离子色谱仪系列产品。

青岛创梦仪器有限公司
地址：山东省青岛市市北区温州路7号
邮编：266100
电话：0532-66993768
传真：0532-66993744
电子信箱：cmtech@sina.com
网址：www.qdcmyq.com
主要产品或业务范围：钻井液、完井液分析仪器和油井水泥测试仪器。

青岛明华电子仪器有限公司
地址：山东省青岛市城阳区山河路702号
邮编：266100
电话：0532-84615995，84615915
传真：0532-80960030
电子信箱：minhope@163.com
网址：www.minhope.com
主要产品或业务范围：检测系列、烟气分析系列、粉尘（气）采样系列环境监测仪器。

青岛普仁仪器有限公司
地址：山东省青岛市宝源路780号联东U谷4号楼
邮编：266000
电话：0532-87060928
传真：0532-87622298
电子信箱：prl@qdpr.com
网址：www.qdpr.com
主要产品或业务范围：离子色谱仪及相关配件。

青岛盛瀚色谱技术有限公司
地址：山东省青岛市株洲路153号2号楼10层
邮编：266101
电话：0532-68069793
传真：0532-80679111
电子信箱：sunxuguang@qdsrd.com
网址：www.sheng-han.com
主要产品或业务范围：离子色谱仪及其核心部件。

山东博山同业分析仪器厂
地址：山东省淄博市博山区李家窑北街12号
邮编：255200
电话：0533-4133796
传真：0533-4133234
电子信箱：zbtongye@139.com
网址：www.zbtongye.cn
主要产品或业务范围：微量水分测定仪，自动运动黏度测定仪，多功能振荡仪。

山东电讯七厂有限责任公司
地址：山东省济宁市文大街4号
邮编：272000
电话：0537-2211298
传真：0537-2211923
电子信箱：346324583@qq.com
网址：www.sddx7.com
主要产品或业务范围：溶出分析仪系列，极谱仪系列，超声波无损探伤系列。

山东东润仪表科技股份有限公司
地址：山东省烟台市莱山经济开发区秀林路1号
邮编：264003
电话：0535-3612909
传真：0535-6919362
电子信箱：dongrun@cndongrun.com
网址：www.cndongrun.com
主要产品或业务范围：主要从事水环境监测分析仪器和物液位仪表的研发、生产及销售和计算机物联网应用软件研发及自动化控制工程的设计、集成与服务。

山东高密彩虹分析仪器有限公司
地址：山东省高密市永安路86号

邮编：261500
电话：0536-2322932
传真：0536-2322197
电子信箱：eric0129@live.cn
主要产品或业务范围：该公司专业生产各类临床检验仪器和分析仪器。

山东哈申分析仪器制造有限公司
地址：山东省潍坊市高新技术开发区新金商务大厦4楼
邮编：261000
电话：0536-8754966，0536-8754977
传真：0536-8662433
电子信箱：545304217@qq.com
网址：www.ha-sh.net
主要产品或业务范围：该公司专业从事各种分析、检测仪器的研发、生产和销售。产品门类包括食品、饮品检测分析相关仪器，水质检测分析相关仪器，油品检测分析相关仪器等。

山东惠工电气股份有限公司
地址：山东省淄博市高新区政通路135号高科技创业园E座
邮编：255086
电话：0533-3163227，3188169，3159037
传真：0533-3187339
电子信箱：huigong@vip.163.com
网址：www.huigong.com
主要产品或业务范围：电力分析仪器及电力自动化监测设备的研发、生产、销售。

山东金普分析仪器有限公司
地址：山东省枣庄市高新区泰国工业园复元六路
邮编：277020
电话：0632-8670986，8670988，8670989
传真：0632-8670987
联系人：何荣文
电子信箱：2986414034@qq.com
网址：www.jinpuyiqi.com
主要产品或业务范围：气相色谱仪，液相色谱仪，油气显示评价仪，地质录井仪，气体发生器等系列产品。

山东鲁南瑞虹化工仪器有限公司
地址：山东省滕州市经济开发区恒源南路1866号
邮编：277500
电话：0632-5991866，5581056，13906320178
传真：0632-5570896
电子信箱：lunan-gc@163.com
网址：www.lunan-gc.com
主要产品或业务范围：主要产品有气相色谱仪、液相色谱仪、地化录井仪、热解析仪，紫外分光光度计等十几个系列几十个品种。

山东三泵科森仪器有限公司
地址：山东省淄博市开发区万杰路108号
邮编：255086
电话：0533-3580620
传真：0533-3580940
电子信箱：kesenyiqi@163.com
网址：www.zbkesen.com
主要产品或业务范围：微水仪、闪点仪、张力仪、酸值仪、黏度仪、激光粒度仪等电力石化分析仪器。

山东中惠仪器有限公司
地址：山东省淄博市高新技术开发区民福路8号
邮编：255088
电话：0533-3981058
传真：0533-3983199
电子信箱：2316029856@qq.com
网址：www.zhonghui.com.cn
主要产品或业务范围：公司专业研发、制造、销售石油产品及六氟化硫气体检测分析仪器。

山东淄博博山海分仪器厂
地址：山东省淄博市博山区仲临路中段207号
邮编：255086
电话：0533-4181414，4181415
传真：0533-4181415
电子信箱：w2649006@126.com
网址：www.haifenyiqi.com
主要产品或业务范围：该公司研发、设计、制造卡尔费休水分测定仪、全自动表界面张力仪、开/闭口闪点测定仪、运动黏度测定仪、油耐压自动测定仪等分析仪器。

滕州市滕海分析仪器有限公司
地址：山东省滕州市经济开发区春藤东路1199号
邮编：277500
电话：0632-5696692，5657988
传真：0632-5883899
电子信箱：th@thyq.com
网址：www.thyq.com
主要产品或业务范围：主要产品有气相/液相色谱仪、气体发生器等，兼营色谱配件及顶空进样器，油岩热解综合评价仪等。

淄博淄分仪器有限公司
地址：山东省淄博市共青团西路138号
邮编：255000
电话：0533-2168989
传真：0533-2165915
电子信箱：2609562325@qq.com
网址：www.zifencn.com
主要产品或业务范围：微量水分测定仪，自动张力测定仪，闭口闪点自动测定仪，运动黏度测定仪，石油和合成液抗乳化性能测定仪，破乳化度测定仪，全自动油试验机，油耐压试验仪，液体介质电阻率测试仪，毛细管黏度计清洗器等。

西安鼎研科技有限责任公司
地址：陕西省西安市高新区新型工业园造字台路22号
邮编：710075
电话：029-86695085
传真：029-88319609
电子信箱：dysales@xa-dy.com
网址：www.xa-dy.com
主要产品或业务范围：系列氧量分析仪、水分分析仪、氢气分析仪、红外气体分析仪、有毒有害气体检测报警仪及系列高纯气体气相色谱仪等。现成型的系统有水泥窑分析系统、高炉煤气分析系统、水煤气分析系统、焦炉煤气分析系统、油炉分析系统、草甘膦工艺分析系统、甲醇分析系统、电石窑炉分析系统、合成氨车间分析系统、镀锌线炉气分析系统、乙烯裂解分析系统等。新开发产品有ＤＹ型微流量不分光红外气体分析仪、光纤半导体激光多组分气体分析仪。

西安圣辉科技发展有限公司
地址：陕西省西安市高新区丈八一路1号
邮编：710065
电话：029-88330638，88330639，88330636
传真：029-88330633
电子信箱：shgroup@126.com
网址：www.shgroup.com.cn
主要产品或业务范围：楔式流量计、文丘里流量计、阿里巴流量计。

西安泰戈分析仪器有限责任公司
地址：陕西省西安市长安区国家民用航天产业基地航腾路369号
邮编：710100
电话：029-85641649
传真：029-85641352
电子信箱：tigerxjf@126.com
网址：www.xa-tiger.com
主要产品或业务范围：公司专业从事气体成分分析技术及仪器的研发、生产、销售和服务。

西安玦芯生物科技有限公司★
地址：陕西省西安市高新技术产业开发区天谷六路789号5幢10楼
邮编：710075
电话：13709229502
电子信箱：jianqweiyan@juexinbio.com
网址：www.lusterinc.com
主要产品或业务范围：液滴式数字PCR系统及配套耗材、LNP设备及DLS颗粒分析仪、基因测序仪、质谱产品及配套耗材、显微成像模组及器件等，同时提供大模型加持医疗垂直应用的解决方案；围绕肿瘤早筛与伴随诊断、核酸药物研发和个性化治疗主线，用一流的产品和服务为客户创造价值。

安东帕（上海）商贸有限公司
地址：上海市闵行区合川路2570号科技绿洲三期2号楼11层
邮编：201103
电话：021-64855000，4008202259，4008203230
传真：021-24151999
电子信箱：info.cn@anton-paar.com
网址：www.anton-paar.com
主要产品或业务范围：公司作为密度、浓度、二氧化碳和流变测量的技术引领者，始终为全球工业和科研客户提供最合适的仪器，为食品饮料、石油石化、制药、高校科研、质检、商检、药检和出入境检验检疫等领域提供量身定制的检测解决方案，涵盖密度计、微波消解仪、微波合成仪、旋光仪、折光仪、黏度计、流变仪、馏程分析仪、闪点测试仪、X-射线结构分析仪、固体表面电位分析仪、表面力学性能测试仪器、在线分析检测仪表、颗粒特性分析、原子力显微镜以及固体材料直接表征等。

安莱立思仪器科技（上海）有限公司
地址：上海市青浦区华纺路99弄99号5幢4楼
邮编：201799
电话：021-69221780
传真：021-69221786
电子信箱：alalis@alalis.com
网址：www.alalis.com
主要产品或业务范围：电化学分析测量仪器。

翱艺仪器（上海）有限公司
地址：上海市闵行区景联路398号4幢2层2-5室
邮编：201108
电话：021-60641006
传真：021-60830193
电子信箱：aoe_sh@163.com
网址：www.aoesh.com
主要产品或业务范围：比列光光束分光光度计、扫描型分光光度计、紫外可见分光光度计。

奥地利是能公司上海代表处
地址：上海市普陀区长寿路1118号悦达国际大厦B座17楼D座
邮编：200042
电话：021-34060311
传真：021-34060311-811
电子信箱：lxiao@s-can.cn
主要产品或业务范围：紫外—可见光光谱在线水质监测技术。

创新思成有限公司
地址：上海市浦东新区沪南路2653号开格科技园区3号楼2层
邮编：201315
电话：021-50550642，50550643
传真：021-68063576
电子信箱：info@chanceint.com
网址：www.chanceint.com
主要产品或业务范围：热重分析仪，差热分析仪，热膨胀仪，热机械分析仪，热导、热流仪，表界面张力及接触角分析仪，椭圆偏振系统，激光粒度分析系统，LB膜天平和液展槽，水分滴定仪，电位滴定仪，密度计，生物传感器，冻干机，色谱柱，衡器，离子探针，裂变径迹系统，GPC柱和标样。

岛津分析技术研发（上海）有限公司
地址：上海市浦东新区金海路1000号52幢3层
邮编：201206
电话：021-58587726
传真：021-58587738
电子信箱：fuwei@srlab.com.cn
网址：www.srlab.com.cn
主要产品或业务范围：化学分析仪器的技术研发。

莱因特电子系统（上海）有限公司
地址：上海市浦东新区华东路5001号T3-11厂房201室
邮编：201201
电话：021-58585463
传真：021-58585467
电子信箱：sales@itlva.com
网址：www.ieschina.com
主要产品或业务范围：生物分析仪器。

劢强科技（上海）有限公司
地址：上海市长宁区金钟路658号4号楼4层
邮编：200335
电话：021-62381166
传真：021-52161825
电子信箱：marketing@metrohm.com.cn
主要产品或业务范围：自动电位滴定仪、自动卡氏微量水分测定仪、pH/离子计、电导仪、配液器、搅拌器、交换单元、伏安极谱仪、离子色谱仪、氧化稳定性测定仪、电极、Autolab电化学工作站、Applikon在线化学成份分析仪、全自动智能温度滴定仪、气体和气溶胶测试仪器。

美国先进微仪器公司
地址：上海市浦东新区浙桥路277号3座2716室
邮编：201206
电话：021-51923191
传真：021-51079736
电子信箱：ami@amio2.com.cn

主要产品或业务范围：该公司提供百分比、微量、监测和防爆等各种氧气分析仪。产品融合最新微处理技术、小巧耐用。

美国优特仪器上海分公司
地址：上海市闵行区莘庄工业区申富路679号D座
邮编：201108
电话：13816343976
传真：021-54353522
电子信箱：sales@ultratech-science.com
网址：www.ultratech-science.com
主要产品或业务范围：镀层测厚仪，RoHS检测仪器UTX850C，镀层测厚仪，RoHS检测仪器UTX760，镀层测厚仪，RoHS检测仪器UTX750B，RoHS检测仪器UTX750，镀层测厚仪UTX650等产品。

密析尔仪表（上海）有限公司
地址：上海市徐汇区宜山路889号上海齐来工业城内第4幢第6层D1单元
邮编：200233
电话：021-54012255
传真：021-54012085
电子信箱：cn.info@michell.com
网址：www.michell.com.cn
主要产品或业务范围：为工业过程控制、环境监测和食品、制药加工提供精准的仪器。

耐驰科学仪器商贸（上海）有限公司
地址：上海市浦东新区外高桥保税区富特北路456号1号楼3层
邮编：200131
电话：021-58663128，58663129
传真：021-58663120
联系人：曾智强
电子信箱：zhiqiang.zeng@nsi.netzsch.cn
主要产品或业务范围：该公司是全球顶尖的热分析仪器专业生产企业之一。产品包括差示扫描量热仪、热重分析仪、同步热分析仪、热膨胀仪、动态热机械分析仪、热机械分析仪、热分析与红外/质谱联用技术、导热性能测试仪、树脂固化监测仪、耐火强度分析仪等。

南通菲希尔测试仪器有限公司
地址：上海市普陀区真北路915号2205-2211室
邮编：200333
电话：021-32513131
传真：021-32513132
电子信箱：china@helmutfisher.com
网址：www.helmutfischer.com.cn
主要产品或业务范围：X射线测厚仪、β射线测厚仪、线路板金属化孔测试仪、库仑测厚仪、涡流感应测厚仪、电磁感应测厚仪、材料分析仪和表面微硬度测试仪等。

牛津仪器（上海）有限公司
地址：上海市徐汇区虹漕路461号虹钦园60号楼1层
邮编：200233
电话：4006780609
传真：021-61273828
电子信箱：china.info@oxinst.com
网址：www.oxinst.cn
主要产品或业务范围：该公司产品生产分析仪器、半导体设备、超导磁体、超低温设备等高技术产品。

上海安泰分析仪器有限公司
地址：上海市虹口区粤秀路353号
邮编：200072
电话：021-65285890
传真：021-65285877
电子信箱：antai@online.sh.cn
网址：www.sh-antai.com
主要产品或业务范围：钾钠、钾钠锂、钾钠氯、钾钠钙、pH分析仪，血球计数仪，移液管等仪器。

上海昂拉仪器有限公司
地址：上海市闵行区联曹路552号2号楼3楼
邮编：200237
电话：021-64701520
传真：021-64701521
电子信箱：sales@onlab.cn
网址：www.onlab.cn
主要产品或业务范围：紫外可见分光光度计。

上海般特仪器有限公司
地址：上海市徐汇区中山南二路777弄2号1606室
邮编：200032
电话：021-64041598
传真：021-64164119
电子信箱：banteinstrument@hotmail.com
网址：www.bante-china.com
主要产品或业务范围：pH(酸度)计，氧化还原电位(ORP)计，离子浓度计，电导率仪，溶解性总固体(TDS)计，盐度计，溶解氧(DO)测定仪，浊度仪，旋光仪，磁力搅拌器等。

上海邦安检测工程有限公司
地址：上海市静安区天目西路218号上海嘉里不夜城第二座2804室
邮编：200070
电话：021-63175588
传真：021-63533137
电子信箱：panan@pananchina.com
网址：www.pananchina.com
主要产品或业务范围：全自动和手动黏度测定仪、旋转黏度测定仪、全自动聚合物黏度测定仪、发动机油边界泵送温度测定仪、发动机油表观黏度测定仪、高温高剪切表观黏度测定仪。

上海宝山精工电子仪器厂
地址：上海市宝山区杨鑫路451弄105号
邮编：201901
电话：021-66761289，66762622
传真：021-56803995
电子信箱：51082165@163.com
主要产品或业务范围：KF-412A自动水分测定仪，HYD-Ⅱ自动永停滴定仪，卡尔费休氏试剂。

上海宝英光电科技有限公司
地址：上海市浦东新区康桥东路1159弄69号5号楼
邮编：201319
电话：021-68182701
传真：021-68139003
联系人：周涛、严懿
电子信箱：shbykj@188.com
网址：www.shbykj.com
主要产品或业务范围：红外线气体分析仪、烟气连续监测系统、空气质量分析系统、水质在线分析系统等产品。

上海宝中盈仪器仪表有限公司
地址：上海市闵行区沪闵路7940号宁谷国际大厦1308室
邮编：201102
电话：021-64329025
传真：021-64329029
电子信箱：sale@bl-seal.com
网址：www.bl-seal.com
主要产品或业务范围：化学分析仪器的销售和服务。产品有氮磷分析仪、全自动间断化学分析仪、连续流动化学分析仪、连续流动微流化学分析仪等。

上海博取仪器有限公司
地址：上海市浦东新区秀沿路118号
邮编：201315
电话：021-20981907
传真：021-20981909
电子信箱：shboqu@shboqu.com
网址：www.shboqu.com
主要产品或业务范围：在线电导率仪、酸度计/pH计、溶氧仪、酸碱浓度计、在线余氯检测仪、浊度计、钠表、硅酸根分析仪、电导电极、污水/纯水/高温氧电极、pH/高温灭菌pH电极、pH玻璃电极、酸碱浓度计电极、余氯电极、纯水/超纯水电极、实验室ORP/PNa电极、实验室pH塑壳/玻璃电极等水处理方面的仪器仪表。

上海昶艾电子科技有限公司
地址：上海市闵行区新龙路1333弄七宝万科国际中心11幢97号
邮编：201101
电话：021-51692285，51068412，51068411
传真：021-33275656

电子信箱：info@ci-ele.com
网址：www.ci-ele.com
主要产品或业务范围：氧分析仪系列、水分仪系列、热导分析仪系列、红外线分析仪系列。

上海创远仪器技术股份有限公司
地址：上海市松江区泗泾镇高技路205弄7号C座
邮编：200235
电话：021-64326888
传真：021-64326777
电子信箱：info@transcom.net.cn
网址：www.transcom.net.cn
主要产品或业务范围：无线通信网络运营测试、无线电监测和北斗导航测试、无线通信智能制造测试。

上海归真仪器设备有限公司
地址：上海市闵行区浦江镇联航路1505弄复地浦江中心3号楼604
邮编：200231
电话：021-64847471
传真：021-54353522
网址：www.acitek.com.cn
主要产品或业务范围：水气分析仪器。

上海海恒机电仪表股份有限公司
地址：上海市闵行区浦江镇浦锦路1266号
邮编：201112
电话：021-34301374
传真：021-34301074
电子信箱：13801901448@163.com
网址：www.haihengsh.com
主要产品或业务范围：水质分析仪，浊度仪，余氯仪及二氧化氯仪，农村安全用水仪器，色度仪，pH计，COD仪，电导仪，水质快速测试箱，分光光度计，原子吸收仪，细菌过滤器，电子天平，自动电位滴定仪，其他实验室设备；在线水质分析设备，漏氯报警仪，水位仪，水位记录仪，超声波流量计，超声波液位仪，压力记录仪。

上海海欣色谱仪器有限公司
地址：上海市徐汇区斜土路2084弄7号5楼
邮编：200032
电话：800809810，021-64170156
传真：021-64170155
联系人：王培文
电子信箱：sales@haixinsepu.com
网址：www.haixinsepu.com
主要产品或业务范围：气相色谱仪、色谱工作站。

上海海争电子科技有限公司
地址：上海市闵行区浦景路1266号
邮编：201114

电话：021-34301374
联系人：王志武
主要产品或业务范围：多功能水质分析仪、浊度仪、色度仪、余氯仪。

上海华爱色谱分析技术有限公司
地址：上海市宝山区逸仙路3945号6号楼
邮编：200023
电话：021-63029668，400215500
传真：021-51262297
电子信箱：huaai@huaaisepu.com
网址：www.huaaisepu.com
主要产品或业务范围：氦离子化气相色谱仪、变压器油专用色谱仪、车用汽油分析专用色谱仪、燃气分析专用色谱仪、室内环境质量检测专用色谱仪、氧化锆气相色谱仪、腐蚀性气体专用色谱仪。

上海华光仪器仪表经营销售有限公司
地址：上海市虹口区梧州路218弄6号楼206室
邮编：200086
电话：021-65632887，65032005
传真：021-65630570
联系人：赵天明
电子信箱：hgcxsk@163.com
网址：www.shhgzh.com
主要产品或业务范围：F732系列测汞仪、581系列光电比色计、测氧仪、三元素自动分析仪等产品。

上海华耀贸易有限公司
地址：上海市普陀区胶州路941号长久大厦803室
邮编：200060
电话：021-62987218-8020
传真：021-62988310
联系人：邱云
电子信箱：info@huayao17.com
网址：www.huayao17.com
主要产品或业务范围：该公司主要代理产品有生命科学仪器、理化分析仪器、植物学、农业相关仪器、食品、微生物仪器、通用实验设备、消耗品及试剂。

上海祎鸿分析仪器有限公司
地址：上海市松江区泗泾九千路220号
邮编：310013
电话：021-67750233
传真：021-67750283
电子信箱：shyihong@aliyun.com
网址：www.kaishitest.com
主要产品或业务范围：智能化学分析仪器。

上海嘉定粮油仪器有限公司
地址：上海市嘉定区恒永路328弄75号2F

邮编：201806
电话：021-39986220
传真：021-39527301
联系人：陈明皓
电子信箱：feisui@jdliangyi.com
网址：www.jdliangyi.com
主要产品或业务范围：粮油食品饲料理化检测仪器、面筋仪、白度仪、降落数值仪、脂肪仪、蛋白仪。

上海嘉鹏科技有限公司
地址：上海市宝山区真陈路1398弄15号
邮编：200444
电话：021-36162366，66030766
传真：021-36162369
联系人：王培培
电子信箱：sh-jiapeng@163.com
网址：www.shjpkj.com
主要产品或业务范围：紫外分析仪、凝胶成像分析系统、核酸蛋白检测仪、蛋白质分享纯化系统、光化学分析仪、旋转蒸发器等产品。

上海今迈仪器仪表有限公司
地址：上海市嘉定区马陆镇丰饶路659号2幢201室
邮编：201800
电话：021-59106208，59104750
传真：021-59104750
联系人：黄惠忠
电子信箱：shjinmai2008@sohu.com
网址：www.sh-jinmai.com
主要产品或业务范围：电导率仪和pH计等实验室系列产品。

上海金达生化仪器有限公司
地址：上海市闵行区剑川路2号右侧二楼
邮编：200241
电话：021-64502103，64502702，64522362
传真：021-64502103
联系人：王招娣
电子信箱：dzw-1020@163.com
网址：www.jddnd.cn
主要产品或业务范围：高性能双光束核酸蛋白紫外检测仪系列，低压液相色谱分离层析系统系列等。

上海金凯德分析仪器有限公司
地址：上海市徐汇区上中路303号
邮编：200231
电话：021-54290031
传真：021-64532251
联系人：周先生
电子信箱：gc-hplc@163.com
主要产品或业务范围：公司生产销售气相色谱仪、液相色谱仪及常用色谱零配件。

上海劲佳科学仪器有限公司
地址：上海市浦东新区宣秋路210号F幢
邮编：201399
电话：021-58152897，58156345
传真：021-58156345
联系人：刘海洋
电子信箱：cmc17@126.com
网址：www.cmc17.com
主要产品或业务范围：浊度仪、白度仪等。

上海凯来实验设备有限公司
地址：上海市浦东新区祖冲之路2277弄世和商务中心1号楼407室
邮编：201203
电话：021-58955762，58955763
传真：021-58955730
电子信箱：webmaster@chemlabcorp.com
网址：www.chemlabcorp.com
主要产品或业务范围：专业代理国际先进分析仪器。

上海康华生化仪器制造有限公司
地址：上海市奉贤区泰日河西街1号
邮编：201405
电话：021-56663283
传真：021-56963306
联系人：陈中华
电子信箱：sh-kanghua@163.com
网址：www.sh-kanghua.com
主要产品或业务范围：液相色谱层析系统、紫外／核酸蛋白检测仪、紫外透射反射分析仪系列、厌氧箱、培养箱、二氧化碳、生化培养箱、干燥箱、振荡器、恒温培养箱、超净工作台。

上海康雷分析仪器有限公司
地址：上海市青浦区崧泽大道6788号
邮编：201204
电话：021-62728646
传真：021-62728538
网址：www.healforce.com
主要产品或业务范围：纯水器，超纯水器及小型试验楼集中供水系统等及废水TOC自动检测系统、烟气自动检测系统的系统集成。

上海冷杉精密仪器有限公司
地址：上海市嘉定区沪宜公路1185号南翔高科商务中心6层
邮编：200331
电话：4000757855
传真：021-22812755-100
电子信箱：abiespi@abiespi.com
网址：www.abiespi.com
主要产品或业务范围：中高端色谱和质谱分析仪器。

上海灵华仪器有限公司
地址：上海市杨浦区军工路1300号合生茶岸文创园11号楼301室
邮编：200082
电话：021-65352003
传真：021-65351869
电子信箱：Sh-lhyq@163.com
网址：www.lhyiqi.com
主要产品或业务范围：该公司是专门从事气相色谱仪的制造及各类色谱应用技术研究的高新技术企业。提供全面的气、液相色谱分析解决方案，解决用户的实际问题。可根据用户的需求，提供分析方案，选配仪器及专用色谱柱，并负责分析方案的实验验证，以及培训操作人员等完善的售前及售后服务。

上海罗素科技有限公司
地址：上海市杨浦区松花江路251弄7号903室
邮编：200093
电话：021-35080252
传真：021-55230300
联系人：陈伟娟
电子信箱：ruosull_co@163.net
网址：www.ruosull.com
主要产品或业务范围：公司产品包括pH/ORP仪器，电导仪，离子计和溶氧仪及相对应的各类电极。

上海尼润智能科技有限公司
地址：上海市静安区江场三路153号6楼
邮编：200436
电话：021-65432608
传真：021-58391689
联系人：周洪
电子信箱：nirunndj@126.com
网址：www.sh-nirun.com
主要产品或业务范围：生产各种规格黏度计、旋转黏度计、在线黏度计、Viscometer的专业公司。

上海欧华分析仪器厂
地址：上海市普陀区真南路928弄78号
邮编：200333
电话：021-52919799，62146280
传真：021-52919799
电子信箱：ohua@ohuachina.com
网址：www.ohuachina.com
主要产品或业务范围：各种气相色谱仪（GC-9160系列气相色谱仪），气体净化器，气体稳压阀，色谱配件。

上海欧陆科仪有限公司
地址：上海市浦东新区金桥出口加工区金港路501号C幢2F
邮编：201206
电话：021-58347460，58347681

传真：021-58545673
联系人：王旭红
电子信箱：factory.sh@euro-tech.com
网址：www.euro-tech.com
主要产品或业务范围：红外分光油分析仪、COD测定仪、总有机碳TOC分析仪、浊度仪、悬浮物、溶解氧测量仪、分光光度计、萃取装置等。同时提供各种配套化学试剂，如COD试剂，余氯总氯试剂等。

上海磐合科学仪器股份有限公司
地址：上海市闵行区联航路1588号上计信息楼B座3楼
邮编：201108
电话：021-33581201，33581022
传真：021-33581023
联系人：王宏
电子信箱：marketing@phky.com.cn
网址：www.phky.com.cn
主要产品或业务范围：代理进口实验室样品前处理和相关分析设备。

上海沛欧分析仪器有限公司
地址：上海市闵行区朱行路15号2栋207室
邮编：201101
电话：021-64086301，34977258
传真：021-34977258
电子信箱：1833654784@qq.com
网址：www.peiouyiqi.com
主要产品或业务范围：全自动凯氏定氮仪、自动凯氏定氮仪、红外石英消化炉、二氧化硫检测仪、卡尔费休水分仪、酶标仪。

上海品技科学仪器有限公司
地址：上海市松江区九亭镇中心路28号3号楼2楼
邮编：201615
电话：021-63013724
传真：021-63014488
电子信箱：pinji@shweiye.com
网址：www.shweiye.com
主要产品或业务范围：电化学仪器和精密称重电磁力传感器。

上海颀高仪器有限公司
地址：上海市嘉定区外冈工业园区恒翔路55号
邮编：201823
电话：021-59950071
传真：021-59570253
电子信箱：office@shqigao.com
网址：www.shqigao.com
主要产品或业务范围：石油化工及煤化工领域分析仪器。

上海琪特分析仪器有限公司
地址：上海市嘉定区顺达路300弄20号

邮编：201802
电话：021-62310989
传真：021-62317668
联系人：王贤京
电子信箱：sales@shqite.com
网址：www.shqite.com
主要产品或业务范围：自动液相色谱分离层析仪、核酸蛋白检测仪、紫外检测仪、恒流泵、自动部分收集器。

上海任氏电子有限公司
地址：上海市松江区泗泾镇望东中路18号
邮编：201601
电话：4008755987
传真：021-57619240
电子信箱：sales@jenco.com.cn
网址：www.jenco.com.cn
主要产品或业务范围：水质分析仪器。

上海瑞鑫科技仪器有限公司
地址：上海市普陀区武威路88弄20栋7楼
邮编：200331
电话：021-36535078，36535077
传真：021-56085718
电子信箱：rx2008@vip.163.com
网址：www.ruixin.net.cn
主要产品或业务范围：该公司目前主要产品有多功能农产品安全分析仪、病害肉测定仪、农药残留速测仪、多功能食品安全分析仪系列、食品安全快速检测箱、莱克多巴胺酶联免疫检测试剂盒、克伦特罗酶联免疫检测试剂盒等产品。

上海三信仪表厂
地址：上海市徐汇区桂平路481号16幢4楼
邮编：200233
电话：021-63362480
传真：021-64956880
电子信箱：sanxin@shsan-xin.com
网址：www.shsan-xin.com
主要产品或业务范围：pH计、电导率仪、溶解氧仪、离子计、水质硬度仪、磁力搅拌器。

上海珊科仪器厂
地址：上海市静安区泰兴路567号102-103室
邮编：200041
电话：021-62533563，63240710
传真：021-63240822
联系人：胡正
电子信箱：hz@sh-shanke.com
主要产品或业务范围：光电浊度仪，光电雾度计，农用数粒仪等。

上海上计群力分析仪器有限公司
地址：上海市静安区愚园路546号
邮编：200040
电话：021-52390128，62523570
传真：021-62128346
电子信箱：gcsict@163.com
网址：www.gc-sict.cn
主要产品或业务范围：液晶显示气相色谱仪，通用气相色谱仪，白酒专用气相色谱仪，电力专用色谱仪，石化系统专用气相色谱仪，炼厂气专用气相色谱仪等各类专用机，色谱工作站、台式色谱工作站等。

上海申越实验器材有限公司
地址：上海市浦东新区盛夏路169号A栋817室
邮编：201210
电话：021-56297736
传真：021-56297733
电子信箱：FrankDing@sunyear.net
网址：www.sunyear.net
主要产品或业务范围：通用实验室器材，制备仪器与纯化设备、大分子蛋白等电聚焦毛细管电泳/层析/膜过滤。

上海晟声自动化分析仪器有限公司
地址：上海市嘉定区嘉安公路六里中心路255号
邮编：201821
电话：4006189618
传真：021-59160403
电子信箱：shengshck@163.com
网址：www.shengshck.net
主要产品或业务范围：全自动定氮仪。

上海舜宇恒平科学仪器有限公司
地址：上海市松江区九亭镇中心路28号
邮编：201615
电话：021-64956777
传真：021-64956777
电子信箱：fengw@sunnyoptical.com
网址：www.hengping.com
主要产品或业务范围：公司产品有分析仪器、天平仪器、物性测试仪器和前处理仪器。

上海思百吉仪器系统有限公司
地址：上海市闵行区元山路88号优络盟城市工业园9号楼
邮编：201108
电话：021-64426488
传真：021-64426498
电子信箱：shliu@bksv.com.cn
网址：www.spectris.com.cn
主要产品或业务范围：专业从事声学、振动测试及分析仪器的研究、开发和制造。产品包括声学和振动传感器、声学和振动分析设备、声学和振动传感器校准系统。

上海天能科技有限公司
地址：上海市闵行区新骏环路188号2号楼3层
邮编：201114
电话：021-34637136
传真：021-34637138
电子信箱：info@biotanon.com
网址：www.biotanon.com
主要产品或业务范围：公司主要产品Tanon系列数码凝胶图像分析系统、EPS系列数显稳压稳流电泳仪、HE/VE系列电泳槽、UV紫外分析仪、相关试剂产品。

上海通微分析技术有限公司
地址：上海市浦东新区张江高科技园区松涛路489号C01座
邮编：201203
电话：021-38953588
传真：021-38953636
联系人：潘婷琪
电子信箱：Lh@unimicrotech.com.cn
网址：www.unimicrotech.com.cn
主要产品或业务范围：液相色谱仪、液相色谱柱、液相色谱耗材配件、应用检测方法包、分析方法定制等。

上海同田生物技术股份有限公司
地址：上海市浦东新区张江高科技园区爱迪生路326号A301室
邮编：201203
电话：021-51320588
传真：021-51320502
电子信箱：tauto@tautobiotech.com
网址：www.tautobiotech.com
主要产品或业务范围：致力于高速逆流色谱仪，中压双柱塞恒流泵，实验室纯水系统，高纯度天然产物有效成分单体、天然药物原料/中间体的研究开发、生产和销售。

上海伍丰科学仪器有限公司★
地址：上海市普陀区同普路1343弄3号3楼
邮编：200333
电话：021-52695700
传真：021-52695698
电子信箱：service@wufengtech.com
网址：www.wufengtech.com
主要产品或业务范围：液相色谱仪。

上海晓舟电子仪表工贸有限公司
地址：上海市浦东新区西营路62号103-104室
邮编：200126
电话：021-58724933，50870018
传真：021-50870018-816
电子信箱：xzdianzi@126.com
网址：www.china-xz.cn
主要产品或业务范围：氧化锆氧量分析仪、闪光报警器。

上海昕瑞仪器仪表有限公司
地址：上海市静安区共和新路3088弄祥腾财富广场7号楼1001室
邮编：200072
电话：021-66058871，66058872，13817979767
传真：021-66058873
联系人：朱汉飞
电子信箱：168@shxr17.com
网址：www.shxr17.com
主要产品或业务范围：水质分析仪、酒类分析仪、色度分析仪、电化学分析仪、粮油检测仪、建材测试仪等产品。

上海新家仪器有限公司
地址：上海市嘉定区回城南路庭1128号D305室
邮编：201821
电话：021-69520728
传真：021-69521728
电子信箱：zhangwm_1961@yahoo.com.cn
网址：www.xinjiayiqi.com
主要产品或业务范围：公司主要生产全自动定氮仪、粗脂肪测定仪、黄曲霉素检测仪、粗纤维测定仪等检测仪器。

上海新嘉电子有限公司
地址：上海市嘉定区立新路32号
邮编：201818
电话：021-59511618，39529019，39529017
传真：021-59512128，39529019
联系人：丁敏佳
电子信箱：minjia_2008@126.com
网址：www.xinjia-electronic.com.cn
主要产品或业务范围：KDN系列定氮仪（蛋白仪测定仪）、SZF系列脂肪测定仪、HJ-2黄曲霉毒素检测仪、CXC-06粗纤维测定仪等系列检测仪器。

上海新拓分析仪器科技有限公司
地址：上海市松江区中创路68号20幢5-6层
邮编：201613
电话：021-64569650，64865021
传真：021-64569630
联系人：顾培云
电子信箱：xintuo@sh-xintuo.com
网址：www.sh-xintuo.com
主要产品或业务范围：该公司专门从事分析测试仪器的研制、销售和服务。

上海新仪微波化学科技有限公司
地址：上海市徐汇区漕河泾高新区冠生园路227号2号楼3楼
邮编：200235
电话：021-54487840
传真：021-64080840
电子信箱：marketing@sineo.cn
网址：www.sineo.cn

主要产品或业务范围：专业的微波化学仪器生产商。产品有单模微波合成仪，微波·紫外·超声波一体萃取/合成仪，多参数便携式COD测定仪，32位试管消解器等。

上海煊仁环保仪器有限公司

地址：上海市松江区九新公路877号临港卓越科技园1号楼103室

邮编：201612

电话：4008200554

传真：021-31229429

电子信箱：sales@sseic.com

网址：www.sh-sseic.com

主要产品或业务范围：应用于环境合规性、水处理和工业过程应用的在线分析仪的著名制造商。

上海仪电分析仪器有限公司

地址：上海市松江区徐塘路88号

邮编：200233

电话：021-34530361

传真：021-64833916

电子信箱：ydfxwx@qq.com

网址：www.sh-fx.info

主要产品或业务范围：分光光度计，气相色谱，原子吸收，液相色谱，食品安全等领域产品有气相色谱仪、液相色谱仪、紫外可见分光光度计、原子吸收分光光度计、荧光分光光度计、火焰光度计和监控系统集成等60余个品种的数字化、智能化分析仪器。

上海仪电科学仪器股份有限公司

地址：上海市嘉定区安亭镇园大路5号

邮编：201805

电话：4008271953

传真：021-39506398

电子信箱：rex_xs@lei-ci.com

网址：www.lei-ci.com

主要产品或业务范围：分析仪器，天平仪器，电化学仪器，物理光学仪器和监控系统集成等。

上海仪真分析仪器有限公司

地址：上海市徐汇区钦州北路1199号智汇园88栋4楼

邮编：200223

电话：021-62087664

传真：021-62191934

电子信箱：info@esensing.net

网址：www.esensing.net

主要产品或业务范围：为环境监测、食品安全、石油化工和临床检测等分析实验室提供样品前处理到分析测试全方位解决方案。

上海屹尧仪器科技发展有限公司

地址：上海市闵行区都会路2338号100-101号

邮编：201108

电话：021-54427296

传真：021-54427063

电子信箱：info@preekem.com

网址：www.preekem.com

主要产品或业务范围：该公司专业研制、开发、生产微波化学设备。主要产品包括微波化学工作平台，水分测定仪，专家型密闭微波反应系统，温压双控密闭反应系统，单模微波合成仪，常压微波合成/萃取系统，常压微波萃取/合成仪，微波马弗炉，酸纯化系统。

上海英盛分析仪器有限公司

地址：上海市松江区高新技术园区永航路288弄11号

邮编：201600

电话：021-58998999

传真：021-58998666

电子信箱：sales@encel.net

网址：www.encel.net

主要产品或业务范围：工业在线分析仪器，便携式检测分析仪器，工业分析控制成套系统，智能工业控制器。

上海优浦科学仪器有限公司

地址：上海市静安区共和新路425号凯鹏国际大厦21楼E座

邮编：200070

电话：021-36174215，66288116，36174216-686

传真：021-56720496

联系人：张海燕

电子信箱：up17@up17.com

主要产品或业务范围：该公司代理产品涉及水质分析、环境检测、生命科学、理化分析、分析试剂及消耗材料等。

上海佑科仪器仪表有限公司

地址：上海市奉贤区青村镇青灵路228号

邮编：201414

电话：021-50823267

传真：021-50823267

电子信箱：sales@yokechina.com

网址：www.yokechina.com

主要产品或业务范围：紫外可见分光光度计、电子天平系列等。

上海宇隆仪器有限公司

地址：上海市双阳路181号

邮编：200090

电话：021-65202323-811

传真：021-65439884

电子信箱：1069091975@qq.com

网址：www.sh-yulong.com

主要产品或业务范围：公司生产的仪器有pH计、电导率仪、pH电极和电导电极、分光光度计、旋光仪、显微镜等各种分析仪器。

上海元析仪器有限公司
地址：上海市闵行区金都路1128号6号楼4层
邮编：201108
电话：021-64550709，64550390
传真：021-64550468-8010
电子信箱：mail@metash.com
网址：www.metash.com
主要产品或业务范围：分光光度计，微波消解仪和TOC总有机碳分析仪。

上海悦特精密科学仪器有限公司
地址：上海市静安区惠园路483弄28号101室
邮编：200040
电话：021-62791712
传真：021-62791712
电子信箱：yujiade30@126.com
主要产品或业务范围：生产分析仪器，特别包括各类检测器的高效液相色谱。

上海振迈仪器设备有限公司
地址：上海市松江区银都西路215号8B212单元
邮编：201612
电话：021-63531465
传真：021-63546840
电子信箱：sales@cleaninst.com.cn
网址：www.cleaninst.com
主要产品或业务范围：该公司代理美国CLEAN仪器包括30系列高精度测试笔、200系列便携式测试仪、500系列台式测试仪、5000系列控制器等实验室及工业在线产品和配套方案。

上海智岩科学仪器有限公司
地址：上海市浦东新区张江高科技园区蔡伦路780号3楼E座
邮编：201203
电话：021-33860657
传真：021-58956922
电子信箱：zhiyanLab@163.com
网址：www.Lab51.cn
主要产品或业务范围：公司是专业的生物仪器、分析仪器的制造商。

上海中晨数字技术设备有限公司
地址：上海市普陀区中江路388弄国盛中心1号楼1505室
邮编：200333
电话：021-22819340
传真：021-52690473
联系人：吴骏逸
电子信箱：rich2007@188.com
网址：www.powereach.com
主要产品或业务范围：表界面张力仪、接触角测量仪、LB膜分析仪、Zeta电位仪、纤维组织测量仪。

沃特世科技（上海）有限公司
地址：上海市浦东新区金海路1000号金领之都13栋
邮编：201203
电话：4008202676，021-68794588，61562666
传真：021-61562777
电子信箱：lin_hai_zhang@waters.com
网址：www.waters.com
主要产品或业务范围：高效液相色谱仪，质谱仪，热分析仪以及流变学产品。

希仕代仪器贸易（上海）有限公司
地址：上海市虹口区曲阳路910弄复城国际1105室
邮编：200437
电话：021-65533022
传真：021-65539651
电子信箱：info@systechinstruments.com
网址：www.sysnois.com
主要产品或业务范围：微量氧分析仪，微量水分析仪，实验室产品透氧仪，透湿仪，顶空分析仪。

屹谱仪器制造（上海）有限公司
地址：上海市松江区松胜路355号1栋5层
邮编：201613
电话：021-57745396
传真：021-57749297
电子信箱：du@yipuyiqi.com
网址：www.yipuyiqi.com
主要产品或业务范围：手持式拉曼光谱仪、可见分光光度计、紫外可见分光光度计等。

英国马尔文仪器（中国）有限公司
地址：上海市徐汇区田州路99号新安大厦13号楼101单元
邮编：200233
电话：021-61133777，8008206902
传真：021-61133778
联系人：王珏
电子信箱：joy.wang@malvern.com.cn
网址：www.malvern.com.cn
主要产品或业务范围：激光粒度分析仪、激光粒度仪、实时喷雾力度分析仪、纳米粒度/Zeta电位及分子量分析仪、高灵敏纳米粒度分析仪、纳米粒度及绝对分子量分析仪、高性能纳米粒度和Zeta电位分析仪、高分辨Zeta电位分析仪、纳米粒度仪、干法粒形和粒度分析仪、湿法粒度和粒形分析仪、工业在线粒度分析和过程控制系统、马尔文在线系统、超级旋转流变仪、高级旋转流变仪、旋转流变仪、黏度计、台式毛细管流变仪、落地式毛细管流变仪、Viscotek科研级多检测器凝胶色谱系列。

英国仕富梅集团有限公司
地址：上海市闵行区元山路88弄9号
邮编：201108

电话：021-64897570-113
传真：021-64426498
电子信箱：lisali@servomex.com
网址：www.servomex.com
主要产品或业务范围：危险区顺磁氧分析仪、危险区红外分析仪、安全区顺磁氧分析仪、多模块分析仪、氧化锆分析仪。

约克仪器公司
地址：上海市长宁区延安西路1228号嘉利大厦10楼A座
邮编：200052
电话：021-51085568，62802802
传真：021-62806262
电子信箱：syh@yorkinstrument.com
网址：www.yorkinstrument.com
主要产品或业务范围：工业空分仪器，温湿度计算校准仪器，环保气体分析仪器，安全防护仪器等。

月旭材料科技（上海）有限公司
地址：上海市松江区明南路85号启迪漕河泾（中山）科技园紫荆园10号楼
邮编：201203
电话：021-50276760
传真：021-50276769
电子信箱：marketing@welchmat.com
网址：www.welchmat.com
主要产品或业务范围：液相色谱柱，以及代理纳升级液相色谱仪和八通道液相色谱仪。

昭和电工科学仪器（上海）有限公司
地址：上海市静安区石门一路211号旺旺大厦18F
邮编：200041
电话：021-62176111/13311851655
传真：021-62179879
联系人：竺远庆
电子信箱：sales@shodexchina.com
网址：www.shodex.com
主要产品或业务范围：该公司是具有代表性的综合化学产品生产公司。生产GPC、GFC、糖分析、离子交换、亲和色谱、有机酸分析、手性分离、离子色谱等800多个型号的各种专用柱及示差折光检测器，电导检测器等分析仪器，聚合物基系列色谱柱。

成都科林分析技术有限公司
地址：四川省成都市武侯区武科西一路85号鼎晟国际A2-3
邮编：610041
电话：028-85230950
传真：028-85253094
电子信箱：colinat@126.com
网址：www.colintech.com

主要产品或业务范围：自动顶空进样器和自动热脱附解吸仪两大系列产品。

成都齐碳科技有限公司★
地址：四川省成都市武侯区人民南路四段3号成都来福士广场办公楼T1-3101
邮编：610042
电话：4008002038
电子信箱：businness@qitiantech.com
网址：www.qitiantech.com
主要产品或业务范围：致力于纳米孔基因测序仪及配套芯片、试剂的自主研发、制造与应用。

成都世纪方舟科技有限公司
地址：四川省成都市成华区成致路50号7栋4楼
邮编：610066
电话：028-84438456
传真：028-84464102
电子信箱：yyyy2008@126.com
网址：www.fzchina.com
主要产品或业务范围：公司专业从事电化学分析仪器的设计、研发、生产、销售和服务。

成都仪器厂
地址：四川省成都市青羊工业总部基地K区27栋
邮编：610091
电话：028-86935160
传真：028-86933356
电子信箱：scchengyi@scchengyi.com
网址：www.scchengyi.com
主要产品或业务范围：检漏仪、真空计、极谱仪、色谱仪、血液流变仪、恒温水浴、黏度/湿度分析仪。

德阳立达仪器有限责任公司
地址：四川省德阳市庐山南路三段32号
邮编：618000
电话：0838-2307561
传真：0838-2903778
电子信箱：hdj2018@163.com
网址：www.ldyq851.com
主要产品或业务范围：ONH-851氧氮氢系列、TL851-5系列、TL851-6系列高频红外碳硫分析仪。

四川海恩瑞捷测控技术有限公司
地址：四川省绵阳市涪城区科创园创新中心二期2号楼531
邮编：621000
电话：0816-6330580
传真：0816-6330571
主要产品或业务范围：拉曼激光气体分析仪、乳化液在线浓度检测仪、红外测温仪、纹影仪、全光纤干涉测速仪等光电测试类设备与系统。

天津埃文森科技有限公司
地址：天津市西青区华苑产业区海泰发展六道6号海泰绿色产业基地K2-10-401室
邮编：300384
电话：022-85689015、85689016、85689017
传真：022-85689017
联系人：张志霞
电子信箱：china@evansentech.com.cn
网址：www.evansentech.com.cn
主要产品或业务范围：高效液相色谱系统（HPLC），各种输液泵，蒸发光散射检测器（ELSD），紫外检测器，荧光检测器，二极管阵列检测器，柱后衍生系统（包含化学衍生和光衍生）及试剂，色谱柱，氘灯等各种色谱耗材。

天津琛航科苑科技发展有限公司
地址：天津市南开区榕苑路16号鑫茂科技园G-4-D单元
邮编：300384
电话：022-58693246，58693247，58693249
传真：022-23690080
电子信箱：sales@scienhome.com
网址：www.scienhome.com
主要产品或业务范围：该公司是一家专业的实验室产品供应商，多年从事液相色谱全线产品的开发、研制、生产和销售。自营产品包括液相色谱柱及保护柱，气相色谱柱，恒温柱箱，空压机，氢气发生器，其他液相色谱配套产品。代理产品包括高效液相色谱系统，蒸发光散射检测器，自动取样器，输液泵，进样阀，注射器，工业制备填料，配件耗材等。

天津瑞泽分析仪器有限公司
地址：天津市河东区京塘路52号
邮编：300181
电话：4008078555
传真：022-83655158
电子信箱：rz@rzfxyq.com
网址：www.rzfxyq.com
主要产品或业务范围：从事专业高端食品安全检测仪器。

天津撒布浪斯探测仪器有限公司
地址：天津市北辰区铁东路汾河北道6号
邮编：300402
电话：022-86878228，86878227，86878226
传真：022-86878225
网址：www.sabulance.com
主要产品或业务范围：炉前快速热分析仪、热测定仪表及其传感器。

天津市东康科技有限公司
地址：天津市河西区黑牛城道立达博兰苑3-3-101
邮编：300381
电话：022-23936088
传真：022-58397388
电子信箱：dc@dongkangkeji.com
网址：www.dongkangkeji.com
主要产品或业务范围：专营进口原装色谱仪、光度计等大型分析仪器，以及与其相适应的配套设备、配件及消耗品，该公司是瓦里安、岛津、TSP、Fisher试剂的专业代理商，并代理经销东京理化科学仪器。

天津市恒奥科技发展有限公司
地址：天津市西青区华苑产业园区榕苑路15号9-D-801室
邮编：300384
电话：022-83713517，83713527
传真：022-83713109
电子信箱：hakj@vip.163.com
网址：www.tjhakj.com
主要产品或业务范围：浓缩萃取设备、细菌耐药性及微生物检测设备、均质设备、振荡混合设备、色谱配套设备。

天津市津维电子仪表有限公司
地址：天津市南开区咸阳路罗平道6号
邮编：300190
电话：022-27638649，27652788
传真：022-27366750
电子信箱：sjjw@vip.163.com
网址：www.tj-jwdz.com
主要产品或业务范围：红外分光光度计、荧光光度计、红外分光测油仪、紫外分光光度计等。

天津市兰博实验仪器设备有限公司
地址：天津市西青区华苑新技术产业园区榕苑路4号天发科技园7号楼1门2层
邮编：300384
电话：022-23592982
传真：022-23592987
电子信箱：tianjinlanbo@vip.163.com
网址：www.tianjinlanbo.com
主要产品或业务范围：美国兰博高效液相色谱仪的中国区总代理及技术服务中心。

天津市罗根科兴科技有限公司
地址：天津市西青区新技术产业园区榕苑路16号鑫茂民营科技园B座AB单元4层
邮编：300072
电话：022-27639241
传真：022-27639019-801
电子信箱：logan@tjlogan.com
网址：www.tjlogan.com
主要产品或业务范围：颗粒计数器。

天津市鹏翔科技有限公司
地址：天津市武清区新技术产业园区海泰绿色产业基地Ⅱ

期M8号办公别墅1门302

邮编：300384

电话：022-87890403

传真：022-87890435

电子信箱：postmaster@tjge.com

网址：www.tjge.com

主要产品或业务范围：微反色谱装置、催化剂评价装置、小试及中试精馏装置、加氢装置、无梯度反应装置、多用吸附仪（催化剂表征系统 TPD、TPR、TPO、TPSR）、六通道催化剂评价装置、多管高压反应装置、乙苯脱氢实验装置、生物柴油试验装置、超临界萃取（反应）装置、制备色谱、膜分离制氮机。

天津市赛普环保科技发展有限公司

地址：天津市西青区华苑新技术产业园区兰苑路9号工房时代1门605室

邮编：300384

电话：022-83714060

传真：022-83714060转805

联系人：尤永清

电子信箱：sipo_hb@vip.163.com

网址：www.sipohb.com

主要产品或业务范围：主要研发BOD快速测定仪、红外测油仪、COD测定仪、水质采样器、土壤采样器等产品。

国营红声器材厂（4380厂）嘉兴分厂★

地址：浙江省嘉兴市洪兴路432号

邮编：314033

电话：0573-82083593

传真：0573-82053626

电子信箱：zgg4380@vip.sina.com

网址：www.hs4380.cn

主要产品或业务范围：该厂专业研究、开发制造噪声、声学（振动）测试分析仪、电声（电话）测试仪。

杭州超钜科技有限公司

地址：浙江省杭州市西湖区文三路199号13幢南3-58号

邮编：310030

电话：0571-88904611

传真：0571-81131130

电子信箱：helenhelan@126.com

网址：www.cjkj88.com

主要产品或业务范围：高灵敏氢气气密性检测仪、超痕量汞在线分析仪、痕量气态烃在线分析系统、痕量氢气在线自动分析系统。

杭州鼎利环保科技有限公司

地址：浙江省杭州市文三路90号东部软件园创新大厦B313室

邮编：310003

电话：0571-28066633

传真：0571-87703056

电子信箱：hex@dlhb.com

主要产品或业务范围：该公司为用户提供COD、氨氮、总磷、重金属等系列在线监测仪器及实验室仪器。

杭州晶格科学仪器有限公司

地址：浙江省杭州市西湖区三墩镇西园1路16号1幢401厂房

邮编：310030

电话：0571-89905515-807

传真：0571-89905515-802

电子信箱：Aichunhong1986@163.com

网址：www.jghz.com

主要产品或业务范围：公司产品包括数据采集仪、高低温恒温恒湿箱、贴片机、数字精密电桥等。

杭州科晓化工仪器设备有限公司

地址：浙江省杭州市西湖区振华路320号

邮编：310012

电话：0571-88955418

传真：0571-88955467

电子信箱：hz@kexiao.com

网址：www.kexiao.com

主要产品或业务范围：从事销售各种型号的气、液相色谱仪，色谱仪配件，分光光度计，天平等化验室实验设备。

杭州朗基科学仪器有限公司

地址：浙江省杭州市西湖区文二路391号西湖国际科技大厦C座512-513室

邮编：310012

电话：0571-88862165，88862284

传真：0571-88862284-818

电子信箱：info@longgene.com

网址：www.longgene.com

主要产品或业务范围：专业研发和生产全品类PCR仪、定量PCR系统和凝胶成像分析系统。

杭州谱育科技发展有限公司★

地址：浙江省杭州市临安区科技大道2466号

邮编：311305

电话：4007002658

电子信箱：puyu_service@fpi-inc.com

网址：www.expec-tech.com

主要产品或业务范围：质谱、色谱、光谱、理化等分析检测技术及气体、液体、固体等进样前处理技术，实验室分析、现场化分析（便携、在线、移动）、自动化分析等一系列产品，涵盖先进工业、生态环境、医疗诊断、生命科学、食品药品、应急安全等领域。

杭州旭东升科技有限公司

地址：浙江省杭州市滨江区江陵路567号新东方国际科技中心20层

邮编：310051

电话：0571-88910722
传真：0571-88910733
电子信箱：web@rsenv.com
网址：www.rsenv.cn
主要产品或业务范围：该公司是专业从事最新环境监测技术研究推广与分析仪表经营的企业。代理欧、美、日及中国数十家制造商的环境监测仪器和实验室用分析仪表。

聚光科技（杭州）股份有限公司
地址：浙江省杭州市滨江区滨安路760号
邮编：310052
电话：0571-85012188
传真：0571-85012006
电子信箱：fpi_market@fpi-inc.com
网址：www.fpi-inc.com
主要产品或业务范围：公司是世界领先的环境与安全检测分析仪器和服务供应商。

赛智科技（杭州）有限公司
地址：浙江省杭州市滨江区东冠路611号金盛科技园3号楼5楼
邮编：310053
电话：0571-86631750
传真：0571-86631735
电子信箱：hplc@surwit.com
网址：www.surwit.com
主要产品或业务范围：是一家以先进色谱、光谱仪及相关软件为主业，以色谱数据工作站为核心，集研发、生产、销售与技术服务于一体的高科技企业。

台州市粮仪厂
地址：浙江省台州市路桥区新桥镇新大街422号

邮编：318055
电话：0576-82665888，82661188
传真：0576-82662188
电子信箱：tzslyc@163.com
网址：www.tzyq.com
主要产品或业务范围：从事销售粮食仪器、种子检测仪器、水分检测仪器、分析仪器、光学仪器、黏度检测仪器、天平仪器、计量仪器、实验室仪器、医疗器械、干燥箱等进口仪器及工艺技术指标检测仪器。

浙江福立分析仪器股份有限公司
地址：浙江省温岭市城东街道百丈南路95号
邮编：317500
电话：0576-86199688
传真：0576-86199677
电子信箱：flyq@cnfuli.com.cn
网址：www.cnfuli.com.cn
主要产品或业务范围：气相色谱仪、液相色谱仪、原子吸收分光光度计、紫外分光光度计。

浙江托普仪器有限公司
地址：浙江省杭州市西湖科技园西园八路11号
邮编：310030
电话：0571-86056609
传真：0571-86059660
联系人：王立峰
电子信箱：hztopyq@163.com
网址：www.zjtpyq.com
主要产品或业务范围：公司致力于土壤、气象、种子、植物生理、环境、粮油食品检化验等相关农业检测仪器的研发、生产和销售。

试验机

北京北科合作仪器厂
地址：北京市东城区北池子大街49号
邮编：100006
电话：010-63810135，63814052，65255353
传真：010-63831733，63810135
电子信箱：bbk@bbk2000.com
主要产品或业务范围：X射线测厚仪。

北京东方力智试验仪器有限公司
地址：北京市海淀区海淀南路19号时代网络大厦2015室
邮编：100080
电话：010-82669158，82666286
传真：010-82669158
电子信箱：pek@test.bj.cn
主要产品或业务范围：电子拉力试验机、微机控制电子万能试验机、人造板电子万能试验机等，可根据具体要求承接各种类别的材料及构件试验设备的设计与制造。

北京泛泰克斯仪器有限公司
地址：北京市东城区东四十条甲22号南新仓国际大厦A509室
邮编：100007
电话：010-64096065，64096066，64096067
传真：010-64096069
电子信箱：sales@vantechinst.com
网址：www.vantechinst.com
主要产品或业务范围：超声探伤仪、高温超声测厚仪、水下超声波测厚仪、多层厚度超声波测厚仪。

北京冠测精电仪器设备有限公司
地址：北京市昌平区凉水河路1号院2号楼1010
邮编：100094
电话：010-57223836
传真：010-51651740
电子信箱：guanceyq@126.com
网址：www.guance17.cn
主要产品或业务范围：电子万能试验机，力学冲击试验机。

北京海智科技发展有限公司
地址：北京市海淀区中关村园区中关村科技园平谷园兴谷A区兴谷西路11-1号
邮编：101299
电话：010-80984796
传真：010-80984796
电子信箱：haizhi@263.net.cn
网址：www.haizhi.com.cn

主要产品或业务范围：液晶显示液压万能试验机、压力试验机、液晶显示电子拉力试验机、微机控制电子万能试验机、电液伺服万能试验机等。

北京航天希尔测试技术有限公司
地址：北京市丰台区南大红门路1号
邮编：100089
电话：010-66365850，66572125
传真：010-66360252
电子信箱：sales@ettsolution.net
网址：www.ettsolution.net
主要产品或业务范围：致力于力学环境与可靠性试验设备研究的生产，环境试验设备改造、环境可靠性试验和环境可靠性技术咨询等完整解决方案。

北京金盛鑫检测仪器有限公司
地址：北京市平谷区金海湖镇东土门北街1号
邮编：101201
电话：010-69996881
传真：010-69991663
电子信箱：bjjshx@163.com
网址：www.jinshengxin.com
主要产品或业务范围：拉力试验机系列、冲击试验机系列、熔体流动速率测定仪系列、热变形/维卡软化点温度测定仪系列、液体分析系列、制样设备系列、管材检测专用仪器系列。

北京科电时代仪器技术有限公司
地址：北京市朝阳区五里桥二街中弘北京像素7号楼401、402室
邮编：100024
电话：010-51299466、57572796、57571286
传真：010-57571286
电子信箱：bjkdsd@163.com
网址：www.kedian1718.com
主要产品或业务范围：HCH-2000系列超声波测厚仪、MC-2000系列涂镀层测厚仪、MCW-2000B系列涡流测厚仪及DJ-6/DJ-9系列电火花检漏仪等产品。

北京美泰科仪检测仪器有限公司
地址：北京市海淀区上地东路1号盈创动力大厦E座506
邮编：100085
电话：010-58858656
传真：010-58858656
电子信箱：mvip@mitech-ndt.com
网址：www.mitech-ndt.com

主要产品或业务范围：公司专业从事无损检测系统设备，包括超声波探伤仪、里氏硬度计、超声波测厚仪、超声波自动探伤系统等无损检测技术服务。

北京青云精益检测设备有限公司
地址：北京市海淀区北三环西路43号青云国际研发中心201室
邮编：102402
电话：010-82134400，13701138180
传真：010-82123301
电子信箱：dtlin@vip.163.com
网址：www.balancingmachine.com.cn
主要产品或业务范围：该公司生产制造各种型号的软硬支承、卧式、立式、高速和全自动平衡机。

北京时代恒宇科技有限公司
地址：北京市海淀区西三旗悦秀路76号C座2层C233室
邮编：100085
电话：010-62842106
传真：010-62842769
电子信箱：nd17@163.com
网址：www.timetest.com.cn
主要产品或业务范围：里氏硬度计、橡胶硬度计、数显洛氏／布氏／显微维氏硬度计、粗糙度仪、涂层测厚仪、超声波测厚仪、测振仪、测温仪、超声波探伤仪、磁粉探伤仪、电子万能试验机、弹簧试验机等。

北京时代山峰科技有限公司
地址：北京市海淀区清河小营西路27号金领时代大厦12楼
邮编：100085
电话：010-82951585
传真：010-82915752
电子信箱：bjsdsf@126.com
网址：www.1718-show.cn
主要产品或业务范围：公司主要产品有：涂层测厚仪、超声波探伤仪、磁粉探伤仪、超声波测厚仪、粗糙度仪、里氏硬度仪、红外测温仪、便携式测振仪、洛氏硬度计、布氏硬度计、维氏硬度计、显微硬度计、便携式硬度计、邵氏硬度计、电火花检漏仪、激光对中仪、激光测径仪、激光测距仪、附着力测试仪、锚纹仪、气体检测仪等。

北京时代之峰科技有限公司
地址：北京市海淀区上地信息产业基地西路28号
邮编：100085
电话：010-62982299-3103
传真：010-62980828
电子信箱：mahailong@timegroup.com.cn
网址：www.shidaiyiqi.com.cn
主要产品或业务范围：公司产品包括时代里氏硬度计、邵氏硬度计、洛氏硬度计、粗糙度仪、涂层测厚仪、超声波测厚仪、测振仪、红外测温仪、超声波探伤仪、激光测径仪等。

北京市德光电子公司
地址：北京市海淀区西北旺百旺茉莉园38号楼108
邮编：100094
电话：010-51659992
传真：010-62314006
电子信箱：info@dgc-ndt.com.cn
网址：www.dgc-ndt.com.cn
主要产品或业务范围：智能超声波测厚仪和里氏硬度仪两大系列。

北京天创时代检测设备有限公司
地址：北京市海淀区远大路金源时代商务中心A座2G
邮编：100097
电话：010-68451818
传真：010-68450808
电子信箱：sale@1718.com.cn
网址：www.1718.com.cn
主要产品或业务范围：超声波测厚仪、超声波探伤仪。

北京沃威科技有限公司
地址：北京市朝阳区汤立路218号942室
邮编：100012
电话：010-51650488
传真：010-82853625
电子信箱：wolpert@126.com
网址：www.w-testing.com
主要产品或业务范围：自动布氏硬度测量系统，数显布氏硬度计，全自动数显洛氏硬度计，数显表面洛氏硬度计。

北京雅世恒源科技发展有限公司
地址：北京市海淀区阜成路115号北京印象2号楼1门304室
邮编：100142
电话：010-88136168，88131819
传真：010-88133371
电子信箱：Info@ndtek.com
网址：www.ndtek.com
主要产品或业务范围：红外热像仪、红外热成像系统、无损检测等仪器设备，以及专业的红外检测服务。

北京仪尊时代科技有限公司
地址：北京市朝阳区霞光里15号霄云中心2-1211
邮编：100125
电话：010-84832051，84831960
传真：010-84832053
电子信箱：info@esum.com.cn
网址：www.esum.com.cn
主要产品或业务范围：代理产品有材料物性测试设备、实验室物性测试设备。

北京中路仪科技发展有限公司
地址：北京市大兴区宏业路9号嘉悦广场5号楼9层

邮编：100070
电话：010-83702700，83702701
传真：010-83702710
电子信箱：beijing@yiqishebei.com
网址：www.yiqishebei.com
主要产品或业务范围：水泥试验仪器、沥青检测仪器、混凝土砂浆仪器、测绘测量仪器、橡胶仪器、土工试验仪器、环境测试仪器、试验箱系列、检测仪器、陶瓷试验及检测仪器、公路桥梁仪器、天平仪器系列、试验机系列、无损检测仪器、流动试验室。

德华材料检测有限公司
地址：北京市海淀区中关村大街19号新中关大厦B座810室
邮编：100086
电话：010-82486801，82486802
传真：010-82486803
电子信箱：dehuabj@dehua.com.hk
网址：www.dehua.com.hk
主要产品或业务范围：代理国际知名的无损检测和金相理化设备，包括X光机、伽马射线机、超声波探伤仪、涡流仪、泄漏仪、磁粉探伤仪、着色渗透剂、声发射检测仪器和设备、内窥镜、显微镜、图像分析系统、微硬度计、钢铁车间切口机、试样制备机和其他实验室仪器。

时代集团公司
地址：北京市海淀区上地信息产业基地开拓路17号
邮编：100085
电话：010-62982299，62981117
传真：010-62980728
电子信箱：zcb@timegroup.com.cn
网址：www.timegroup.com.cn
主要产品或业务范围：里氏硬度计，测振仪，邵氏硬度计，红外测温仪，洛氏硬度机，X射线探伤机，便携式粗糙度仪，光栅数显表，超声波测厚仪，微型打印机，涂层测厚仪。

重庆市中迅机电仪表有限公司
地址：重庆市渝中区中山二路192号10-3号
邮编：400014
电话：023-63536016
传真：023-61683993
电子信箱：zhongxuncq@163.com
主要产品或业务范围：硬度计；电子万能试验机，机械拉力机、液压万能试验机；冲击试验机、杯突试验机；粗糙度仪等光学仪器；金相显微镜，金相试样设备。

爱德森（厦门）电子有限公司
地址：福建省厦门市软件园二期望海路23号703-704
邮编：361008
电话：0592-2210833
传真：0592-2200733

电子信箱：ndt@eddysun.com
网址：www.eddysun-ndt.com
主要产品或业务范围：该公司专业从事无损检测仪器的研制、生产和服务。研制了具有世界先进水平的检测设备——金属磁记忆诊断仪、声脉冲快速检漏仪、128通道的涡流检测仪器、相控阵涡流传感器、多通道在线超声检测系统、高分辨/高穿透力超声仪、智能声振仪、超高速实时涡流探伤系统和智能化网络检测分析系统等。

天水红山试验机有限公司
地址：甘肃省天水市红山路2号
邮编：741001
电话：0938-8361104，8362951，8363684
传真：0938-8364909，8363684
联系人：孙秀梅
电子信箱：hs35108@163.com
网址：www.hongshan.cc
主要产品或业务范围：该公司现有金属/非金属材料试验机，力标准机，标准测量仪，大型衡器、称重及测力传感器等。

东莞科建检测仪器有限公司
地址：广东省东莞市万江街道莫屋社区第二工业区致富路2号
邮编：523000
电话：0769-22853286
传真：0769-22853286
联系人：苏先生
电子信箱：kejian@kejian-tech.com
网址：www.kejian-tech.com
主要产品或业务范围：拉力试验机，橡胶拉力试验机，胶带剥离强度试验机，电脑式拉力试验机，恒温恒湿试验机，高低温拉力试验机，高低温试验箱，万能材料试验机，纸箱抗压试验机。

东莞市宝大仪器有限公司
地址：广东省东莞市南城第一国际D座21楼2112-2115室
邮编：523015
电话：0769-85818235
传真：0769-85818236
电子信箱：dongguan@perfect-group.net
网址：www.perfect-group.net
主要产品或业务范围：黏性测试仪、纸箱抗压试验机、模拟日晒试验箱、顶压仪、箱包滚筒试验机。

东莞市贝尔试验设备有限公司
地址：广东省东莞市东城余屋商业二街25号
邮编：523000
电话：0769-22013345，22673533，22673599
传真：0769-22673576
电子信箱：lhz@bellgroup.me

网址：www.bellgroup.me
主要产品或业务范围：恒温恒湿试验箱、高低温试验箱、高低温湿热试验箱、冷热冲击试验箱、盐雾腐蚀试验箱、老化试验箱、步入式恒温恒湿试验室；模拟运输振动台、电磁振动试验台、万能材料试验机、液压万能材料试验机、跌落试验台、破裂强度试验机、纸箱耐压试验机、硬度计、RoHS检测仪器等试验设备。

东莞市弘国仪器有限公司
地址：广东省东莞市清溪镇大利鹿湖东路53号
邮编：523012
电话：0769-87925057
传真：0769-87889150
电子信箱：dongguan@hungta.com.cn
网址：www.hototest.cn
主要产品或业务范围：生产、销售及维修各式材料试验机、拉力压力试验机、破裂机、冲击试验机、恒温恒湿机、耐寒试验机、老化机、盐水喷雾机、包装落下试验机、硬度计、电子分析天平、耐黄变试验机、耐曲折试验机、融溶仪、震动试验机等测试仪器。

高铁检测仪器有限公司
地址：广东省东莞市南城宏图高新科技开发区宏三路
邮编：523080
电话：0769-89986666
传真：0769-89986666
电子信箱：gt-d130@gotech.biz
网址：www.gotech.biz
主要产品或业务范围：万能材料试验机、拉力试验机、橡胶轮胎物理性能测试试验机、制鞋皮革物理性能测试试验机、塑料塑胶物理性能测试试验机、电工器材试验机、纸类包装物理机械性能测试试验机以及各种环境试验机。

广东汕头超声电子股份有限公司
地址：广东省汕头市龙湖区龙江路12号
邮编：515065
电话：0754-83932281
传真：0754-83931233
联系人：莫少山
电子信箱：csdz@gd-goworld.com
网址：www.gd-goworld.com
主要产品或业务范围：超声探伤仪器，高精度、高密度印制电路板，液晶显示器及模块。

广东众志检测仪器有限公司
地址：广东省东莞市沙田镇民田大街79号1号楼
邮编：523991
电话：0769-88808158
传真：0769-88808258
电子信箱：zhongzhi@dgzhongzhi.com
网址：www.dgzhongzhi.com

主要产品或业务范围：高低温试验机、恒温恒湿试验机、步入式恒温恒湿室。

广州广试仪器有限公司
地址：广东省广州市先烈中路100号中科院大院内
邮编：510070
电话：020-87682849
传真：020-37656740
联系人：徐迪安、阮铭
电子信箱：grace1688@126.com
网址：www.gzgrace.cn
主要产品或业务范围：万能试验机、硬度计、安全检测仪器设备、机械测量分析仪器、建筑材料节能检测设备、放射性/有害性检测设备、管材塑料检测设备、环境试验设备、动平衡试验机、纸品试验机、电线电缆检测设备、材料防火性能检测设备、自行车检测试验机、玩具类检测试验机、理化分析仪器。

广州欧美大地仪器设备有限公司
地址：广东省广州市天河区体育东路116号财富广场西塔2301室
邮编：510620
电话：020-83361533
传真：020-83362080
电子信箱：epcgz@epc.com.hk
网址：www.epccn.com
主要产品或业务范围：道路测试仪器、岩土工程与结构监测仪器、原位测试仪器、室内岩土试验仪器、土壤修复及地下水监测仪器、海洋勘探仪器、基桩检测仪器。

广州市鲁粤试验仪器有限公司
地址：广东省广州市环市中路313号惠州大厦5楼7室
邮编：510091
电话：020-83592587
传真：020-83594158
电子信箱：luyue507@163.com
网址：www.gzluyue.com
主要产品或业务范围：设计、生产、销售硬度计。同时销售国内外知名厂家生产的各种规格型号的材料试验机、无损检测/理化分析/金相制样设备等产品及各种计量检测仪器。

深圳高品检测设备有限公司
地址：广东省深圳市龙岗区平吉大道上李朗科技园C栋高品楼
邮编：518112
电话：0755-89703996，89702952，89703993
传真：0755-89703992
电子信箱：gopoint@gopoint.com.cn
网址：www.gopoint.com.cn
主要产品或业务范围：该公司是专业提供材料及其制品物

理性能检测设备及试验解决方案的中外合资的高新技术企业。产品涵盖材料物理性能检测领域。

深圳宏建重力试验仪器有限公司
地址：广东省深圳市公明文阁路中裕绿色高新产业园B栋
邮编：518031
电话：0755-27794052，27794042，27794032
传真：0755-27794032
联系人：秦晓红
电子信箱：15919818018@163.com
网址：www.zldzyq.com
主要产品或业务范围：该公司是主营可靠性环境试验设备的科技专业公司。产品有振动试验机系列、跌落试验机系列、环境试验设备系列、盐水喷雾试验箱系列、寿命试验机系列、插拔力试验机系列、插头线试验机系列、材料拉力试验机系列。

深圳三思纵横科技股份有限公司
地址：广东省深圳市光明区马田街道合水口社区第三工业区第二十三栋恒美新造邦8号楼
邮编：518052
电话：0755-26977536
传真：0755-26955118
电子信箱：suns@sunstest.cn
网址：www.sunstest.com
主要产品或业务范围：提供中高端应用的全系列电子万能试验机、全系列冲击试验机和全系列电液伺服和液压万能试验机等。

深圳市凯强利试验仪器有限公司
地址：广东省深圳市宝安区石岩街道坑尾大道44号D栋5C
邮编：518108
电话：0755-27182008，27602988，27182267
传真：0755-27182258
电子信箱：sales@kaiqiangli.com
网址：www.kaiqiangli.com
主要产品或业务范围：生产机电高新技术一体化的微机控制万能材料试验机。

深圳市瑞格尔仪器有限公司
地址：广东省深圳市南山区桃源街道塘朗社区塘兴路351号同富裕工业城9厂房1层
邮编：518057
电话：0755-26952568
传真：0755-26639422
电子信箱：reger88@163.com
网址：www.reger.com.cn
主要产品或业务范围：全数字化电子万能试验机、电脑伺服控制精密万能材料试验机、微机控制全自动液位压力试验机、数显式液位万能试验机、微机控制全自动扭矩试验机、电子拉力试验机、冲击试验机。

深圳市亿威仕流体控制有限公司
地址：广东省深圳市宝安区石岩街道水田社区捷家宝路9号羿松生态科技园A栋
邮编：518108
电话：0755-88898859
传真：0755-86069800
电子信箱：sales163@ivscn.com
网址：www.ivscn.com
主要产品或业务范围：水压试验机，静压试验机，爆破试验机，气密性试验机，寿命（脉冲、疲劳、压力交变）试验机，井口安全阀控制系统等。

深圳万测试验设备有限公司
地址：广东省深圳市宝安区新桥街道广深路沙井段68号第2栋2楼
邮编：518132
电话：0755-33140036
传真：0755-33523589
电子信箱：wance@wance.com.cn
网址：www.w-ming.com
主要产品或业务范围：微机控制电子万能试验机、微机控制电液伺服万能试验机、全自动摆锤冲击试验机。

桂林瑞特试验机有限公司
地址：广西壮族自治区桂林市朝阳路信息产业园D8号
邮编：541004
电话：0773-5839233，2187689
传真：0773-5883539
电子信箱：wtm6@163.com
网址：www.wtmtest.com
主要产品或业务范围：万能试验机、弹簧试验机等。

沧州巨丰试验机制造有限公司
地址：河北省沧州市淮镇镇后厂工业区
邮编：062250
电话：0317-4416282，4416175
传真：0317-4416175
电子信箱：jfsyj@jfsyj.com
网址：www.czjfsyj.com
主要产品或业务范围：万能压力试验机，拉力试验机，低温柔度试验仪，土工试验仪器，沥青试验仪器，砼、水泥试验仪器，养护箱，养护室，防水卷材仪器，建筑器材等。

承德大华试验机有限公司
地址：河北省承德市双桥区石洞子沟路北20号
邮编：067000
电话：0314-2276666
传真：0314-2276473
电子信箱：534354222@qq.com
网址：www.cdsyjc.com

主要产品或业务范围：机械式/电子式拉力试验机、万能试验机、冲击试验机、热性能试验机及各种制样设备等八大系列近百种产品。

承德鼎盛试验机检测设备有限公司
地址：河北省承德市双桥区石洞子沟路隧道口南
邮编：067000
电话：0314-2275448，2275457，13131465338
传真：0314-2275457
联系人：赵景海
电子信箱：120064303@qq.con
网址：www.cddssyj.com
主要产品或业务范围：视频接触角测定仪，液体表、界面张力仪，熔融指数仪，熔体流动速率仪，热变形、维卡软化点温度测定仪，摆锤式冲击试验机，落锤式冲击试验机。

承德衡通试验检测仪器有限公司
地址：河北省承德市双桥区石洞子沟路北20号
邮编：067000
电话：0314-2078758
传真：0314-2276181
电子信箱：hengtongjiance@126.com
网址：www.hengtong-test.com
主要产品或业务范围：电子万能试验机，拉力试验机，冲击试验机系列，管材静液压爆破试验机系列，落锤冲击试验机系列，万能制样试验机。

承德建德检测仪器有限公司
地址：河北省承德市鹰手营子矿区东环路1号
邮编：067000
电话：0314-2256113，2256181
传真：0314-2256181
电子信箱：0314jd@163.com
主要产品或业务范围：电子万能试验机，拉力试验机，简支梁冲击试验机，悬臂梁冲击试验机，熔体流动速率测定仪等。

承德市大加仪器有限公司
地址：河北省承德市滦平工贸城33号
邮编：068250
电话：0314-8580514，8585444
传真：0314-8589102
电子信箱：dajia8585075@126.com
网址：www.dajiatest.cn
主要产品或业务范围：塑料检测仪器、液体检测仪器及燃烧测试仪器。

承德市金建检测仪器有限公司
地址：河北省承德市高新技术产业开发西区14号
邮编：067000
电话：0314-2121111，5925555，2296011

传真：0314-2121898
电子信箱：market@jj-test.com
网址：www.jj-test.com
主要产品或业务范围：万能试验机，热变形、维卡软化点温度测定仪，熔体流动速率仪，冲击试验机，环刚度试验机，静液压试验机。

承德市精密试验机有限公司
地址：河北省承德市双桥区高庙三道沟
邮编：067000
电话：0314-2190098
传真：0314-2191098
电子信箱：cdjm@cd-tester.com
网址：www.cd-tester.com
主要产品或业务范围：管材耐压试验机，管材试验机，承德试验机，冲击机，环刚度试验机，熔指数仪，落锤冲击试验机，熔体流动速率仪，热变形、维卡软化点温度测定仪，管材耐压爆破试验机，各种管材通用成套检测设备，各类管材系统适用性成套检测设备，通用硅芯管专用成套检测设备，薄膜专用成套检测设备，PVC门窗、型材专用成套检测设备，各种制样设备。

承德市考思科学检测有限公司
地址：河北省承德市大石庙镇东沟工业园6号
邮编：067000
电话：0314-2206018，2206019
传真：0314-2206016
电子信箱：cdyangbin@sina.com
网址：www.cdcots.com
主要产品或业务范围：电子拉力试验机、电子万能试验机系列，热变形、维卡软化点温度测定仪系列，摆锤简之梁、悬臂梁冲击试验机系列，熔体流动速率测定仪系列，各种落锤冲击试验机系列，氧指数、水平垂直燃烧测定仪系列，塑料薄膜材料检测仪系列，塑料管材静液压（耐压）试验机系列，塑料管道系统冷热水循环试验机系列，各种制样机系列等产品。

承德市科承试验机有限公司
地址：河北省承德市开发区上板城镇卸甲营
邮编：067000
电话：0314-2122968，2122986
传真：0314-2124959
电子信箱：kcsyj2001@163.com
网址：www.kcsyj.com
主要产品或业务范围：电子万能试验机系列，拉力试验机系列，冲击试验机系列，管材耐压爆破试验机系列，制样机系列，热变形、维卡软化点温度测定仪系列，熔体流动速率仪系列及其他各种专业检测设备等。

石家庄开发区中实检测设备有限公司
地址：河北省石家庄市新石北路368号金石工业园区

邮编：050091
电话：0311-83812634
传真：0311-83805354
电子信箱：sales@zhongshi-test.com
网址：www.zhongshi-test.com.cn
主要产品或业务范围：塑胶材料试验机。

张家口宣化北伦平衡机制造有限公司
地址：河北省张家口市宣化区东门外万丰路
邮编：075100
电话：0313-3112400
传真：0313-3175900
电子信箱：cdf@beilun.com.cn
网址：www.beilun.com.cn
主要产品或业务范围：该公司主要研制生产动平衡机和摩擦磨损试验机两大系列产品。

张家口市宣化科华试验机制造有限公司
地址：河北省张家口市宣化区大仓盖镇工业区
邮编：075100
电话：0313-3062299，3069605，13933759134
传真：0313-3069605
联系人：杨志忠
电子信箱：yangzhizhong3@sohu.com
网址：www.xhmcms.com
主要产品或业务范围：摩擦磨损试验机、磨粒磨损试验机、动平衡机，产品配有先进的电脑、单片机、普通数字、矢量表等不同型号的电测箱。

武汉大为电子有限公司
地址：湖北省武汉市洪山区珞瑜路618号
邮编：430073
电话：027-87451535，87451537
传真：027-87462087
电子信箱：whdw@whdw.com.cn
网址：www.whdw.com.cn
主要产品或业务范围：抗压强度试验的恒加荷压力机，各种材料的拉伸、压缩、剪切、弯曲、剥离、直角撕裂等试验的微机控制电子万能试验机，材料试验机微机改造及联网系统。

武汉华海检测设备有限公司
地址：湖北省武汉市光谷大道国际企业中心锦丰楼A座105室
邮编：430074
电话：027-87801278，87565099
传真：027-87745357
电子信箱：huahaindt@163.com
网址：www.huahaindt.cn
主要产品或业务范围：X射线管及探伤机成套设备。

武汉市梅宇仪器有限公司
地址：湖北省武汉市江汉路129号14层12室
邮编：430022
电话：027-85513593
传真：0728-6245593
电子信箱：ssf@meiyuyiqi.Com
网址：www.meiyuyiqi.com
主要产品或业务范围：彩屏混凝试验搅拌器(台式、便携式)，兰屏混凝试验搅拌器，数显混凝试验搅拌器，十级萃取搅拌器，磁力搅拌器等20余种不同规格的系列产品。

武汉中科创新技术股份有限公司
地址：湖北省武汉市东湖新技术开发区光谷七路126号
邮编：430075
电话：027-87568570，87568571，87568572
传真：027-87568575-803
电子信箱：zkcx@zkcx.com
网址：www.zkcx.com
主要产品或业务范围：无损检测设备和解决方案提供商。

孝感松林国际计测器有限公司
地址：湖北省孝感市黄陂大道518号
邮编：432100
电话：0712-2875518
传真：0712-2875528
电子信箱：xkc@cnxkc.com
网址：www.cnxkc.com
主要产品或业务范围：自动、半自动、立式、卧式动平衡试验机。

长春科新试验仪器有限公司
地址：吉林省长春市经济技术开发区昆山路2191号
邮编：130033
电话：0431-84649728
传真：0431-84649738
电子信箱：web@cckx.cn
网址：www.cckx.cn
主要产品或业务范围：各种规格的电子式试验机、电液式试验机、专用试验机等在内的动静态材料试验系统。

长春森林纸张试验机有限责任公司
地址：吉林省长春市安达街1456号
邮编：130061
电话：0431-88528095
传真：0431-88527195
电子信箱：xsk@cczzsyj.net
网址：www.cczzsyj.net
主要产品或业务范围：纸张物理检测仪器。

长春市奥维精密试验设备有限公司
地址：吉林省长春市卫星路7186号

邮编：130022
电话：0431-85350022
传真：0431-85350022
电子信箱：ccaowei@163.com
网址：www.ccaowei.com
主要产品或业务范围：微机控制电液伺服万能试验机，微机控制电液伺服钢绞线拉力试验机，微机控制电液伺服压力试验机，微机控制电子万能试验机，微机控制电液伺服大型结构压力试验机，微机控制水泥专用压力试验机，微机伺服控制松弛、蠕变试验机，微机伺服控制弹簧试验机，微机控制电液伺服疲劳试验机，微机控制电液伺服卧式拉力试验机，微机控制电液伺服多通道拟动力加载系统，微机控制电液伺服快速顶锻试验机，液压（机械）式试验机升级改造，电液伺服控制系统改造，自动测量及数据处理改造，液压万能试验机液压夹具改造。

长春市朝阳试验仪器有限公司
地址：吉林省长春市九台经济开发区卡伦铁南工业区纬二路003号
邮编：130507
电话：0431-82561582
传真：0431-82561582
电子信箱：ccchaoyang@126.com
网址：www.ccchaoyang.com
主要产品或业务范围：专门从事研究、开发和制造各种试验机及试验仪。

长春市月明小型试验机有限责任公司
地址：吉林省长春市经济技术开发区浦东路1870号
邮编：130031
电话：0431-84627353，84627751
传真：0431-84627752
电子信箱：yma@ccxxsyj.com
网址：www.ccxxsyj.com
主要产品或业务范围：造纸、包装检测仪器和非金属测试仪器。

长春新试验机有限责任公司
地址：吉林省长春市九台区卡伦工业园区北区丰越路2号
邮编：130114
电话：0431-82681581
传真：0431-82686057
联系人：齐景伟
电子信箱：1554671439@qq.com
网址：www.ccxsyj.com
主要产品或业务范围：压剪试验机、钢绞线拉力试验机、钢绞线松弛试验机、板材弯曲试验机、静载锚固试验机、蠕变试验机。

长春新特试验机有限公司
地址：吉林省长春市净月高新技术产业开发区金宝街1677号

邮编：130117
电话：0431-87823455
传真：0431-87938896
联系人：王成
电子信箱：sinter2009@163.com
网址：www.ccsinter.com
主要产品或业务范围：电子万能试验机、液压万能试验机、全自动水泥压力试验机、冲击试验机等。

吉林省金力试验技术有限公司
地址：吉林省长春市高新区超然街929号
邮编：130012
电话：0431-85176689，85102790
传真：0431-85181975
电子信箱：ics555888@126.com
网址：www.jltester.com.cn
主要产品或业务范围：微机控制电液伺服万能试验机，微机控制电液伺服压力试验机，微机控制电液伺服钢绞线拉力试验机，微机控制水泥压力试验机，微机控制电液伺服疲劳试验机，微机控制电液伺服顶锻试验机，微机控制电液伺服持久试验机，自动采集及数据处理系统改造。

中机试验装备股份有限公司
地址：吉林省长春市高新区越达路1118号
邮编：130103
电话：4009651118
传真：0431-85192128
电子信箱：sales@ccss.com.cn
网址：www.ccss.com.cn
主要产品或业务范围：电子万能试验机、液压万能试验机、电子蠕变试验机、高频疲劳试验机。

海门伽玛星探伤设备有限公司
地址：江苏省南通市海门区三阳镇建设街64号
邮编：226134
电话：0513-82665761
传真：0513-82665825
电子信箱：hmjmx@163.com
网址：www.tssbc.com
主要产品或业务范围：射线探伤机。

江苏东华测试技术股份有限公司
地址：江苏省靖江市新港大道208号
邮编：214500
电话：0523-84854399
传真：0523-84892079
电子信箱：dhc@dhtest.com
网址：www.dhtest.com
主要产品或业务范围：公司从事动/静态应变测试分析系统、振动和冲击测试分析系统及多通道高速并行数据采集系统的设计和生产。

江苏明珠试验机械有限公司
地址：江苏省扬州市江都区真武镇工业园区
邮编：225264
电话：0514-86235598，86235599，86276998
传真：0514-86235396
电子信箱：jsjdmz@126.com
网址：www.jdmz.com.cn
主要产品或业务范围：拉力机、硫化仪、门尼黏度计、油封旋转性能试验机、落锤冲击试验机、自动橡胶剪切机、自动油封修边机等。

江苏天源试验设备有限公司
地址：江苏省扬州市江都区城北工业区双徐路
邮编：225200
电话：0514-86859733
传真：0514-86859734
电子信箱：js@jd117.com
网址：www.jd117.com
主要产品或业务范围：微控拉力机、自动油封修边机、无转子硫化仪、数显式电子拉力机、机械式拉力试验机、系列电子拉力机、系列多功能电子拉力试验机、油封旋转性能试验机、微控式电子拉力机、系列微机控制电液伺服万能试验机、系列多功能拉力试验机、自动橡胶剪切机、门尼黏度计。

江苏新真威试验机械有限责任公司
地址：江苏省扬州市江都区真武镇杨庄工业园区
邮编：225265
电话：0514-86271099，86274342
传真：0514-86275910
电子信箱：zw@jszhenwei.com
网址：www.jszhenwei.com
主要产品或业务范围：电子万能试验机、拉力试验机、橡胶试验机、疲劳试验机、金属试验机、弯曲试验机、扭转试验机、线材试验机、压力试验机、落锤试验机、磨耗试验机等。

金顿仪器科技（昆山）有限公司
地址：江苏省昆山市周市镇金浦路66号（2号厂房）
邮编：215314
电话：0512-57868288
传真：0512-57868299
电子信箱：marry-kdk@king-design.com.cn
网址：www.king-design.com.cn
主要产品或业务范围：高、低频振台，重力式冲击试验机，包装落下机，小对象落下机，高低温箱，高低温冲击试验机，耐候、盐雾环境试验仪器。

巨孚仪器（苏州）有限公司
地址：江苏省苏州市吴江经济开发区花港路888号
邮编：215200
电话：0512-63409000
传真：0512-63437517
电子信箱：cocoy@giant-force.com
网址：www.giant-force.com
主要产品或业务范围：可编程序恒温恒湿试验机，冷热冲击试验机，等温试验机，大型环境试验机。

南京东电检测装备有限责任公司
地址：江苏省南京市江宁区麒麟工业园天旺路5号
邮编：211135
电话：025-84442627
传真：025-84195286
电子信箱：sales@nddchina.com
主要产品或业务范围：系列磁粉探伤机。

南京仙林无损检测设备有限公司
地址：江苏省南京市仙林大学城文澜路99号
邮编：210046
电话：025-85893489，85561639
传真：025-85577400，85893781
电子信箱：zay1966@jlonline.com
网址：www.xianlin.com.cn
主要产品或业务范围：各种系列的钢铁材质硬度分选仪，涡流探伤仪，荧光磁粉探伤仪。

苏州东菱振动试验仪器有限公司
地址：江苏省苏州市高新区科技城龙山路2号
邮编：215163
电话：0512-66652225
传真：0512-66655669
电子信箱：sales@donglingtech.com
网址：www.donglingtech.com
主要产品或业务范围：生产力学环境与可靠性试验设备。

苏州苏试试验集团股份有限公司
地址：江苏省苏州市工业园中新科技城唯亭镇科峰路18号
邮编：215129
电话：0512-66658028
传真：0512-66658070
电子信箱：sales@chinasti.com
网址：www.chinasti.com
主要产品或业务范围：各类振动试验设备及其他力学环境试验设备。

苏州阳屹沃尔奇检测技术有限公司
地址：江苏省苏州市昆山横长泾路515号
邮编：215300
电话：0512-55196195
传真：0512-55008476
联系人：孙成汇
电子信箱：vouch99@sina.com

网址：www.vouch.com.cn
主要产品或业务范围：公司主要产品有UL94水平垂直燃烧试验机、电线电缆燃烧试验机、汽车内饰件燃烧试验机、建筑材料燃烧试验机、泡沫材料燃烧试验机、灼热丝试验机、漏电起痕试验机、针焰试验机等一系列阻燃测试设备。

无锡东仪制造科技有限公司
地址：江苏省无锡市惠山区路通路15号
邮编：214151
电话：0510-82132522
传真：0510-82132922
电子信箱：wxdyzz@126.com
网址：www.wxdyzz.com
主要产品或业务范围：材料试验机以及各类物理性能测试仪器。

无锡建仪仪器机械有限公司
地址：江苏省无锡市新区坊前春阳东路8号
邮编：214111
电话：0510-88275668
传真：0510-88275118
联系人：顾竹云
电子信箱：wxjianyi@wxjy.com
网址：www.wxjy.com
主要产品或业务范围：材料试验机、水泥／混凝土等建材性能检测仪器、公路检测仪器以及全自动水泥包装机和水泥均化／散装设备等建材机械装备。

无锡市华银试验仪器销售有限公司
地址：江苏省无锡市锡沪中路166号212（紫金门）
邮编：214000
电话：0510-83156585
传真：0510-83128045
电子信箱：wxhuayin@163.com
网址：www.wxhuayin.com
主要产品或业务范围：从事六大系列的40余种硬度计、扭矩扳手、德国赛多利斯天平、万能试验机等多种仪器的销售工作。

盐城市电子设备厂有限公司
地址：江苏省盐城市亭湖区太湖路17号
邮编：224053
电话：0515-88551617
传真：0515-88290081
电子信箱：ycefull@163.com
网址：www.yceef.com
主要产品或业务范围：磁粉探伤机系列产品。

扬中市东大电子设备有限公司
地址：江苏省扬中市环城东路289号

邮编：212200
电话：0511-88367662
传真：0511-88367662
电子信箱：hgs@dongdadz.com
网址：www.dongdadz.com
主要产品或业务范围：数字超声波探伤仪系列产品。

扬州市精艺试验机械有限公司
地址：江苏省扬州市江都区北郊新河工业园
邮编：225267
电话：0514-86291771（总机），86291772
传真：0514-86291772
电子信箱：jy@jsjingyi.com
网址：www.jsjysyj.com
主要产品或业务范围：该公司是专业研究材料测试技术和研制生产材料测试仪器、设备的高新科技企业。产品可对橡胶、塑料、薄膜、纤维、帘线、电线、电缆、管材、金属等多种材料进行力学性能检测。

宜兴市广瀚无损检测材料有限公司
地址：江苏省宜兴市和桥镇朝阳路168号
邮编：214211
电话：0510-87801101，87802224，87815181
传真：0510-87808244
电子信箱：cnguanghan@126.com
网址：www.cnguanghan.cn
主要产品或业务范围：射线探伤材料系列、磁粉探伤材料系列、射线防护设备系列、着色渗透探伤材料系列及环境保护机械系列。

大连欣力试验设备有限公司
地址：辽宁省大连市甘井子区高云路128号1-3-1
邮编：116033
电话：0411-86895037
传真：0411-86895037
网址：www.xinlisy.com
主要产品或业务范围：既有可做非破坏性实验的小型试验台，又有可做拉压、扭转破坏性实验的教学专用试验机，还有可供生产实验用的材料试验机。

丹东奥龙射线仪器集团有限公司
地址：辽宁省丹东市振兴区爱河大街66号
邮编：118009
电话：0415-3141333，18641589767
传真：0415-3458688
电子信箱：al@aolongcn.cn
网址：www.aolongcn.cn
主要产品或业务范围：X射线仪器和材料试验仪器等。

丹东市无损检测设备有限公司
地址：辽宁省丹东市元宝区金山工业园通河街2号

邮编：118003
电话：0415-3780976
传真：0415-3780989
电子信箱：info@ndtchina.cn
网址：www.ndtchina.cn
主要产品或业务范围：射线探伤机、X射线管产品。

辽宁仪表研究所有限责任公司
地址：辽宁省丹东市振兴区春三路23号
邮编：118002
电话：0415-6161158
传真：0415-6161156
电子信箱：lniri@sina.com
网址：www.lniri.com
主要产品或业务范围：该公司长期从事颗粒分析仪器、无损检测仪器和检测控制仪器的技术研究，主要产品有颗粒分析系列仪器；X射线探伤机系列产品；X射线管道爬行器系列产品；X射线实时成像系统；X射线轮胎检测机；装载称重控制仪器系列产品等数十个品种，具有全部自主知识产权。

辽阳金帆仪器仪表有限公司
地址：辽宁省辽阳市白塔区卫国路45号
邮编：111000
电话：0419-2250048，2255842
传真：0419-2255842
电子信箱：jinfan0166@sina.com
网址：www.lyjfgs.com
主要产品或业务范围：该公司是专业从事扭矩测量仪和扭矩扳子系列产品开发、研制、生产的单位之一。产品有智能扭矩测量仪，计算机智能扭矩测量仪，便携式扭矩检定仪，壁挂式扭矩检定仪，液晶便携式扭矩检定仪，动态扭矩检定仪，双指针扭矩扳子，凸焊螺母扭力测试仪等。

沈阳天星试验仪器股份有限公司
地址：辽宁省沈阳市浑南区文溯街17-1号
邮编：110168
电话：024-24200002，24200003
传真：024-24230008
电子信箱：sales@tianxing.com.cn
网址：www.tianxing.com.cn
主要产品或业务范围：便携式硬度计。

沈阳紫微机电设备有限公司
地址：辽宁省沈阳市于洪区紫沙街金岭路5号
邮编：110027
电话：024-25369585，25366319
传真：024-25366346
联系人：韩雪山
电子信箱：syzwh@syzwh.com
网址：www.syzwh.com

主要产品或业务范围：材料试验机、疲劳试验机、力标准机、压剪试验机、钢绞线试验机。

营口市北方检测设备有限公司
地址：辽宁省营口市西市区西园街20号
邮编：115004
电话：0417-4814865
传真：0417-4831986
联系人：李振财
电子信箱：bfjc@bfjcsb.com
网址：www.bfjcsb.com
主要产品或业务范围：系列化EMA-G管体电磁超声探伤设备、EMA-B板材电磁超声探伤设备、SA-系列多通道超声波探伤仪、SA-103单通道超声波探伤仪、系列化专用半自动磁粉探伤设备、系列化磁粉探伤机、各种规格的超声波换能器等。

营口市材料试验机有限公司
地址：辽宁省营口市站前区辽河大街东85-52号
邮编：115001
电话：0417-3842794，3842028，4818794
传真：0417-3842794
联系人：郭春明
电子信箱：syj@ykclsyj.com
网址：www.ykclsyj.com
主要产品或业务范围：该公司是生产金属无损检测与橡胶、塑料试验仪器的专业厂家。

宁夏机械研究院有限责任公司
地址：宁夏回族自治区银川市金凤区宝湖中路420号
邮编：750011
电话：0951-5044131
传真：0951-5044131
电子信箱：jxnx@nxjixie.com
网址：www.nxjixie.cn
主要产品或业务范围：磁粉离合器/制动器系列、非金属材料试验机、粉末冶金制晶及二硼化钛产品。

宁夏绿水青山试验机有限公司
地址：宁夏回族自治区银川市兴庆区科技园兴春路281号
邮编：750200
电话：0951-8989813，8989817，8987333
传真：0951-8989817
电子信箱：nxlsqs@126.com
网址：www.nxlssyj.com
主要产品或业务范围：微机控制万能试验机、微机控制扭转试验机、电子式拉力试验机、电子式扭转试验机、弯曲高速疲劳试验机、工艺试验机（机动反复弯曲试验机、线材扭转试验机、线材缠绕试验机等）、钢丝绳弯曲疲劳试验机、扭距标准机等各种类型测试设备。

中国仪器仪表厂商名录

吴忠市材料试验机有限公司
地址：宁夏回族自治区吴忠市利通区柴园大道东侧
邮编：751100
电话：0953-2223418
传真：0953-2223416
电子信箱：wxjt@nxwx.com
主要产品或业务范围：材料试验机。

吴忠四维材料试验机有限公司
地址：宁夏回族自治区吴忠市利通区利宁南街
邮编：751100
电话：0951-4937230，3956744
传真：0951-4937230
电子信箱：wsw20062007@163.com
网址：www.wzcsjgs.com
主要产品或业务范围：材料试验机，冲击试验机，杯突试验机，蠕变及持久强度试验机，包装试验机。

济南晨光试验仪器有限公司
地址：山东省济南市槐荫区西外环农商银行275号4单元102
邮编：250022
电话：0531-87120686，87966702
传真：0531-87580682
电子信箱：jnchenguang@163.com
网址：www.jncg17.com
主要产品或业务范围：电子万能试验机、冲击试验机、电子数显拉力机、弹簧拉压试验机，以及各种建工建材试验设备和试验机配件，并经营各种液压万能机、压力机、拉力机、冲击机、硬度计、扭转机、弹簧机及橡胶塑料/电缆等非金属试验设备，并提供光学、金相化工、水泥、公路、建材、矿山实验室成套理化分析仪器，并可为客户提供技术咨询、安装调试服务。

济南东方试验仪器有限公司
地址：山东省济南市济微路148-8号
邮编：250118
电话：0531-85552948
传真：0531-85552954
电子信箱：jntest@163.net
网址：www.jntest.com
主要产品或业务范围：电子拉力试验机系列，电子万能试验机系列，电液伺服液压万能试验机系列，屏显液压万能试验机系列，建材电子万能试验机系列，人造板万能试验机系列，扭矩仪系列，汽车、摩托车拉索耐久性试验机系列。可根据具体要求承接各种类别的材料及构件试验设备的设计与制造工作。

济南翰森精密仪器有限公司
地址：山东省济南市槐荫区龙腾工业园158号
邮编：250033
电话：0531-85977526
传真：0531-85990316
电子信箱：hs85977526@163com
网址：www.jnhssyj.com
主要产品或业务范围：公司提供生产各类试验机及配套检测仪器。

济南恒瑞金试验机有限公司
地址：山东省济南市槐荫区宋庄工业园779号
邮编：250022
电话：0531-87101775
传真：0531-87958608
电子信箱：87516768@163.com
网址：www.jn-syj.com
主要产品或业务范围：电子万能试验机、扭转试验机、弹簧试验机、高低速试验系统等。

济南科汇试验设备有限公司
地址：山东省济南市经十西路6288号
邮编：250116
电话：0531-87586248
传真：0531-87521889
电子信箱：jnkh@vip.163.com
网址：www.sdjnkh.com
主要产品或业务范围：公司专业开发、生产、销售材料试验机。

济南普业机电技术有限公司
地址：山东省济南市槐荫区新沙工业园新四街13号
邮编：250118
电话：0531-85961536,85982978
传真：0531-85960671
联系人：卢圣军
电子信箱：jnpuye;163.com
网址：www.17w18.com
主要产品或业务范围：材料试验机。

济南瑞普机电技术有限公司
地址：山东省济南市经六路500号新世界阳光花园西区27号楼3单元10层
邮编：250022
电话：0531-87584688
传真：0531-87584655
网址：www.jnrpsyj.com
主要产品或业务范围：微机控制电子万能试验机、微机控制电液伺服万能试验机、微机控制电子万能试验机附件、微机控制电液伺服压力试验机、微机控制橡胶压剪试验机、微机控制卧式拉力试验机、微机控制包装箱压力试验机、数显式构件压力试验机、数显式木材抗折压力试验机、数显式电子万能试验机、液压万能试验机、微机式电液比例万能试验机。

济南时代试金试验机有限公司
地址：山东省济南市经济开发区时代路219号
邮编：250300
电话：0531-87963631
传真：0531-87193650
电子信箱：timesj@126.com
网址：www.shijin.cn
主要产品或业务范围：液压万能试验机、电子万能试验机、压力试验机、压剪试验机等。

济南泰思特仪器有限公司
地址：山东省济南市槐荫区无影山中路268号恒生望山5号楼1522
邮编：250118
电话：0531-87155255，87155216，87155218
传真：0531-87155255
电子信箱：jntestyq@163.com
网址：www.jntestyq.com
主要产品或业务范围：该公司开发、研制并生产液压压力试验机、液压万能试验机、电子万能试验机、冲击系列试验机（包括冲击机、低温仪、缺口拉床、投影仪）、钢筋弯曲试验机、材料摩擦磨损试验机等十几个系列，百余种产品。

济南天辰试验机制造有限公司
地址：山东省济南市历城区开源路88号
邮编：250101
电话：0531-88608888，88620000
传真：0531-88607888
电子信箱：tctest@tianchentest.com
网址：www.tianchentest.com
主要产品或业务范围：电子万能试验机系列、液压万能试验机系列、微机控制电液伺服试验机系列、液压压力试验机系列、摩擦磨损试验机系列、冲击试验机系列、人造板材试验机系列、塑料型材/管材/门窗检测设备八大类产品、200多个品种。

济南西格马科技有限公司
地址：山东省济南市高新区天辰大街1251号
邮编：250101
电话：0531-81216106
传真：0531-81216121
电子信箱：sigmar@sigmar.cn
网址：www.sigmar.cn
主要产品或业务范围：生产各种动静态机械量测试仪器。

济南新试金试验机有限责任公司
地址：山东省济南市经十西路宋庄工业园
邮编：250117
电话：0531-87519908，87525889
传真：0531-87525889

联系人：王新雨、刘婷婷
电子信箱：87519908@163.com
网址：www.xinshijin.com
主要产品或业务范围：仪表测力/数字显示/微机屏显/微机控制电液伺服液压万能试验机、液压压力试验机、电子万能试验机、冲击试验机、扭转试验机、摩擦磨损试验机、木材人造板试验机、弹簧试验机、疲劳试验机等20大系列100余种试验机。

济南鑫光试验机制造有限公司
地址：山东省济南市章丘区枣园街道枣宁路口1566号
邮编：250214
电话：0531-83654069，83668952，83651337
传真：0531-83650111
电子信箱：sdxgyq@163.com
网址：www.sdxgyq.com
主要产品或业务范围：拉力试验机，压力试验机，万能试验机（电子万能试验机，液压万能试验机），冲击试验机，电子伺服万能试验机，弹簧试验机，人造板试验机。

济南智星电测设备有限公司
地址：山东省济南市工业北路182-26号
邮编：250100
电话：0531-88663636，88663737
传真：0531-88612227
电子信箱：zhixingd@sina.com
网址：www.zhixingcn.com
主要产品或业务范围：电子拉力试验机系列，电子万能试验机系列，液压万能试验机系列，称重传感器等。

济南中路昌试验机制造有限公司
地址：山东省济南市长清区济南经济开发区南园长清路2218号
邮编：250031
电话：0531-87185048
传真：0531-87185048
电子信箱：jnzlcsyj@126.com
网址：www.jnzlc.com
主要产品或业务范围：专业生产各种液压万能试验机，电子万能试验机，冲击试验机，压力试验机，万能试验机及配套检测仪器。

莱州华银试验仪器有限公司
地址：山东省莱州市鼓楼街215号
邮编：261400
电话：0535-2216619
传真：0535-2207939
电子信箱：Lzhy@lzhuayin.com
网址：www.lzhuayin.com
主要产品或业务范围：公司研发生产金属、非金属材料硬度计。

山东玉玺仪器有限公司
地址：山东省济南市高新区环保科技园国际商务中心A座2006室
邮编：250101
电话：0531-82687977
传真：0531-82687744
电子信箱：yuxitest@163.com
网址：www.yuxitest.com
主要产品或业务范围：从事试验仪器的研制与生产等。

威海市试验机制造有限公司
地址：山东省威海市临港经济技术开发区浙江路6号
邮编：264211
电话：0631-5321294
传真：0631-5339758
联系人：王永武
电子信箱：kaiwei-xiaoshou@163.com
网址：www.whkaiwei.cn
主要产品或业务范围：生产试验机产品的专业企业。

爱安德技研贸易（上海）有限公司
地址：上海市浦东新区浦东大道138号永华大厦21层A
邮编：200120
电话：021-33932340/90/91
传真：021-33932347
电子信箱：xuanzhen@aanddtech.cn
网址：www.aanddtech.cn
主要产品或业务范围：万能材料试验机、数据采集及控制系统、原型设计控制器、发动机制图及优化软件、数据管理系统及测力计。公司在电路设计、模拟和数字转换技术、应变片技术和电磁感应器，以及高度敏感电压测量方面的发展超越了其他公司。

宝禾易克仪器（上海）有限公司
地址：上海市闵行区澄建路178号8号楼
邮编：201108
电话：021-64348600
传真：021-64346488
电子信箱：sales@bowers-shanghai.com
网址：www.bowersgroup.cn
主要产品或业务范围：洛氏硬度计，显微维氏硬度计，布氏硬度计，邵氏硬度计及其他便携式测试仪器。

多禾试验设备（上海）有限公司
地址：上海市奉贤区浦卫公路3398号23栋
邮编：201416
电话：021-61127770
传真：021-61153591
电子信箱：service@doaho.com
网址：www.doaho.com
主要产品或业务范围：可靠性环境试验仪器。

茂联仪器有限公司
地址：上海市松江区玉阳路288弄D2-D3号2楼
邮编：200065
电话：021-56954466，56950304
传真：021-56377170
电子信箱：shanghai@hungta.com.cn
网址：www.hungta.com.cn
主要产品或业务范围：动态试验机、环境试验机等。

上海奥龙星迪检测设备有限公司
地址：上海市松江区玉阳路288弄E1号
邮编：201600
电话：021-63770518
传真：021-58811662
电子信箱：sale@aolongxingdi.com
网址：www.aolongxingdi.com
主要产品或业务范围：硬度检测设备、金相制样设备、材料试验设备及无损检测设备四大产品线。

上海超群无损检测设备有限责任公司
地址：上海市松江区九亭松江高科技园区洋河浜路188号
邮编：201615
电话：021-37633099，37633088
传真：021-37633078
电子信箱：sales@sandt.com.cn
网址：www.sandt.com.cn
主要产品或业务范围：X射线实时成像系统、气绝缘便携式X射线探伤机、油绝缘移动式X射线探伤机、移动式金属陶瓷管X射线探伤机、中频高压X射线源、医用X射线源，各类X射线管(X光管)。

上海恒一精密仪器有限公司
地址：上海市徐汇区斜土路2669号英雄大厦2106室
邮编：200030
电话：021-64811556，64811559
传真：021-64812649
电子信箱：shanghai@everone.cc
主要产品或业务范围：洛氏硬度计、显微硬度计、维氏硬度计等；粗糙度仪、轮廓形状测定仪、圆度仪等。

上海恒准仪器科技有限公司
地址：上海市闵行区景联路398号B栋4-3
邮编：201108
电话：021-60913258，60913297
传真：021-64549471
电子信箱：sh@hengzhunx.com
网址：www.hengzhunx.com
主要产品或业务范围：拉力试验机系列、环境试验机系列、电线电缆试验机系列、皮革试验机系列、制鞋试验机系列、沥青仪器系列、混凝土仪器系列、水泥仪器系列、土工仪器系列。

上海华龙测试仪器股份有限公司
地址：上海市浦东新区川沙镇川宏路389号
邮编：201202
电话：021-58597668
传真：021-58597568
电子信箱：hualong@hualong.net
网址：www.hualong.net
主要产品或业务范围：冲击试验机、拉伸试验机、蠕变试验机、压剪试验机等测试产品。

上海集敏测试仪器有限公司
地址：上海市浦东新区祝桥镇金闻路84号
邮编：201322
电话：021-33827019，13916571906
传真：021-58167118
电子信箱：jmmt_csjs@126.com
网址：www.jmtt.com.cn
主要产品或业务范围：洛氏硬度计、布氏硬度计、维氏硬度计以及里氏硬度计、多用途硬度计等。

上海久滨仪器有限公司
地址：上海市嘉定区曹安公路2698号
邮编：201812
电话：021-51048101，51048102
传真：021-51048103
电子信箱：hyjiang2004@163.com
网址：www.jiu-b.com
主要产品或业务范围：力学试验机、环境试验箱、热分析仪器、玛瑙研磨仪非标定制检测设备。

上海钜晶精密仪器制造有限公司
地址：上海市嘉定区兴邦路630号
邮编：201800
电话：021-51696069
传真：021-51696069-8010
电子信箱：sg@siomm.com
网址：www.siomm.com
主要产品或业务范围：材料试验机、实验电炉、工业电炉、硬度计等材料制备、检测仪器的研发、生产和销售。

上海联尔试验设备有限公司
地址：上海市浦东新区航头镇王楼村582号
邮编：201317
电话：021-68222123
传真：021-68222329
电子信箱：lianer09@126.com
网址：www.sh-lianer.com
主要产品或业务范围：硬度试验机、金相试样设备。

上海浦东高桥试验机厂有限公司
地址：上海市浦东新区高东镇高东新路509号

邮编：200137
电话：021-58481410，13661881907
传真：021-58482932
电子信箱：lanlan0423@sohu.com
网址：www.shtestm.com
主要产品或业务范围：通用平衡机系列、曲轴动平衡机、传动轴动平衡机、车轮平衡机、立式平衡机、YDQ-160型多功能通用动平衡机、WED型系列电子液压试验机及A-400型水冷式涡流粉碎机。

上海尚材试验机有限公司
地址：上海市奉贤区奉城经济园区奉旺路373号
邮编：201411
电话：021-50393010，57514309
传真：021-57520236
电子信箱：50393010@163.com
网址：www.sh-test.com
主要产品或业务范围：布氏、洛氏、维氏、显微型系列硬度计20多种。

上海申克机械有限公司
地址：上海市宝山区丰翔路1111号
邮编：200333
电话：021-62659663，52806866，52828223
传真：021-66897650
电子信箱：sales.rotec@schenck.cn
网址：www.schenck.cn
主要产品或业务范围：该公司是世界著名平衡机制造商德国申克在华子公司，生产动平衡设备从卧式、立式、半自动到自动平衡机以及专用于工具、汽车摩托车曲轴、传动轴、高速纺机等的特殊平衡机。

上海申力试验机有限公司
地址：上海市奉贤区沿钱公路3869A
邮编：201414
电话：021-57569927，57569737，4008205976
传真：021-57569937
电子信箱：shenli@aliyun.com
网址：www.sltest.com.cn
主要产品或业务范围：电液式万能试验机、微机显示电液式万能试验机、微机控制电液伺服万能试验机、电液式压力试验机、恒应力压力试验机、微机控制电子万能试验机、快速顶锻试验机、微机控制全自动顶锻试验机等，并可按照客户要求设计非标试验机、订购专用试验机附件，对老式试验机产品进行更新技术改造。

上海申联试验机厂有限公司
地址：上海市杨浦区军工路1300号
邮编：200433
电话：021-65499140，15921660462
传真：021-65518120

电子信箱：1162829532@qq.com
网址：www.shenlianchina.com
主要产品或业务范围：电子式数显式拉力机、数显式万能机、微机控制拉力机、微机控制万能机；液压式微显压力机、数显式万能机、微机控制压力帆、电液式自动压力机；通用平衡机，按测量显示方式分为矢量表，数字显示及微机显示；高档平衡机，有曲轴、传动轴等平衡机。

上海声浦超声波设备厂
地址：上海市闵行区虹梅南路863号南大楼5楼
邮编：201108
电话：021-54040352
传真：021-64361380
网址：www.shspcsb.net
主要产品或业务范围：超声波清洗器、点焊机、粉碎机、研磨机以及测厚仪、探伤仪等仪器。

上海辛克试验机有限公司
地址：上海市宝山区双城路803弄11号
邮编：201600
电话：021-31029308
传真：021-67865793
电子信箱：66630177@163.com
网址：www.schiak.com.com
主要产品或业务范围：圈带传动平衡机、万向节传动平衡机、单面立式平衡机、自驱动平衡机、自动定位平衡机、传动轴平衡机、高速软支撑动平衡机、双传动平衡机。

上海宇光无损检测设备制造有限公司
地址：上海市嘉定区马陆镇丰饶路900号
邮编：201801
电话：021-59903889，59903313
传真：021-59903334
电子信箱：sh@yg-ndt.com
网址：www.yg-ndt.com
主要产品或业务范围：磁粉探伤仪，荧光渗透检测设备。

上海兹韦克仪器科技有限公司
地址：上海市浦东新区王桥路999号1022室
邮编：201201
电话：021-20832583
传真：021-53521923
电子信箱：sales@zwick.com.cn
主要产品或业务范围：电子万能材料试验机，大载荷液压万能材料试验机，动态材料测试系统，金属及非金属硬度计，全自动测试系统，摆锤冲击试验机(塑料和金属)，熔融指数仪，维卡热变性测试系统，橡胶回弹仪。

天氏欧森测试设备（上海）有限公司
地址：上海市闵行区金都路1165弄123号南方都市园2号楼
邮编：201108

电话：021-60790300
传真：021-60912595
电子信箱：cn-sales@tiniusolsen.com
网址：www.tiniusolsen.com
主要产品或业务范围：静态拉伸和压缩材料试验机。

天津市精科材料试验机有限公司
地址：天津市静海区沿庄镇东元蒙口村
邮编：301605
电话：022-68771120
传真：022-68773111
电子信箱：jingke@tijingke.com
网址：www.tijingke.com
主要产品或业务范围：黏度及稠度测试仪、粒子细度试验仪、冲击试验仪、耐磨擦耐洗仪、附着力试验仪、硬度试验仪、测厚仪、柔韧性测试仪、干燥性能试验仪、光泽仪、密度遮盖比色白度闪点粉化成膜仪、试验用制备器。

天津市伟达试验机厂
地址：天津市河东区华龙道秋实园6号楼底商10号
邮编：300011
电话：022-24325230，24328781
传真：022-24325230
电子信箱：tjweida@022.net.cn
网址：www.tjwd.net
主要产品或业务范围：主要产品有黏度计系列，硬度计系列，干燥时间系列，附着力系列，制膜系列，刮板细度计系列，冲击系列，柔韧性系列，研磨系列，测厚系列，氙灯耐气候试验箱，盐雾试验箱，调温调湿箱，热老化试验箱，电热干燥箱。

天津永利达材料试验机有限公司
地址：天津市静海区沿庄镇张庄子工业区
邮编：301600
电话：022-68921883
传真：022-68921009
电子信箱：yld6888@163.com
网址：www.tjsyj.cn
主要产品或业务范围：从事各种油漆、涂料、油墨检测仪器生产之专业厂家。

杭州邦威机电控制工程有限公司
地址：浙江省杭州市西湖科技经济园振华路206号西港新界8D-1502室
邮编：310013
电话：0571-85024352
传真：0571-85023176
电子信箱：popwil@163.com
网址：www.popwil.com
主要产品或业务范围：电液伺服材料与结构试验系统、多自由度姿态与地震模拟平台。

杭州亿恒科技有限公司
地址：浙江省杭州市莫干山路1418号上城区科技工业园4号楼
邮编：310015
电话：0571-88178376
传真：0571-88178385
电子信箱：sales@econ-group.com
网址：www.econ-group.com.cn
主要产品或业务范围：振动试验仪器、测试测量仪器、工业测控仪器的研发与制造。

宁波市镇海腾达测试仪器有限公司
地址：浙江省宁波市镇海区联勤村北1路133号
邮编：315202
电话：0574-86570677，86570675
传真：0574-86570676
电子信箱：tengdatest@126.com
网址：www.tengdanb.com
主要产品或业务范围：该公司是材料试验机的专业生产厂家。可提供盘式液压万能试验机、液压压力试验机的微机改造及自动液压夹具改造服务，并提供各种钳口等零部件。

温州山度仪器有限公司
地址：浙江省温州市龙湾区西台工业区西工西路5号
邮编：325011
电话：0577-88609904
传真：0577-88390155
电子信箱：sundoo@sundoo.com
网址：www.sundoo.com
主要产品或业务范围：张力计、各种手动/电动试验台。

浙江竞远机械设备有限公司
地址：浙江省金华市秋涛街269号
邮编：321016
电话：0579-82271079
传真：0579-82272515
电子信箱：sales@jingyuan.cn
网址：www.jingyuan.cn
主要产品或业务范围：压力试验机、万能试验机、冲击试验机和特种试验机。

浙江鹿城无损检测设备总公司
地址：浙江省温州市龙湾高新区雁荡中路189号4楼
邮编：325000
电话：0577-88293040，88293242，88293909
传真：0577-88259689
联系人：黄国栋
电子信箱：Sales@Lcndt.net
网址：www.lcndt.net
主要产品或业务范围：比利时ICM工业X光射线机、法国IPSI管道爬行器、日本富士工业X光胶片、美国布鲁斯全自动洗片机、国外超声波探伤仪、测厚仪、金相显微镜、硬度计、涡流探伤仪、磁粉探伤仪等，以及其他检测仪器及配件。

实验室仪器及装置

安徽省天长市田氏实验设备有限公司
地址：安徽省天长市仁和集镇天扬路280号
邮编：239300
电话：0550－7834738
传真：0550－7834748
电子信箱：623182342@qq.com
网址：www.tctssysb.com
主要产品或业务范围：各种规格中央实验台、实验边台、通风柜、器皿柜等设备。

安徽万瑞冷电科技有限公司
地址：安徽省合肥市高新开发区海棠路189号
邮编：230088
电话：0551－65541144，65392154，65373294
传真：0551－65541144，65373294
电子信箱：marketing@vacree.com
网址：www.vacree.com
主要产品或业务范围：低温真空泵、环境试验设备、低温制冷机与制冷系统、真空绝热管与低温容器。

安徽中科中佳科学仪器有限公司
地址：安徽省合肥市高新区创新大道666号B区
邮编：230088
电话：0551－65319317
传真：0551－65319404
电子信箱：market.zj@163.com
网址：www.zonkia.com.cn
主要产品或业务范围：公司主要从事核医学仪器和离心机等科学仪器的研发、生产和销售。

合肥恩帆仪器设备有限公司
地址：安徽省合肥市新站高新技术开发区佳海工业园B区B2—D栋
邮编：230001
电话：0551－62885733，1570562986
传真：0551－67687581
电子信箱：hfef17@163.com
网址：www.hfefyq.com
主要产品或业务范围：COD快速测定仪，氨氮测定仪，总磷测定仪，总氮测定仪，多参数水质测定仪。

合肥华德利科学器材有限公司
地址：安徽省合肥市胜利路与琅琊山路交口天骄国际大厦A座
邮编：230001

电话：17352955275
传真：0551－66705511
电子信箱：1289806315@qq.com
主要产品或业务范围：干燥箱系列、恒温箱系列、生化培养箱系列、光照培养箱系列、人工气候箱系列、恒温恒湿箱系列、低温培养箱系列、超低温保存箱系列。

中科美菱低温科技股份有限公司
地址：安徽省合肥市经济技术开发区紫石路1862号
邮编：230601
电话：0551－64412128
传真：0551－62219667
电子信箱：lym19620731@163.com
网址：www.zkmeiling.com
主要产品或业务范围：低温/超低温存储设备、存储耗材、设备监控。

Quantum量子科学仪器贸易（北京）有限公司
地址：北京市朝阳区酒仙桥路10号恒通商务院B22座501室
邮编：100015
电话：010－85120277
传真：010－85120276
电子信箱：Info@qd－china.com
网址：www.qd－china.com
主要产品或业务范围：SQUID磁学测量系统和材料综合物理性质测量系统。

安简（北京）科技有限公司
地址：北京市通州区经济技术开发区景盛南一街28号院9号楼13层1311
邮编：100023
电话：4008510885，010－80849668
传真：010－80828266
电子信箱：scdeall@126.com
网址：www.scdeall.com
主要产品或业务范围：气相色谱仪、液相色谱仪、氢气发生器、氮气发生器、PSA智能节能制氮机、空气发生器（低噪音空气泵和静音无油空气泵）、氮氢空一体机、氮吹仪、振荡器。

北京艾飞博实验仪器有限公司
地址：北京市朝阳区广顺南大街东亚望京中心A3606室
邮编：100102
电话：010－64865598

传真：010-64862088
电子信箱：734104419@qq.com
网址：www.aifeibo.com
主要产品或业务范围：公司代理和经销产品有生物安全柜、洁净台、摇床、培养箱等。包括高低温设备、样品处理设备、分析测试仪器及实验室辅助设备等国产及进口实验仪器。

北京安合美诚科学仪器有限公司
地址：北京市昌平区北清路中关村生命科学园博雅CC6号楼101
邮编：102206
电话：010-53275800
传真：010-53275802
电子信箱：michem@126.com
网址：www.bjmichem.com
主要产品或业务范围：陶瓷纤维马弗炉、微波消解仪、萃取合成仪、石墨消解器。

北京安捷来勒科技有限公司
地址：北京市通州区环科中路16号院联东U谷78号楼东梯3层
邮编：101102
电话：010-59604011/12/13
传真：010-59604013
联系人：叶均章
电子信箱：beijing@agile-hk.com
网址：www.agile-hk.com.cn
主要产品或业务范围：高压灭菌器、精密干燥箱、高温炉、离心机、旋涡混合器、超声波清洗机等。

北京安泰瑞科科技有限公司
地址：北京市大兴区科创四街36号院4号楼3层310室
邮编：100176
电话：010-57034667
传真：010-57862319
电子信箱：13691078869@163.com
网址：www.atarico.com
主要产品或业务范围：实验室氮气发生器。

北京白洋医疗器械有限公司
地址：北京市大兴区生物医药产业基地永大路31号5幢201室
邮编：102609
电话：010-83711490
传真：010-83710670
电子信箱：baiyanglixinji@163.com
网址：www.bjbylxj.com
主要产品或业务范围：公司开发生产低速冷冻离心机、低速冷冻大容量离心机、高速离心机、专用型离心机等系列产品。

北京百晶生物技术有限公司
地址：北京市顺义区天竺空港工业区B区科技创业园7号楼
邮编：101300
电话：010-80483100，80483200，80483456
传真：010-80482859
电子信箱：13801186345@139.com
网址：www.baygenebiotech.com
主要产品或业务范围：该公司是电泳仪器外商独资生产企业，立足于引进吸收和研发高端电泳仪器及其配套产品，自行设计生产各种人性化电泳仪电源、功能广泛的垂直和水平电泳仪、整支高温高压消毒移液器、手掌式迷你离心机和超薄磁力搅拌器等系列产品。

北京佰亿新创科技有限公司
地址：北京市海淀区清河水木天成2号楼202室
邮编：100192
电话：010-59480256
传真：010-80115555
电子信箱：bioeer@263.net
网址：www.bioeer.com
主要产品或业务范围：超微量分光光度计，荧光定量PCR仪，定性PCR仪，恒温金属浴，电子数控培养箱，恒温振荡培养箱，移液器，混匀仪，电泳仪，核酸纯化仪，凝胶成像系统。

北京北方同正生物技术发展有限公司
地址：北京市大兴区西环南路26号院嘉捷双子座B座701
邮编：100029
电话：010-63441426，63441428
传真：010-63441427
电子信箱：bftz@bftzbio.com
网址：www.bftzbio.com
主要产品或业务范围：以生物仪器和生物试剂耗材销售为主，服务于生命科学事业的系统供应商。

北京北研科仪仪器有限责任公司
地址：北京市通州区张家湾工业开发区光华路16号
邮编：100024
电话：010-61505922
传真：010-61506800-820
电子信箱：bjbyky@163.com
网址：www.bjbyky.com
主要产品或业务范围：全自动溶出取样收集系统，溶出度试验仪，全自动硬度仪，微粒分析仪。

北京北仪创新真空技术有限责任公司
地址：北京市大兴区前高米店盛坊路仪器仪表基地
邮编：102600
电话：010-60250572，58206237
传真：010-60250572
电子信箱：bjbyzk@bjbyzk.com

主要产品或业务范围：该公司是我国较早进入真空技术与设备研制和生产真空设备的专业厂家。共有三大类产品，从低真空、高真空到超高真空30多个系列160多个品种。

北京北仪优成真空技术有限公司
地址：北京市朝阳区建国路93号院9号楼6层
邮编：100022
电话：010-60250410
传真：010-60250420
联系人：赵东
电子信箱：sales@bwvac.cn
网址：www.bwvac.cn
主要产品或业务范围：TRP系列直联旋片式真空泵。

北京博劢行仪器有限公司
地址：北京市海淀区学清路38号
邮编：100083
电话：010-62391102
传真：010-62340990
电子信箱：bmhbj@bmh-corp.com.cn
网址：www.bmh-corp.com.cn
主要产品或业务范围：该公司代理德国ART匀浆机，德国2MAG磁力搅拌器，德国Brand移液器，玻璃制品，塑料制品等。

北京博医康实验仪器有限公司
地址：北京市房山区良乡工业开发区建设路20号
邮编：102488
电话：010-68173889
传真：010-68233815
电子信箱：sale@boyikang.com
网址：www.boyikang.com
主要产品或业务范围：公司主要研发和制造生命科学仪器。以真空冷冻干燥设备（冻干机）研发、生产、销售、服务为核心。

北京博益伟业仪器有限公司
地址：北京市朝阳区立水桥北里2号塞纳维拉2509
邮编：100012
电话：010-80441167
传真：010-80441167
联系人：武静宇
电子信箱：sales@bio-one.cn
网址：www.bio-one.cn
主要产品或业务范围：公司是以代理销售为主、以研发为辅的实验室仪器供应商。

北京长流科学仪器有限公司
地址：北京市通州区环科中路16号中区76号
邮编：100039
电话：010-68213238，88692988

传真：010-68228215
电子信箱：ykky@vip.sina.com
网址：www.ykky.com
主要产品或业务范围：精密冷水机、工业冷水机、低温循环机、恒温水浴、恒温油浴。

北京晨曦勇创科技有限公司
地址：北京市海淀区清河永泰庄西路公交党校院内
邮编：100085
电话：010-82373571
传真：010-82373573
电子信箱：bjkc17@yahoo.com.cn
网址：www.bjkc17.com
主要产品或业务范围：包括各类高低温试验箱、干燥箱、各类振荡器、电动搅拌器、旋转蒸发器、水浴锅、水箱、粉碎机、电热套、真空泵、显微镜、投影仪、幻灯机、尘埃粒子计数器等。

北京德泉兴业商贸有限公司
地址：北京市丰台区西四环南路46号国润商务大厦A2605室、2609室
邮编：100073
电话：010-83659275
传真：010-83659425
联系人：刘敏
电子信箱：Feng_jiao@dq-science.com
网址：www.dequansci.com
主要产品或业务范围：公司代理销售多家国际著名生产商的产品，如德国IKA实验室分析仪器、美国密理博纯水、瑞士梅特勒系列产品、美商独资的致微高压锅、德国GRUMBACH孵化器、德国SIGMA离心机、美国VIRTIS冻干机、美国UNICO光度计等产品。

北京德天佑科技发展有限公司
地址：北京市海淀区西三环北路21号久凌大厦南楼305室
邮编：100081
电话：010-51650115
传真：010-62138521
电子信箱：sale@dtycn.com
主要产品或业务范围：恒温循环器系列，多功能低温循环浴槽系列，冷冻干燥系列等。

北京东方联优技术开发有限公司
地址：北京市朝阳区北苑路170号凯旋城C座1101
邮编：100107
电话：010-84932377，84928740
传真：010-84932477
电子信箱：sales@euro-link.com.cn
网址：www.euro-link.com.cn
主要产品或业务范围：气体检测行业仪表。

北京东方瑞利科技有限公司
地址：北京市海淀区车公庄西路45号三层
邮编：100044
电话：010-85364599
传真：010-85364599
电子信箱：18618176251@163.com
网址：www.bj-dfrl.com
主要产品或业务范围：基础型电泳仪、通用型电泳仪、高压电泳仪等。

北京东方振动和噪声技术研究所
地址：北京市海淀区上地科贸大厦C座10C
邮编：100085
电话：010-62989889
传真：010-62976685-802
电子信箱：dasp@coinv.com
网址：www.coinv.com
主要产品或业务范围：振动、冲击、噪声、动态测试、信号处理、模态分析、试验技术、教学实验、虚拟仪器和测控技术等领域的软、硬件开发。

北京东联哈尔仪器制造有限公司
地址：北京市昌平区马池口镇昌流路（神牛环岛东）
邮编：102200
电话：010-62020000，60755666
传真：010-60755777
电子信箱：hdlbj@163.com
网址：www.hdlbj.com
主要产品或业务范围：振荡器、培养箱、生物安全柜、通风柜等。

北京东胜科星实验室设备有限公司
地址：北京市东城区安定里27号3号楼一层1002室
邮编：100075
电话：010-83883316
传真：010-83883316
电子信箱：717451042@qq.com
网址：www.bjdskx.cn
主要产品或业务范围：实验柜、实验台钢架及通风柜、气瓶柜、排毒柜。

北京飞翔赛思科技有限公司
地址：北京市顺义区林河工业开发区顺仁路53号1幢
邮编：101300
电话：010-89405991
传真：010-89405991
电子信箱：fxsskj@126.com
网址：www.fly-science.com
主要产品或业务范围：红外测油仪，全自动红外分光测油仪，射流萃取器，智能萃取器，全自动液液萃取器，多功能快速COD消解器、国标COD消解器、实验室超纯水机等。

北京福意联医疗设备有限公司
地址：北京市东城区朝阳门SOHO9层
邮编：100020
电话：010-63383689
传真：010-63331061
联系人：杨经理
电子信箱：bj_fuyilian@163.com
网址：www.fyl17.com
主要产品或业务范围：公司专业生产各种规格实验室试验箱、嵌入式干燥箱、多功能冷藏箱、智能恒温箱、车载冷藏箱、低温冰箱、医用冰箱。

北京格瑞德曼仪器设备有限公司
地址：北京市昌平区回龙观黄平路19号院龙旗广场2号楼513室
邮编：100096
电话：010-82363430
传真：010-82465427
电子信箱：marketing@powteq.cn
网址：www.powteq.cn
主要产品或业务范围：颚式破碎仪，盘式研磨仪，切割式研磨仪，臼式研磨仪，行星式球磨仪，振动球磨仪，超离心研磨仪，刀式研磨仪。

北京哈德技术发展有限公司
地址：北京市海淀区中关村永泰创新园
邮编：100192
电话：010-64772069
传真：010-62915875
电子信箱：service@kingindent.com
网址：www.kingindent.com
主要产品或业务范围：全自动数显洛氏硬度计、表面洛氏硬度计、全洛氏硬度计、塑料洛氏硬度计等。

北京好亿科技发展有限公司
地址：北京市海淀区中关村南大街17号韦伯时代中心C座1209室
邮编：100081
电话：010-88570900，88572900
传真：010-88572500
电子信箱：wealtec@163.com
主要产品或业务范围：公司提供专业实验室设备。代理微泰克公司的基因枪、凝胶成像系列、电泳系统、离心机、半干转印、金属浴、紫外分光光度计。

北京昊诺斯科技有限公司
地址：北京市朝阳区小营路17号金盟大厦五层503室
邮编：100101
电话：010-64842431，64838766，64838775
传真：010-64838775-249
电子信箱：heros@herosbio.com

网址：www.herosbio.com

主要产品或业务范围：公司产品主要包括离心机、培养箱、生物安全柜、超低温冰箱等各类产品。

北京鸿涛基业科技发展有限责任公司
地址：北京市海淀区温泉镇白家疃村西平房
邮编：100095
电话：010-62486443
传真：010-62486443
联系人：张文涛
电子信箱：Htjy_zwt@163.com
网址：www.dianyong360.com
主要产品或业务范围：该公司专业生产电泳仪、电泳槽及相关实验室仪器设备。

北京华威中仪科技有限公司
地址：北京市丰台区汽车博物馆东路盈坤世纪G座506室
邮编：100160
电话：4008981980，010-83659769
传真：010-83659327
联系人：熊枭
电子信箱：Assistant@hwsci.com
网址：www.hwsci.com
主要产品或业务范围：代理产品包括奥地利Tisuue Gnostics类流式组织细胞定量分析仪；美国Seahorse Bioscience海马生物能量测定仪，美国KSI减震台，美国CRAIC显微分光光度分析系统等；德国Sartorius超纯水系统、天平/pH计，德国B.BRAUN摇床、生物反应器，德国SIGMA离心机；瑞士SOCOREX精密移液器等，瑞士BUCHI旋转蒸发仪、喷雾干燥器、中压制备色谱等。

北京华阳利民仪器有限公司
地址：北京市大兴区金星路18号411室
邮编：102628
电话：010-81297658，63357883
传真：010-81297496
电子信箱：Huayanglimin@163.com
网址：www.huayanglimin.com
主要产品或业务范围：主要产品有高效毛细管电泳仪、高效液相色谱仪、高效毛细管电泳液相色谱一体机等。

北京汇澜宏业科技有限责任公司
地址：北京市丰台区马连道卫强校村118号327室
邮编：100073
电话：010-52680501，13601315819
传真：010-556784397
电子信箱：sales@wellent.com.cn
网址：www.wellent.com.cn
主要产品或业务范围：高低温试验箱、应力筛选试验箱、高低温潮湿试验箱、温度冲击试验箱、温湿度振动综合试验箱、步入式环境试验箱、空气发生器、高温试验箱、低

气压试验箱、药品试剂试验箱、热力试验箱、盐雾腐蚀试验箱、盐雾气候试验箱、非标设计试验箱。

北京惠诚佳仪科技有限公司
地址：北京市平谷区马坊工业开发区英府路1号
邮编：101204
电话：010-60995880，68234571，15311269008
传真：010-60995880
电子信箱：for.joy@163.com
网址：www.fortunejoy.com
主要产品或业务范围：工业冷水机，磁力搅拌恒温槽，冷冻干燥机等。

北京吉诺思科技发展有限公司
地址：北京市昌平区北清路1号珠江摩尔国际大厦3号楼2单元811
邮编：102206
电话：010-51659588
传真：010-69731382
电子信箱：fangrn@geno-tech.com.cn
网址：www.geno-tech.com.cn
主要产品或业务范围：一家专业性仪器、设备和试剂的供应公司。

北京嘉信怡达科技有限公司
地址：北京市顺义区林河开发区林河大街28号院305室
邮编：101300
电话：010-89451528
传真：010-89452906
电子信箱：wangmeng@yeadar.com
网址：www.yeadar.com
主要产品或业务范围：实验室玻璃器皿清洗消毒机、清洗附件及清洗配套解决方案。

北京金煤盛世实验室设备有限公司
地址：北京市石景山区石景山路40号信安大厦8层
邮编：100043
电话：010-68860091
传真：010-68860061
电子信箱：19352399@qq.com
主要产品或业务范围：专业从事科学仪器进出口业务。

北京京科伟业实验器材有限公司
地址：北京市大兴区亦庄经济技术开发区北环东路17号林肯公寓B6-907
邮编：100176
电话：010-87777197，87777198
传真：010-87777196
网址：www.jkwybj.com
主要产品或业务范围：各类高低温试验箱，干燥箱，天平，酸度计，电导仪，水质分析仪等。

北京京立离心机有限公司
地址：北京市大兴区西红门镇西红门路甲46号
邮编：100162
电话：010-60258161
传真：010-60258084
电子信箱：bjjllxj@163.com
主要产品或业务范围：公司产品有低、中、高不同档次的低速、高速、冷冻、大容量系列离心机。

北京君意东方电泳设备有限公司
地址：北京市海淀区北清路160号
邮编：100095
电话：010-62443285，62175388，62185388
传真：010-82475125
联系人：李立娟
电子信箱：dy@bjjunyi.com
网址：www.bjjunyi.com
主要产品或业务范围：凝胶成像分析系统、核酸电泳、醋酸纤维膜电脉、蛋白电泳等产品。

北京凯维丰科技发展有限责任公司
地址：北京市海淀区上地信息路1号国际创业园2号楼1904
邮编：100085
电话：010-62908256，62908259，62993090
传真：010-89146342
电子信箱：shenpeng@kwfchina.com
网址：www.kwfchina.com
主要产品或业务范围：公司经营的主要产品为实验仪器设备、环保仪器设备、自动化仪器设备、生态仪器设备及其他仪器设备。

北京凯元信瑞仪器有限公司
地址：北京市西城区宣武门外大街28号富卓大厦B座605室
邮编：100052
电话：010-63019969
传真：010-63015596
电子信箱：kaiyuan@kysino.cn
网址：www.kysino.cn
主要产品或业务范围：高品质自主品牌电泳产品。

北京科尔德科贸有限公司
地址：北京市丰台区南三环中路同仁园2号楼1603室
邮编：100079
电话：010-67641967，67630274，87657219
传真：010-87659103
电子信箱：krd68@sina.com
网址：www.bjked.com
主要产品或业务范围：该公司专业经销实验室各种仪器设备。主要产品有生化仪器，医疗仪器，科研仪器，教学实验室仪器，检验仪器，灭菌器，离心机，液氮罐，超声波清洗器，超净工作台，分光光度计，酸度计，分析天平，培养箱，鼓风干燥箱，凝胶成像分析系统，医学影像系统，真空泵，旋转蒸发仪。

北京科伟永兴仪器有限公司
地址：北京市朝阳区南沙滩66号
邮编：101149
电话：0317-5987337，5980358
传真：0317-5980363
电子信箱：beijingkeweiyiqi@126.com
网址：www.keweiyq.com
主要产品或业务范围：主要生产干燥箱系列、培养箱系列、净化工作台系列、箱式电炉系列、恒温水槽系列、电热板系列等各类实验仪器设备。

北京堀场汇博隆精密仪器有限公司
地址：北京市朝阳区北苑路40号
邮编：100012
电话：4000188101
传真：010-84927216
电子信箱：sales@horibametron.com.cn
主要产品或业务范围：热式质量流量控制器。

北京昆超仪器有限公司
地址：北京市海淀区西三旗上奥世纪B座2015室
邮编：100096
电话：010-82967395
传真：010-82967395
电子信箱：office@bjkcyq.cn
主要产品或业务范围：超声波清洗设备。

北京莱凯博仪器设备有限公司
地址：北京市海淀区建材城西路85号神州科技园B座2116座
邮编：100096
电话：010-82932618
传真：010-57159709
电子信箱：labcab@163.com
网址：www.labcab.com
主要产品或业务范围：主要产品有药品稳定性试验箱系列、恒温恒湿箱系列、培养箱系列、干燥箱系列、环境试验箱系列。

北京兰贝石恒温技术有限公司
地址：北京市昌平区北清路中关村生命科学园北清创意园2-3-101
邮编：102206
电话：010-56545023
传真：010-56545070
电子信箱：66221981@163.com
网址：www.lanbeishi.com
主要产品或业务范围：稳定性试验箱、恒温恒湿箱、高低温试验箱、培养箱和保存箱等环境试验设备。

北京雷勃尔离心机有限公司
地址：北京市丰台区长辛店西后街169号
邮编：100072
电话：010-83879650，82684176，82684175
传真：010-82684626
联系人：张春红
电子信箱：bjlablxj@sina.com
网址：www.bjlablxj.com
主要产品或业务范围：公司专业生产系列高速、低速、高速冷冻、低速冷冻离心机精品。

北京历元电子仪器有限公司
地址：北京市昌平区沙河镇怀英街5号康洁之晨大楼3层
邮编：102206
电话：010-82895447
传真：010-62955627
电子信箱：513225441@qq.com
主要产品或业务范围：离子色谱仪、纯水器、实验室前处理设备及相关耗材配件等近千种产品。

北京联合科仪科技有限公司
地址：北京市海淀区学清路9号汇智大厦A座701室
邮编：100085
电话：4006651177
传真：010-82732517
电子信箱：united@bj17.com.cn
网址：www.bj17.com.cn
主要产品或业务范围：天平、滴定仪、水分仪、黏度计、搅拌器、折光仪、烘箱、水槽、洁净工作台、显微镜、分光光度计、酸度计、色谱等。

北京隆普奇仪器设备有限公司
地址：北京市海淀区知春路49号院希格玛公寓B座1406室
邮编：100190
电话：010-82613963，82613953
传真：010-82613963
联系人：郭红梅
电子信箱：Lpqi923@163.com
网址：www.longpuqi.cn
主要产品或业务范围：Lonposh移液器，各种品牌液氮罐、电泳仪、离心机等实验室仪器。

北京陆希科技有限公司
地址：北京市海淀区清河小营西路16号
邮编：100085
电话：010-62998938
传真：010-62998938
联系人：石永均
电子信箱：lx163.net@163.com
网址：www.luxikj.com.cn
主要产品或业务范围：生化培养箱、霉菌培养箱、低温培养箱、恒温恒湿培养箱、光照培养箱、人工气候培养箱、隔水式恒温培养箱、电热恒温培养箱、电热恒温鼓风干燥箱、真空干燥箱、恒温水浴锅/水槽、碎冰制冰机等。

北京欧陆伟业科技发展有限公司
地址：北京市海淀区学院路20号
邮编：100083
电话：010-82371825
传真：010-82377865
电子信箱：olwy2010@163.com
主要产品或业务范围：公司产品涵盖实验室通用仪器，化学分析、物理测试等仪器，如蠕动泵、注射泵、电子天平、干燥箱、培养箱、纯水机、滴定仪、水分测定仪、数显黏度计、搅拌器、折光仪、水槽、洁净工作台、显微镜、分光光度计、酸度计、色谱等。

北京平利洋医疗设备有限公司
地址：北京市朝阳区观音惠园1号楼6层601-609室、611室、613室、615室
邮编：100023
电话：010-85746011，85746012
传真：010-85765986
电子信箱：pingliyang2004@sina.com
网址：www.pioneerbiomed.com
主要产品或业务范围：主要代理产品为酶标仪、洗板机、移液器、细胞破碎仪、多样品均质仪。

北京普立泰科仪器有限公司
地址：北京市海淀区温泉镇高里掌路1号中关村翠湖科技园15号楼一单元1层
邮编：100095
电话：010-82735800
传真：010-82735809
联系人：于汶
电子信箱：info@pltk.com.cn
网址：www.pltk.com.cn
主要产品或业务范围：公司现拥有数项专利，已经研发出具有自主知识产权的产品如全自动消解仪、土壤干燥箱、主流烟气中氮氧化物分析系统、多通道斜吹浓缩仪、氮气发生器等。

北京勤业永为科技有限公司
地址：北京市朝阳区汤立路218号明天生活馆C座360室
邮编：100012
电话：010-84672701
传真：010-84672701
电子信箱：13241799196@163.com
网址：www.qyywkj.com
主要产品或业务范围：清洗器系列、灭菌器、搅拌器、菌落计数器、摇床。

北京清研思创科学仪器有限公司
地址：北京市朝阳区北四环中路6号深蓝华庭D座32C
邮编：100029
电话：4006659699，010-82850932
电子信箱：contact@tsingyan.com
网址：www.tsingyan.com
主要产品或业务范围：公司研发专业医疗诊断设备、家庭医疗器械和实验室仪器三大系列产品。

北京瑞博东方科技有限公司
地址：北京市大兴区金苑路26号金日科技园1幢A座226室
邮编：102600
电话：010-69283396
传真：010-69283396
电子信箱：bjrbdf@sina.com
网址：www.bjrbdf.com
主要产品或业务范围：摇床、离心机、防爆冰箱、危险品柜等。

北京桑翌实验仪器研究所
地址：北京市朝阳区酒仙桥东路1号院M8号楼A区426室
邮编：100105
电话：4008092068
传真：4008092068-112
电子信箱：info@bjshinetek.com
网址：www.shinetek.com
主要产品或业务范围：公司主要产品为细胞培养产品及通用生物培养产品，液体操作产品，离心分离产品。

北京森拉普尔实验室科技有限公司
地址：北京市海淀区丰贤中路7号北科产业园4号楼4层
邮编：102206
电话：010-60703351
传真：010-69739621
电子信箱：slp@slplab.com
网址：www.slplab.com
主要产品或业务范围：主要产品包括各类型实验台、通风柜、药品柜、气瓶柜、生物安全柜等实验室专用设备。

北京神州恒亿科技发展有限公司
地址：北京市海淀区北三环西路99号西海国际3号楼503室
邮编：100086
电话：010-82675671
传真：010-82675672
电子信箱：mikebjt@263.net
主要产品或业务范围：销售国外知名的科学仪器以及国内高品质的实验室常规仪器。

北京晟泰勃科技有限公司
地址：北京市海淀区曙光花园中路智业园A座8B
邮编：100097

电话：010-88469213
传真：010-88461732
联系人：张丽
电子信箱：info@suntrapbj.com
网址：www.suntrapbj.com
主要产品或业务范围：公司主要经营与生物技术相关用于科学研究、技术改造的科研仪器、设备、设施、装备。

北京时代北利离心机有限公司
地址：北京市丰台区丰台北路32号华胜写字楼B座8058
邮编：100071
电话：010-51129985
传真：010-51129965
电子信箱：guo51129985@126.com
网址：www.bjsdbl.com
主要产品或业务范围：公司现有台式高速离心机、台式低速离心机、高速冷冻离心机、低速大容量冷冻离心机、进口离心机等。

北京世纪森朗实验仪器有限公司
地址：北京市昌平区昌平科技园超前路35号北京化工大学国家科技园综合楼201-203
邮编：102200
电话：4000582728
传真：010-82176488-804
电子信箱：slreactor@163.com
网址：www.senlangyiqi.com
主要产品或业务范围：专注于实验室反应釜仪器设备的设计制造企业。

北京市六一生物科技有限公司
地址：北京市丰台区造甲街128号
邮编：100070
电话：010-63718710，63718779
传真：010-63719049
电子信箱：ly@ly.com.cn
网址：www.ly.com.cn
主要产品或业务范围：生产"六一牌"电泳仪电源、电泳仪、紫外仪、凝胶成像分析系统、酶标仪等产品。

北京市赛泰克生物科技有限公司
地址：北京市海淀区学院路5号768创业产业园B座北区1021号
邮编：100083
电话：010-82842640
传真：010-82842736
电子信箱：selina@cy-tech.com.cn
网址：www.cy-tech.com.cn
主要产品或业务范围：公司产品有PCR仪、电泳仪、移液器、离心机、培养箱、摇床、杂交仪、动物药物残留诊断试剂等。

北京市中亚气体仪器研究所
地址：北京市东城区东西七条42-3号
邮编：100007
电话：4008092068-106
传真：4008092068-112
电子信箱：zhongya@bjshinetek.net
主要产品或业务范围：高纯氮发生器，高纯氢发生器，静音无油空气泵，大流量氮发生器。

北京四环科学仪器厂有限公司
地址：北京市海淀区太平路27号
邮编：100850
电话：010-68214645
传真：010-66931939
电子信箱：155389258@qq.com
主要产品或业务范围：冷冻干燥机、数控层析冷柜、高速冷冻离心机、程控速率冷冻仪、实验动物笼器具等数十类系列产品。

北京松源华兴科技发展有限公司
地址：北京市海淀区永定路88号长银大厦7C06室
邮编：100039
电话：010-58895377，58895378
传真：010-58895379
电子信箱：info@bjsyhx.com.cn
网址：www.bjsyhx.com.cn
主要产品或业务范围：公司主要产品有真空冷冻干燥机系列、自动喷液净手器系列、层析实验冷柜系列、电动气溶胶喷雾器系列。

北京天地精仪科技有限公司
地址：北京市顺义区空港工业园B区裕华路28号10号楼
邮编：101300
电话：010-80498662
传真：010-80498522
电子信箱：tiandijingyi@163.com
网址：www.tiandijingyi.com
主要产品或业务范围：超低温水箱、金属低温冷处理箱、深冷机组。

北京同立创辉仪器有限公司
地址：北京市大兴区天宫院天宁路一号院
邮编：102629
电话：010-63827540
传真：010-60292930
电子信箱：support@co-brilliant.com
网址：www.co-brilliant.com
主要产品或业务范围：核酸提取仪及移液自动化设备。

北京王堂蓝翼科技有限公司
地址：北京市昌平区崔村镇大辛峰村416号东

邮编：102200
电话：010-59410390
传真：010-57406280
联系人：张志伟
电子信箱：wangtanglanyi@126.com
主要产品或业务范围：公司专业生产系列超净工作台、通风柜、生物安全柜、净化工程。

北京唯世泰克科技发展有限公司
地址：北京市海淀区小营路12号亚运花园2号楼8B室
邮编：100101
电话：010-84651818
传真：010-84650018
电子信箱：sales@versatechltd.com
网址：www.vtmart.com
主要产品或业务范围：该公司代理国外进口实验室仪器、耗材及生产相关产品。

北京五洲东方科技发展有限公司
地址：北京市海淀区北四环中路265号七层
邮编：100083
电话：010-82388866
传真：010-82388989
电子信箱：zhang_kang@ostc.com.cn
网址：www.ostc.com.cn
主要产品或业务范围：该公司经营进口实验室仪器、设备。主要产品有离心机、超低温冰箱、二氧化碳培养箱、高效液相色谱仪、紫外分光光度计、植物生长箱、化学发光成像系统、导热系数测量仪、接触角影像分析系统等。

北京先能技术开发有限责任公司
地址：北京市海淀区高新技术园区望园科技孵化中心7层
邮编：100071
电话：010-59545701
传真：010-68217343
电子信箱：land@sennon.net
网址：www.sennon.net
主要产品或业务范围：生产空气微生物监测装置，检验箱以及配套产品；代理微生物采样器。

北京湘顺源科技有限公司
地址：北京市西城区新街口外大街8号12幢三层
邮编：100088
电话：8008109517
传真：010-62020476
电子信箱：bjxsy68@163.com
网址：www.xsysci.com
主要产品或业务范围：公司专业从事实验室综合废水处理设备、实验室综合废液处理系统、实验室危险废弃物暂存柜等产品的研发、生产和销售。

北京翔悦环宇科技发展有限公司
地址：北京市海淀区丰贤中路7号院3号楼220
邮编：100093
电话：010-82796615
电子信箱：hybiotech@126.com
网址：www.hybiotech.com.cn
主要产品或业务范围：公司成立于2011年，申请并通过高新技术企业及中关村高新技术企业认证，拥有十余项软件著作权，其中压力传感器部件已通过中国长城计量认证报告书。公司销售自主研发产品有各类模拟移动床色谱系统，以及中试、工业化移动床色谱系统等；一体化等度、二元高压梯度、二元低压及四元低压梯度高效液相色谱仪、制备/半制品提纯液相、色谱泵、高压恒流泵、平流泵、核酸磁珠、SPE小柱、固相萃取膜、高分子有机膜、灌流色谱填料、第二代及第三代核酸提取试剂盒、全自动核酸提取仪、进口离心机、制氧机锂分子筛等。

北京欣惠泽奥科技有限公司
地址：北京市朝阳区黄杉木店路188号院阿曼寓所底商8-4
邮编：100123
电话：010-85791926，85778132，85777961
传真：010-85753685
电子信箱：huizeao2000@sina.com
主要产品或业务范围：公司专营实验室仪器、分子生物学试剂、生物化学试剂、细胞培养基、实验室办公家具、聚四氟乙烯产品及玻璃器皿等。

北京信高实验室设备有限公司
地址：北京市通州区中关村科技园通州园金桥科技产业基地环科中路16号71号楼A座
邮编：101102
电话：010-56370125，4009991019
传真：010-56370127
电子信箱：xingao@xingaolab.com
网址：www.xingaolab.com
主要产品或业务范围：公司主营实验台、排毒柜等实验室基础装备。

北京信康亿达科技发展有限公司
地址：北京市海淀区建材城西路新都环岛路北
邮编：100096
电话：010-62899920
传真：010-62811702
电子信箱：yidaxk@yidaxk.com
网址：www.yidaxk.com
主要产品或业务范围：公司主要经营储存式液氮罐、运型液氮罐等实验设备。

北京信诺凯科技有限公司
地址：北京市房山区良乡凯旋大街建设路18号-D3084
邮编：100016

电话：15001257905
传真：010-63422500
电子信箱：liuyongliang@sina.com
网址：www.kgsion.com
主要产品或业务范围：旋转蒸发仪、磁力搅拌器、隔膜泵。

北京兴华科仪化工设备有限责任公司
地址：北京市海淀区西三环北路72号世纪经贸大厦A座2610室
邮编：100048
电话：010-51799829，68453263
传真：010-51799929
电子信箱：info@chinacoat.com.cn
网址：www.chinacoat.com.cn
主要产品或业务范围：公司代理美国、日本、英国、德国等国知名公司涂装检测/测试/实验仪器，如多层分层膜厚仪、分光测色仪、多角度色差仪、炉温跟踪仪。

北京雅士林试验设备有限公司
地址：北京市大兴区金辅路甲2号
邮编：102600
电话：010-68176855，68178583，68178477
传真：010-68174779
电子信箱：yashilin@bjyashilin.com
网址：www.bjyashilin.com
主要产品或业务范围：该公司是专业从事各类环境试验设备、检测设备的研发、生产、销售的一条龙的高新科技综合民营企业，提供按GB、IEC、DIN等标准对应的技术参数制作的各类气候环境试验设备。

北京雅欣理仪科技有限公司
地址：北京市海淀区上地三街9号嘉华大厦F座707室
邮编：100085
电话：010-62984600，62980353
传真：010-62978502
电子信箱：sales@bjyxly.com
网址：www.bjyxly.com
主要产品或业务范围：光合作用测定仪、叶绿素荧光仪、叶面积仪、气孔计、生物温度仪等产品。

北京亚泰科隆仪器技术有限公司
地址：北京市石景山区鲁谷大街西富港写字楼415室
邮编：100041
电话：010-88692672，88229213
传真：010-88229213
电子信箱：ytkl@ytkl.com
网址：www.ytkl.com
主要产品或业务范围：超净工作台、冷冻干燥机、层析实验冷柜、恒温循环水器、组织培养架、雪花制冰机等系列产品。

北京义鼎仪器设备有限公司
地址：北京市大兴区西红门镇金星村委会向东300米
邮编：100076
电话：18610739668
主要产品或业务范围：冻融机、养护室、养护箱、碳化箱、高低温试验箱、恒温恒湿箱实验仪器设备。

北京永兴精佳仪器有限公司
地址：北京市昌平区燕旭工业园3楼309
邮编：100121
电话：010-87392939，87338718
传真：010-87392927
电子信箱：bj@bjyx.net.cn
网址：www.bjyx.net.cn
主要产品或业务范围：公司主要从事石油管线油样自动取样器及化验室防爆仪器。

北京原平皓生物技术有限公司
地址：北京市海淀区中关村南大街甲6号铸成大厦B座301室
邮编：100086
电话：010-51582336
传真：010-51581756
电子信箱：order@yph-bio.com
网址：www.yph-bio.com
主要产品或业务范围：生产生物试剂及相关试剂盒产品。

北京泽祥永兴科技有限公司
地址：北京市海淀区知春路太月圆12号楼0110室
邮编：100088
电话：010-82059703
传真：010-82059722
电子信箱：bjzxyx@bjzxyx.com
网址：www.bjzxyx.cn
主要产品或业务范围：公司现为德国Sartorius电子天平、电化学仪器一级代理商；美国ORION酸度计、电导率仪、离子浓度计等电化学仪器指定经销商；Tanon(天能)凝胶数码图像处理系统总代理；时代集团（中国）硬度计、测厚仪、粗糙度仪等产品的经销商。

北京哲勤科技有限公司
地址：北京市大兴区景园街10号大琛科技园B座
邮编：100176
电话：010-67803458，65814078
传真：010-65814079
电子信箱：sales@gerchin.com
网址：www.gerchin.com
主要产品或业务范围：为用户提供高可靠性的标准和非标真空设备及系统。

北京中豪莱伯科技发展有限公司
地址：北京市海淀区北四环中路229号海泰大厦7层719

邮编：100083
电话：010-82332118，82306383
传真：010-82332118-8004
电子信箱：bj_shl@sina.com.cn
网址：www.bj-shl.com.cn
主要产品或业务范围：美国非链的蛋白粒度分析仪、高通量蛋白稳定性分析仪等；德国Memmert恒温恒湿箱、二氧化碳培养箱、低温培养箱、环境测试箱；美国Zealway高压灭菌器；美国BioX生物安全柜；美国Thermo超低温冰箱。

北京中科科尔仪器有限公司
地址：北京市朝阳区北四环中路6号华亭嘉园E座7F室
邮编：100029
电话：010-82847772，82847773，82847774
传真：010-82847770，82847771
电子信箱：sales@keerinstrument.com.cn
网址：www.keerinstrument.com.cn
主要产品或业务范围：代理科尔帕默产品逾万种，同时代理Masterflex蠕动泵，Sherwood火焰光度计等。

北京中晟铭科技有限公司
地址：北京市丰台区百强大道6号院1号楼211
邮编：100070
电话：010-63738937
传真：010-63735408
电子信箱：bjzsmkj@126.com
主要产品或业务范围：研发生产全自动超声波清洗器、超声波除垢防垢设备、单槽／双槽超声波清洗机及超波专用设备等高科技产品。

北京中仪科信科技有限公司
地址：北京市海淀区显龙山路19号北辰香麓雅庭A座622室
邮编：100095
电话：010-62452509
传真：010-62452600
电子信箱：zykx17@163.com
网址：www.zykx17.com
主要产品或业务范围：接触角测量仪、全自动表界面张力仪、旋转滴界面张力仪、激光粒度仪等。

大龙兴创实验仪器（北京）有限公司
地址：北京市顺义区临空经济核心区裕安路31号
邮编：101318
电话：010-60498800
传真：010-85653383
电子信箱：info@dlabsci.com
网址：www.dlabsci.com
主要产品或业务范围：公司拥有移液产品、蒸馏系列产品、加热搅拌产品、温控产品和离心机产品。

德创科仪（北京）科技有限公司
地址：北京市海淀区中关村北二条13号中科科仪大厦5号楼107室
邮编：100190
电话：010-62669586
传真：010-62669586
电子信箱：dy.song@dechuanglab.com
网址：www.dechuanglab.com
主要产品或业务范围：VOCs泄漏检测仪，LDAR检漏仪，VOCs气体红外成像仪，Phx21/42、MTDI进口万能材料试验机，蠕变试验机，便携式挥发性有机气体分析仪，OSTEC进口金相分析显微镜，光谱仪，金相制样设备。

华港通科技（北京）有限公司
地址：北京市通州区梨园时尚街区东区7号楼504室
邮编：101101
电话：010-60525345
传真：010-60521398
电子信箱：xuxingwei888@qq.com
网址：www.hgtong.com
主要产品或业务范围：微波消解仪，微波马弗炉，微波水热合成仪，微波流动合成仪，微波旋转蒸发仪，微波合成萃取仪等。

来亨科技（北京）有限公司
地址：北京市通州区德福堂产业园4号楼
邮编：100161
电话：4008010685
传真：010-63843373
电子信箱：bjlaiheng@foxmail.com
网址：www.laiheng.com
主要产品或业务范围：小型喷雾干燥机，化学合成仪，氮吹机，恒温加热仪等。

莱帕克（北京）科技有限公司
地址：北京市昌平区立业路13号
邮编：100088
电话：010-62770719
传真：010-62770879
联系人：段利娟
电子信箱：lpk@lpkbj.com
网址：www.lpkbj.com
主要产品或业务范围：公司主要设备有离心泵性能曲线测定及孔板流量计标定实验装置、循环风洞干燥实验装置、气—汽传热系数测定实验装置等。

林茂科技（北京）有限公司
地址：北京市朝阳区广渠东路1号中广国际大厦一层
邮编：100022
电话：010-56243546，15313942753
传真：010-52055057

电子信箱：zhongxingwy@tom.com
网址：www.linmaokeji.cn
主要产品或业务范围：干燥箱/烘箱系列、培养箱系列、电阻炉/马弗炉系列、真泵系列、电热板系列、电热套系列、混合系列、灭菌器系列、样品前处理设备、手持紫外分析仪、超声波粉碎机系列等产品。

蚂蚁源科学仪器（北京）有限公司
地址：北京市大兴区科创五街经海二路29号院1号楼1单元4层
邮编：100076
电话：010-57791811
传真：010-67656036
电子信箱：sales@my-ant.com
网址：www.my-ant.com
主要产品或业务范围：实验室样品前处理仪器研发、生产、销售、服务于一体的创新企业。

赛伯乐（北京）仪器有限公司
地址：北京市海淀区魏公村大街1号韦伯豪6-2-101
邮编：100081
电话：010-88570288，88578786
传真：010-88570285
联系人：胡章宏
电子信箱：info@sci-bridge.com
网址：www.sci-bridge.com
主要产品或业务范围：公司是实验室建设的专业服务商。

赛多利斯科学仪器（北京）有限公司
地址：北京市顺义区空港工业B区裕安路33号
邮编：101300
电话：010-80426300，80426424
传真：010-80426551
联系人：彭芳
电子信箱：Fang.peng@sartorius.com
网址：www.sartorius.com.cn
主要产品或业务范围：电子天平、电化学产品、水分测定仪等。

西杰天平（北京）仪器有限公司
地址：北京市丰台区小屯路2号博龙家园5-3-904
邮编：100141
电话：010-68698115，68670021
传真：010-51298198
电子信箱：sym808@163.com
网址：www.tianping.net
主要产品或业务范围：电子天平、机械天平、超声波清洗器。

中科赛凌（北京）科技有限公司
地址：北京市怀柔区雁栖经济技术开发区北三街1号

邮编：101407
电话：010-61713212-848
传真：010-62197683
电子信箱：md@scicooling.com
网址：www.scicooling.com
主要产品或业务范围：温度试验箱、湿热试验箱、超低温试验箱、冲击试验箱、转台试验箱、气压试验箱及综合试验箱等多个系列的环试产品。

中仪国科（北京）科技有限公司
地址：北京市海淀区玉渊潭南路17号A座201室
邮编：065000
电话：010-88436715
传真：010-88437715
电子信箱：zylab@vip.sina.com
网址：www.zy-lab.com
主要产品或业务范围：电热恒温培养箱，智能生化培养箱，光照培养箱，人工气候箱，恒温恒湿箱，霉菌培养箱，低温培养箱，电热鼓风干燥箱，真空干燥箱，热空气消毒箱，陶瓷纤维电炉，恒温摇床，金属浴，水浴，混合仪等系列产品。

重庆阿泰可科技股份有限公司
地址：重庆市渝北区空港工业园9号地
邮编：401120
电话：023-67180600
传真：023-67180019
电子信箱：atec@cqatec.com
网址：www.cqatec.com
主要产品或业务范围：可靠性试验技术研究和气候环境模拟设备。

重庆杰恒蠕动泵有限公司
地址：重庆市渝北区空港大道1076号金冠工业中心6号楼4F
邮编：401120
电话：023-67191258
传真：023-67191259
电子信箱：jihpump@163.com
网址：www.jihpump.com
主要产品或业务范围：专业研制高精度高品质蠕动泵。

重庆市永生实验仪器厂
地址：重庆市九龙坡区白市驿海龙工业园区
邮编：401329
电话：023-67731697，67720711
传真：023-65702311
电子信箱：service@ysei.com.cn
网址：www.ysei.com.cn
主要产品或业务范围：SHH系列药品稳定性试验箱、药品强光照射试验箱、恒温恒湿培养箱等高质量、高精密度实验室仪器。

重庆苏试四达试验设备有限公司
地址：重庆市北部新区汇金路8号
邮编：401122
电话：023-67463426，67463411
传真：023-67463419
电子信箱：scb@cqsdei.com
网址：www.cqsdei.com
主要产品或业务范围：高低温试验箱、恒定/交变湿热试验箱、温度冲击试验箱、温湿振三综合试验箱、快速温度变化（ESS）试验箱、高/低气压试验箱、热真空试验箱、淋雨试验箱、霉菌试验箱等。电热鼓风干燥箱、真空干燥箱、电热恒温培养箱、隔水式培养箱、二氧化碳培养箱、生化培养箱、药物稳定试验箱、干热灭菌器、标准水槽、标准油槽、低温恒温槽、超级恒温器等。

重庆威尔震昌科技股份有限公司
地址：重庆市两江新区嘉德大道中道蔡家盈田光电工谷40号
邮编：400700
电话：023-68271315，68224315
传真：023-68224315
电子信箱：cqwell2098@126.com
网址：www.023weLL.com
主要产品或业务范围：高低温试验箱、湿热试验箱、高低温快变试验箱、高低温冲击试验箱、高低温低气压试验箱、温湿振三综合试验箱、氙灯气候试验箱、高温老化试验设备、真空干燥箱、盐雾试验箱、生物化学试验设备、恒温计量槽及大型复杂环境试验设备或工艺装置。

重庆雅马拓科技有限公司
地址：重庆市北碚区水土高新技术开发区云汉大道5号附37号
邮编：400700
电话：023-89009598
传真：023-67465300
电子信箱：info@yamato-ysj.com
网址：www.yamato-ysj.com
主要产品或业务范围：高压灭菌器、马弗炉、喷雾干燥器、恒温箱、培养箱、洁净箱、恒温水槽、加压脱泡机、液晶屏老化测试设备等。

重庆银河试验仪器有限公司
地址：重庆市北碚区歇马街道沪渝村81号
邮编：400712
电话：023-68242992，68242994
传真：023-68242684
电子信箱：cj@cqyhyq.com
网址：www.cqyhyq.com
主要产品或业务范围：高低温（湿热）试验箱，温度冲击试验箱，温度速变试验箱，温湿振三综合试验箱、高低温（湿热）低气压试验箱等几大类标准产品及步入式等非标准定制产品。

重庆永恒实验仪器厂
地址：重庆市江北区电仪村82号
邮编：400020
电话：023-67873825，67456056
传真：023-67861494
电子信箱：sale@cqeternal.com
主要产品或业务范围：从事模拟环境设备生产、销售，环境与可靠性试验设备开发、生产的专业企业。

福州闽衡电子仪器有限公司
地址：福建省福州市仓山区高宅路浦新小区
邮编：350008
电话：0591-83660466
传真：0591-83664699
电子信箱：fzmh1@126.com
网址：www.fzmhdz.com
主要产品或业务范围：分析电子天平、精密电子天平、高精度电子天平、微型电子天平、计数秤、计重秤、珠宝秤等。

华志（福建）电子科技有限公司
地址：福建省莆田市黄石工业园谷城东路金马街828号
邮编：351144
电话：4000-996-911，0594-2706601
传真：0594-2706603
电子信箱：858285213@qq.com，fzhuazhi@gmail.com
网址：www.fzhz.com.cn
主要产品或业务范围：公司专业从事称重计量仪器、水质分析仪等实验室相关仪器的制造和营销。

厦门斯坦道科学仪器股份有限公司
地址：福建省厦门市软件园二期望海路23号506A
邮编：361008
电话：0592-3833069
传真：0592-3921198
电子信箱：wangmei@spaq.com.cn
网址：www.spaq.com.cn
主要产品或业务范围：浮标在线监测系统，地表水小型箱柜式监测系统。

厦门武岭电子科技有限公司
地址：福建省厦门市湖里区火炬园新丰三路16号日华国际大厦3层
邮编：361000
电话：0592-5628281
传真：0592-5628035
联系人：李宝艳
电子信箱：xmwuling1201@yahoo.cn
网址：www.matsuhaku.com
主要产品或业务范围：该公司主营中国台湾MATSUHAKU比重天平（密度计）、电子天平、珠宝检测仪器等。

致微（厦门）仪器有限公司
地址：福建省厦门市同安区圳南七路47、49、51号8号厂房
邮编：361100
电话：0592-2615088，13313859600
传真：0592-2615099
电子信箱：SJH@zealway.com.cn
网址：www.zealway.com.cn
主要产品或业务范围：生产及销售高压灭菌器、超声波清洗机。

艾卡（广州）仪器设备有限公司
地址：广东省广州市经济技术开发区友谊路173-175号
邮编：510730
电话：020-82226771，82087915
传真：020-82088373，82226776
电子信箱：info@ika.cn
网址：www.ika.net
主要产品或业务范围：旋转蒸发仪，控温摇床，实验室反应釜等实验室设备。

东莞市洁康超声波设备有限公司
地址：广东省东莞市樟木头镇裕丰管理区宝丰工业区宝延路2号
邮编：523627
电话：0769-89790809
传真：0769-87188080-816
电子信箱：info@szjiekang.com
网址：www.szjiekang.com
主要产品或业务范围：小型超声波清洗机、微型超声波清洗机、迷你型超声波清洗机等。

东莞市科桥超声波设备有限公司
地址：广东省东莞市松山湖高新技术产业开发区科技八路1号
邮编：523808
电话：0769-22222030，4000986558
传真：0769-22222031
电子信箱：kq@dgkqao.cn
网址：www.dgkqao.cn
主要产品或业务范围：生产KQ系列超声波清洗仪器。

佛山市德淙科学仪器有限公司
地址：广东省佛山市顺德区智富园工业城7座601
邮编：528300
电话：0757-22218699
电子信箱：decongkeyi@deconglab.com
网址：www.deconglab.com
主要产品或业务范围：移液工作站，桌面式金属干浴器。

佛山市顺德区罗恩科学仪器有限公司
地址：广东省佛山市顺德区龙江镇涌口乐龙创意城C座1楼

邮编：528318
电话：0757-23398326
传真：0757-23362316
电子信箱：info@ronlabs.com
网址：www.ronlabs.com
主要产品或业务范围：单通道电动移液器、多通道电动移液器、电动辅助吸液器、移液管控制器等液体处理设备。

广东固特超声股份有限公司
地址：广东省深圳市宝安区西乡通成路旭生大厦19楼
邮编：518100
电话：0755-29917988-6103
传真：0755-29918628
电子信箱：sdgute@139.com
网址：www.gtsonic.cn
主要产品或业务范围：超声解毒清洗、健康超声家电、商用超声清洗等七大主营系列、近200种规格的产品。

广东科明环境仪器工业有限公司
地址：广东省东莞市松山湖科技产业园区北部工业城工业北四路
邮编：523808
电话：0769-83396675
传真：0769-83396675
电子信箱：kangxj@komegtech.cn
网址：www.komegtech.cn
主要产品或业务范围：恒湿恒温试验机、高低温试验机、冷热冲击试验机、步入式恒温试验机室、烧机老化系统、电源老化系统、LED老化系统等模拟环境试验设备。

广东科艺普实验室设备研制有限公司
地址：广东省佛山市三水区西南街道兴达路9号澳盈商务中心5座25、26层
邮编：528139
电话：0757-87251188，87232983
传真：0757-87230070，87230031
电子信箱：kerric@kerric-china.com
网址：www.kerric-china.com
主要产品或业务范围：实验室装修、暖通、家具、环保、供气、纯水、动物房、洁净室和恒温恒湿室等众多领域。

广东立佳实业限公司
地址：广东省东莞市东城街道东科路15号
邮编：523000
电话：0769-89295788
传真：0769-22718087
电子信箱：sales@lik.net.cn
网址：www.lik.net.cn
主要产品或业务范围：大型快速温变试验箱和大型冷热冲击箱及动态步入式整车高低温环境舱等产品。

广州东之旭试验设备有限公司
地址：广东省广州市南沙区东涌镇市南路东涌段117号
邮编：511453
电话：020-34905418
传真：020-34905410
电子信箱：dzx114@126.com
网址：www.dzx.com.cn
主要产品或业务范围：快速升降温试验箱，高低温交变湿热试验箱，老化试验箱，步入式实验室，冷热冲击试验箱，高低温试验箱，真空干燥箱，步入式可程式交变湿热试验室，臭氧实验室，淋雨试验箱，振动台，盐雾腐蚀试验箱。

广州多浦乐电子科技有限公司
地址：广东省广州市黄埔区开创大道1501号
邮编：510663
电话：020-82086632
传真：020-82086200
电子信箱：cndoppler@cndoppler.com
网址：www.cndoppler.com
主要产品或业务范围：公司是一家专注于超声设备、超声换能器（探头）研发、制造的专业公司。

广州工文试验设备有限公司
地址：广东省广州市新滘中路龙潭村龙三工业区东四路4号
邮编：510300
电话：020-84192978，84185680
传真：020-84186627
联系人：蒋红斌
电子信箱：sales@gzgongwen.com，
　　　　　gzgongwen@126.com
网址：www.gzgongwen.com
主要产品或业务范围：沙尘试验箱(IP5X/6X)、IPX1-4综合淋雨试验箱、IPX1-X8淋雨试验装置、冷热冲击试验箱、高低温快速温变试验箱、恒温恒湿试验箱、氙灯耐气候试验箱、紫外线耐气候试验箱、臭氧老化试验箱、氙灯暴晒机、高温高压蒸煮仪、低气压试验箱、盐雾腐蚀试验箱、振动试验台、跌落试验机及步入式试验室。

广州国睿科学仪器有限公司
地址：广东省广州市天河区元岗路310号绿色智汇园A栋302
邮编：510650
电话：020-38032775
传真：020-38032771
主要产品或业务范围：专注于实验室设备及科学仪器。

广州密胜仪器有限公司
地址：广东省广州市越秀区环市东路474号东环大厦2203室
邮编：510072
电话：020-87628609
传真：020-87752080

电子信箱：sales@missioncouver.com
网址：www.missioncouver.com
主要产品或业务范围：主要产品有各种全自动/手动固相萃取仪、多肽合成仪、等离子共振大分子相互作用仪等。

广州南方生化医学仪器有限公司
地址：广东省广州市越秀区豪贤路172号213室
邮编：510030
电话：020-86299623、86469129
传真：020-86299199
电子信箱：info@southbio.com
网址：www.southbio.com
主要产品或业务范围：CO_2培养箱，恒温培养箱，恒温干燥箱，生化培养箱，恒温恒湿箱，真空干燥箱，杂交炉，程控洁净干燥箱，超声波清洗器，超声波细胞破碎仪/均质仪，恒温水浴，恒温摇床，水浴摇床，CO_2检测仪，CO_2减压阀，通用干燥箱，马弗炉，微型离心机，灭菌器。

广州市艾安得仪器有限公司
地址：广东省广州市天河区中山大道8号天河商贸大厦1313室
邮编：510630
电话：020-87597787，87568672
传真：020-87580935
电子信箱：andgzb@163.com
网址：www.andcn.com.cn
主要产品或业务范围：电子天平，分析仪器和各类型称重设备。

广州市东南科创科技有限公司
地址：广东省广州市黄埔区科学大道112号绿地中央广场A1栋2201-03室
邮编：510610
电话：020-66618088
传真：020-83510388
电子信箱：dongnan@sinoinstrument.com
网址：www.sinoinstrument.com
主要产品或业务范围：如折光仪、旋光仪、电子天平、熔点仪、水分仪、黏度计、高压灭菌器、移液系统、试验箱、高温炉、酸度计、色差计、纯水系统、菌落计数器、高通量工作站系统、酶标仪、洗板机及接触角测定、张力仪等。

广州市尤德生物科技有限公司
地址：广东省广州市黄埔区科学城天泰一路1号201室
邮编：510663
电话：020-82515819，82515829
传真：020-82515859
电子信箱：13902271165@163.com
网址：www.uni-bio.cn
主要产品或业务范围：红外电热灭菌器、多功能微生物培养系统，厌氧罐，定量接种环等。

广州五所环境仪器有限公司
地址：广东省广州市花都区新华街永发大道6号
邮编：510800
电话：020-86881537
传真：020-86881538
电子信箱：gwstgs@gws.net.cn
网址：www.gws.net.cn
主要产品或业务范围：步入式高温试验室、高变温速率环境应力筛选试验设备、高温恒湿试验箱、步入式高低温试验室、温度/湿度/振动综合环境试验箱、温度冲击试验箱、步入式湿热试验室、高温恒温试验箱等。

广州讯克仪器技术有限公司
地址：广东省广州市石碁镇化创动漫创业园二期20号楼
邮编：511442
电话：020-82838070
传真：020-82838070
主要产品或业务范围：无管道净气型药品柜、无管道净气型化学安全柜、精密天平称量台、无管道空气净化器。

广州约顿电子科技有限公司
地址：广东省广州市科学城科学大道182号创新大厦C1座1102室
邮编：510663
电话：020-28065028
传真：020-28065018
联系人：容永红
电子信箱：postmaster@joton-guangzhou.com
主要产品或业务范围：该公司专业提供各类高精密恒温恒湿实验室、理化检测实验室、计量实验室、生物安全实验室环境系统的整体建设方案。

广州岳信试验设备有限公司
地址：广东省广州市番禺区大龙街傍江西村将军子路3号
邮编：511400
电话：020-34722228
传真：020-34722227
电子信箱：yuexin@yuexin80.com
网址：www.yuexinchina.com
主要产品或业务范围：IPX1/2滴水试验装置、IPX3/4淋雨试验装置、IPX5/6喷水试验装置等产品。

深圳国技仪器有限公司
地址：广东省深圳市宝安区桃花源科技创新园B栋4楼
邮编：510663
电话：0755-33681188
传真：0755-33681188
网址：www.amae.hk
主要产品或业务范围：高低温（湿热）试验箱、飓风系列快速温变（湿热）试验箱、暴龙系列冲击试验箱。

深圳勒普拓仪器技术有限公司
地址：广东省深圳市龙华新区同胜社区潭罗金龙路鸿锦工业园B栋一楼
邮编：518109
电话：0755-33158912
传真：0755-33158912
网址：www.labtop-online.com
主要产品或业务范围：低温冷却液循环泵、浸入式／桥式恒温循环器、高低温恒温循环器、浴槽恒温循环器、动态高低温控制系统。

深圳市朗杰超声电器有限公司
地址：广东省深圳市龙华新区大浪街道华繁路289号裕健丰工业区E栋5楼
邮编：518103
电话：0755-28177180
传真：0755-28177601
电子信箱：sales@langeecleaner.com
网址：www.langeecleaner.com
主要产品或业务范围：超声波清洗机。

深圳市天星达真空镀膜设备有限公司
地址：广东省深圳市坪山区坑梓街道坪山大道6340号A栋1楼
邮编：518172
电话：13544038229
传真：0755-89263413
电子信箱：qianfeng1964&126.com
网址：www.sztsv.com
主要产品或业务范围：精密光学电子束蒸发镀膜机，磁控溅射镀膜机，Ln-line连续式磁控溅射镀膜生产线，磁控多弧离子镀膜机，PECVD类金刚石膜沉积设备，在线四极质谱气体分析仪超高真空排气台，真空炉，氢气炉，单晶炉，电子枪。

珠海黑马医学仪器有限公司
地址：广东省珠海市科技创新海岸港湾大道科技二路2号
邮编：519085
电话：0756-3882211
传真：0756-3882261
电子信箱：info@gdhema.com
网址：www.zhhema.com
主要产品或业务范围：清洗消毒机、振动排痰机、亚低温治疗仪、基因扩增仪、离心机、微量荧光检测仪、紫外透射仪、核酸／蛋白凝胶图像分析系统等系列产品。

珠海市安规测试设备有限公司
地址：广东省珠海市吉大景园路10号德光大厦5楼
邮编：519015
电话：0756-3335898
传真：0756-3339798
电子信箱：sales@angui.com
网址：www.angui17.com
主要产品或业务范围：主要代理产品有美国亚太拉斯、德国PTL和斯洛文尼亚的材料防火阻燃、燃烧试验仪等。

保定兰格自动化技术有限公司
地址：河北省保定市高新区创业中心C座5层
邮编：071051
电话：0312-8919366
传真：0312-8919368
电子信箱：langezidonghua@126.com
网址：www.langezidonghua.com
主要产品或业务范围：该公司致力于高端实验室仪器的研发。先后研发出新型塑料真空干燥器、注射乳化器等系列高品质、高性能产品。

保定雷弗流体科技有限公司
地址：河北省保定市复兴东路999号支点创业基地3号楼101室
邮编：071000
电话：400-618-0877，0312-3250677
传真：0312-3250877-804
电子信箱：master@leadfluid.com
网址：www.leadfluid.com.cn
主要产品或业务范围：蠕动泵、注射泵、齿轮泵。

保定齐力恒流泵有限公司
地址：河北省保定市乐凯北大街3555号B座7层16室
邮编：071000
电话：0312-3332188，13833009579
传真：0312-3116979
电子信箱：qlipump@sina.com
网址：www.qlipump.com
主要产品或业务范围：公司主要产品涉及恒流泵、蠕动泵、泵头、驱动器、蠕动泵软管及配套产品。

保定申辰泵业有限公司
地址：河北省保定市复兴东路999号支点创业基地2号楼103厂房
邮编：071000
电话：0312-6780680
传真：0312-6780636
电子信箱：sales@easypump.com.cn
网址：www.easypump.com.cn
主要产品或业务范围：专业生产蠕动泵的高科技企业。

保定市阳光仪器厂
地址：河北省保定市裕华西路555号华创国际3号楼2单元1604室
邮编：071000
电话：0312-2051127
传真：0312-2051127

电子信箱：luoping8989@qq.com
网址：www.bdyg117.com
主要产品或业务范围：循环水式多用真空泵系列，旋转蒸发器系列等。

保定思诺流体科技有限公司
地址：河北省保定市高开区锦绣街677号
邮编：071000
电话：0312-8920861
传真：0312-5880701
电子信箱：983383950@qq.com
网址：www.snfluid.com
主要产品或业务范围：蠕动泵、蠕动泵软管、蠕动泵OEM等。

黄骅菲斯福实验仪器有限公司
地址：河北省黄骅市城东开发区26号菲斯福科技园
邮编：061100
电话：0317-5337349
传真：0317-5338349
电子信箱：info@labinstrument.cn
网址：www.labinstrument.cn
主要产品或业务范围：干燥箱、培养箱、磁力搅拌器、电热套、电热板、振荡器等实验设备。

黄骅市亚龙仪器仪表厂
地址：河北省黄骅市齐家务
邮编：061105
电话：0317-5987953
传真：0317-5987120
电子信箱：623752070@qq.com
主要产品或业务范围：专业生产化学实验配套产品，教学仪器及玻璃仪器附件的厂家。

涿州市长城教学仪器厂
地址：河北省涿州市华阳路
邮编：072750
电话：0312-3619002
电子信箱：956915493@qq.com
网址：www.zzccjx.net
主要产品或业务范围：微音气泵、气垫导轨、数字计时器、超声声速测定仪、动态杨氏模量测定仪、气垫转动惯量测定仪、光电变温黏滞系数测定仪、功率函数信号发生器、铁磁材料居里点测定仪。

河南中良科学仪器有限公司
地址：河南省郑州市高新技术开发区莲花街西段郑州电子电器产业园
邮编：450000
电话：0371-69079288
传真：0371-69079286

联系人：赵华
电子信箱：zzkeyu@126.com
主要产品或业务范围：红外线加热炉，红外线加热套，红外线加热恒温磁力搅拌器，液态金属浴恒温磁力搅拌器，手机监控恒温磁力搅拌器。

洛阳市西格马实验电炉有限公司
地址：河南省洛阳市洛龙区洛龙科技园区张衡街
邮编：471000
电话：0379-65112868
传真：0379-65159022
联系人：周森安
电子信箱：sgm@sigmayq.com
主要产品或业务范围：专业生产各种电阻炉、马弗炉、箱式炉、管式炉、真空炉等。

新乡市红叶教学仪器有限公司
地址：河南省新乡市牧野区学院路20号院
邮编：453000
电话：0373-5280178
传真：0373-5859039
网址：www.xxhyedu.com
主要产品或业务范围：教学仪器、生物切片，生物玻片标本，生物教学仪器，显微镜玻片标本等。

郑州长城科工贸有限公司
地址：河南省郑州市上街区安阳路15号
邮编：450041
电话：0371-68000368，68000366
传真：0371-68006988
电子信箱：zzcc_sc@zzgwsit.cn
网址：www.zzgwsit.com.cn
主要产品或业务范围：公司生产循环水式多用真空泵、低温冷却液循环泵、低温恒温搅拌反应浴、旋转蒸发仪、玻璃反应釜等。

郑州杜甫仪器厂
地址：河南省巩义市站街镇县府街36号
邮编：451261
电话：0371-64426483，64420525
传真：0371-64420690
电子信箱：dufu2068@126.com
网址：www.dpyqc.com
主要产品或业务范围：循环水真空泵，水热合成反应釜，低温冷却液循环泵，玻璃反应釜，旋转蒸发器、低温恒温反应浴槽、快速溶解氧测试仪、双层玻璃反应釜、旋转蒸发仪、玻璃仪器气流烘干器、电动/磁力加热搅拌器、恒温水浴锅、电动离心机、电热套等系列产品。

郑州凯鹏实验仪器有限公司
地址：河南省郑州市嵩山南路7号

邮编：450052
电话：0371-68861817
传真：0371-68873176
联系人：李新红
电子信箱：zzkp2002@163.com
网址：www.zzkp.net
主要产品或业务范围：循环水式真空泵、旋转蒸发仪、变频调速玻璃反应釜、高低温冷热液循环泵、加热磁力搅拌器、真空干燥箱、数字温度控制仪等。

郑州生元仪器有限公司
地址：河南省郑州市高新技术开发区科学大道正弘数码港西悦城20层
邮编：450001
电话：0371-53390380
传真：0371-55508929
网址：www.shengyuanyiqi.com
主要产品或业务范围：超声波清洗机，人工气候室，鼓风干燥箱，培养箱，高低温试验箱，智能生化培养箱，智能霉菌培养箱，智能光照培养箱，智能人工气候箱。

艾德姆衡器（武汉）有限公司
地址：湖北省武汉市经济技术开发区沌阳大道民营科技工业园东区建华A栋
邮编：430056
电话：027-59420391
传真：027-59420388
电子信箱：info@adamequipment.com.cn
网址：www.adamequipment.com.cn
主要产品或业务范围：分析天平，精密天平，计价秤等。

湖北鼎泰精锐仪器有限公司
地址：湖北省武汉市洪山区珞瑜路95号融科珞瑜中心T1写字楼901
邮编：430079
电话：18271853609，027-87660369-912
传真：027-87660341
电子信箱：602547437@qq.com
主要产品或业务范围：公司由鼎泰（湖北）生化科技设备制造有限公司、济南精锐分析仪器有限公司并购重组而成，目前拥有"鼎泰恒胜"和"济南精锐"两大品牌。"鼎泰恒胜"专注于通用实验室前处理的研制、生产、销售，"济南精锐"专注于凯氏定氮仪、样品前处理设备、高端箱式电阻炉系列产品的研发、生产。

长沙奔特仪器有限公司
地址：湖南省长沙市开福区四方坪98号时代先锋A栋A座2301室
邮编：410003
电话：0731-85079498
传真：0731-85054810

电子信箱：455795486@qq.com
网址：www.csbtyq.com
主要产品或业务范围：生产的精密测量型、生产应用型、教学实验型以及真空爆热型四大类各型热量计。

长沙高新技术产业开发区湘仪离心机仪器有限公司
地址：湖南省长沙市望城经济开发区金穗路35号湘仪工业园
邮编：410200
电话：0731-82842826
传真：0731-82842829
电子信箱：xiangyi@xiangyilxj.com
网址：www.xiangyilxj.com
主要产品或业务范围：生产制造离心机及实验室仪器的高新技术企业。

长沙高新开发区湘仪天平仪器设备有限公司
地址：湖南省长沙市高新开发区文轩路27号麓谷企业广场麓谷钰园A1栋
邮编：410205
电话：0731-85180387，85180397，85180361
传真：0731-85180397
电子信箱：xytp888@126.com
网址：www.xytp.com
主要产品或业务范围：公司专业生产各类单盘/双盘精密分析天平、快速水分测定仪、颗粒计数分析仪、精密电子分析天平、公斤电子天平和电子密度天平等七大类二百余个品种。

长沙米淇仪器设备有限公司
地址：湖南省长沙市湘江新区普瑞新路金荣中德科技园D2栋
邮编：410016
电话：0731-85552647
传真：0731-85577944
电子信箱：weicaipeng@163.com
网址：www.mitr.cn
主要产品或业务范围：有机琉璃手套箱，不锈钢手套箱，行星球磨机，罐磨机，电阻炉，干燥箱等。

长沙平凡仪器仪表有限公司
地址：湖南省长沙市高新区谷苑路229号B2栋
邮编：410205
电话：0731-88816485
传真：0731-88115953
电子信箱：pingfan@pingfanlxj.com
网址：www.pingfanlxj.com
主要产品或业务范围：新一代智能化离心机、自动平衡离心机、超大容量离心机、乳脂离心机、过滤离心机等，产品广泛用于高教、农业科技、生化科研、检验等领域。

长沙市鑫奥仪器仪表有限公司
地址：湖南省长沙市岳麓区麓龙路199号标志，高新产业

开发区麓谷坐标A座406室
邮编：410205
电话：0731-88272875
传真：0731-88627458
电子信箱：2723887@qq.com
网址：www.labfuge.cn
主要产品或业务范围：离心机系列产品及实验室仪器。

长沙天创粉末技术有限公司
地址：湖南省岳阳市平江县伍市镇华文路伍市工业园
邮编：410100
电话：0731-84027560
传真：0731-84939973-808
电子信箱：2006216cn@163.com
网址：www.sbworld.cn
主要产品或业务范围：破碎系列设备、球磨系列设备、筛分系列设备、混料系列设备等全套粉体科研设备以及手套箱等科研设备。

长沙维尔康湘鹰离心机有限公司
地址：湖南省长沙市岳麓区望城坡雷锋大道尖山村南湘鹰大厦
邮编：410205
电话：0731-88810855
传真：0731-88818455
电子信箱：xiangying168@hotmail.com
网址：www.lxj168.com
主要产品或业务范围：公司专业生产、销售离心机。

长沙湘平科技发展有限公司
地址：湖南省长沙市岳麓区华兰路71号
邮编：410205
电话：0731-88133505
传真：0731-88817657
电子信箱：xiangping@xiangping.com
网址：www.xiangpin.com
主要产品或业务范围：电子天平、电子分析天平、桌式及台式电子天平和计数天平、称重仪表和计数仪表、测力仪表和称重控制器、多通道传感器测试仪表。

长沙湘智离心机仪器有限公司
地址：湖南省长沙市高新开发区汇智中路169号金荣同心国际工业园A区7栋
邮编：410217
电话：0731-88137981，88111072
传真：0731-88137983
电子信箱：sales@xiangzhilxj.com
网址：www.xiangzhilxj.com
主要产品或业务范围：公司主要生产、销售超大容量冷冻离心机、大容量冷冻离心机、高速冷冻离心机、台式离心机系列。

长沙英泰仪器有限公司
地址：湖南省长沙市望城区马桥河路联东U谷A3栋
邮编：410205
电话：0731-88817783
传真：0731-88112246
电子信箱：lm1211@163.com
网址：www.ytyq.com
主要产品或业务范围：公司专业生产高低速离心机、高速冷冻离心机、超大容量冷冻离心机、细胞涂片离心机、血型血清学用离心机、血库专用离心、血型卡专用离心机、玻片甩干离心机、生物制药专用连续分离离心机等各种类型的离心机，系列产品五十余种，多达二百余种规格。

湖南赫西仪器装备有限公司
地址：湖南省长沙市岳麓区望城坡湘仪路114号湘仪家园中区第7栋101室
邮编：410205
电话：0731-88142288
传真：0731-88571900
电子信箱：sales01@hexi17.com
网址：www.hexiyiqi.com
主要产品或业务范围：公司生产的实验室离心机，目前已形成高速冷冻、超大容量冷冻、低速冷冻、低速离心机、原油水分测定离心机和Herexi 3HRI系列智能离心机六大系列四十多个品种。

湖南恒诺仪器设备有限公司
地址：湖南省长沙市经济技术开发区螺丝塘路68号星沙壹企业特区2号厂房706
邮编：410100
电话：0731-83882898
传真：0731-81800893
电子信箱：1946738168@qq.com
网址：www.hnhn17.com
主要产品或业务范围：高速常温离心机、冷冻离心机。

湖南凯达科学仪器有限公司
地址：湖南省长沙市雨花区韶山北路480号三重大厦25A
邮编：410007
电话：0731-85150921，15607496282
传真：0731-85159066
联系人：文亚
电子信箱：kaida@kaidasy.com
网址：www.kaidalab.com
主要产品或业务范围：专业研制生产实验室用离心机、血液低温操作台、生物安全柜和培养箱等科学仪器产品。

湖南可成仪器设备有限公司
地址：湖南省长沙市望城区普瑞西路858号金荣企业公园C2栋602号
邮编：410205

电话：0731-55881818
网址：www.kechengyiqi.com
主要产品或业务范围：销售全系列离心机及实验室仪器的专业公司。

湖南迈达仪器有限公司
地址：湖南省长沙市岳麓区麓景路生产力创业中心创新楼5楼
邮编：410205
电话：0731-89994829
传真：0731-89904829
电子信箱：maidalxj@163.com
网址：www.mach168.com
主要产品或业务范围：高速离心机、低速离心机、高速冷冻离心机、低速冷冻离心机、大容量离心机等系列专用医用离心机。

湖南湘鑫仪器仪表有限公司
地址：湖南省长沙市岳麓区天顶乡街道尖山村燕子塘
邮编：410205
电话：0731-84143328
传真：0731-84306255
电子信箱：762254550@qq.com
网址：www.hnxx888.cn
主要产品或业务范围：离心机。

湖南湘仪实验室仪器开发有限公司
地址：湖南省长沙市望城经济开发区金穗路35号湘仪工业园
邮编：410200
电话：0731-82842826，82842827
传真：0731-82842829
电子信箱：wyr@xiangyilxj.com
网址：www.xiangyilxj.com
主要产品或业务范围：生产制造离心机及实验室仪器。

湖南新紫继换热科技有限公司
地址：湖南省长沙市望城区桥驿镇沙田村紫继工业园
邮编：410012
电话：0731-88434581
传真：0731-84834583
电子信箱：13808486645@126.com
网址：www.hnxzji.com
主要产品或业务范围：非金属毛细管换热器、贵金属毛细管换热器、锅炉管余热回收换热器、反应釜体内耐腐蚀换热器。

湘潭湘仪仪器有限公司
地址：湖南省湘潭市国家高新区德国工业园晓塘中路168号
邮编：411104
电话：0731-58534888，58534688
传真：0731-58562768

电子信箱：130732189@qq.com
网址：www.jsxtfm.com.cn
主要产品或业务范围：陶瓷/无机非金属材料、热分析、高温铸造等领域实验室仪器设备的开发生产与研究。

贝尔实验室装备江苏有限公司
地址：江苏省无锡市经济开发区高凯路27号
邮编：214072
电话：0510-85123550，85123560
传真：0510-85123560
电子信箱：berjs@berjs.com
网址：www.berjs.com
主要产品或业务范围：各类恒温恒湿试验箱、臭氧老化试验箱、氙灯老化试验箱、紫外灯老化试验箱、复合盐雾试验箱以及各种步入式试验室等非标产品。

常熟市巴伦斯仪器有限公司
地址：江苏省常熟市勤丰村小康路
邮编：215500
电话：0512-52618997
传真：0512-52610806
电子信箱：hilton6767@aliyun.com
主要产品或业务范围：专业制造各类电子天平和机械天平的生产型企业。

常熟市梦兰百灵天平仪器有限公司
地址：江苏省常熟市虞山镇梦兰工业园
邮编：215500
电话：0512-52881711
传真：0512-52881818
联系人：俞澄
电子信箱：mlbl@cnlark.com
网址：www.cnlark.com
主要产品或业务范围：系列电子天平、系列架盘天平、系列多标尺天平、教学仪器、砝码、测力计等品种。

常州超声电子有限公司
地址：江苏省常州市武进区前黄工业集中区工业路西区
邮编：213172
电话：0519-86510239，86519108，86511239
传真：0519-86511239
电子信箱：czue@czue.cn
网址：www.czue.cn
主要产品或业务范围：压电陶瓷晶片、蝙蝠牌超声波探头、常超牌超声波探伤仪、超声波自动化检测系统等产品。

常州丹瑞实验仪器设备有限公司
地址：江苏省常州市金坛区良常中路249号凤凰城经济工业园17-1幢
邮编：213200
电话：0519-82313965，82331965

传真：0519-82334624
联系人：吴爱华
电子信箱：jsshuangjie@163.com
网址：www.czdanrui.com
主要产品或业务范围：智能恒温培养箱、离心机、恒温振荡器、各类调速多用振荡器、脱色摇床、恒温水浴锅、恒温油浴锅、恒温水箱、磁力搅拌器、电动搅拌器、可调高速匀浆机、组织捣碎机、快速混匀器、低温恒温水槽、高压灭菌器。

常州国华电器有限公司
地址：江苏省常州市金坛区汇贤南路2号
邮编：213200
电话：0519-82331789
传真：0519-82324138
电子信箱：139@gh138.net
网址：www.gh138.net
主要产品或业务范围：公司专业从事实验室仪器仪表研发与生产。

常州国宇仪器制造有限公司
地址：江苏省常州市金坛区凤凰城工业园19-1
邮编：213200
电话：0519-82321270，82331270
传真：0519-82321270
联系人：杨国生
电子信箱：1172102981@qq.com
网址：www.czguoyu.com
主要产品或业务范围：公司生产实验、环保、分析仪器。

常州磐诺仪器有限公司★
地址：江苏省常州市武进区西太湖科技产业园长扬路9号A6栋
邮编：213000
电话：0519-80586720
传真：0519-80586721
电子信箱：marketing@pannatek.com
网址：www.pannatek.com
主要产品或业务范围：气相色谱仪、热解吸仪、顶空进样器、特气分析系统、甲烷/非甲烷气体稀释仪、VOC检测仪、气质联用仪、在线气相色谱等。

常州普天仪器制造有限公司
地址：江苏省常州市金坛区华兴路158号
邮编：231200
电话：0519-82323801
传真：0519-82315688
电子信箱：842967503@qq.com
网址：www.putian17.com
主要产品或业务范围：培养箱、振荡器、离心机、匀浆器、水（油）浴锅、三用水箱、低温槽、磁力（电动）

搅拌器、电热板、石英亚沸蒸馏器、石英双重蒸馏器、酸试剂提纯器、石英玻璃仪器、石英视筒（视镜）、比色皿、环保仪器、玻璃仪器、螺纹口管制瓶及各种仪器的玻璃配件等。

常州荣华仪器制造有限公司
地址：江苏省常州市金坛区金胜东路88号
邮编：213200
电话：0519-82326099，82337195
传真：0519-82321562，82321272
电子信箱：ronghua@ronghua17.com
网址：www.ronghua17.com
主要产品或业务范围：该公司主要生产培养箱、振荡器、搅拌器、离心机、水浴锅等。

常州市金坛科兴仪器厂
地址：江苏省常州市金坛区凤凰经济工业园25号东
邮编：213200
电话：0519-82336184
传真：0519-82322626
联系人：邓志芳
电子信箱：kexing@jtkxyq.com
网址：www.jtkxyq.com
主要产品或业务范围：数显水浴恒温振荡器、智能生化培养箱、搅拌器、离心机、数显恒温三用水箱、水浴锅、分散器及公共环境检测系统等系列产品。

常州市凯航仪器有限公司
地址：江苏省常州市金坛区良常中路249号28-2号
邮编：213200
电话：0519-82324900
传真：0519-82384900
电子信箱：wgp@czkhyq.cn
主要产品或业务范围：搅拌器、振荡器、摇床、溶浆机、培养箱、干燥箱、水浴锅等。

常州市科源电子仪器有限公司
地址：江苏省常州市武进区礼板路165号
邮编：213003
电话：0519-85123961
传真：0519-85115209
电子信箱：keyi@keyicn.com
网址：www.keyicn.com
主要产品或业务范围：该公司从事经销系列电子天平、实验室分析仪器。

常州市幸运电子设备有限公司
地址：江苏省常州市武进纺织工业园凤凰南路11号
邮编：213162
电话：0519-88856044
传真：0519-88800792

电子信箱：xingyundianzi@sina.com
网址：www.xingyundianzi.com
主要产品或业务范围：快速水分测定仪、分析电子天平、精密电子天平、纺织专用电子天平、分选电子天平及各类电子测试仪器。

常州万泰天平仪器有限公司
地址：江苏省常州市武进区湖塘科技产业园B1幢4楼
邮编：213025
电话：0519-88406128
传真：0519-88410616
联系人：汤哲民
电子信箱：jay.tang@wantbalance.com
网址：www.czwant.com
主要产品或业务范围：公司专注于电子天平的研制、生产、销售。

丹阳市思源实验仪器有限公司
地址：江苏省丹阳市访仙镇工业园
邮编：212321
电话：0511-86467686
传真：0511-86467686
电子信箱：375266571@qq.com
主要产品或业务范围：培养皿、酸洗槽、蒸发皿等。

海门市海克拉斯实验器材有限公司
地址：江苏省南通市海门区三和工业园区
邮编：226113
电话：0513-82233700，82240732
传真：0513-82233400
联系人：顾展宇
电子信箱：hklss@qq.com
网址：www.hklss.com
主要产品或业务范围：公司主要生产塑料耗材、玻璃仪器、橡胶、不锈钢和有机玻璃等制品。

海门市佳宏世泰实验器材有限公司
地址：江苏省南通市海门区三和镇大港路3256号
邮编：226113
电话：0513-82335288
传真：0513-82335287
电子信箱：kahotestlabware@163.com
网址：www.jhqc.cn
主要产品或业务范围：吸头，离心管，培养皿，医用检验类耗材试剂盒系列等100余个品种。

海门市佳宇实验仪器厂
地址：江苏省南通市海门区三和镇工业园区
邮编：226113
电话：0513-86083511
传真：0513-82300888

主要产品或业务范围：吸头、离心管、冷冻管、冷冻盒、离心盒、吸头盒等各种塑料实验耗材以及玻璃制品。

海门市其林贝尔仪器制造有限公司
地址：江苏省南通市海门区麒麟镇工业区西首紫浪路52号
邮编：226125
电话：0513-82707860，82707780，85386398
传真：0513-82703912
联系人：孙广祥
电子信箱：rebeccasun@ql-lab.com
网址：www.ql-lab.com
主要产品或业务范围：漩涡混合器、脱色摇床、迷你离心机、微型台式真空泵。

海门市麒麟医用仪器厂
地址：江苏省南通市海门区经济开发区定海路118号
邮编：226100
电话：0513-82615080
传真：0513-82616097
电子信箱：webmaster@qilinyq.com.cn
网址：www.qilinyq.com.cn
主要产品或业务范围：公司生产实验室仪器（摇床、离心机、混合器、紫外仪等）及实验用耗材（吸头、离心管、酶标板等）。

淮安市高科环境试验设备有限公司
地址：江苏省淮安市青年路15号
邮编：223001
电话：0517-83913633，83903985
传真：0517-83915633
联系人：张善斌
电子信箱：shanbing@jshagk.net
网址：www.jshagk.net
主要产品或业务范围：高低温试验箱、恒定湿热试验箱、YZJ系列盐溶液周浸试验箱、高低温湿热试验箱、可程式恒温恒湿试验箱、盐雾腐蚀试验箱、振动试验机、紫外灯耐气候试验箱、氙灯耐气候试验箱、摆管淋雨试验箱、箱式淋雨试验箱、步入式试验室、臭氧老化试验箱、换气式老化箱、沙尘试验箱、电热鼓风干燥箱、电动拉力试验机、氙灯长寿命风化测试机、点灯测试机、盐雾腐蚀试验箱等。

江苏安特稳试验设备有限公司
地址：江苏省常州市金坛区经济技术开发区尧塘工业园
邮编：213213
电话：0519-82592012，82595618
传真：0519-82592576
电子信箱：atw@antewen.com
网址：www.antewen.com
主要产品或业务范围：盐雾腐蚀试验箱（室）、高温箱式（室）、湿热试验箱（室）、高低温交变湿热试验箱

（室），热老化箱（室），沙尘试验箱，淋雨系列试验箱，干燥箱，光老化试验箱等设备。

江苏姑苏净化科技有限公司
地址：江苏省苏州市吴江区汾湖经济开发区金家坝镇金贤路262号
邮编：215215
电话：0512-63219999
传真：0512-63201218
电子信箱：aaa@gusu88.com
网址：www.gusu88.com
主要产品或业务范围：生物安全柜，超净工作台以及其他高效空气净化设备。

江苏杰瑞尔电器有限公司
地址：江苏省常州市金坛区华兴路16号
邮编：213200
电话：0519-82318811，82310055
传真：0519-82308833
电子信箱：82318811@163.com
网址：www.jieruier.com
主要产品或业务范围：公司现主要形成几大产品——生化、光照培养箱，振荡培养箱，水浴振荡器等。

江苏金怡仪器科技有限公司★
地址：江苏省常州市金坛区金宜公路6公里处
邮编：213222
电话：0519-82532542
传真：0519-82532278
电子信箱：sale2@jinyi17.com
网址：www.jinyi17.com
主要产品或业务范围：各类教学仪器、医疗仪器、分析仪器、实验仪器系列等百余种产品。

江苏省金坛市宏华仪器厂
地址：江苏省常州市金坛区金东街94号
邮编：213200
电话：0519-82334280，82334281
传真：0519-88201375
电子信箱：jthonghua@163.com
网址：www.honghuayiqi.net
主要产品或业务范围：生化培养箱，恒温水浴锅，振荡器。

江苏省金坛市金祥龙电子有限公司
地址：江苏省常州市金坛区良常中路249号17-1号楼
邮编：213200
电话：0519-82872766
传真：0519-82872766
电子信箱：xldzchina@163.com
网址：www.huanziwang.com
主要产品或业务范围：鼓风干燥箱、真空干燥箱等。

江苏正基仪器有限公司
地址：江苏省常州市金坛区金城镇工业园红山路12号
邮编：213200
电话：0519-82890123，82890842
传真：0519-82890901
联系人：曾宾
电子信箱：sale@labzj.com
网址：www.labzj.com
主要产品或业务范围：各种离心机、培养箱、干燥箱、搅拌器、振荡器、水浴锅、油浴锅、蒸馏器、消毒设备以及石英玻璃仪器等各种配套分析仪器。

金坛市普瑞斯机械有限公司
地址：江苏省常州市金坛区尧塘镇工业集中区
邮编：213222
电话：0519-82532646，13901493375
传真：0519-82531538
联系人：杨亚明
电子信箱：jtjx586@126.com
网址：www.prsjx.cn
主要产品或业务范围：振荡器、搅拌器、离心机、水浴锅、培养箱等。

金坛市文华仪器有限公司
地址：江苏省常州市金坛区岸头开发区
邮编：213222
电话：0519-82535288
传真：0519-82535366
联系人：钱文华
电子信箱：jtwhyq@163.com
主要产品或业务范围：公司专业生产人工气候箱、光照培养箱、生化培养箱、霉菌培养箱、恒温恒湿培养箱、电热恒温培养箱等。

金坛市希望科研仪器有限公司
地址：江苏省常州市金坛区水北镇东大街5号
邮编：213221
电话：0519-82555155
传真：0519-82551477
联系人：吴秋平
电子信箱：xw17@xw17.com
网址：www.xwkyyq.com
主要产品或业务范围：研发生产培养箱、振荡器、搅拌器、离心机、水浴锅等八大系列。

昆山禾创超声仪器有限公司
地址：江苏省昆山市淀山湖镇新华路58号
邮编：215345
电话：0512-57493097
传真：0512-57493098
电子信箱：hech@ks-csb.com

网址：www.ks-csb.com
主要产品或业务范围：KH系列台式数控型、高频、双频、三频超声波清洗器，单槽式、多槽式普通型、数控型、中文显示型超声波清洗器，超声波细胞粉碎机等。

昆山市超声仪器有限公司
地址：江苏省昆山市淀山湖镇曙光路198号
邮编：215345
电话：0512-57498888
传真：0512-57498800
电子信箱：2881692288@qq.com
网址：www.ks-csyq.com
主要产品或业务范围：超声波清洗器、医用数码全自动三频超声喷淋清洗消毒器。

连云港市春龙实验仪器有限公司
地址：江苏省连云港市海州区通池路17号
邮编：222000
电话：0518-82692890
传真：0518-85460925
电子信箱：lygclyq@yahoo.com.cn
网址：www.jdztci.com
主要产品或业务范围：土壤专用研磨仪、双行星式球磨机、土壤样品研磨机、行星式球磨机、土壤研磨机、纳米分散研磨仪、可变速率比行星式高能球磨机、全方位行星式球磨机、卧式行星式球磨机、真空手套箱、手套箱、多工位手套箱、惰性气体操作箱、水晶研钵、玛瑙研钵、各种材质的球磨罐等。

南京德铁实验设备有限公司
地址：江苏省南京市经济技术开发区新港大道42号10栋
邮编：211505
电话：025-85805076
传真：025-85801633
电子信箱：info@DeTieLab.com
网址：www.DeTieLab.com
主要产品或业务范围：酶标分析仪、农药残留检测仪、兽药残留检测仪、自动洗板机。

南京宁凯仪器有限公司
地址：江苏省南京市江宁区谷里工业园区庆兴路7号
邮编：211164
电话：025-52855480
传真：025-52855481
电子信箱：njningkai@163.com
网址：www.njningkai.com
主要产品或业务范围：玻璃反应釜及配套制冷加热控温系统、超声波细胞破碎仪、超声波清洗机。

南通市清茂实验室器材制造有限公司
地址：江苏省南通市海门区工业园区

邮编：226111
电话：0513-82242536
传真：0513-82246099
联系人：沈宏
电子信箱：qingmao@ntqingmao.com
网址：www.ntqingmao.com
主要产品或业务范围：公司是专业实验室耗材生产商和供应商。

苏州麦可旺志生物技术有限公司
地址：江苏省苏州市工业园区裕新路168号脉山龙大厦2-105
邮编：215123
电话：0512-87663881
传真：0512-87663889
联系人：周倩倩
电子信箱：info@microwants.com
网址：www.microwants.com
主要产品或业务范围：公司销售自有品牌的液相色谱。

苏州培科实验室仪器科技有限公司
地址：江苏省苏州市太湖科技产业园科技研发大楼608室、612室、615室
邮编：215101
电话：0512-66793806
传真：0512-66317269
电子信箱：wroBert@pekesys.com
网址：www.pekesys.com
主要产品或业务范围：丹麦CAPP移液器，波兰RDWAG天平的中国总代理。

苏州声和振动科技有限公司
地址：江苏省苏州市迎春南路112号苏州国际科技大厦3幢6层
邮编：215128
电话：0512-67071025，67071026
传真：0512-66351026
电子信箱：info@sv-china.com
网址：www.sv-china.com
主要产品或业务范围：振动和噪音测试分析系统，激光位移传感器，激光振动测量仪器，加速度/转速/压力/扭矩传感器，声音传感器等。

苏州市东华试验仪器有限公司
地址：江苏省苏州市吴中区230省道木渎藏书888号
邮编：215156
电话：0512-66262677
传真：0512-66516330
电子信箱：wyc@szdh.cn
网址：www.szdh.cn
主要产品或业务范围：该公司专业制造各类温、湿度试验箱的生产厂家。产品有砼碳化试验箱、硫酸盐试验箱、慢

速冻融试验箱、ＨＢＹ水泥恒温恒湿标准养护箱，ＨＢＹ砼恒温恒湿标准养护箱、移动式标准养护室、ＳＢＹ水泥试件水养护箱、ＳＨＢＹ水泥恒温恒湿／水养护二用箱、ＨＷＳ恒温恒湿箱、ＧＤＪＳ恒温恒湿试验箱、ＧＤＷ高低冷热交变试验箱、ＳＧＳ水泥干缩试验、ＴＬＳ涂料试验箱、ＪＫＳ碱骨料试验箱、ＪＢＹ混合砂浆试件养护箱、ＬＤＳ沥青试验仪器、ＺＦＸ／ＺＳＡ砖瓦试验箱、ＦＤＷ／ＦＤＬ低温试验箱、ＴＤＳ／ＤＳ冻融试验箱、ＡＣＷ／ＬＪ砼／水泥快速养护箱、ＫＤＳ空气冻融试验箱、ＪＤＳ建材低温试验箱等系列产品。

太仓华大实验仪器科技有限公司
地址：江苏省太仓市璜泾镇工业新区
邮编：215427
电话：0512-53815655
传真：0512-53812576
联系人：陆兆林
电子信箱：sales@tc-huamei.com
网址：www.tc-huamei.com
主要产品或业务范围：恒温（全温）摇床，振荡培养箱，高速冷冻离心机。

太仓市实验设备厂
地址：江苏省太仓市璜泾镇永乐开发区
邮编：215427
电话：0512-53814662
传真：0512-53811735
联系人：陈琪
电子信箱：sysb@tcsysb.com
网址：www.tcsysb.com
主要产品或业务范围：恒温振荡器、恒温振荡培养箱。

无锡德凡仪器有限公司
地址：江苏省无锡市滨湖区大通路503号通达工业园C幢2楼
邮编：214124
电话：0510-85299350
传真：0510-85075972
联系人：吴宗颖
电子信箱：devan@vip.sina.com
网址：www.dvsci.cn
主要产品或业务范围：公司经营玻璃仪器、塑料制品、加热板、搅拌器、烘箱、过滤器材、包装材料、金属、橡胶、耗材及无尘室用品等。

无锡兰博试验设备有限公司
地址：江苏省无锡市南西漳工业园新盛路9号
邮编：214037
电话：0510-83715625，83726369，83857850
传真：0510-83856857
电子信箱：sales@wxlab.cn
网址：www.wxlab.cn
主要产品或业务范围：高温恒温试验箱、高低温试验箱、

超低温试验箱、恒定湿热试验箱、交变湿热试验箱、高低温湿热试验箱、高低温交变湿热试验、盐雾腐蚀试验箱、振动试验机、紫外灯耐气候试验箱、氙灯耐气候试验箱、摆管淋雨试验箱、箱式淋雨试验箱、步入式试验室。

无锡市瑞江分析仪器有限公司
地址：江苏省无锡市滨湖区胡埭工业园联合路8号D幢4层
邮编：214161
电话：0510-85580578
传真：0510-85075935
电子信箱：sales@wxruijiang.com
网址：www.wxruijiang.com
主要产品或业务范围：公司专业研发生产高速、低速、冷冻系列医用离心机。

无锡市上佳生物科技有限公司
地址：江苏省宜兴市环科园竹海路2号
邮编：214200
电话：0510-87137892
传真：0510-87137099
电子信箱：jswxsj@163.com
网址：www.wxsjsw.com
主要产品或业务范围：超声波细胞粉碎机，清洗机，恒温槽等。

无锡苏南试验设备有限公司
地址：江苏省无锡市宜兴分水湖光路48号
邮编：214123
电话：0510-85433387，85433389
传真：0510-85433389
电子信箱：wxsunan003@163.com
网址：www.wxsunan1.com
主要产品或业务范围：盐雾腐蚀试验箱，恒定、交变湿热试验箱，霉菌试验箱，高温恒温试验箱，沙尘试验箱，氙灯耐气候试验箱，人工雨淋试验装置，防水试验箱，高温老化试验箱等。

无锡索亚特试验设备有限公司
地址：江苏省无锡市新吴区新锦路101号
邮编：214026
电话：0510-88155840，88155805，81006835
传真：0510-81006835
电子信箱：suoyt@suoyt.com
网址：www.suoyt.com.cn
主要产品或业务范围：盐雾试验箱、高低温试验箱、高低温湿热试验箱、高温试验箱、恒温试验箱、恒温恒湿试验箱、臭氧老化试验箱、氙灯老化试验箱、紫外灯老化箱、淋雨试验箱、霉菌试验箱、沙尘试验箱、可程式高低温试验箱、振动试验台、跌落试验台、摆杆淋雨装置、滴水试验装置可程式高低温试验室、高温恒温试验室、老化试验室、恒温试验室等。

大连通产高压釜容器制造有限公司
地址：辽宁省大连市甘井子区红旗街道岔鞍
邮编：116021
电话：0411－84280124，84280202，84280303
传真：0411－84280094
联系人：洪毅
电子信箱：bingking_5@163.com
网址：www.dltc.com.cn
主要产品或业务范围：永磁旋转搅拌高压釜、干燥箱。

大连希望理化测试技术有限公司
地址：辽宁省大连市甘井子区华北路200号
邮编：116038
电话：0411－86572279
传真：0411－86574211
电子信箱：298907115@qq.com
网址：www.xi-wang.com
主要产品或业务范围：该厂系理化检测辅助设备的专业生产厂。产品有冲击试验低温槽和冲击试样缺口投影仪等。

大连自控设备厂
地址：辽宁省大连市甘井子区革镇堡1036号
邮编：116001
电话：0411－82739448
传真：0411－82739448
联系人：孙风书
电子信箱：dlzksbc@163.com
网址：www.dlzk.cn
主要产品或业务范围：高压反应釜。

丹东百特仪器有限公司
地址：辽宁省丹东市临港产业园金泉工业区甘泉路9号
邮编：118009
电话：0415－6184440，6193800
传真：0415－6170645
电子信箱：sales@bettersize.com
网址：www.bettersize.com
主要产品或业务范围：智能激光粒度仪，显微图像粒度粒形分析仪，粉体综合特性测试仪，沉降粒度仪，光阻法颗粒计数器，PM2.5监测仪，光阻法粒径谱仪。

沈阳龙腾电子有限公司
地址：辽宁省沈阳市沈北新区沈北路76－16号A2栋
邮编：110136
电话：024－86376195，86520895
传真：024－86376119
电子信箱：sylt-f@ltelec.com
网址：www.ltelec.com
主要产品或业务范围：公司系合资(港澳台)企业，始建于1990年，具有几十年电子天平及相关产品设计开发、制造历史。主营产品为高精度电子天平、砝码质量比较仪、防

爆天平、静水密度测量天平、电子秤、快速水分测定仪、粮食水分测定仪及容重仪等系列产品。注册商标：LT龙腾电子。

沈阳神宇龙腾天平有限公司
地址：辽宁省沈阳市于洪区北固山路6-2号
邮编：110034
电话：024－86192266
传真：024－86192211
电子信箱：sylt17@126.com
网址：www.sylt17.com
主要产品或业务范围：专业生产销售精密电子天平的生产厂家。

济南精密科学仪器仪表有限公司
地址：山东省济南市历城区华龙路1825号嘉恒大厦B座1403室
邮编：250101
电话：0531－88113066，88113077
传真：0531－88113933
电子信箱：xuli8698@126.com
主要产品或业务范围：箱式电阻炉、COD恒温加热器、CVD管式气氛炉等。

济南微纳颗粒仪器股份有限公司
地址：山东省济南市高新区舜华路750号大学科技园北区F座东二单元
邮编：250100
电话：0531－88873312
传真：0531－88873392
联系人：高维秀
电子信箱：wnmarket@126.com
网址：www.jnwinner.com
主要产品或业务范围：专门研发、生产、销售颗粒测试相关仪器设备的高科技企业。

济南鑫贝西生物技术有限公司
地址：山东省济南市平阴县安城镇欧莱博智能制造产业园
邮编：250000
电话：0531－58673740，58673727，18615527820
传真：0531－58673756
电子信箱：xinbeixixs@biobase.cn
网址：www.xinbeixi.cn
主要产品或业务范围：是中国早期生产生物安全柜的厂家之一，是中国第一家通过国家食品药品监督管理局检测并获得生物安全柜注册证的厂家。

科电检测仪器有限公司
地址：山东省济宁市任城开发区济东矿外路6号
邮编：272000
电话：0537－2884797，2882840，2255887

传真：0537-2255887
电子信箱：scang@kedian.net
网址：www.kedianyiqi.com
主要产品或业务范围：该公司有ＨＣＨ－2000系列超声波测厚仪、MC-2000系列涂镀层测厚仪、MCW-2000B型涡流涂层测厚仪及DJ-6系列电火花检漏仪等产品。

龙口市先科仪器有限公司
地址：山东省龙口市黄城怡静街10号
邮编：264006
电话：0535-6116636,6116637
传真：0535-6115889
电子信箱：lkxk@xk-yiqi.com
主要产品或业务范围：公司生产电热恒温干燥箱、培养箱、医用干燥柜、实验室电阻炉、工业电阻炉、大型干燥箱、电热恒温水/油浴锅、超级恒温水/油浴、振荡器、磁力搅拌器等。

青岛海尔特种电器有限公司
地址：山东省青岛市海尔路1号海尔信息园创牌大楼北403D
邮编：266101
电话：0532-88936040
传真：0532-88936010
电子信箱：linda.bao@haierbiomedical.com
网址：www.haierbiomedical.com
主要产品或业务范围：公司产品包括专业冷链存储设备、感染控制设备生物、实验室设备。

青岛永合创信电子科技有限公司
地址：山东省青岛市城阳区祥阳路106号青岛未来产业园五号楼
邮编：266109
电话：0532-68985836
传真：0532-68985836
电子信箱：2621513259@qq.com
网址：www.creatrust.com.cn
主要产品或业务范围：冷冻干燥机、全自动玻璃器皿清洗机等系列产品。

山东科益试验设备有限公司
地址：山东省济南市长清区张夏104国道水龙王工业园
邮编：250000
电话：0531-87478866
传真：0531-87478196
电子信箱：Keyijn@163.com
网址：www.keyijn.com
主要产品或业务范围：智能型人工环境气温箱。

山东省鄄城永兴仪器厂
地址：山东省菏泽市鄄城县环城南路19号

邮编：274600
电话：0530-2421901，2400902，2427009
传真：0530-2420291，2420239
电子信箱：yx@chinaluyx.net
主要产品或业务范围：电热套及化验室仪器。

威海鑫泰化工机械有限公司
地址：山东省威海市羊亭镇曲家河工业园
邮编：264204
电话：0631-5770868，5770869，5770858
传真：0631-5770868
电子信箱：Xintaihi@126.com
网址：www.xintai-cn.com
主要产品或业务范围：公司专业制造各种规格超强磁力耦合搅拌反应釜，聚合釜，精馏釜，加氢反应器，氢化釜，压力罐，热交换器，塔设备，实验室反应釜等。

烟台科立化工设备有限公司
地址：山东省烟台市莱山区莱山工业园隆昌路17号
邮编：264003
电话：0535-6714366
传真：0535-6714388
电子信箱：sales@ytklzk.com
网址：www.ytklzk.com
主要产品或业务范围：高压磁力查封反应釜及各种类型配套控制仪等。

艾力特国际贸易有限公司
地址：上海市闵行区紫秀路100号虹桥总部1号4号楼3D室
邮编：201100
电话：021-62299622
传真：021-62299650
电子信箱：sales@alit.com.cn
网址：www.alit.com.cn
主要产品或业务范围：该公司致力于为中国实验室用户提供先进的实验室仪器、技术和实验室理念。

爱斯佩克环境仪器（上海）有限公司
地址：上海市长宁区淞虹路207号明基商务广场B栋5楼A单元
邮编：200335
电话：021-51036677
传真：021-63372237
电子信箱：Qh-wu@sh-espec.cn
网址：www.espec.cn
主要产品或业务范围：公司产品有各种模拟环境试验设备、汽车整车舱设备、在线快速可靠性测试评估系统、二次电池设备。

奥豪斯国际贸易（上海）有限公司
地址：上海市徐汇区桂平路680号33号楼7楼

邮编：200233
电话：021-64855408
传真：021-64859748
电子信箱：marketing.china@ohaus.com
网址：www.ohaus.cn
主要产品或业务范围：专业开发与制造天平及其他衡器产品，产品遍及实验室、教学、工业以及特殊行业等各种应用领域。

奥然科技有限公司
地址：上海市徐汇区漕溪路222号航天大厦南楼1110室
邮编：200235
电话：021-64516293，64516297，64516299
传真：021-64516268
电子信箱：service@aoran.cn
网址：www.aoran.cn
主要产品或业务范围：生物样品均质器、超声波破碎仪、搅拌混匀器、摇床等。

步琦实验室设备贸易（上海）有限公司
地址：上海市徐汇区桂林路402号76幢诚达创意园307室
邮编：200233
电话：021-62803366-127
传真：021-52308821
电子信箱：lu.y@buchi.com
网址：www.buchi.com
主要产品或业务范围：喷雾干燥仪，玻璃干燥仪，熔点仪，凯氏定氮仪，蛋白质和脂肪测定仪。

贺默（上海）仪器科技有限公司
地址：上海市闵行区中春路6818弄10号海琪大厦615室
邮编：201101
电话：021-37717011
传真：021-37713257
电子信箱：hermle.cn@hermle-cn.com
网址：www.hermle-cn.com
主要产品或业务范围：专业生产离心机。

凯恩孚科技（上海）有限公司
地址：上海市浦东新区张衡路1000弄张江润和国际总部园72号楼
邮编：201203
电话：021-51099695
传真：021-20252857
电子信箱：info@knf.com.cn
网址：www.knf.com.cn
主要产品或业务范围：公司制造隔膜真空泵、真空系统和隔膜液体计量泵。

科尔帕默仪器（上海）有限公司
地址：上海市松江区九新公路865号信颐科技产业园2号楼4楼

邮编：201615
电话：021-51099909
传真：021-67678122
电子信箱：info@coleparmer.com.cn
网址：www.coleparmer.com.cn
主要产品或业务范围：科学实验室设备。

麦克默瑞提克（上海）仪器有限公司
地址：上海市浦东新区民生路600号1505-1509室
邮编：200135
电话：021-51085884-807
传真：021-50129907
电子信箱：sales_china@micromeritics.com
网址：www.micromeritics.com.cn
主要产品或业务范围：测量粉末和固体物理特性的自动化实验室仪器。

梅特勒-托利多国际贸易（上海）有限公司
地址：上海市徐汇区桂平路589号
邮编：200233
电话：021-64850435
传真：021-64853932
电子信箱：ad@mt.com
网址：www.mt.com
主要产品或业务范围：公司生产电子天平、滴定仪、热分析仪器等实验室产品。

美墨尔特（上海）有限公司
地址：上海市浦东新区张衡路10000号润和国际总部园33号楼
邮编：201203
电话：021-50477278
传真：021-50477282
电子信箱：jshi@memmertcn.com
网址：www.memmertcn.com
主要产品或业务范围：恒温恒湿箱、光照培养箱、低温培养箱、环境测试箱等。

上海安亭科学仪器厂
地址：上海市嘉定区安亭镇宝安公路4866号2幢A区,6幢、7幢、8幢
邮编：201805
电话：021-59577327，59577885
传真：021-59578850
电子信箱：Anke69576600@163.com
网址：www.centrifuge.com.cn
主要产品或业务范围：该公司专业生产离心机，各类箱子，测定仪，电子天平等。

上海昂尼仪器仪表有限公司
地址：上海市嘉定区陈翔路988号5号楼2层

邮编：201802
电话：021-55086048
传真：021-55086046
联系人：王雄明
电子信箱：angni17@126.com
网址：www.angni.com.cn
主要产品或业务范围：该公司主要生产AD系列实验室分散均质机、AE系列实验室剪切乳化机、AM系列实验电动搅拌机等实验室设备。

上海宝予德科学仪器有限公司
地址：上海市松江区莘砖公路258号40幢201室
邮编：200434
电话：4008216837
传真：020-37012768-808
电子信箱：info@bio-dl.com
网址：www.bio-dl.com
主要产品或业务范围：实验室设备、耗材。

上海比奥实业发展有限公司
地址：上海市徐汇区漕溪路250号银海大楼A1202室
邮编：200030
电话：021-64810382，64860288，64825225
传真：021-64827165
电子信箱：info@bio-scienti.com
网址：www.bio-scienti.com
主要产品或业务范围：瑞士阿道夫科耐摇床、IBS细胞培养设备、TPP细胞培养器材、德国SYSTEC高压蒸汽灭菌器、意大利空气采样仪等。

上海博尔康真空电子有限公司
地址：上海市静安区新疆路500号2707室
邮编：200070
电话：021-63800456
传真：021-63804726
电子信箱：sales@boerkang.com
网址：www.boerkang.com
主要产品或业务范围：真空泵。

上海博泰实验设备有限公司
地址：上海市奉贤区金汇泰顺经济开发区（沿钱路梁曲北路456号）
邮编：201405
电话：021-57585258，57583666
传真：021-57582799
联系人：陆志国
电子信箱：webmaster@botai-sh.com
网址：www.botai-sh.com
主要产品或业务范围：培养箱、干燥箱、生化箱、振荡器、热工电炉、净化设备等产品。

上海博迅医疗生物仪器股份有限公司
地址：上海市静安区中山北路198号申航大厦909室
邮编：200071
电话：021-56980111
传真：021-56303876
电子信箱：boxun@boxun.com.cn
网址：www.boxun.com.cn
主要产品或业务范围：试验箱系列、灭菌器系列、干燥箱系列、培养箱系列、净化台系列、安全柜系列。

上海道基科学仪器有限公司
地址：上海市静安区中山北路198号1406室
邮编：200071
电话：021-66293226，66293227
传真：021-66293228
电子信箱：dj@lab-yiqi.com
网址：www.shdaojico.com
主要产品或业务范围：实验室仪器设备。

上海德卡实验室装备制造有限公司
地址：上海市浦东新区商城路2000号宜嘉商务中心701室
邮编：200135
电话：021-58523132
传真：021-58520485
电子信箱：marketing@techlab.com.cn
主要产品或业务范围：试验台、台面、水气考克配件、储柜、通风柜、通风系统及气路系统设计等。

上海德英真空照明设备有限公司
地址：上海市宝山区同济路131号
邮编：200431
电话：021-65111737
传真：021-55660919
联系人：郭东权
电子信箱：webmaster@sh-deying.com
网址：www.sh-deying.com
主要产品或业务范围：真空泵。

上海菲恰尔分析仪器有限公司
地址：上海市青浦区朱家角镇酒龙路334号14
邮编：201714
电话：021-69839028
传真：021-69839029
联系人：黄秋明
电子信箱：sales@fulgor.com.cn
网址：www.feiqiaeryiqi.com
主要产品或业务范围：环保型系列离心机。

上海福玛实验设备有限公司
地址：上海市静安区中山北路831弄4号1704
邮编：200070

电话：021-66601386
传真：021-66601386-1002
电子信箱：fuma@sh163.net
网址：www.shfuma.com
主要产品或业务范围：二氧化碳培养箱、生化培养箱、真空干燥箱、电热恒温培养箱、恒温摇床等系列。

上海高鸽工贸有限公司
地址：上海市普陀区交通路1461弄61号4楼
邮编：200065
电话：021-56080951，56536288
传真：021-56536288
电子信箱：gaoge@sh-gaoge.com
网址：www.sh-gaoge.com
主要产品或业务范围：微量进样器、微量移液器。

上海哈登塑料技术有限公司
地址：上海市奉贤区远东北路1688号
邮编：201108
电话：021-67101100
传真：021-67106044
联系人：孟红光
电子信箱：guodix@lwindustries.com
网址：www.defensorcase.com
主要产品或业务范围：公司主要产品有安全防护箱。

上海海康电子仪器厂
地址：上海市普陀区武宁路900弄127号
邮编：200063
电话：021-51602188
传真：021-62051696
主要产品或业务范围：电子天平、电子水分仪。

上海和泰仪器有限公司
地址：上海市松江区新桥镇泗砖南路255弄名企公馆113号和泰大厦
邮编：201612
电话：021-66081800
传真：021-57795003
联系人：张磊
电子信箱：simon@high-tech.cn
网址：www.high-tech.cn
主要产品或业务范围：公司专业从事超纯水设备技术研发与生产。

上海贺德实验设备有限公司
地址：上海市浦东新区川周公路2676弄46号
邮编：200070
电话：021-66293038
传真：021-66293038
电子信箱：hayato@vip.163.com

网址：www.hedecn.com
主要产品或业务范围：生化、霉菌、恒温恒湿、光照、人工气候箱，二氧化碳、厌氧培养箱，净化工作台，电热隔水培养箱，干燥箱。

上海恒奇仪器仪表有限公司
地址：上海市长宁区金钟路658弄1号A座4层
邮编：200335
电话：021-51693889
传真：021-61304216
电子信箱：info@hq17.com
网址：www.hq17.com
主要产品或业务范围：专业从事实验室仪器、试剂、耗材和环保水质测试仪器销售服务。

上海恒黔电子科技有限公司
地址：上海市松江区北松公路6638号A1栋
邮编：200042
电话：021-57601671
传真：021-57601673
联系人：苏泽睿
电子信箱：hocheck@163.com
网址：www.hocheck.cn
主要产品或业务范围：高温烘箱、真空烘箱、高温真空烘箱、高温试验箱、精密烘箱、充氮真空烘箱、充氮烘箱、无氧化烘箱、无氧化热处理炉、光电元件烘箱、贴片固化烘箱、老化房、蒸汽加热烘箱、烧机试验室、盐雾试验箱。

上海衡平仪器仪表厂
地址：上海市宝山区城市工业园区振园路128号
邮编：200444
电话：021-64167716
传真：021-64170061
联系人：谢建彬
电子信箱：infocnshp@sina.com
网址：www.hengping17.com
主要产品或业务范围：FA/JA系列电子天平、超级恒温水槽、数显黏度计、沉降式颗粒测定仪、电子分析天平。

上海宏泽试验设备有限公司
地址：上海市松江区石湖荡新姚开发区538号1-2号厂房
邮编：200082
电话：021-65370562
传真：021-65865280
电子信箱：hz@sh-hongze.com
主要产品或业务范围：高、低温试验箱，湿热试验箱，快速温度变化试验箱，盐雾腐蚀试验箱，大型盐雾试验室，光热老化试验箱，大型老化试验箱，电热鼓风干燥箱等。

上海洪旋实验仪器有限公司
地址：上海市长宁区仙霞西路77弄1号201

邮编：200335
电话：021-64964247，13916876712
传真：021-62399827
联系人：周邵丽
电子信箱：Shhongxuan@163.com
网址：www.shhongxuan.cn
主要产品或业务范围：公司主要生产经销旋转蒸发器等一系列实验仪器。

上海沪超超声波仪器有限公司
地址：上海市黄浦区国货路360号
邮编：200011
电话：021-63766885
传真：021-63778853
网址：www.sh-huchao.com
主要产品或业务范围：超声波仪器。

上海沪西分析仪器厂有限公司
地址：上海市嘉定区顺达路300弄66号
邮编：201802
电话：021-62310989
传真：021-62317668
联系人：王诚
电子信箱：shhuxi@bsbsc.com
网址：www.shhuxi.com
主要产品或业务范围：公司有层析仪、检测仪、收集器、恒流泵、层析柱、梯度仪、漩涡混合器、磁力搅拌器、旋转蒸发器、纯水蒸馏器十大系列八十多种型号的产品。

上海汇析精密仪器有限公司
地址：上海市黄浦区制造局路27号10层
邮编：200080
电话：021-52928105
传真：021-52910152
电子信箱：manager@huixi365.com
网址：www.huixi365.com
主要产品或业务范围：电子天平，干燥箱，电化学分析仪器等实验室仪器。

上海慧泰仪器制造有限公司
地址：上海市奉贤区四团镇平庄东路1748号
邮编：201413
电话：021-56353381
传真：021-56350608
电子信箱：huitaiyq@126.com
网址：www.huitaiyq.com
主要产品或业务范围：干燥箱、加热板、马弗炉、培养箱、药品箱等系列产品。

上海霍桐实验仪器有限公司
地址：上海市金山区亭林镇松隐工业区和丰路158号2幢

邮编：201500
电话：021-69798531
传真：021-69798532
电子信箱：htlab@blueept.com
网址：www.sh-htlab.com
主要产品或业务范围：反应釜、成套反应装置、浸渍镀膜提拉机、匀胶机、平行合成仪等实验仪器设备。

上海吉泰生物科技有限公司
地址：上海市徐汇区桂平路481号18号楼5楼
邮编：200233
电话：021-33676611
传真：021-33676258
电子信箱：order@genetimes.com.cn
网址：www.genetimes.com.cn
主要产品或业务范围：离心机、移液器、涡旋器等。

上海佳航仪器仪表有限公司
地址：上海市嘉定区嘉松北路3570号B栋
邮编：201814
电话：4008089310
传真：021-59904405
网址：www.jiahangchn.com
主要产品或业务范围：全自动视频熔点仪、折光仪、旋光仪、光度计、滴点软化点测定仪、低温恒温水浴、冷水机、离心机等仪器设备。

上海简户仪器设备有限公司
地址：上海市闵行区都市路332弄铂金科学园区3号大厦
邮编：201109
电话：021-31396842，62968991，62968993
传真：021-31322806
电子信箱：jianhuxie@126.com
网址：www.shjianhu.com
主要产品或业务范围：盐雾箱、恒温恒湿机、冷热冲击机、振动试验机、机械冲击机、跌落试验机的环境试验仪器。

上海锦凯科学仪器有限公司
地址：上海市静安区和田路288弄2号底楼
邮编：200070
电话：021-66281342
传真：021-66282034
电子信箱：jinkai_sh@yeah.net
网址：www.jinkai-sh.com
主要产品或业务范围：鼓风干燥箱(101A型)、电热干燥箱(202型)、WS70-1快速烘干箱不锈钢高温箱，真空干燥箱、培养箱、501超级恒温箱。

上海精宏实验设备有限公司
地址：上海市静安区永和路398号905-909室
邮编：200072

电话：021-61072078，61072075，61072082
传真：021-61072081，61072072
电子信箱：Jinghong_sh@163.com
网址：www.jinghngsh.com
主要产品或业务范围：公司有ＤＨＧ系列鼓风干燥箱、ＤＮＰ恒温培养箱、ＤＮＦ系列真空干燥箱和ＤＫ系列恒温水槽四个大类产品。

上海精天电子仪器有限公司
地址：上海市徐汇区钦州北路1198号
邮编：200233
电话：021-64854520
传真：021-64854070
电子信箱：sh_jingtian@aliyun.com
网址：www.shijingtian.com
主要产品或业务范围：精密电子天平、黏度计。

上海蓝豹实验设备有限公司
地址：上海市静安区共和新路966号共和大厦7楼
邮编：200070
电话：021-56904023
传真：021-56303023
电子信箱：export@bluepard.com
网址：www.bluepard.com
主要产品或业务范围：该公司主要生产经营干燥箱、培养箱、水槽、环境试验箱等实验室产品和医疗器械产品。

上海琅玕实验设备有限公司
地址：上海市浦东新区大团镇三墩洪通路500号
邮编：201312
电话：021-58233752
传真：021-58233753
联系人：施永兵
电子信箱：syblang-gan@163.com
网址：www.lang-gan.com
主要产品或业务范围：生化/霉菌/光照/恒温/二氧化碳培养箱、蒸馏水器、鼓风干燥箱、真空干燥箱。

上海利鑫坚离心机有限公司
地址：上海市奉贤区奉城镇奉苗公路828号
邮编：201411
电话：021-57169908，57169938
传真：021-57169968
电子信箱：lxj@shlxj.com.cn
网址：www.shlxj.com.cn
主要产品或业务范围：生产低速、高速以及冷冻离心机。

上海联曼实业有限公司
地址：上海市闵行区沪闵路7866号莲花国际广场7号楼601室
邮编：201102
电话：021-54262077，54262078，54260190

传真：021-64950196
电子信箱：info@lianman.com
网址：www.lianman.com
主要产品或业务范围：该公司是一家专业代理进口实验室仪器及通用耗材类的公司，主要产品有工业天平，全自动熔点仪，恒温恒湿箱，恒温/生化培养箱，自动黏度测定仪，旋转式黏度计，便携式黏度计，高温灭菌锅，电子上皿天平，通用离心机等。

上海良平仪器仪表有限公司
地址：上海市静安区余姚路19号
邮编：200040
电话：021-67755158，62726298，67755133
传真：021-62550506
电子信箱：2406210045@qq.com
网址：www.sh-liangping.com
主要产品或业务范围：不同称量的各类电子天平，水分测定仪，密度计等。

上海龙跃仪器设备有限公司
地址：上海市松江区北松公路6965弄75号4幢一楼
邮编：201600
电话：021-55130660
传真：021-65330010
电子信箱：13918789803@163.com
网址：www.longyuesh.com
主要产品或业务范围：二氧化碳细胞培养箱、人工气候箱、恒温摇床、恒温恒湿箱、药品稳定试验箱、高低温交变箱等系列实验室仪器设备。

上海卢湘仪离心机仪器有限公司
地址：上海市浦东新区沪南公路4390弄9号
邮编：201318
电话：021-68113422
传真：021-68110118
电子信箱：shlxylxjgs@163.com
网址：www.lxylxj.com
主要产品或业务范围：公司生产高速冷冻离心机、大容量冷冻离心机、高速离心机、低速离心机四大系列的实验室仪器。

上海梅颖浦仪器仪表制造有限公司
地址：上海市闵行区景洪路3409号109室
邮编：200231
电话：021-34621051
传真：021-34622176
电子信箱：shmyp@126.com
网址：www.meiyingpu.com
主要产品或业务范围：该公司专业生产磁力搅拌器、电动搅拌器及它们的驱动力无刷直流电机。

上海民桥精密科学仪器有限公司
地址：上海市普陀区绥德路118弄65号5楼
邮编：200331
电话：021-66082110
传真：021-66082117
联系人：刘畅
电子信箱：sales@minqiao.com
网址：www.minqiao.com
主要产品或业务范围：等离子臭氧楼案消毒舱，观片灯箱，床单位消毒器，电子天平等。

上海摩勒科学仪器有限公司
地址：上海市宝山区菊太路1198弄保利叶20栋1402室
邮编：201105
电话：021-64583797
传真：021-54479367
电子信箱：cqmol@126.com
网址：www.molecular.cn
主要产品或业务范围：公司主要产品有摩尔分析型超纯水器，摩尔元素型超纯水器，摩尔细胞型超纯水器，摩尔基因型超纯水器，摩尔生化型纯水器，摩尔实验室中央超纯水系统。

上海南荣实验室设备有限公司
地址：上海市宝山区南蕰藻路1276号
邮编：200070
电话：021-32231391，32231392
传真：021-32231392
电子信箱：shnanrong@163.com
网址：www.shnanrong.net
主要产品或业务范围：恒温摇床、生化培养箱、电热恒温培养箱等系列产品。

上海欧锐仪器设备有限公司
地址：上海市松江区新桥镇南环路506号17幢
邮编：201612
电话：021-54282208
传真：021-34080019
联系人：杜传学
电子信箱：duchuanxue@163.com
网址：www.sh-ourui.com
主要产品或业务范围：专业生产和出口精密仪器的厂家，产品有全自动精密快速智能量热仪，自动快速量热仪，一体化精密智能汉字测硫仪，黏结指数测定仪，智能温控一体化马弗炉，微机灰熔点测定仪，电热鼓风干燥箱，X荧光钙铁分析仪，水分测定仪，电子分析天平等。

上海培清科技有限公司
地址：上海市静安区俞泾港路11号金座1101室
邮编：200081
电话：021-35321706，35321707

传真：021-35321707
联系人：秦健
电子信箱：peiqing2323@163.com
网址：www.peiqing.com
主要产品或业务范围：凝胶成像分析系统、电泳系列、紫外分析仪、恒温金属浴。

上海培因实验仪器有限公司
地址：上海市普陀区华池路58弄1号712室
邮编：200065
电话：021-52045702
传真：021-52045703
联系人：刘霞
电子信箱：1030215368@qq.com
网址：www.pyyqsh.com
主要产品或业务范围：公司生产干燥箱、培养箱、水槽、生化、低温循环及各类环境设备等系列产品。

上海浦春计量仪器有限公司
地址：上海市松江区高科技园区寅青路661号
邮编：201615
电话：021-37775548
传真：021-37775546
电子信箱：puchun_mail@163.com
网址：www.shpuchun.com
主要产品或业务范围：专业生产JPT系列架盘天平等教学仪器、JY系列多功能电子天平、JY系列精密电子天平、标准砝码等。

上海浦东荣丰科学仪器有限公司
地址：上海市浦东新区合庆镇青六路大中西路92号
邮编：200120
电话：021-58553563
传真：021-58553450
联系人：曾伟杰
电子信箱：82721887@qq.com
网址：www.rongfeng-sh.com
主要产品或业务范围：分体式箱式电阻炉,水体分析生化培养箱,精密电热鼓风干燥箱,防爆电热鼓风干燥箱,强制热风循环式干燥箱。

上海浦信真空泵制造有限公司
地址：上海市宝山区共康路649弄11号
邮编：200443
电话：021-56470796，13701616678
传真：021-56470796
电子信箱：pxpump@126.com
网址：www.px-pump.com
主要产品或业务范围：旋片式2X系列/2XZ系列产品，XD单级旋片系列，水环式真空泵，SZ/SK/2SK系列产品，ZJ罗茨真空泵系列及JZJX/JZJS系列真空机组等。

上海普渡生化科技有限公司
地址：上海市徐汇区龙吴路2715号2号楼
邮编：200213
电话：021－34622578，34622445，34621695
传真：021－34621694
联系人：李宏杰
电子信箱：sales@puredu.com
网址：www.puredu.com
主要产品或业务范围：旋转蒸发器仪（器），模组化集成反应装置，玻璃反应釜，高压不锈钢反应釜，循环水真空泵，旋片式真空泵，低温冷却液循环泵，低温反应浴（槽），集热式磁力搅拌器、电动搅拌器、水（油）浴锅、电热套、玻璃仪器气流烘干器、超声波清洗器、玻璃实验仪器等。

上海齐欣科学仪器有限公司
地址：上海市虹口区广粤路437号1幢201室
邮编：200434
电话：021－65754917
传真：021－65754923
电子信箱：keelrein@keelrin.com
网址：www.qixinyiqi.com
主要产品或业务范围：公司主要产品有生化培养箱、二氧化碳培养箱、光照培养箱、人工气候箱、霉菌培养箱、恒温恒湿箱、各种鼓风干燥箱、真空干燥箱、电热恒温培养箱、水槽等。

上海青浦沪西仪器厂
地址：上海市青浦区徐泾双联路388号2号楼4603室
邮编：201702
电话：021－59764949，69768715
传真：021－69768713
联系人：朱贤芳
电子信箱：sales@qphuxi.com
网址：www.qphuxi.com
主要产品或业务范围：收集器，恒流泵，层析仪，检测仪，旋转蒸发仪等产品。

上海泉杰仪器有限公司
地址：上海市嘉定区嘉松北路4777号
邮编：201814
电话：021－59562251
传真：021－39572025
电子信箱：mail@ankeyq.com
网址：www.ankeyq.com
主要产品或业务范围：旋转蒸发仪。

上海人和科学仪器有限公司
地址：上海市徐汇区漕河泾新兴技术开发区桂箐路69号
邮编：200233
电话：4008200117，021－64850099
传真：021－64857990
电子信箱：info@renhesci.com
网址：www.renhe.net
主要产品或业务范围：计量仪器，实验室通用仪器，化学分析，物理测试等仪器，如天平，滴定仪，水分仪，黏度计，搅拌器，烘箱，色差计，分光光度计，色谱等。

上海荣泰生化工程有限公司
地址：上海市松江区曹农路255号8幢
邮编：201702
电话：021－64061767
传真：021－59882370
电子信箱：lucyfeng@rt-bio.com
网址：www.rt-bio.com
主要产品或业务范围：公司产品有移液器、加液器、离心机、进样器等多种仪器。

上海三发科学仪器有限公司
地址：上海市浦东新区牡丹路60号
邮编：201204
电话：4000908838
传真：021－50917997
联系人：吕智
电子信箱：lz@cnsanfa.com
网址：www.cnsanfa.com
主要产品或业务范围：干燥、生化、霉菌恒温设备，血液保存设备。

上海森信实验仪器有限公司
地址：上海市嘉定区安亭新源路66弄21号7层
邮编：201805
电话：021－39197370
传真：021－66524427
联系人：白燕
电子信箱：webmaster@shsumsung.com
网址：www.shsumsung.com
主要产品或业务范围：电热恒温鼓风干燥箱、电热真空干燥箱、电热恒温培养箱、隔水恒温培养箱、生化培养箱、恒温恒湿箱、霉菌培养箱、光照培养箱、人工气候箱、电热恒温水槽油槽等系列产品。

上海山富科学仪器有限公司
地址：上海市静安区汉中路158号1125室
邮编：201702
电话：021－65550736
传真：021－65526582
电子信箱：info@shbiotech.com
网址：www.shbiotech.com
主要产品或业务范围：公司产品包括全系列凝胶成像系统，PCR仪，各类紫外透照台以及新研制的用于细胞培养的低速磁力搅拌器，臭氧灭菌设备。

上海申生科技有限公司
地址：上海市黄浦区中山南一路1065号2203室
邮编：200023
电话：021-63033486
传真：021-63044071
电子信箱：web@senco.cc
网址：www.senco.cc
主要产品或业务范围：旋转蒸发器、玻璃反应器、恒温浴锅及恒速搅拌器。

上海申顺生物科技有限公司
地址：上海市宝山区沪太路1128号
邮编：200040
电话：021-62530580
传真：021-85105520
电子信箱：shenco@sina.com
网址：www.shencochina.com
主要产品或业务范围：旋转蒸发器，变频反应釜。

上海申贤恒温设备厂
地址：上海市奉贤区柘林镇胡桥经济园区
邮编：201417
电话：021-57458558，57457602，57456581
传真：021-57456581
联系人：何宪丽
电子信箱：shenxian1601@126.com
网址：www.shenxianhengwen.com
主要产品或业务范围：致力于实验室恒温设备研发生产。

上海声彦超声波仪器有限公司
地址：上海市松江区九亭镇易富路998号4A1楼
邮编：201615
电话：021-67627123
传真：021-67691293
电子信箱：fb1105@163.com
网址：www.sycsb.com
主要产品或业务范围：公司产品有各类超声波清洗设备、超声波细胞粉碎设备、超声波焊接设备、超声波恒温水浴设备、超声波测厚仪设备等。

上海声源超声波仪器设备有限公司
地址：上海市闵行区莘朱路1398弄65号
邮编：201103
电话：021-64373479
传真：021-64313625
联系人：袁毛龙
电子信箱：shengyuanchaosheng@163.com
网址：www.shenyuansh.com
主要产品或业务范围：超声波清洗机、测厚仪、塑料焊接加工、超声波明渠流量计、探伤仪等，以及塑料焊接加工设备。

上海实研电炉有限公司
地址：上海市松江区玉秀路88号89幢
邮编：201600
电话：021-57715880，57812165
传真：021-67727818
电子信箱：ding.jiafeng@163.com
网址：www.choy.sh.cn
主要产品或业务范围：公司产品实验室电炉、中频电炉、工业电炉、烘箱等。

上海实验仪器厂有限公司
地址：上海市长宁区天山路18号10F
邮编：200336
电话：021-62904358
传真：021-62907444
电子信箱：syscb@shshiyan.com
网址：www.shshiyan.com
主要产品或业务范围：模拟气候环境试验设备，包括试验箱、培养箱、恒温器、干燥箱及其他产品共40多个品种200多种规格。

上海世平实验设备有限公司
地址：上海市奉贤区华严村1048号3号楼
邮编：201400
电话：021-57420789
传真：021-57421969
电子信箱：shiping20050523@163.com
网址：www.sh-shiping.com
主要产品或业务范围：摇床专业生产商。

上海市离心机械研究所有限公司
地址：上海市宝山区长江西路850号8号楼
邮编：200231
电话：021-54096009
传真：021-54613278
电子信箱：csci@csci.com.cn
网址：www.csci.com.cn
主要产品或业务范围：冷冻离心机、高速离心机、大容量离心机、管式离心机。

上海市益化真空设备有限公司
地址：上海市浦东新区西营南路68号
邮编：200126
电话：021-56957327，18930443722
传真：021-58422243
电子信箱：shyhby@126.com
网址：www.shyhby.cn
主要产品或业务范围：真空泵，真空机组，真空测量。

上海树立仪器仪表有限公司
地址：上海市嘉定区迎园二坊5号

邮编：201800
电话：021-59987732，59994792
传真：021-59994793
电子信箱：web@shuliyiqi.com
网址：www.shuliyiqi.com
主要产品或业务范围：超净工作台，生化培养箱，恒温恒湿/霉菌培养箱，光照培养箱，隔水式培养箱，电热恒温培养箱，密封式化验制样粉碎机，电热鼓风干燥箱，电热恒温干燥箱，真空干燥箱，回旋式通风干燥箱，高速万能粉碎机等。

上海司乐仪器有限公司
地址：上海市闵行区梅陇镇金都路778号
邮编：201108
电话：021-33505408
传真：021-33504110
电子信箱：jinhuihua@sh-sile.com.cn
网址：www.sh-sile.com.cn
主要产品或业务范围：磁力搅拌器，电动搅拌器。

上海苏坤实业有限公司
地址：上海市金山区漕泾镇阮巷明华路3006号
邮编：201507
电话：021-67258121
传真：021-67258123
联系人：顾维海
电子信箱：sukun021@126.com
网址：www.sukun021.com
主要产品或业务范围：公司致力于研发、生产高品质的现代化实验室设备。

上海泰勒精密仪器制造有限公司
地址：上海市浦东新区杨高南路1998号B栋4楼
邮编：200125
电话：021-50894167
传真：021-50895641
电子信箱：sh_taile@sina.com
网址：www.shanghai-taile.com
主要产品或业务范围：粗糙度轮廓仪，圆度波纹度仪，显微硬度计和自动化检测设备等。

上海天呈实验仪器制造有限公司
地址：上海市奉贤区柘林镇科工路888号
邮编：201400
电话：021-57463117
传真：021-57463830
电子信箱：tensuc@163.com
网址：www.tensuc.com
主要产品或业务范围：公司专业生产恒温振荡器，平行合成仪，冷冻离心浓缩仪，净化台等实验仪器。

上海托莫斯科学仪器有限公司
地址：上海市宝山区共富路32号401室
邮编：201906
电话：021-56038429
传真：021-56038430
电子信箱：china@tomosci.com
网址：www.tomosci.com
主要产品或业务范围：离心机系列，单道移液器，多道移液器，小型离心机，恒温金属浴，酶标孵育器等。

上海贤德实验仪器有限公司
地址：上海市奉贤区科工路888号2幢三楼一车间西侧
邮编：201406
电话：021-54312390
传真：021-34092976
电子信箱：shxiande@126.com
网址：www.shxiande.cn
主要产品或业务范围：旋转蒸发仪。

上海香科仪器贸易有限公司
地址：上海市静安区胶州路699号14楼A15室
邮编：200042
电话：021-62482113，62486170
传真：021-62480647
电子信箱：shanghai@chescientific.com
网址：www.chescientific.com
主要产品或业务范围：国外产品有金属硬度计，黏度计及流变仪，电热高温炉，测力（推力及拉力）计，电子温度计，压力计，张力计，熔融流动指数测试仪，数字式涂层厚度计，负荷计，荷重传感器，材料测试设备，体视、金相、工具测量显微镜，电热恒温干燥箱、培养箱、水浴箱，压力仪表、开关、控制器，指示仪表、信号转换器，计时计数仪表，温湿度测量仪、记录仪、温度计、频闪仪、转速计，电子天平，紫外光灯、紫外鉴证光箱、紫外线强度计，光电控制器，循环水浴箱、温度校正器，测温贴纸、温度测试用品，酸碱度计及水质分析仪，扭力（转矩）测量仪器及工具。

上海新苗医疗器械制造有限公司
地址：上海市嘉定区曹安公路4188号2号楼
邮编：201804
电话：021-69110000
传真：021-39597378
联系人：王东
电子信箱：sh69110000@163.com
网址：www.shcimo.com
主要产品或业务范围：干燥箱、培养箱、生化仪器和摇床等设备。

上海雅程仪器设备有限公司
地址：上海市松江区九峰路88号平高广场1801室

邮编：200032
电话：021-51082915
传真：021-51069385
联系人：邵锦华
电子信箱：sales@51082915.cn
网址：www.pilotplant.cn
主要产品或业务范围：公司产品有实验型喷雾干燥机、微型实验室超高温杀菌机、试验型多功能提取浓缩回收机组、实验室微型压片机、实验室微型饮料PET灌装机、小型纯水机组、实验型均质机和实验室乳品饮料小试中试生产线等。

上海雅荣生化设备仪器有限公司
地址：上海市金山区亭卫公路9299弄33号
邮编：201505
电话：021-66121468
联系人：朱有文
主要产品或业务范围：旋转蒸发器、玻璃反应釜、双蒸水器、玻璃仪器。

上海雅谭真空设备有限公司
地址：上海市虹口区曲阳路650号107室
邮编：200092
电话：021-65879966
联系人：谭波
主要产品或业务范围：真空设备。

上海亚荣生化仪器厂
地址：上海市闵行区都会路2338号82幢上海财富天地企业园总部一号
邮编：201109
电话：021-62835169
传真：021-62947810
电子信箱：sb@shyarong.com
网址：www.shyarong.com
主要产品或业务范围：SY系列高温旋转蒸发器，RE系列水温旋转蒸发器，自动纯水蒸馏器等产品。

上海阳光实验仪器有限公司
地址：上海市黄浦区瞿溪路301弄2号702室
邮编：200011
电话：021-53077950
传真：021-63163893
联系人：何国强
电子信箱：marketing@shygsy.com.cn
网址：www.shygsy.com.cn
主要产品或业务范围：该公司主要生产干燥箱、烘箱、养箱、净化工作台等实验室仪器设备。

上海一恒科学仪器有限公司
地址：上海市静安区共和新路966号7楼

邮编：200070
电话：021-56904023
传真：021-56319387
电子信箱：yihengyiqi@163.com
网址：www.yihengchina.com
主要产品或业务范围：公司主要产品有干燥箱系列、培养箱系列、水槽系列、振荡系列、环境试验箱系列、医疗器械系列。

上海豫康科教仪器设备有限公司
地址：上海市嘉定区和桥路470号二楼
邮编：201808
电话：021-56470426
传真：021-56470425
电子信箱：2880509916@qq.com
网址：www.yukangyiqi.com.cn
主要产品或业务范围：循环水式真空泵、低温循环泵、旋转蒸发器、气流烘干机、数显直流无极调速搅拌器、数显小型真空干燥箱、电热套、磁力加热搅拌器、水浴锅系列、升降台等。

上海跃进医疗器械有限公司
地址：上海市浦东新区杨高南路6166号
邮编：200072
电话：021-66532055，66531575
传真：021-66531326
联系人：汤灵杰
电子信箱：info@hengzi.com
网址：www.hengzi.com
主要产品或业务范围：公司生产各类医用培养箱、干燥箱、生化仪器和热工仪器等设备。

上海越平科学仪器有限公司
地址：上海市徐汇区黄石路27号
邮编：215128
电话：021-54356900
传真：021-54357447
电子信箱：Zkm@shyueping.com
网址：www.shyueping.com.cn
主要产品或业务范围：公司专业制造各类电子天平、机械天平、扭力天平和科研实验室仪器。

上海增达科技股份有限公司
地址：上海市嘉定区马陆镇丰茂路695号
邮编：201812
电话：021-69132419
传真：021-69136596
电子信箱：service@zengda.com
网址：www.zengda.com
主要产品或业务范围：恒定湿度试验箱，高、低温试验箱，超低温试验箱，高低温交变湿热试验箱，高温恒温试验箱，步入式恒温恒湿室，盐雾腐蚀试验箱，低温恒温槽，氙灯耐气候试验箱，沙尘试验箱，冲击试验箱，温度快速变化试验箱等。

上海之信仪器有限公司
地址：上海市松江区南乐路1276弄115号4幢5楼
邮编：201611
电话：021−57618616，57810616
传真：021−57810506
电子信箱：zhx@zhisun.com
网址：www.zhisun.com
主要产品或业务范围：公司拥有超声波清洗机系列、超声波细胞粉碎机系列、蠕动泵系列、均质器系列、真空泵和振动切片机等生化实验仪器成熟技术。

上海知楚仪器有限公司
地址：上海市松江区车墩镇车新公路158号87幢5层
邮编：201108
电话：021−34505813
传真：021−34531722
电子信箱：info@shzhichu.com
网址：www.shzhichu.com
主要产品或业务范围：各类恒温箱、全温振荡培养箱及水浴摇床。

上海知信实验仪器技术有限公司
地址：上海市宝山区真陈路1085号3幢1661室
邮编：200444
电话：021−51696996
传真：021−51696996−808
电子信箱：fujingxia@zhixinlab.com
网址：www.zhixinlab.com
主要产品或业务范围：离心机、智能恒温循环器、冷却液低温循环机、小型冷冻干燥机、合式型冷冻干燥机。

上海志天电子科技有限公司
地址：上海市嘉定区春归路399号
邮编：201800
电话：021−59940108
传真：021−39543272
电子信箱：zhitiantest@163.com
网址：www.zhitiantest.com
主要产品或业务范围：高低温试验箱、恒温恒湿试验箱、冷热冲击试验箱、盐雾试验箱、热老化试验箱、光伏组件试验箱。

上海智城分析仪器制造有限公司
地址：上海市奉贤区南桥镇环城西路2222号
邮编：201400
电话：021−67192570
传真：021−57189408

电子信箱：sxshen@zhicheng.net
网址：www.zhichen.net
主要产品或业务范围：恒温培养振荡器、生物安全柜、超净工作台、生化培养箱、鼓风干燥箱、生物安全柜等。

施都凯仪器设备（上海）有限公司
地址：上海市嘉定区徐行镇徐潘路1918号1幢一层B区
邮编：201818
电话：021−59906210
传真：021−59906967
电子信箱：Stikliuhong@yahoo.cn
网址：www.stik.cn
主要产品或业务范围：公司主要产品有培养箱系列、恒温箱系列、干燥箱、低温槽、恒温槽、振荡器、低温/恒温水循环装置、搅拌器、冷冻干燥机、浓缩装置、超低温箱、环境试验设备等。

卓的仪器设备（上海）有限公司
地址：上海市浦东新区金高路2216号
邮编：200120
电话：021−51061816
传真：021−33321187
网址：www.droide.com.cn
主要产品或业务范围：行星式球磨机系列，真空手套箱系列，实验电炉系列。

成都奥谱勒仪器有限公司
地址：四川省成都市成华区崔家店路52号东方天地7栋320−323室
邮编：610051
电话：028−84368569
传真：028−84365170
电子信箱：apL517@126.com
网址：www.aplsh.com
主要产品或业务范围：微波消解仪、微波萃取仪、微波合成仪、微波高温炉（马弗炉）、陶瓷纤维高温炉（马弗炉）、电热石墨消解仪、石墨赶酸器、石墨电热板、尿碘消解仪等无机样品前处理仪器；全自动翻转式震荡器等环境样品前处理仪；氮吹仪、自动顶空进样器等有机前处理仪器。

成都南光机器有限公司
地址：四川省成都市经济技术开发区星光西路115号
邮编：610100
电话：028−84848102
传真：028−84848103
电子信箱：rankuum@rankuum.com
网址：www.rankuum.com
主要产品或业务范围：真空获得设备和真空镀膜设备。

成都现代南光真空设备有限公司
地址：四川省成都市新都工业开发区新力路

邮编：610500
电话：028-83932616
传真：028-83965989
电子信箱：xdng@xdng.com
网址：www.xdng.com
主要产品或业务范围：真空获得及应用设备。

成都易华天宇试验设备有限责任公司
地址：四川省成都市武侯科技园武兴二路6号
邮编：610045
电话：028-85361108
传真：028-85363634
电子信箱：271764758@qq.com
网址：www.cdyhtianyu.com
主要产品或业务范围：高温低温调控箱、干燥箱、烘干箱、真空箱等环境模拟试验设备。

四川诚邦测控技术有限公司
地址：四川省成都市龙泉驿区车城西五路1588号
邮编：610100
电话：028-85737373
传真：028-85951801-816
电子信箱：cb@chengbang.cn
网址：www.chengbang.cn
主要产品或业务范围：扭矩测量仪器、发动机测试仪器、各种压力变送器、温度传感器、流量仪表、电量变送器及实验室仪器成套。

四川蜀科仪器有限公司
地址：四川省成都市青羊区光华东三路489号西环广场
邮编：610000
电话：028-87381811
传真：028-61985396
电子信箱：shuke@sklxj.com
网址：www.sklxj.com
主要产品或业务范围：高速离心机、低速离心机、冷冻离心机、大容量离心机、真空管自动脱盖离心机、美容离心机、石油离心机等60多种规格型号产品。

美瑞泰克科技有限公司
地址：天津市西青区华苑产业园区海泰南北大街华科1路华鼎智地23楼
邮编：300392
电话：4006117116
传真：022-83718399
电子信箱：sales@ameritechsc.com
网址：www.ameritechsc.com.cn
主要产品或业务范围：实验室仪器设备及解决方案。

天津奥特赛恩斯仪器有限公司
地址：天津市津南区八里台泰达微电子工业园科达一路2号

邮编：300350
电话：022-88715820/21/22
传真：022-88715825
电子信箱：tj13802004287@sina.com
网址：www.autoscience-tj.com
主要产品或业务范围：AT系列色谱柱恒温箱、UH系列超声波细胞粉碎仪/匀质仪、AS系列超声波清洗器等产品。

天津博纳艾杰尔科技有限公司
地址：天津市东丽区西区南大街179号
邮编：300462
电话：022-25321032
传真：022-25321033
电子信箱：service@agela.com.cn
网址：www.agela.com.cn
主要产品或业务范围：气相色谱、液相色谱、样品制备、分离纯化及制备仪器产品线。

天津富集科技有限公司
地址：天津市津南区摩力达产业园区A座
邮编：300385
电话：022-88828048
传真：022-88828049
电子信箱：lishuo@fujikj.com
网址：www.fujikj.com
主要产品或业务范围：公司专业生产试验室用科学仪器消耗材料。

天津尼克仪器有限公司
地址：天津市西青区华苑产业园梓苑路13号
邮编：300384
电话：022-58627120
传真：022-58627125
电子信箱：job_nike17@163.com
主要产品或业务范围：调速型蠕动泵、分配型智能蠕动泵、工业级蠕动泵。

天津赛普瑞实验设备有限公司
地址：天津市南开区红日南路42号环兴科技园A座436室
邮编：300122
电话：022-87082833
传真：022-87082833
网址：www.spr-sci.com
主要产品或业务范围：超声波清洗器，六联过滤器，固相萃取装置。

天津市津腾实验设备有限公司
地址：天津市西青区华苑产业园区榕苑路16号鑫茂科技园D2-2-B
邮编：300384
电话：022-83713258，83712766

传真：022-83713268
电子信箱：tengda@titengda.cn
网址：www.tjtengda.cn
主要产品或业务范围：津腾牌隔膜真空泵系列。

天津市凯恒电热技术有限公司
地址：天津市南开区凌宾路凌奥花园10-5号
邮编：300381
电话：022-22140775，26622651，15102200100
传真：022-22140775，23913239
联系人：祝峰
电子信箱：tjkaiheng@126.com
网址：www.tjkaiheng.com
主要产品或业务范围：公司生产节能型快速升温高温电炉、马弗炉、异型电炉及窑炉。

天津市科亿隆实验设备有限公司
地址：天津市西青区华苑产业园区海泰华科三路1号华鼎智地4号楼802
邮编：300384
电话：022-87938248
传真：022-83726368
联系人：张经理
电子信箱：tjkyl_888@163.com
网址：www.tjkyl.net
主要产品或业务范围：针筒过滤器、微孔过滤器、无油真空泵、溶剂过滤器、多联不锈钢溶剂过滤器、真空干燥器。

天津市拉贝尔实验室设备有限公司
地址：天津市静海区天宇科技园天宇大道16号
邮编：301600
电话：022-23708600，13920432957
传真：022-68277377
电子信箱：Lee@alllab.com，Market@alllab.com
网址：www.alllab.com
主要产品或业务范围：实验室家具的生产制造，通风柜及通排风工程，实验室装修，洁净室规划设计与施工，微生物室，P2、P3实验室等。

天津市领航实验设备股份有限公司
地址：天津市西青区华苑产业园区兰苑路9号2-402
邮编：300384
电话：022-58163577，58163575
传真：022-23712883
电子信箱：tina@linghanglab.com
网址：www.linghanglab.com
主要产品或业务范围：公司主要产品有针式过滤器、微孔滤膜、溶剂过滤器、多联过滤器、隔膜真空泵等。

天津市欧诺仪器股份有限公司
地址：天津市北辰区北仓镇刘安庄村荣祥美食城附近

邮编：300163
电话：022-58956470
传真：022-58956471-8003
电子信箱：honour@126.com
网址：www.ounuoyq.com
主要产品或业务范围：该公司专业生产智能摇床系列、搅拌器系列、水浴/油浴系列、低温仪器设备等。

天津市泰斯特仪器有限公司
地址：天津市静海区杨成庄乡北洋工业园
邮编：301617
电话：022-68673666
传真：022-68673103
联系人：刘泽伟
电子信箱：tst2003@vip.163.com
网址：www.tsisite.cn
主要产品或业务范围：卧式干燥箱系列、电热培养箱系列、高温炉系列。

天津市中环电炉股份有限公司
地址：天津市北辰区双川道11号
邮编：300403
电话：022-26980130
传真：022-26980123
电子信箱：ctjzh@ctjzh.com
网址：www.ctjzh.com
主要产品或业务范围：公司生产真空/气氛管式电炉系统、真空气氛/节能箱式电炉系统、真空控制系统、气体流量控制系统。

天津天马衡基仪器有限公司
地址：天津市南开区西湖道95号B座二层A-1室
邮编：300190
电话：022-27373368，27492268
传真：022-27489968
电子信箱：tianping@tpyq.com
网址：www.tpyq.com
主要产品或业务范围：电子天平，分析天平，静水力学天平等。

杭州爱华仪器有限公司
地址：浙江省杭州市余杭区闲林街道闲兴路37号
邮编：311122
电话：0571-85022700，85022755，88854045
传真：0571-85022955
电子信箱：sale@hzaihua.com
网址：www.hzaihua.com.cn
主要产品或业务范围：声级计和噪声测量仪器、电声测量仪器、振动测量仪器，以及环境噪声自动监测系统、多通道噪声振动分析仪等。

杭州奥盛仪器有限公司
地址：浙江省杭州市西湖区转塘科技经济区块7号9幢
邮编：310000
电话：0571-88948289，88802738
传真：0571-87205673
电子信箱：info@allsheng.com
网址：www.allsheng.com.cn
主要产品或业务范围：公司主要产品有干式恒温器（恒温
金属浴）系列、恒温混匀仪、恒温循环水槽系列、氮吹
仪、接种环灭菌器及微孔板恒温振荡器等。

杭州柏恒科技有限公司
地址：浙江省杭州市同协路28号玉锦工业园5幢3楼
邮编：310021
电话：0571-88992477
传真：0571-88037572
联系人：黄霖
电子信箱：bruce@bio-gener.com
网址：www.bio-gener.com
主要产品或业务范围：实时荧光定量PCR仪，等温荧光PCR
仪，定性梯度PCR仪，全自动PCR仪以及相关配套产品。

杭州保恒恒温技术有限公司
地址：浙江省杭州市筧丁路168号浙江省国家大学科技园2幢
邮编：310013
电话：0571-88333448，85269120
传真：0571-85043353
联系人：王雪云
电子信箱：hzboho@hotmail.com
网址：www.hzboho.com
主要产品或业务范围：高温油浴、高温水浴、小型精密恒
温水浴、低温恒温液浴循环槽、超低温恒温液浴循环槽、
冷却水循环装置、工业冷水机、双视窗透明槽、啤酒保质
期试验槽、扩散炉专用恒温槽、计量检定槽等。

杭州博日科技有限公司
地址：浙江省杭州市高新滨江区滨安路1192号
邮编：310053
电话：0571-87774575
传真：0571-87772210
电子信箱：overseas@bioer.com.cn
网址：www.bioer.com.cn
主要产品或业务范围：定量PCR、基因扩增仪、核酸提取
纯化仪。

杭州大华仪器制造有限公司
地址：浙江省杭州市富阳区东洲工业功能区十一号路3号
邮编：311401
电话：0571-58837552
传真：0571-58837553
联系人：何先生

电子信箱：hzdhmail@163.com
网址：www.hzdh.com
主要产品或业务范围：主要研发、生产和制造科研仪器设
备、教学实验仪器设备及工业测量仪器。

杭州金森科技有限公司
地址：浙江省杭州市筧丁路118号
邮编：310021
电话：18888988989
传真：0571-85141039
联系人：金土均
电子信箱：airkins@163.com
网址：www.zjkings.com
主要产品或业务范围：产品有AIRKINS 金森系列工业除
湿机、恒温恒湿机、工业加湿器、空气净化器等。

杭州蓝天仪器有限公司
地址：浙江省杭州市高新技术区火炬大道86号华纳科技园
邮编：310008
电话：0571-81636790
传真：0571-81636791
联系人：阮其标
电子信箱：81636730@81636790.com
网址：www.ltyq.com
主要产品或业务范围：干燥箱、培养箱、箱式电炉、管式
电炉、气氛保护炉、真空炉、程序升温实验炉、制样粉碎
机、水浴箱。

杭州米欧仪器有限公司
地址：浙江省杭州市莫干山路1418-3号1号楼201室
邮编：310011
电话：0571-85781175
传真：0571-87653907
电子信箱：yao@miulab.com
网址：www.miulab.com
主要产品或业务范围：离心机、摇床、干式恒温器、恒温
混匀仪、微孔板振荡器、离心机等。

杭州钱江仪器设备有限公司
地址：浙江省杭州市建国北路59号二楼
邮编：310003
电话：0571-87295719
传真：0571-87295720
联系人：单炯
电子信箱：Info@seedtech.com.cn
网址：www.qjyq.com
主要产品或业务范围：智能光照培养箱，智能人工气候培
养箱/柜。

杭州瑞诚仪器有限公司
地址：浙江省杭州市余杭区后山路8号E幢6楼

邮编：311100
电话：0571-88630940
传真：0571-85126370
电子信箱：sales@ruiwell.com
网址：www.ruiwell.com
主要产品或业务范围：干式恒温器、恒温金属浴、恒温混均仪。

杭州泰林生物技术股份有限公司
地址：浙江省杭州市滨江区南环路2930号泰林科技园
邮编：310052
电话：0571-86589008
传真：0571-86589100
电子信箱：tailin@tailingood.com
网址：www.tailingood.com
主要产品或业务范围：集菌培养器系列、集菌仪系列、无菌隔离系统、负压隔离器、水中总有机碳分析仪、药物溶出仪、汽化过氧化氢灭菌器、可见异物检测仪、微孔滤膜孔径测定仪、无菌检查专用振荡仪、微生物限度检验仪等系列产品。

杭州雪中炭恒温技术有限公司
地址：浙江省杭州市经济技术开发区6号大街452号2幢4层
邮编：310018
电话：0571-81951051，0573-87969565
传真：0571-81951050
联系人：王峻奕
电子信箱：wang-jy@xutemp.com
网址：www.xutemp.com
主要产品或业务范围：低温/超低温恒温槽、精密恒温液浴槽、检定装置、恒温循环器、冷却水循环装置、生化培养箱、精密恒温培养箱、低温培养箱、干燥箱、霉菌培养箱、恒温恒湿箱、人工气候箱、药品稳定性试验箱、高低温试验箱、湿热交变试验箱、动态恒温循环系统等。

杭州佑宁仪器有限公司
地址：浙江省杭州市余杭区沈港路3号6幢4楼
邮编：310011
电话：0571-87613616
电子信箱：sales@yooning.com
网址：www.yooning.com
主要产品或业务范围：干式恒温器、恒温混匀仪、氮气吹扫仪、迷你金属浴、迷你离心机、微孔板振荡孵育器等系列产品。

杭州总研电气有限公司
地址：浙江省杭州市滨江区伟业路高新软件园9号楼3F
邮编：310053
电话：0571-86698056
传真：0571-86698057

联系人：舒亚军
电子信箱：sales@soken-cn.com
网址：www.soken-cn.com
主要产品或业务范围：专业生产和经销各类高低压精密检测设备及测试系统，并致力于配套的计算机应用软件和电子机械的研究及开发。

嘉兴市新塍镇东兴电热仪器厂
地址：浙江省嘉兴市新塍镇东升路1号
邮编：314015
电话：0573-3400841
传真：0573-83400839
联系人：蒋先生
电子信箱：j83400839@163.com
主要产品或业务范围：嘉兴市新塍镇东兴电热仪器厂（原嘉兴市新塍电热厂）专业生产各种干燥箱、试验箱和各种电阻炉等环境试验设备和热处理设备。品种规格众多，质量优良。产品畅销全国各地，且产品售后服务周到，深得用户信任。还专门承接为用户设计制造各种非标设备。

临海市谭氏真空设备有限公司
地址：浙江省临海市江南工业区汇丰北路35号
邮编：317000
电话：0576-85198288，85155173，85175702，85198299
传真：0576-85156823
联系人：谭波、罗朝金
电子信箱：tanshizhenkong@163.com
网址：www.lhzk.com
主要产品或业务范围：公司开发、生产、经营真空设备及实验室仪器。

宁波东方加热设备有限公司
地址：浙江省宁波市鄞州区高桥新联路201号
邮编：315174
电话：0574-87362469，87366446
传真：0574-87276257
电子信箱：xs@dfjrsb.com
网址：www.nbdfjr.com
主要产品或业务范围：电加热、蒸汽加热和燃油、燃气加热的恒温干燥设备，各类工业电炉，环境试验设备及适用于不同工艺要求的多种专用设备，如高安全节能型电机浸漆干燥箱、干式变压器干燥箱、摩擦材料固化箱、华工氯碱改性隔膜固化炉、纸业纸品塑封箱、粉末冶金铁粉精还原炉、粉末冶金制品烧结炉、蒸汽处理炉及油田测井仪试验箱等。

宁波东南仪器有限公司
地址：浙江省宁波市江北区洪塘街道方漕路33号
邮编：315133
电话：0574-88010978
传真：0574-87276747

联系人：杜飞勇
电子信箱：6348348@163.com
网址：www.nbdn17.com
主要产品或业务范围：智能人工气候箱、光照培养箱、生化培养箱、霉菌培养箱、恒温恒湿培养箱。

宁波海曙科生超声设备有限公司
地址：浙江省宁波市海曙区望春何家开发区何家路330号
邮编：315016
电话：0574-87154938，87154968
传真：0574-87154938
电子信箱：ks@keshengchina.com
网址：www.keshengchina.com
主要产品或业务范围：该公司产品有超声波细胞粉碎机系列，包括超声波细胞粉碎机、超声波细胞破碎机、超声波细胞粉碎仪、超声波细胞破碎仪。

宁波江南仪器厂
地址：浙江省宁波市鄞州区高桥镇秀丰村三成路198号
邮编：315175
电话：0574-88087839
传真：0574-88087820
电子信箱：1718@vip.163.com
网址：www.nb-jn.com
主要产品或业务范围：智能人工气候箱、光照培养箱、恒温恒湿培养箱、生化培养箱、霉菌培养箱等系列。

宁波莱福科技有限公司
地址：浙江省宁波市宝善路166号
邮编：315010
电话：0574-87157686，87117514
传真：0574-87143987
联系人：池波
电子信箱：1677730993@qq.com
网址：www.lifewww.com
主要产品或业务范围：三温区培养箱、人工气候箱、果蝇培养箱、光照培养箱、恒温恒湿培养箱、霉菌培养箱、人工气候室、低温恒温槽等系列产品。

宁波乐电仪器制造有限公司
地址：浙江省宁波市江北区倪家堰路267号1幢1楼
邮编：315000
电话：0574-87220732
传真：0574-87220732
网址：www.nbldzz.com
主要产品或业务范围：培养箱系列，恒温槽系列，离心机系列。

宁波赛福实验仪器有限公司
地址：浙江省宁波市奉化区尚田后潭路9号
邮编：315514

电话：0574-88566368
传真：0574-88566355
联系人：江忠飞
电子信箱：ningbosafe@163.com
网址：www.nbsaifu.com
主要产品或业务范围：培养箱、气候箱、恒温槽、摇床、植物培养架、气候人工室。

宁波天恒仪器厂
地址：浙江省宁波市鄞州区启明路655-77号
邮编：315000
电话：0574-87831266，87841006
传真：0574-87841234
电子信箱：1437940589@qq.com
网址：www.zjnbth.com
主要产品或业务范围：公司专业生产低温恒温槽、超级恒温水槽、恒温油槽、低温恒湿循环器、低温冷却液循环泵、水浴锅、标准检定槽、超高精度恒温槽等。

宁波拓普森科学仪器有限公司
地址：浙江省宁波市鄞州区东工一路8号
邮编：315191
电话：0574-83093285
传真：0574-88459578
联系人：唐柏林
电子信箱：tbl@topscien.com
网址：www.topscien.com
主要产品或业务范围：公司研发制造高科技液体控制移液器，离心机等实验室设备。

宁波新艺超声设备有限公司
地址：浙江省宁波市海曙区顺德路98弄53号232
邮编：315012
电话：0574-87458228
传真：0574-87455298
联系人：鲍松华
电子信箱：xinyics@163.com
网址：www.ychaosheng.com
主要产品或业务范围：超声波细胞粉碎机、清洗剂、低温恒温槽。

宁波新芝生物科技股份有限公司
地址：浙江省宁波市国家高新技术区木槿路65号
邮编：315040
电话：0574-88350052
传真：0574-87113393
电子信箱：scb@scientz.com
网址：www.scientz.com
主要产品或业务范围：新芝系列超声波清洗、冷冻干燥机、恒温槽、基因转导、细胞融合产品。

温州维科生物实验设备有限公司
地址：浙江省温州市滨海工业区一道15路
邮编：325025
电话：0577-86990822，85980822
传真：0577-86990922
电子信箱：weike@zjweike.com
网址：www.zjweike.com
主要产品或业务范围：高性能集菌仪系列、全封闭智能匀浆仪、新型微生物限度检验仪、反复使用过滤器、一次性培养器等一系列高科技产品。

余姚市金诺天平仪器有限公司
地址：浙江省余姚市磨刀桥路63-8号
邮编：315400
电话：0574-62760325
传真：0574-62829760
电子信箱：jinnuo@nbjinnuo.com
网址：www.nbjinnuo.com
主要产品或业务范围：专业生产各类电子天平的企业。

浙江哈迈科技有限公司
地址：浙江省宁波市鄞州区姜山镇朝阳路667号
邮编：315191
电话：0574-88303769
传真：0574-28850793-607
电子信箱：dk@excellentvial.com
网址：www.nbbmyq.com
主要产品或业务范围：实验室仪器、色谱耗材。

浙江科通仪器有限公司
地址：浙江省绍兴市经济开发区平江路46号瑞越仪器大楼

201室、202室
邮编：312000
电话：0575-88120560
传真：0575-88120561
电子信箱：sales@fortunescientific.com.cn
网址：www.fortunescientific.com.cn
主要产品或业务范围：该公司经销科学仪器、工业测试仪器、实验室设备、光学仪器、测量及控制仪器、衡器、电子天平、教学理科仪器等。

浙江省金华市科迪仪器设备有限公司
地址：浙江省金华市工业园区秋滨街道始丰路899号
邮编：321016
电话：0579-82338734，83522561，83522099
传真：0579-83522562
电子信箱：jhkedi@zjkedi.com
网址：www.zjkedi.com
主要产品或业务范围：公司研发生产各种轮转切片机、电脑快速冷冻石蜡两用切片机、低温恒冷冷冻切片机等。

浙江台州求精真空泵有限公司
地址：浙江省台州市黄岩区头陀镇头陀街振兴东路18号
邮编：318020
电话：0576-84997217
传真：0576-84997028
电子信箱：1260522319@qq.com
网址：www.hyqiujing.com
主要产品或业务范围：公司生产真空泵。

供应用计量仪器仪表

瑞纳智能设备股份有限公司
地址：安徽省合肥市双凤开发区凤霞路东39号
邮编：231311
电话：0551-66850062
传真：0551-66850031
电子信箱：hr@runachina.com
网址：www.runachina.com
主要产品或业务范围：该公司拥有超声波热量表、智能IC卡锁闭阀及智能恒温阀技术，产品有新一代超声波热量表、IC卡智能锁闭阀、智能恒温阀。

北京博纳电气有限公司
地址：北京市昌平区回龙观龙城花园内北京1033信箱
邮编：102208
电话：010-80795784-2009
传真：010-80795212
电子信箱：banner@bjbanner.com
网址：www.bjbanner.com.cn
主要产品或业务范围：各种电子式预付费电能表、电子式多功能电能表、电子式远程多功能电能表、关口表、浇地表、全电子载波电能表、电力需求侧管理终端、远程抄表系统和售电管理系统等。

北京富根电气有限公司
地址：北京市门头沟区石龙工业区东路1号
邮编：100102
电话：010-69803043
传真：010-69805754
电子信箱：service@fugen.com
网址：www.fugen.cn
主要产品或业务范围：电能计量仪表、智能电表(具备预付费收费管理模式)。

北京海湾智能仪表有限公司
地址：北京市怀柔区雁栖工业开发区雁栖大街35号
邮编：101407
电话：010-61665188
传真：010-82486555
电子信箱：yb@hdmeter.com.cn
网址：www.hdmeter.com.cn
主要产品或业务范围：致力于电子式电能表、智能水表、远程抄表系统等系列产品。

北京宏伟超达科技股份有限公司
地址：北京市通州区永乐店开发区恒业八街6号8栋
邮编：100018
电话：4008397788，010-57057191
传真：010-57057190
电子信箱：bj906777@163.com
网址：www.bjhwcd.cn
主要产品或业务范围：超声波热量表、散热器温控阀、智能水表等。

北京鸿豪兴达仪表有限公司
地址：北京市通州区漷县镇漷兴三街18号
邮编：101109
电话：010-81563625
传真：010-80583446
电子信箱：honghaoxd@163.com
主要产品或业务范围：机械超声波式热量表、通断时间面积计量系统。

北京华煜宏博科技股份有限公司
地址：北京市朝阳区合美国际大厦B座13层
邮编：100024
电话：010-56113866
传真：010-56113866
电子信箱：hyhb@huayuhongbo.com
网址：www.huayuhongbo.com
主要产品或业务范围：该公司开发的电子产品主要涉及手持设备、智能卡(接触式和非接触式)预付费计量控制系统设备、感应加热节能降耗控制装置、智能监控、自动化系统工程等。产品有电表，预付费控制器，预付费计量箱，低压配电柜，电表监控仪，预付费燃气表，热量表等。

北京集万讯电子技术有限公司
地址：北京市海淀区知春路甲48号盈都大厦A-12B
邮编：100098
电话：010-58731166
传真：010-58731797
电子信箱：sally.zou@jetson.com.cn
网址：www.jetson.com.cn
主要产品或业务范围：智能仪表产品包括IC卡预付费系统和无线远传或集中抄表等不同应用方式的智能表系统整体解决方案。

北京嘉洁能科技有限公司
地址：北京市通州区中关村科技园区通州园金桥科技产业基地景盛南二街25号23栋
邮编：101102

电话：010-59771622
传真：010-59771620
电子信箱：jjntech@sina.cn
网址：www.jjntech.com
主要产品或业务范围：超声波热量表、IC卡暖气控制阀系列产品。

北京京仪北方仪器仪表有限公司
地址：北京市大兴区盛坊路2号
邮编：102600
电话：010-60250333，60250334，60250335
传真：010-60257647
电子信箱：web@bj3b.com.cn
网址：www.jybfgs.com
主要产品或业务范围：感应式单相、三相电能表，电子式单相、三相电能表，预付费电能表，多费率电能表，低压电力用户自动抄表系统；位移、速度、加速度传感器及振动分析仪器。

北京京源水仪器仪表有限公司
地址：北京市房山区良乡经济技术开发区白杨路甲2号
邮编：100141
电话：010-69329999
传真：010-89323088
电子信箱：yx@bjjoyo.com
网址：www.bjjoyo.com
主要产品或业务范围：机械水表、智能IC卡水表、热计量表、压力表等共计500多个规格品种。

恩乐曼热量表（北京）有限公司
地址：北京市朝阳区南新园西路6号香榭舍9A1
邮编：100015
电话：010-87323885
传真：010-84505080
电子信箱：sales@tycorady.com
网址：www.tycorady.com
主要产品或业务范围：袖珍型热量表、袖珍型冷量表、组合式能量表、M—Bus远程读数系统。

益都智能技术（北京）股份有限公司
地址：北京市大兴区兴盛街19号
邮编：100176
电话：010-67805059
传真：010-67880119
电子信箱：ydybcom@sina.com
网址：www.ydyb.com
主要产品或业务范围：专业生产超声波冷热量表、时间面积通断法计量系统、智能冷热水水表、流量计表、超声波水表、远传水表、压力表、双金属温度计、温湿度表、电磁流量计、（智能预付费）暖气控制阀等系列产品。

福州中福水表有限公司
地址：福建省福州市晋安区鼓山镇福兴大道43号
邮编：350014
电话：0591-38123567
传真：0591-38122618
电子信箱：fzwmf@pub2.fz.fj.cn
网址：www.watermeter-china.com
主要产品或业务范围：冷水水表和热水水表。

厦门阳光基业仪表有限公司
地址：福建省厦门市翔业路23号一楼
邮编：361003
电话：0592-2021935
传真：0592-2023641
电子信箱：xiayiwx@163.com
主要产品或业务范围：该公司是昆明阳光基业股份有限公司的全子公司，是我国水表行业的主要生产厂家。

东莞恒晖电子仪表有限公司
地址：广东省东莞市凤岗镇竹塘卧龙村
邮编：523681
电话：0769-87757888
传真：0769-87752623
电子信箱：ebedb@china-ipn.com
网址：http://ebe.everbgt.com
主要产品或业务范围：高科技电子式智能电度表、特种彩印机器控制模块及各种电话机。

广东省德庆电表制造有限公司
地址：广东省肇庆市德庆县工业创业园
邮编：526600
电话：0758-7762574，7762703
传真：0756-7760998
主要产品或业务范围：安装式电表，包括交/直流电流、电压、频率、功率因数、有功功率、无功功率、同步指示等电表。

广州柏诚智能科技有限公司
地址：广东省广州市番禺区化龙镇潭山村金湖工业区金阳一路164号
邮编：510663
电话：020-34753188
传真：020-80672831
电子信箱：jinyan.chen@basic.com.cn
网址：www.basic.com.cn
主要产品或业务范围：冷热量表、智能水表、智能电表等计量产品和暖通空调自控产品，提供的解决方案包括建筑能源计量监控系统、供热计量监控系统平台、中央空调节能控制系统、中央空调VAV变风量控制系统和云能源管理平台系统等。

广州凤凰仪表有限公司
地址：广东省广州市白云区江高镇天才岗15号
邮编：510450
电话：020-86207368
传真：020-86600055
网址：www.gzmeter88.com
主要产品或业务范围：全系列智能电能表、水表、指示仪表、能源数据采集终端等。

兰吉尔仪表系统（珠海）有限公司
地址：广东省珠海市南屏科技工业园屏东三路12号
邮编：519060
电话：0756-3229181
传真：0756-3229183
电子信箱：janet.yao@landisgyr.com
网址：www.landisgyr.com.cn
主要产品或业务范围：能源计量仪表，能源计量仪表，包括智能电表、燃气表、超声波冷/热量表；先进计量基础架构以及面向未来的通信技术；表计数据管理、配电自动化、个人能源管理；智能电网管理与监控服务、系统实施与集成服务、外包管理服务等。

深圳赫美集团股份有限公司
地址：广东省深圳市南山区沙河街道东方科技园华科大厦6楼
邮编：518000
电话：0755-26755088
传真：0755-26755088-111
电子信箱：hnd@szhnd.com
网址：www.szhnd.com
主要产品或业务范围：单相电子式电能表，单相电子式预付费电能表，三相多功能电能表。

深圳市航天泰瑞捷电子有限公司
地址：广东省深圳市罗湖区国威路莲塘第一工业区112栋
邮编：518004
电话：0755-25163200，82370200，25163180
传真：0755-25163201
电子信箱：service@trj-china.com
网址：www.trj-china.com
主要产品或业务范围：电能计量仪器仪表、电力监测控制仪表、用电信息采集系统、安装式数字仪表。

深圳市江机实业有限公司
地址：广东省深圳市南山区西丽龙井高发科技园综合楼
邮编：518067
电话：0755-26753428，86083547
传真：0755-86081652
电子信箱：jiangji@sz-jj.com
网址：www.sz-jj.com
主要产品或业务范围：工业及民用电能表，开关电源，集中抄表系统等领域。

深圳市科陆电子科技股份有限公司
地址：广东省深圳市南山区科技园北区宝深路科陆大厦
邮编：518057
电话：0755-33309999
传真：0755-26719679
电子信箱：marketing@szclou.com
网址：www.szclou.com
主要产品或业务范围：该公司是专业从事电工仪器仪表、电子式电能表和电力自动化产品的研发、生产和销售的国家重点高新技术企业。

深圳市龙电电气有限公司
地址：广东省深圳市南山区南油第一工业区107栋
邮编：518054
电话：0755-86031690
传真：0755-86031620-227
联系人：郭徽
电子信箱：marketing@londian.com.cn
网址：www.londian.com.cn
主要产品或业务范围：该公司是国有大型企业华电集团的下属企业，是专业从事电子式电能表、电能标准装置及电能量网络集中管理系统研发和制造的高科技大型现代化企业。

深圳市思达仪表有限公司
地址：广东省深圳市南山区海德三道海岸大厦西座23层
邮编：518054
电话：0755-86358888
传真：0755-86310668
电子信箱：info@szstar.com
网址：www.szstar.com
主要产品或业务范围：全电子式电能表、智能水表、新型燃气表。

泰仕电子工业股份有限公司
地址：广东省广州市天河区龙洞北庆里2号
邮编：510620
电话：020-27993660，15999953844
传真：020-27995099
网址：www.twtes.com
主要产品或业务范围：数字式三用电表、三用钩表、电源供应器、电容表、汽车表、数字式噪声计、温度计、湿度计、照度计、绝缘电阻计等。

珠海经济特区凯力电器有限公司
地址：广东省珠海市前山翠珠三街4号东
邮编：519070
电话：0756-8626838，8615906，8621169
传真：0756-8615905
联系人：程安庆
电子信箱：litchzztd@163.com

网址：www.calintech.com
主要产品或业务范围：单相电子式电能表、三相电子式电能表、单相电子式预付费电能表、三相电子式预付费电能表、单相电子式复费率载波电能表、三相电子式复费率载波电能表、三相电子式有功无功组合电能表、三相多功能电能表、低压数据采集器、智能集中器、采集器；用电管理终端。

衡水多元仪表有限公司
地址：河北省衡水市开发区北方工业基地工业大街东侧
邮编：053000
电话：0318-2273866
传真：0318-2273866
电子信箱：donyihniyuan@163.com
网址：www.hsdyhy.com
主要产品或业务范围：燃气计量仪表（智能气体涡轮流量计、智能气体罗茨流量计、智能旋进漩涡流量计），燃气预付费仪表（燃气IC卡控制器、一体式IC卡气体涡轮流量计、一体式IC卡气体罗茨流量计）。

石家庄丰源仪表有限公司
地址：河北省石家庄市鹿泉经济开发区昌盛大街与双剑东路交口300米路南
邮编：050026
电话：0311-83984066
传真：0311-83984466
电子信箱：mail@fyyb.com.cn
主要产品或业务范围：专业从事水表、电表、热计量仪器、仪表。

河南金雀电气股份有限公司
地址：河南省驻马店市金雀路999号
邮编：463000
电话：0396-2627857
传真：0396-2627889
电子信箱：jinqueyb@126.com
网址：www.jin-que.com
主要产品或业务范围：感应式、电子式和机电一体多功能电度表系列，水表系列，热量表系列，燃气表系列，校验台装置，自动抄表系统，低压电器系列产品。

河南新天科技股份有限公司
地址：河南省郑州市国家高新技术产业开发区红松路252号
邮编：450001
电话：0371-67985828，67990938，67985558
传真：0371-67985228
电子信箱：info@suntront.com
网址：www.suntront.com
主要产品或业务范围：智能水表、热量表、智能气表、智能电表以及支持智能表运行的系统、配套设备及软件。

河南许继仪表有限公司
地址：河南省许昌市许继大道1298号
邮编：461000
电话：0374-3212286
传真：0374-3212286
电子信箱：yb@xjgc.sgcc.com.cn
主要产品或业务范围：三相多功能表，单相电能表。

开封市长风水表有限公司
地址：河南省开封市南柴屯374号
邮编：475003
电话：0371-23921559，23922608
传真：0371-23920456
电子信箱：shuibiao@371.net
网址：www.bianjing.net
主要产品或业务范围：节水表，旋翼式冷水水表，旋翼式热水水表，水平螺翼式冷水水表，旋翼式跳字水表，旋翼立式水表，旋翼式防盗水表，防滴漏节水型水表等。

开封市盛达水表有限公司
地址：河南省开封市魏都路109号
邮编：475004
电话：15237828699
传真：0371-23668430
电子信箱：497343898@qq.com
网址：www.kfzhyb.com
主要产品或业务范围：智能IC卡水表、智能光电直读式远传水表电子芯片，智能水表校验装置。

郑州安然测控设备有限公司
地址：河南省郑州市航海西路1号
邮编：450006
电话：0371-68623188，68629459
传真：0371-61739501
电子信箱：anran@zzanran.com
网址：www.zzanran.com
主要产品或业务范围：IC卡预付费燃气表、无线集中抄表系统、有线集中抄表系统、无线数据监控系统。

哈尔滨电表仪器厂（集团）有限公司
地址：黑龙江省哈尔滨市经济技术开发区同江路8号
邮编：150069
电话：0451-86300213
传真：0451-86300213
联系人：李荣敏
电子信箱：rongminli@163.com
网址：www.hrbhyb.com
主要产品或业务范围：电流表，电压表，电流互感器，单相/三相电度表，毫伏表，瓦特表，低功率瓦特表，交直流微安表，安培表。

哈尔滨荣耀科技开发有限公司
地址：黑龙江省哈尔滨市经济技术开发区衡山路9号
邮编：150090
电话：0451－82351528
传真：0451－82332140
电子信箱：rongyaokeji@163.com
网址：www.rykj.com
主要产品或业务范围：专业生产冷/热计量表、智能控制阀等。

哈尔滨圣昌科技开发有限公司
地址：黑龙江省哈尔滨市平房区松花路1号
邮编：150060
电话：0451－86677513，87503364
传真：0451－86677002
电子信箱：hrbshengchang@163.com
网址：www.hrbshenghang.com
主要产品或业务范围：热量表、RF智能温控阀的研发、生产、销售。

湖北泽越电子科技有限公司
地址：湖北省武汉市硚口区南泥湾大道8号
邮编：430034
电话：027－83413307
传真：027－93413337
电子信箱：wangjiaqin@chinazero.net
主要产品或业务范围：研发生产水电气热四表一卡通模块及系统软件。

武汉电器科学研究所有限公司
地址：湖北省武汉市汉阳区阳新路1号
邮编：430050
电话：027－84845098
传真：027－84595550
电子信箱：marketing@wicp.com.cn
网址：www.weari.com.cn
主要产品或业务范围：电子电器产品安全性能测试设备、材料阻燃性能测试设备、电器附件性能及可靠性测试设备。

武汉盛帆电子有限公司
地址：湖北省武汉市江夏区阳光大道9号
邮编：430223
电话：027－81802511，81802522，81800252
传真：027－81800206，81800216
电子信箱：sftnow@163.com
网址：www.sftnow.com
主要产品或业务范围：电能表系列、三相预付费电能计量柜、水表系列、气表系列、集抄集控系统、大用户用电管理系统。

怀化建南机器厂有限公司
地址：湖南省怀化市麻阳长寿工业园鸿基楼
邮编：418008
电话：4000804507
传真：0745－2380548
电子信箱：market@hhjnc.com
网址：www.hhjnc.com
主要产品或业务范围：各式电能表，预付费水表等。

威胜集团有限公司
地址：湖南省长沙市河西高新区桐梓坡西路468号威胜科技园
邮编：410205
电话：0731－88619888
传真：0731－88619555
电子信箱：wasion@wasion.cn
网址：www.wasion.cn
主要产品或业务范围：高精度多功能三相电能表、民用电子表、电能量及能源计量数据采集和管理终端、电能质量监测和控制装置，预付费系统、负荷管理系统、远程自动化抄表系统、电能量与能源计量综合管理系统等先进能源计量系统。

国电南瑞三能电力仪表（南京）有限公司
地址：江苏省南京市浦口区高新路20号
邮编：210031
电话：025－58690516
传真：025－58690545转806
电子信箱：sales@sanneng.com.cn
主要产品或业务范围：电子式电能表及用电管理系统、高低压电力线载波远程抄表系统等产品。

江苏卡欧电子股份有限公司
地址：江苏省宜兴市新街镇
邮编：214204
电话：0510－82936901，82936900
传真：0510－87132001
联系人：崔惠红
电子信箱：kaou88@163.com
主要产品或业务范围：该公司是生产各种电子式电能表的高新技术企业。主要产品有单相电子电能表、单相预付费电能表、单相多费率电能表、三相全电子电能表、三相多费率电能表、三相预付费电能表、三相多功能电能表、低压电力线载波集中抄表系统、无线集中抄表系统、配变终端系统、大客户管理系统等。

江苏林洋电子股份有限公司
地址：江苏省启东市经济开发区林洋路666号
邮编：226200
电话：4001681116
传真：0513－83118619

电子信箱：market@linyang.com
网址：www.linyang.com
主要产品或业务范围：公司产品及解决方案包括智能电表及AMI系统、LED及智能照明系统、能效管理平台及节能服务、光伏组件及分布式光伏电站系统、分布式电站运营平台、微电网系统等。

江苏迈拓仪表股份有限公司
地址：江苏省南京市江宁滨江经济开发区喜燕路5号
邮编：211178
电话：025-86981982，86981981
传真：025-86981980
电子信箱：metter@metter.com
网址：www.meter.cn
主要产品或业务范围：智能超声水表和热量表系列产品。

江苏西欧电子有限公司
地址：江苏省启东市经济开发区西欧科技园
邮编：226200
电话：0513-83346666，83348888
传真：0513-83347777
电子信箱：jsxiou@163.com
网址：www.xiou.com.cn
主要产品或业务范围：智能化集中抄表系统，各种单相、三相电子式电能表。

连云港水表有限公司
地址：江苏省连云港市新浦区海连西路16号
邮编：222004
电话：0518-86097777，86090707
传真：0518-86097905
电子信箱：sale@langhua.com
网址：www.langhua.com
主要产品或业务范围：各类民用、农业用和工业用水表，热量表，IC卡水表，智能水表。

连云港腾越电子科技有限公司
地址：江苏省连云港市海州开发区新陇路15号
邮编：222062
电话：0518-85916595
传真：0518-86077277
电子信箱：tengyue@lygtengyue.com
网址：www.lygtengyue.cn
主要产品或业务范围：工业及民用智慧供水计量和智慧供热计量两大系列1000多个品种规格。

南京宇能仪表有限公司
地址：江苏省南京市栖霞区迈皋桥街道和燕路285号803室
邮编：210031
电话：025-85694181
传真：025-58493502

联系人：潘学瑜
电子信箱：nengyu888@163.com
网址：www.nengyuyb.com
主要产品或业务范围：压力变送器、智能数显调节仪、无纸记录仪、智能巡检仪、流量积算仪、电磁流量计、涡街流量计、雷达液位计、智能手操器等。

南京紫金计量有限公司
地址：江苏省南京市栖霞区科创路1号金港科创二期05幢1-4层
邮编：210033
电话：025-85800301，85553187
传真：025-85800302
电子信箱：jl301@zijingroup.com
主要产品或业务范围：YX2041智能万用现场校验仪，ZJJ-100水表采集装置及远程抄表系统。

无锡市电度表有限公司
地址：江苏省无锡市滨湖开发区高凯路6号
邮编：214111
电话：0510-88276111，88272139
传真：0510-88276222
电子信箱：sales@wuxi-meter.com
网址：www.wuxi-meter.com
主要产品或业务范围：电能表。

无锡市恒通电器有限公司
地址：江苏省无锡市滨湖区太湖周新东路68号
邮编：214121
电话：0510-85061786
传真：0510-85061763
电子信箱：ht@wxht.com
网址：www.wxht.com
主要产品或业务范围：单相电能表、单相电子式电能表、单相预付费电能表、三相电能表、三相预付费电能表。

徐州丙辰电子股份有限公司
地址：江苏省新沂市经济技术开发区北京西路113号
邮编：221400
电话：0516-69905675
传真：0516-69905677
电子信箱：wxz136@sohu.com
网址：www.bc588.com
主要产品或业务范围：机械热量表、超声波热量表、射频卡热量表、智能采暖控制器、智能水表。

江西三川智慧科技股份有限公司
地址：江西省鹰潭市高新区龙岗片区三川水工产业园
邮编：335000
电话：0701-6318025
传真：0701-6318066
电子信箱：webmaster@ytsanchuan.com

网址：www.ytsanchuan.com
主要产品或业务范围：节水型水表、智能卡式水表、网络远传水表、直读式电子远传水表、环保不锈钢水表、复式水表、多路共管供水系统、给排水管材管件等。

九江中船仪表有限责任公司
地址：江西省九江市十里大道1039号
邮编：332007
电话：0792-8269958，8269317
传真：0792-8269445
电子信箱：sell2@cnjsic.com
网址：www.cnjsic.com
主要产品或业务范围：电控罗经、操舵仪，速率指示器，射流管阀，电液伺服阀，BDY9-B型石油催化裂化装置，电液执行机构，标准电能表，单相、三相电能表校验台，DD862系列电度表，洗衣机电动机，直流无刷电机，电动自行车，油分浓度计等。

大连道盛仪表有限公司
地址：辽宁省大连市甘井子区棠梨沟南工业园
邮编：116021
电话：0411-84179907
传真：0411-84179900
电子信箱：tuf2000@126.com
网址：www.t3-watermeter.com
主要产品或业务范围：公司主要产品有双声道超声波水表、超声波流量计、超声波热量表。

大连环岛智能技术有限公司
地址：辽宁省大连市金州区站前街道新马家43-86-3号
邮编：116001
电话：0411-39324666
传真：0411-39322333
电子信箱：hd@dlhdyb.com
网址：www.dlhdyb.com
主要产品或业务范围：超声波热量表、无磁热量表。

大连世达科技有限公司
地址：辽宁省大连市经济技术开发区光明西街16号
邮编：116600
电话：0411-66777022
传真：0411-66777020
电子信箱：sdkj2000@sina.com
网址：www.sdkj2000.com
主要产品或业务范围：主要生产超声波热量表、智能锁控阀、远程控制阀、预付费热量表、远传远控采集系统、通断时间面积法系统、世达科技一站式供热管理系统等系列产品和应用软件。

丹东热工仪表有限公司
地址：辽宁省丹东市元宝区兴东街87号

邮编：118001
电话：0415-2824446
传真：0415-2825588
主要产品或业务范围：生产燃气表。

辽宁民生智能仪表有限公司
地址：辽宁省调兵山市城南开发区民生科技园
邮编：112700
电话：0410-76952345
传真：0410-76982868
网址：www.minsenmeter.cn
主要产品或业务范围：无线远传智能冷热水表，无线远传智能燃气表，无线远程抄表系统配件及软件，低压电力集中抄表系统，公用事业信息化计算机管理系统。

辽宁省计量科学研究院
地址：辽宁省沈阳市和平区文化路三巷9号
邮编：110004
电话：024-23928676
传真：024-23890662
电子信箱：zljs@lnjl.com
网址：www.lnjl.com.cn
主要产品或业务范围：是国家燃气表质量监督检验中心，是国家燃气表、水表、热量表、电能表、非自动衡器、称重传感器型式评价实验室。

辽阳科新流量仪表厂
地址：辽宁省辽阳市繁荣路中段杨林子
邮编：111000
电话：0419-2192216
传真：0419-2193186
电子信箱：Wangfulin168@126.com
网址：www.ly-ks.com
主要产品或业务范围：水表及水表校验设备。

沈阳航发热计量技术有限公司
地址：辽宁省沈阳市沈河区万莲路1号
邮编：110015
电话：024-24281350，24281348
传真：024-24281838
电子信箱：hfrjl@163.com
网址：www.hfrjl.com.cn
主要产品或业务范围：各种民用和工业用冷热计量仪表及相关配套产品。

沈阳时尚实业有限公司
地址：辽宁省沈阳市浑南开发区新络街8号
邮编：110179
电话：024-31031111
传真：024-31031123
电子信箱：matket@fashion-science.com.cn

网址：www.sssy.com

主要产品或业务范围：单相电子式电能表、单相电子式多费率电能表、单相电子式载波电能表、三相电子式电能表、三相电子式有无功组。

水发航宇星物联仪表科技（辽宁）有限公司

地址：辽宁省沈阳市苏家屯区桂竹香街68-D2号

邮编：110045

电话：024-88263972

传真：024-88263972

电子信箱：hangyuxing_sy@163.com

网址：www.hangyuxing.net

主要产品或业务范围：专业生产各种型号热计量表、燃气表、水表。

宁夏隆基宁光仪表有限公司

地址：宁夏回族自治区银川市经济技术开发区光明路25号

邮编：750021

电话：0951-3969078，3015124

传真：0951-3969080

电子信箱：lgg@nxlgg.com

网址：www.nxlgg.com

主要产品或业务范围：电能表、水表、燃气表、热量表。

代邀表计（济南）有限公司

地址：山东省济南市高新技术开发区舜风路1100号

邮编：250101

电话：0531-58820999

传真：0531-58820998

电子信箱：sales@hydrometer.cn

网址：www.diehl-metering.cn

主要产品或业务范围：专业生产和销售符合欧洲标准和中国标准的热计量表。

济南电表厂有限公司

地址：山东省济南市天桥区北坦新莱市78号

邮编：250001

电话：0531-86922945

传真：0531-86922945

联系人：张经理

网址：www.jndianbiaochang.com

主要产品或业务范围：多功能网络仪表、智能数显仪表、多功能数显表、三相电流数显表、各类数显电测量仪表、指针表等各类安装式仪表。

济宁金水科技有限公司

地址：山东省济宁市金宇路48号

邮编：272000

电话：0537-2239283

传真：0537-2173989

电子信箱：297110671@qq.com

网址：www.jswater.com.cn

主要产品或业务范围：DN15-300系列热量表、DN15-300系列超声波水表、DN15-50系列电子远传水表、热计量控制系统、管网叠压供水设备、箱式供水设备和水厂／污水厂自动化控制系统等。

龙口市博思达仪器仪表公司

地址：山东省济南市市中区三箭银苑B座1201室

邮编：265718

电话：0531-82066123

电子信箱：lkbsd@sina.com

网址：www.lkbsdgs.com

主要产品或业务范围：LUGB/LUGE系列涡街流量传感器、智能弯管流量计、居民分户计量热能表、智能显示仪表和计算机能源计量管理系统。

青岛电能电度表有限公司

地址：山东省青岛市市北区万安三路16号1层

邮编：266000

电话：0532-84992873

传真：0532-84992863

电子信箱：qdddb@qdddb.com

网址：www.qdddb.com

主要产品或业务范围：单相电能表，单相、三相电能表，三相无功电能表，三相系列有功脉冲电能表，三相系列无功脉冲电能表，三相系列有功多功能电能表。

青岛海达仪表有限公司

地址：山东省青岛市黄岛区刘公岛路119号

邮编：266500

电话：0532-86856588

传真：0532-86866667

联系人：宋立英

电子信箱：139687280@qq.com

网址：www.haida.sd.cn

主要产品或业务范围：单、三相系列费控智能电能表。

青岛海威茨仪表有限公司

地址：山东省青岛市崂山区科苑纬1路1号

邮编：266101

电话：0532-80663632

传真：0532-80663640

电子信箱：info@hiwits.com

网址：www.hiwits.com

主要产品或业务范围：专业研发、生产智能水表，智能热量表，智能燃气表。

青岛乾程电子科技有限公司

地址：山东省青岛市崂山区松岭路169号

邮编：266061

电话：0532-88036767

传真：0532-88036766
网址：www.techen.cn
主要产品或业务范围：载波电能表、预付费电能表、多功能电能表、电能量数据采集和管理终端，以及远程自动化抄表系统、预付费系统、负荷管理系统、电能量综合管理系统等先进能源计量系统。

荣成市宇翔实业有限公司
地址：山东省荣成市工业园悦湖路118号
邮编：264300
电话：0631-7600666，7603777
传真：0631-7600666，7603777
电子信箱：1984yuxiang@sina.com
网址：www.yuxiang-gasmeter.com
主要产品或业务范围：钢壳民用、铝壳民用、工商用、智能型民用四大系列二十余个型号的燃气计量仪表。

山东贝特智联表计股份有限公司
地址：山东省威海市高新技术开发区火炬路219号
邮编：264209
电话：0631-5624056
传真：0631-5626150
电子信箱：info@better-cn.com
网址：www.better-cn.com
主要产品或业务范围：超声波热量表以及与其配套的远传抄表监控系统、供热企业智慧能源管理平台、智能水表、涡街流量计、热式气体质量流量计、通断时间面积法产品等。

山东冠翔科技有限公司
地址：山东省临沂市兰山白沙埠镇安沂路东段
邮编：276035
电话：0539-8651489
传真：0539-8652899
电子信箱：guanxiangshuibiao@126.com
网址：www.sdguanxiang.com
主要产品或业务范围：各种规格型号的水表（含预付费IC卡水表、光电直读远传水表）、各种规格型号的热量表、以上仪表的铜配件、机芯等塑料配件、环保型水表壳体。

山东和同信息技术有限公司
地址：山东省济南市高新区科远路1659号
邮编：250101
电话：0531-88550973
传真：0531-88553668
电子信箱：hetongxinxi002@163.com
网址：www.hetongxinxi.com
主要产品或业务范围：智能水、电、气、热量仪表及各行业的信息管理系统。

山东康英斯自动化设备有限公司
地址：山东省东营市胜利油田孤岛社区

邮编：257231
电话：0546-8899206
传真：0546-8899206
电子信箱：sdkangys@163.com
主要产品或业务范围：康英斯超声波热量表。

山东科大中天安控科技有限公司
地址：山东省泰安市高新区北天门大街西段
邮编：271000
电话：0538-6055668
传真：0538-6055659
电子信箱：dingjianting@kdzt.onaliyun.com
网址：www.kdzt.com
主要产品或业务范围：开发计算机联网自动抄表系统、电费计量远程控制系统等多项新技术。该公司专业制造DF型反窃电集中式智能电能表、IC卡电表及四表自动远抄系统。DF型系列电能表具有恶性负载识别、预付费、复费率、红外抄表及远控远抄功能。

山东鲁正电子有限公司
地址：山东省济南市天桥区中南高科中德产业园二期12栋
邮编：250032
电话：0531-87266550
传真：0531-87266958
电子信箱：sdlzdz@51889.com.cn
网址：www.51889.com.cn
主要产品或业务范围：智能电能表、阶梯电价电表、智能水表、智能一卡通水电表、预付费水表、热量表。

山东水立方电子有限责任公司
地址：山东省菏泽市开发区太湖路1919号
邮编：274000
电话：0530-5066661
传真：0530-5384321
电子信箱：wsy79523@126.com
主要产品或业务范围：公司专业自主研发和生产超声波水表、超声波热量表、智能温控阀、智能温控器、恒温阀、分水器、MBUS数据采集器、换热站RTU控制器等相关产品，并提供水计量远传抄表、热计量远传抄表、暖通监控计费、智能化换热站、中央空调温度控制、壁挂炉温度控制、全面水平衡调节控制、楼宇自控等系统方案。

泰安市一诺电子科技有限公司
地址：山东省泰安市东部高新区泰前大街东首省庄热电厂北邻
邮编：271000
电话：0538-6800879，6800869
传真：0538-6800869
电子信箱：yndz_ta@163.com
网址：www.tayndz.com
主要产品或业务范围：多用户组合式电能表及远程抄表与

控制系统，单相（三相）电子式预付费电能表及管理系统，多用户组合式预付费电表，一卡通系列智能预付费水表、电表、热量表及水、电、气自动抄表系统等产品。

威海市天罡仪表股份有限公司

地址：山东省威海市环翠区火炬南路576号
邮编：264209
电话：0631-5684198
传真：0631-5684298
电子信箱：tiangang@plou.cn
网址：www.plou.cn
主要产品或业务范围：单流束、多流束无磁机械式热量表，单声道、多声道超声波式热量表，电磁式热量表。

威海震宇智能科技股份有限公司

地址：山东省威海市环翠区羊亭镇景山路4号
邮编：264204
电话：0631-5777067
传真：0631-5777067
电子信箱：zy5304695@126.com
网址：www.zhenyuzhineng.com
主要产品或业务范围：热计量表、智能阀、供热设备、散热装置、智能化软件系统。

西安亮丽仪器仪表有限责任公司

地址：陕西省西安市高新技术开发区科技七路付3号西电科大科技成果转化中心B座
邮编：710075
电话：029-81878200
传真：029-88314473
电子信箱：lianglioffice@xianliangli.com
网址：www.xianliangli.com
主要产品或业务范围：单/三相智能电能表、电表箱、集中器、采集器、专变采集终端等用电信息采集设备。

前卫（上海）表业有限公司

地址：上海市虹口区水电路1229号
邮编：200434
电话：021-63516535，65600366
传真：021-63516535
电子信箱：SKM@skm.com.cn
网址：www.skm.com.cn
主要产品或业务范围：该公司是从事各种燃气表、燃气设备、电子产品的开发、生产、销售的中外合资企业。主要生产BK系列、JBD系列、BMD系列膜式煤气表、智能表和BSD系列湿式流量计。

上海奉义龙电子有限公司

地址：上海市浦东新区航头镇航都路5号天威工业园2号楼
邮编：201316
电话：021-60975591，60975592，13611695570

传真：021-60975593
联系人：言武锋
电子信箱：fyl@china-meters.com
网址：www.china-meters.com
主要产品或业务范围：该公司是生产电表、水表、煤气表的企业。产品中电表系列包括机电式电能表、电子式电能表、插座式电能表、导轨式电能表、插座式电能表。水表系列包括湿式水表、干式水表、液封水表、容积水表、脉冲水表、智能水表。煤气表包括家用煤气表、工业用煤气表等。

上海金陵智能电表有限公司

地址：上海市虹口区广中路39号
邮编：201616
电话：021-65367070
传真：021-57763559
联系人：周益明
电子信箱：shjlzndb@online.sh.cn
网址：www.cn-meter.com
主要产品或业务范围：三相电能表，单相电能表，全电子式电能表，集中抄表系统。

上海英孚特电子技术有限公司

地址：上海市闵行区联友路118号虹桥成信中心A座306室
邮编：201107
电话：021-62967072，62967130，62967131
传真：021-62967130
电子信箱：liuqiang_119@aliyun.com
网址：www.infotec.sh.cn
主要产品或业务范围：单相、三相电子式电能表，单、三相电子式付费率电能表，单相电子式自读码电能表，三相电子式预付费电能表，三相四线付费率红外预付费电能表，三相电子式多功能电能表，时钟精度测量仪，智能路灯控制器，智能电力计量箱。

真诺测量仪表（上海）有限公司

地址：上海市松江区东兴路15号
邮编：201613
电话：021-67743300
传真：021-57744790
电子信箱：info@zenner.com.cn
网址：www.zenner.com.cn
主要产品或业务范围：专业热量表、热量分配表、水表、自动抄表系统制造商。

天津市光大伟业计量仪表技术有限公司

地址：天津市西青区华苑产业园区梓苑路13号3-D-301
邮编：300384
电话：022-23753856，23753956
传真：022-23753586
电子信箱：wz1201@126.com

主要产品或业务范围：专业从事智能化热计量仪表及相关收费系统的技术开发、应用的高新科技企业。

天津万华股份有限公司
地址：天津市西青区兴华道7号
邮编：300385
电话：022-23974075，23971158，23971228
传真：022-23975039
电子信箱：tj-wanhua@163.com
网址：www.wanhuafilm.com
主要产品或业务范围：预付费热表、超声波热量表、气表、水表、电表。

慈溪市一得电子仪表有限公司
地址：浙江省慈溪市坎墩街道大昌南路
邮编：315300
电话：0574-63032901-2901
传真：0574-63032911
电子信箱：sales@eden-elc.com
网址：www.eden-elc.com
主要产品或业务范围：全电子式单相电能表、预付费单相电能表、预付费三相电能表。

杭州百富电子技术有限公司
地址：浙江省杭州市经济技术开发区(下沙)12号大街500号
邮编：310012
电话：0571-86714200，86714172
传真：0571-86714201
电子信箱：hl@paxhz.com
网址：www.paxhz.com
主要产品或业务范围：单相电子式电能表、单相电子式复费率电能表、三相电子式电能表、三相电子式多功能电能表、GR2001用电现场服务和管理系统、配变综合管理系统、居民集中抄表系统等。

杭州德力西集团有限公司
地址：浙江省杭州市西湖区转塘街道转塘科技经济区块8号
邮编：310012
电话：0571-87789069
传真：0571-85227351
电子信箱：delixi-bsq@163.com
网址：www.hz-delixi.com
主要产品或业务范围：电能表，温度变送器等。

杭州炬华科技股份有限公司
地址：浙江省杭州市余杭区仓前街道龙潭路9号（未来科技城）
邮编：311121
电话：0571-89935888，89935868，89935869
传真：0571-89935899，89935870
电子信箱：market@sunrisemeter.com
网址：www.sunrisemeter.com
主要产品或业务范围：高精度关口电能表、单相及三相工商/民用电能表、单相及三相多功能/预付费/载波电能表、电力负荷管理终端、自动抄表系统、配电监控仪表等。

杭州西子集团有限公司
地址：浙江省杭州市西湖区转塘街道转塘科技园区8号
邮编：310012
电话：0571-88842428
传真：0571-88845017
电子信箱：xizidb@126.com
网址：www.xizimeter.com
主要产品或业务范围：西子牌电能表、数显仪表、集抄系统等主要产品。

杭州中沛电子有限公司
地址：浙江省杭州市余杭区文一西路1198号万利大厦501室
邮编：311121
电话：0571-85222258，85222288
传真：0571-88258913
电子信箱：service@zpmeter.com
网址：www.zpmeter.com
主要产品或业务范围：超声波热表模块、机械表模块等。

华立仪表集团股份有限公司
地址：浙江省杭州市余杭区五常大道181号
邮编：310023
电话：0571-89300088，88900800
传真：0571-89300620
联系人：黄知姣
电子信箱：hudong@holley.cn
网址：www.holley.cn
主要产品或业务范围：电能表、燃气表、水表、SCADA/EMS/DMS(网省级、地区级、县级)、电能量计量计费系统、变电站及工业大用户用电信息综合管理系统、居民用电信息综合管理系统、综合自动化系统等。

乐清市海峰电子有限公司
地址：浙江省乐清市石帆霞雪工业区
邮编：325608
电话：0577-62382855，62382555
传真：0577-62380666
电子信箱：haifengdz@163.com
网址：www.haifengdz.net
主要产品或业务范围：电力数显仪表、导轨式电表、电力能耗系统、电气火灾监控系统、消防设备电源监控系统等十几个系列，上千个规格产品等。

宁波百立康智能仪表有限公司
地址：浙江省慈溪市新浦镇樟新路22号
邮编：315322

电话：0574-63590999
传真：0574-63593088
电子信箱：bailikang@nbshengteng.com
网址：www.chinarlb.com
主要产品或业务范围：机械式热量表DN15-100，超声波热量表DN15-100。

宁波东海集团有限公司
地址：浙江省宁波市横街镇林村
邮编：315181
电话：0574-88426871，87840520
传真：0574-88426658
电子信箱：marketing@dhchina.cn
网址：www.dhchina.cn
主要产品或业务范围：水表、电能表、煤气表、热量表、净水表、计时器、程控阀门、智能仪表及能源资源管理系统等。

宁波三星医疗电气股份有限公司
地址：浙江省宁波市鄞州工业园区
邮编：315191
电话：4008225776
传真：0574-88220152，88220175
电子信箱：ybfwb@mail.sanxing.com
网址：www.sanxing.com
主要产品或业务范围：单相电能表、三相电能表、复费率电能表。

宁波水表（集团）股份有限公司
地址：浙江省宁波市江北区洪兴路355号
邮编：315032
电话：4008857818
传真：0574-88195811
电子信箱：lxc@chinawatermeter.com
网址：www.chinawarermeter.com
主要产品或业务范围：机械水表系列、无线水表系列、有线水表系列。

天正集团有限公司
地址：浙江省温州市柳市东风工业区天正大厦
邮编：325604
电话：0577-62775688
传真：0577-62776888
电子信箱：zhangshaohen@tengen.com.cn
网址：www.tengen.com.cn
主要产品或业务范围：公司生产80大系列10000余种规格的电器产品，塑壳断路器、电能表等产品获得"中国名牌产品"荣誉。

温州市恒力仪表有限公司
地址：浙江省温州市龙湾区经济技术开发区滨海园区明珠

路628号
邮编：325025
电话：0577-55877958
传真：0577-86528868
电子信箱：lin@chinahonly.com
网址：www.chinahonly.com
主要产品或业务范围：动铁式（电磁系）交流电流电压表、频率表、功率因素表。

玉环电力仪表有限公司
地址：浙江省玉环市龙溪工业区
邮编：317609
电话：0576-87139922
传真：0576-87139923
电子信箱：info@tepsung.com
网址：www.yhddb.com
主要产品或业务范围：机电式及电子式单相电能表、三相四线机电式及电子式电能表、多功能电子式电能表。

浙江博凯仪表有限公司
地址：浙江省杭州市富阳区富春街道文居街1733号
邮编：311400
电话：0571-23271006
传真：0571-23271010
主要产品或业务范围：各种智能热（冷）量表、IC卡智能水表。

浙江苍南仪表集团股份有限公司
地址：浙江省温州市苍南县灵溪镇工业示范园区
邮编：325800
电话：0577-64839395，64939211
传真：0577-64839306，64839395
电子信箱：cnybc@zjcnyb.com
网址：www.zjcnyb.com
主要产品或业务范围：主要产品有城镇燃气计量仪表、工业计量仪表、城镇燃气调压（计量）装置、核电节流装置、自动化控制系统和热量计量仪表等。

浙江超仪电子技术股份有限公司
地址：浙江省嘉兴市油车港正阳西路88号
邮编：314018
电话：0573-82236000
传真：0573-82237330
电子信箱：dmarketing@joymeter.com
网址：www.joymeter.com
主要产品或业务范围：电子计量产品与管理系统解决方案提供商，主要产品有超声波式热量表、超声波式IC卡热量表、普通IC卡热量表、时间面积控制阀及热能集抄系统。

浙江晨泰科技股份有限公司
地址：浙江省温州市龙湾区空港新区通海大道五道777号

邮编：325025
电话：0577-86581118，86585858，86588888
传真：0577-86581116
电子信箱：risesun@risesunchina.com
网址：www.risesuncn.com
主要产品或业务范围：电力负荷管理终端、配变监测终端、远程集抄系统、复费率表、预付费表、多功能表、多功能网络电能表、载波表系列。

浙江登立电表仪器有限公司
地址：浙江省乐清市柳市镇西仁宕工业区
邮编：325604
电话：0577-62710999，62711899，62710967
传真：0577-62711967
电子信箱：denglimeter@vip.163.com
网址：www.dengli.com.cn
主要产品或业务范围：预付费、电子式单相表，三相四线电子式有功电能表。

浙江恒业电子有限公司
地址：浙江省嘉兴市平湖经济开发区兴平一路1818号
邮编：314200
电话：4008231818
传真：0573-85096333
电子信箱：hy@zjhengye.net
网址：www.hengye.com.cn
主要产品或业务范围：单相智能电能表、三相智能电能表、用电现场服务管理终端、配变终端、带远程通信功能的模块电能表、小区集中抄表系统等。

浙江华邦电力仪表有限公司
地址：浙江省温州市北白象镇龙河路75号
邮编：325603
电话：0577-62988111
传真：0577-62981658
电子信箱：huabang@china-huabang.com
网址：www.china-huabang.com
主要产品或业务范围：专业生产制造各种型号、规格的单、三相电能表，长寿命电能表，防窃电电能表，预付费电能表及电子式电能表等。

浙江华仪电子股份有限公司
地址：浙江省乐清市经济开发区华仪高新科技园
邮编：325600
电话：0577-62539622，61525958
传真：0577-62539766
电子信箱：huayielec@heag.com
网址：www.huayielec.com
主要产品或业务范围：电能表、热量表、数据采集终端设备、电力线载波通信模块（含芯片）、电能表外置断路器、智能计量设备。

浙江佳友热能科技设备有限公司
地址：浙江省玉环市玉城街道后湾工业区
邮编：317600
电话：0576-87255978
传真：0576-87255977
电子信箱：aodehuafamen@163.com
网址：www.aodehua.cn
主要产品或业务范围：热量表、智能水表、流量计、温控和电动阀门四大系列。

浙江松鹤电表有限公司
地址：浙江省湖州市德清经济开发区凯旋路91号
邮编：313200
电话：0572-8081875，8285830
传真：0572-8285775
电子信箱：songhe@songhemetering.com
主要产品或业务范围：DDS446全系列电子式电能表、DD701系列长寿命机械式电能表、集中抄表系统等。

浙江松夏仪表有限公司
地址：浙江省乐清市柳市镇捕捞新村
邮编：325604
电话：0577-62711507，62711508
传真：0577-62711509
电子信箱：songxia@kwhmeter.ocm
网址：www.kwhmeter.com
主要产品或业务范围：单相电能表、三相电能表、长寿命技术电能表、预付费单相电能表、预付费三相电能表。

浙江万胜智能科技股份有限公司
地址：浙江省台州市天台县始丰街道永昌路109号
邮编：317200
电话：0576-83999510
传真：0576-83999512
电子信箱：zhb@wellsun.com
网址：www.wellsun.com
主要产品或业务范围：单相静止式电能表，单相静止式复费率电能表，单相静止式多功能电能表，单相静止式预付费电能表，三相静止式电能表，三相静止式复费率电能表，三相静止式多功能电能表，三相静止式预付费电能表，集中抄表系统、大用户终端、网络表。

浙江正泰仪器仪表有限责任公司
地址：浙江省乐清市温州大桥工业区正泰仪表工业园
邮编：325603
电话：0577-62919999
传真：0577-62919700
电子信箱：services@chint.com
网址：www.chint.com
主要产品或业务范围：智能电能表及终端、智能燃气表、智能水表、电能计量箱、数显电表及系统解决方案。

专用仪器仪表

安徽蓝盾光电子股份有限公司
地址：安徽省铜陵市石城路电子工业区
邮编：244000
电话：0562-2291019
传真：0562-2291110
电子信箱：ld@idchina.cn
网址：www.ldchina.cn
主要产品或业务范围：长光程空气质量连续自动监测系统。

安徽省煤炭科学研究院
地址：安徽省合肥市宣城路81号
邮编：230001
电话：0551-64679600
传真：0551-64655426
联系人：程文凯
网址：www.ahmky.com
主要产品或业务范围：该公司主要产品为便携式甲烷检测报警仪、矿用隔爆型监视器、隔爆型矿用电源、本安型绝缘电阻测试仪等。

北京爱社时代科技发展有限公司
地址：北京市海淀区知春路56号西区8号101室
邮编：100191
电话：010-82337759，82257095
传真：010-82311583
电子信箱：info@ecoso.com.cn
主要产品或业务范围：智能气体泄漏检测仪、压缩空气泄漏点扫描枪、设备入口流量监测计、压缩机群节能型智能控制系统等。

北京奥地探测仪器有限公司
地址：北京市朝阳区酒仙桥东路1号M3座
邮编：100015
电话：010-64358663，64376846，64361270
传真：010-64358663
电子信箱：amcao@126.com
网址：www.bjdzyqc.com
主要产品或业务范围：专门从事地球物理勘探、探测类仪器的研发、生产和服务。

北京北方大河仪器仪表有限公司
地址：北京市海淀区学院路7号弘彧大厦913室
邮编：100083
电话：010-82306808(8线)，82306828
传真：010-82306818

电子信箱：sales@bj-river.com
网址：www.bj-river.com
主要产品或业务范围：洁净室检测仪器。

北京宾达绿创科技有限公司
地址：北京市海淀区花园路甲13号院8号楼406号
邮编：100088
电话：010-66137977，66165286
传真：010-66160512
电子信箱：2851630075@qq.com
网址：www.bgt.com.cn
主要产品或业务范围：在线式粉尘仪、便携式粉尘仪、防爆型粉尘仪。

北京博隆蓝谱科技有限公司
地址：北京市朝阳区北三环东路18号中国计量院11号楼2层
邮编：100013
电话：010-64299842，64294270
传真：010-64294270
电子信箱：ralph.ren@lpcomp.net
网址：www.bluelab.com.cn
主要产品或业务范围：该公司是英国CASELLA公司、西班牙CESVA公司、美国LINEAR LABORATORIES公司、美国INFICON代理商，产品包括环境噪声仪器，热环境检测仪器，气体与放射性检测仪器，生态监测与气象站，亮度计、照度计，风速、微风计，粉尘仪，温湿度计。

北京长森石油科技有限公司
地址：北京市海淀区永丰产业基地永捷北路2号天惠华大厦3层
邮编：100094
电话：010-82896607，82894349，82894348
传真：010-82896607
电子信箱：bjcsoil@163.com
网址：www.csoil.com
主要产品或业务范围：油田系统效率测试分析、油田自动化测控技术及相关产品。

北京楚翔飞科技开发有限责任公司
地址：北京市朝阳区望京东路8号锐创国际2号楼1612室
邮编：100102
电话：010-64073370
传真：010-64073354
电子信箱：chuxiangfei@sina.com
网址：www.cxf-tech.com

主要产品或业务范围：多功能原油在线评价仪、汽油自动馏程仪、柴油紫外荧光定硫仪等。

北京德康正泰科技有限公司
地址：北京市昌平区北七家科技园区（宏翔鸿企业孵化基地E座106室）
邮编：102209
电话：010-84832651
传真：010-84832650
电子信箱：dkzt@dkzt.com
网址：www.dkzt.com
主要产品或业务范围：ＢＷ气体检测仪、空气呼吸器、气体报警仪、气体检测仪、一氧化碳报警仪、安全报警仪表、气体在线监测系统。

北京东方圆通科技发展有限公司
地址：北京市昌平区鼓楼南街6号佳莲时代广场1座603室
邮编：102200
电话：010-69722157
传真：010-69722055
电子信箱：dongfangyt1@163.com
网址：www.orientaltec.com
主要产品或业务范围：致力于辐射检测仪器，辐射防护用品、辐射监测系统工程、核医学仪器、医疗器械、实验仪器、环保仪器等领域多种工业产品的研发和销售。

北京浮美通电子仪器技术开发有限公司
地址：北京市丰台区科学城海鹰路5号赛欧科园科技孵化中心707-709(35号信箱）
邮编：100070
电话：010-67674053，67676944
传真：010-67676944
电子信箱：info@fumeitong.com
网址：www.fumeitong.com
主要产品或业务范围：露点仪，气体监测仪，气体分析仪。

北京海蓝科技开发有限责任公司
地址：北京市石景山区西井中街66号
邮编：100043
电话：010-88683365
传真：010-88683365
电子信箱：hailankeji@sina.com
网址：www.b-hl.com.cn
主要产品或业务范围：YSS系列电子单多点测斜仪、YST系列随钻测斜仪。

北京华德安工科技有限公司
地址：北京市海淀区志新东路6号
邮编：100083
电话：010-84306658
传真：010-84306738-1

电子信箱：huade@hdag.cn
网址：www.hdag.cn
主要产品或业务范围：安全监测报警仪器仪表。

北京今科三同科技发展有限公司
地址：北京市通州区榆西一街1号院6号楼5层501室
邮编：101100
电话：010-82038606
传真：010-82036870
电子信箱：konglm@advancingsem.com
网址：www.advancingsem.com
主要产品或业务范围：噪声计、粉尘检测仪、有毒有害气体监测等。

北京京航科技有限公司
地址：北京市大兴区经济开发区永昌南路21号
邮编：100176
电话：010-58080838，58080830
传真：010-58080839
电子信箱：service@bcae.com.cn
网址：www.bcae.com.cn
主要产品或业务范围：各类旋转机械故障诊断仪器的研发、生产和经营等。

北京巨源华海核仪表有限公司
地址：北京市海淀区花园路3号4号楼1-2层
邮编：100083
电话：010-83844753
传真：010-83844753
电子信箱：service@hhhyb.com
网址：www.hhhyb.com
主要产品或业务范围：工业核仪表。

北京科力赛克科技有限公司
地址：北京市通州区中关村科技园区通州园金桥科技产业基地景盛南四街甲13号东区1号H
邮编：101102
电话：010-59771558
传真：010-59771559
电子信箱：klskkj@163.com
网址：www.bjklsk.com
主要产品或业务范围：便携式检测仪、固定式检测报警系统及计算机智能监控系统。

北京科思特气体技术有限公司
地址：北京市西城区西单民丰胡同31号中水大厦412室
邮编：100032
电话：010-88067099-7102
传真：010-88067100
电子信箱：tslaowang@bjgastec.com
网址：www.bjgastec.com

主要产品或业务范围：快速气体检测管和相关气体检测产品。

北京莱森泰克科技有限公司
地址：河北省廊坊市东燕郊经济技术开发区留山大街10号兴远高科产业园
邮编：138303
电话：010-58731870
传真：010-58731875
电子信箱：mcy@laisen.com
网址：www.laisen.com
主要产品或业务范围：美国Mensor公司的高精度压力校验控制及测量仪器，是从微压到高压的标准压力源。温湿度传感器及仪表、各种露点仪湿度标准设备、专用湿度检测系统、在线固体水份仪、标准气体智能配比仪等。

北京利达科信环境安全技术有限公司
地址：北京市大兴区凉水河二街8号大族企业湾6号楼4层
邮编：100176
电话：010-67868930
传真：010-67884283
电子信箱：leaderkx@sina.com
网址：www.leaderkx.com
主要产品或业务范围：致力于污染源在线监测仪器（水质、气体）的开发和污染源在线监控中心系统的建设，以及自动在线监测运营维护服务。

北京六合伟业科技股份有限公司
地址：北京市丰台区南四环西路188号12区39号楼
邮编：100070
电话：010-63753083
传真：010-63796616
电子信箱：sales@liu-he.com
网址：www.liu-he.com
主要产品或业务范围：照相测斜仪、电子单多点测斜仪、有限随钻测斜仪、自浮测斜仪、陀螺测斜仪、无限随钻测斜仪以及各种地质钻孔测斜仪等。

北京牡丹联友环保科技股份有限公司
地址：北京市大兴区科创14街99号17栋
邮编：101176
电话：010-51262896
传真：010-59390175
电子信箱：sales@pafer.com.cn
网址：www.pafer.com.cn
主要产品或业务范围：主要从事环保在线监测设备的研发、生产、销售和后期运营服务。

北京青鸟天桥仪器设备有限责任公司
地址：北京市海淀区成府路207号北大青鸟大楼
邮编：100871

电话：010-62755419，62751376
传真：010-62751376
联系人：王敏苑
电子信箱：yqsb@jbbis.com.cn
网址：www.pkuie.com.cn
主要产品或业务范围：心理学仪器系列、物理学仪器系列、激光拉曼光谱仪、X射线粉末衍射仪。

北京瑞普韦尔仪表有限公司
地址：北京市朝阳区三元桥霞光里5号
邮编：100027
电话：010-64635551-218
传真：010-84515920
电子信箱：alarm2000@rp-well.com
网址：www.rp-well.com
主要产品或业务范围：可燃／有毒有害气体探测器、气体报警控制器。

北京赛必达科技有限公司
地址：北京市昌平区超前路甲一号北控宏创科技园6号楼4层
邮编：102209
电话：010-52863865
传真：010-52880296
电子信箱：bjsafeda@163.com
网址：www.safeda.com
主要产品或业务范围：农药残留快速检测仪，多参数食品安全快速检测仪等。

北京赛克玛环保仪器有限公司
地址：北京市昌平区景兴街18号院企业墅上区3-3
邮编：102211
电话：010-62463898-856
传真：010-62466355
电子信箱：bmet@bmet.cn
网址：www.bmet.cn
主要产品或业务范围：环境大气质量监测系统、空气质量（应急）监测车、大气气溶胶／雾霾观测仪器和各种环境在线分析仪器。

北京深度科技有限责任公司
地址：北京市石景山区古城大街一号领秀大厦A座328室
邮编：100043
电话：010-68886703
传真：010-88929021-85
电子信箱：smartdeep@yahoo.cn
网址：www.smartdeep.com
主要产品或业务范围：油田钻井电子测斜仪器。

北京世纪建通环境技术有限公司
地址：北京市丰台区航丰路1号时代财富天地23层2313室
邮编：100070

电话：010-64219138
传真：010-64205814
电子信箱：zhanglei@bjjttec.com
网址：www.bjjttec.com
主要产品或业务范围：快速导热仪、双通道吸声系数测试系统、热舒适度仪、多通道温度热流测试系统、多通道微风速测试仪、气密性测试系统、太阳辐射温度仪、高精度温湿度计等。

北京斯耐格科技有限公司
地址：北京市昌平区超前路6号418室
邮编：102200
电话：010-89703950
传真：010-89780998
电子信箱：sng@sngsafe.com
网址：www.sngsafe.com
主要产品或业务范围：气体报警控制器、可燃气体探测器、有毒气体探测器等系列产品。

北京索福特安全防护设备有限公司
地址：北京市朝阳区八里庄西里99号住邦2000商务中心2号楼702室
邮编：100025
电话：010-85861122
传真：010-85862399
电子信箱：market@safetak.com
网址：www.safetak.com
主要产品或业务范围：便携式气体检测仪、便携式复合气体检测仪、气体监测控制器等。

北京泰华恒越科技发展有限责任公司
地址：北京市通州区张家湾镇皇木厂商业街9号
邮编：101113
电话：010-51657416
传真：010-51657416-800
电子信箱：fengchao@bjthy.com.cn
网址：www.bjthy.com.cn
主要产品或业务范围：有毒气体/易燃易爆气体监测仪、工业过程气体分析仪、室内/外环境空气质量监测仪系统。

北京泰索安全科技有限公司
地址：北京市朝阳区马甸裕民路12号元辰鑫大厦E2座2613室
邮编：100029
电话：010-82253708，82253709
传真：010-82253701
电子信箱：tehs@tehs.com.cn
网址：www.tehs.com.cn
主要产品或业务范围：便携式/固定式气体检测仪，水质检测仪器及系统。

北京天凯华尊科技有限公司
地址：北京市昌平区北七家科技园宏翔鸿企业孵化器E座
邮编：100029
电话：010-84832071
传真：010-84832078
电子信箱：bjtkhz@263.net
网址：www.bjtkhz.com
主要产品或业务范围：3D物位扫描仪、微波固体流量测量仪、粉尘监测仪表、激光气体分析仪。

北京易科泰生态技术有限公司
地址：北京市海淀区高里掌路3号院6号楼1单元101B
邮编：100095
电话：010-82611269，82611572
传真：010-62465844
电子信箱：sales@eco-tech.com.cn
网址：www.eco-tech.com.cn
主要产品或业务范围：该公司致力于土壤与植物生理生态研究监测、环境气象监测、水文水质及地下水监测、水土保持研究监测、荒漠化监测、精准农业以及动物生态研究等国外先进仪器技术的引进推广和系统集成。

北京约克仪器技术开发有限责任公司
地址：北京市海淀区长春桥路11号亿城大厦C2座1504室
邮编：100089
电话：010-51668884
传真：010-58815578
电子信箱：beijing@yorkinstrument.com
网址：www.yorkinstruments.com
主要产品或业务范围：各类仪器仪表研发、销售、系统集成、售后服务。产品涵盖固定及便携式气体监测报警仪器，危险环境监控系统，火气探测系统，安全防护设备。

北京中恒安科技股份有限公司
地址：北京市海淀区长春桥路11号万柳亿城大厦中心C2座1606室
邮编：100089
电话：010-58814188
传真：010-58814088
电子信箱：luchi@hengan-instruments.com
网址：www.hengan-instruments.com
主要产品或业务范围：公司专业从事工业气体检测仪器及安全、环保设备的研发、生产、销售和售后服务工作。

北京中立格林传感科技股份有限公司
地址：北京市海淀区地锦路9号院8号楼
邮编：100095
电话：010-59738931
传真：010-59738930
电子信箱：info@tongdy.com
网址：www.tongdy.com

主要产品或业务范围：二氧化碳/一氧化碳/臭氧等监测控制系列产品。

北京中油联自动化技术开发有限公司
地址：北京市东城区东四十条甲二十二号南新仓国际大厦A座1008
邮编：100007
电话：010-51690026
传真：010-51690027-12
电子信箱：cpuc@vip.163.com
网址：www.cpuc.net
主要产品或业务范围：原油含水在线监测仪，油井多相计量检测系统，SF-OW100系列原油全量程含水密度测量仪，罐区综合计量系统。

麦克罗普（中国）技术有限公司
地址：北京市大兴区金苑路17号
邮编：102600
电话：010-63742181
传真：010-63753158-800
电子信箱：xudong_zhou@sohu.com
网址：www.mikropul.com.cn
主要产品或业务范围：微粒含量检测仪，微粒泄漏检测仪，智能布袋除尘控制器。

森斯特（北京）电子科技有限公司
地址：北京市丰台区科学城海鹰路5号赛欧广场801室
邮编：100070
电话：010-63621101
传真：010-63621101
电子信箱：sales.li@sensitron.cn
网址：www.sensitron.cn
主要产品或业务范围：该公司从事易燃易爆和有毒气体的浓度探测器及监控系统的研究开发和生产。

万瑞（北京）科技有限公司
地址：北京市昌平区双营西路90号泰宁科技园5号楼三层
邮编：102200
电话：010-58563500
传真：010-58563501
电子信箱：marketing@wellray.com
网址：www.wellray.com
主要产品或业务范围：增强型网络综合采集系统（GeoExpress Pro）、高集成高分辨率快速测井平台系列、成像测井系列、电缆地层测试器系列、套管腐蚀检测系列、生产测井系列、过钻头测井系列、高温小井眼、电缆液压桥塞坐封工具及特殊测井仪器等。

怡孚和融科技有限公司
地址：北京市海淀区首体南路22号国兴大厦20F
邮编：100044

电话：010-88356038，88356039
传真：010-88355195
电子信箱：markets@everisetech.com
网址：www.everisetech.com
主要产品或业务范围：该公司所能提供的系统和设备有环境质量空气监督系统/污染源排放监测系统，环境监测车/移动应急监测车、应急响应监测系统，常规职业卫生/环境卫生检测设备，在线水质监测系统。

远东测振（北京）系统工程技术有限公司
地址：北京市大兴区前高米店盛坊路市仪表工业基地
邮编：102600
电话：010-63521882
传真：010-84252170
电子信箱：sales@vmif.com
网址：www.vmif.com
主要产品或业务范围：专业振动仪器。

重庆建安仪器有限责任公司
地址：重庆市南岸区南坪西路168号
邮编：400060
电话：023-62804132
传真：023-62838911
电子信箱：cqjianan@163.com
网址：www.cqjianan.cn
主要产品或业务范围：从事研制核辐射监测仪器、移动通信设备、汽车电子及环保监测产品。

厦门海荭兴仪器股份有限公司
地址：福建省厦门市集美区软件园三期诚毅大街359号A02栋
邮编：361009
电话：0592-5768388
传真：0592-5761608
电子信箱：xmhhx@xmhhx.com
网址：www.xmhhx.com
主要产品或业务范围：食品安全快速检测仪、药物残留检测仪。

碧兴物联科技（深圳）股份有限公司
地址：广东省深圳市宝安区新安街道留仙二路润恒鼎丰产业园2期2栋8楼
邮编：518004
电话：4006893368
传真：0755-25739081
电子信箱：sz.bx-tec@bx-tec.com
网址：www.bx-tec.com
主要产品或业务范围：水环境在线监测系统、空气质量在线监测系统、污染源水质在线监测系统等。

东莞科好仪器设备有限公司
地址：广东省东莞市东莞大道南宏图路高盛科技园E座

邮编：523080
电话：0769-88068806（10线）
传真：0769-22338600
电子信箱：sales@safeline.hk
网址：www.safeline.hk
主要产品或业务范围：检针机，过针机，验针机（金属探测仪器），对色灯箱，色卡，钮扣强力测试，甲酚含量测试仪，纺织品水分测试仪，布重测量组合，圆盘取样器，纺织天平，德国进口克重仪布料样板机，测试胶纸，含镍测试剂，小物件测试器，锐边测试器，日晒气候色牢度测试仪，多功能色牢度摩擦仪，验布机，横拉仪。

广州虹星仪器有限公司
地址：广东省广州市白云区西槎路同雅北街4号地下
邮编：510407
电话：020-83834866
传真：020-83807036
电子信箱：hx482a@163.com
网址：www.hxyq.com
主要产品或业务范围：水文海洋仪器、大地测量仪器、农林科研仪器、土壤分析仪器、环境保护仪器、热工分析仪器、温度表、密度表、声级计、流量计以及各种温度控制仪器等三千多个品种。

广州市福立分析仪器有限公司
地址：广东省广州市芳村浣花路109号9楼8096室
邮编：510375
电话：020-81511957，81501590
传真：020-81615299，81501590
电子信箱：956178699@qq.com
网址：www.gzfuli.com
主要产品或业务范围：该公司专营FLA-501/502系列汽车排气分析仪；FLV-1000汽车排气流量分析仪；FLB-100透射式烟度计；FLG-800系列全自动前照灯检测仪；LY-2000燃油消耗测试装置；VUT-3000通用转速适配器；VMT-2000多功能转速适配器等。

汕头市超声仪器研究所股份有限公司
地址：广东省汕头市金砂路77号
邮编：515041
电话：0754-88250150
传真：0754-88603664
电子信箱：siui@siui.com
网址：www.siui.com.cn
主要产品或业务范围：医用超声显像诊断仪、彩色B超、工业超声探伤仪、测厚仪、检测仪和超声换能器。

深圳市吉安达科技有限公司
地址：广东省深圳市坪山街道青松路56号友利通科技工业厂区C栋201
邮编：518122

电话：0755-82046583，82046527
传真：0755-82046590
电子信箱：market@china-gnd.com
网址：www.china-gnd.com
主要产品或业务范围：工业可燃有毒气体泄露探测报警系统设备（气体报警器，气体探测器，便携气体检测仪，气体报警控制器，气体报警监控系统等）专业制造商。

深圳市江阳伟业科技有限公司
地址：广东省深圳市南山区西丽官龙路6号官龙综合楼C栋403室
邮编：518057
电话：0755-26581757
传真：0755-26581769
电子信箱：hh@use17.com
网址：www.isc-bauer.com
主要产品或业务范围：专业开发研究各类气体检测仪，气体监测器。

深圳市诺安智能股份有限公司
地址：广东省深圳市光明新区光明街道观光路3009号招商局光明科技园A2栋12楼
邮编：518107
电话：0755-26826466
传真：0755-26826366
电子信箱：nuoan@nuoan.com
网址：www.nuoan.com
主要产品或业务范围：可燃气体探测器、有毒气体探测器、便携式气体探测器、气体报警控制器等。

深圳市特安电子有限公司
地址：广东省深圳市南山区科技北二路15号洁净阳光园
邮编：518057
电话：0755-86186566
传真：0755-86186586
电子信箱：fangyingbiao@exsaf.com
网址：www.exsaf.com
主要产品或业务范围：压力变送器、温度变送器、可燃/有毒气体探测器、便携式气体检测仪、气体报警控制器等。

深圳市新智新集团
地址：广东省深圳市南山区西丽塘朗同富裕工业城8栋5F
邮编：518033
电话：0755-86181999，83664481
传真：0755-83664480
电子信箱：cb819@xzx.net.cn
网址：www.micputer.com
主要产品或业务范围：板卡产品。

深圳市元征科技股份有限公司
地址：广东省深圳市龙岗区坂雪岗工业园五和大道北元征

工业园
邮编：518129
电话：0755-84528888
传真：0755-84528889
电子信箱：dod@cnlaunch.com
网址：www.cnlaunch.com
主要产品或业务范围：该公司是国内早期致力于汽车诊断、检测、养护产品研发、生产和销售的高科技企业。

中山市三易测量仪器有限公司
地址：广东省中山市坦洲镇第三工业区申堂一路72号
邮编：528467
电话：0760-86789108
传真：0760-23637353
电子信箱：156431367@qq.com
网址：www.zs-yyy.com.cn
主要产品或业务范围：在线密度计、浓度计、压力变送器、流量计、液位计、温度等过程控制仪表。

珠海恒智电子科技有限公司
地址：广东省珠海市明珠南路2029号台商协会中心601室
邮编：519000
电话：0756-8534052
传真：0756-8534051
电子信箱：obtains@foxmail.com
网址：www.zhhzit.com
主要产品或业务范围：露点仪，气压表，风向、风速传感器/变送器，红外测温仪，转换器，调压器，油中微量水分测湿仪/变送器，气体分析仪，压力、差压仪表，数显控制仪，温度仪表，温湿度仪表等。

河北先河环保科技股份有限公司
地址：河北省石家庄市湘江道251号
邮编：050035
电话：0311-85323965
传真：0311-85323916
电子信箱：majianghong@sailheo.com.cn
网址：www.sailheo.com.cn
主要产品或业务范围：高端环境监测仪器装备。

秦皇岛市计量测试研究所
地址：河北省秦皇岛市河北大街西段90号
邮编：066000
电话：0335-8550955
传真：0335-8550955
电子信箱：qhdjls@163.com
网址：www.qhdjls.com
主要产品或业务范围：车用汽油辛烷值测定仪等。

石家庄威泰科技有限公司
地址：河北省石家庄市桥西谊联街9号

邮编：050071
电话：0311-83055815
传真：0311-83055815
电子信箱：sales@win-tek.cn
网址：www.win-tek.cn
主要产品或业务范围：致力于真空镀膜领域在线测量薄膜厚度和控制沉积速率产品。

天拓精密仪器制造有限责任公司
地址：河北省保定市白沟镇友谊东路CT机工业园
邮编：074004
电话：0312-6403291
传真：0312-6403291
电子信箱：khw@arlsensors.com
网址：www.ktjmyq.com
主要产品或业务范围：石英挠性加速度计。

河南驰诚电气股份有限公司
地址：河南省郑州市高新区长椿路11号研发5号楼B座17层
邮编：450001
电话：0371-68631578，68631568
传真：0371-68631668
电子信箱：ccdq@vip.163.com
网址：www.cce-china.com
主要产品或业务范围：气体检测报警仪器、安全环保分析仪器与系统、安全监控软件系统等。

河南欧泰威尔电子科技有限公司
地址：河南省郑州市高新区西三环路149号4幢
邮编：450001
电话：0371-86189170、86189171
传真：0371-86628819
电子信箱：otywell@163.com
网址：www.otywell.com
主要产品或业务范围：专业研发制造气体检测报警控制仪表、粉尘仪、正压式空气呼吸器。

河南省日立信股份有限公司
地址：河南省郑州市高新技术产业开发区玉兰街101号
邮编：450001
电话：0371-67996699
传真：0371-56980200
电子信箱：rlstechcenter@163.com
网址：www.relations.com.cn
主要产品或业务范围：氢气湿度仪表，六氟化硫气体检测仪。

河南万国科技股份有限公司
地址：河南省郑州市高新区龙鼎创富中心3号楼10楼
邮编：450000
电话：0371-67983159
传真：0371-60332000

电子信箱：13513801000@126.com
网址：www.wgqy.com
主要产品或业务范围：该公司是从事机动车检测设备的生产和机动车检测线软件控制系统的开发、生产和销售的专业化公司。

鹤壁市敏感仪器厂
地址：河南省鹤壁市朝阳街东段91号
邮编：458000
电话：0392-2622947
传真：0392-2686837
主要产品或业务范围：热敏电阻器，湿敏电阻器，听虫传感器，农田小气候温湿度遥测仪，温湿测控仪，粮食水分快速测量仪，电阻测温杆，热敏电阻测温仪，高敏电子灭鼠器，仓储粮食测量仪。

洛阳乾禾仪器有限公司
地址：河南省洛阳市高新技术开发区火炬创新创业园A座
邮编：471000
电话：0379-65112067，65112068
传真：0379-65112067
电子信箱：PYING56@163.com
网址：www.qh101.com
主要产品或业务范围：油井功图测量仪、油井液面测量仪、油罐液量测量仪、微米级精度球栅尺等系列产品。

中国电子科技集团公司第二十二研究所
地址：河南省新乡市建设东路84号
邮编：453003
电话：0373-3713316
传真：0373-3712476
电子信箱：sales@cetc22.com
网址：www.cetc22.com
主要产品或业务范围：专业化研制生产数控测井地面系统、测井仪器、综合录井仪和随钻等仪器。

牡丹江华昌石油记录仪器有限公司
地址：黑龙江省牡丹江市西海林街129号
邮编：157011
电话：0453-6591724，6598769
传真：0453-6591728
电子信箱：mdjhc@126.com
主要产品或业务范围：石油长时间记录仪器、钻井修井指重表、多参数记录仪、单多点测斜仪、精密计时仪器、机电液传感器、自动化控制设备、仪表专用机械等。

湖北方圆环保科技有限公司
地址：湖北省武汉市光谷大道52号国际企业中心伟创楼A座2楼
邮编：430074
电话：027-67845270

传真：027-67845067
联系人：张军
电子信箱：sales@hbfyhb.com
网址：www.hbfyhb.com
主要产品或业务范围：放射性核素检测仪、室内环境检测仪器、食品水质检测仪器、环境空气质量监测仪器、固定污染源监测仪器共五大类五十多个品种。

湖北江汉石油仪器仪表股份有限公司
地址：湖北省武汉市东湖新技术开发区佛祖岭产业园佛祖岭三路35号
邮编：430205
电话：027-81710597
传真：027-81710597
电子信箱：mail@hbjpim.com
网址：www.hbjpim.com
主要产品或业务范围：JZ系列指重表、钻试井仪、低压试井仪、测井仪、量值传递仪、炼化仪器仪表等。

武汉波光源科技有限公司
地址：湖北省武汉市东湖高新科技开发区华工科技园2幢
邮编：430074
电话：027-88188872
传真：027-88188871
联系人：张杰
电子信箱：13807150700@163.com
网址：www.bgykj.com
主要产品或业务范围：核子密度计、核子料位计、核子开关料位计、质量流量计、产量计等核仪表。

武汉市江新仪表有限公司
地址：湖北省武汉市古田二路特一号（硚口经济开发区内）
邮编：430034
电话：027-83838607，83821648
传真：027-83821648
电子信箱：sales@whjiangxin.com
网址：www.whjiangxin.com
主要产品或业务范围：制冷自控仪表、温度检测仪表、汽车仪表三大类仪表产品。

武汉市天联科教仪器发展有限公司
地址：湖北省武汉市珞瑜路129号（原测绘大学）
邮编：430079
电话：027-87391438
传真：027-87391438
联系人：孙昌发
电子信箱：87391438@163.com
网址：www.whtianlian.net
主要产品或业务范围：多功能土壤分析仪、农业环境监测仪、环保仪器等。

力合科技（湖南）股份有限公司
地址：湖南省长沙市高新区青山路668号
邮编：410205
电话：0731-88911456，88809496
传真：0731-88807750
电子信箱：admin@lihero.com
网址：www.lihero.com
主要产品或业务范围：水质自动监测系统、空气/烟气自动监测系统和环境监测信息管理平台等系列产品。

长春气象仪器研究所有限责任公司
地址：吉林省长春市北湖科技开发区雅安路1888号
邮编：130012
电话：0431-85518324
传真：0431-85519671
电子信箱：ccqxyqyjs1688@163.com
网址：www.ccqxs.com
主要产品或业务范围：提供压、温、湿、风、雨、云高、能见度等气象传感器和气象装备整机系统的研发、生产、销售、安装、检测检验、标准制(修)订及技术咨询服务。

长春气象仪器有限公司
地址：吉林省长春市高新区华光街668号1号楼
邮编：130012
电话：0431-85283339，85203361
传真：0431-85203361
电子信箱：ccmif@163.com
网址：www.ccmif.com
主要产品或业务范围：自动气象与环境监测站、各类探测传感器、各种自动监测网络系统、维护保障设备等。

国电南京自动化股份有限公司
地址：江苏省南京市高新技术产业开发区星火路8号
邮编：211100
电话：025-51183000
传真：025-83419872
网址：www.sac-china.com
主要产品或业务范围：二轴仪、土工数据采集系统、固结仪、直剪仪、水电自动化等产品。

海安县石油科研仪器有限公司
地址：江苏省海安市沙岗沙娄路1号
邮编：226681
电话：0513-88482429
传真：0513-88482429
电子信箱：jin3098@126.com
网址：www.sykyyq.com
主要产品或业务范围：生产石油仪器设备。

江苏北方湖光光电有限公司
地址：江苏省无锡市盛岸路25号
邮编：214000
电话：0510-83028505
传真：0510-83709860
电子信箱：hyf122353@sina.com
网址：www.jshggd.com
主要产品或业务范围：生产夜视仪器。

江苏华安科研仪器有限公司
地址：江苏省海安市开发区鑫港路8号
邮编：226600
电话：0513-88965118
传真：0513-88965118
电子信箱：huaanchina@163.com
网址：www.hakyyq.com
主要产品或业务范围：实验仪器、石油化工分析类仪器、超临界萃取装置等设备。

南京科力赛克安全设备有限公司
地址：江苏省南京市江宁区高湖路9号金聚龙大厦新楼5楼
邮编：211100
电话：025-87193262
传真：025-86644689
电子信箱：lisaz@njklsk.cn
网址：www.njklsk.cn
主要产品或业务范围：气体报警器，空气呼吸器，在线分析仪等安全设备产品。

南京宁曦土壤仪器有限公司
地址：江苏省南京市江宁区淳化街道索墅工业区
邮编：211123
电话：025-52645770，52645789，52644869
传真：025-52645776
联系人：徐向平
电子信箱：sales@ningxi.com
网址：www.ningxi.com
主要产品或业务范围：公路试验仪器。

南京赛峰科技仪器实业有限公司
地址：江苏省南京市石门坎100号院内西二楼
邮编：210007
电话：025-84594037，84606795，84607136
传真：025-84607136
电子信箱：84594037@163.com
主要产品或业务范围：公路、铁路、建筑、水利、堤坝、环保等工程质量监督与现场检测及实验室测试化验仪器。

南京土壤仪器厂有限公司
地址：江苏省南京市玄武区小卫街220号
邮编：210014
电话：025-84862412
传真：025-84865546

电子信箱：nty@njtryq.cn
网址：www.njtryq.cn
主要产品或业务范围：三轴仪系列、土工试验室微机数据采集处理系统、固结仪系列、剪力仪系列、击实仪系列、光电仪系列、沥青公路试验仪系列。

南京中科天文仪器有限公司
地址：江苏省南京市花园路6-10号
邮编：210042
电话：025-85418454，85411853，85482012
电子信箱：zj@nairc.com
网址：www.nairc.ac.cn
主要产品或业务范围：专业天文仪器、光电仪器、多轴转台、系列平行光管、轻量化主镜、大口径光学冷加工、离轴非球面光学加工、系列天文望远镜、天文圆顶、天象仪、天象馆、内外天幕、天文馆展示仪器、各种系列圆光栅编码器、电子脉冲点火控制装置等各类产品。

南通荣恒环保设备有限公司
地址：江苏省海门市余东镇凤城新街666号
邮编：226152
电话：0513-68903288
传真：0513-68903300
电子信箱：cxh@rh-cn.com
网址：www.rh-cn.com
主要产品或业务范围：防爆防腐蚀三叶罗茨彭风机、三叶罗茨真空泵及其配套产品的研发、制造、销售和服务。

苏州宏瑞净化科技有限公司
地址：江苏省苏州市吴中区胥口胥江工业园新峰路409号
邮编：215164
电话：4000706865
传真：0512-68416875
电子信箱：sales@hrtech.cn
网址：www.hrtech.cn
主要产品或业务范围：尘埃粒子计数器等洁净环境测试仪器、洁净工作台等空气净化设备。

苏州科特环保股份有限公司
地址：江苏省苏州市吴中区胥口镇茅蓬路517号
邮编：215164
电话：0512-66931716
传真：0512-66931632
网址：www.szkete.com
主要产品或业务范围：生态环境监测系统。

无锡市华南实验仪器有限公司
地址：江苏省无锡市华清路滨湖经济技术开发区嘉业路3号
邮编：214131
电话：0510-85628028
传真：0510-85628444

联系人：张建南
电子信箱：ceo@wxhuanan.cn
网址：www.wxhuanan.cn
主要产品或业务范围：各种公路建筑实验仪器。

无锡市石油仪器设备有限公司
地址：江苏省无锡市滨湖区大通路503号
邮编：214124
电话：0510-85104760，85065430
传真：0510-85115414
电子信箱：syyq@china-pie.com
网址：www.china-pie.com
主要产品或业务范围：液化石油气测试仪器，沥青测试仪器，石油产品规格分析仪器，油田勘探开发试验仪器。

无锡市永安电子科技有限公司
地址：江苏省无锡市梁溪区会西路30号-31
邮编：214062
电话：0510-85530020
传真：0510-85529522
电子信箱：2735347080@qq.com
网址：www.jswxya.com
主要产品或业务范围：专业从事气体报警器以及工业自动化仪表的科研开发、生产制造、市场营销及工程服务的综合型高新技术企业。

徐州市恒大电子有限公司
地址：江苏省徐州市建国西路129号1-10-03
邮编：221006
电话：0516-85950655
传真：0516-85950655
联系人：李鑫
电子信箱：xuzhouhengda@163.com
网址：www.xzhddz.com
主要产品或业务范围：彩色超声波诊断仪。

扬州华宝石油仪器有限公司
地址：江苏省扬州市开发区兴扬路31号
邮编：225009
电话：0514-87885801
传真：0514-89889873
联系人：刘宝和
电子信箱：huabao@yzhb.com.cn
网址：www.yzhb.com.cn
主要产品或业务范围：该公司从事石油、石油化工分析实验仪器设备的设计、制造、技术贸易。

江西中船航海仪器有限公司
地址：江西省九江市安平路1007号
邮编：332008
电话：0792-4201128

传真：0792-4201127
电子信箱：jmip@163.com
网址：www.jx459.com.cn
主要产品或业务范围：定位定向系统、自动绘图仪、测地车、转杯式／机械压力式／介质雾化式全自动燃油燃烧器系列。

大连邦能石油仪器有限公司
地址：辽宁省大连市甘井子区营城子沙岗子
邮编：116036
电话：0411-86715139
传真：0411-86715139
电子信箱：bahnen001@sina.com
网址：www.bahnen.com.cn
主要产品或业务范围：专业生产石油分析仪器的制造商。

大连石油仪器有限公司
地址：辽宁省大连市甘井子区棠梨工业南园
邮编：116031
电话：0411-84288128
传真：0411-84288038
电子信箱：sales@dsy1988.com.cn
网址：www.dsy1988.com.cn
主要产品或业务范围：石油产品（包括柴油、液化石油气、天然气、润滑油、航空燃料油、石蜡、防冻液等）分析仪器、实验室专用低温仪器和设备、实验室通用仪器和设备制造、销售；货物、技术进出口。

丹东市北方传感器厂
地址：辽宁省丹东市于家小区7号楼104
邮编：118000
电话：13604958316，13898509013
传真：0415-2181010
电子信箱：cgq@ddcgq.com
主要产品或业务范围：该厂是研制、生产岩土工程检测仪器的专业厂家。主要产品有荷载计，表面应变计，钢筋应力计，双膜土压力盒，振弦频率检测仪，孔隙水压力计，单膜土压力盒，混凝土应变计。

锦州阳光科技发展有限公司
地址：辽宁省锦州市凌河区延安路六段一号
邮编：121000
电话：4008161636，0416-3886938，7194516
传真：0416-7194266
联系人：吴振新
电子信箱：jzwbm@sohu.com
网址：www.jz322.com
主要产品或业务范围：太阳能检测实验室、太阳辐射检测仪器、自动气象站、风速风向检测仪器、环境温湿度检测仪器。

辽宁华科石油设备科技有限公司
地址：辽宁省沈阳市和平区南五马路57号B座9-1
邮编：110005
电话：024-23468791
传真：024-23468790
联系人：刘玲
电子信箱：info@weigong.com
网址：www.weigong.com
主要产品或业务范围：石油分析仪器、计量器具检测仪器、油田专用仪器、实验室用玻璃仪器、玻璃液体温度计、玻璃密度计等。

沈阳加野科学仪器有限公司
地址：辽宁省沈阳市皇姑区黄河北大街56-39号中粮广场
邮编：110004
电话：024-23846440，83951688，83951788
传真：024-23898417-820
电子信箱：sales@kanomax.com.cn
网址：www.kanomax.com.cn
主要产品或业务范围：热线式风速计、多点风速计、风量罩、风速变送器、温湿度计、粉尘计、噪声计、尘埃粒子计数器、室内洁净监测系统、室内空气品质测试仪等。

沈阳金凯瑞科技有限公司
地址：辽宁省沈阳市皇姑区蒲河街7号
邮编：110031
电话：024-86525275
传真：024-86115115
电子信箱：caria@vip.sohu.com
网址：www.syjkr.com
主要产品或业务范围：专业从事石油测试仪器的开发和应用、数字化监控系统的研制和应用以及自动化系统集成。

沈阳新科精密仪器设备有限公司
地址：辽宁省沈阳市沈北新区正良四路58号
邮编：409132
电话：024-86524824
传真：024-86524824
电子信箱：xinke@xinke.net.cn
网址：www.xinke.net.cn
主要产品或业务范围：研发、制造高精度、专业化、智能化的流体流量与环境检测仪器装备的高新技术型企业。

海洋仪器仪表研究所
地址：山东省青岛市崂山区苗岭路37号
邮编：266100
电话：0532-58628520
传真：0532-58628387
电子信箱：sdioi@sdioi.com
网址：www.sdioi.com
主要产品或业务范围：海洋资料浮标系统、海洋水声探测设备、海洋水质污染监测设备、海洋台站自动化监测设备、船舶气象仪器、水文测量仪器等。

青岛澳瑞德电子有限公司
地址：山东省青岛市保税区汉城路13号
邮编：266555
电话：0532-86766369
传真：0532-86894005
电子信箱：2421208442@qq.com
网址：www.qdallred.com
主要产品或业务范围：激光甲烷遥测仪、红外可燃气体探测器、有毒气体探测器等系列产品。

青岛宏胜汽车检测设备有限公司
地址：山东省青岛市李沧区湘潭路47号
邮编：266043
电话：0532-83761818，83761717
传真：0532-83761515
电子信箱：hongsheng22@163.com
网址：www.hongsheng1998.com.cn
主要产品或业务范围：汽车电器万能试验台、汽车发电机/启动机综合试验台、汽车制动总成试验台、汽车离合器性能试验台、汽车液压方向机转向试验台等系列产品。

青岛佳明测控科技股份有限公司
地址：山东省青岛市高新区聚贤桥路11号
邮编：266000
电话：0532-58717018
传真：0532-58717016
电子信箱：qdjmyxzx@cn-cems.com
网址：www.cn-cems.com
主要产品或业务范围：大气污染源在线监测，污水水质在线监测，地表水、地下水水质自动监测，空气自动监测和环境移动检测实验室等环境监测产品。

青岛金仕达电子科技有限公司
地址：山东省青岛市城阳区书云东路57号
邮编：266107
电话：0532-87633817
传真：0532-87620037
联系人：陈正旭
电子信箱：huanbaoyiqi@126.com
网址：www.huanbao.cc
主要产品或业务范围：环境监测、放射性监测、大气污染源监测、气体流量校准仪器仪表。

青岛崂应环境科技有限公司
地址：山东省青岛市高新区河东路崂应光电环保产业园
邮编：266100
电话：0532-87630905
传真：0532-87620146

电子信箱：laoying@hbyq.net
网址：www.hbyq.net
主要产品或业务范围：烟尘烟气监测仪，空气综合监测仪。

青岛众瑞智能仪器股份有限公司
地址：山东省青岛市城阳区雪岳路1号
邮编：266108
电话：0532-81920233
传真：0532-81920235
联系人：张先生
电子信箱：zr@zryq.cn
网址：www.zryq.cn
主要产品或业务范围：环境监测、生物安全、计量校准等领域。

山东晨晖电子科技有限公司
地址：山东省泰安市高新技术开发区龙腾路以东、规划支路以南
邮编：271000
电话：0538-8933318，8933316
传真：0538-8933477
电子信箱：scb@sdkdch.com
网址：www.sdkdch.com
主要产品或业务范围：矿压检测仪表及检测系统、计量测试仪表、高校教学实验仪器。

烟台铭科电子科技有限公司
地址：山东省烟台市开发区黑龙江路1号
邮编：264000
电话：0535-6931012
传真：0535-8261019
电子信箱：401493925@qq.com
网址：www.ytmingke.com
主要产品或业务范围：电脑程控加药机，矿浆取样机，竖井提升信号装置及物位、pH分析、流量、显示等测量仪表。

中航工业太原航空仪表有限公司
地址：山西省太原市并州南路137号
邮编：030006
电话：0351-7057858，7054699
传真：0351-7040211
电子信箱：401493925@qq.com
网址：www.taihangybc.com
主要产品或业务范围：航空机载电子设备、仪器仪表。

陕西华燕航空仪表公司
地址：陕西省汉中市南郑区大河坎镇迎宾16号
邮编：723102
电话：0916-5309264，5309528，5309550
传真：0916-5309141
电子信箱：mail@huayan141.com.cn

网址：www.huayan.avic.com
主要产品或业务范围：惯性导航和航姿系统、陀螺、加速度计及组件、电磁元件、光学器件。

西安奥立电子技术有限公司
地址：陕西省西安市火炬路4号楼5层C区
邮编：710043
电话：029-82250396，82253681
传真：029-82253681
联系人：程强
电子信箱：ally@xianally.com
网址：www.xianally.com
主要产品或业务范围：该公司专业从事有毒气体检测和红外测温等工业仪器仪表的研究、开发、生产、销售。产品有便携式、固定式、壁挂式等七个系列，近40个品种。

西安博康电子有限公司
地址：陕西省西安市沣京工业园吕公路西段
邮编：710300
电话：029-89019666
传真：029-84850255
电子信箱：bk@bkfire.com
网址：www.bkfire.com
主要产品或业务范围：公司主要产品有工业级全总线火灾报警及联动控制系统、隔爆型系列红紫外火焰探测器、可燃/有毒气体检测报警系统、吸气式烟雾探测器、反射式线型光束感烟探测器、气体灭火控制器、雨淋阀就地控制器等。

西安德图仪器有限公司
地址：陕西省西安市高新区丈八一路SOHO同盟B座2101室
邮编：710075
电话：029-68597055
传真：029-68597055
电子信箱：xadtyq029@163.com
网址：www.xadtyq.com
主要产品或业务范围：环境监测仪器。

西安核仪器厂
地址：陕西省西安市小寨东路108号
邮编：710061
电话：029-85258616
传真：029-85259808
联系人：赵一兵
电子信箱：xnif@xnif262.com
网址：www.xnif262.com
主要产品或业务范围：火灾自动报警器，核辐射监测防护仪表，核医学仪器，工业同位素应用仪器。

西安华朗物探科技有限公司
地址：陕西省西安市高新区枫叶新都市F区5号楼6501室

邮编：710075
电话：029-88356496
传真：029-87449131
电子信箱：1015697485@qq.com
网址：www.hwaland.com
主要产品或业务范围：致力于电磁勘探测量产品和工程地球物理仪器。

西安盛赛尔电子有限公司
地址：陕西省西安市高新开发区团结南路28号
邮编：710075
电话：029-85387819
传真：029-88325110
电子信箱：sales@systemsensor119.com
网址：www.systemsensor119.com
主要产品或业务范围：火灾探测器及配套产品。

西安市亚星土木仪器有限公司
地址：陕西省西安市民用航天产业基地航天南路456号
邮编：710043
电话：029-82215984，82232259
传真：029-83204565
联系人：马萌
电子信箱：xayxtm@126.com
网址：www.xayxtm.com
主要产品或业务范围：沥青针入度试验仪、沥青软化点/黏结力试验仪、土壤液塑限联合测定仪。

西安思坦仪器股份有限公司
地址：陕西省西安市高新区科技五路22号
邮编：710065
电话：029-88814516
传真：029-88814516
电子信箱：sales@sitan-china.com
网址：www.sitan-china.com
主要产品或业务范围：注水工艺仪器、采油采气工艺仪器、动态监测仪器等。

西安泰斯特智能测控有限责任公司
地址：陕西省西安市长安中路239号通瑞大厦358
邮编：710064
电话：029-82335051，82335979，13909235452
传真：029-82335979
电子信箱：test82335051@163.com
网址：www.xiantest.com
主要产品或业务范围：固定式全自动汽车综合性能检测线和安全技术检测线，固定式全自动摩托车安全性能检测线，TQJ-1型全自动汽车检测系统，TZD10-2型可调轴距式汽车制动试验台，公路施工、检测、维护设备，汽车维修保养设备。

西安威盛电子科技股份有限公司
地址：陕西省西安市科技五路20号和发智能大厦三层
邮编：710065
电话：029-88455603
传真：029-88455605
电子信箱：wx@well-sun.com.cn
网址：www.well-sun.com.cn
主要产品或业务范围：专业制造新型高科技石油仪器。经营范围为石油测井测试、工控、电子仪器仪表开发、制造、销售及相关应用、解释软件的开发及服务；石油测井服务；油气贮存/输送/测量控制仪表、电子元器件、电缆电线的销售。

法国凯茂仪器公司
地址：上海市浦东新区龙东大道3000号8号楼401-6室
邮编：201203
电话：021-61001877
传真：021-61001870
电子信箱：info@kimo-china.com
网址：www.kimo-china.com
主要产品或业务范围：主要有差压、风速、风量、湿度、温度、大气压力、室内空气质量、噪声、照度、气体分析等相关产品。

上海安杰环保科技股份有限公司
地址：上海市宝山区富联二路177弄13号
邮编：201906
电话：021-56606703
传真：021-36212790
电子信箱：15910613219@anjie.net.cn
网址：www.anjie.net.cn
主要产品或业务范围：气相分子吸收光谱法仪器。

上海博立仪器设备有限公司
地址：上海市普陀区红柳路365号
邮编：200331
电话：021-62840849，62845849
传真：021-62840849
电子信箱：908835233@qq.com
网址：www.bolea.com
主要产品或业务范围：石油产品倾点、浊点、凝点、冷滤点试验器，石油产品高温、低温运动黏度试验器，石油产品蒸馏试验器，石油产品机械杂质、水分试验器，石油产品开口闭口、恒温水浴试验器。

上海昌吉地质仪器有限公司
地址：上海市嘉定区方泰工业园区泰云路528号
邮编：200062
电话：400-8038-979
传真：021-32250978
联系人：杨宏

电子信箱：51082298@vip.163.com
网址：www.shangyi.net
主要产品或业务范围：石油产品分析仪器、公路检测仪器、实验室仪器和地质仪器（包括工程勘探仪器）四大产品系列。

上海长望气象科技有限公司
地址：上海市浦东新区民秋路669号
邮编：201209
电话：021-58633600
传真：021-58633527
网址：www.cwqx.com
主要产品或业务范围：高空气象探测仪器及地面接收设备，各类气象传感器等。

上海电控研究所
地址：上海市杨浦区江浦路1380号
邮编：200092
电话：021-55950150
传真：021-55953509
联系人：王长虎
电子信箱：sh218@sh163.net
网址：www.218suo.csgc.com.cn
主要产品或业务范围：SH-81露点仪、BJ-63A露点仪，汽车电子总线系统、汽车行驶记录仪、摩托车数字仪表。

上海哈的威仪表有限公司
地址：上海市浦东新区金桥出口加工区金皖路389号6楼
邮编：201206
电话：021-50313823，50313263，50312923
传真：021-50313853
电子信箱：market@hartv.com
网址：www.hartv.com
主要产品或业务范围：提供优质有毒有害智能气体变送器整机和解决方案。

上海景华地质仪器有限公司
地址：上海市徐汇区桂平路680号
邮编：200233
电话：021-64857583
传真：021-64857583
联系人：姚华
电子信箱：Market@gi200.com
网址：www.gi200.com
主要产品或业务范围：地质勘探仪器、综合数控测井仪器、各类测斜仪、实验室仪器、黏度计、公路仪器、石油分析仪器。

上海科萨电子有限公司
地址：上海市静安区广延路555弄4号楼
邮编：200072

电话：021－56035236
传真：021－56036895
电子信箱：shksdz@126.com
网址：www.shksdz.com
主要产品或业务范围：超声波测厚仪和气体检测报警器两大系列产品。气体检测报警器产品包括便携式气体检测仪、典型气体探测仪、气体控制器、气体检测控制系统等多种产品。

上海科油石油仪器制造有限公司
地址：上海市嘉定区江桥工业开发区江桥路18号
邮编：201803
电话：021－59113961
传真：021－59113963
电子信箱：cpsic@cpsic.com
网址：www.cpsic.com
主要产品或业务范围：综合录井仪、快速色谱分析仪、岩屑地质分析仪、无线随钻测量仪等。

上海隆强检测仪器设备有限公司
地址：上海市黄浦区天津路251号
邮编：200001
电话：021－63513080，63513090，33040366
传真：021－63606292
电子信箱：sh-lq@163.com
主要产品或业务范围：无损检测、环境监测和室内环境监测、有害气体检测、电力设备检测、机械故障检测、测绘仪器等。

上海仁机仪器仪表有限公司
地址：上海市浦东新区康桥东路1365弄2号楼1楼
邮编：201315
电话：021－68183030
传真：021－20786568
电子信箱：info@radtek.cn
网址：www.radtek.cn
主要产品或业务范围：辐射防护仪器、辐射环境检测仪器、放射性监测仪器、同位素应用仪器、核勘测仪器以及放射源监管系统。

上海上牧环保设备有限公司
地址：上海市闵行区东川路1779号（新闵创意园）A座508
邮编：201101
电话：021－34715385
传真：021－34725385
电子信箱：lj@sunmoonepe.com
网址：www.sunmoonepe.com
主要产品或业务范围：环保设备及水分分析仪器销售。

上海申核电子仪器有限公司
地址：上海市闵行区莲花路1978号E栋503

邮编：201103
电话：021－64839847，64704315
传真：021－64360817
电子信箱：hjm0511@126.com
网址：www.shenhe263.com
主要产品或业务范围：地面γ能谱仪、γ普查仪、γ测井仪、定向γ辐射仪、βγ编录仪、深孔浅孔γ测量仪、采石矿车γ检测仪等。

上海望德环保科技有限公司
地址：上海市松江区沪松公路1519弄19号419室
邮编：201615
电话：021－64955957
传真：021－64705621
电子信箱：wald@wald.cn
网址：www.wald.cn
主要产品或业务范围：粉尘、烟雾和气体过滤器。

上海纤检仪器有限公司
地址：上海市嘉定区澄浏中路2285号
邮编：201818
电话：021－59903969
传真：021－59900697
电子信箱：xianjian@xianjian1978.com
网址：www.huaye1978.cn
主要产品或业务范围：定氮仪、脂肪测定仪、粗纤维测定仪、黄曲霉素测定仪。

上海阳德石油仪器制造有限公司
地址：上海市嘉定区南翔工业开发区德力西路68号－39
邮编：201802
电话：021－56512392，56510400
传真：021－69117389
电子信箱：syp@sh-syp.com
网址：www.sh-syp.com
主要产品或业务范围：石油勘探钻采仪器，石油产品规格分析实验仪器。

上海泽泉科技股份有限公司
地址：上海市普陀区金沙江路1038号华东师大科技园2号楼8层
邮编：200062
电话：021－32555118
传真：021－32555117
联系人：张怡
电子信箱：sales@zealquest.com
网址：www.zealquest.com
主要产品或业务范围：叶绿素荧光仪、光合仪、叶面积仪、根系生长监测仪、土壤水分仪、藻类监测仪。

伟势环保科技（上海）有限公司
地址：上海市长宁区水城南路59号明珠大厦1702室

邮编：201103
电话：021-54760530
传真：021-54760531
电子信箱：china@wessglobal.com
网址：www.wessglobal.com
主要产品或业务范围：泥位计、浓度/密度计、液位计、流量计、水质分析仪等各种在线监测仪表。

英思科传感仪器（上海）有限公司
地址：上海市浦东新区桂桥路290号
邮编：201206
电话：021-58993279
传真：021-58993280
电子信箱：info@ap.indsci.com
网址：www.indsci.com.cn
主要产品或业务范围：公司设计制造和销售工业级便携式和固定式有毒有害气体检测仪。

成都中科动态仪器有限公司
地址：四川省成都市一环路南2段16号中科院成都分院
邮编：610041
电话：028-85232490，85237006，85224505
传真：028-85231689
电子信箱：supports@vidts.com
网址：www.vidts.com
主要产品或业务范围：从事压力、应力、位移、冲击、振动、速度、加速度、噪声、温度、形态等动态过程监测设备的研制。产品有高速并行数据采集卡，数据采集分析仪，爆破振动记录仪，虚拟仪器软件。

四川久环环境技术有限责任公司
地址：四川省绵阳市科创园区财元路5号
邮编：621000
电话：18084888692
传真：0816-8032600
电子信箱：363490980@qq.com
网址：www.sinoepa.com
主要产品或业务范围：环保在线监测仪，提供相关服务。

天津同阳科技发展有限公司
地址：天津市南开区滨海高新区华苑产业园区兰苑路5号A座702
邮编：300384
电话：022-83719741
传真：022-83719743
电子信箱：ty@tjtykj.com
网址：www.tjtongyangkeji.com
主要产品或业务范围：环境监测仪器。

中环天仪（天津）气象仪器有限公司
地址：天津市西青区高新技术产业园区华苑产业区（环

外）海泰发展2路1号
邮编：300384
电话：022-58389366
传真：022-58389386
电子信箱：info@tjqx.com
网址：www.tjqx.com
主要产品或业务范围：风向、风速、雨量、蒸发、温度、湿度、辐射、日照等近40种仪器仪表和传感器，各类自动气象站、单雨量站、温度雨量观测站、单侧风站、土壤湿度观测站、辐射站、全自动太阳跟踪器及气压、温度、湿度系数、雨量、风洞五大类气象仪器检定设备。

杭州迅数科技有限公司
地址：浙江省杭州市西湖科技园西园八路11号B座405室
邮编：310030
电话：0571-85125132
传真：0571-85124972
电子信箱：sales@shineso.com
网址：www.shineso.com
主要产品或业务范围：主要生产自动菌落计数仪、螺旋接种微生物菌落分析仪、抑菌圈测量仪、β-内酰胺测定仪、抗生素效价分析仪、藻类计数仪、藻类辅助鉴定系统、浮游动物计数仪、生物显微分析系统等产品。

宁波科达仪表有限公司
地址：浙江省宁波市余姚经济开发区茂盛路11号
邮编：315403
电话：0574-58227888，58227877
传真：0574-58227866
电子信箱：info@ningbo-keda.com
网址：www.ningbo-keda.com
主要产品或业务范围：该公司是一家集开发、生产、销售和服务于一体的汽车仪表、汽车传感器、汽车电器、摩托车仪表、摩托车传感器和摩托车电器的专业厂家。

余姚市江南电子仪器有限公司
地址：浙江省余姚市子陵路103号-2
邮编：315400
电话：0574-62702856，62701166
传真：0574-62703858
联系人：陈奇峰
电子信箱：yyjndz@126.com
网址：www.zhuansubiao.com
主要产品或业务范围：专业生产船舶仪器仪表。

浙江汽车仪表有限公司
地址：浙江省绍兴市袍江工业区洋江东路21号
邮编：312055
电话：0575-88207138，88207136
传真：0575-88207158
电子信箱：zqybxsb@163.com

网址：www.qcyb.com

主要产品或业务范围：汽车组合仪表、传感器。

浙江土工仪器制造有限公司

地址：浙江省绍兴市上虞区人民西路道墟工业园区

邮编：312368

电话：0575-82047088

传真：0575-82047388

电子信箱：zjtgyq@163.com

网址：www.tgyq.com

主要产品或业务范围：土工仪器、公路仪器、沥青仪器、建材仪器、测绘仪器。

传感器、仪器仪表元器件及材料

安徽驰程仪表科技有限公司
地址：安徽省天长市经济开发区经九路人才科创城南三号楼三层
邮编：239300
电话：0550-7622223
电子信箱：qiancheng@abchicheng.com
网址：www.abchicheng.com
主要产品或业务范围：温度变送器板卡产品。

安徽天光传感器有限公司
地址：安徽省蚌埠市高新区嘉和路118号
邮编：233010
电话：0552-4923988，4125980，4923988
传真：0552-4923688，4126232
联系人：李芳
电子信箱：349973402@qq.com
网址：www.tg688.com
主要产品或业务范围：称重传感器，电力覆冰检测传感器，扭矩传感器，拉力传感器，轴销传感器，压力传感器，拉压力传感器以及相配套测控仪表等产品。

安徽皖科智能技术有限公司
地址：安徽省合肥市高新区创新大道106号明珠产业园2号厂房5楼A、B区
邮编：230088
电话：0551-65369666
传真：0551-65363611
电子信箱：3003968020@qq.com
网址：www.wnk.cn
主要产品或业务范围：专注于传感器、变送器、自动化仪表以及自动化控制系统研发、生产销售及工程服务的专业高新技术企业。

蚌埠高灵传感系统工程有限公司
地址：安徽省蚌埠市高新区友谊路905号
邮编：233010
电话：0552-4081458
传真：0552-4091458
电子信箱：market@glsensor.com
网址：www.gl-sensor.com
主要产品或业务范围：专业研发和制造各类力敏传感器及其应用仪器仪表。

蚌埠金诺传感系统工程有限公司
地址：安徽省蚌埠市解放北路899号
邮编：233000
电话：0552-7116618，18955237280
传真：0552-3998782
电子信箱：jn@jnsensor.cn
网址：www.jnsensor.cn
主要产品或业务范围：该公司是力敏传感器基地，专门从事传感器、变送器、智能仪器、仪表等方面的科研开发与制造。

蚌埠日月仪器研究所有限公司
地址：安徽省蚌埠市高新区兴中路985号日月科技园
邮编：233010
电话：0552-4080608
传真：0552-4070672
电子信箱：sales@sunmoon-china.com
网址：www.sunmoon-china.com
主要产品或业务范围：各型传感器、称重和测控仪表、动静态智能化称重系统、油田测试仪器、数字化远程测控系统等。

蚌埠市长达力敏仪器有限责任公司
地址：安徽省蚌埠市沿淮路218号
邮编：233000
电话：0552-3016089，3015621
传真：0552-3015621
电子信箱：bbcdlm@vip.sina.com
网址：www.cd-sensor.com
主要产品或业务范围：压力传感器/变送器、称重传感器、拉压力传感器、扭矩传感器、半导体应变计。

蚌埠市创业电子有限责任公司
地址：安徽省蚌埠市高新区黄山大道8318号
邮编：233000
电话：0552-4071476
传真：0552-4078377
电子信箱：bbcydz@bbcydz.com
网址：www.bbcydz.com
主要产品或业务范围：压力传感器、差压传感器、液位传感器、压力变送器及控制仪表。

蚌埠市力业传感器有限公司
地址：安徽省蚌埠市淮上区盛华路中恒电商产业园26栋东二层
邮编：233000
电话：0552-3015631，7117550
传真：0552-3015631
联系人：朱纪海

电子信箱：227304168@qq.com

网址：www.bbliye.com

主要产品或业务范围：以生产力敏传感器为龙头，以相配套的二次仪表和相关各种放大器、变送器、控制器为辅助的高新技术企业。

合肥森特传感仪器有限责任公司

地址：安徽省合肥市胜利北路1号新鸿安商务广场B417—418（合肥新火车站对面）

邮编：230011

电话：0551—65117775，65112512

传真：0551—65117775

电子信箱：wzs2222@163.com

网址：www.hf-sentech.com

主要产品或业务范围：SP/BP全系列压力、液位传感器、变送器，SZ/BZ全系列差压传感器、变送器，SL系列称重传感器、变送器，SF系列测力传感器、变送器，DM/MB1000系列数字测力仪，DM/MB2000系列数据处理仪。

合肥智感科技有限公司

地址：安徽省合肥市高新区创新大道106号明珠产业园4栋2层

邮编：230088

电话：0551—65336537

电子信箱：jamini.huang@aiotsensing.com

网址：www.aiotsensing.com

主要产品或业务范围：MEMS传感器。

黄山鼎瑞新实业有限公司

地址：安徽省黄山市黄山区工业园区

邮编：245700

电话：0559—8516096

传真：0559—8516098

电子信箱：sales@evenestcase.com

网址：www.dnxcase.com

主要产品或业务范围：安全防护箱、防水盒、接线盒、仪表壳、型材盒、面包板、跳线及相关模具的研发与制造。

天长市九星仪表有限公司

地址：安徽省天长市铜城镇开发区

邮编：239311

电话：0550—7511553

传真：0550—7511656

电子信箱：wsh566@126.com

网址：www.tcjxyb.com

主要产品或业务范围：仪器仪表壳体及配件。

天长市兆瑞仪表配件厂

地址：安徽省天长市永丰工业园区8号

邮编：239300

电话：0550—7320555

传真：0550—7320555

联系人：刁兆瑞

电子信箱：dzr@tczryb.com

网址：www.tczryb.com

主要产品或业务范围：该厂主要主产品有铝合金壳体、变送器壳体及安装支架等过程配件。

PCB压电传感器技术（北京）有限公司

地址：北京市东城区东中街9号东环广场写字楼A座4N

邮编：100027

电话：010—84477840

传真：010—84477913

电子信箱：pcbchina@pcb.com

网址：www.pcb.com

主要产品或业务范围：该公司专门研究、开发和制造加速度/压力/力/扭矩传感器、声学传感器以及相应的测量仪器和各种标定设备。

SMC（中国）有限公司

地址：北京市大兴区兴盛街甲2号

邮编：100176

电话：010—67885566

传真：010—67882335—3820

电子信箱：salespro@smc.com.cn

网址：www.smc.com.cn

主要产品或业务范围：公司是气动元件研发与制造商。

北京艾立特科技有限公司

地址：北京市海淀区马连洼北路59号亿城国际中心310室

邮编：100850

电话：010—65793977

传真：010—65793977

电子信箱：technique@elitetech.com.cn

网址：www.elitetech.com.cn

主要产品或业务范围：半导体气体传感器、红外气体传感器、电阻式湿度传感器、气敏特性分析系统等。

北京必得客电子有限公司

地址：北京市通州区中关村科技园通州园金桥工业区联东U谷东区景盛南四街甲13号3C2层

邮编：101102

电话：010—56495271

传真：010—56495270

电子信箱：sales@bidukelec.com

网址：www.bidukelec.com

主要产品或业务范围：该厂专业生产和研发工业自动化用电感式传感器、电容式传感器、光电式传感器、传感器用连接器等工控产品。

北京博锐创科技有限公司

地址：北京市密云区永和东街44号

邮编：101500
电话：010-57791258，57415016，57415018
传真：010-61093876
联系人：孙单侠
电子信箱：bjbrc@sina.cn
主要产品或业务范围：国产扭矩传感器、进口扭矩传感器、称重传感器、涡街流量计、电磁流量计、超声波流量计、投入式液位计、压力传感器/变送器、扭矩/转速/功率仪表。代理国外品牌扭矩、压力、称重传感器。

北京布莱迪仪器仪表有限公司
地址：北京市朝阳区南三环成寿寺路甲135号
邮编：100164
电话：010-67690053-220
传真：010-67685038
电子信箱：wxl@sinobld.com
网址：www.brigghy.com.cn
主要产品或业务范围：不锈钢防腐、耐震、微压、差压、化学密封传感器，压力开关。

北京传感星空自控技术有限公司
地址：北京市昌平区龙祥制版园7号楼
邮编：100080
电话：010-51669739
传真：010-82611565
电子信箱：cgxkty@163.com
网址：www.cgxk163.com
主要产品或业务范围：压力传感器、压力变送器、温度传感器、温度变送器、位移传感器、称重传感器、扭矩传感器、流量计。

北京大时伟业科技有限公司
地址：北京市海淀区苏州街长远天地大厦A2座二层4211
邮编：100080
电话：010-62545258
传真：010-62545258-603
电子信箱：dashi@dashine.com
网址：www.dashine.com
主要产品或业务范围：从事塑料模具、塑料制品的设计、生产和加工。

北京德彼克创新科技有限公司
地址：北京市海淀区王庄路1号清华同方科技广场B座20层
邮编：100083
电话：010-82379533
传真：010-82379511
电子信箱：oursales@d-peak.com
网址：www.d-peak.com
主要产品或业务范围：液晶显示屏、等离子显示屏、场致发光显示屏等平板显示器件及控制板卡和触摸屏。

北京德兰系统控制技术有限公司
地址：北京市海淀区大钟寺华杰大厦11B5室
邮编：100098
电话：010-62961317，62198496
传真：010-62985217
电子信箱：info@dorland.com.cn
网址：www.dorland.com.cn
主要产品或业务范围：防爆脚踏开关、电梯安全开关、安全楼宇自控、无线控制开关、工业悬架系统。

北京东方精华苑科技有限公司
地址：北京市大兴区西红门镇大生庄
邮编：100162
电话：15801613762
传真：010-83545756
电子信箱：2750270039@qq.com
网址：www.bj-jhy.com.cn
主要产品或业务范围：该公司从事气相色谱仪配套气源产品的研制、生产、销售。

北京东方新动力机电设备有限公司
地址：北京市东城区永定门外桃园东里15号3129室
邮编：100075
电话：010-67654995
传真：010-67654995
电子信箱：postmaster@esi-tec.com.cn
网址：www.bjonp.com
主要产品或业务范围：流量计算仪、流速/累计流量仪、多点控制仪、指示和监控系统等。

北京飞博尔电子有限公司
地址：北京市海淀区高梁桥斜街59号院6号楼2层203-32
邮编：100044
电话：010-68732840，88423040
传真：010-88423041
联系人：唐思端
电子信箱：market@fable.cn
网址：www.fable.cn
主要产品或业务范围：角度传感器、角位移传感器、角度变送器、称重仪表、测力仪表、自整角机、旋转变压器、智能计数器、计长器、计米器、转速表、数显表、高炉探测料位料速仪、增量编码器、绝对值编码器、角度测量仪、转炉倾角仪。

北京航天金泰星测技术有限公司
地址：北京市大兴区锦绣街6号航天科技园A座9层
邮编：100176
电话：010-68199333
传真：010-68199334
电子信箱：sales@arspas.com
网址：www.arspas.com

主要产品或业务范围：粮仓专用压力传感器，磁致伸缩液位传感器。

北京航天易联科技发展有限公司
地址：北京市通州区科创十三街18号院24号楼
邮编：100176
电话：010-56386023
传真：010-56386015
电子信箱：caaayl@caaayl.com
网址：www.caaayl.com
主要产品或业务范围：光纤传感产品研制及集成；安防工程承包及实施；工业自动化设备及控制系统、传感器及仪器仪表产品研制及集成；自动化系统工程软硬件技术开发、技术服务及技术咨询，综合布线业务等。

北京合众汇能科技发展有限公司
地址：北京市海淀区上地七街1号汇众大厦706
邮编：100036
电话：010-51922373，51922383，51922393
传真：010-51922003
电子信箱：mdhccenergy@163.com
网址：www.hccenergy.com
主要产品或业务范围：超级电容器。

北京和光伟业传感技术有限公司
地址：北京市昌平区昌平路97号新元科技园2号楼305室
邮编：100073
电话：15711184226，15711184516
传真：010-60769528
电子信箱：hgsensor@263.net
主要产品或业务范围：专门从事压力、差压、液位、温度、流量等各种传感器和测控仪表的开发和生产。

北京吉兆光电仪器有限公司
地址：北京市朝阳区酒仙桥东路1号M5楼2层
邮编：100016
电话：010-64351238
传真：010-64351239
电子信箱：bpoi_tech@sina.com
网址：www.bpoi.com.cn
主要产品或业务范围：金属反射膜、全介质反射膜、窄带干涉滤光片、带通滤光片、偏振分光膜、宽带增透膜、石英片等产品。

北京江源北创电子科技有限公司
地址：北京市海淀区北三环西路25号京仪孵化器C座109室
邮编：100098
电话：010-82126805，82127957
传真：010-82126805
电子信箱：jybcdz@163.com
网址：www.jybcdz.com

主要产品或业务范围：专门从事芯片贸易的原装芯片供应商。

北京京海泉传感科技有限公司
地址：北京市海淀区北蜂窝2号中盛大厦1909室
邮编：100038
电话：010-63320584
传真：010-63426858
联系人：王燕
电子信箱：wyan@lvdt.com.cn
网址：www.lvdt.com.cn
主要产品或业务范围：该公司是一家高新科技公司，自行研发的以位移传感器为主的各种仪器，广泛应用于国民经济各领域。公司积累了40多年的研发和生产差动变压器式位移传感器的经验，现已形成近百个品种，七个系列。

北京九纯健科技发展有限公司
地址：北京市朝阳区惠新东街6号院2号办公楼7层719室
邮编：100029
电话：010-58445888，58422999，57422588
传真：010-64869721
电子信箱：2355435000@qq.com
网址：www.jucsan.com
主要产品或业务范围：温度、湿度、温湿度传感器，压力、差压、流量、液位传感器，自动化仪器仪表，巡检仪表，无纸记录仪等。

北京卡尤迪生物科技股份有限公司
地址：北京市海淀区创业中路36号5层509、510室
邮编：100085
电话：010-62977520
传真：010-64844237
联系人：单长辉
电子信箱：sales@coyotebio.com
网址：www.coyotebio.com
主要产品或业务范围：公司主要在光机电热一体化设备、分子诊断平台以及芯片级生物传感器方面拥有突破性的自主知识产权核心技术。

北京科海电子技术有限公司
地址：北京市海淀区中关村大街22号中科大厦A座301室
邮编：100190
电话：010-62559482，62645315
传真：010-62574489
电子信箱：kh_khdd@sina.com
网址：www.khdd.com.cn
主要产品或业务范围：各种电流、电压传感器。

北京昆仑海岸传感技术有限公司
地址：北京市海淀区上地信息路1号国际创业园1号院A栋8层
邮编：100089

电话：010-82671108
传真：010-82896630
电子信箱：maliping@sensor.com.cn
网址：www.klha.cn
主要产品或业务范围：压力、液位传感器、变送器；超声波物位传感器、变送器；安全栅、隔离模块等。

北京昆仑中大传感器技术有限公司
地址：北京市大兴区经海三路139号博电能源互联网F座302室
邮编：100076
电话：010-61283017
传真：010-66164336
电子信箱：klzd@sinometer.com.cn
网址：www.bjklzd.com
主要产品或业务范围：专门从事设计、生产、销售各种传感器、变送器、测控仪表、热工仪表、现场控制器、计算机控制系统、数据采集系统、环境监控系统、专用控制系统应用软件、嵌入式系统等。

北京理弘远见科贸有限责任公司
地址：北京市朝阳区樱花园东街5号新化信大厦二层
邮编：100011
电话：010-64801130
传真：010-64801132
电子信箱：info@lhyj.com.cn
网址：www.lhyj.com.cn
主要产品或业务范围：传感器。

北京林电伟业电子科技有限公司
地址：北京市海淀区蓝靛厂南路25号嘉友国际大厦803、820室
邮编：100097
电话：010-88840981，88840991
传真：010-51502865
电子信箱：info@lindianweiye.com
网址：www.thermo-leader.com
主要产品或业务范围：铂电阻传感器，热电偶传感器。

北京罗杰卓越科技有限公司
地址：北京市海淀区上地信息路1号国际科技创业园1号院A栋8层
邮编：100085
电话：010-82600240，82600241，82600242
传真：010-82600355
联系人：朱志华
电子信箱：wangpengfei0813@126.com
网址：www.rogi-stric.com
主要产品或业务范围：温湿度传感器、变送器，水浸、二氧化碳、照度传感器，压力、微差压、液位传感器。

北京茂丰光电科技有限公司
地址：北京市海淀区中关村东路18号
邮编：100083
电话：010-82600067，82601815，82601072
传真：010-82601369
电子信箱：info@mfopt.com
网址：www.mfopt.com
主要产品或业务范围：光学元器件、光机产品等。

北京欧迪蒙自控科技有限公司
地址：北京市石景山区银河大街双锦园15-6-303
邮编：100040
电话：010-68668150，68668162
传真：010-68668162
电子信箱：oudimeng88@sina.com
网址：www.oudimeng.com
主要产品或业务范围：静压式液位信号器，液位控制箱，浮球开关，静压式液位传感器，液位显示控制仪，消防控制柜，超声波液位传感器，数字智能型外置式超声波液位传感器，消防泵智能变频无压巡检控制柜，漏电火灾报警控制装备等。

北京普莱而得机电技术有限公司
地址：北京市海淀区知春路6号锦秋知春A106室
邮编：100088
电话：010-82358331，82358330
传真：010-82357377
电子信箱：bjpride@126.net
网址：www.bjpride.com
主要产品或业务范围：产品包括各种仪器仪表及传感器、动静压轴承、不间断电源等。此外，该公司是奥地利E+E公司、德国JUMO公司、以及日本RKC公司中国代理，产品主要有温湿度、露点、风速、压力传感器，温度控制器、调节器等。

北京强盛伟业科技有限公司
地址：北京市海淀区知春路118号C059
邮编：100086
电话：010-62551126
传真：010-62551126
联系人：杨淞强
电子信箱：yang@qiangsheng168.com
网址：www.qiangsheng168.com
主要产品或业务范围：专业从事各种仪器仪表壳体产品设计、模具设计与制造及壳体加工等一条龙服务的企业。

北京青鸟元芯微系统科技有限责任公司
地址：北京市海淀区海淀路5号燕园三区青鸟楼3层C座
邮编：100871
电话：010-62753130，13910916515
传真：010-58874035，62758719

电子信箱：jiangby@ime.pku.edu.cn
网址：www.firstmems.com
主要产品或业务范围：微型湿度传感器及模块、压力传感器芯片，化学气体传感器和加速度传感器。

北京赛斯尔自动控制工程有限公司
地址：北京市海淀区知春路108号豪景大厦B座3A01室
邮编：100086
电话：010-62579956，62563133
传真：010-62615586
电子信箱：siemens@bj-beston.com
网址：www.bj-beston.com
主要产品或业务范围：各种温度和湿度传感器和变送器、水浸传感器、电压和电流转换器等。

北京三承恒薇科技有限公司
地址：北京市丰台区王佐镇下庄
邮编：100143
电话：010-88135218
传真：010-88135618
电子信箱：jsc456@126.com
网址：www.jsc456.com.cn
主要产品或业务范围：扭矩传感器、各种配套产品。

北京三晶创业科技集团有限公司
地址：北京市海淀区中关村创新园区
邮编：100194
电话：010-82599837，82599836
传真：010-82597911
电子信箱：jn338@sohu.com
网址：www.sjjt.com.cn
主要产品或业务范围：智能数字式转矩转速传感器、光耦合转矩转速传感器、自动检测控制系统、故障检测报警系统及各类机电设备专用测试台等工控产品。

北京三晶联合科技有限公司
地址：北京市海淀区恩济里小区27号楼二层A202室
邮编：100142
电话：010-56127026，18601948996
传真：010-88410105
电子信箱：sjlhkj2008@163.com
网址：www.sjlhkj.com
主要产品或业务范围：该公司是研发、生产、销售扭矩传感器的专业厂商。

北京森恩传感技术公司
地址：北京市西城区德外教场口9号院
邮编：100072
电话：010-83864523，83864688，83840900
传真：010-83869162
主要产品或业务范围：该公司是高新技术企业，中国电子

元件行业会员单位。研究、开发、制造MF5E系列高精度热敏电阻及派生产品。

北京晟联迅达科技有限公司
地址：北京市海淀区知春路118号知春大厦C座三层398室
邮编：100086
电话：010-62533632，62578197，62578198
传真：010-62588759
电子信箱：sldz@sldz.com.cn
网址：www.sldz.com.cn
主要产品或业务范围：专营中国台湾进联DECA接线端子台、防水按钮开关和轨道式端子，同时代理德国ept欧式接插件、中国台湾艾得APFEL连接器、中国台湾PLT航空连接器、中国深圳千代田CGG塑胶电子零件等产品。

北京世奥科技有限公司
地址：北京市朝阳区朝阳北路11号首开东都汇B座910室
邮编：100021
电话：010-69943886
传真：010-65706299
电子信箱：sakj@osk-valve.com
网址：www.osk-valve.com
主要产品或业务范围：提供用于流体系统及各种复杂条件下使用的不锈钢阀门、接头配件、阀组、减压阀、背压阀、各类压力表、汇流排、各种级别不锈钢管、特氟龙高压软管、精密过滤器、气柜、反应釜、气体混配器、气体探测器、微反装置及相关技术服务和工程搭建整体解决方案。

北京天康达科技发展有限公司
地址：北京市丰台区科学城星火路11号2幢609室（园区）
邮编：100070
电话：010-60231770
传真：010-60231400-8008
联系人：王群
主要产品或业务范围：电气火灾监控系统，包括电气火灾监控主机，TAK电气火灾监控设备，TCS系列电器火灾监控探测器，剩余电流传感器，温度传感器等。

北京天瑞中海精密仪器有限公司
地址：北京市通州区八里桥南街16号京贸国际F909
邮编：101100
电话：010-89578084
传真：010-89505141
电子信箱：info@bj-tr.com.cn
主要产品或业务范围：激光腔元器件、光学元件、步进电机控制器等。

北京通磁伟业传感技术有限公司
地址：北京市海淀区志新路15号中原大楼408室
邮编：100083

电话：010-62343030，62344900
传真：010-62313902
电子信箱：bjtc@tcsensor.com
网址：www.tcsensor.com
主要产品或业务范围：倾角传感器；角度传感器；振动传感器；转速传感器。

北京伟拓嘉业科技有限公司
地址：北京市大兴区亦庄经济技术开发区荣昌东街7号隆盛工业园5号楼4层
邮编：100176
电话：010-67806391
传真：010-67806380
电子信箱：info@weituo.cn
主要产品或业务范围：PI控制器，温度、湿度、压力传感器等。

北京沃尔康科技有限责任公司
地址：北京市朝阳区北四环中路35号传感技术研究中心
邮编：100101
电话：010-64862188，64867447
传真：010-64879486
电子信箱：zhangfuxue@263.net
网址：www.walkang.com
主要产品或业务范围：压电气流速率陀螺、气体摆式水平姿态传感器、压电石英倾斜仪及其力敏元件。

北京新利同创电子设备有限责任公司
地址：北京市昌平区流村工业园区
邮编：102204
电话：010-89774609，89774690，89774910
传真：010-89774609
电子信箱：xltc@vip.163.com
网址：www.xltc.cn
主要产品或业务范围：各种电子仪器设备壳体、各种箱体、机柜及配套产品。

北京迅天宇光电科技有限公司
地址：北京市石景山区阜石路165号今鼎时代广场C座416室
邮编：100041
电话：010-82379331
传真：010-82378090
电子信箱：messages@skyrayoe.com
网址：www.skyrayoe.com
主要产品或业务范围：解调仪、扫描激光器、光纤温度传感器、应变传感器、压力传感器、加速度传感器。

北京中材人工晶体研究院有限公司
地址：北京市朝阳区东坝红松园1号
邮编：100018
电话：010-65492620-8000

传真：010-65492635-8602
电子信箱：risc@risc.cn
网址：www.risc.com.cn
主要产品或业务范围：人工合成晶体材料，先进功能复合材料和超硬材料及制品。

北京中瑞能仪表技术有限公司
地址：北京市通州区经济开发区东贸国际写字楼1805-1806
邮编：100001
电话：010-62101662，62101552，57726700
传真：010-58857017
电子信箱：zrn@163.com
网址：www.zrnyb.com
主要产品或业务范围：电磁流量计、超声波流量计、涡轮流量计、转子流量计。

大恒新纪元科技股份有限公司
地址：北京市海淀区苏州街3号大恒科技大厦北座15层
邮编：100080
电话：010-82828605
传真：010-82828556
电子信箱：optics@cdhcorp.com.cn
网址：www.dhxjy.com.cn
主要产品或业务范围：精密光机标准件产品、超快激光器及应用系统产品。

莱姆电子（中国）有限公司
地址：北京市顺义区林河工业区林河大街28号院
邮编：101300
电话：010-89455288
传真：010-80483120，80484303
主要产品或业务范围：电量传感器，电流、电压传感器。

米铱（北京）测试技术有限公司
地址：北京市海淀区黑泉路8号1幢康健宝盛广场D座2层2002-2006室
邮编：100102
电话：010-64398534
传真：010-64398234
电子信箱：info@micro-epsilon.com.cn
网址：www.micro-epsilon.com.cn
主要产品或业务范围：激光位移传感器、电容式位移传感器、电涡流位移传感器、拉绳位移传感器、机电信息一体化的成套测量检验设备。

希比希光学（北京）有限公司
地址：北京市怀柔区北房镇经纬工业开发区福顺街1号
邮编：101400
电话：010-61681338
传真：010-61681507
电子信箱：shimin@cbcopt.com.cn

网址：www.cbc-optronics.com
主要产品或业务范围：光学镜片及光学镜头。

中国科学院半导体研究所
地址：北京市海淀区清华东路甲35号
邮编：100083
电话：010-82304210
传真：010-82305052
电子信箱：semi@semi.ac.cn
网址：www.semi.ac.cn
主要产品或业务范围：超晶格电子材料，微电子、微波器件，激光器件，发光器件，探测器件，传感器件。

重庆材料研究院有限公司
地址：重庆市北碚区蔡家岗嘉德大道8号
邮编：400707
电话：023-68261673
传真：023-68264731
电子信箱：lilith_cimri@163.com
网址：www.cmri.cc
主要产品或业务范围：测温材料、贵金属材料、耐腐材料、弹性材料、传感器敏感材料。

重庆德尔森传感器技术有限公司
地址：重庆市北碚区水土高新技术产业园云汉大道5号附
邮编：400700
电话：023-68232169
传真：023-68206218
电子信箱：info@dersensor.de
网址：www.dersensor.com
主要产品或业务范围：智能MEMS传感器解决方案。

重庆金鸿电气工程有限公司
地址：重庆市巴南区鱼洞纺织三村1号
邮编：400041
电话：023-68603303
传真：023-68887389
电子信箱：jhdq_lgc@163.com
网址：www.cqjhdq.com.cn
主要产品或业务范围：电加热元件、电加热设备。

重庆九环机电有限公司
地址：重庆市北碚区凤栖路6号盈田同兴工谷15栋1号
邮编：400700
电话：023-86089949
传真：023-86089009
电子信箱：huangxiujuan@cqjhjd.com
网址：www.cqjuhan.com
主要产品或业务范围：自动化仪器仪表零部件及各类管路连接件、阀门的设计、开发和制造。

重庆兆宏科技有限公司
地址：重庆市北碚区天生路79号
邮编：400700
电话：023-68282026
传真：023-68282027
电子信箱：infozht@zhsapphire.com
网址：www.zhsapphire.com
主要产品或业务范围：光学元件，宝石轴承。

福建华科光电有限公司
地址：福建省福州市福兴投资区福兴大道20号
邮编：350014
电话：0591-83610148-8011
传真：0591-83621248-8011
电子信箱：hr@casix.com
主要产品或业务范围：激光晶体、精密仪器的光学元件和光通信元件。

莆田市力天量控有限公司
地址：福建省莆田市城厢区霞林新村85号
邮编：351100
电话：0594-2636152，2636153
传真：0594-2633693
电子信箱：putianlitian@163.com
网址：www.ptlitian.com
主要产品或业务范围：该公司是传感器专业生产厂家。主要产品为"力天牌"高精度、高稳定性系列测力、称重传感器。企业通过ISO 9001质量管理体认证。

泉州市丰泽东海仪器硬度块厂
地址：福建省泉州市东海后埔183号1号楼
邮编：362000
电话：0595-22209950
传真：0595-22701073
电子信箱：chnoffice@qq.com
网址：www.cnhtb.net
主要产品或业务范围：该厂是生产标准硬度块专业厂家。

厦门精研自动化元件有限公司
地址：福建省厦门市火炬高新区火炬园创新二路50号
邮编：361006
电话：0592-5702588
传真：0592-5702688
电子信箱：jscc-china@163.com
网址：www.jscc-china.com
主要产品或业务范围：主要生产高档小功率交流多功能（减速）电动机、步进电动机、伺服电动机、工业自动化仪表、可编程控制器、变频器等。

天水华天传感器有限公司
地址：甘肃省天水市秦州区双桥路14号

邮编：741000
电话：0938-8631926
传真：0938-8227011
电子信箱：yww@tshtcgq.com
网址：www.tshtcgq.com
主要产品或业务范围：CYX系列注油芯体压力传感器、CYB系列压力变送器、CYBD系列智能压力测控仪表等。

创意电子有限公司
地址：广东省深圳市福田区福田保税区市花路1号联合金融大号5楼501室
邮编：518000
电话：0755-83480330
电子信箱：marketing@weltronics.com
网址：www.weltronics.com
主要产品或业务范围：产品涵盖电容、电阻、电缆、各类传感器、开关等。

东莞嘉准电子科技有限公司
地址：广东省东莞市东城区峡口工业区沙岭西路7号
邮编：523007
电话：0769-22455638，22303890
传真：0769-22303891
电子信箱：taiwanfc@163.com
网址：www.fctaiwan.com
主要产品或业务范围：专业研发、生产和销售光纤管、光纤传感器、光纤放大器、光电开关、近接开关、压力开关、光幕传感器、导轨电源、激光对准线、磁性开关、聚焦镜、计数器、计时器、控制器、等自动控制元件。

东莞市恒翊电子科技有限公司
地址：广东省东莞市桥头镇大洲桥常路北一街2号A
邮编：523520
电话：0769-83347658
传真：0769-83347648
电子信箱：xiang@welink-hengyi.com
网址：www.welink-dg.com
主要产品或业务范围：专业电子连接器制造企业。

东莞市龙基电子有限公司
地址：广东省东莞市石龙镇西湖信息产业园温泉南路83号
邮编：523325
电话：0769-81862666，13532449990
传真：0769-81862611
电子信箱：info@longkey-ptc.com
网址：www.longkey-ptc.com
主要产品或业务范围：PTC热敏电阻器。

东莞市南力测控设备有限公司
地址：广东省东莞市中堂镇槎滘工业区建设路188号
邮编：523220

电话：0769-88119598，88110158
传真：0769-88110176
电子信箱：wzyhlh@126.com
网址：www.nlsensor.com
主要产品或业务范围：压力传感器、液位传感器、压力变送器、压力开关、工业控制器等。

东莞市旭瑞光电科技有限公司
地址：广东省东莞市大岭山镇金桔村黄草岭工业区
邮编：523825
电话：0769-88965985
传真：0769-88965955
电子信箱：jx13823768340@vip.163.com
网址：www.sun-optical.com
主要产品或业务范围：超精密光学镜片模具，冲压模具及零件。

富泰科技（香港）有限公司
地址：广东省深圳市南山区高新区深圳市软件产业基地5A栋433-434室
邮编：518054
电话：0755-86170157，86616298，86616083
传真：0755-86170157
网址：www.photonteck.com
主要产品或业务范围：专注于先进光电技术应用，为光通信、工业与科研用户提供专业的物料选型、核心器件供应以及系统方案支持。

广东奥迪威传感科技股份有限公司
地址：广东省广州市番禺区市桥银平路3街4号
邮编：511400
电话：020-84802041
传真：020-84665207
电子信箱：market@audiowell.com
网址：www.audiowell.com
主要产品或业务范围：超声波传感器、流量传感器、发声器件及超声波换能器件等系列。

广东风华高新科技股份有限公司
地址：广东省肇庆市端州三路8号
邮编：526060
电话：0758-2865325，2865248
传真：0758-2865136，2865174
电子信箱：marketing@china-fenghua.com
网址：www.china-fenghua.com
主要产品或业务范围：专业从事高端新型元器件、电子材料、电子专用设备等。

广州海谷电子科技有限公司
地址：广东省广州市黄埔区科学城香山路17号优宝科技园A栋503室

邮编：510663

电话：020-62863270

传真：020-62863271

电子信箱：2482423075@qq.com

网址：www.gzhaigu.com

主要产品或业务范围：传感器元件(高分子湿敏电阻、热敏电阻)、温湿度模块、温湿度变送器、温湿度控制器等。

广州华茂传感仪器有限公司★

地址：广东省广州市黄埔区青年路336号

邮编：510730

电话：020-82225626，82068470，82220227

传真：020-82225626，82068470，82220227

电子信箱：514033904@qq.com，tech@vsicn.com

网址：www.vsicn.com

主要产品或业务范围：专业研发/生产/销售/维修压力传感器/变送器/开关[含液位计(变送器)、差压变送器等]、高温熔体压力传感器/变送器、扭矩传感器、称重和测力传感器(含重量变送器)、温度传感器/变送器、电路模块与自动化控制仪表等产品，共计六大系列800多个品种。公司产品在国内得到广泛应用、替代进口，也出口到北美、东南亚、中亚、中东欧、非洲等地。公司的目标是更新的产品、更高的品质、更强的功能、更好的服务、更久的合作。欢迎来人、来电、来函、来邮洽谈，互惠互利，携手双赢。

广州精信仪表电器有限公司

地址：广东省广州市天河区高科路32号科诚大厦B栋北座四楼

邮编：510520

电话：020-62930085，62930086

传真：020-87084281

联系人：彭志华

电子信箱：jingxin@jxyb.com

网址：www.jxyb.com

主要产品或业务范围：电涡流位移传感器，集成加速度传感器，精密电感式接近开关，位移、振动、转速监测器及变送器，以及动、静态校验装备。

广州菱科自动化设备有限公司

地址：广东省广州市天河区天河路242号丰兴广场B栋2606-2609室

邮编：510620

电话：020-38395380，38395381，38395382

传真：020-38395480

电子信箱：link@gzlink.com

网址：www.gzlink.com

主要产品或业务范围：伺服电机联轴器、步进电机联轴器、微型电机联轴器、编码器联轴器及丝杠支撑座。

广州品鑫机电科技有限公司

地址：广东省广州市天河区中山大道中393号天长商贸园D栋101房

邮编：510620

电话：020-82325366

传真：020-82325837

电子信箱：liry@pinxincnc.com

网址：www.pinxincnc.com

主要产品或业务范围：该公司是机电产品专业代理商，主要经营中国台湾地区明纬开关电源，日本SANYO DENKI的伺服电动机、步进电动机，日本SUNX光电传感器、接近传感器、压力传感器、区域传感器等，日本KEYENCE光纤传感器、激光位移传感器、影像系统、影像显微镜、静电消除系统等，日本ORIENTAL电机，中国台湾地区东元电机。

广州市爱浦电子科技有限公司

地址：广东省广州市黄埔区埔南路63号四号楼302房

邮编：510310

电话：020-84206763

传真：020-84206762

电子信箱：sale@aipu-elec.com

网址：www.aipulnion.com

主要产品或业务范围：专业从事模块电源研发、生产、销售和提供解决方案的高新技术企业。

广州市东炜电子科技有限公司

地址：广东省广州市天河区沙河镇白沙水路162号

邮编：510650

电话：020-37202629，37200072，37098081

传真：020-37089199

电子信箱：dw00001@hotmail.com

网址：www.dongweikj.com

主要产品或业务范围：光纤传感器、光电与激光传感器、接近传感器等。

广州市泰矽电子有限公司

地址：广东省广州市东莞市厚街镇三屯管理区

邮编：511341

电话：0769-85055152

传真：0769-85055162

电子信箱：taisee@taisee.com

网址：www.taisee.com

主要产品或业务范围：公司专业生产工业自动控制组件及各种控制器。

广州市西克传感器有限公司

地址：广东省广州市越秀区天河路45号之二天伦大厦第24楼

邮编：510075

电话：020-28823600

传真：020-38303350，38303303

电子信箱：info.china@sick.net.cn
网址：www.sick.net.cn
主要产品或业务范围：工业用光电开关，接近开关及磁电开关，色标及超声波传感器，光电安全保护装置，自动化辩读系统，激光测距系统，旋转编码器等。

广州西博臣科技有限公司
地址：广东省广州市白云区沙太路华苑街2号
邮编：510510
电话：020-87233793，87233235
传真：020-87232586
电子信箱：1992610296@qq.com
网址：www.cbsen.com
主要产品或业务范围：经营各类温湿度传感器，变送器，测量仪表。

广州粤茂电子科技有限公司
地址：广东省广州市经济技术开发区创业路10-16号
邮编：510730
电话：020-82220367，82089195，32070085
传真：020-82220367
电子信箱：zys@yomtech.net
网址：www.yomtech.net
主要产品或业务范围：压力传感器、压力变送器、测力传感器、测力变送器、差压传感器、差压变送器、液位计、液位变送器、扭矩传感器、温度传感器、温度变送器、工业控制仪器仪表。

杰特电子实业（深圳）有限公司
地址：广东省深圳市龙岗区南湾街道吉厦社区简坑路早禾坑工业区13号杰特工业园
邮编：518114
电话：0755-84509088
传真：0755-84509099
电子信箱：marketing@jite.com.cn
网址：www.jite.com.cn
主要产品或业务范围：该公司专业生产和经销接线端子。

精亮科技（深圳）有限公司
地址：广东省深圳市宝安区松岗街道沙浦社区洋涌工业区5路1号
邮编：518102
电话：0755-26999343
传真：0755-26999309
电子信箱：Sales@ml-ltd.com
网址：www.measurement-ltd.com
主要产品或业务范围：公司专门从事传感器产品的设计与制造。

精量电子（深圳）有限公司
地址：广东省深圳市南山区高新科技园北区朗山路26号

邮编：518057
电话：0755-33305088，33305068
传真：0755-33305079
电子信箱：sales.china@meas-spec.com
网址：www.te.com
主要产品或业务范围：压力、称重/力、扭矩、位移、倾角、液位、振动/加速度、水质、温度、湿度、流量、磁阻、血氧、压电薄膜以及液体特性等传感器。

劳易测电子贸易（深圳）有限公司
地址：广东省深圳市南山区深云西二路天健创智中心A栋塔楼第9层
邮编：518054
电话：0755-86264909
传真：0755-86264901
电子信箱：info.cn@leuze.com
网址：www.leuze.com.cn
主要产品或业务范围：开关传感器、测量传感器。

美特斯工业系统（中国）有限公司
地址：广东省深圳市南山区同乐外贸兴业工业区A5栋
邮编：518052
电话：0755-26700399，26700699
传真：0755-26702974
电子信箱：miao.lei@mts.com
网址：www.mtssans.com
主要产品或业务范围：高性能和高精度力学性能测试、模拟系统和位移传感器。

深圳逗点生物技术有限公司
地址：广东省深圳市龙岗区布吉街道甘李六路12号中海信创新产业城12栋1楼
邮编：518114
电话：0755-25498787，15989893669
传真：0755-25498726
联系人：胡玉梅
电子信箱：sales@biocomma.cn
网址：www.biocomma.com
主要产品或业务范围：该公司提供固相萃取柱、亲和层析柱、小型层析柱、固相合成柱、DNA提取柱、离心柱和带滤芯吸头的配套元件、装配设备等。

深圳根本贸易有限公司
地址：广东省深圳市福田区深南大道求是大厦东座901-903室
邮编：518040
电话：0755-88317954
传真：0755-88317964
电子信箱：sales@sz-nemoto.com.cn
网址：www.chinanemoto.com
主要产品或业务范围：可燃气体传感器、有毒有害气体传感器、湿度传感器。

深圳华美澳通传感器有限公司
地址：广东省深圳市龙岗区平湖平龙东路349号
邮编：518111
电话：0755-84658567
传真：0755-84658567
电子信箱：info@huallsens.com
网址：www.huallsens.com
主要产品或业务范围：MEMS压力传感器及应用模组。

深圳欧菲光科技股份有限公司
地址：广东省深圳市光明区公明街道松白公路华发路段欧菲光科技园
邮编：518106
电话：0755-27545988
传真：0755-27545626
电子信箱：kandyzhao@o-film.com
网址：www.o-film.com
主要产品或业务范围：以各种摄像头中的红外截止滤光片、保护玻璃、镜座组件；光学低通滤波器、以及手机面板保护玻璃、触摸板、DVD光学读取头元气件为主的光学配件生产商。

深圳圣斯尔电子技术有限公司
地址：广东省深圳市龙岗区布澜路33号宝福珠宝园C区5楼
邮编：518114
电话：0755-83766907，83766909
传真：0755-83762478
电子信箱：doris@sset.cn
网址：www.sset.cn
主要产品或业务范围：公司是专业从事电量传感/变送器研究、开发、生产、销售的高科技企业。

深圳市莘进科技发展有限公司
地址：广东省深圳市罗湖区中兴路华隆园A座1704室
邮编：518001
电话：0755-25840525
传真：0755-82153926
电子信箱：doloa@pravance.com
网址：www.pravance.com
主要产品或业务范围：传感器芯体。

深圳市尔泰科技有限公司
地址：广东省深圳市龙华区大浪联建科技工业园1栋三层
邮编：518109
电话：0755-88834445，4000040210
传真：0755-88834446
联系人：邬彩霞
电子信箱：east@eastet.com
网址：www.eastet.com
主要产品或业务范围：在高端智能液晶显示终端、串口液晶屏、高加固显示器业务领域做产品技术配套服务。

深圳市飞莱特科技有限公司
地址：广东省深圳市龙岗区坪地镇教育北路88号
邮编：518172
电话：0755-28957682
传真：0577-28957369
电子信箱：szeng@filtech-filters.com
网址：www.filtech-filters.com
主要产品或业务范围：滤光片等。

深圳市富安达智能科技有限公司
地址：广东省深圳市福田区华强北路圣廷苑酒店B座写字楼2701室
邮编：518028
电话：0755-82075830
传真：0755-82076348
电子信箱：info@fuanda.com
网址：www.fuanda.com
主要产品或业务范围：公司专业从事国际领先传感器应用硬件、软件及相关系统的应用设计、销售和服务。

深圳市华荣发电子测试有限公司
地址：广东省深圳市福虹路中电福华大厦810-814室
邮编：518033
电话：0755-83039786，83039638，83039995
传真：0755-83039902
电子信箱：hrf@hrfnet.com
网址：www.hrfnet.com
主要产品或业务范围：各类测试针及各类配件。

深圳市杰英特传感仪器有限公司
地址：广东省深圳市宝安区西乡街道宝田一路336号七星创意工场(凤凰岗)七星公社五楼503
邮编：518102
电话：0755-83104666，83121049
传真：0755-83116697
电子信箱：wurong@szjoint.com
网址：www.szjoint.com
主要产品或业务范围：压力、重量、位移、加速度、液位、电流、温度、湿度等传感器。

深圳市聚力传感科技有限公司
地址：广东省深圳市宝安区西乡固戍海滨新村二区四巷七号10楼
邮编：518101
电话：0755-27902616
电子信箱：julicg@163.com
主要产品或业务范围：传感器。

深圳市康安视保科技开发公司
地址：广东省深圳市红岭南路红岭大厦5栋9-D
邮编：518031

电话：0755－25864879
传真：0755－25118010
电子信箱：szk01@163.com
网址：www.szkasb.sm160.net
主要产品或业务范围：TV-1位移振动传感器，ZHL338数字温度计，各种传感器。同时承接传感器应用电路开发，产品设计和配套，以及计算机软、硬件开发及维护，计算机及其开发应用项目等。

深圳市康奈特电子有限公司
地址：广东省深圳市龙华区观湖街道松元厦社区大布头路321号
邮编：518109
电话：0755－25129187，28167322
传真：0755－28167770
电子信箱：info@szcnnet.com
网址：www.szcnnt.com
主要产品或业务范围：接线端子。

深圳市蓝之宇电子有限公司
地址：广东省深圳市宝安区67区洪浪北二路鼎新科技园A栋3楼
邮编：518000
电话：0755－86372101
传真：0755－86372100
电子信箱：blueland@mems－sensor.com.cn
网址：www.mems－sensor.com.cn
主要产品或业务范围：公司专业销售SMI的各种型号MEMS压力传感器和压力芯片及晶圆。

深圳市立鑫瑞测控科技有限公司
地址：广东省深圳市龙岗区大运中心城爱联陂头背村新丰路30号商务区2楼204房
邮编：518172
电话：0755－26991486
传真：0755－26991476
联系人：仝素芳
电子信箱：sale5550@sina.com
网址：www.lxrsensors.com
主要产品或业务范围：该公司是一家专业从事各种压力、液位、位移、倾角等传感器和变送器及配套仪表研发、生产和代理销售的高科技企业，公司专注于为各行业的广大客户提供测量和控制各种工况下的压力、液位、位移、倾角等参数的最佳解决方案。经过近20年的产品应用和选型指导，积累了大量的实际应用经验，产品已获得多项质量和安全认证。

深圳市米诺电子有限公司
地址：广东省深圳市宝安区沙井新二第三工业区南岭路口
邮编：518105
电话：0755－27058268，27058298

传真：0755－27058238
电子信箱：sales@minor－tech.com
网址：www.minor－tech.com
主要产品或业务范围：拉杆系列、滑块系列、微型拉杆系列、自恢复系列线性位移传感器。

深圳市普晟传感技术有限公司
地址：广东省深圳市龙华区大浪街道华荣路联建科技工业园4栋206
邮编：518035
电话：0755－36690079，13510916915
传真：0755－36690079
电子信箱：sales@szpnsense.com
网址：www.szpnsense.com
主要产品或业务范围：传统电化学传感器、燃料电池型气体传感器、红外气体传感器、固体电解质传感器及传感器模组。

深圳市三达特科技有限公司
地址：广东省深圳市宝安区西乡宝源路华源科技创新园D座420室
邮编：518102
电话：0755－25848978，83738778
传真：0755－83738639
电子信箱：sales@sandat.com
网址：www.ddscientific.com
主要产品或业务范围：公司主要产品包括电化学气体传感器、空气品质传感器模块、数字温度传感器、湿度传感器、压力传感器、汽车用氢气泄漏传感器。

深圳市深格电子有限公司
地址：广东省深圳市公明塘尾村莲塘工业区86栋3楼
邮编：518055
电话：0755－86147155，86147200
传真：0755－86147177
联系人：刘小姐
电子信箱：sz.shenge@163.com
网址：www.shengeshi.com
主要产品或业务范围：接近开关、水位开关、水流量开关、干簧继电器、线束接插件。

深圳市盛波光电科技有限公司
地址：广东省深圳市坪山区大工业区青松西路8号盛波光电科技园
邮编：518000
电话：0755－61886866
传真：0755－61886865
电子信箱：sapopxm@163.com
网址：www.szsapo.com
主要产品或业务范围：专业生产LCD用偏光片的厂家。

深圳市威勤电子技术有限公司
地址：广东省深圳市南山区留仙大道南山智园一期A3栋5楼
邮编：518051
电话：0755-83576347
电子信箱：zheng@winchen.com
主要产品或业务范围：温度传感器、温湿度传感器、压力传感器、气体传感器。

深圳市新诺亚显示技术有限公司
地址：广东省深圳市光明区公明镇长圳中远国茂科技园8栋4楼
邮编：518132
电话：0755-29440027
传真：0755-81752033
电子信箱：kny_lcd@126.com
网址：www.xinnuoya.com
主要产品或业务范围：从事高品质液晶显示器（LCD）、液晶显示模块（LCM）开发生产的高新技术企业，现有超过三百种标准液晶显示模块，LCD产品则绝大多数是客户定制品。擅长为客户量身定做各种规格、不同技术要求的TN-LCD、STN-LCD及LCM。

深圳市新世联科技有限公司
地址：广东省深圳市深南中路2066号华能大厦712室
邮编：518031
电话：0755-83680810
传真：0755-83680866
电子信箱：sales@apollounion.com
网址：www.apollounion.com
主要产品或业务范围：传感器产品销售和传感技术支持。

深圳市源建传感科技有限公司★
地址：广东省深圳市南山区马家龙工业区15栋3楼东
邮编：518052
电话：0755-26747274
传真：0755-26747274
电子信箱：info@source-sensor.com
网址：www.source-sensor.com
主要产品或业务范围：公司成立于2013年，是一家专业从事环境类传感器研发、生产和销售，并为客户定制产品解决方案的国家级高新技术企业。产品种类涵盖气体传感器、水分液位传感器、温湿度传感器。主要产品有红外二氧化碳传感器、气体传感器模组、多功能环境检测仪、温度传感器、温湿度模组及变送器、露点变送器、水浸液位传感器、土壤水分电导率传感器、汽车除雾湿度传感器、耐高温湿敏电阻等。产品广泛应用于智慧楼宇、智慧医院、汽车电子、机房监控、智慧农业、新能源环境与安全等领域。

深圳市振华微电子有限公司
地址：广东省深圳市南山区高新技术产业园w1-b三楼，科

技园25栋6楼
邮编：518057
电话：0755-26639152，26525998-841
传真：0755-26520788
电子信箱：info@zeapoint.com
网址：www.zhm.com.cn
主要产品或业务范围：电源产品（含系统电源、组件电源、电源变换器、浪涌抑制器、电源滤波器、电源维持模块、电源管理芯片等）、驱动产品（电机驱动器、IGBT模块）、射频/微波产品（微带滤波器、混频器、故障检测器等）。

深圳市众望达光电有限公司
地址：广东省深圳市宝安区石岩街道北大方正科技园A2栋2楼
邮编：518067
电话：0755-86196560，86196200
传真：0755-86196281
电子信箱：sales@zewda.com
网址：www.zewda.com
主要产品或业务范围：光无源器件，SLED光源，半导体激光器，光源，加拿大CorActive光纤，专用半导体激光器。

新会康宇测控仪器仪表工程有限公司
地址：广东省江门市新会区西门路圭峰高科技工业村
邮编：529100
电话：0750-6316000，6316888
传真：0750-6318900
电子信箱：sale@chinakangyu.com
网址：www.chinakangyu.com
主要产品或业务范围：压力、位移、溶氧等传感器、各类智能控制系统以及传感器敏感元件的研发、生产、经营。

珠海市澳特尔测控仪表有限公司
地址：广东省珠海市兰埔路金钟街3号兰埔工业大厦2楼
邮编：519000
电话：0756-8531616
传真：0756-8622220
电子信箱：003@zhuhaiatc.com.cn
主要产品或业务范围：直流、交直流电流传感器，霍尔电流传感器，以及高精度、高稳定性直流标准源等。

北戴河实用电子技术研究所
地址：河北省秦皇岛市北戴河海滨大薄荷寨北街西新房139号
邮编：066100
电话：0335-4044849
传真：0335-4044849
电子信箱：bdhsy@vip.163.com
网址：www.bdhsd.com
主要产品或业务范围：压电加速度传感器、内装集成电路

式压电加速度传感器、压电石英力传感器、电荷放大器、振动测量仪、静态应变仪、动态应变仪、激振器、功率放大器、抗混低通滤波器、和数据采集分析系统。

沧州贝源电子有限公司
地址：河北省沧州市沧县薛官屯乡东新开路村638号
邮编：061637
电话：0317-4882878，13910802862
电子信箱：13910802862@126.com
主要产品或业务范围：ＰＣ、ＰＶＣ贴膜面板，薄膜开关，不干胶标签，机箱机壳等。

沧州超业鸣宸仪器仪表有限公司
地址：河北省沧州市盐山县圣佛镇前庞工业园
邮编：061303
电话：13930753317，15532786866
传真：0317-6389198
联系人：高超
电子信箱：962494141@qq.com
主要产品或业务范围：本公司主要经营生产不锈钢压力表外壳和冲压成型业务。

沧州瑞利达五金制造有限公司
地址：河北省沧州市南皮县穆三拔工业区
邮编：061500
电话：0317-8750798
传真：0317-8757016
电子信箱：relida@yeah.net
网址：www.czrldwj.com
主要产品或业务范围：开发各种压力表壳体，温度计壳体，流量计壳体等仪表配件。

河北光德精密机械股份有限公司
地址：河北省黄骅市滕庄子乡工业园
邮编：061100
电话：0317-5880988
传真：0317-5880788
电子信箱：tianwei@grandecasting.com
网址：www.grandecasting.com
主要产品或业务范围：雷达物位计的不锈钢壳体、天线、超声波流量计的管段体、表头、涡街流量计的壳体、手柄等。

河北冀雅电子有限公司
地址：河北省石家庄市西三庄大街298号
邮编：050071
电话：0311-87757912，87757913
传真：0311-87757911
电子信箱：sales@jiyalcd.com
网址：www.jiyalcd.com
主要产品或业务范围：专业生产、经营液晶显示屏及液晶显示模块。

冀州市耀华器械仪表厂
地址：河北省衡水市冀州区周村工业区
邮编：053201
电话：0318-8756378，8756666
传真：0318-8757777
电子信箱：1732493789@qq.com
网址：www.yhmeter.com
主要产品或业务范围：玻璃浮计、玻璃温度计、实验器械、塑料器具。

秦皇岛市北戴河兰德科技有限责任公司
地址：河北省秦皇岛市北戴河开发区金二路2号
邮编：066102
电话：0335-4289064
传真：0335-4288044
电子信箱：bz4288044@126.com
网址：www.bdhland.com
主要产品或业务范围：系列压电加速度传感器、系列应变式传感器、系列压电力传感器、材料力学综合实验台、动态电阻应变仪、静态电阻应变仪、滤波器、电荷放大器、振动检测仪、综合测试仪。

秦皇岛市协力科技发展有限公司
地址：河北省秦皇岛市北戴河区海宁路122号（北戴河321信箱）
邮编：066100
电话：0335-4042712
传真：0335-4047154
电子信箱：xielibdh@263.net
网址：www.xielikeji.com
主要产品或业务范围：压电加速度传感器、压电力传感器、电荷放大器、冲动振动测量仪。

秦皇岛耀华石英科技发展有限公司
地址：河北省秦皇岛市海港区西港北路耀华工业园
邮编：066001
电话：0335-7090059
传真：0335-3826756
电子信箱：info@yaohuaquartz.com
网址：www.yaohuaquartz.com
主要产品或业务范围：紫外光学石英玻璃材料。

涿州市依晨电子技术有限公司
地址：河北省涿州市大石桥中心街17号
邮编：072750
电话：15130448092
传真：0312-3890951
电子信箱：yesendz@126.com
主要产品或业务范围：该公司主要产品有全系列R形变压器、C形变压器、环形变压器、E形变压器、隔离变压器、电源变压器、控制变压器。

汉威科技集团股份有限公司
地址：河南省郑州市国家高新技术产业开发区雪松路169号
邮编：450001
电话：4006093007
传真：0371-67169000
电子信箱：salescn@hanwei.com
网址：www.hanwei.cn
主要产品或业务范围：专注于气体传感器、检测仪表研发、生产、销售。

洛阳微米光电技术有限公司
地址：河南省洛阳市高新开发区辛店镇后营
邮编：471031
电话：0379-64128166
传真：0379-64128199
电子信箱：luoyangweimi@gmail.com
网址：www.weimi-optics.com
主要产品或业务范围：光学零件、光学材料、设备。

伍六一（郑州）传感测控技术有限公司
地址：河南省郑州市金水区英协路1号7楼
邮编：450008
电话：0371-23250108
电子信箱：8971709@qq.com
主要产品或业务范围：电磁流量传感器及其组件。

郑州枫华实业股份有限公司
地址：河南省郑州市中原区建设西路11号鑫苑国际广场西塔1102
邮编：450007
电话：0371-67602008，67600048
传真：0371-67600046
联系人：马笑然
电子信箱：zz-zh@163.com
网址：www.zz-fh.com
主要产品或业务范围：无线空气质量传感器、无线温湿度传感器、无线二氧化碳与温湿度一体传感器、无线光照与温湿度一体传感器、无线紫外线与温湿度一体传感器、金属腐蚀度分析传感器、无线PM2.5/PM10粉尘传感器、无线甲醛传感器、无线土壤温湿度传感器、无线土壤水分传感器、无线土壤盐分传感器、无线振动加速度传感器、无线信号中继装置、物联网接收网关、物联网监控数据中心等无线检测设备。

郑州炜盛电子科技有限公司
地址：河南省郑州市高新技术产业开发区金梭路299号
邮编：450001
电话：0371-60932951
传真：0371-60932952
电子信箱：winsensorec@163.com
网址：www.winsensor.com

主要产品或业务范围：公司专业从事气体传感器研发、生产、销售。

哈尔滨哈普电气技术有限责任公司
地址：黑龙江省哈尔滨市香坊区三大动力路23号
邮编：150040
电话：0451-82137919，82137917
传真：0451-82137917
电子信箱：hrbhapro@vip.163.com
网址：www.hapro.com.cn
主要产品或业务范围：该公司是以开发、生产聚合物材料流变仪及电线、电缆测试仪器和特种电缆料产品为主的高新技术企业，开发出RM系列聚合物材料转矩流变仪、CD系列电子摄像式聚烯烃材料缺陷测量仪等测试设备。

哈尔滨芯明天科技有限公司
地址：黑龙江省哈尔滨市南岗区学府路191号创业孵化产业园2栋1层
邮编：150080
电话：0451-86268790
传真：0451-86267847
电子信箱：info@coremorrow.com
网址：www.coremorrow.com
主要产品或业务范围：代理压电陶瓷原材料、压电陶瓷元件、压电陶瓷致动器、压电加速度传感器、压电陶瓷能量发生器、压电陶瓷超声波传感器、压电陶瓷变压器等。

北立传感器技术（武汉）有限公司
地址：湖北省武汉市东西湖区五环大道31号海峡科技产业园1期2号楼3楼
邮编：430000
电话：027-83389893
电子信箱：fuxiaokang@beleadsensor.com
网址：www.beleadsensor.com
主要产品或业务范围：红外传感器、红外探测器芯片。

长飞光纤光缆有限公司
地址：湖北省武汉市光谷大道9号
邮编：430073
电话：027-87802541，67887266
传真：027-87801760
电子信箱：sales@yofc.com
网址：www.yofc.com
主要产品或业务范围：该公司是集制棒、拉纤和成缆于一体的专业厂家。

湖北菲利华石英玻璃股份有限公司
地址：湖北省荆州市开发区东方大道68号
邮编：434001
电话：0716-8304668
传真：0716-8310688

电子信箱：info@feilihua.com
网址：www.feilihua.com
主要产品或业务范围：紫外光学玻璃碇材和型材及光学元件、光掩膜基材。

武汉超荣电子有限公司
地址：湖北省武汉市东西湖区吴家山台商工业园田园大道61号
邮编：430022
电话：027-82821687，82848306
传真：027-82843751
电子信箱：chaorongdianzi@163.com
网址：www.twcoron.com
主要产品或业务范围：各类工业自动化传感器、工业安全产品、测量产品、继电器、测量仪表、报警灯等。

武汉海创电子股份有限公司
地址：湖北省武汉市东湖新技术开发区汽车电子产业园茅店山东路6号
邮编：430074
电话：027-82731770、82718527
传真：027-82729749
电子信箱：sales@hi-trusty.com
网址：www.hi-trusty.com
主要产品或业务范围：石英晶体谐振器、石英晶体振荡器、石英晶体滤波器、NTC热敏电阻器、PTC热敏电阻器、压电陶瓷及温度和流量传感器等产品。

武汉科衡地震仪器厂
地址：湖北省武汉市小洪山中区70号
邮编：430071
电话：027-87862291，87862744
传真：027-87862744
电子信箱：licuixia_2006@126.com
主要产品或业务范围：该厂专业生产高精度角锥棱镜。批量生产各类测绘仪器配件、大坝及高层建筑安全监测仪器、地震监测仪器。

长沙华先水质测控仪器开发有限公司
地址：湖南省长沙市岳麓区桐梓坡路96号
邮编：410125
电话：0731-82567498，18890031345，18890374345
传真：0731-82567498
电子信箱：564016028@qq.com
网址：www.chinahxyq.com
主要产品或业务范围：公司自主研发了荧光法溶解氧、亚硝酸盐、二氧化氯、总氯、无膜余氯、浊度、污泥浓度（悬浮物、SS）、便携荧光法溶解氧、无极电导、光化学COD、硝酸根离子、铵离子、pH/orp等在线水质传感器与配套仪表。

长沙鹏翔电子科技有限公司
地址：湖南省长沙市文轩路27号麓谷企业广场A4栋507
邮编：100013
电话：0731-84668116
传真：0731-84668126
电子信箱：sales@ndttech.net
网址：www.ndttech.net
主要产品或业务范围：声发射传感器、前置放大器、信号调理装置、声发射采集卡、自由组合的声发射仪器。

湖南菲尔斯特传感器有限公司
地址：湖南省长沙市暮云经济开发区智能制造产业园振华路智庭园1栋
邮编：410118
电话：4006078500
传真：0731-86205777
电子信箱：sale@firstsensor.cn
网址：www.firstsensor.com.cn
主要产品或业务范围：压力、温度、位移、风速风向等系列传感器及智能控制仪表。

湖南省国瑞仪器有限公司
地址：湖南省长沙市岳麓区麓云路100号兴工国际产业园5栋5楼
邮编：410000
电话：0731-8860558
传真：0731-85687410-8037
电子信箱：ceo@cngri.com
网址：www.cngri.com
主要产品或业务范围：先进的传感器和智能的仪器仪表产品的设计、研发、生产和销售。

嘉准传感器科技（湖南）有限公司
地址：湖南省长沙市麓云路100号兴工科技园2栋201
电话：4000731388
电子信箱：3005902611@qq.com
网址：www.fcsenso.com
主要产品或业务范围：光电传感器、接近传感器、光纤传感器。

长春新产业光电技术有限公司
地址：吉林省长春市高新区锦湖大路888号
邮编：130103
电话：0431-89216068
传真：0431-87020258
电子信箱：info@cnilaser.com
网址：www.cnilaser.com
主要产品或业务范围：半导体激光器、固体激光器。

吉林市吉化北方华丰仪表厂
地址：吉林省吉林市龙潭区武汉路10号

邮编：132022
电话：0432-63095810
传真：0432-63319928
电子信箱：jihuafeng@163.com
网址：www.jlhfyb.com
主要产品或业务范围：生产仪表保温箱及电缆仪表桥架。

宾德连接器（南京）有限公司
地址：江苏省南京市江宁区苏源大道19号九龙湖国际企业总部园C5座三层
邮编：211100
电话：025-83328591
传真：025-83328590
电子信箱：bindernj@binder-connector.cn
网址：www.binder-connector.cn
主要产品或业务范围：连接器。

博恩斯坦电子（太仓）有限公司
地址：江苏省太仓市广州东路188号9号厂
邮编：215400
电话：0512-81608180
传真：0512-81608181
电子信箱：info@bernstein-safesolutions.cn
网址：www.bernstein-safesolutions.cn
主要产品或业务范围：该公司是世界领先的工业安全技术产品供应商之一，产品有电子开关、传感器、工业机箱、遥控操作终端，主要为用户提供系统、优惠、安全的解决方案。

常州华诚电子有限公司
地址：江苏省常州市金坛区金阳东路199号
邮编：213215
电话：0519-82611488，82611453
传真：0519-82616859
电子信箱：ampeon@ampeon.com
网址：www.ampeon.com
主要产品或业务范围：继电器、定时器、温度传感器、紫外光敏传感器、紫外光测量仪表。

常州伟光科技有限公司
地址：江苏省常州市新北区通江大道301号
邮编：213004
电话：0519-88228601，88228602
传真：0519-88228603
电子信箱：sales@czgof.com
网址：www.czgof.com
主要产品或业务范围：从事玻璃光纤研发和制造，检测光纤种类齐全，产品广泛应用于各类光电传感器。

丹阳市宏益精密仪器厂
地址：江苏省丹阳市访仙镇山嘴王56号

邮编：212321
电话：13952822884
传真：0511-86466903
联系人：毛先生
电子信箱：myf5120@sohu.com
网址：www.hongyiprecision.com
主要产品或业务范围：公司主要产品分为两大类，即聚四氟乙烯和玻璃仪器制品。

海顿直线电机（常州）有限公司
地址：江苏省常州市新北区创新大道99号
邮编：213000
电话：0519-85113312
传真：0519-88221023
联系人：宗海刚
电子信箱：tony.zong@ametek.com.cn
网址：www.haydonkerk.com.cn
主要产品或业务范围：公司生产步进电机线性执行器、旋转电机、螺杆总成、线性滑轨和导轨系统。

海门昌隆仪器有限公司
地址：江苏省南通市海门区三和工业区宏阳路11号
邮编：226113
电话：0513-82336900，82336908
传真：0513-82336906
电子信箱：18751337033@139.com
网址：www.hmclyq.com
主要产品或业务范围：公司专业生产江帆牌系列显微镜载玻片和盖玻片以及各类实验耗材和玻璃器具。

海门市国强环宇仪表管件厂
地址：江苏省南通市海门区国强镇
邮编：226143
电话：0513-82683669，13801468968
传真：0513-82683669
联系人：严一平
主要产品或业务范围：该厂是精密无缝不锈钢管及仪表管件的专业生产厂家，产品规格Φ0.5～425mm，壁厚0.1～35mm，并可生产各种异型无缝不锈钢管，材质1Gr18Ni9Ti、Gr18Ni12Mo2Ti、0Gr18Ni9、00Gr18Ni10、00Gr17Ni14Mo2、1Gr25Ni20等。

海卓赛思（苏州）传感技术有限公司
地址：江苏省苏州市工业园区金鸡湖大道99号纳米城NW-2幢601室
邮编：215123
电话：0512-87180670
传真：0512-87180669
电子信箱：sales@thin-film-sensor.com
网址：www.thin-film-sensor.com
主要产品或业务范围：离子束沉积、聚合物蒸发镀膜机、

PE-CVD、高低温环境试验箱、点胶机、金丝球键合机、油色谱分析仪。

霍丁格包尔文（苏州）电子测量技术有限公司
地址：江苏省苏州市新区横山路106号
邮编：215009
电话：0512-68247776
传真：0512-68255422
电子信箱：hbmchina@hbm.com.cn
网址：www.hbm.com.cn
主要产品或业务范围：称重器件，传感器，测量仪表和软件，应变计和附件。

江苏多维科技有限公司
地址：江苏省张家港市保税区广东路7号
邮编：215634
电话：0512-56366227
传真：0512-56366200-6227
电子信箱：rongzhang@dowaytech.com
网址：www.dowaytech.com
主要产品或业务范围：提供基于TMR技术的低功耗高频响磁阻开关、角度传感器、线性传感器以及齿轮传感器。提供基于电池供电的智能流量计（水表、热量表、燃气表）、流量检测以及阀门开度控制的解决方案。

江苏华鑫合金有限公司
地址：江苏省常州市东门外郑陆镇
邮编：213111
电话：0519-88731184，88735518
传真：0519-88932350
电子信箱：info@rgalloy.com
网址：www.rgalloy.com
主要产品或业务范围：热电偶合金线、热电偶用补偿导线合金线、铠装热电偶电缆、高电阻电热合金线、精密电阻合金线、发热合金线等产品。

江苏联能电子技术有限公司
地址：江苏省扬州市物港路42号
邮编：225007
电话：0514-87348687
传真：0514-87348670
联系人：宋海涛
电子信箱：info@china-yec.com
网址：www.china-yec.com
主要产品或业务范围：生产各类传感器、信号调理器、动静态信号采集与分析系统、模态分析及振动冲击激励与测试仪器等产品。

江苏省溧阳市金诚测试仪器厂
地址：江苏省溧阳市溧城东环路2号
邮编：213300
电话：0519-87223397
传真：0519-87223397
电子信箱：lyjccs@126.com
网址：www.jccsyq.com
主要产品或业务范围：专业生产以位移、压力、角度、静力触探头，以及钢弦式压力盒等各种传感器为主的多种系列产品。

江苏省无线电科学研究所有限公司
地址：江苏省无锡市滨湖区山水东路与未名路交汇处
邮编：214127
电话：0510-85136481，85114524
传真：0510-85116804
电子信箱：service@js1959.sina.net
主要产品或业务范围：各种气象传感器、各种自动气象站、自动气象站通信和组网系统、电液阀、潜油电泵保护控制仪和SCADA系统等。

江苏省扬中市扬子自动化仪表厂
地址：江苏省扬中市经济开发区兴隆路48号
邮编：212200
电话：0511-88369523
传真：0511-88369523
联系人：夏志荣
电子信箱：x13905289523@163.com
网址：www.yzyzyb.com
主要产品或业务范围：仪表阀门系列产品、管件、接头、仪表保护温箱系列、流量计、阀组系列产品。

江苏钟山电子器件有限责任公司
地址：江苏省南京市宁丹路9-11号
邮编：210031
电话：025-58830955，58832801，13705165715
传真：025-58808477，58824177
电子信箱：zsdz@jszsdz.com
网址：www.jszsdz.com
主要产品或业务范围：薄膜开关、薄膜面膜。

江阴瑞丰仪表电器元件有限公司
地址：江苏省江阴市澄山路255号
邮编：214432
电话：0510-86276633
传真：0510-86276633
电子信箱：jyruifeng@yahoo.cn
网址：www.jyruifeng.com
主要产品或业务范围：承接各种波段开关、波动开关、印制开关、编码开关、半封闭开关、封闭开关及各种仪器仪表用变压器、电感、电源、滤波器。

江阴市辉龙电热电器有限公司
地址：江苏省江阴市青阳镇润阳路28号

邮编：214401
电话：0510-86553506
传真：0510-86559285
电子信箱：hualong@hl-js.com
网址：www.hl-js.com
主要产品或业务范围：加热器、温度控制器、控制软件及配套电气产品等系统化产品。

江阴市中兴光电实业有限公司
地址：江苏省江阴市镇澄路206号
邮编：214442
电话：0510-86160588
传真：0510-86168278
电子信箱：info@cnzhongxing.com
网址：www.cnzhongxing.com
主要产品或业务范围：全自动光学真空镀膜机、高精度光学元件（如光学棱镜等）、光学镀膜及测绘仪器四大类产品。

江阴万讯恩泰传感器有限公司
地址：江苏省江阴市澄江街道皮弄村花东路66号
邮编：224001
电话：0510-86260366-8232
传真：0510-86270977-24
电子信箱：caifeng@maxonic.com.cn
网址：www.entechsensor.com
主要产品或业务范围：是一家专业从事传感器领域的研发、制造、销售的公司，主要以压力传感器产品为主。

金坛市白塔石英玻璃仪器厂
地址：江苏省常州市金坛白塔中学西侧11号
邮编：213214
电话：0519-82861295
传真：0519-82863295
联系人：曹荣方
电子信箱：czp138@163.com
网址：www.baitayiqi.cn
主要产品或业务范围：高纯度石英玻璃仪器和器皿。

科瑞工业自动化系统（苏州）有限公司
地址：江苏省苏州市工业园区扬东路58号H栋
邮编：215022
电话：0512-67242858
传真：0512-67242868
电子信箱：sales@controlway.cn
网址：www.controlway.cn
主要产品或业务范围：公司传感器旗下品牌Contrinex、Microsonic、Rechner，专精于接近传感器、光电传感器、超声波传感器、电容传感器、料位计的高端产品领域。

昆山连鸿仪表有限公司
地址：江苏省昆山市巴城镇石牌坤龙路88号

邮编：215312
电话：0512-57683399
传真：0512-57687788
电子信箱：laho@lahonet.com
网址：www.lahonet.com
主要产品或业务范围：温度控制器、感温棒、固态继电器、相位电位器。

昆山双桥传感器测控技术有限公司
地址：江苏省昆山市周庄中科院高新产业园创业中心
邮编：215325
电话：0512-57218086，57220058
传真：0512-57218050
电子信箱：sq@sqsensor.com
网址：www.sqsensor.com
主要产品或业务范围：该公司利用微纳米技术研究开发了各类压阻压力传感器，并兼顾其他相关传感器、变送器、自控仪表及系统的开发、生产与销售。

南京艾驰电子科技有限公司
地址：江苏省南京市麒麟科技创新园智能路8号启迪城华业园3幢
邮编：210001
电话：025-84670370
传真：025-84670370
电子信箱：nianrong@ahest.com
网址：www.ahest.com
主要产品或业务范围：生产设计开发各种流量传感器。

南京东可达光电科技有限公司
地址：江苏省南京市浦口区陡岗中街188号
邮编：211805
电话：025-58233770，58233773
传真：025-58233776
电子信箱：dkdoptics@126.com
网址：www.dkdoptics.com
主要产品或业务范围：大型精密光学元件的加工生产。

南京高华科技股份有限公司
地址：江苏省南京市经济技术开发区栖霞大道66号
邮编：210046
电话：025-85340040
传真：025-85329493
电子信箱：744599097@qq.com
网址：www.govagroup.com
主要产品或业务范围：公司是研制高可靠MEMS传感器、传感物联网络工程的国家级高新技术企业，拥有南京市MEMS传感工程技术研究中心、江苏省传感（物联）网产业联盟发起单位、江苏省企业研究生工作站。公司通过了ISO 9001、GJB 9001B质量体系、三级保密资格、武器装备承制单位、中国船级社CCS认证、MA矿用安全标志等认证，年产各类传感器50多万只（套）。拥有多项技术发明专利，多次承担国家科技部、工信部、省科技厅、经信委等重大科研课题项目，产品广泛应用于高铁机车、工程机械、船舶、石油化工、医疗、气象、煤矿、工业过程控制及航天、航空、舰船、电子、核工业等装备领域。

南京华敏电子有限公司
地址：江苏省南京市江宁区福英路1001号联东U谷国际企业港1栋3号楼
邮编：211135
电话：025-87160060，87160061
传真：025-87160068
电子信箱：hme@microcoding.info
网址：www.hme99.cn
主要产品或业务范围：转速及位置传感器、柴油滤清器积水传感器、压力传感器、自动变速箱挡位传感器等。

南京嘉科电子科技有限公司
地址：江苏省南京市栖霞区马群科技园神马路2号
邮编：210046
电话：025-84369401
传真：025-84369407
电子信箱：david@jocol.com.cn
网址：www.jocol.com
主要产品或业务范围：压敏电阻器、热敏电阻器、温度传感器。

南京九门自控技术有限公司
地址：江苏省南京市六合区东沟镇南京四桥经济园
邮编：211514
电话：4000257966
传真：025-57640185
电子信箱：jm85597065@126.com
网址：www.nine-door.com
主要产品或业务范围：各种真空箱、真空手套箱产品。

南京科敏电子有限公司
地址：江苏省南京市滨江开发区天成路26号
邮编：210078
电话：025-52643452
传真：025-52643433
电子信箱：kmdz@ke-min.com
网址：www.ke-min.com
主要产品或业务范围：NSP功率型NTC热敏电阻器、MF11/12型NTC热敏电阻器、MF52E型NTC热敏电阻器、MOTB超大功率NTC热敏电阻器、MF57型NTC热敏电阻器、MF54型NTC热敏电阻器、WF型NTC温度传感器、MZ64型PTC热敏电阻器、MZ12型PTC热敏电阻器、MZ61型PTC热敏电阻器。

南京茂莱光学科技股份有限公司
地址：江苏省南京市江宁区铺岗街398号
邮编：211102
电话：025-84436288
传真：025-84433188
电子信箱：info@mloptic.com
网址：www.mloptic.com
主要产品或业务范围：高精度光学元件和仪器装备。

南京时恒电子科技有限公司
地址：江苏省南京市江宁区湖熟街道金阳路18号
邮编：211121
电话：025-52121898，52121868
传真：025-52122373
电子信箱：sales@shiheng.com.cn
网址：www.shiheng.com.cn
主要产品或业务范围：NTC负温热敏电阻器，NTC温度传感器等。

南京沃天科技有限公司
地址：江苏省南京市江宁区九龙湖国际企业总部园B2栋13层
邮编：211162
电话：025-68170317
传真：025-84431930
电子信箱：wx@wtsensor.com
网址：www.wt-tech.com
主要产品或业务范围：专业生产压力传感器。

南京新捷中旭微电子有限公司
地址：江苏省南京市江宁区福英路1001号联东U谷46幢
邮编：211100
电话：025-52102514，84404791，84405339
传真：025-52122467
电子信箱：zx@zhongxu.com
网址：www.zhongxu.com
主要产品或业务范围：霍尔元器件（霍尔开关电路、霍尔锁定电路、霍尔线性电路、锑化铟元件、砷化镓元件）、霍尔电流传感器、齿轮传感器、接近开关、零功耗传感器、霍尔模块、高转速传感器、磁敏传感器（磁头）等。

南京英田光学工程有限公司
地址：江苏省南京市栖霞区甘家边东108号金港科创园7栋
邮编：210046
电话：025-85578093
传真：025-85282539
电子信箱：sale@intaneoptics.com
网址：www.intaneoptics.com
主要产品或业务范围：大中型折射式和反射式平行光管等。

南通振华光电有限公司
地址：江苏省南通市海安市曲塘镇双楼路18号
邮编：226671
电话：0513-88792470
传真：0513-88792829
电子信箱：ntzhenhua@126.com
网址：www.ntzhgd.cn
主要产品或业务范围：有色光学玻璃、透紫外玻璃、透红外玻璃、隔热玻璃、石英玻璃、高硼硅玻璃、耐辐射玻璃、抗辐射玻璃、乳白玻璃等。

宁波艾克威特智能科技有限公司
地址：江苏省宁波市海曙区中山西路138号天宁大厦411
邮编：315040
电话：0574-87129601
传真：0574-27979785
电子信箱：m1@acwit.com
网址：www.acwit.com
主要产品或业务范围：是一家从事高档传感器和自动化仪器仪表的贸易型公司。

苏州汉星分析传感器有限公司
地址：江苏省苏州市姑苏区平江仓街混堂巷17号
邮编：215005
电话：0512-65305728
传真：0512-65107502
联系人：万晓峰
电子信箱：16648228@qq.com
网址：www.szhanxing.com
主要产品或业务范围：分析传感器。

苏州纳芯微电子股份有限公司
地址：江苏省苏州市工业园区金鸡湖大道88号人工智能产业园C1栋5F
邮编：215123
电话：0512-62601802
传真：0512-62601802
电子信箱：sales@novosns.com
网址：www.novosns.com
主要产品或业务范围：高性能集成电路芯片。

苏州斯奥克微电机制造有限公司
地址：江苏省苏州市吴中区旺山工业园北官渡路1号
邮编：215104
电话：0512-66558818，66558828
传真：0512-68213722
电子信箱：sales@sok-sz.com
网址：www.sokmotor.cn
主要产品或业务范围：低速永磁同步电机、轴流和离心风机、直流无刷电机、直流无刷风机。

苏州苏晶晶体元件有限公司
地址：江苏省苏州市吴中区北官渡路38号8号楼
邮编：215007
电话：0512-65620355，65251655
传真：0512-65252285
电子信箱：sales@sapphire-ruby.com
网址：www.sapphire-ruby.com
主要产品或业务范围：各类宝石圆球、圆棒、表镜、窗口、喷嘴及异型元件。

苏州微太电子科技有限公司
地址：江苏省苏州市松陵江陵西路986号
邮编：215200
电话：0512-63430226
传真：0512-63430229
电子信箱：vitech@vitech.com.tw
网址：www.vitech.com.tw
主要产品或业务范围：微型步进马达、快门模组。

苏州仪元科技有限公司
地址：江苏省苏州市高新区嵩山路143号
邮编：215129
电话：0512-66900980，66900981
传真：0512-65118341
电子信箱：wangchunxiao@sie.com.cn
网址：www.sie.com.cn
主要产品或业务范围：柔性印制线路板、接插连接器。

台安科技（无锡）有限公司
地址：江苏省无锡市新区高浪东路29号
邮编：214028
电话：0510-85227555
传真：0510-85227556
电子信箱：Bella@taian-tech.com
网址：www.taian-technology.com
主要产品或业务范围：一系列的工控和低压电器与配电产品，即电子及元件产品。

泰州市鑫昌源五金机电有限公司
地址：江苏省东台市时堰镇泰东工业区路21号
邮编：225300
电话：0523-86171871
传真：0523-83902871
电子信箱：sunzhengdong0@163.com
网址：www.tzxch.com
主要产品或业务范围：电热管法兰、热电偶接头、变送器壳体、各种仪器仪表接头等。

微传智能科技（常州）有限公司
地址：江苏省常州市武进区常武中路18号常州科教创研港5号楼22层

邮编：213000
电话：0519-88856618
电子信箱：xiao.tan@vtrantech.com
网址：www.vtrantech.com
主要产品或业务范围：芯片、模块。

无锡市河埒传感器有限公司
地址：江苏省无锡市荣巷大池路19号
邮编：214063
电话：0510-85705434
传真：0510-85709772
电子信箱：sale@hlsensor.com
网址：www.hlsensor.com
主要产品或业务范围：电站汽轮机配套用各种传感器，包括角度传感器、位移传感器、液位传感器、振动传感器；转速表，位移静态试验装置，轴向位移测量保护装置。

无锡市科瑞特精机有限公司
地址：江苏省无锡市胡埭工业园胡埭路8号
邮编：214161
电话：0510-85582122，85582322
传真：0510-85580277
电子信箱：cpm@cn-cpm.com
网址：www.cn-cpm.com
主要产品或业务范围：从事光、机、电产品的研制、开发和生产。产品有光电编码器、联轴器、智能计算器等。

徐州文德仪表有限公司
地址：江苏省徐州市三环西路杏山花园33号
邮编：221006
电话：0516-85757258
传真：0516-80297108
电子信箱：sale@bk-china.com
网址：www.bk-china.com
主要产品或业务范围：弹簧管（也叫螺旋管、波登管、巴登管、巴管、布登管），机芯、膜片、膜盒等。

伊玛精密电子（苏州）有限公司
地址：江苏省苏州市相城经济开发区澄阳路566号
邮编：215131
电话：0512-65868166
传真：0512-65860966
电子信箱：enquiry@ema-electronic.com
网址：www.ema-electronic.com
主要产品或业务范围：位移传感器、流体传感器、位移传感器、AS-i总线系统和控制开关。

宜兴市磁通探伤材料有限公司
地址：江苏省宜兴市和桥镇永兴村
邮编：214211
电话：0510-87802987

传真：0510-87808244
网址：www.ct-ndt.com
主要产品或业务范围：荧光磁粉、湿法普通磁粉、干法磁粉、分散剂、消泡剂等系列磁粉探伤材料和射线探伤器材。

张家港市东航电热电器厂
地址：江苏省张家港市杨舍镇蒋桥
邮编：215600
电话：0512-58202120
传真：0512-58197020
电子信箱：sales@dhdrdq.com
网址：www.dhdrdq.com
主要产品或业务范围：研制各种金属管状电热元件产品。

大连艾科科技开发有限公司
地址：辽宁省大连市保税区滇池路15号
邮编：116600
电话：0411-62778000
传真：0411-86805336
电子信箱：sales@dlactech.com
网址：www.dlactech.com
主要产品或业务范围：激光式气体传感器及气体检测系统。

大连大荣测控技术开发有限公司
地址：辽宁省大连市东北路23号
邮编：116021
电话：0411-83634260，83634261，83688539
传真：0411-83674343
电子信箱：darongdh@hotmail.com
网址：www.koinochina.com
主要产品或业务范围：按钮/开关/指示灯、IP65防水开关、接近开关、光电传感器、限位开关、微动开关、脚踏开关、万转开关、蜂鸣器、继电器、水位继电器、小型时间继电器、端子、塔灯等产品。

大连华天精密仪器有限公司
地址：辽宁省大连市高新园区火炬路35号B座一楼
邮编：116023
电话：0411-84793998
传真：0411-84820300
电子信箱：sales@ht-pi.com
网址：www.ht-pi.com
主要产品或业务范围：油田随钻测井、随钻测量电缆测井、过钻具存储式测井及地质导向钻井用各种定向传感器的开发、研制与生产。

大连佳力电气工程有限公司
地址：辽宁省大连市甘井子区芳韵街33号
邮编：116011
电话：0411-83691303，83681502

传真：0411-83691302
电子信箱：market@jiali.com.cn
网址：www.jiali.com.cn
主要产品或业务范围：主要产品包括高低压配电柜、低压开关柜、智能照明配电箱、变频软启控制柜、PLC/DCS/DDC智能控制柜等。

丹东华通测控有限公司
地址：辽宁省丹东市临港产业园区甘泉路19号
邮编：118009
电话：0415-6279901，6279902
传真：0415-6279904，6279905
网址：www.htong.com
主要产品或业务范围：智能传感器。

丹东市虬龙传感器制造有限公司
地址：辽宁省丹东市振安区楼房镇楼房村
邮编：118007
电话：0415-4178799
传真：0415-4178777
联系人：张殿成
电子信箱：xiaosh@qiulong.com.cn
网址：www.qiulong.com.cn
主要产品或业务范围：JXG-1型钢筋应力传感器、JXH-2型埋入式应变传感器、SS-Ⅲ型频率接收仪、SXY-2型土压力传感器。

沈阳东大传感技术有限公司
地址：辽宁省沈阳市浑南区高荣路8-1号
邮编：110179
电话：024-83787279，83787278，83787276
传真：024-23785264
电子信箱：dongdasensor@163.com
网址：www.dongda-sensor.com
主要产品或业务范围：防氧化钨铼热电偶，多用炉（渗碳炉）专用热电偶，真空炉专用热电偶。

沈阳宏祥传感技术开发公司
地址：辽宁省沈阳市皇姑区长江街108-6号361室
邮编：110032
电话：024-86225538
传真：024-86225538
联系人：高本祥
电子信箱：lnsyhxgs@sina.com
主要产品或业务范围：湿度传感器，温湿度变送器，温湿度显示控制仪表。

沈阳嘉博自控技术有限公司
地址：辽宁省沈阳市沈北新区人和街168号玖如溪谷8栋102室
邮编：110044

电话：024-88120076，88122280，81148710
传真：024-88121076
电子信箱：qq30@163.com
主要产品或业务范围：接近开关，光电开关，超声波传感器，光幕，视觉传感器等传感器系列产品。

沈阳市传感技术研究所
地址：辽宁省沈阳市沈河区万柳塘路22-2号
邮编：110015
电话：024-24801314，24809609
传真：024-24149078
电子信箱：sycgs@dpsisn.com
网址：www.dpsisn.com
主要产品或业务范围：该所是专业从事压力、液位、差压（流量）传感器及变送器研究、生产、安装、检测的高新技术企业。主要产品有扩散硅/硅蓝宝石/电容/硅电容式压力/差压传感器及DPS系列液位/压力/差压（流量）变送器等。

沈阳仪表科学研究院有限公司
地址：辽宁省沈阳市浑南区高科路23号
邮编：110043
电话：024-88718318
传真：024-88713012
电子信箱：hbspinix@126.com
网址：www.syhbzb.com
主要产品或业务范围：力、热、光磁敏感元件，各类仪器仪表、基础元件的制造及装备。

岫岩满族自治县岫仪仪表配件厂
地址：辽宁省鞍山市岫岩满族自治县西北营小学路2号
邮编：114300
电话：0412-7834708
传真：0412-7826562
电子信箱：xiuypei163@163.com
网址：www.xiuypei.com
主要产品或业务范围：是变送器外壳的专业生产企业。

海克斯康制造智能技术（青岛）有限公司★
地址：山东省青岛市高新区华贯路885号
邮编：266114
电话：0532-80895188
传真：0532-80895030
电子信箱：info.cn.mi@hexagon.com
网址：www.hexagonmi.com.cn
主要产品或业务范围：终端计量设备；导航、测绘、气象及海洋专用仪器；电子测量仪器；绘图、计算及测量仪器；机械电气设备；工业自动控制系统装置；工业控制计算机及系统制造；普通机械设备安装服务；机械设备租赁；软件开发；生产线管理服务；智能控制系统集成；信息系统集成服务；业务培训；检验检测服务。

菏泽市鑫源仪器仪表有限公司
地址：山东省菏泽市解放大街1368号
邮编：274000
电话：0530-5528858，5528838
传真：0530-7381935
电子信箱：lijianlingxy@163.com
网址：www.xy858.com
主要产品或业务范围：公司主要产品包括加热系列、搅拌系列、离心系列、振摇系列、超声波系列、旋转蒸发系列、低温系列、高温系列、水质分析、环保分析、油品分析、光电仪器及高教仪器等分析仪器和配件。

济南无线电厂十厂有限责任公司
地址：山东省济南市高新区化纤厂路13号
邮编：250100
电话：0531-88020229，88026876
传真：0531-88022017
电子信箱：shichanggs@163.com
网址：www.ji-pai.cn
主要产品或业务范围：专业生产电连接器。

青岛第三仪器厂
地址：山东省平度市常州路253号
邮编：266700
电话：0532-84389227，84389257
传真：0532-84389421
电子信箱：xinyi@qd3yxinyi.com
网址：www.qd3yxinyi.com
主要产品或业务范围：压力表机芯。

青岛海泰自动化仪表有限公司
地址：山东省青岛市崂山区株洲路190号
邮编：266101
电话：15318796099
传真：0532-84891445
电子信箱：hitech@hitechqd.com
网址：www.qd-hitech.com
主要产品或业务范围：公司由原国营青岛计数器厂与国营青岛第一仪器厂联合组建而成，主要产品有"青计牌"机械计数器、电磁计数器、电子计数器、计时器、轴编码器。

青岛科瑞尔电子有限公司
地址：山东省青岛市阜新路33号良机商务区2104室
邮编：266033
电话：0532-83779330
传真：0532-83779330-608
电子信箱：qingdaokeruier@126.com
网址：www.seocr.com.cn
主要产品或业务范围：该公司代理韩国产品，包括接近开关、光电开关、光纤传感器、旋转编码器、温度控制器、计数/定时器、转速/线速度表、显示单元、传感器控制器、电工面板表；接触器、低压断路器、漏电断路器；中间继电器、接线端子，水位继电器等。

山东佰测传感科技股份有限公司
地址：山东省淄博市高新区中润大道158号MEMS产业园8号楼
邮编：255086
电话：0533-3590836
传真：0533-3590837
电子信箱：sales@advsense.com
网址：www.advsense.com
主要产品或业务范围：精工制造的压力、真空、液位、温度、流量等传感器以及仪器仪表。

山东明顺光电有限公司
地址：山东省济南市山大路11号西楼二层
邮编：250013
电话：0531-88038494
传真：0531-88038241
电子信箱：lxyong2@163.com
网址：www.ktp.cn
主要产品或业务范围：各种规格的窗片、镜片、楔角片等光学器件。

山东微感电子有限公司
地址：山东省济南市经十东路28789号省科学院东区
邮编：250103
电话：0531-88799239
传真：0531-88799239
电子信箱：support@iss-ms.com
网址：www.iss-ms.com
主要产品或业务范围：专业研究、开发、生产各种新型工业用光纤传感器、智能仪表和综合监控系统的中英合资高科技企业。

烟台力尔自动化设备有限公司
地址：山东省烟台市幸福中路186号
邮编：264000
电话：0535-6803093
联系人：邹先生
电子信箱：ytlier@ytlier.com
网址：www.ytlier.com
主要产品或业务范围：拉扭/压扭组合多功能传感器、配套实验装置与附件。

淄博博山新颖传感器有限公司
地址：山东省淄博市博山区夏家庄镇中心路良庄段路南
邮编：255214
电话：0533-7864507
传真：0533-4260443

电子信箱：zbsensor@126.com
网址：www.zbxysensor.com
主要产品或业务范围：红外光谱测量、辐射功率和能量测量、辐射测温、火灾检测报警、有毒有害气体监测、气体分析。

山西长城微光器材股份有限公司
地址：山西省太原市电子街7号
邮编：030012
电话：0351-7075474
传真：0351-7075474
电子信箱：llhyan@163.com，llhyan@126.com
网址：www.sxccoe.com
主要产品或业务范围：光学纤维面板、光学纤维倒像器、光锥及其他光学纤维元器件。

宝鸡恒通电子有限公司
地址：陕西省宝鸡市高新大道195号
邮编：721013
电话：0917-3602541
传真：0917-3602541
电子信箱：manager@cn-htdz.com
网址：www.cn-htdz.com
主要产品或业务范围：公司专业生产ＨＴ系列隔离膜传感器芯体和压力、差压、绝压、液位、温度传感器、变送器及与其配套的智能数显控制仪表等工业自动化产品。

宝鸡秦明传感器有限公司
地址：陕西省宝鸡市宝福路101号
邮编：721001
电话：0917-3666736，13571766979
传真：0917-3666758
电子信箱：bjqlxm@163.com
网址：www.baojisensor.com
主要产品或业务范围：秦岭牌系列压阻压力、差压、绝压、液位传感器、开关、变送器。现场指示数显式开关、变送器等。系列电子秤，数字显示无线吊钩秤、汽车衡，高精度智能测控仪表，自动化系统工程等。

宝鸡市渭滨华瑞传感技术研究所
地址：陕西省宝鸡市高新开发区峪石路峪泉村口
邮编：721006
电话：0917-3621168，3626866
传真：0917-3621168
电子信箱：651621429@qq.com
网址：www.huaruisensor.com
主要产品或业务范围：压力、差压、液位、流量、温度等传感器、变送器及其他工业控制仪表。

宝鸡市中恒仪表有限公司
地址：陕西省宝鸡市高新开发区火炬路28号

邮编：721000
电话：0917-3512881，3308108
传真：0917-3527815-806
电子信箱：zh2000yb@163.com
网址：www.zh2000.com
主要产品或业务范围：传感器、变送器、工控仪表。

飞秒光电科技（西安）有限公司
地址：陕西省西安市高新区长安科技产业园发展大道18号
邮编：710119
电话：029-85691739
传真：029-85691719，85691717
电子信箱：sales@feteco.com
网址：www.feteco.com
主要产品或业务范围：光通信设备的核心元器件。

麦克传感器股份有限公司
地址：陕西省宝鸡市高新开发区英达路18号
邮编：721006
电话：0917-3600901
传真：0917-3600755
电子信箱：center@microsensor.cn
网址：www.microsensor.cn
主要产品或业务范围：压力传感器、变送器、开关。

陕西航天长城科技有限公司
地址：陕西省西安市长缨东路281号
邮编：710032
电话：029-82501390
传真：029-82501150
电子信箱：sales@chinameasurement.com
网址：www.chinameasurement.com
主要产品或业务范围：各种陀螺仪，包括光纤陀螺仪、石英陀螺仪、微硅陀螺仪等、加速度传感器。

陕西易用电子科技有限公司
地址：陕西省宝鸡市金台区宝福路101号
邮编：721001
电话：0917-3666697
传真：0917-3666697
电子信箱：975423923@qq.com
网址：www.easyuse2006.com
主要产品或业务范围：应变式压力、力传感器变送器及仪表（可定制），工业自动化，新型材料技术开发应用，信息技术、网络科技领域内技术开发、服务，货物及技术进出口业务。

西安康宇电子科技发展有限公司
地址：陕西省西安市高新技术产业开发区枫叶广场A座4层
邮编：710075
电话：029-88325718，88325719

传真：029-88335711
电子信箱：xakangyu@163.com
网址：www.xakangyu.com
主要产品或业务范围：磁致伸缩位移（液位）传感器，压力、差压、液位、位移、加速度传感器、变送器，光电传感器，机器视觉传感器，安全光幕等。

西安兰华传感器有限责任公司
地址：陕西省西安市阎良区人民西路237号
邮编：710089
电话：029-86855216，86855219
传真：029-86855216
联系人：李红艳
电子信箱：lhsensor@ryo.com
主要产品或业务范围：开发生产各种传感器，变送器及其配套仪器。

西安森瑟斯传感器有限责任公司
地址：陕西省西安市高新技术开发区毕原二路176号新一代人工智能产业园
邮编：710077
电话：029-81102977，81106070
传真：029-81106077
电子信箱：sales@tian-sensors.com
网址：www.xian-sensors.com
主要产品或业务范围：OEM扩散硅隔离膜压力传感器芯体、压力/差压变送器、液位变送器、电容式差压变送器、智能单晶硅差压变送器、显示仪表、信号隔离器等配套元件。

西安伟健电子有限责任公司
地址：陕西省西安市高新开发区科技二路72号西安软件园唐乐阁F101
邮编：710075
电话：029-85269988，13909184669
传真：029-85262728
电子信箱：gwang@wellking.com
网址：www.wellking.com
主要产品或业务范围：电子元器件和自动测试系统。

西安中星测控有限责任公司
地址：陕西省西安市高新区上林苑四路1309号A座6层
邮编：710077
电话：029-88325620，88325919，88325819
传真：029-88237768
电子信箱：sales@websensor.com
网址：www.websensor.com
主要产品或业务范围：角速率传感器和加速度传感器，惯性测量单元(IMU)，航姿系统(AHRS)，压力变送器，智能测力传感器，电流电压传感器和汽车转速、轮速传感器。

中航电测仪器股份有限公司
地址：陕西省西安市高新技术产业开发区西部大道166号
邮编：723000
电话：029-61807856
传真：029-61807898
电子信箱：admin@zemic.com.cn
网址：www.zemic.com.cn
主要产品或业务范围：电阻应变计、精密电阻、应变式传感器、称重仪表和软件、航空机载和地面测试系统。

InfraTec红外传感与测量技术公司
地址：上海市黄浦区蒙自路757号歌斐中心29层
邮编：200023
电话：021-38585038
传真：021-68758573-5038
电子信箱：sensons@infratee.cn
网址：www.infratec.cn
主要产品或业务范围：红外热释电传感器。

爱西默科技（上海）有限公司
地址：上海市长宁区愚园路905号C座
邮编：200050
电话：021-31553305
传真：021-51685905
电子信箱：info@aisimo.com
网址：www.aisimo.com
主要产品或业务范围：精密耗材。

安良电气有限公司
地址：上海市静安区新闸路831号13G室
邮编：200041
电话：021-62183300
传真：021-62175911
电子信箱：sales@anly.com.cn
网址：www.anly.com.cn
主要产品或业务范围：该公司专业生产计时器、计数器、转速异常检知器、过电流继电器、电压保护继电器、防止逆相欠相继电器、微计算机温度控制器、固态继电器、中间继电器、液面控制器、可编程式定时器、接近开关、光电开关及其他各式工业用控制器，可满足客户不同专用机的各种自动化需求。

傲乐科学仪器（上海）有限公司
地址：上海市徐汇区漕河泾新光技术开发区桂平路471号7号楼5楼
邮编：200233
电话：021-64853728
传真：021-64851290
电子信箱：aurora@aurora-sensors.com
网址：www.aurora-sensors.com
主要产品或业务范围：电化学传感器。

巴鲁夫自动化（上海）有限公司
地址：上海市浦东新区成山路800号云顶国际商业广场A座8层
邮编：200125
电话：4008200016
传真：4009202622
电子信箱：info@balluff.com.cn
网址：www.balluff.com.cn
主要产品或业务范围：电感式接近开关，光电开关，磁敏、电容开关，模拟位移开关，无线中继传输开关，标准机电限位开关，微脉冲位移传感器，编码器，RFID系统。

堡盟电子（上海）有限公司
地址：上海市松江区民强路1525号
邮编：201602
电话：021-67687095
传真：021-67687098
电子信箱：sales.cn@baumer.com
网址：www.baumer.com
主要产品或业务范围：提供精密测量方案，以及产品设计和生产的厂家。产品包括用于工厂和过程自动化的传感器、视觉产品及其解决方案、运动控制以及黏合系统。

昌奇（上海）仪器仪表有限公司
地址：上海市松江区车墩镇泾车路88号一号六楼
邮编：201611
电话：021-61250169
传真：021-61250169
电子信箱：edwand@shkara.com
主要产品或业务范围：压力传感器/变送器、熔体压力表、隔膜压力表、位移传感器、温度传感器、张力传感器、智能数字仪表及各类传感器芯体等产品。

单尼斯科（上海）仪器仪表有限公司
地址：上海市嘉定区龙盘路568号7A
邮编：201801
电话：021-34074072
传真：021-34074025
电子信箱：Hilary.Fu@dynisco.com
网址：www.dynisco.com
主要产品或业务范围：公司提供皓鹰&Dynisco品牌的传感器、变送器和自动控制产品以满足工业领域及过程控制的需求。主要研发和生产产品由46个系列组成，包括压力传感器、变送器、汽车用压力传感器、温度传感器、高温熔体压力传感器、高温熔体变送器、熔体压力表、爆破开关、压力温度校验仪器、温控仪表、智能数字压力仪表以及自动化成套控制系统，公司力求创新、坚持高品质和诚信理念，力求发展成为全球的知名传感与控制集团企业。

菲宝斯（上海）电气有限公司
地址：上海市闵行区浦江江月路999号11号楼1层
邮编：201114
电话：021-64959922
传真：021-64959667
电子信箱：infocn@fibox.com
网址：www.fibox.cn
主要产品或业务范围：芬兰FIBO公司的各种工业控制领域高防护等级的开关箱、按钮盒、接线箱及仪表箱等。

胡默尔连接器系统（上海）有限公司
地址：上海市黄浦区黄陂北路227号中区广场2202室
邮编：200003
电话：021-63758551
传真：021-63758553
电子信箱：info.hcs.cn@hummel-group.com
网址：www.hummel.com.cn
主要产品或业务范围：电缆接线技术中所需的各种旋紧件、接插件、软管及配件、工业控制箱、自动化元器件等。

霍尼韦尔（中国）有限公司
地址：上海市浦东新区张江高科技园区环科路555号
邮编：201203
电话：4006396841
传真：021-22196488
电子信箱：infochina.sc@honeywell.com
网址：www.honeywell.com.cn
主要产品或业务范围：包括快动、限位、轻触和压力开关以及位置、速度、压力、温湿度、电流和气流传感器。

基恩士（中国）有限公司
地址：上海市浦东新区世纪大道100号
邮编：200120
电话：021-68757500
传真：021-68757550
电子信箱：sales@keyence.com.cn
网址：www.keyence.com.cn
主要产品或业务范围：KEYENCE作为传感器和测量仪器的主要供应商，主要产品有传感器、测量仪器、影像系统、控制及测量仪器、分析仪器、应用软件。

吉派流体控制技术（上海）有限公司
地址：上海市奉贤区南桥镇万众路258号2号门
邮编：201499
电话：021-33617178
传真：021-33617178
电子信箱：sale@usa-gptech.com
网址：www.usa-gptech.com
主要产品或业务范围：不锈钢卡套接头、焊接接头、高纯接头、快速接头、软管总成、仪表阀门。

进联电子科技（上海）有限公司
地址：上海市嘉定区马陆镇丰饶路169号
邮编：201801
电话：021-69150100
传真：021-69157811
联系人：陈忠明
电子信箱：deca@deca.com.tw
网址：www.deca-switchlab.com
主要产品或业务范围：欧规端子、美规端子、轨道式端子、模块板、φ16～φ22按钮、紧急开关、钥匙开关、专业模具设计及生产、模仁加工、OEM&ODM专业设计及生产。

麦柯泰姆电子技术（上海）有限公司
地址：上海市青浦区徐泾镇双联路388号1幢3层
邮编：200052
电话：021-52583995
传真：021-52583996
电子信箱：info@microtherm.cn
网址：www.microtherm.cn
主要产品或业务范围：公司设计和生产高品质的温度开关，热保护器，PTC/NTC及其他传感器单元。

美国邦纳工程国际有限公司
地址：上海市徐汇区虹梅路1535号星联研发楼2号楼12层
邮编：200233
电话：021-24226888
传真：021-24226999
电子信箱：sensors@bannerengineering.com
网址：www.bannerengineering.com.cn
主要产品或业务范围：公司产品包括工业控制器、光电传感器、测量与检测传感器等。

美国科莱特传感器中国公司上海代表处
地址：上海市静安区南京西路555号五五五大厦601B室
邮编：200041
电话：021-52136085，52136086
传真：021-52136089
电子信箱：info@kulitesensors.com.cn
网址：www.kulitesensors.com.cn
主要产品或业务范围：压力传感器。

美国派力肯产品有限公司
地址：上海市徐汇区肇嘉浜路777号青松城大厦10楼1026室
邮编：200032
电话：021-64189685
传真：021-64189079
电子信箱：laura.cui@pelican.com
网址：www.pelican.com
主要产品或业务范围：安全防护箱和专业照明产品。

美卡诺元器件（上海）有限公司
地址：上海市嘉定区南翔镇高科技工业园区嘉前路1001号
邮编：201802
电话：021-69176590-220
传真：021-69176532-220
电子信箱：kitty.yang@mecano.com.cn
网址：www.mecano.com.cn
主要产品或业务范围：公司是一家全球化的工业元器件生产制造公司。

奇石乐仪器仪表科技（上海）有限公司
地址：上海市徐汇区宜山路1398号1号楼102室
邮编：201103
电话：021-23516189
传真：021-23027011
电子信箱：sale.cn@kistler.com
网址：www.kistler.com
主要产品或业务范围：压电式、压阻式和电容式测量压力、应变、加速和声发射的传感器，相关的仪器和数据采集分析系统。

上海阿秒测控技术有限公司
地址：上海市闵行区瓶北路150弄129号
邮编：201108
电话：021-55338008
传真：021-64930700
电子信箱：rc.lin@hogomt.com
主要产品或业务范围：压力传感器/变送器/压力表、高温熔体压力传感器/变送器/压力表、熔体温度传感器、热电偶、热电阻、数字显示仪表、PID控制仪表、差压变送器、液位计、流量计等。

上海宝徕科技开发有限公司
地址：上海市嘉定区昌徐路1号
邮编：201808
电话：021-59167857
传真：021-59167898
电子信箱：info@sh-baolai.com
网址：www.sh-baolai.com
主要产品或业务范围：代理德国Lumberg产品，主要有执行器/传感器分线盒，各种连接电缆，连接头，底座，T形接头，总线模块等。

上海倍加福工业自动化贸易有限公司
地址：上海市静安区市北工业园区江场三路219号大楼4楼
邮编：200436
电话：021-66303939
传真：021-66300883
电子信箱：fa-info@cn.pepperl-fuchs.com
网址：www.pepperl-fuchs.cn
主要产品或业务范围：接近传感器、光电传感器、安全光电传感器、光栅、光幕、超声波传感器、位置编码系统、识别系统、微波传感器、旋转编码器、AS-Interface总线系统、光电数据传送系统、液位控制器等。

上海辰心仪表有限公司
地址：上海市杨浦区安波路533弄2号楼1501室
邮编：200093
电话：021-55805218
传真：021-55805218
电子信箱：shcxyb@126.com
网址：www.shcxyb.net
主要产品或业务范围：温度和压力传感器。

上海德萨堡传感器有限公司
地址：上海市浦东新区金豫路885号34号楼
邮编：201206
电话：021-58993866
传真：021-58996818
电子信箱：oversea@endless-sensor.com
网址：www.endless-sensor.com
主要产品或业务范围：压力、温度、物位及水质分析的传感器和部件。

上海恩邦自动化仪表股份有限公司
地址：上海市奉贤区金汇工业路1338号1号楼
邮编：201404
电话：021-64908059
传真：021-64908060
电子信箱：service@enbbon.com
网址：www.enbbon.com
主要产品或业务范围：金属电容式压力、差压传感器，智能EB系列全隔离压力/差压变送器等。

上海斐波光电科技有限公司
地址：上海市嘉定区嘉新公路835弄25号16栋
邮编：200800
电话：021-59167946
传真：021-59168142
电子信箱：sales@fiblaser.com
网址：www.fiblaser.com
主要产品或业务范围：可见光波长的激光产品。

上海丰林科技有限公司
地址：上海市浦东新区浦东大道1139弄1号1305室
邮编：200135
电话：021-62474478
传真：021-50933892
电子信箱：sales@fltech.com.cn
网址：www.fltech.com.cn
主要产品或业务范围：主要经销代理欧美传感器和工业控制系统产品，并自主研发位移传感器。

上海高霖电子有限公司
地址：上海市嘉定区江桥金沙江西路1555弄9号7楼
邮编：200333
电话：021-60554334
传真：021-52982385
电子信箱：dxj@gaolin-chain.com
网址：www.gaolin-china.com
主要产品或业务范围：该公司是一家专业电气连接产品的供应商。主要产品有接线端子台及各类电子连接器。

上海高意激光技术有限公司
地址：上海市闵行区陈行公路2168号11幢203室
邮编：200233
电话：021-64858827
传真：021-64850389
电子信箱：laser@photoptech.com
主要产品或业务范围：中小功率的固体激光器，风冷/水冷声光开关，声光调制器，固定/可变声光移频器等。

上海根本电子技术有限公司
地址：上海市普陀区长征工业园区千阳路271弄16号甲
邮编：200333
电话：021-52709172
传真：021-64396125
电子信箱：sales@sh-nemoto.com
网址：www.sh-nemoto.com
主要产品或业务范围：工业及民用可燃性气体传感器。

上海宫弘机电设备有限公司
地址：上海市闵行区莘建路228弄2号楼2004室
邮编：201199
电话：021-64365784
传真：021-54482235
电子信箱：bionics_kevin@163.com
网址：www.bionics.com.cn
主要产品或业务范围：氧气、可燃性/各种毒性气体传感器。

上海光川工控设备有限公司
地址：上海市嘉定区金沙江西路1555弄(西郊商务区)13号楼3楼
邮编：201803
电话：021-52358202，39512366
传真：021-52353326
电子信箱：gcic@shgcic.com
网址：www.shgcic.com
主要产品或业务范围：接近传感器、光电传感器、线性传感器、冷热金属、电子凸轮控制器。

上海罕佳机电设备有限公司
地址：上海市宝山区城银路555弄19号
邮编：200333
电话：021-66094488，13918102891

传真：021-56354488
电子信箱：13001233@qq.com
网址：www.shhanjia.com
主要产品或业务范围：传感器、电感接近开关、电容接近开关、光电感应开关、液位/料位开关、超声波传感器、磁敏感应开关、行程(限位)开关。

上海昊岩传感测控科技有限公司
地址：上海市金山区亭林镇林宝路39号5幢V4
邮编：721008
电话：13661479603
传真：028-84360016
电子信箱：haoyan800828@sina.com
主要产品或业务范围：扩散硅、压阻传感器，各种（智能）差压、压力传感器、变送器，拉、压力荷重传感器，各类流量计及智能仪表。

上海和华电子科技有限公司
地址：上海市闵行区吴河路333号D座
邮编：200241
电话：021-51085700
传真：021-34711015
电子信箱：yuanhao@yhehua.com
网址：www.yhehua.com
主要产品或业务范围：交流互感器、传感器、开合互感器、钳形互感器、霍尔开环电流传感器、霍尔闭环电流传感器、霍尔闭环电压传感器、磁调制式直流漏电流传感器、隔离放大器、开关型传感器。

上海和炬电子科技有限公司
地址：上海市普陀区中江路879弄27号楼108室
邮编：200233
电话：021-22818238
传真：021-62441358
电子信箱：chenxiaoming@hejuest.com
网址：www.hejuest.com
主要产品或业务范围：代理美国GE Druck压力传感器/变送器，投入式液位传感器，便携式压力、温度及工业过程信号校验仪，压力标准装置。

上海华盾电器仪表有限公司
地址：上海市黄浦区南苏州路255号411室
邮编：200002
电话：021-53084037，53080555
传真：021-53082577
联系人：赵剑平
电子信箱：hddy@citiz.net
网址：www.sh-hddy.com
主要产品或业务范围：专业代理和经营国内外知名品牌仪器仪表、高低压电器、工控产品。

上海辉格科技发展有限公司
地址：上海市浦东新区秀浦路3188弄161号H1座
邮编：201204
电话：021-58404921，58404924
传真：021-58354552
电子信箱：shvigor@sh163.net
网址：www.isensor.cn
主要产品或业务范围：倾角和方位传感器，伺服加速度计，加速度传感器等。

上海会通自动化科技发展有限公司
地址：上海市虹口区四川北路859号中信广场3503-3504
邮编：200071
电话：021-63578505
传真：021-63570802
电子信箱：sales@shhuitong.net
网址：www.shhuitong.net
主要产品或业务范围：全数字式交流伺服系统、编码器及配套设备。

上海极典电子有限公司
地址：上海市闵行区中春路1288号12栋
邮编：201109
电话：021-51088655
传真：021-51862068
电子信箱：info@utsensor.com
网址：www.utsensor.com
主要产品或业务范围：从事压力、位移、温度等传感器、变送器的开发、生产和销售。

上海集成仪器仪表研究所有限公司
地址：上海市闵行区珠城路99弄1号101室
邮编：201100
电话：021-54159361
传真：021-54152056
电子信箱：sales@jicheng.org
网址：www.jicheng.org
主要产品或业务范围：该公司专业从事工业自动化仪器仪表核心芯片及各类整机的研发。

上海嘉诺密封技术有限公司
地址：上海市浦东新区浦东金桥出口加工区金沪路1218弄8号
邮编：201206
电话：021-55317321
传真：021-50551997
电子信箱：shpublic@garnor.com
网址：www.garnor.com
主要产品或业务范围：密封件、流体连接件、液压元器件及系统集成业务。

上海精浦机电有限公司
地址：上海市普陀区新村路666号2号楼A2
邮编：200333
电话：021-36320991，36320992
传真：021-36320990
电子信箱：info@gemple.cn
网址：www.gemple.cn
主要产品或业务范围：代理德国德汉公司的各种增量型、绝对型旋转编码器，光栅尺，高精度角度编码器，数字显示器，通用位移传感机械装置，控制转换仪表等。

上海巨龙电子有限公司
地址：上海市浦东新区祝桥空港工业区金闻路39号
邮编：201323
电话：021-51904385，51904386，51904387
传真：021-51904389
电子信箱：jeelon@jeelon.com
网址：www.jeelon.com
主要产品或业务范围：专业研究开发、生产各种系列的接近开关，红外线光电开关，霍尔开关，磁性开关，位移量线性传感器，超声波传感器，色标传感器，光纤传感器，纬纱传感器，齿轮测速传感器，人体红外线感应开关，安全光幕传感器，数显时间继电器，累时器，可编程时控器，计数器，智能计米器，交/直流电压表、电流表，功率表，频率表，转速表，线速表，智能温控仪，固态继电器、调压器、单相、三相集成移相交流调压模块等。

上海兰宝传感科技股份有限公司
地址：上海市奉贤区金汇工业园区金碧路228号
邮编：201404
电话：021-57486181，57486188
传真：021-57486199
电子信箱：market@shlanbao.cn
网址：www.shlanbao.cn
主要产品或业务范围：电感式接近传感器，电容式液位传感器，光电传感器，磁性传感器，位移传感器，固态开关和光栅等各种规格的产品。

上海雷普电气有限公司
地址：上海市黄浦区北京东路668号科技京城裙楼B326室
邮编：200001
电话：021-53083561，53083562，53086563
传真：021-53081756
电子信箱：info@leipole.com
网址：www.leipole.com
主要产品或业务范围：各种接线铜件端子及零部件。

上海离科电子科技有限公司
地址：上海市长宁区仙霞路317号远东国际广场B1101室
邮编：200051
电话：021-52545988

传真：021-52545986
电子信箱：info@ionseience.cn
网址：www.ionseience.cn
主要产品或业务范围：气体传感器和气体检测仪器。

上海丽诺韵流体连接件有限公司★
地址：上海市奉贤区四团镇工业园区海奕路22号
邮编：201412
电话：021-54313808，54313806
传真：021-54313809
电子信箱：market@yimiante.com
网址：www.yimiante.com
主要产品或业务范围：专业生产各类型卡套接头、过渡接头、焊接接头、管夹、不锈钢金属软管、快速接头、球阀、胶管总成。

上海良能电子科技有限公司
地址：上海市松江区新桥镇新飞路1500号34栋
邮编：201611
电话：021-67760566，67760577
传真：021-67760550
联系人：沈祺
电子信箱：sq67760566@hotmail.com
网址：www.haopower.com
主要产品或业务范围：仪表专用电池、免维护蓄电池、变压器开关电源、各种工业仪表电池。

上海露意仪器仪表有限公司
地址：上海市长宁区福泉路123弄2号楼602室
邮编：200335
电话：021-62399426，64596492
传真：021-52181180
电子信箱：luyi52181180@163.com
网址：www.luyisensors.com
主要产品或业务范围：一家从事销售配套系列露点仪、温湿度/压力开关、各类气体检测的专业公司。

上海尼赛拉传感器有限公司
地址：上海市虹口区汶水东路888号
邮编：200434
电话：021-65928195
传真：021-65928167
电子信箱：nicera@china-sns.com
网址：www.china-sns.com
主要产品或业务范围：热释电红外传感器、超声波传感器、霍尔元器件、滤光片及各类传感器应用品等。

上海普邦传感器有限公司
地址：上海市浦东新区沪南路2419弄30号1106室
邮编：361000
电话：021-58147056

传真：021-58147051
电子信箱：sales@pubang-sensor.com
网址：www.pubang-sensor.com
主要产品或业务范围：各种光电开关，接近开关，光带，磁性开关，电容式接近开关等。

上海荣轩机电有限公司
地址：上海市浦东新区茂兴路88号仁恒广场4座407室
邮编：200127
电话：021-68868309
传真：021-58398298
电子信箱：shyjn@rongxuancast.com
网址：www.rz-gp.com
主要产品或业务范围：主要从事元器件的代理经营。

上海瑞视仪表电子有限公司
地址：上海市松江区泗砖南路255弄54幢118号
邮编：201612
电话：021-67871955，54425984
传真：021-54865118
电子信箱：rvis@rvissensors.com
网址：www.rvissensors.com
主要产品或业务范围：振动速度传感器、电涡流/转速传感器/速度瓦（壳）振及系统校验仪、速度振动传感器、静态位移校验仪、盘装仪表、水轮发电机组状态监测仪表、框架仪表以及大型旋转机械设备故障分析诊断系统。

上海申狮物联网科技有限公司★
地址：上海市松江区车墩镇联营路615号18幢6层
邮编：201611
电话：021-37635502
传真：021-37635507
电子信箱：info@ziasiot.com
网址：www.ziasiot.cn，www.ziasiot.net
主要产品或业务范围：压力传感器、温度传感器、环保型高温熔体压力传感器、智能数字仪表、熔体压力表、液位变送器、物位传感器、液位开关、流量传感器、位移传感器、无线传感器、智能传感器、实验仪器、物联网及城市数字化系统解决方案。

上海深索仪表电子有限公司
地址：上海市青浦区赵巷镇业辉路222弄269号
邮编：201101
电话：021-64466722，64466755，64467750
传真：021-64466722-815，816
电子信箱：cnshensuo@163.com
网址：www.shensuo.com.cn
主要产品或业务范围：研制生产电涡流传感器、速度传感器、旋转机械设备在线监控仪表及故障诊断分析系统。

上海思博机械电气有限公司
地址：上海市普陀区绥德路2弄29号二楼
邮编：200331
电话：021-66058508
传真：021-66058506
电子信箱：sales@sakae.cn
网址：www.sakae.cn
主要产品或业务范围：电位器、传感器。

上海思派电子科技有限公司
地址：上海市闵行区园文路28号金源中心8F
邮编：201100
电话：021-51087352
传真：021-51879567
电子信箱：spes@spes.com.cn
网址：www.spes.com.cn
主要产品或业务范围：液位开关、液位计、物位计、超声波液位计。

上海同安智能科技有限公司
地址：上海市杨浦区国康路46号
邮编：200092
电话：021-65988976
传真：021-35326598
网址：www.tonann.com.cn
主要产品或业务范围：微风速传感器、变风量控制器、定风量控制器、房间压力控制器，用电检测、断电检测、漏水检测、火灾检测等信息数据采集器，视频监控单元，实验室安全整体监控软件等产品。

上海馨源电子有限公司
地址：上海市普陀区华池路58弄上海新体育广场5号楼
邮编：200061
电话：021-62041956，62041957，62041958
传真：021-62042259
电子信箱：info@shanghaixinyuan.com
网址：www.shanghaixinyuan.com
主要产品或业务范围：生产各种类型热熔断体（温度保险丝）。

上海永星电子开关有限公司
地址：上海市松江区泗泾镇江河路635号
邮编：201601
电话：021-57620011-625，616
传真：021-57629089
电子信箱：yxe@skswitch.com
网址：www.skgcn.cn
主要产品或业务范围：该公司是生产和销售机电开关、接插件等电器产品的厂商，现有产品按钮开关、船形开关、波动开关、微动开关、冰箱门开关、小型钮子开关、指示灯、保险丝座、接线盒、蜂鸣器等。

上海源本磁电技术有限公司
地址：上海市嘉定区沪宜公路6133号4幢
邮编：201806
电话：021-69168301，69168214
传真：021-69168673
电子信箱：xux79@yuanben.cn
网址：www.yuanben.cn
主要产品或业务范围：从事流体参数测量和运动、方向、角度、安全开关、距离磁电传感器设计、生产的专业性高新技术企业。产品主要有AGV无人小车传感器、编码器、高铁转速传感器、位移传感器、RFID读写器、二维码扫描器、温度传感器、液位开关、压力开关、流量开关。

上海中沪电子有限公司
地址：上海市闵行区都会路2338号（总部一号）9号楼
邮编：200232
电话：021-64393203，64844119
传真：021-54353161
电子信箱：info@zonho.com.cn
网址：www.zonho.com.cn
主要产品或业务范围：系列光电开关、接近开关、标志传感器、光纤传感器、安全光幕传感器、切纸机安全光栅装置、冲床安全光幕、数字式计时器、时间继电器、电子计数器、转速表、电子计长仪、传感控制器、固态继电器、智能数显调节仪、稳压电源等产品。

上海轴晶光电技术有限公司
地址：上海市嘉定区金兰路255号
邮编：201818
电话：021-39529005，59542092
传真：021-59542092
电子信箱：sales@optoaxis.com
网址：www.optoaxis.com
主要产品或业务范围：普通光学透镜、微透镜、红外透镜、棱镜、窗口片、柱面镜、球透镜、光学镜头等。

上海卓一电子有限公司
地址：上海市浦东新区航头镇航头路118号
邮编：201316
电话：021-33750266
传真：021-33893668
电子信箱：sales@toone.cn
网址：www.toone.cn
主要产品或业务范围：时控开关、固态继电器、接近开关、光电开关、时间继电器、计数器、累时器、水位控制器等。

胜拓传感器（上海）有限公司
地址：上海市浦东新区民冬路166号4号楼二楼西侧
邮编：201209
电话：021-61096911

传真：021-61096912
电子信箱：deng@sentronics.cn
网址：www.sentronics.cn
主要产品或业务范围：高性能陶瓷压力传感器、变送器。

施迈赛工业开关制造（上海）有限公司
地址：上海市青浦区漕盈路3336号
邮编：200003
电话：021-63758287
传真：021-63758297
电子信箱：sales@schmersal.com.cn
网址：www.schmersal.com.cn
主要产品或业务范围：安全开关器件，限位开关，重型限位开关，特殊限位开关，脚踏开关，拉线开关，按钮开关和指示灯，防爆和防瓦斯限位开关，微动开关，电梯开关，电感、电容、光电和磁性接近开关，增量编码器，安全继电器，安全光幕。

适发国际贸易（上海）有限公司
地址：上海市徐汇区宜山路333号汇鑫国际大厦604室
邮编：200030
电话：021-64682012
传真：021-64748667
电子信箱：shanghai@suffice.com.cn
网址：www.suffice-group.com.cn
主要产品或业务范围：公司专业代理进口电子元件，包括瑞士IST公司的温度、湿度、流量传感器；德国MICRONAS公司的霍尔传感器；英国CITY公司的各类气体传感器；瑞士RENATA公司的高温电池；德国SENSOLUTE公司的微振动传感器。

托菲传感技术（上海）股份有限公司
地址：上海市虹口区水电路1422号2号楼804室
邮编：200083
电话：021-65311020
传真：021-65311031
电子信箱：tofi@tofi-tech.com
网址：www.tofi-tech.com
主要产品或业务范围：专业编码器、传感器制造商。

魏德米勒电联接（上海）有限公司
地址：上海市静安区裕通路100号宝矿洲际商务中心25楼
邮编：200070
电话：021-22195008
传真：021-22195009
电子信箱：customer.hotline@cnweidmuller.com
网址：www.weidmueller.com.cn
主要产品或业务范围：接线端子、印刷电路板接线端子和接插件、重载接插件、接线盒、电子产品、专用工具、管状接头以及标记产品。

香港培德国际有限公司
地址：上海市静安区北京西路1277号国旅大厦1707室
邮编：200003
电话：021-62794500
传真：021-62792664
电子信箱：luyan@ptc.com.hk
网址：www.shanglaiptc.com
主要产品或业务范围：产品包括电容式液位传感器、位置传感器、金属磨粒传感器等。

益加义传感技术（上海）有限公司
地址：上海市杨浦区翔殷路1088号凯迪金融大厦805室
邮编：200433
电话：021-61176129
传真：021-60400109
电子信箱：celia.wei@epluse.cn
网址：www.epluse.com.cn
主要产品或业务范围：湿度传感器、流量传感器、变送器、手持表。

英国城市技术有限公司
地址：上海市浦东新区环科路555号1号楼
邮编：201203
电话：021-80387533
传真：021-60246076
电子信箱：tracy.wang2@honeywell.com
网址：www.citytech.com.cn
主要产品或业务范围：气体传感器。

中国电子科技集团公司第二十一研究所
地址：上海市徐汇区虹漕路30号
邮编：200233
电话：021-64367300
传真：021-64752471
电子信箱：zqyuan@stn.sh.cn
网址：www.sh-motor.com.cn
主要产品或业务范围：该所是从事微特电机与组件研制生产的专业研究所。

阿泰克斯（成都）电子有限公司
地址：四川省成都市双流蛟龙工业港涪江路11座
邮编：610200
电话：028-85739088
传真：028-85739070
电子信箱：xiaohua.wang@meas-spec.com
网址：www.atexis.cn
主要产品或业务范围：电阻元件及特殊传感器，温度测量技术，湿度传感器。

成都宏明电子股份有限公司
地址：四川省成都市龙泉驿区北京路188号
邮编：610010
电话：028-84361927，84872192
传真：028-84383761
电子信箱：hmscb@chinahongming.com
网址：www.chinahongming.com
主要产品或业务范围：特种瓷介电容器；有机薄膜电容器；云母电容器；连接器、滤波连接器；正、负温度系数热敏电阻器；温度传感器。

成都晶峰电子有限公司
地址：四川省成都市兴科中路1号迪欧时代16楼
邮编：610036
电话：028-87562358，87562368
传真：028-87562378-603
电子信箱：cdjf@cdjf.net.cn
网址：www.cdjf.com
主要产品或业务范围：该公司是从事霍尔电流传感器、霍尔电压传感器、直测式电流传感器、互感器、电流变送器、电压变送器生产的专业厂家。

成都晶华光电科技股份有限公司
地址：四川省成都市龙泉驿区航天南路2号
邮编：610100
电话：028-84885852，84885811
传真：028-84885808
电子信箱：cdjh@cdjhcn.com
网址：www.cdjhcn.com
主要产品或业务范围：光学零件、镜头组件及光学仪器。

绵阳市万欣测控技术有限公司
地址：四川省绵阳市游仙西路89号
邮编：621000
电话：0816-6283258
传真：0816-2273300
电子信箱：mywanxin@mywanxin.com
网址：www.mywanxin.com
主要产品或业务范围：各种传感器、液压张紧器、空气滤清器、机油泵等多种规格、型号的汽车零部件。

绵阳市维博电子有限责任公司
地址：四川省绵阳市游仙区游仙东路98号
邮编：621000
电话：0816-2278150，2278151
传真：0816-2281934
电子信箱：wb@wbdz.cn
网址：www.wb-my.com
主要产品或业务范围：公司主要研发、生产、销售WB系列电量隔离传感器/智能电量变送器。

台昱企业股份有限公司
地址：台湾省新北市汐止区康宁街169巷29-1号2F-2

邮编：221800
电话：886-226953033，13809639458
传真：886-226950766
电子信箱：sales@fea.com.tw
网址：www.fea.com.tw
主要产品或业务范围：热电偶与热电阻的元件与材料。

施耐德万高（天津）电气设备有限公司
地址：天津市西青区华苑产业区榕苑路16号鑫茂科技园C1座4层A单元
邮编：300384
电话：022-83712900
传真：022-83712889
网址：www.wgats.com
主要产品或业务范围：开发、生产、销售转换开关电器。

天津市长城仪表厂（普通合伙）★
地址：天津市宁河区潘庄工业园区星石科技产业园D-10号
邮编：300015
电话：13043245681，18522562376
传真：022-69517118
电子信箱：tangtiekun@163.com
网址：www.sensordiaphragm.com
主要产品或业务范围：压力传感器膜片，变送器膜片，压力开关膜片，隔膜压力表膜片，阀门膜片，弹跳膜片，高性能弹性元件等。

天津市信九电子有限公司
地址：天津市南开区黄河道冶金路20号
邮编：300111
电话：022-27692060，27626405
传真：022-27626405
电子信箱：xinjiutj@126.com
网址：www.xinjiutj.com
主要产品或业务范围：工业热电偶用补偿导线（缆）系列，快偶用补偿导线系列，补偿型测温插头，补偿型测温枪，仪表用氟塑料耐高温安装线，计算机用信号缆（DCS用信号缆），耐高温补偿导线，耐高温安装线。

图尔克（天津）传感器有限公司
地址：天津市西青区兴华四支路18号
邮编：300381
电话：022-83988188，83988199
传真：022-83988111
电子信箱：sales@truck.com
网址：www.truck.com.cn
主要产品或业务范围：接近开关类传感器，工业现场总线产品，过程自动化类产品，接插件系统。

慈溪市长河中泰仪表壳体厂
地址：浙江省慈溪市长河镇沧南村大路门路164-1

邮编：315326
电话：0574-63415225，13484238880
传真：0574-63415512
电子信箱：cxztyb@126.com
网址：www.waterproofbox.cn
主要产品或业务范围：塑料壳体，塑料防水盒，铝合金防水盒，控制盒，仪器密封箱，塑料密封箱等仪器仪表外壳。

慈溪市崇寿镇中和仪表壳体厂
地址：浙江省慈溪市崇寿镇六塘
邮编：315334
电话：0574-63296882
传真：0574-63296867
电子信箱：zhongheyb@126.com
主要产品或业务范围：该厂是一家变送器外壳的专业生产厂家，主要生产压力、差压、湿度、流量等各种变送器壳体，产品远销全国各地。企业技术力量雄厚，依托CAD、CAM、CNC加工中心，集开模、压铸、机加、表面处理于一体，可按用户要求设计制造模具。

慈溪市德恒壳体有限公司
地址：浙江省慈溪市庵东工业园区环园南路800号
邮编：315300
电话：0574-63026531，63026532
传真：0574-63026532
电子信箱：13738808811@163.com
网址：www.sheng-chang.com
主要产品或业务范围：现有产品28大类，近两千个品种，自有模具数3000余套，年模具开发200套，是国内较大的电力仪表、温度仪表、互感器、传感器外壳生产厂商。

慈溪市凯峰电子有限公司
地址：浙江省慈溪市逍林镇北工业区众益路4号
邮编：315321
电话：0574-63519670
传真：0574-63518747
电子信箱：info@nb-kaifeng.com
网址：www.nb-kaifeng.com
主要产品或业务范围：专业生产电子元件及各类连接器。

慈溪市瑞精电子科技有限公司
地址：浙江省慈溪市逍林镇青春路245号
邮编：315321
电话：0574-23669998，23669908
传真：0574-23669905，63510727
电子信箱：cxrj@cxrj.com.cn
网址：www.cxrj.com.cn
主要产品或业务范围：专业制造接线端子和拨码开关。

慈溪市胜北五金冲件厂
地址：浙江省慈溪市新浦镇西工业开发区新生路南
邮编：315322
电话：0574-63589134
传真：0574-63589107
电子信箱：sales@nb-bardware.com
主要产品或业务范围：不锈钢压力表壳体。

洞头嘉恒电子科技有限公司
地址：浙江省温州市洞头区北岙街道光明巷36号
邮编：325700
电话：0577-63487977，13858826137
传真：0577-63489656
联系人：吴照耀
电子信箱：jhenwzy@163.com，401933596@qq.com
网址：www.jhen.com.cn
主要产品或业务范围：该公司主要产品有光电开关、电感式开关、全金属检测开关、金属探头接近开关、电容式开关、模拟量开关、光幕传感器、磁性开关、齿轮测速传感器、纺织传感器、探纬器等多达186种规格，两千多个型号。另外，"嘉恒"为该公司注册商标。

海盐精业机箱有限公司
地址：浙江省嘉兴市海盐县武原海兴西路265号
邮编：314300
电话：0573-86196710，86196712
传真：0573-86155493-808
电子信箱：enclosure@163.com
网址：www.enclosures.cn
主要产品或业务范围：产品有铝合金机箱、铝合金插箱、小铝盒、壳体、机柜、操作台体等。

杭州春江仪表有限公司★
地址：浙江省杭州市富阳区富春街道达夫路257号
邮编：311400
电话：0571-63410593，63165137
传真：0571-63410879
电子信箱：hzcjyb@vip.sina.com
网址：www.chunjiangyibiao.com
主要产品或业务范围：仪器仪表、自动化控制系统、计算机软硬件设计、安装、技术开发、技术咨询，自动化设备、流量计、冷热水表、工业双金属温度计、数字显示温控仪、温湿度传感器制造、加工，自动化设备、计算机软硬件、通信设备、光学仪器、电子元器件、电子产品、机电设备批发、零售，货物进出口。

杭州大和热磁电子有限公司
地址：浙江省杭州市滨江区滨康路777号
邮编：310005
电话：0571-86699985
传真：0571-86697695
电子信箱：vfsales@ferrotec.com.cn
网址：www.ferrotec.com.cn
主要产品或业务范围：主要从事磁性流体、热电半导体致冷材料与器件、精密石英、陶瓷部品、精密真空零部件、太阳能发电材料等应用产品的研发生产和销售。

杭州科汀光学技术有限公司
地址：浙江省杭州市余杭经济开发区天荷路21号
邮编：311100
电话：0571-89263885
传真：0571-89263883
电子信箱：koti_sales@koti-hz.com.cn
网址：www.koti-hz.com.cn
主要产品或业务范围：投影显示、数码成像、精密测试以及太阳能CPV结构的光学薄膜元器件。

杭州塞姆科技有限公司
地址：浙江省杭州市西湖区三墩镇西湖经济科技园西园五路16号3B四楼
邮编：310030
电话：0571-85779271
传真：0571-85775079
电子信箱：sale3@mail.assem.hk
网址：www.assem.hk
主要产品或业务范围：研发、生产、销售电脑及周边设备用连接线缆、通信及网络电缆、多媒体电缆、家电产品用电缆、汽车电缆、医疗设备电缆、光纤电缆、电源电缆等各类连接线、线束的高新技术企业。

杭州腾宏自动化系统有限公司
地址：浙江省杭州市萧山经济技术开发区通惠北路12号新世界柏丽轩312室
邮编：311215
电话：0571-82607996，82830060，82832110
传真：0571-82607997
电子信箱：tenghg@hztenghg.cn
网址：www.hztenghong.cn
主要产品或业务范围：产品涵盖电动机起动和保护产品、驱动类产品、主令控制产品、工业自动化产品、低压空气断路器、塑壳断路器、微型断路器及终端配电保护产品、电连接产品、铠装电缆与非铠装电缆等。

杭州威利广科技股份有限公司
地址：浙江省杭州市拱墅区祥符祥园路12号
邮编：310011
电话：0571-88260000，88260012
传真：0571-88260026
电子信箱：sales@wlg.com.cn
网址：www.wlg.com.cn
主要产品或业务范围：LED数码显示器、实距阵显示器、各种异型显示器材料和节能冷光源的专业制造商。

嘉兴市思尔德薄膜开关有限公司
地址：浙江省嘉兴市南湖区余新曹庄工业园人民路1号
邮编：314022
电话：0573-83227788，62567259
传真：0573-83227789
电子信箱：post001@jxdgq.sina.net
网址：www.sierde.cn
主要产品或业务范围：PC面板、薄膜开关，铜、铝不锈钢面板，高光切削商标铭牌，各种非标机箱。

乐清市滨海电子元件厂
地址：浙江省乐清市柳市镇东风工业区凯旋西路2号
邮编：325604
电话：0577-62785660
传真：0577-62771667
电子信箱：0577@china.com
主要产品或业务范围：电阻器，瓷盘变阻器，波纹电阻，铝壳电阻，制动电阻箱，制动单元，开关电源等。

乐清市侨光电器仪表厂
地址：浙江省乐清市柳市镇马仁桥金桥西路76-86号
邮编：325604
电话：0577-62722834
传真：0577-61722834
联系人：陈煦
电子信箱：qgcy1985@163.com
网址：www.cnqiaoguang.com
主要产品或业务范围：专业生产船用安装式广角度电表、塑壳断路器、熔断器、接线端子板等。

美迪凯控股集团
地址：浙江省台州市温岭经济开发区20号大街578号
邮编：317500
电话：0571-56700338
传真：0571-56700339
电子信箱：lily@chinamdk.com
网址：www.chinamdk.com
主要产品或业务范围：光学组件，电子元器件。

宁波艾特宝壳体有限公司
地址：浙江省慈溪市逍林镇樟新北路1482号
邮编：315300
电话：0574-63596699
传真：0574-63590595
电子信箱：2320691417@qq.com
网址：www.twins-hox.com
主要产品或业务范围：塑料密封防护箱、塑料防水接线盒、铝压铸接线盒等产品。

宁波大洋壳体有限公司
地址：浙江省慈溪市庵东镇工业开发区纬二路788号
邮编：315326
电话：0574-68028237
传真：0574-63027939
电子信箱：sales@enclosures.com.cn
网址：www.enclosures.com.cn
主要产品或业务范围：公司是塑料密封防护箱、铸铝防水接线盒、塑料防水接线盒、工控机壳和仪器机箱制造商。

宁波德诺进出口有限公司
地址：浙江省宁波市海曙区药行街42号环球中心B座1702
邮编：315000
电话：0574-87683327，87683317
传真：0574-87683113
电子信箱：info@deneuchina.com
网址：www.deneuchina.com
主要产品或业务范围：专业从事机电配件，五金件及其他机械加工件的进出口。产品广泛应用于流量仪表、牙科手机、电机主轴、真空泵、航空航天工业等领域。

宁波东方机械设备进出口有限公司
地址：浙江省宁波市江北区天合路天合财汇中心38号501室
邮编：315020
电话：0574-87348251
传真：0574-87345492
电子信箱：wjj@eastwelding.com
网址：www.eastwelding.com
主要产品或业务范围：焊炬、割炬、加热炬等。

宁波高胜电子有限公司
地址：浙江省慈溪市逍林镇宇翔路90号
邮编：315321
电话：0574-58970133
传真：0574-63989953
电子信箱：info2@goosvn.com
网址：www.goosvn.com
主要产品或业务范围：精密模具、连接器、接线端子。

宁波高松电子有限公司
地址：浙江省慈溪市逍林市大道1585号
邮编：315321
电话：0574-63504333
传真：0574-63512345
电子信箱：info@degson.com
网址：www.degson.com.cn
主要产品或业务范围：接线端子和精密模具。

宁波高正电子有限公司
地址：浙江省慈溪市逍林镇逍林大道333号
邮编：315321
电话：0574-63501710
传真：0574-63502700

电子信箱：afml@163.com
主要产品或业务范围：公司是接线端子的专业制造商。

宁波冠泰电子有限公司
地址：浙江省慈溪市匡堰工业区展腾路232号
邮编：315301
电话：0574-63205538
传真：0574-63204122
电子信箱：golten8@cngolten.com
网址：www.cngolten.com
主要产品或业务范围：各类接线端子。

宁波海斯特仪表配件有限公司
地址：浙江省宁波市鄞州区工业园区秋实路930号
邮编：315800
电话：0574-82839089
传真：0574-89011205
电子信箱：87707834@qq.com
网址：www.heyinst.com
主要产品或业务范围：各种仪表接头，各种隔膜体，法兰式及配件。

宁波佳和壳体有限公司
地址：浙江省慈溪市逍林镇樟新南路455号
邮编：315321
电话：0574-63516351
传真：0574-63516321
电子信箱：clf@jhcase.com
网址：www.jhcase.com.cn
主要产品或业务范围：该公司专业生产挤压铝型材壳体、标准机箱机柜及非标准铁皮、铝板机箱。

宁波美加工具有限公司
地址：浙江省宁波市宁海县经济开发区科七路6号
邮编：315600
电话：0574-65520100
传真：0574-65515128
电子信箱：sales20@meijiatools.com
网址：www.meijiatools.com
主要产品或业务范围：工具箱、金属箱、渔具箱。

宁波南车时代传感技术有限公司
地址：浙江省宁波市江北区振甬路138号
邮编：315021
电话：0574-87670188
传真：0574-87662881
电子信箱：marketing@tegsensor.com
网址：www.nbteg.cn
主要产品或业务范围：铁道机车车辆系统传感器的科研、开发、生产，以电流、电压、压力、速度、位移、温度传感器为主的六大类300余种传感器系列。

宁波三和壳体有限公司
地址：浙江省慈溪市长河镇西工业园区望桥路179号
邮编：315301
电话：0574-63402536，63410536，63403722
传真：0574-63401262
电子信箱：jsb@sanhe,zjbnet.com
网址：www.sanhemetalshell.com
主要产品或业务范围：公司是安全箱、器材箱、仪表壳体和接线端子制造企业。公司现有固定资产2亿元，厂房10万平方米，员工1200余人，年销售额达2亿元。公司是中国模具工业协会会员，并在同行业中率先通过ISO 9001、UL、VDE等多项质量认证。公司不断引进先进的加工设备和人才，销售额每年递增。欢迎世界各地的客户共同开发新产品，通用产品模具费用低。

宁波市科升利不锈钢管阀件有限公司
地址：浙江省宁波市奉化区江口街道庄家村
邮编：315504
电话：0574-88561893
传真：0574-88561069
电子信箱：keshengli8@163.com
网址：www.keshengli88.cn
主要产品或业务范围：卡套式接头，螺纹接头，仪表接头，仪表针阀，仪表球阀，卡套针阀。

宁波市镇海传感器厂
地址：浙江省宁波市镇海俞范东路701号
邮编：315200
电话：0574-86373892
传真：0574-86267909
电子信箱：zhs@zhsensor.com
网址：www.zhsensor.com
主要产品或业务范围：各类传感器。

宁波双子壳体有限公司
地址：浙江省慈溪市逍林镇樟新北路1482号
邮编：315322
电话：0574-63596699
传真：0574-63590595
电子信箱：sales-2@twins-box.com
网址：www.twins-box.com
主要产品或业务范围：公司是专业生产塑料密封防护箱、塑料防水接线盒、铝压铸接线盒等产品的民营企业。

宁波斯凯亿传感器有限公司
地址：浙江省宁波市鄞州区五乡镇天童庄
邮编：315111
电话：0574-88335695
传真：0574-88335636
电子信箱：sales@nbsky-e.com
网址：www.nbsky-e.com

主要产品或业务范围：自动化控制产品，电感式传感器，电容式传感器，光电式传感器等。

宁波速普电子有限公司
地址：浙江省慈溪市坎墩兴镇街625号
邮编：315303
电话：0574-63288158，63272368，63272369
传真：0574-63288170，63272933
电子信箱：askme@supu.cn
网址：www.supu.com.cn
主要产品或业务范围：各种轨装接线端子、微型弹簧端子、MCS连接器、PCB端子、变压器端子、冷压式连接器、刺破式端子等。

宁波泰博壳体有限公司
地址：浙江省宁波市余姚市同光工业园永兴东路6号
邮编：315400
电话：0574-22220303，62632226，22220333
传真：0574-55863188
电子信箱：suliao-nbtaibo@vip.163.com
网址：www.china-shellmould.com
主要产品或业务范围：电气密封箱、变送器、铝制防水盒、塑料防水盒、便携式仪表壳、导轨电器壳、双色仪表外壳、工控PLC外壳、仪表外壳/塑料机箱等。

宁波盈科工业自动化有限公司
地址：浙江省宁波市高新园区沧海路181号
邮编：315040
电话：4008200016
传真：0574-87792274
电子信箱：info@nbyingke.com
网址：www.nbyingke.com
主要产品或业务范围：专业的传感器制造商。

宁波中凯壳体有限公司
地址：浙江省慈溪市崇寿镇纬一西路168号
邮编：315334
电话：0574-63516162
传真：0574-63516780
电子信箱：sellw@nb-zhongkai.com
网址：www.nb-zhongkai.com
主要产品或业务范围：公司是一家专业的仪器仪表壳体制造商。

宁波中立实业有限公司
地址：浙江省慈溪市古塘街道坎墩大道155号
邮编：315303
电话：0574-63288204
传真：0574-63288279
联系人：闻经理
电子信箱：helenwen@chinazhongli.com

网址：www.chinazhongli.com
主要产品或业务范围：风机盘管温控器，各种空调管路件，空调截止阀，各式快速接头等。

泰盛克仪表有限公司
地址：浙江省嘉兴市秀洲区康和路500号V20
邮编：314000
电话：0573-83888001
电子信箱：zyhtsk@163.com
主要产品或业务范围：单晶硅压力/差压传感器、扩散硅压力传感器。

天立电机（宁波）有限公司
地址：浙江省宁波市杭州湾新区庵东工业园纬三路138号
邮编：315327
电话：0574-63479600，63479618
传真：0574-63897084
电子信箱：sale@china-tianli.cn
网址：www.china-tianli.com
主要产品或业务范围：一家接线端子的专业生产厂商。

桐乡市天峰电子有限公司
地址：浙江省桐乡市齐富路558号12幢
邮编：314500
电话：0573-88955211
传真：0573-88955233
电子信箱：market@txtianfeng.cn
网址：www.txtianfeng.cn
主要产品或业务范围：普通晶体振荡器（SPXO）、压控晶体振荡器(VCXO)、温补晶体振荡器（TCXO）和恒温晶体振荡器（OCXO）。

威柯纳智能科技有限公司
地址：浙江省嘉兴市嘉善县惠民街道鑫达路99号6栋
邮编：215332
电话：0573-84018299
传真：0573-84018299
电子信箱：yangmin587@sohu.com
网址：www.yangm.com
主要产品或业务范围：光电开关，接近开关，电容式开关，磁性开关，固态继电器等。代理意大利温控表、时间继电器、计数器、冷冻表、热电偶。

温岭市东南仪表有限公司
地址：浙江省温岭市经济开发区曙光路
邮编：317500
电话：0576-86191922
传真：0576-86191921
电子信箱：dnyb2005@163.com
主要产品或业务范围：各种仪表壳体及配件等产品。

浙江海利普电子科技有限公司
地址：浙江省杭州市绍兴路161号野风现代中心北楼
15A03-2室
邮编：310007
电话：0571-28891071
传真：0571-28891072
电子信箱：holipmarketing@holip.com
网址：www.holip.com
主要产品或业务范围：该公司是丹佛斯全资公司，其核心
产品是HLP系列变频器。

浙江申乐电气有限公司
地址：浙江省乐清市北白象镇电子工业园开发路49号
邮编：325603
电话：0577-62995200
传真：0577-62981722
电子信箱：sloke@sloke.com
网址：www.sloke.com
主要产品或业务范围：主要产品有电磁继电器、时间继电
器、继电器配套插座、开关、交流接触器等。

浙江水晶光电科技股份有限公司
地址：浙江省台州市椒江区开发大道东段2198号
邮编：318015
电话：0576-88677966
传真：0576-88011269
电子信箱：sales@crystal-optech.com
网址：www.crystal-optech.com
主要产品或业务范围：光学低通滤波器，红外截止滤光片
及组立件和窄带滤光片等。

浙江拓峰自动化设备有限公司
地址：浙江省杭州市西湖区西湖科技园西园七路6号
邮编：310030
电话：0571-56779888
传真：0571-88821218
电子信箱：marketing@tofine.com
网址：www.tofine.com
主要产品或业务范围：专业从事智能传感器、工业自动化
控制系统、机电一体化装备和信息化平台设计、研发、制
造、集成和服务。

计量标准器具、量具量仪

北京普茂科技发展有限公司
地址：北京市朝阳区胜古中路2号院金基业大厦510室
邮编：100029
电话：010-51262126
传真：010-51262128
电子信箱：info@pmst.com.cn
主要产品或业务范围：主要包括压力、流量、真空、气象、水深及液位等专业领域的测量仪器仪表及相关的配件和附件。

北京尤帝尔电子设备有限公司
地址：北京市昌平区北七家工业园区
邮编：102209
电话：010-69754477-817
传真：010-69754646
电子信箱：utilcell@163.com
网址：www.youtier.com.cn
主要产品或业务范围：公司是我国第一家与外商合资，共同生产、经销称重传感器、称重仪表和称重系统的企业。

广州市日奇科学仪器科贸有限公司
地址：广东省广州市荔湾区西湾东路18号蔬果大厦7楼西门
邮编：510160
电话：020-86470808
传真：020-86471808
电子信箱：rqchina@126.com
主要产品或业务范围：该公司是从事计量仪器仪表生产、销售、服务的高科技公司，是众多国际著名仪器生产厂商在中国的代理。主要产品包括压力、温度、湿度校验仪器。

广州市松展机电科技有限公司
地址：广东省广州市番禺区大龙街道新桥村泰安路23号（韵之彩产业园G栋）
邮编：511400
电话：020-39966551
传真：020-39966550
电子信箱：service@songzhan.com.cn
网址：www.songzhan.com.cn
主要产品或业务范围：称重配料系统、重量检测秤、蓝牙电子秤、物流电子秤、快递电子秤、USB电子秤等产品。

三门峡中原量仪股份有限公司
地址：河南省三门峡市湖滨工业园区
邮编：472000

电话：0398-2288850
传真：0398-2288996，8522578
电子信箱：smxzyly1965@163.com
网址：www.cnzyly.com
主要产品或业务范围：气动量仪、电动量仪、磨加工主动测量仪、自动分选机和检验机、精密计量仪器和精密测量台架、专用量仪以及用于汽车（摩托车）行业、冰箱空调压缩机行业的在线自动量仪和综合测量仪等两百多个品种。

哈尔滨量具刃具集团有限责任公司
地址：黑龙江省哈尔滨市香坊区和平路44号
邮编：150040
电话：0451-82648853，82641836
传真：0451-82607698
电子信箱：links@links-china.com
网址：www.links-china.com
主要产品或业务范围：精密量仪、数控刀具、数控机床及关键功能部件、通用量具和标准刃具五大类产品。

长春孝修计量科技有限公司
地址：吉林省长春市经济开发区深圳街12号
邮编：130031
电话：0431-84664885
传真：0431-84664886
电子信箱：13804339869@163.com
网址：www.mtm1988.com
主要产品或业务范围：专业生产测力传感器、称重传感器、扭矩传感器、轧制力传感器、引伸计、标准测力仪、扭矩测试仪、标准扭矩扳手、螺栓轴力施拧扭矩检测仪、力标准机、衡器、试验机。

江苏全能机电仪表设备有限公司
地址：江苏省宜兴市丁蜀镇汤蜀路中段
邮编：214221
电话：0510-87402428，87403757
传真：0510-87406212
电子信箱：qph641106@vip.sina.com
主要产品或业务范围：定量圆盘给料机、配料秤。

江苏省计量科学研究院
地址：江苏省南京市栖霞区仙林大学城文澜路95号
邮编：210023
电话：025-84635528
传真：025-84482128

电子信箱：jlybgs@jsmi.com.cn
网址：www.jsmi.com.cn
主要产品或业务范围：从事量值统一；建立计量工作基准、社会公用计量标准；进行量值传递；为适应量值溯源社会要求，从事计量器具校准和检测服务。

丹东市曙光计量仪器有限公司
地址：辽宁省丹东市振兴区富荣街8-2号
邮编：118002
电话：0415-4142588，4144052
传真：0415-4142588
联系人：隋凯林
电子信箱：cmc@ddsgjl.com
网址：www.ddsgjl.com
主要产品或业务范围：LJQ型钟罩式气体流量标准装置，音速喷嘴式气体流量标准装置，LJT型碳化钙（电石）发气量测定装置，RBJ型标准金属量器，LGJ型金属刮板流量计，UTD－Ⅲ型电动浮筒液位、界面变送器，DTY－Ⅲ型电动本安型浮球液位变送器，LJS型液体流量标准装置、水表校验装置。

沈阳德克天平仪器有限公司
地址：辽宁省沈阳市皇姑区昆山西路19号
邮编：110035
电话：024-86718663，82151200
传真：024-82151200
电子信箱：dktp126@126.com
网址：www.dktp.cn
主要产品或业务范围：吨位系列天平，公斤系列天平，机械天平，电磁天平，电光天平，电动比例天平，气体天平，静水力学天平，电子天平，各种砝码，建材仪器，甜菜自动检糖线，电动抗折机，包装袋跌落试验机等产品。

艾科锐特测控设备（山东）有限公司
地址：山东省泰安市高新技术产业园名堂路春雨软件园A座
邮编：271000
电话：0538-5078701，5078702，18905389011
传真：0538-5078703
网址：www.sdamce.cn
主要产品或业务范围：低电势手动扫描开关、检定炉、热电偶检定专用均温块、恒温槽、便携槽、红外温度计专用标准黑体源、热像仪专用标准黑体面源、额温计专用标准黑体腔、耳温计专用标准黑体腔、干体炉、温湿度巡检仪、二次仪表校验仪、炉温跟踪系统、读数装置、水三相点瓶等热工计量产品以及便携压力源、台式手动压力源、精密数字压力表、智能压力校验仪等压力计量产品的研发生产和销售。

山东德鲁泰计量科技有限公司
地址：山东省济南市历城区七里河路2号
邮编：250014
电话：0531-82952789，82952868
传真：0531-82962687
联系人：张培萌
电子信箱：sddlt@delutai.com
网址：www.delutai.com
主要产品或业务范围：标准计量检测、校验仪器仪表。包括热工仪表校验仪，压力仪表校验仪，温场测量记录仪，触摸试液晶记录仪，标准恒温槽（水、油、低温槽），冰点槽，热电偶、热电阻自动检定系统，德国进口热量表，热量表自动检定系统。

泰安市尼蒙电子科技有限公司★
地址：山东省泰安市泰山区泮河大街东首
邮编：271000
电话：0538-8588768，400-646-8801
传真：0538-8588769
电子信箱：tanimeng@126.com
网址：www.tanimeng.com
主要产品或业务范围：热电偶(单炉、双炉、群炉)/热电阻自动检定系统和配套仪器、温湿度均匀性自动测试系统、温湿度检定箱、温度二次仪表检定系统、红外温度计校准和检定的各系列黑体辐射源、玻璃温度计读数装置、热工仪表校验仪、压力表校验设备、环境试验箱/培养箱等多种类型、不同系列规格的产品。产品已广泛服务于各地计量院所、专业计量校准机构及石油化工、钢铁、冶炼、电力、机械制造、制药、仪器仪表等领域。

天津市德安特传感技术有限公司
地址：天津市西青区津涞公路学府慧谷工业园D1A西区2楼
邮编：300382
电话：022-23989756
传真：022-83990258-803
网址：www.tjdat.com
主要产品或业务范围：称重精密电子天平。

杭州金美计量仪器有限公司
地址：浙江省杭州市萧山区新塘头工业区芝沙路268号
邮编：311200
电话：0571-82875099，82780821
传真：0571-82767151
电子信箱：hzjmjl@163.com
网址：www.hzjmjl.com
主要产品或业务范围：专业从事计量器具、仪器仪表、检测设备的批发、销售、维修、计量管理，代理、经销国内外一百多家知名品牌的检测设备。

宁波柯力传感科技股份有限公司
地址：浙江省宁波市江北投资创业园C区长兴路199号
邮编：315033
电话：4008874165
传真：0574-87562289

电子信箱：kelixsb@kelichina.com
网址：www.kelichina.com
主要产品或业务范围：专业研制和生产高精度称重传感器、称重仪表、电子称重系统、分析仪器和家用健康秤。

宁波仪表厂
地址：浙江省宁波市西郊望春工业区迎春路369号
邮编：315175
电话：0574-88440272
传真：0574-88440262
联系人：吴 枫
电子信箱：nbybc@sina.com
网址：www.nbybc.com
主要产品或业务范围：扭簧比较仪、光学扭簧测微计、扇形比较仪、杠杆齿轮比较仪。

温州三和量具仪器有限公司
地址：浙江省温州市乐清市象阳工业区正顺西路2号
邮编：325604
电话：0577-57156569，57156565
传真：0577-57156060

电子信箱：Sanheliangyi@foxmail.com
网址：www.wzsanhe.com.cn
主要产品或业务范围：集计量器具、仪器仪表、检测设备的生产、研发、销售、维修、计量管理于一体的综合型公司。主要代理、经销国内外一百多家知名品牌的检测设备。产品包括投影仪、硬度计、粗糙度仪、金相分析设备、涂镀层测厚仪、影像测量仪、工具显微镜、推拉力计、扭距扳手、拉力试验机、光谱仪、三坐标、高低温试验箱、邵氏硬度计、里氏硬度计、金相显微镜、金相镶嵌机、涂镀层测厚仪、超声波测厚仪、高度仪等。

浙江精科计量仪器有限公司
地址：浙江省台州市路桥区东路桥大道489号
邮编：318050
电话：0576-82525444，82785333
传真：0576-82409444
网址：www.jingkecn.com
主要产品或业务范围：三坐标测量仪、光谱仪、齿轮测量中心、无损探伤检测、圆度仪圆柱度仪、轮廓仪、粗糙度仪、材料试验、金相系统、环境试验等精密量仪。

衡 器

合肥海明科技股份有限公司
地址：安徽省合肥市蜀山区创新大道106号
邮编：230000
电话：0551-62863978
传真：0551-65365137
电子信箱：hf_hmkj@163.com
网址：www.hfhm.com
主要产品或业务范围：HDS系列微机核子秤、HC127系列煤矿用防爆核子秤、ICS-ST系列矿用电子皮带秤、标准型电子皮带秤、定量给料秤、料斗秤、称重仪表等。

铜陵市三爱思电子有限公司
地址：安徽省铜陵市经济技术开发区翠湖五路西
邮编：244000
电话：0562-5880910
传真：0562-5880911
电子信箱：sss@tl-sss.com
网址：www.tl-sss.com
主要产品或业务范围：ICS电子皮带秤及配料系统、定量给料机、DGP吊挂式皮带秤。

北京北方首衡电子产品有限公司
地址：北京市通州区马驹桥兴贸三街18号珠江四季悦城9号楼
邮编：101100
电话：010-60538106，60538107，60538196
传真：010-60538196
电子信箱：china@shouheng.com.cn
网址：www.shouheng.com.cn
主要产品或业务范围：专业从事电子衡器销售、售后及软硬件研发维护的高科技企业。

北京东方威特称重设备系统有限公司
地址：北京市朝阳区和平街十区1号楼
邮编：100101
电话：4000610108，15801552680
传真：010-64930738
电子信箱：info@mekiscale.com
网址：www.mekiscale.com
主要产品或业务范围：电子衡器，计量控制系统，称重专业设备，力矩保护装置。

北京衡器厂有限公司
地址：北京市昌平区东大街69号
邮编：102202
电话：010-69742404，69742406
传真：010-69742201
主要产品或业务范围：电子汽车衡、电子台秤、包裹秤；地上衡、地中衡、单轨吊秤、配料秤等100余种规格。

尤梯塞尔圣斯克自控科技（北京）有限公司
地址：北京市朝阳区南磨房路37号华腾北塘商务大厦1508室
邮编：100022
电话：010-51908360
传真：010-51908363
电子信箱：china@utilcell.com.cn
网址：www.utilcell.com.cn
主要产品或业务范围：生产销售称重传感器、安装附件和称重仪表。

福州衡之展电子有限公司
地址：福建省福州市金山百花洲路浦上工业区仓山园21号楼
邮编：350000
电话：0591-83835159，83899547
传真：0591-83899546
电子信箱：fuhengscale@126.com
网址：www.fzhzyq.com
主要产品或业务范围：专业从事电子衡器的研发、设计、制造与销售的企业。产品包括计数秤、计重秤、电子台秤、精密天平、普通天平。

福州华科电子仪器有限公司
地址：福建省福州市华林路303号铂晶时代6F
邮编：350003
电话：0591-87586488
传真：0591-87585488
电子信箱：sales@twhkdz.com
网址：www.twhkdz.com
主要产品或业务范围：精密电子天平、电子天平、电子计价秤、电子计数秤、电子计量秤。

钰恒电子（厦门）有限公司
地址：福建省厦门市湖里区湖里大道40号7楼
邮编：361006
电话：0592-6036728
传真：0592-6037628
电子信箱：xmzc@jadever.com.cn
网址：www.jadever.com.cn
主要产品或业务范围：各类电子衡器的设计、开发、制造。

广东华兰海电测科技股份有限公司
地址：广东省东莞市麻涌镇大盛工业园
邮编：523136
电话：0769-88231086
传真：0769-88823646
电子信箱：admin@chinesesensor.com
网址：www.chinesesensor.com
主要产品或业务范围：高精度电阻应变计、应变式测力称
重传感器、弯板式称重传感器、公路计重收费系统、便携
式汽车轴重仪、压力传感器/变送器等电测类产品。

广州市托利称重设备有限公司
地址：广东省广州市海珠区新港东路39号402-403房
邮编：510620
电话：020-38032366
传真：020-38799129
电子信箱：tolyscale@21cn.net
网址：www.tolyscale.com
主要产品或业务范围：代理经销世界品牌梅特勒-托利多
系列电子衡器产品，负责其广东珠江三角洲地区的安装调
试和售后服务。主要产品有标准工业衡器类的汽车衡、平
台秤、化工钢瓶秤、吊钩秤、台秤；过程称重类的料斗
秤、配料系统、散料秤；产品包装类的定值包装秤、液体
灌装秤；实验室及工业用的天平、水分测试仪等。

深圳市衡之杰电子有限公司
地址：广东省深圳市宝安区松岗街道广深路266号
邮编：518105
电话：0755-27090448，27093086，27093099
传真：0755-27093086，27092036
电子信箱：szhkj@163.com
网址：www.szhzjhq.com
主要产品或业务范围：地磅，电子汽车衡、电子地磅、电
子秤，包装秤，灌装秤，电子吊磅，电子天平，称重仪
表，传感器配件及各类工业化称重控制系统。

深圳市杰曼科技股份有限公司
地址：广东省深圳市南山区深圳国际创新谷6栋22层
2207-2208
邮编：518057
电话：0755-86352011
传真：0755-86352039-6674
电子信箱：sales@szgmt.com
网址：www.szgmt.com
主要产品或业务范围：该公司从事电子称重和新型自动化
仪表的研发、生产和销售工作。

西德力传感器制造（中国）有限公司
地址：广东省东莞市麻涌镇大盛工业园
邮编：523136
电话：0769-87052663，13059709368

传真：0769-87052663-111
电子信箱：xdlle918@163.com
主要产品或业务范围：专业研制高精度电子称重系统。

珠海市长陆工业自动控制系统有限公司
地址：广东省珠海市金湾区红旗镇矿山工业区金粮路3号
邮编：519090
电话：0756-8155202，8155232
传真：0756-8155622
电子信箱：Longtec2008@163.com
网址：www.longtec.com
主要产品或业务范围：称重仪表、称重传感器、高精度称
重变送器，失重秤控制仪、皮带秤控制仪、防爆称重控制
仪，称重配料控制系统、砼站配料控制系统、配料秤，动
态配料仪表，工业称重系统的基础元件、成套设备。

珠海志美智能科技有限公司
地址：广东省珠海市南屏科技工业园虹达路3号
邮编：519060
电话：0756-8682280
传真：0756-8910969
电子信箱：sales@zhuhai-chimei.com.cn
网址：www.zhuhai-chimei.com.cn
主要产品或业务范围：公司是制造工业电子称重产品、称
重显示器、配料控制器的专业厂家。

保定实达称重系统有限公司
地址：河北省保定市国家高新区和睦路99号
邮编：2130369
电话：0312-2110369
电子信箱：13503121883@163.com
网址：www.shidahengqi.com
主要产品或业务范围：电子衡器、秤重显示器、称重传感
器及自动化称重系统。

承德承申自动化计量仪器有限责任公司
地址：河北省承德市高新产业技术开发区西区4号
邮编：067000
电话：0314-2181867
传真：0314-2183357
电子信箱：cdcs2030@163.com
网址：www.cdhyhq.com
主要产品或业务范围：该公司是中国衡器协会常务理事单
位，产品有动态电子轨道衡、微机动态电子轨道衡、微机
动态/静态电子汽车衡、打卡式电子汽车衡、网络电子汽
车衡等新型产品。

承德市盛方电子有限公司
地址：河北省承德市高新技术产业开发区
邮编：067000
电话：0314-2067073

传真：0314-2067073
电子信箱：cdsfdz@163.com
网址：www.cdshengfang.com.cn
主要产品或业务范围：多功能机组计量系统、阳极测高系统、废钢配料秤、钢水计量秤、全自动抓斗计量系统、天车称重系统等。

承德市五岳测控技术有限公司
地址：河北省承德市开发区东区
邮编：067000
电话：17632100210
传真：0314-5902099
电子信箱：cdwuyue@cdwuyue.com
网址：www.cdwuyue.com
主要产品或业务范围：电子轨道衡、电子汽车衡、非标称重设备、网络无人值守系统、矿山产量监控系统、射频识别系统等。

开封市测控技术有限公司
地址：河南省开封市魏都路145号
邮编：475004
电话：0371-23275888，13598751705
传真：0371-22210998
电子信箱：kfck@vip.sina.com，kfck@kfckgs.com
网址：www.kfckgs.com
主要产品或业务范围：核子秤、衡器、防爆电器等仪器仪表及工业自动化系统的开发、制造与技术服务以及计算机系统集成与电子工程系统的开发、销售与服务。

郑州丰博自动化有限公司
地址：河南省郑州市航海路与第五大街交叉口高科技工业园内
邮编：450016
电话：0371-56981167，4000371278
传真：0371-56981168
电子信箱：hnfengbo@fengbo.com.cn
网址：www.fengbo.com.cn
主要产品或业务范围：定量给料机、粉体流量计、电子皮带秤、科里奥利粉体定量给料秤系统、集中工业控制配料微机系统。

郑州亚太衡器有限公司
地址：河南省郑州市永丰新都8号
邮编：450009
电话：0371-55689385，18135773363
传真：0371-55689385
电子信箱：sunwhang@163.com
网址：www.zzythq.com
主要产品或业务范围：电子吊秤系列、公路计重收费系统、地上衡系列、全自动定量包装机系列、汽车衡系列、轨道衡系列、自动配料系统、电子皮带秤、铲车秤。

常州市威博称重设备系统有限公司
地址：江苏省常州市天宁区常州检验检测产业园3号楼
电话：0519-85506673
电子信箱：sale@webowt.com
网址：www.webowt.com
主要产品或业务范围：称重仪表、称重传感器、压力传感器、衡器等。

常州唯科称重系统设备有限公司
地址：江苏省常州市新北区富强路10号
邮编：213004
电话：0519-85956111，85956222，88851544
传真：0519-85955099，88851200
联系人：徐敏珠
电子信箱：wtcon@wt-con.cn
网址：www.wt-con.cn
主要产品或业务范围：生产ＷＢＮ系列自动定量包装系统，称重配料系统，液体灌装秤，皮带秤等，结合日本UNIPULSE公司OEM称重仪表及国际著名公司的气动元件、电器产品等。

江苏天秤计控设备有限责任公司
地址：江苏省南京市江宁高新技术开发区恒永路9号
邮编：210016
电话：025-52101550，52103206
传真：025-52103206
电子信箱：Jiangsutiancheng@vip.Sina.com
主要产品或业务范围：计量控制仪表，计量秤，配料皮带秤，螺旋秤，定量给料机。

南京金杰出科技实业有限公司
地址：江苏省南京市雨花台区小行里保昌创业园三楼
邮编：210009
电话：025-86629800
传真：025-52265162
电子信箱：jjc@njjjc.com.cn
主要产品或业务范围：皮带计量秤，配料秤，料斗秤，汽车秤，线材盘卷秤等。

南京汤姆斯衡器有限公司
地址：江苏省南京市江宁区东山街道建南社区上坝河1号
邮编：211135
电话：0511-87828808
电子信箱：sales-scale@toms168.com
网址：www.toms168.com
主要产品或业务范围：电子天平、防水秤、计量计数秤。

赛摩电气股份有限公司
地址：江苏省徐州市经济开发区螺山路2号
邮编：221004
电话：0516-87885888，87885999

传真：0516-87885858，87793652
电子信箱：info@saimo.cn
网址：www.saimogroup.com
主要产品或业务范围：该公司产品主要包括高精度电子皮带秤、称重给煤机、称重给料机。

无锡市科丰自控设备有限公司
地址：江苏省无锡市滨湖区胡埭镇张舍路11号
邮编：214072
电话：0510-85874243，85875449
传真：0510-85810067
电子信箱：kfwhq@kefeng.cn
网址：www.kefeng.cn
主要产品或业务范围：工业称重和称重显示控制器、智能流量仪、质量变送器等。

徐州华为测控科技有限公司
地址：江苏省徐州市金骆驼工业园
邮编：221000
电话：0516-85851370，85851373
传真：0516-85851373
电子信箱：huaweicekong@163.com
网址：www.xuzhouhuawei.cn
主要产品或业务范围：电子皮带秤、称重给料机、称重给煤机、电子汽车衡、螺旋输送机、循环链码校验装置、皮带/汽车/火车采制样装置（国产和美国进口）、输煤计量集控系统、配料系统、烟气检测、物料/位测量等。

徐州三原称重技术有限公司
地址：江苏省徐州市金山桥经济开发区金桥路26号
邮编：221004
电话：0516-87218888
传真：0516-87799165
电子信箱：jspxhss@163.com
网址：www.sanyuanchina.com
主要产品或业务范围：电子皮带秤、汽车衡、称重给煤机、实物校验装置、机械采样装置、DCS配料系统。

徐州山特电力测控设备有限公司
地址：江苏省徐州市泉山区二环西路63号
邮编：221006
电话：0516-85861660
传真：0516-85861662
电子信箱：xzstck@163.com
网址：www.xzzxtgs.com
主要产品或业务范围：皮带秤，配料秤，电子皮带秤，配料系统、耐压式称重给煤机、电子汽车衡、采制样装置、动静态标定装置和输煤实时计量监测等。

徐州市彭烁电力器材有限公司
地址：江苏省徐州市绿地商务城悦庭B05栋203室

邮编：221000
电话：0516-83876180
传真：0516-83876800
电子信箱：xzzhangpeng@sohu.com
主要产品或业务范围：电子皮带秤，称重给煤/料机，失重式定量给料机，皮带秤校验设备。

徐州市三原中控技术有限公司
地址：江苏省徐州市高新技术经济开发区驿城工业园
邮编：221004
电话：0516-87381169，66630791
传真：0516-66630791
电子信箱：syzk0516@163.com
网址：www.xzsyzk.com
主要产品或业务范围：电子皮带秤系列、称重给料（煤）机、工业采样机系列、汽车衡、电子料斗秤、连续配料系统、批配料系统等。

大连宏达衡器厂
地址：辽宁省大连市中山区新生街64号
邮编：116023
电话：0411-86665633，86640299，86640266
传真：0411-86662933
电子信箱：lhy81713115@163.com
网址：www.dalianhengqi.com
主要产品或业务范围：生产静态电子轨道衡，微机动态电子轨道衡，系列电子地上衡，电子地中衡，电子钢材秤，电子台秤，电子定量秤、配料秤，电子皮带秤，电子吊钩秤，超高亮度LED大屏幕显示器等。另外，该厂可对机械式衡器进行电子化改造及微机化改造。

大连金马衡器有限公司
地址：辽宁省大连市金州区红塔工业区
邮编：116100
电话：4007006996，0411-87860666，87860777
传真：0411-87860999
电子信箱：office@dljinma.cn
网址：www.dljinma.cn
主要产品或业务范围：自动衡器、非自动衡器、智能称重管理系统。

营口大和衡器有限公司
地址：辽宁省营口市站前区东升路63号
邮编：115002
电话：0417-3840047
传真：0417-3840097
电子信箱：yk-yamato@126.com
网址：www.yk-yamato.com
主要产品或业务范围：电子皮带秤、配料秤、称重传感器。

营口大和制衡产业有限公司
地址：辽宁省营口市高新技术产业区示范园西兴街15号
邮编：115000
电话：0417-4835888，4892168
传真：0417-4892158
电子信箱：738664242@139.com
网址：www.ykyamato.com
主要产品或业务范围：ICS系列电子皮带秤、KCS系列电子皮带配料秤、PCS斗式称重配料秤、DCS系列定量包装秤、SCS电子汽车衡、ZCS固定式电子衡、LGS螺旋给料称重系统、UB2高精度称重传感器、CS-TC-A皮带秤校验链码、GUS电子轨道衡等。

青岛东亚电子衡器有限公司
地址：山东省青岛市即墨省级高新技术产业开发区创新三路
邮编：266000
电话：0532-84558816，84558817
传真：0532-84558886
电子信箱：wdlxpt@163.com
网址：www.dy-scales.com
主要产品或业务范围：电子汽车衡、各种专用大型衡器、自动计量控制系统、自动配料控制系统，各种日用及专用小型电子衡器等。

山东金钟科技集团股份有限公司
地址：山东省济南市市中区英雄山路147号
邮编：250002
电话：0531-82569082，82972678
传真：0531-82983473，82971352
电子信箱：xiaoshou@jinzhong.com.cn
网址：www.jinzhong.com.cn
主要产品或业务范围：电子汽车衡、便携式轮重仪、计重收费系统、数字式电子汽车衡、电子轨道衡、静态电子轨道衡、动态电子轨道衡、鱼雷罐车电子轨道衡。

山东泰安东岳泰山衡器有限公司
地址：山东省泰安市泰山区东部新区科技西路以东
邮编：271000
电话：0538-6138555
传真：0538-8666665
电子信箱：dytshq@163.com
网址：www.tshengqi.com
主要产品或业务范围：电子汽车衡，数字式电子汽车衡，小地磅，吊勾秤，火车衡，称重系统。

泰安科大洛赛尔传感技术有限公司
地址：山东省泰安市泰山区岱道庵路中段恒基沿街商业楼312号
邮编：271000
电话：0538-8560990，8560633
传真：0538-8560633

电子信箱：kedaloadcell@163.com
网址：www.kedaluosaier.com
主要产品或业务范围：100kN以上锚索测力计、30t以上称重传感器、40MPa以上液压传感器以及其他岩土工程振弦传感器，配套二次仪表有GSJ-2型多功能电脑检测仪，GSJ型一对一数字显示仪，KBG4型远距离量斗称重仪、钢包/钢水称重仪及汽车载重量动态称量仪等。

泰安市泰山鼎峰衡器有限公司
地址：山东省泰安市岱岳区山口镇山口北村
邮编：271000
电话：0538-6130888，6137088
传真：0538-8611998
电子信箱：dingfenghq@163.com
网址：www.sdtsdfhq.cn
主要产品或业务范围：电子汽车衡，数字汽车衡，轴计量汽车衡，电子地上衡，电子台秤。

陕西电器研究所
地址：陕西省西安市173信箱
邮编：710025
电话：029-83606709
传真：029-83606709
电子信箱：sxdq44@163.com
网址：www.casc44.com
主要产品或业务范围：主要从事称重设备、测力系统、测力/称重传感器、压力传感器、高温光纤传感器、特种传感器及测量系统。

上海大和衡器有限公司
地址：上海市浦东新区合庆工业区庆达路368号
邮编：200120
电话：021-58973377
传真：021-58973737
电子信箱：sale@yamatosh.com
网址：www.yamatosh.com
主要产品或业务范围：各类称重传感器，称重仪表和电子衡器。

上海东方衡器有限公司
地址：上海市静安区民和路145号
邮编：200070
电话：021-56629291，56629292，56628347
传真：021-56628814
电子信箱：sales@east-scales.com
网址：www.east-scales.com
主要产品或业务范围：工业衡器、专用衡器、民用衡器。

上海友声衡器有限公司
地址：上海市闵行区莘庄工业区春光路99弄26号
邮编：201108

电话：021-34073556
传真：021-54831828
联系人：沈琼
电子信箱：webmaster@ysscale.com
网址：www.ysscale.com
主要产品或业务范围：电子计价秤、电子台秤、电子天平和电子吊秤。

天津市丽景微电子设备有限公司
地址：天津市西青区学府工业园思智道1号恒通企业港E11栋
邮编：300384
电话：022-83719630，83719631，83719632
传真：022-58558380
电子信箱：mail@lascaux.com.cn
网址：www.lascaux.com.cn
主要产品或业务范围：称重传感器，测力传感器，圆板式测力传感器，称重模块及附件，称重显示控制仪表等。

余姚赛尔斯传感器有限公司
地址：浙江省余姚市梁辉开发区中山东二路11号

邮编：315400
电话：0574-62825681，62825682
传真：0574-62641363
电子信箱：cells@cells.com.cn
网址：www.cells.com.cn
主要产品或业务范围：料斗秤、铁水秤、钢包秤等。

浙江省计量科学研究院
地址：浙江省杭州市下沙路300号一号楼B区
邮编：310013
电话：0571-85027145
传真：0571-85022293
电子信箱：zjimail_yw@sina.com
网址：www.fzcg.com.cn
主要产品或业务范围：拉式传感器、桥式传感器、悬臂梁式传感器、电子汽车衡、便携式张力仪、电子皮带秤实物校验装置。

其他仪器仪表及相关产品

北京广电韵电子设备有限公司
地址：北京市通州区张家湾镇里二泗工业区98号
邮编：101113
电话：010-52352665
传真：010-61517569
联系人：孙经理
电子信箱：gdylaser@126.com
网址：www.gdylaser.com
主要产品或业务范围：该公司主要产品有激光焊接机、激光打标机、激光切割机等激光设备。产品广泛应用于仪器仪表、传感器、医疗器械、汽车动力电池等行业。

北京欣晔瑞峰科技有限公司
地址：北京市海淀区莲宝路9号院4号楼澐澐国际705室
邮编：100036
电话：010-83686169
传真：010-63607297
联系人：袁海英
电子信箱：4bu@4bu.com.cn
网址：www.l-s-a.com.cn
主要产品或业务范围：生物安全运输箱，便携式血液运输箱，药品冷链运输箱。

机械工业仪器仪表综合技术经济研究所
地址：北京市西城区广安门外大街甲397号
邮编：100055
电话：010-63261819
传真：010-63262677
电子信箱：itei@instrnet.com
网址：www.itei.cn
主要产品或业务范围：从事仪器仪表领域内的信息咨询服务、软科学研究、标准化管理、科技期刊出版等业务。

惠州亿纬锂能股份有限公司
地址：广东省惠州市仲恺高新区惠风七路38号
邮编：516006
电话：0752-2630809
传真：0752-2606033
联系人：孔令峰
电子信箱：sales@evebattery.com
网址：www.evebattery.com

主要产品或业务范围：高端锂电池技术及产品，拥有锂原电池、小型锂离子电池、动力电池核心技术，致力于为物联网、能源互联网提供绿色高能、安全可靠的电源解决方案。

深圳市壮志科技有限公司
地址：广东省深圳市宝安区西乡固戎茶西三围华丰第一科技园A区第3栋4楼(南)
邮编：518126
电话：0755-27470166
传真：0755-27470101
电子信箱：sales@zhuangzhikeji.com
网址：www.zhuangzhikeji.com
主要产品或业务范围：聚氨酯环保发泡原材料、发泡设备、防护包装设计及解决方案的配套厂家。

上海渠成包装材料有限公司
地址：上海市普陀区绥德路2弄9号乙3楼
邮编：200331
电话：021-63634696，63634648
传真：021-52840160
联系人：王亚龙
电子信箱：sales@qucheng.com.cn
网址：www.qucheng.com.cn
主要产品或业务范围：该公司以专业缓冲包装系统的研发为主，辅以相关的用于缓冲包装的化学制品、泡沫制品、纸制品、包装设备的开发、制造。可提供现场发泡包装设备、缓冲气垫包装设备、缓冲纸垫包装设备及相关的包装辅助耗材。

希悦尔（中国）有限公司
地址：上海市青浦区崧泽大道6988号
邮编：201706
电话：021-39202988
传真：021-39202980
联系人：宋沈敏
电子信箱：asia.marketing@sealedair.com
网址：www.sealedairchina.com.cn
主要产品或业务范围：公司通过定制和可行的解决方案，面对世界上各种保护性包装和特种包装的挑战。公司应用专业的技术来最大限度提高性能和效率，确保珍贵货物在运输途中完好无损的同时，降低能耗、减少原材料。

国内首款自主研发的纳米孔基因测序仪

开启纳米孔基因测序国产化时代

齐碳科技创立于2016年，致力于纳米孔基因测序仪及配套芯片、试剂的自主研发、制造与应用，是中国首家成功研发出纳米孔基因测序仪原理样机、工程样机、产品样机并推出商业化产品的企业，总部位于成都，在北京、广州、南京设有研发中心。

2022年，齐碳科技开启商业化，通过技术迭代与产品研发，逐步完善产品矩阵。目前，齐碳科技以多款纳米孔基因测序仪为核心，配套有芯片、试剂及软件的测序平台，还有实验室自动化、生信分析等应用支撑产品，为用户提供贯穿纳米孔测序全流程的解决方案。

纳米孔测序是全球新一代已商业化的基因测序技术，有长读长、实时测序、灵活便携等优势。作为全球少数全面掌握这一技术并将之推向商业化的高科技企业，齐碳科技将持续探索前沿技术与升级迭代产品，为生命科学及相关领域的研究及应用提供更便捷有效的解决方案，从上游推动基因行业高质量发展，让生命的信息触手可及。

- Mb级长读长
- 直接检测目标核酸
- 操作精简，无须PCR扩增，极速建库
- 速度快，实时输出测序结果
- 成本低，天天开机无压力
- 灵活便携，轻松突破环境限制

QNome平台

QPursue平台

💻 www.qitantech.com
✉ business@qitantech.com
📞 400-800-2038
📍 成都公司：四川省成都市武侯区人民南路四段3号成都来福士广场办公楼T1-3101
北京公司：北京市海淀区建材城中路27号金隅智造工场N2楼101-130
广州公司：广东省广州市黄埔区广州国际生物岛寰宇二路10号标准产业单元四期配套项目B栋第8层
南京公司：江苏省南京市江北新区雨合路6号光电科技园C座803
生产基地：四川省成都市双流区凤凰路618号天府国际生物医学产业加速器6栋附104

西安玦芯生物科技有限公司

西安玦芯生物科技有限公司成立于2022年9月30日，由科创板上市公司凌云光（股票代码：688400）科学图像BU孵化而来，用用完整的智能光电设备开发能力、先进的微流控技术和超强的知识图谱构建能力、大数据挖掘能力。公司坚持以科技创新赋能生命科学研究与精准医疗，将始终秉持以客户为中心的理念，围绕肿瘤早筛与伴随诊断、核酸药物研发和个性化治疗主线，用一流的产品和服务为客户创造价值。

主要产品： Sminer液滴式数字PCR系统包含专用一体式液滴芯片、Sminer-PM液滴制备和PCR扩增仪、Sminer-PR阅读仪及Sminer-Analysis分析软件，**系统紧凑、易用、快速、高灵敏，是研究人员的极佳选择。**

- 操作简单
- 一体式芯片，全程封闭，消除交叉污染
- 可单独上样，无须积攒样本，最高支持16样本
- 每个样本液滴数不少于2w，4色荧光通道（rox参考通道）

高灵敏
高可靠
绝对定量

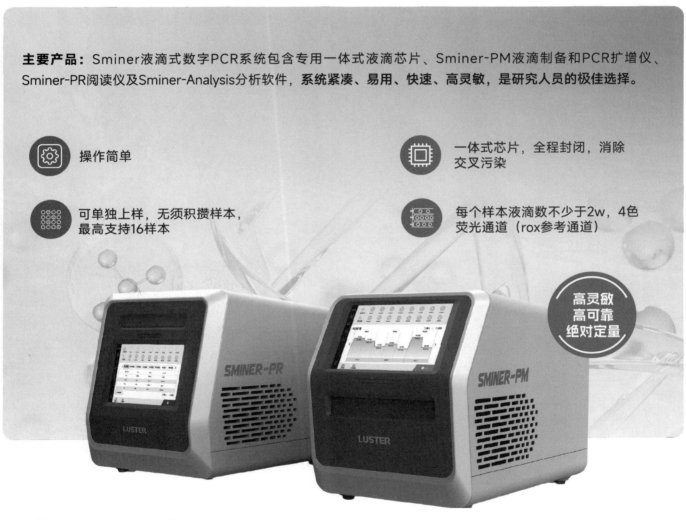

SMINER-PR LUSTER

SMINER-PM LUSTER

科技 创新 服务
助力生命科学与精准医疗 为人类健康不懈努力

联系人：严江伟
手机：13709229502
邮箱：jiangweiyan@juexinbio.com
网址：www.lusterinc.com
地址：陕西省西安市高新技术产业开发区天谷六路789号5幢10楼